HISTÓRIA DA PEDAGOGIA

FUNDAÇÃO EDITORA DA UNESP

Presidente do Conselho Curador
Mário Sérgio Vasconcelos

Diretor-Presidente
Jézio Hernani Bomfim Gutierre

Superintendente Administrativo e Financeiro
William de Souza Agostinho

Conselho Editorial Acadêmico
Danilo Rothberg
Luis Fernando Ayerbe
Marcelo Takeshi Yamashita
Maria Cristina Pereira Lima
Milton Terumitsu Sogabe
Newton La Scala Júnior
Pedro Angelo Pagni
Renata Junqueira de Souza
Sandra Aparecida Ferreira
Valéria dos Santos Guimarães

Editores-Adjuntos
Anderson Nobara
Leandro Rodrigues

FRANCO CAMBI

HISTÓRIA DA PEDAGOGIA

TRADUÇÃO DE
ÁLVARO LORENCINI

Copyright © 1995 by Gius. Laterza & Figli
Título original em italiano: *Storia della pedagogia*.
Os capítulos 2 e 3 e os parágrafos 2, 3 e 4 do capítulo 4 da
terceira parte (*A época moderna*) do presente volume
foram escritos por Giuseppe Trebisacce.

© 1999 da tradução brasileira:
Fundação Editora da UNESP (FEU)
Praça da Sé, 108
01001-900 – São Paulo – SP
Tel.: (0xx-11) 3242-7171
Fax: (0xx-11) 3242-7172
www.editoraunesp.com.br
www.livrariaunesp.com.br
atendimento.editora@unesp.br

Dados Internacionais de Catalogação na Publicação (CIP)
(Câmara Brasileira do Livro, SP, Brasil)

Cambi, Franco
    História da pedagogia / Franco Cambi; tradução de Álvaro Lorencini. – São Paulo:
Fundação Editora da UNESP (FEU), 1999 – (Encyclopaideia)

    Título original: *Storia della pedagogia*
    Bibliografia.
    ISBN 85-7139-260-9

    1. Educação – Filosofia – História. 2. Educação – História. 3. Pedagogia – História. I.
Título. II. Série.

99-3733   CDD-370.9

Índices para catálogo sistemático
1. Educação: História 370.9
2. Pedagogia: História 370.9

Editora afiliada:

SUMÁRIO

Apresentação *11*

Prefácio *17*

Introdução *21*

    1   Da história da pedagogia à história da educação *21*
    2   Três revoluções em historiografia *24*
    3   As muitas histórias educativas *29*
    4   Descontinuidade na pesquisa e conflito de programas *33*
    5   Ativar a memória para compreender o presente *35*
    6   A história que está por trás: a Antiguidade e a Idade Média, a Modernidade e a Contemporaneidade *37*

PRIMEIRA PARTE
O MUNDO ANTIGO

I Características da educação antiga *43*

    1   O mundo antigo na pesquisa histórica contemporânea *43*
    2   O Mediterrâneo-encruzilhada *46*
    3   Da *paideia* ao costume educativo *48*
    4   Modelos de formação numa sociedade estática *51*
    5   As origens e a diferença *53*

6 FRANCO CAMBI

II O Oriente e o Mediterrâneo: modelos educativos 57

1 A revolução do Neolítico e a educação 57
2 Sociedades hidráulicas e novos problemas educativos 59
3 O Extremo e o Médio Orientes 62
4 Egito e Mesopotâmia 64
5 Fenícios e hebreus 68
6 O "milagre grego" 71

III A educação na Grécia 75

1 A idade arcaica e o modelo homérico:
as armas e o discurso 75
2 A *pólis* e a formação do cidadão:
leis e ritos, agonística e teatro 77
3 A educação familiar, a mulher, a infância 80
4 Atenas e Esparta: dois modelos educativos 82
5 O nascimento da *paideia* 85
6 Os grandes modelos teóricos:
Sócrates, Platão, Isócrates, Aristóteles 87
7 O helenismo e a educação: as teorias e a práxis 94
8 A escola grega e a escola helenística 98
9 Nas origens da pedagogia ocidental 101

IV Roma e a educação 103

1 A Roma arcaica entre etruscos e Magna Grécia:
modelos educativos 103
2 A *paideia* grega conquista Roma 107
3 A educação helenística em Roma: modelos e figuras 110
4 A escola, o trabalho, as "corporações" 114
5 A época imperial: difusão e declínio da educação antiga 117

V O cristianismo como revolução educativa 121

1 Concepção do mundo, modelo de cultura,
ideal de formação 121
2 Novo Testamento, cristianismo primitivo e educação 123
3 O nascimento da Igreja e a organização educativa 125
4 A herança do mundo clássico: a *paideia* cristã 128
5 O monasticismo e "uma escola a serviço do Senhor" 130
6 A família e a educação cristã: a infância e as mulheres 133
7 Santo Agostinho: o mestre da pedagogia cristã 135

Segunda Parte
A ÉPOCA MEDIEVAL

I Características da educação medieval *141*

    1   A Idade Média na historiografia contemporânea *141*
    2   A formação da Europa e a consciência cristã *144*
    3   O imaginário cristão e a educação: aristocracia e povo *146*
    4   Entre sociedade hierárquica e mundo burguês,
        entre Alta e Baixa Idade Média *149*
    5   Uma longa época de transformações e o "fundo"
        do moderno *152*

II A Alta Idade Média e a educação feudal *155*

    1   A educação na sociedade feudal *155*
    2   Escolas abaciais, catedrais, palacianas *158*
    3   Cavalaria e formação da elite *160*
    4   Metamorfoses da *paideia* cristã *163*
    5   A educação do povo *166*
    6   A educação em Bizâncio e no Islã *167*

III A Baixa Idade Média e a educação urbana *171*

    1   Depois do ano Mil: uma virada também educativa *171*
    2   A cidade, os mercadores, as artes *173*
    3   Educação e vida social:
        as crianças, os jovens, as mulheres *176*
    4   Educação e imaginário popular:
        ciclos pictóricos e pregação, teatro e festas *178*
    5   A sociedade dos letrados e a formação:
        romance, poesia, enciclopédia *181*
    6   As universidades, os clérigos vagantes, a *lectio* *182*
    7   Mestres da pedagogia escolástica *186*
    8   O "outono da Idade Média" e a educação *190*

Terceira Parte
A ÉPOCA MODERNA

I Características da educação moderna *195*

    1   A Modernidade como revolução pedagógica *195*
    2   Estado moderno, controle social, projeto educativo *199*

8 FRANCO CAMBI

3 Institucionalização educativa e escola moderna *203*
4 Uma nova cultura para a instrução *208*
5 Aventuras do saber pedagógico *212*
6 A pedagogia entre conformação e emancipação *216*

II O século XV e a renovação educativa *221*

1 A "revolução" humanista *221*
2 O humanismo italiano como renovação educativa
 e pedagógica *224*
3 Figuras e modelos da pedagogia humanista italiana *228*
4 Pedagogia e educação no humanismo europeu *233*
5 As escolas do humanismo *235*
6 O "retorno dos antigos" entre filologia/dialética
 e *paideia* *239*

III O século XVI: o início da pedagogia moderna *243*

1 Um século de grandes fermentações *243*
2 A Reforma e a educação *246*
3 A pedagogia da Contrarreforma
 e as novas instituições educativas *255*
4 O renascimento pedagógico na Europa:
 de Rabelais a Montaigne *263*
5 Modelos de formação individual: Baldassare Castiglione,
 Giovanni Della Casa e Stefano Guazzo *270*
6 As tensões utópicas da pedagogia *273*

IV O século XVII e a revolução pedagógica burguesa *277*

1 O crescimento da Modernidade: educação e pedagogia *277*
2 Comenius e a educação universal *281*
3 Outros modelos pedagógicos:
 Port-Royal e os oratorianos *293*
4 Percursos da educação na Europa:
 Fénelon, La Salle, Francke *296*
5 A nova ciência, o método e a educação *300*
6 O nascimento da escola moderna *304*
7 A formação do homem civil:
 sociedade de corte e boas maneiras *308*
8 A educação do imaginário: o romance,
 o teatro e a literatura infantil *311*
9 Locke: o novo modelo pedagógico *315*

HISTÓRIA DA PEDAGOGIA 9

V O século XVIII: laicização educativa
e racionalismo pedagógico *323*

1   A laicização dos processos formativos:
escola, imprensa, vida social *323*
2   Contra os colégios, pela reforma da instrução *330*
3   Iluminismo europeu e pedagogia:
da França à Alemanha e à Itália *336*
4   Rousseau: o "pai" da pedagogia contemporânea *342*
5   Outros inovadores: os materialistas, Vico, Kant *355*
6   A Revolução francesa e a educação: pedagogia,
escola, vida civil *365*
7   Duas mudanças sociais e educativas: a Revolução Industrial
e a formação do imaginário civil *369*

QUARTA PARTE
A ÉPOCA CONTEMPORÂNEA

I Características da educação contemporânea *377*

1   A época contemporânea e a identidade social
da pedagogia *377*
2   Educação e ideologia *382*
3   Novos sujeitos educativos *386*
4   Mitos da educação *390*
5   Instrução e trabalho *394*
6   A escola e as reformas *398*
7   O saber pedagógico: ciência, política e filosofia *402*

II O século XIX: o século da pedagogia. Conflitos
ideológicos, modelos formativos, saberes da educação *407*

1   Burguesia e povo: entre ideologias pedagógicas
e conflitos educativos *407*
2   A pedagogia romântica de Pestalozzi
a Schiller e Fröbel *414*
3   As pedagogias de Hegel e de Herbart *427*
4   As pedagogias burguesas na França, Inglaterra,
Suíça e Rússia *436*
5   A pedagogia italiana do *Risorgimento* *443*
6   Sociedade industrial e educação:
entre positivismo e socialismo *465*
7   A pedagogização da sociedade e o crescimento das instituições
educativas *487*

8   A escola no século XIX europeu *492*
9   O nascimento da pedagogia científica e experimental *498*
10 Tensões pedagógicas do fim do século:
    Nietzsche e Dilthey, Bergson e Sorel *502*

III O século XX até os anos 50. "Escolas Novas" e
ideologias da educação *509*

1   O século das crianças e das mulheres, das massas
    e da técnica: transformações educativas *509*
2   Renovação da escola e pedagogia ativista *513*
3   Novas teorias pedagógicas: o idealismo *534*
4   Entre pragmatismo e instrumentalismo:
    a pedagogia de John Dewey *546*
5   Modelos de pedagogia marxista (1900-1945) *555*
6   A pedagogia cristã e o personalismo *564*
7   Totalitarismo e educação na Itália, na Alemanha
    e na URSS *577*
8   O crescimento científico da pedagogia *581*
9   Educação e pedagogia nos países não europeus *587*

IV A segunda metade do século XX: ciências da educação
e empenho mundial da pedagogia *595*

1   Da pedagogia às ciências da educação:
    um problema em aberto *595*
2   Guerra Fria e pedagogia *600*
3   A pedagogia cognitiva: primado da instrução
    e tecnologias educativas *608*
4   1968: crítica da ideologia, desescolarização
    e pedagogias radicais *617*
5   A escola do pós-guerra até hoje *625*
6   *Mass media* e educação *630*
7   Epistemologia do discurso pedagógico
    e imagem do saber educativo *634*
8   Novas emergências educativas: feminismo,
    ecologia, intercultura *638*
9   Um universo em fermentação na fronteira
    do ano 2000 *641*

Bibliografia *645*

Índice onomástico *693*

APRESENTAÇÃO

A leitura da *História da Pedagogia* de Franco Cambi lembrou-me, de imediato, a mais célebre das histórias da Pedagogia, escrita há mais de um século por Gabriel Compayré, que a justificava assim no novo *Dictionnaire de Pédagogie et d'Instruction Primaire*, publicado em 1911 sob a coordenação de F. Buisson:

> A utilidade da história da Pedagogia não pode ser posta em causa. Não falo apenas da atração que ela pode exercer, [pois] a história da Pedagogia não pode ser encarada unicamente como um espectáculo agradável: ela é, de facto, uma escola de educação, uma das fontes da pedagogia definitiva. Quando se trata de física ou de química, a história destas ciências no passado não é mais do que um assunto de erudição e de curiosidade ... Na ciência da educação, pelo contrário, como em todas as ciências filosóficas, a história é a introdução necessária, a preparação para a própria ciência.

Gabriel Compayré marcou uma época. E um estilo. O seu trabalho serviu de modelo a grande parte das histórias da educação escritas e ensinadas nos séculos XIX e XX. A sua obra ilustra, talvez melhor do que qualquer outra, a importância da História da Educação como disciplina fundadora das Ciências da Educação. A citação anterior lembra a formulação kantiana: "A teoria sem a história é vazia; a história sem a teoria é cega".

As ciências humanas são históricas, por natureza, tanto pelos seus objetos como pelos seus modos de conhecimento. Por isso, a história é consubstancial à própria constituição dessas ciências. Os homens que no final do século xix se bateram pela afirmação científica e institucional da Ciência da Educação perceberam-no claramente. E escreveram, uma e outra vez, que o ensino da pedagogia não podia deixar de ser, simultaneamente, teórico, histórico e prático.

Em 1888, Georges Dumesnil considera que "os professores que refletiram sobre a teoria e sobre a filosofia da sua profissão estão mais aptos para resolver as dificuldades práticas com que se deparam no campo da educação". Na mesma linha de raciocínio, D. L. Kiehle escreve, em 1901: "É possível ser um bom professor sem ter qualquer conhecimento da história da educação, do mesmo modo que um cidadão leal pode não conhecer a história do seu país. Este pode ser um especialista político, mas não será um estadista. Aquele pode ser um professor, mas não será um educador".

Disciplina fundadora de uma Ciência da Educação amplamente "teórica", a História da Educação perdeu grande parte do seu sentido no momento em que a Pedagogia passou a definir-se numa perspectiva "aplicada", com base nos critérios "científicos" da psicologia experimental e da sociologia positivista. Nas décadas de transição do século xix para o século xx, a História da Educação vai perder, progressivamente, o seu papel de disciplina que permite reconstruir a historicidade do processo educativo – e do esforço de teorização pedagógica – para se transformar, primeiro, numa evocação descritiva de fatos, ideias e práticas para consumo dos futuros professores e, mais tarde, num tempo dominado pelas "ciências da observação", numa disciplina sem qualquer utilidade.

Uma interrogação está sempre presente: a História da Educação é *História* ou é *Educação*? Trata-se, a vários títulos, de um falso problema, de uma questão circular que encerra o debate em dicotomias insuportáveis, do gênero arte *versus* ciência ou instrução *versus* educação, nas quais o pensamento pedagógico se tem esgotado. Hoje em dia, os campos disciplinares definem-se não só pela adoção de instrumentos teóricos e metodológicos semelhantes, mas também pela definição de objetos de estudo afins e pela existência de "comunidades interpretativas" que dão sentido à produção científica. Ora, é inegável que a História da Educação construiu objetos específicos e uma comunidade científica dotada das suas próprias regras e meios de comunicação (revistas especializadas, associações etc.).

A minha defesa da História da Educação baseia-se em quatro ideias principais:

- "A História é a ciência de uma mudança e, a vários títulos, uma ciência das diferenças" (Marc Bloch). A História da Educação deve ser justificada, em primeiro lugar, como História e deve procurar restituir o passado em si mesmo, isto é, nas suas diferenças com o presente. Como escreveu Vitorino Magalhães Godinho, a história é um modo – o mais pertinente, o mais adequado – de bem pôr os problemas de hoje graças a uma indagação científica do passado.

- A História da Educação pode ajudar a cultivar um saudável ceticismo, cada vez mais importante num universo educacional dominado pela inflação de métodos, de modas e de reformas educativas. Aprender a relativizar as ideias e as propostas educativas, e a percebê-las no tempo, é uma condição de sobrevivência de qualquer educador na sociedade pedagógica dos nossos dias.

- A História da Educação fornece aos educadores um conhecimento do passado coletivo da profissão, que serve para formar a sua cultura profissional. Possuir um conhecimento histórico não implica ter uma ação mais eficaz, mas estimula uma atitude crítica e reflexiva.

- A História da Educação amplia a memória e a experiência, o leque de escolhas e de possibilidades pedagógicas, o que permite um alargamento do repertório dos educadores e lhes fornece uma visão da extrema diversidade das instituições escolares no passado. Para além disso, revela que a educação não é um "destino", mas uma construção social, o que renova o sentido da ação quotidiana de cada educador.

Vêm estas reflexões a propósito da presente obra. Franco Cambi recupera e renova a tradição dos manuais de história da pedagogia, adotando uma estrutura que se encontra já nos textos do final do século XIX: o "mundo antigo" é objeto dos capítulos iniciais, seguindo-se uma alusão mais breve à "época medieval" e referências alargadas à "época moderna" e à "época contemporânea". O seu objetivo é próximo daquele definido por esta geração de historiadores-educadores, como escreve no final do prefácio: "Com essas finalidades e essas estruturas o volume se qualifica como um instrumento destinado a produzir, ao mesmo tempo, competência disciplinar e competência formativa, voltado também a de-

14 FRANCO CAMBI

linear uma figura de pedagogo e/ou educador que no âmbito da própria profissionalização não abafe a consciência histórica, empobrecendo assim os instrumentos que usa e os contextos em que os usa".

Nas páginas iniciais, Franco Cambi expõe três ambições, que importa sublinhar devidamente: ultrapassar o primado das ideias e das doutrinas filosóficas, sublinhando o aspecto social da educação; valorizar a pluralidade metodológica, procurando, por esta via, atingir uma "efetiva história total"; reconstruir o tempo histórico da educação, sublinhando a descontinuidade e as rupturas.

Apesar de fazerem parte do projeto intelectual dos historiadores da educação a partir da década de 1960, é justo destacar estas ambições, que marcam um desejo de renovação teórica e metodológica. É evidente que seria impossível cumprir integralmente estas intenções num texto histórico que abrange toda a história da humanidade. Em muitos casos, o autor acaba por seguir linhas de argumentação marcadas, justamente, pelo "primado das ideias e das doutrinas filosóficas" e por opções metodológicas que valorizam os escritos dos "grandes autores". Mas dificilmente poderia ter sido de outro modo. E é justo destacar a tentativa de fornecer uma outra visão dos problemas educativos.

Há assim alguma "dissonância" entre o "Prefácio" e a "Introdução", textos muito interessantes que explicam a "profunda transformação metodológica operada na pesquisa histórico-educativa nos últimos 25 anos", e o corpo do livro, propriamente dito, que acaba por reproduzir muitos dos cânones historiográficos tradicionais. Como escreve Boaventura de Sousa Santos, em seu belíssimo *Um discurso sobre as ciências*: "Na fase atual de transição e de revolução científica, esta insegurança resulta do fato de a nossa reflexão epistemológica ser muito mais avançada e sofisticada que a nossa prática científica". O mérito de Franco Cambi é não abdicar desta procura, é não cair na tentação de se transformar – para adotar a expressão de Daniel Hameline – num SSS (*spécialiste spécialement spécialisé*), dominador de um "pequeno" tempo, espaço ou acontecimento, de mais ninguém conhecido.

O mínimo que se exige de um historiador é que seja capaz de refletir sobre a história da sua disciplina, de interrogar os sentidos vários do trabalho histórico, de compreender as razões que conduziram à profissionalização do seu campo acadêmico. O mínimo que se exige de um educador é que seja capaz de sentir os desafios do tempo presente, de pensar a sua ação nas continuidades e mudanças do trabalho pedagógico, de participar criticamente na construção de uma escola mais atenta às realidades dos diversos grupos sociais.

Terá o historiador a possibilidade de devolver toda a complexidade dos processos educativos, construindo uma narrativa que ajude a enfrentar os dilemas educativos atuais? Terá o educador a possibilidade de parar por um instante, olhando para o modo como o passado foi trazido até o presente para disciplinar e normalizar a sua ação?

A História da Educação só existe a partir desta dupla possibilidade, que implica novos entendimentos do trabalho histórico e da ação educativa: trata-se, no primeiro caso, de aceitar que, segundo Hayden White, "a história não é apenas um objeto que podemos estudar e o nosso estudo dele, é também (e talvez sobretudo) uma espécie de relação com o passado mediada por uma forma específica de discurso escrito"; trata-se, no segundo caso, de romper com uma visão "natural" ou "racional" que oculta a historicidade da reflexão pedagógica e impede a compreensão da forma como se construíram os discursos científicos na arena educativa em simultâneo com o desenvolvimento de grupos profissionais e de sistemas especializados de conhecimento.

Revelando uma grande erudição, Franco Cambi assume o risco de produzir uma síntese global da história da pedagogia, num tempo, como o nosso, caracterizado pela hiperespecialização. Neste sentido, o seu trabalho constitui, sem dúvida, um documento que nos faz pensar sobre o devir da educação e, também, sobre os caminhos da História da Educação como disciplina. O livro que agora se edita em língua portuguesa pode constituir um importante instrumento de formação, nomeadamente de educadores e de professores. É esta, talvez, a melhor recompensa para o esforço de Franco Cambi e o elogio mais justo para a sua tentativa de repensar a *História da Pedagogia*.

António Nóvoa
Oeiras, 15 de agosto de 1999

PREFÁCIO

O presente volume propõe-se como uma reconstrução/interpretação da história da pedagogia ocidental (da Antiguidade pré-grega aos nossos dias), segundo – pelo menos – três perspectivas que vêm delinear a (relativa) novidade do empreendimento e o desejo de diferenciação em relação aos outros manuais dessa disciplina.

Em primeiro lugar – e esse talvez seja o aspecto mais previsível, ou pelo menos não prioritariamente demarcativo em relação às outras reconstruções –, trata-se de ultrapassar o primado das ideias e das doutrinas filosóficas, em particular, para conceder amplo espaço, ao lado das ideias ou teorias e, às vezes (ou melhor, frequentemente), antes delas, às instituições, aos processos, aos costumes educativos, sublinhando o aspecto social da educação e a centralidade que essa nova abordagem deve assumir em toda a história da pedagogia. Trata-se de uma exigência hoje universalmente afirmada e reconhecida como fundamental, e que aqui também é mantida permanentemente no centro.

Em segundo lugar, procurou-se em todo o trabalho focalizar os problemas metodológicos da história da educação/pedagogia, relacionando-a com os métodos da história total e com um "fazer história" que se realiza em muitos planos (história da pedagogia, história da educação, história da infância, história das mulheres, história da escola etc.) e segue processos diferenciados, incluindo também – e prioritariamente – os problemas das fontes, dos arquivos etc., assim como os da interpretação de documentos submetidos a uma leitura ora serial e quantitativa, ora qualitativa, ora evocativo-narrativa – embora esses problemas sejam tocados aqui apenas de passagem –, dando vida a uma *polifonia metodológica*, pela qual é possível aceder à reconstrução de uma efetiva história total (ou que tende para tal).

Por fim, procurou-se reconstruir o *tempo histórico* da educação/pedagogia, sublinhando a *descontinuidade* e as rupturas, pondo a nu as escansões e as estruturas, as autonomias das várias épocas, as quais, embora se relacionem e se influenciem, acabam por constituir blocos unitários, dotados de sentido interno e que devem ser reconstruídos na sua diversidade/autonomia, sem forçá-los em direção de continuidades metatemporais (que existem, mas que não marcam realmente o processo histórico, o qual procede por blocos, por fraturas, por agregações epocais sistêmicas, por assim dizer), de atualizações ou precedências etc. O volume se organiza segundo uma ótica, neste nível, sobretudo foucaultiana: ligada à arqueologia, às estruturas e às rupturas, como também à genealogia, à pesquisa das raízes dessas rupturas e a uma visão pluralista da história.

São três aspectos consignados também – o segundo e o terceiro – a setores específicos do volume: a introdução geral e as premissas às várias épocas, enquanto o primeiro se encontra difuso no tratamento dos diversos momentos: mas são três aspectos que acompanham a reconstrução da educação/pedagogia esboçada segundo a dupla ótica do *informar* e do *interpretar*, que foram os critérios em torno dos quais foi construído cada capítulo e cada parágrafo do presente trabalho: informar no sentido de dar conhecimento "objetivo" sobre eventos, autores, processos, textos etc., os mais atentos e minuciosos possíveis mesmo numa obra introdutória; interpretar no sentido de oferecer coordenadas de leitura crítica em torno de acontecimentos, autores etc., escolhidas na literatura internacional inerente ao assunto e dadas como perspectivas relativamente estáveis, mas ainda e sempre *sub judice*, que jamais poderão ser dadas como definitivas, ligando assim – nem que seja por acenos – interpretação e pesquisa.

Desse modo, o texto pretende ser não só a síntese da história de uma disciplina cientificamente repensada – a pedagogia, a educação –, mas, sobretudo, um instrumento de formação do intelectual-pedagogo, ao qual oferece uma série de *quadros, problemas, práxis, temas* etc. que fazem parte de sua bagagem técnica, mas que emergem através de um longo processo histórico, sob o qual devem ser retomados e focalizados, subtraídos de qualquer uso empírico-dogmático e devolvidos ao uso crítico (autorreflexivo), para o qual a história traz uma contribuição das mais significativas.

Dessa maneira, o pedagogo (ou o operador educativo mais pedagogo: tal deveria ser o especialista em ciências da educação) pode melhor colher e julgar o *background* de teorias, práxis, posições da educação, sua *espessura* temporal (social, teórica, científica, prática) e operar assim um *controle* mais autêntico e mais capilar do próprio saber e agir.

Com essas finalidades e essas estruturas o volume se qualifica como um instrumento destinado a produzir, ao mesmo tempo, competência disciplinar e competência formativa, voltado também a delinear uma figura de pedagogo e/ou educador que no âmbito da própria profissionalização não abafe a consciência histórica, empobrecendo assim os instrumentos que usa e os contextos em que os usa.

A obra – pensada e elaborada em colaboração com Giuseppe Trebisacce – foi de fato construída como o trabalho de um só autor, embora mantendo, especialmente na terceira parte, sinais visíveis da colaboração inicial, que depois, infelizmente, veio a faltar por razões independentes da vontade dos dois autores.

INTRODUÇÃO

1 DA HISTÓRIA DA PEDAGOGIA À HISTÓRIA DA EDUCAÇÃO

Ao longo dos últimos 25 anos operou-se uma profunda transformação metodológica na pesquisa histórico-educativa, levando a uma radical mudança de orientação: da "história da pedagogia" passou-se à "história da educação". Como e por que ocorreu tal mudança? Para responder a essa pergunta é necessário fazer outra, preliminar a ela: o que era a história da pedagogia cujo declínio foi decretado pelos últimos decênios? Como e por quem era exercida? E para quem?

A história da pedagogia no sentido próprio nasceu entre os séculos XVIII e XIX e desenvolveu-se no decorrer deste último como pesquisa elaborada por pessoas ligadas à escola, empenhadas na organização de uma instituição cada vez mais central na sociedade moderna (para formar técnicos e para formar cidadãos), preocupadas, portanto, em sublinhar os aspectos mais atuais da educação-instrução e as ideias mestras que haviam guiado seu desenvolvimento histórico. A história da pedagogia nascia como uma história ideologicamente orientada, que valorizava a continuidade dos princípios e dos ideais, convergia sobre a contemporaneidade e construía o próprio passado de modo orgânico e linear, pondo particular acento sobre os ideais e a teoria, representada sobretudo pela filosofia. Tratava-se de uma história persuasiva, por um lado, e teoreticista, por outro, sempre muito distante dos processos educativos reais, referentes às diversas sociedades, diferenciados por classes sociais, sexo e idade; distante das instituições em que se desenvolviam (a família, a escola, a oficina artesanal e, em seguida, a fábrica, mas também o seminário ou o exército etc.); distante das práticas de educação ou de instrução, das contribuições das ciências, sobretudo humanas, para o conhecimento dos processos formativos (em primeiro lugar, psicologia e sociologia). Tal história devia difundir entre os docentes – que não eram seus destinatários – uma ideia de educação desenvolvida em torno dos próprios princípios ideais (mais que das práticas) e, através destes, das ideologias que os inspiravam. De tal modo que havia histórias da pedagogia com forte influência filosófica, marcadas segundo as diversas orientações da filosofia (ou positivista ou idealista ou espiritualista) e capazes de veicular para os docentes um princípio ideal, que se apresentava ainda como convalidado pela própria história universal (ou epocal: antiga, medieval ou moderna) da pedagogia.

É bem verdade que, especialmente nos estudos mais setoriais, mais particulares, esta ótica está sendo, de certo modo, reposta em discussão, dando espaço também a aspectos mais concretos, mais praxistas, mais contingentes da pedagogia, deixando transparecer, além da história das ideias pedagógicas, também as vivas problemáticas da educação nas diversas sociedades. Entretanto, o trabalho histórico-pedagógico predominante, em quase toda a Europa e nos EUA (como provam algumas obras publicadas entre a segunda metade do século XIX e a Segunda Guerra Mundial em vários países, desde a obra de Compayré na França até a de Leser ou, ainda, de Jaeger na Alemanha, até a de Cubberley e de Dexter nos EUA), permanecia ancorado num estudo das ideias e sua sucessão histórica delineada apenas pelas filosofias.

Na Itália, porém, essa atitude teorético-filosófica sobre a pesquisa histórico-pedagógica atingiu a sua realização mais coerente e mais extrema com o idealismo de Gentile, nos primeiros anos do século XIX. Se, como afirmava Gentile, a pedagogia é a teoria da autoafirmação do espírito, ela devia dissolver-se – e sem resíduo – na filosofia; ou seja, sua história coincidia necessariamente com a da filosofia. E, na escola gentiliana, alunos e colaboradores de Gentile vieram desenvolvendo histórias da pedagogia em total simbiose com a filosofia, oferecendo uma imagem bastante redutiva desse saber, com uma escansão temporal totalmente abstrata e artificial, marcada apenas pela sucessão das ideias. Essa maneira de fazer história da pedagogia permaneceu durante muito tempo como "via áurea" dos estudos histórico-pedagógicos, confirmada até mesmo fora da tradição idealista, como ocorre no espiritualismo (com Stefanini, por exemplo) e no próprio neocriticismo (pense-se em Banfi e no seu *Sommario* de 1931).

Já desde o segundo pós-guerra, porém, difundiam-se novas orientações historiográficas, também no campo pedagógico, e, ao mesmo tempo, entravam em crise alguns pressupostos daquele modo tradicional de fazer história da pedagogia. Iniciava-se assim um longo processo que levou à substituição da história da pedagogia pela mais rica, complexa e articulada história da educação, que só em anos recentes aparece definitivamente constituída como modelo-guia da pesquisa histórica em educação e pedagogia.

Primeiramente, a pedagogia perdia a sua exclusiva (ou quase) conotação filosófica e revelava-se constituída pelo encontro de diversas ciências e, portanto, como um saber interdisciplinar que entrelaçava a sua história com a de outros saberes, sobretudo as diversas ciências humanas de que é tributária e síntese. Depois, a pedagogia também se prestava a um papel cada vez mais central na vida social: formar o indivíduo socializado e operar essa formação através de múltiplas vias institucionais e múltiplas técnicas (voltadas ora para o corpo, ora para o imaginário, ora para o intelecto, ora para o manual), disseminadas no corpo social. E ainda: o fazer história – em qualquer âmbito – caracterizava-se sobretudo como a construção de uma história total, capaz de colher os diversos aspectos da vida social e dos vários momentos históricos, fazendo a história das ideias perder toda exclusividade e predomínio também no âmbito da história da cultura. As ideias são apenas um momento da história da cultura, que implica também a presença de práticas, de instituições, de ideologias ou de crenças. Assim, a metodologia histórica sofre por sua vez uma transformação radical: articula-se segundo muitos âmbitos de pesquisa, acolhe uma multiplicidade de fontes, organiza-se em setores especializados, e cada vez mais especializados, de modo a dar vida a subsetores de pesquisa doravante reconhecidos e reconhecíveis pela autonomia de objetos e métodos que os marca, bem como pela tradição de pesquisa que os une. Assim, aparecem cada vez com maior clareza na pesquisa histórico--educativa a história das teorias e a das instituições escolares e formativas, a história da didática ou do costume educativo, da infância e das mulheres ou do imaginário (adulto, juvenil ou infantil).

Desde os anos 50, e cada vez mais nitidamente desde os anos 60 e 70, desenvolveu-se assim um modo radicalmente novo de fazer história de eventos pedagógico-educativos, que rompeu com o modelo teoreticista, unitário e "continuísta" do passado, fortemente ideológico, para dar vida a uma pesquisa mais problemática e pluralista, bastante articulada e diferenciada que – considerada no seu conjunto – pode ser definida como história da educação, tomando a noção de educação seja como conjunto de práticas sociais seja como feixe de saberes. Desde a metade dos anos 70, a passagem da história da pedagogia para uma mais rica e orgânica história da educação tornou-se explícita, insistente e consciente, afirmando-se como uma virada decidida e decisiva. E não se tratou de uma simples mudança de rótulo; pelo contrário: tratou-se de uma verdadeira e legítima revolução historiográfica que redesenhou todo o domínio histórico da educação e todo o arsenal da sua pesquisa. Esquematizando, podemos dizer: passou-se de um modo *fechado* de fazer história em educação e pedagogia para um modo *aberto*, consciente da riqueza/complexidade do seu campo de pesquisa e da variedade/articulação de métodos e instrumentos que devem ser usados para desenvolver de modo adequado o próprio trabalho.

Por outro lado, a transformação amadureceu em estreita simbiose com toda uma mudança historiográfica, que no curso de alguns decênios produziu uma nova imagem do "fazer história", nascida em torno daquelas que podem ser definidas como as três revoluções historiográficas do pós-guerra.

2 TRÊS REVOLUÇÕES EM HISTORIOGRAFIA

Foi através da ação conjunta de muitas orientações historiográficas que se chegou a determinar a transformação no modo de entender a história e desenvolver sua pesquisa científica, conduzida segundo princípios metodológicos profundamente renovados. Pelo menos quatro orientações: 1. o marxismo; 2. a pesquisa dos Annales e a história total; 3. a contribuição da psicanálise para a pesquisa histórica; 4. o estruturalismo e as pesquisas quantitativas.

O marxismo trouxe à luz – no que diz respeito aos eventos históricos e às suas matrizes supraestruturais (sobretudo políticas) – o papel da estrutura econômico-social e incitou a estudar as complexas mediações que ligam economia e política, política e cultura, cultura e sociedade. As investigações de Gramsci neste campo foram exemplares e influenciaram profundamente a pesquisa histórica, e não apenas na Itália. Para os pesquisadores marxistas, a história aparece como luta de classes e de ideologias, que se articulam em torno de sistemas de produção e que visam à hegemonia histórica, influenciando cada âmbito da vida social, da família ao Estado e à cultura. A pesquisa histórica torna-se investigação complexa, atenta às genealogias profundas dos vários fenômenos (sobretudo econômico-sociais), jogada através do entrelaçamento de muitos saberes e pronta a colher conflitos e contradições, hegemonias e oposições. Também a escola dos *Annales* (uma revista nascida na França em 1929 e que teve um papel fundamental na renovação da pesquisa histórica, além de uma notoriedade realmente mundial) se inspirou no marxismo, trazendo à luz as permanências ou estruturas referentes aos "acontecimentos", mas enriqueceu e matizou sua lição ao introduzir o estudo de estruturas (ou infraestruturas) não só econômicas, como a mentalidade, tendo em vista uma história *por inteiro*, que leve em conta todos os fatores e aspectos de um momento ou de um evento histórico. Os *Annales* sublinharam, assim, o pluralismo da pesquisa histórica e o jogo complexo das muitas perspectivas que acabam por constituí-la, relacionando-a com as diversas ciências sociais.

Quanto à psicanálise, foi sobretudo a área americana que, através da "psico-história", afirmou sua aplicação à pesquisa histórica. A psico-história é o estudo das mentalidades coletivas e individuais, legíveis, porém, de modo crítico, inspirando-se apenas nos mecanismos que identificam o pensamento freudiano (inconsciente, repressão, conflito do eu etc.). Neste âmbito, dirigiu-se a atenção em particular sobre a família, na sua dimensão espiritual e no seu papel de conexão nas diversas sociedades. As investigações de Erikson sobre o jovem Lutero ou de De Mause sobre a história da infância ou ainda de Loewenburg sobre o nazismo são exemplares desta orientação de pesquisa e manifestam o recurso ao estudo dos mecanismos de formação, seja para o indivíduo seja para os grupos, individualizando um âmbito em que sociedade e mentalidade acabam por interagir intimamente.

Enfim, o estruturalismo (pense-se em Foucault) e a história quantitativa (utilizada amplamente por Le Roy Ladurie) puseram o acento sobre aquilo que é impessoal na história, sobre as estruturas que regulam os comportamentos individuais em profundidade (sejam instituições ou mentalidades) e as leram como variáveis quantitativas, sujeitas a análises sociais, a reconstruções estatísticas. A história da sexualidade de Foucault ou a história do tempo de Ladurie, apesar das profundíssimas diferenças, têm alguns pontos em comum, como o recurso às permanências e à sua função genética no âmbito da produção dos fenômenos históricos. E são permanências objetivas, quer pertençam à história da cultura ou à história social, profundamente ligadas à natureza ou àquilo que aparece como tal aos olhos dos homens.

No cruzamento dessas diversas posições (além de outras: como a etno-história, por exemplo) realizaram-se as três revoluções cruciais da historiografia contemporânea. A primeira referiu-se aos métodos e afirmou sua liberalização e seu radical pluralismo. A segunda tratou do tempo, dando vida a uma visão pluralista e dialética do tempo histórico. A terceira voltou-se para os documentos, ampliando esta noção, articulando-a e desenvolvendo uma nova percepção das fontes e uma nova organização dos arquivos. Dessas três revoluções, amadureceu uma imagem crítica da história, que trouxe à luz o pluralismo das abordagens e a complexidade de sua fisionomia, assim como a dialética do tipo de pesquisa que vem investigá-la.

A REVOLUÇÃO DOS MÉTODOS

Foi uma revolução profunda e radical que trouxe à luz sobretudo seu pluralismo. O "fazer história" não está ligado a um processo único (do tipo narrativo-explicativo) capaz de enfrentar todo tipo de fenômeno histórico e ler sua estrutura e seu devenir, mas se realiza em torno de múltiplas metodologias, diferenciadas por objetos, por processos cognitivos, por instrumentos lógicos, de modo a fazer ressaltar o pluralismo das abordagens e sua especificidade. Doravante, estamos longe da prática do historicismo à maneira de Croce e de Gramsci, que se desenvolvia em torno de *um* modelo; ao contrário, reconhecemo-nos num tipo de trabalho histórico que se desenvolve em muitas histórias e segundo muitos métodos, desde a "história estrutural", econômica, social, "das mentalidades", até a dos eventos, a local, a oral-vivida, a psico-história, a etno-história, a história do cotidiano etc.: são todos âmbitos diferentes de pesquisa que reclamam métodos *ad hoc* e uma reflexão metodológica que exalte suas autonomias e sua variedade, além das intersecções e convergências na "história total". A historiografia atual perdeu, portanto, a certeza *do* método, assumindo a *dos* métodos e dando vida a uma intensa dialética metodológica, a que se remetem os historiadores mais atentos dos últimos decênios, de Braudel a Ariès, de Stone a Le Goff, de Duby a Vilar, de Veyne a Koselleck. A história se fez pluralista e implicou uma transformação dos métodos que pusesse em relevo seu complexo jogo recíproco, feito de autonomia e de integração, e sua gestão reflexiva (metametodológica: reflexão em torno dos métodos, do seu estatuto, da sua função, da sua riqueza e variedade).

A REVOLUÇÃO DO TEMPO

Foi particularmente Braudel quem pôs às claras este processo de revisão da temporalidade histórica, mostrando como o tempo histórico é *diferente* daquele, artificial, dos relógios ou do tempo, vivido, das práxis cotidianas. Diferente, antes de mais nada, porque plural, poliestruturado, problemático e jamais unívoco-unitário. Diferente, depois, porque ligado ao ponto de vista, à intencionalidade que guia seu uso e sua estruturação. Três, diz Braudel, são os tempos da história (e do histórico): o dos acontecimentos (ou eventos), próximo do vivido e do cronológico; um tempo fracionado e ligado ao caleidoscópio daquilo que acontece, variegado e – meio no limite – medido pelo instante, que é o tempo da história-narração; depois, o da curta duração (ou conjunturas, instituições etc.) ou das permanências relativas, ligado a estruturas políticas, sociais ou culturais, que está por debaixo dos acontecimentos e os coordena e sustenta; nesse tempo, agem os Estados, as culturas, as sociedades e ele próprio pertence à história-explicação, à história-ciência; por fim, o da longa (ou longuíssima) duração, geográfico, econômico e antropológico, que colhe as permanências profundas, as estruturas quase invariantes e se ativa na história-interpretação ou história-genealogia/hermenêutica. São três temporalidades necessárias para *compreender* a história, mas que não se confundem, alternando-se e encaixando-se uma na outra, com suas diferenças e suas intersecções.

A REVOLUÇÃO DOS DOCUMENTOS

Foi muito recentemente que a noção de "documento" sofreu uma renovação radical, ampliando-se para classes inéditas e pondo o documento não mais como monumento, mas como efeito da interpretação. Escreveu Le Goff: "A revolução documental tende também a promover uma nova unidade de informação: em lugar do fato que conduz ao acontecimento e a uma história linear, a uma memória progressiva, ela privilegia o dado, que leva à série e a uma história descontínua. Tornam-se necessários novos arquivos em que o primeiro lugar é ocupado pelo *corpus*, a fita magnética. A memória coletiva se valoriza, se organiza em patrimônio cultural. O novo documento é armazenado e manejado nos bancos de dados" (*Storia e memoria*, 1982, p.449). Esse é um primeiro aspecto. Depois, há o pluralismo tipológico dos documentos, que leva a uma liberalização máxima e a um uso dialético dos vários tipos de documento. Há a abertura dos arquivos para documentos marginais (até ontem) ou ignorados, para documentos novos ou mais bem usados (como ocorre com os do imaginário) e há a prática da interpretação como produtora de ulteriores documentos novos no momento em que se desenvolve o enriquecimento documental (pense-se na história oral). Em suma: assistimos, há alguns decênios, ao fim do documento entendido como classe de documentos oficiais e relacionados com a historiografia tradicional, para dar espaço a novas séries documentais, mesmo incompletas, mesmo já interpretadas, mas que dilatam nosso conhecimento dos eventos e das estruturas da história, fazendo-nos ir – ainda, e melhor – dos eventos às estruturas, às temporalidades profundas da história.

As três revoluções redesenharam radicalmente a nossa consciência historiográfica, como testemunham as obras metodológicas dos grandes historiadores contemporâneos, desde os dos *Annales* e os ligados a *Past and Present* (uma célebre revista histórica inglesa, atenta à etnografia e à história social), até os teóricos mais sensíveis à exigência de uma renovação historiográfica também em educação, como Léon, como Vial ou Laslett, como os italianos Fornaca ou Cives, Ravaglioli ou Bellerate.

3 AS MUITAS HISTÓRIAS EDUCATIVAS

A história da educação é, hoje, um repositório de muitas histórias, dialeticamente interligadas e interagentes, reunidas pelo objeto complexo "educação", embora colocado sob óticas diversas e diferenciadas na sua fenomenologia. Não só: também os métodos (as óticas, por assim dizer) têm características preliminarmente diferenciadas, de maneira a dar a cada âmbito de investigação a sua autonomia/especificidade, a reconhecê-lo como um "território" da investigação histórica.

Se tivéssemos que caracterizar (de maneira aproximada) as diversas histórias (e seus objetos, seus métodos), poderíamos indicar como âmbitos dotados de autonomia, de setorialidade e de tradição de pesquisa, o das *teorias*, o das *instituições*, o das *políticas*, depois o âmbito (mais amplo e difuso) da *história social* (entendida como história do costume e de algumas figuras sociais, como história das culturas e das mentalidades) e por fim o âmbito do *imaginário* (*na* educação e *pela* educação), talvez ainda frágil no seu desenvolvimento, mas em via de afirmação.

No âmbito das teorias são, sobretudo, as filosofias, as visões do mundo e as ciências que orientam a pesquisa. Trata-se, como fazia a história da pedagogia elaborada pela pesquisa tradicional, de sondar as contribuições que a reflexão filosófica, em particular (dada a longuíssima simbiose que ligou filosofia e pedagogia), trouxe à elaboração pedagógica, a estreita colaboração que ocorreu entre os dois saberes, a função crítica e projetiva exercida pelas filosofias da educação, através da construção de modelos e a indicação de ideais. Assim, por meio de uma conexão de autores e de textos, de elaborações ligadas às correntes, de filiações de ideias e de modelos delineou-se uma história do pensamento pedagógico que põe em evidência, porém, o seu vértice, o aspecto mais alto e mais luminoso, o da construção racional e orgânica, reflexa e coerente. Ao lado desta vertente filosófica, vieram dispor-se, como formas de teorização pedagógica, as ideologias (religiosas, políticas, culturais) e as ciências, que se juntaram às filosofias para redesenhar – e enriquecer/ matizar – o terreno da teorização pedagógica na história. Na Idade Moderna, sobretudo, tanto as ideologias quanto as ciências delinearam-se cada vez mais como fatores centrais da elaboração teórica das pedagogias, dada a sua intersecção, de um lado, com classes e grupos sociais, com grupos de governo, com sistemas de controle do social; de outro, com processos cognitivos voltados para o domínio do real e a descoberta de seus fundamentos em qualquer âmbito, incluindo o dos comportamentos humanos. Neste processo de enriquecimento das teorias pedagógicas como objeto de pesquisa histórica, os métodos também vêm se desenvolvendo: da análise conceitual da filosofia, do seu teoreticismo (especialmente no ponto em que era reduzida a um puro sistema de ideias), passou-se a uma análise mais contextual das teorias, relacionando-as com o social e o político, recolocando-a no terreno da história de uma sociedade. Às investigações lógico-sistemáticas sucederam-se análises genealógicas e estruturais, capazes de fixar a profunda intersecção ou simetria entre atividade social e pensamento, entre teoria e sociedade.

Um setor extremamente autônomo e organicamente desenvolvido é o referente às instituições educativas, com a escola em primeiro lugar, mas que abrange também a família, o "botequim" e depois a fábrica, as associações e organizações dedicadas ao tempo livre (dos oradores aos grupos esportivos, especialmente na sociedade contemporânea, mas, para o primeiro aspecto, já na medieval). Trata-se de instituições às quais é confiado um papel formativo preciso nos diversos tipos de sociedade e que devem ser pesquisadas com instrumentos quer sociológicos, quer históricos *tout court*, quer, ainda, teóricos, que esclareçam a função articulada que elas têm nas sociedades, através de processos de análises ora contextualizantes, ora fortemente disciplinares. Estamos diante de âmbitos que, por sua vez, se articulam depois em outros subsetores (na história da escola: a história dos docentes ou a da didática, a história legislativa e a da "vida interna" da escola, com suas regras, seus rituais, seus delineamentos ligados à iniciação à vida social) e que, portanto, acabam por constituir um mapa complexo de campos de pesquisa, articulados em torno de metodologias bastante diversas (ora quantitativas e seriais, ora narrativas e qualitativas, até o limite do vivido próprio da história oral e de outras técnicas de investigação, como a memorialística, as epistolares etc.), e a serem usadas de maneira entrelaçada para restituir aos âmbitos institucionais seja a sua relevância sociológica, seja a sua determinação histórica e vivida.

Um âmbito também específico e fundamental é o das políticas educativas, escolares, formativo-profissionais que se coloca em estreita simbiose com a história dos Estados e dos movimentos políticos, das estruturas administrativas das várias sociedades etc. Os objetos de investigação são, neste caso, os projetos coletivos de conformação ou de alfabetização, ou outro, que correspondem a um plano preciso e tendem a provocar efeitos desejados no comportamento social, a tornar mais compacta e homogênea a vida social. Sobretudo na modernidade, as políticas educativas se tornaram mais explícitas, já que mais dinâmicas, menos confundidas com a transmissão inconsciente da cultura, mais intencionais e programáticas. Não só, mas também produzidas por múltiplos agentes: pelo Estado e pela Igreja, também por partidos, por grupos sociais, culturais e profissionais etc. Deste pluralismo de projetos toma corpo um processo complexo, caracterizado por exclusões e interferências, mas que estrutura em profundidade os processos de socialização e de formação dos indivíduos.

Quanto à história social, nos seus múltiplos aspectos – como história das mulheres, história da infância, história do costume educativo etc. –, é um setor de desenvolvimento recente, mas que se vai tornando cada vez mais central, ao se ligar à etno-história e à psico-história, mostrando a formação de mentalidades educativas, de valores pedagógicos, de práticas formativas que agem como modelos inconscientes (ou quase) no âmbito de uma sociedade, mas que são sempre produtos históricos, efeitos de um processo sociocultural diacronicamente definido e definível. Os métodos que agem neste âmbito de pesquisa são por definição diferenciados, já que devem permitir o alcance daqueles fenômenos ou eventos fugidios que na educação envolvem aspectos do inconsciente coletivo ou práticas que lhe são muito próximas. São métodos que vão do estatístico ao narrativo, para cobrir a complexidade e a evanescência dos fenômenos que procuram esclarecer. Do mesmo modo, as fontes devem ampliar-se, até atingir o fragmentário e o ausente, dando voz a achados submersos e isolados, desafiando os próprios silêncios da documentação direta (como ocorre na história da infância, que trabalha sobre objetos que deixam testemunhos apenas indiretos). São histórias, porém, em fase de crescimento e de especialização, como ocorre com a das mulheres, desenvolvida ora em chave teórica, ora institucional, ora social, ou como a da infância, que produz o melhor conhecimento de um ator social – a criança – e das ideologias que sobre ele se ativam e nos esclarecem sobre modelos e valores sociais, quer sejam difundidos ou não. O quadro da história social, portanto, é hoje aberto e inquieto, problemático e *in itinere*, mas bem delineado na importância a ser atribuída a seus objetos e na riqueza e relevância de seus métodos.

Um setor, ao contrário, ainda pouco desenvolvido e que veio definir--se como uma fronteira da própria história social, porém mais autônomo pela sofisticação de seu objeto e mais complexo pela problemática de seus métodos, é o do imaginário. Trata-se de um setor já desenvolvido em outras frentes da investigação histórica, após as pesquisas pioneiras de Huizinga, de Ariès ou de Tenenti, no qual estão trabalhando intensamente sobretudo os medievalistas, mas que tem um papel importante também nas pesquisas sobre o Moderno e o Contemporâneo (pense-se em Bazcko, em Mosse). Raríssima, porém, é a incidência no âmbito educativo. Entretanto, grande parte da educação – desde os processos de aculturação até a formação das mentalidades – passa através do imaginário. Este deve ser estudado nas suas diversas formas aproveitando-se os resultados obtidos pelos historiadores da cultura e da mentalidade e trazendo ulteriores afinamentos às suas pesquisas, no que diz respeito à transmissão do imaginário e à sua difusão pedagógica. Já alguns clássicos da política da educação, como Gramsci, chamaram a atenção para essa fronteira (pense-se nas páginas sobre o romance popular e sobre o nacional--popular em geral), mas as pesquisas não foram organicamente retomadas e desenvolvidas.

A história da educação hoje é plural, articulada em muitos níveis, mais "macro" ou mais "micro", que se relacionam e se entrecruzam para formar um saber magmático, mas rico tanto de sugestões como de resultados para o conhecimento das sociedades na sua história. E trata-se de um "paradigma" (um modelo) de pesquisa histórica que é preciso compreender e explorar em toda a sua amplitude, variedade e complexidade.

4 DESCONTINUIDADE NA PESQUISA E CONFLITO DE PROGRAMAS

O que emerge como característica estrutural da pesquisa histórico-educativa é, sobretudo, a sua descontinuidade interna: de objetos, de métodos, de âmbitos. Descontinuidade que se ativa sobre o pluralismo das frentes de pesquisa, mas também – em cada uma delas – sobre a divergência (ou, pelo menos, heterogeneidade dos processos e das orientações de pesquisa). Vejamos um exemplo. Tomemos a vertente das teorias: neste âmbito, há várias formas de teorização, a serem estudadas com instrumentos diferentes, mas também segundo perspectivas (ou programas de pesquisa) capazes de esclarecer essa sua disparidade, desenhar sua complexidade e assinalar essa diversidade das abordagens. Ao lado das filosofias, colocam-se as ideologias e as ciências, mas em cada um desses campos delineiam-se modalidades diversas de ler os eventos (as filosofias como saberes ou como visões-do-mundo, como orientações de elite ou estilos cognitivos/existenciais também para as massas, pelo menos para as massas cultas; as filosofias como conceitos e linguagens; como elaboradoras de modelos antropológicos e/ou sociopolíticos), que dão lugar a programas, a estilos de pesquisa que, depois, na sua complexa divergência, nos remetem os itinerários retalhados da história das teorias pedagógicas.

Será que estamos diante de uma historiografia centrífuga, ou melhor, totalmente descentralizada, que só cresce por linhas interrompidas, por setores e fragmentos, sem "núcleo"? Estaríamos diante de uma liberalização metodológica de significado quase anárquico, que permite todo tipo de abordagem e obscurece qualquer tentativa de reorganização centralizada da pesquisa? Não estamos indo na direção de programas de pesquisa autolegitimados e, portanto, incontroláveis objetivamente, mas só através de um endêmico conflito entre perspectivas interpretativas?

Ademais, o conflito das interpretações não acaba sendo o verdadeiro e último modelo da pesquisa histórica, sublinhando sua dispersão e seu caráter hipotético, assim como a incomensurabilidade entre os diversos programas de pesquisa, incidindo naqueles riscos ou erros imputados a toda epistemologia anárquica, como se reprochou ao filósofo/historiador da ciência Feyerabend? Sim e não. Pluralismo e conflitualidade, indecisão e incerteza são certamente características fundamentais do fazer história hoje, inclusive em educação; entretanto, não estamos diante de um resultado anárquico, mas radical e dialeticamente crítico. É justamente da integração dinâmica e atenta (= crítica) das diversas perspectivas de leitura que emerge a possibilidade de ler a história segundo a verdade, deixando sempre espaço para aprofundamentos ulteriores, para aproximações, para um objeto complexo e fugidio, como é o histórico, e em particular o histórico-educativo.

Por meio destas múltiplas frentes de pesquisa, da liberalização dos métodos e pluralismo das leituras, da coexistência, do conflito e do diálogo entre os diversos "programas de pesquisa" (ou orientações de pesquisa relacionadas com objetos, com métodos, com cortes interpretativos coerentes e lineares, mas diferenciados entre si) consegue-se constituir o trabalho histórico orientado no sentido abrangente, ou seja, capaz de ler os processos históricos – educativos, no caso – sem comprimir sua complexidade e variedade constitutiva, mas elegendo-a como critério semântico da pesquisa histórica, portanto como estrutura de sentido (faz-se história se, e somente se, se conseguir fazer reaparecer a complexidade dos eventos e suas agitadas inter-relações, seu perfil instável, múltiplo e, ao mesmo tempo, unitário).

No campo histórico-educativo, se o pluralismo dos níveis já é bem reconhecido (como salientamos no parágrafo anterior), por outro lado, o conflito-diálogo – a riqueza e variedade dos "programas de pesquisa" – não resulta igualmente consolidado. Predominam ainda perspectivas de pesquisas tradicionais (ideológicas, sobretudo) ou girando em torno de um único eixo metodológico, às vezes um tanto banalmente narrativas, ao passo que seria necessário dar vida a um pluralismo mais intenso de leituras e de modelos, de maneira a realizar aquele confronto de interpretações pelo qual se pode atingir a verdade: a aproximação de uma compreensão dinâmica (aberta e policêntrica) dos eventos histórico-educativos.

Na pesquisa histórico-educativa existe ainda uma característica de minoridade historiográfica, de debilidade e de insegurança de iniciativa que pode ser corrigida por uma consciência metodológica mais viva, a ser exercida com maior constância e coerência, como também por uma vontade de superar aquela conotação ideológica que – especialmente na Itália, pela contraposição já arcaica entre leigos e católicos – bloqueia a audácia de desenvolver novas perspectivas de investigação, novos modelos de pesquisa (ou mantendo-os um tanto marginalizados e ocultos).

5 ATIVAR A MEMÓRIA PARA COMPREENDER O PRESENTE

O "fazer história" – exercido ainda nesta forma não ideológica, débil e polimorfa – representa um momento central da atividade cultural e dotado de uma função específica e essencial. A história é o exercício da memória realizado para compreender o presente e para nele ler as possibilidades do futuro, mesmo que seja de um futuro a construir, a escolher, a tornar possível. Mas é justamente a atividade da memória, a focalização do passado que anima o presente e o condiciona, como também o reconhecimento das suas possibilidades sufocadas ou distantes ou interrompidas, e portanto das expectativas que se projetam do passado--presente para o futuro, que estabelece o horizonte de sentido de nossa ação, de nossas escolhas. A memória não é absolutamente o exercício de uma fuga do presente nem uma justificação genealógica daquilo que é, e tampouco o inventário mais ou menos sistemático dos monumentos de um passado encerrado e definitivo que se pretende reativar por intermédio da nostalgia: não, é a imersão na fluidez do tempo e o traçado de seus múltiplos – e também interrompidos – itinerários, a recomposição de um desenho que, retrospectivamente, atua sobre o hoje projetando-o para o futuro, através da indicação de um sentido, de uma ordem ou desordem, de uma execução possível ou não.

A memória torna-se assim a categoria portante do fazer história, com seus condicionamentos e suas amnésias, seus desvios e o peso da tradição, logo com seu trabalho não linear, sempre *sub judice*, sempre incompleto, mas sempre necessário. E exercer a memória, exercê-la criticamente, sem fechamentos preliminares e condicionamentos castradores, significa mergulhar num trabalho de tipo hermenêutico: relacionado com uma compreensão que age como regressão e como autenticação do sentido, através do uso dos instrumentos possíveis (todos) para fazer salientar estes percursos e estes desenhos.

A memória aplicada ao passado histórico significa o reconhecimento/apropriação de todas as formas de vida (estruturas sociais e culturais, de mentalidades etc., além das tipologias do sujeito humano, seus saberes, suas linguagens, seus sentimentos etc.) que povoam aquele passado; o reconhecimento das suas identidades, suas condutas, suas contradições; a reapropriação de seu estilo, de sua funcionalidade interna, de sua possibilidade de desenvolvimento. Tudo isso com o objetivo de repovoar aquele passado com muitas histórias entrelaçadas e em conflito e de restituir ao tempo histórico o seu pluralismo de imagem e a sua problematicidade. Com isso, entretanto, realiza-se também um distanciamento do puro presente e de sua rigidez, para relê-lo, porém, sobre o fundo do qual ele emerge e, assim, relativizá-lo na *auctoritas* que lhe vem justamente do fato de ser presente (evidente e necessário, logo verdadeiro), reconsiderado segundo perspectivas críticas que ponham em evidência suas alternativas e pobrezas, possibilidades e aberturas. Através do passado criticamente revisitado, o presente (também criticamente) se abre para o futuro, que se vê carregado dos impulsos não realizados do passado, mesmo o mais distante ou o mais marginalizado e sufocado. Em suma, além de paixão pelas diversas formas de vida (pelo pluralismo do humano, podemos dizer), a memória está sempre carregada de escatologia; carga que torna o presente projetado para o possível, para o enriquecimento de sentido e para a finalização (mesmo que seja constantemente atualizada), isto é, aberto sobre si mesmo, problemático e envolvido na sua transformação, na sua – sempre radical – construção/reconstrução.

Mas o exercício da memória, se não desdenha absolutamente o passado mais distante, e o privilegia às vezes, justamente para fixar melhor a alteridade das formas de vida ou para ler as raízes mais antigas (e profundas) do presente – e sobre este plano a atenção atual dos historiadores se fixa sobretudo na Idade Média ou na Antiguidade –, deve investigar em particular o passado do qual o presente é filho, do qual carrega o patrimônio genético e sobre o qual deve reconstruir a própria autonomia e a própria abertura para o possível e para a finalização. Como?

Compreendendo minuciosamente aquele passado em cada uma de suas formas. Inclusive nas formas educativas que constituem talvez o *trait d'union* fundamental entre o passado e o presente: elas são o meio pelo qual o passado age no futuro através das sedimentações operadas sobre o presente.

6 A HISTÓRIA QUE ESTÁ POR TRÁS: A ANTIGUIDADE E A IDADE MÉDIA, A MODERNIDADE E A CONTEMPORANEIDADE

Por trás do nosso presente, como infraestrutura condicionante unitária e dotada de sentido orgânico e permanente no tempo, opera a Modernidade. Por trás da Modernidade, coloca-se a Idade Média, e por trás desta a Idade Antiga; e, antes ainda, o Mediterrâneo como encruzilhada de culturas, o Oriente como matriz de muitas formas culturais do Ocidente, a grande revolução do Neolítico e o advento das sociedades hidráulicas. A história é um organismo: o que está antes condiciona o que vem depois; assim, a partir do presente, da Contemporaneidade e suas características, seus problemas, deve-se remontar para trás, bem para trás, até o limiar da civilização e reconstruir o caminho complexo, não linear, articulado, colhendo, ao mesmo tempo, seu processo e seu sentido. O processo feito de rupturas e de desvios, de inversões e de bloqueios, de possibilidades não-maturadas e expectativas não realizadas; o sentido referente ao ponto de vista de quem observa e, portanto, ligado à interpretação: nunca dado pelos "fatos", mas sempre construído nos e por meio dos "fatos", precário e *sub judice*.

A Antiguidade, também em pedagogia e em educação, consigna ao Ocidente as suas estruturas mais profundas: a identidade da família, a organização do Estado, a instituição-escola, mitos educativos (nas fábulas, por exemplo) e ritos de passagem (da infância, da adolescência), um rico mostruário de modelos socioeducativos, que vão desde a *pólis* grega até a *res publica* romana, características que se sobrepõem, se entrecortam, se entrelaçam até formar o riquíssimo tecido da educação ocidental. Além disso, a Antiguidade produz a passagem, tanto em educação como em ética e até em gnoseologia, do *ethos* para a *theoria*, fazendo nascer a reflexão autorregulada, universal e rigorosa, em torno dos processos educativos, isto é, a pedagogia, articulando-a numa múltipla série de modelos, também reunidos pelo ideal de *paideia*: de uma formação humana que é antes de tudo formação cultural e universalização (por intermédio da cultura e do "cultivo" do sujeito que ela implica e produz) da individualidade.

Com a revolução cristã opera-se uma radical revisão do processo e dos princípios educativos: a *paideia* organiza-se agora em sentido religioso, transcendente, teológico, ancorando-se nos saberes da fé e no modelo da pessoa do Cristo, sofredora mas profética, depositária de uma mensagem caracterizada pela caridade e pela esperança; os processos educativos realizam-se sobretudo dentro de instituições religiosas (mosteiros, catedrais etc.) e são permeados de espírito cristão; toda a cultura escolar organiza-se em torno da religião e de seus textos; mas, assim fazendo, toda a vida social se pedagogiza e opera segundo um único programa educativo, concentrado em torno da mensagem religiosa cristã. A Idade Média inovará *ab imis* a tradição pedagógica e educativa, influenciando profundamente a própria Modernidade, que dela se separa e a ela se contrapõe polemicamente, mas incorporando instâncias relacionadas tanto com o pensamento quanto com a práxis (a ótica metafísica de um lado, a práxis autoritária e de domínio de outro, só para exemplificar).

A Modernidade delineia-se como o precedente mais imediato e o interlocutor mais direto da nossa Contemporaneidade, sobre a qual devemos fixar o olhar, pois é esta que se trata de compreender: sem ignorar, porém, que o estudo do passado é também (e já o dissemos) a recuperação de vias interrompidas, de possibilidades bloqueadas, de itinerários desprezados, que devem ser compreendidos e afirmados e indicados como alternativas possíveis não só do passado, mas também do presente, pelo menos como alternativas teóricas, percursos diferentes, integradores e corretores de um modelo.

A Idade Moderna é um fenômeno complexo, definível de modo unívoco apenas por abstração, mas dotado de características homogêneas e fortes, capazes de estruturar por muitos séculos os eventos históricos mais díspares. A Modernidade é, antes de tudo, uma ruptura em relação à Idade Média; uma ruptura vertical, já que implica transfor-

HISTÓRIA DA PEDAGOGIA 39

mações radicais em todos os campos, da economia à política, da cultura à mentalidade, ao estilo de vida; permanente, já que age de maneira constante por muitos séculos; consciente também, como manifestam as oposições às práxis medievais de economistas, políticos, intelectuais etc. Em segundo lugar, a Modernidade é uma época histórica com características orgânicas e complexas que investem – como veremos mais adiante – a reorganização do poder ou dos saberes, fazendo-os assumir conotações novas e específicas. Foi definida como a Idade das Revoluções, como o tempo da emancipação, como a base histórica que depura e legitima as diferenças: foi, sem dúvida, um arco plurissecular que colocou no centro o problema da liberdade e o seu acidentado caminho, também o pluralismo de formas de vida, de modelos sociais, de classes, de ideologias etc. No centro deste itinerário está 1789, o ano da Revolução Francesa, que se põe como emblema (embora não seja absolutamente o eixo) deste percurso de liberação dos modelos tradicionais de sociedade (ainda permeados de características medievais) e como reconstrução de uma sociedade nova, ao mesmo tempo mais livre e mais coesa.

Mas a Modernidade, em terceiro lugar, é também nascimento e desenvolvimento de um sistema organizativo social que tem como eixo o indivíduo, mas que o alicia por meio de fortes condicionamentos por parte da coletividade, dando vida a um "mundo moderno" em cujo centro estão a eficiência no trabalho e o controle social. E foram sobretudo Marx e Weber que sublinharam esses aspectos organizativos do moderno, como Kant, Hegel e Croce sublinharam os, acima lembrados, de liberdade e de inovação, de independência e de desenvolvimento criativo. Através destas características – a ruptura, a liberdade, o domínio capilar – toma corpo uma era organicamente compacta que chegou até hoje, conferindo à nossa história contemporânea sua coesão e sua estrutura. Nem mesmo a chamada Pós-Modernidade alterou em profundidade esses sinais. Até a Complexidade, que é invocada como característica da Pós-Modernidade, é estrutura da mesma Modernidade, da qual ela enfatiza o pluralismo e a divergência, estreitamente ligados à liberdade e à independência.

Todavia, para além de reconhecimentos gerais – e um tanto genéricos – sobre as características da Modernidade, é oportuno mostrar concretamente (ou momento por momento) sua organização na diacronia dos eventos, mergulhando na reconstrução atenta da Modernidade, neste caso pedagógica, tendo em conta também a separação que, geralmente, se faz entre Moderno e Contemporâneo, colocando o ponto de passagem no fim do século XVIII, entre a Revolução Industrial e a Revolução Francesa, as quais, atuando na economia e na política, animam toda a sociedade e a cultura, dando início a uma fase nova da Modernidade. Nova fase marcada pela centralidade das ideologias, pelas lutas sociais (de classes, de nações, de etnias), pelo desenvolvimento tecnológico e científico (que renovou saberes e modelos formativos), pelo crescimento da sociedade de massa e dos *mass media* (que introduziu uma revolução educativa: escolar, curricular, disciplinar, como também perceptiva, cognitiva e ética) tendo como alvo o pensamento científico e o controle social, redefinindo radicalmente os processos educativos (mais sociais e mais científicos) e seus objetivos, sublinhando suas saídas aporéticas: conformação e liberação, emancipação e controle, produtividade e livre formação humana. E desta condição aporética, às vezes até dramática, aberta a soluções diversas e a instâncias até opostas, partiu o trabalho pedagógico e educativo atual, do qual procede a pesquisa histórica e ao qual ela pretende de certo modo retornar. Já lembrava Croce: fazer história é sempre fazer história contemporânea, mas – podemos acrescentar –, para fazer história contemporânea, temos de reler o presente sobre o fundo do passado e de um passado reconstruído *à part entière*, isto é, inteiramente, em todas as suas possibilidades e ramificações, até mesmo nos seus silêncios, nas repressões sofridas, nos seus atalhos interrompidos. Para colher não só as causas diretas do presente, mas também aquele possível que está diante de nós; aquele diferente que perdemos e que pacientemente podemos esperar recuperar, aquele novo, aquele "não ainda", do qual vivemos, ao mesmo tempo, a aurora e a expectativa.

PRIMEIRA PARTE

O MUNDO ANTIGO

CAPÍTULO I

CARACTERÍSTICAS DA EDUCAÇÃO ANTIGA

1 O MUNDO ANTIGO NA PESQUISA HISTÓRICA CONTEMPORÂNEA

A pesquisa histórica contemporânea realizou uma profunda transformação da imagem que tínhamos do mundo antigo. Antes de tudo, demoliu em grande parte aquela concepção classicista (ática ou apolínea, podemos dizer) do antigo – grego e romano – que havíamos herdado do Neoclassicismo ou diretamente do Humanismo quatrocentista, e, antes ainda, do Helenismo e do seu ideal de cultura baseado na *humanitas* e nos princípios heurísticos do equilíbrio e da beleza como harmonia. O antigo era sinônimo de proporção, de quietude, de síntese equilibrada, tanto na arte como no pensamento. E aos modernos tocava a sorte da nostalgia de uma antiguidade assim idealizada, que continuava a refulgir como modelo insuperável de beleza, de vida ética, de reflexão filosófica. Esse mito do antigo e do helenismo em particular foi central até a época neoclássica, até Winckelmann, até Goethe, até Foscolo, mas o mito grego sobrevivia também em Hegel, em Marx e em Schopenhauer.

Dessa visão serena e idealizada do mundo greco-helenístico, hoje só permanecem de pé algumas pálidas lembranças. A nossa visão – atual –

do mundo clássico é radicalmente diversa: não apenas ou sobretudo apolínea, mas também trágica, carregada de paixão, de força, de violência também (como já sublinhou Nietzsche no século passado); não mais separada do cotidiano e totalmente imersa no ideal, mas atravessada pelo humano, demasiado humano das lutas políticas, de classes, de etnias e por projetos de domínio e de hegemonia que agitam a vida da *pólis* grega, da *res publica* romana e do Império, alimentando de fortes tensões toda a cultura: não mais totalmente concentrada em torno dos problemas cognoscitivos (científicos ou filosóficos), caracterizada pela *theoria* e pelo *theorein* (do conhecimento desinteressado e "puro"), mas também e prioritariamente pelas técnicas, pelo trabalho, pelas atividades performativas do ambiente natural próprias do *Homo sapiens*. Já Mondolfo, Cornford e Burnet, para ficar apenas no âmbito filosófico, tinham chamado a atenção para esta trama mais complexa do pensamento antigo (e da cultura antiga em geral), valorizando as contribuições das técnicas, da vida social e do mito.

Além do mais, o que caía por terra era a autonomia do "milagre grego", ou seja, a sua colocação num plano diferente e separado em relação às outras culturas mediterrâneas e médio-orientais, marcada pela beleza como harmonia e pelo saber como *theoria*. Tomava forma uma imagem mais articulada, complexa e dialética do mundo clássico, cujas estruturas emergiam de um trabalho cultural mais complicado e mais disseminado, do qual o mundo grego era uma espécie de chancela final, ainda que depois – nesse ponto de chegada – permanecessem elementos de contraste, de excesso, de alteridade com relação à imagem mais linear e compacta geralmente aceita da época clássica.

Nos últimos decênios, essa visão mais complexa e plural da época antiga (pré-clássica, clássica e helenística) complicou-se e sofisticou-se por meio das contribuições de Detienne, dedicadas à religião e às origens sapienciais do pensamento antigo; as de Snell, relativas à linguagem e ao mito; as de Havelock, sobre a passagem da cultura oral para a cultura regulada pela escrita, ou as dedicadas ao "nascimento da consciência", até as de um Dover, dedicadas à vida sexual dos gregos ou as de Bettini, sobre a figura do duplo ou do estrangeiro na cultura antiga. Mestre indiscutível dessa transformação na interpretação do mundo clássico foi Jean-Pierre Vernant, que, através de uma série de textos de "psico-história" dedicados ao mito, à tragédia, às origens do pensamento, às "astúcias da inteligência", estudou a mentalidade antiga, pondo em relevo seus múltiplos componentes e as alternativas presentes, com relação à tradição racionalista de Platão/Aristóteles, assim como dos poemas homéricos e da arte clássica: alternativas que tornam mais irrequieto seu horizonte cultural e mais rico e múltiplo o jogo de suas formas.

O mundo antigo e sua cultura vieram perdendo em unidade, mas ganhando em riqueza e em problematicidade. Ademais, este estudo da mentalidade do homem clássico pôs em relevo a importância historiográfica da "vida cotidiana", entretecida de práticas familiares, de funções sociais, de rituais e de cerimônias, além de dimensões imaginárias e de instrumentos materiais, que incidem diretamente sobre a cultura e constituem uma das matrizes profundas da história. Em particular, foi o componente religioso-antropológico-social que se afirmou como a mais profunda mola genética de toda a cultura antiga, como um dos "fios condutores" que a atravessam e a estruturam por inteiro, conferindo-lhe uma imagem completamente diversa em relação à tradicional, voltada, repita-se, para um classicismo entretecido de Beleza e de Verdade, de Harmonia e de Teoria.

A história da educação antiga também veio sendo repensada de maneira mais problemática através das obras de Jaeger (dedicada à "formação do homem grego" e que cedia um espaço também ao teatro e à poesia além da filosofia) ou de Marrou (que delineava um *iter* diacrônico da educação no mundo antigo, mais rico, articulado e diferenciado entre época arcaica e época helenística, mostrando o pluralismo dos modelos e sua funcionalidade na evolução da sociedade antiga). Vieram depois outras contribuições voltadas para a escrita e os "locais" da formação (a casa, o *thyasos*, a escola), para as relações familiares, as práticas sexuais, os processos de aprendizado dos saberes e do trabalho, as figuras sociais da mulher e da infância, os princípios arquetípicos do imaginário: todo o universo da educação antiga se pôs de novo em movimento, contornando a simbiose tradicional com a filosofia e só (ou quase) com a filosofia, inaugurando outras frentes de pesquisa: sociais, materiais, ligadas ao imaginário e conotadas pelo pluralismo.

Desse modo, toda a concepção do mundo antigo tornou-se mais complexa e mais matizada, carregada de penumbras, como também de zonas escuras, de tensões e de contrastes, além de opções não realizadas, de possibilidades diversas. O Clássico foi lido segundo múltiplas perspectivas que revelam sua impossível unificação. Por trás até mesmo da grande descoberta do *Logos*, que é de certo modo o vértice do pensamento grego, por trás das advertências de Heráclito e de Parmênides que, apelando para o Discurso racional e o Pensamento puro, inauguram o *bios theoretikos*, regulado pela verdade como universalidade e necessidade, como imposição absoluta, existem instâncias que o preparam e outras que lhe são alternativas. Entre as primeiras, colocam-se o pensamento oracular e sua fala por máximas, as leis e seu estatuto vinculante dentro da cidade, albores de uma lógica do pensamento que se enfatiza passando para a escrita e vinculando-se à não contradição: são estas as matrizes extrateoréticas do *theorein*, matrizes culturais, sociais, até operativas. Entre as segundas, emergem os modelos de pensamento regulados pela *metis* (ou astúcia) que é local e intuitiva, não generalizável, mas eficaz, ou o modelo ativo sobre a "selva das semelhanças", que é prático, hipotético, não garantido *a priori* (como o dos médicos, ligado ao "cutelo" e não ao "estilete", como nos lembrou Vegetti). Assim, a unidade do mundo clássico foi quebrada; sua identidade tornou-se mais problemática; um rico pluralismo invadiu seus limites; gradações, complicações e dissonâncias posteriores anunciam-se nesse horizonte doravante em movimento e em transformação.

2 O MEDITERRÂNEO-ENCRUZILHADA

Um primeiro efeito dessa pesquisa a ser posto imediatamente em destaque é a ampliação da visão do mundo antigo: não mais Grécia e Roma, com os apêndices de Creta, de um lado, e da Itália pré-romana (etruscos, apúleos, saníteos, pelígneos, picêneos etc.), de outro, colocadas unicamente no centro, mas sim um pluralismo de povos e culturas, de religiões e de conhecimentos técnicos, unificado pelo Mediterrâneo que aparece – naquele longuíssimo período em que ainda é livremente percorrido, embora com dificuldade – como um centro de intercâmbio, um grande lago de intersecções e de mesclas étnicas e culturais. O mundo clássico nasce no interior deste Mediterrâneo-encruzilhada e emerge dele como quintessência mais rica e mais alta, da qual a Grécia será justamente o intérprete mais maduro. Mas o mundo grego – na religião, nas técnicas, no pensamento, na arte, até na política – é devedor (e estritamente devedor) ao mundo mediterrâneo de muitas de suas prerrogativas, ou pelo menos de alguns importantes prerrequisitos dessas prerrogativas: os números e a matemática; a geometria; a ideia de divindade e a de lei etc.

Lembrava Mario Attilio Levi, em seu estudo sobre *A luta política no mundo antigo*, que "mesmo no período clássico, muitos dos aspectos fundamentais da civilização derivam de princípios colocados no mundo egípcio" e são aspectos ligados a categorias políticas e técnicas, além de religiosas. São as civilizações estabelecidas nas grandes planícies (do Tigre, do Eufrates e do Nilo) que produzem técnicas e ideias que se difundem pelo Mediterrâneo e permeiam os diversos povos, mas são também os grupos menores e as civilizações seminômades ou comerciais (os fenícios, os hebreus) que deixam sinais profundos no mundo mediterrâneo, com invenções técnicas ou culturais, até a unificação romana, nutrida pela *koiné* greco-helenística (do grego como língua e como cultura comum).

Já no nível religioso, o Mediterrâneo revela-se um mar-encruzilhada pelo pluralismo de posições que alimenta e acolhe, pelas diferenças que o marcam (entre os deuses olímpicos e os itálicos: mais racionais os primeiros, de origem agrícola os segundos; entre o Baal fenício e o Deus dos hebreus; entre Mitra e Isis etc.), mas também pelos intercâmbios que se criam entre as diversas culturas/civilizações, mescladas e integradas, pela dialética de etnias/culturas e ideais religiosos que o caracteriza. Nessa realidade dinâmica, o próprio pensamento mitopoiético vê-se submetido a uma forte tensão: alimenta diversos modelos, articula de formas diversas os símbolos comuns (o Céu, a Terra, as Águas etc.), produz impulsos para a hibridação (como ocorrerá com Roma no período imperial) ou para a racionalização (como acontece na Grécia), abrindo um processo de universalização e de secularização do religioso que é produto direto do intercâmbio de ideias, de crenças, de modelos entre as várias culturas mediterrâneas. Dessa encruzilhada mediterrânea emergirá a "emancipação do pensamento pelo mito" e a variedade da ciência e da filosofia, que, entretanto, se nutrem longamente daquele material mitopoiético e o investem de um processo de antropologização, criando um vínculo com a experiência mundana. Será também a Grécia que operará melhor tal emancipação: já a religião mitopoiética é de origem oriental, mas repensada em termos de salvação individual (que é um aspecto novo), como a olímpica tende a humanizar os deuses e a pô-los em contato com os homens (pense-se em Leda, amante de Júpiter, ou em muitos outros casais de mulheres e de deuses); a racionalização produzirá a translação do deus à *arché*, ao princípio originário, mas imanente ao real. A filosofia arcaica grega (ou pré-socrática) mostra muito bem esse complexo trabalho da passagem do mito ao *Logos* (discurso racional), que implica separação e recusa, mas também continuidade e permanência de algumas características do mito dentro do pensamento racional (características físicas: de fundação, de domínio, de absoluto etc.).

No fim do processo – longo, tortuoso, também frequentemente dramático – envolvendo o intercâmbio entre as culturas mediterrâneas se criará uma fratura, vertical, em relação ao Oriente – na qual tomaram parte os diversos povos mediterrâneos – e ao seu modelo de pensamento, de visão religiosa, de cultura. O Oriente permanece envolto, em boa parte, na tradição mitopoiética (ou mágico-religiosa) e naquele estilo de pensamento, bloqueando-se no seu desenvolvimento, enquanto o Ocidente (e o Mediterrâneo, mais exatamente) operará um processo de crescimento que sublinhará seu pluralismo, as diversidades, a dialética.

A transformação realizada no Mediterrâneo antigo foi realmente a centelha que alimentou todo o mundo ocidental, vinculando-o a um modelo de pensamento e de cultura, mas caracterizando também esse modelo no sentido plural, dinâmico, aberto, e cada vez mais plural, dinâmico e aberto. A dialética do Mediterrâneo antigo – entre civilizações, entre culturas, entre religiões etc. – deu vida ao Ocidente na sua longa história, mas também no seu destino (nas suas características mais profundas e nos seus condicionamentos internos).

3 DA *PAIDEIA* AO COSTUME EDUCATIVO

Também do ponto de vista educativo, o Mediterrâneo antigo e, sobretudo, a Grécia – clássica e helenística – foram os núcleos constitutivos da tradição ocidental ou, pelo menos, de alguns dos seus elementos caracterizantes, como veremos a seguir.

HISTÓRIA DA PEDAGOGIA 49

No centro da vida social, afirma-se cada vez mais a instituição-escola, que entre Egito e Grécia se vai articulando no seu aspecto tanto administrativo como cultural. São escolas ora estatais ora particulares que vão acolhendo os filhos das classes dirigentes e médias e dando-lhes uma instrução básica, que se configura sobretudo como cultura retórico-literária, do bem falar e do bem escrever, quer dizer, persuasivo e eficaz, além de respeitoso das regras rigidamente estabelecidas. São escolas que se transformam no tempo e vão desde o *tyasos* (cenáculo de amigos) até o "colégio", a escola propriamente dita, sobretudo na época helenística.

Igualmente significativa é a figura do pedagogo, já um acompanhante – na Grécia – da criança, que a controla e estimula; figura que se transforma e se enfatiza no mundo mediterrâneo com a experiência dos "mestres de verdade" (diretores da vida espiritual e mestres de almas, verdadeiros protagonistas da formação juvenil, basta pensar em Sócrates), mas que se enriquece também com a experiência dos profetas hebraicos que são os educadores do povo, a voz educativa de Deus. O mundo antigo colocará como central esta figura de educador, espiritualizada e dramaticamente ativa na vida do indivíduo, reconhecendo-lhes qualidades e objetivos que vão além daqueles que são típicos do mestre-docente. Aspecto que depois – mas já a partir de Platão – será próprio também dos pedagogos, dos filósofos-educadores ou dos pensadores da educação que devem iluminar os fins e os processos de educar.

Vem depois a ideia de *paideia*, da formação do homem através do contato orgânico com a cultura, organizada em curso de estudos, com o centro dedicado aos *studia humanitatis*, que amadurece por intermédio da reflexão estética e filosófica e encontra na pedagogia – na teorização da educação subtraída à influência única do costume – seu próprio guia. Todo o mundo grego e helenístico, de Platão a Plotino, até Juliano, o Apóstata, e, no âmbito cristão, até Orígenes, elaborará com constância e segundo diversos modelos este ideal de formação humana, que virá a constituir, como salientou Jaeger, o produto mais alto e complexo, mais típico da elaboração cultural grega e um dos legados mais ricos da cultura ocidental por parte do mundo antigo.

Esses três são alguns dos aspectos mais revolucionários (ou fundadores, para o Ocidente) da educação antiga, ativados na Grécia (aos quais se juntaria, talvez, o dualismo entre trabalho manual e trabalho intelectual, que dá vida a dois modelos educativos separados que inervam toda a formação do homem antigo, e não apenas grego, embora na Grécia tal dualismo seja mais forte e mais explícito), voltados para a escola, a relação educativa, a ideia de formação, que alimentaram uma história riquíssima da pedagogia/educação, feita de muitos modelos teóricos, de diversas experiências práticas (escolares sobretudo), de diversas atitudes formativo-educativas (dos sofistas até Sócrates, até Aristóteles, até as escolas helenísticas), alimentada por textos que marcaram sua própria evolução histórica: d'*A República* de Platão à *Política* de Aristóteles, aos escritos do pseudo-Plutarco e de Quintiliano, passando pelas *Máximas* de Epicuro e pelo *Manual* de Epicteto, e assim até os compêndios de Capella e de Boécio.

Até alguns decênios atrás, entretanto, nesta riquíssima experimentação e reflexão pedagógica da Época Antiga sublinhavam-se sobretudo os aspectos teórico-filosóficos, a produção de modelos ideais e reflexivos, deixando na sombra os comportamentos educativos das sociedades antigas. Fixava-se a atenção nas pedagogias, negligenciando, porém, as práxis educativas e fornecendo assim uma imagem truncada e artificial (não genuína) da educação dos antigos. A revolução historiográfica que investigou também o mundo antigo encontrou eco, como é óbvio, no campo histórico-educativo: sem negligenciar a história das ideias, começaram a ser feitas também as diversas histórias das instituições educativas (a família, a escola, a oficina), das diversas figuras sociais da educação (as mulheres, as crianças, os mestres), dos instrumentos da educação escolar (os livros, os ábacos etc.) e familiar (os "temores", as regras da vida cotidiana etc.); articulando essas diversas histórias por áreas culturais e geográficas, por fases temporais. Da pedagogia (da teoria da *paideia*) ao costume educativo: podemos ler assim essa transformação historiográfica, que nos restituiu uma imagem mais completa da educação dos antigos e nos permitiu fixar o pluralismo dos modelos, a articulação social e a diacronia temporal, ligadas às teorias, mas também às práxis. Na pesquisa atual, em particular, o que está no centro é, sobretudo, um estudo social da educação antiga que investigou Grécia e Roma, assim como o cristianismo primitivo e, pouco a pouco, até a época de Constantino, como os mundos pré-gregos (egípcios, mesopotâmicos, fenícios e hebreus), para delinear a variedade dos modelos educativos presentes no Mediterrâneo, todos porém entrelaçados

HISTÓRIA DA PEDAGOGIA 51

e interagentes entre si, até fundir-se (ou quase) na *koiné* educativa da época helenística, com seus modelos de escola, de cultura, de práxis educativa familiar e social. Tais pesquisas nos forneceram uma visão mais *rica*, mais *problemática*, mais *complexa*, mas também mais *intrigante* das teorias e das práxis educativas da Antiguidade.

4 MODELOS DE FORMAÇÃO NUMA SOCIEDADE ESTÁTICA

A educação no mundo antigo, pré-grego e greco-romano é também uma educação por classes: diferenciada por papéis e funções sociais, por grupos sociais e pela tradição de que se nutre. O caso-Grécia é talvez o mais emblemático: a contraposição entre *aristoi* (excelentes) e *demos* (povo) é nítida e fundamental, mas também sujeita a tensões e reviravoltas. Aqui também vigora uma educação que mostra a imagem de uma sociedade nitidamente separada entre dominantes e dominados, entre grupos sociais governantes e grupos subalternos, ligados muitas vezes às etnias dominantes ou dominadas, mas que contrapõem nitidamente os modelos educativos. Já nos albores da pedagogia grega, como reflexão sobre a educação distinta do *éthos* e também contraposta a este, com os sofistas, este dualismo é nitidamente tematizado: a educação retórica é típica daqueles que se empenham no governo da *pólis*, que mergulham na vida política e querem participar da direção da coisa pública; a educação anti-técnica, que marginaliza toda forma de trabalho manual e valoriza apenas o uso da palavra, livre e autorregulada, distante de qualquer forma de saber utilitário (destinado a obter efeitos práticos). Depois, com Platão e seu dualismo educativo entre duas classes de governantes e o *demos* governado, entre protetores e produtores, ressurge um modelo racional--filosófico de formação que se nutre da dialética, e é livre, régio, autônomo, típico dos protetores-reis, e um modelo inferior, não excelente, utilitário, de educação técnica, profissional e produtiva, que se realiza no mundo do trabalho em contato com a experiência operativa dos artesãos, e constitui um uso não-desinteressado e não autônomo da inteligência.

Todo o mundo antigo, até a revolução cultural do cristianismo, permanecerá ancorado a esse dualismo radical de modelos formativos, que refletem e se inserem naquele dualismo entre trabalho manual e trabalho intelectual que, por sua vez, foi uma infraestrutura da cultura ocidental, pelo menos até o advento da modernidade, que tornou a pôr em causa a cisão e a contraposição, exaltando aquele *Homo faber* que será o protagonista do mundo moderno: no capitalismo, na ciência/técnica, na construção de uma sociedade mais igualitária e democrática etc.

Já antes dos sofistas, mesmo na cultura arcaica, esse duplo modelo educativo emerge com clareza, a começar de Homero. Basta pensar no episódio de Ulisses e as sereias, já invocado por Adorno e Horkheimer como modelo da racionalidade repressiva e inspirada na dominação típica do Ocidente: ele indica também um princípio e uma práxis educativa. Os marujos-*demos* são preservados do fascínio das ideias (o canto das sereias), da liberdade e da fruição de bens espirituais, e destinados a serem governados e dirigidos, além de amputados de algumas capacidades mais propriamente humanas (a audição). O capitão-*aristos* se autogoverna, se autolimita, mas também mergulha na tentação do ignoto, do diferente, do risco, e mantém a prerrogativa de governar a si mesmo, os outros e os eventos, e governar por sua livre escolha. Também nos pré-socráticos – com a oposição do *Logos* e da *doxa*, com a distinção entre *Logos* e *techne* –, indicam-se duas opções educativas, dois mundos e modelos de formação humana, socialmente separados. E assim será, na época helenística ou em Roma, onde os modelos básicos do ideal pedagógico permanecerão articulados em torno desse critério de classe, que é na verdade uma estrutura do mundo clássico, sempre caracterizado por grupos dominantes com seu estilo de vida e seu ideal cultural e formativo contraposto ao do *demos*, produtores e grupos dominados que se caracterizam no trabalho e só nele (e por ele) são formados.

No âmbito desse modelo estático de sociedade, fixado primeiro nas grandes civilizações hidráulicas (nascidas em torno da regulamentação das águas de um rio – o Nilo, por exemplo –, que é fonte de riqueza, centro de múltiplas atividades e lugar de agrupamento de uma coletividade cada vez mais ampla), depois também nas dos povos comerciais do Mediterrâneo (dos fenícios aos gregos) e presente ainda nas civilizações dos povos nômades ou ex-nômades (como os hebreus), as instituições educativas mantêm por muito tempo e quase por toda parte uma significativa unidade de estrutura e de sentido. Tanto a família (patriarcal, autoritária, disciplinar) como a escola para os grupos superiores, dedicada às artes liberais, tendo como centro a palavra, organizada segundo objetivos disciplinares etc., mantêm características estáticas e conotações antes ligadas ao grupo étnico, depois – com a contribuição grega – dedicadas à formação do homem em geral, sob o influxo do ideal da *paideia*, que alimenta a escola e atinge, mesmo que seja marginalmente, a formação familiar (ainda sobretudo na Grécia – pense-se em Plutarco e seus conselhos educativos – enquanto em Roma permanecerá um aspecto autoritário da educação familiar, ligada à centralidade da *potestas* do *pater familias*).

5 AS ORIGENS E A DIFERENÇA

Para o estudo da pedagogia e da educação antiga vale também o reconhecimento que deve ser feito para a pesquisa histórica relativa a todo o mundo clássico: ela nos leva para as origens do Ocidente, permitindo-nos reafirmar as raízes/estruturas de uma longa tradição de ação e de pensamento, de uma civilização no seu conjunto. Como bem viu Nietzsche, trata-se de colher o nascimento do *Logos*, da Lei, do homem moral, que são, ao mesmo tempo, as infraestruturas da cultura ocidental e o produto mais alto da civilização clássica, vista da ótica grega (isto é, que põe a Grécia como o ápice do desenvolvimento da cultura antiga). Hoje, após as observações filosóficas de Heidegger ou as pesquisas etno-históricas de um Vernant, como também as contribuições de filósofos e historiadores como Jaeger etc., podemos bem reconhecer na Grécia clássica o campo de elaboração de modelos cognitivos, éticos, valorativos do Ocidente (a razão, o domínio, o etnocentrismo e a universalização do masculino, só para exemplificar), assim como o âmbito de formação de práxis sociais de longuíssima duração, das quais muitas chegaram até nós (o desprezo pelo trabalho manual, a marginalização do feminino, o governo como exercício de autoridade). O mundo clássico é a terra de origem de uma cultura, a nossa, a ocidental; e mergulhar nele é ir à descoberta (ou à recuperação, se preferirmos) dos prerrequisitos, das estruturas profundas de toda a nossa cultura (cognitiva, ética, política, social) que lá teve origem e que se impregnou daquela civilização já a partir da linguagem e da lógica do discurso (a primeira está saturada de termos gregos, a segunda é estruturada conforme o modelo gramatical articulado sobre o discurso greco-ocidental – sujeito + predicado – e regulada pelos princípios da metafísica: univocidade, abstração, aistoricidade, invariância etc.).

Mas, penetrar no mundo clássico – quem nos lembra é mais uma vez Nietzsche –, é também entrar num mundo (para nós, hoje, dados os conhecimentos que temos dele) plural, animado de diferenças, que nos oferece ainda a visão de alternativas historicamente malogradas ou não amadurecidas ou marginalizadas, mas presentes naquele rico cadinho cultural que é o mundo antigo, o qual perdeu, hoje, toda univocidade e linearidade, manifestando-se, pelo contrário, como o laboratório histórico de muitos e variegados modelos culturais, em conflito entre si, mas que, retrospectivamente, nos consignam uma imagem da Antiguidade que exalta suas alternativas internas, suas possibilidades e, portanto, também as alternativas aos modelos vigentes na cultura ocidental. Pense-se na razão, pense-se na concepção do homem. À razão metafísica o mundo antigo já contrapôs outros três modelos de razão: o cético (ou crítico-radical), antimetafísico e problemático; o técnico, ligado ao "verdadeiro como fato", à produção e à eficiência; o da *metis* (intuição-abdução, que põe em contato direto particular e universal e colhe o universal no particular), típica das estratégias de pensamentos frágeis, como o médico, ligados ao fazer, estreitamente conjugados à urgência da ação. À concepção socrático-platônica do homem, que o vê como subjetividade dividida (entre corpo e alma), em vias de sublimação, e marcado sobretudo pela vida ética, contrapõe-se a do homem trágico, que aceita os instintos e o niilismo da sua condição vital, a força e o domínio, sem querer exorcizá-los pela repressão, e valoriza a luta e o *pathos* da tragédia, como desafio e como destino. No mundo antigo, elaboram-se diversos modelos de homem, de cultura, até de sociedade (pense-se na sociedade "sadia" tematizada por Platão como modelo originário, depois esquecido, e baseada não na opulência, mas na justiça, no equilíbrio entre sociedade e natureza) que percorrem caminhos diferentes em relação à imagem clássica, apolínea e ética, racionalista e metafísica, repressiva e sublimada, e que podem indicar para nós, hoje, alternativas ao presente e percursos a serem recuperados para as escolhas do possível.

Isso vale também para a educação e a pedagogia. A Antiguidade – sobretudo grega – é o armazém dos modelos originários da formação social e humana, dos quadros culturais dessa formação e dos princípios que a regulam (a etnia, o dualismo social, a razão, a linguagem como domínio), mas é também uma galeria de diferenças, de oposições diversas no plano educativo, de modelos de formação cultural e humana que são alternativos em relação aos do classicismo greco-helenístico-romano e que continuam ainda a falar-nos, mesmo daquela grande distância temporal, como percursos da diferença e lições a recuperar e inserir criticamente no hoje, no nosso tempo que é tão devedor à Antiguidade de suas próprias estruturas. Esse longínquo passado, sob certos aspectos, está diante de nós como um desafio para repensar modelos de pensamento, de comunicação, de formação etc. Quanto ao pensamento, lembremos o já citado modelo dos médicos e o tipo de racionalidade frágil, pragmática, não dedutiva e não demonstrativa que o caracteriza; quanto à comunicação, pense-se no modelo socrático (dêmono-erótico) e na sua dialética baseada no participar-compreender e na subjetividade, e não na objetividade dos saberes ou a contraposição dos sujeitos; quanto à formação, pense-se no modelo ginástico da gestão do corpo, bem distante da sua negação/sublimação platônica, ou então, mais recuado ainda, no modelo do trágico já antes indicado.

São todos modelos que têm uma forte e decisiva valência educativa e que descaracterizam a pedagogia clássica como pedagogia da *paideia*, fazendo emergir outras possibilidades, outras dimensões da formação. Que devemos recuperar e repensar, para escapar ao "jugo" demasiado unívoco e demasiado vinculante do Ocidente e abrir nele novas fronteiras, ou pelo menos algumas brechas que levem a elas.

CAPÍTULO II

O ORIENTE E O MEDITERRÂNEO:
MODELOS EDUCATIVOS

1 A REVOLUÇÃO DO NEOLÍTICO E A EDUCAÇÃO

A pré-história humana (mesmo que ainda confundida com a história da natureza, com a geologia, a biologia e a antropologia física) inicia-se, como salientou Leroi Gourhan, com a aquisição da posição ereta por parte do hominídeo (ou primata mais evoluído).

Esta posição faz o hominídeo descer à terra, torna-o capaz de controlar o território com o olhar e, sobretudo, libera as mãos, que se tornam independentes da deambulação e se transformam no instrumento fundamental de múltiplo uso para o homem, modificando radicalmente a sua relação com a natureza e preparando o processo da cultura (mesmo que ainda grosseiro e elementar). Inicia-se aqui a complexa evolução do hominídeo para o homem, que vai desde o *Australopithecus* (de 5 milhões a 1 milhão de anos atrás), caçador, que lasca a pedra, constrói abrigos, ao *Pitecanthropus* (de 2 milhões a 200 mil anos atrás), com um cérebro pouco desenvolvido, que vive da colheita e da caça, se alimenta de modo misto, pule a pedra nas duas faces, é um proto-artesão e conhece o fogo, mas vive imerso numa condição de fragilidade e de medo (são os "anos 'terríveis' da sobrevivência", disse Nougier), ao homem de Neanderthal (de 200 mil a 40 mil anos atrás), que aperfeiçoa as armas e desenvolve um culto dos mortos, criando até um gosto estético (visível nas pinturas), que deve transmitir o seu ainda simples saber técnico (a posse do fogo, o uso das armas, a caça, os rituais etc.), até o *Homo sapiens*, que já tem as características atuais: possui a linguagem, elabora múltiplas técnicas, educa os seus "filhotes", vive da caça, é nômade, é "artista" (de uma arte naturalista e animalista), está impregnado de cultura mágica, dotado de cultos e crenças, e vive dentro da "mentalidade primitiva", marcada pela participação mística dos seres e pelo raciocínio concreto, ligado a conceitos--imagens e pré-lógico, intuitivo e não argumentativo.

Já nesta fase, a educação dos jovens torna-se o instrumento central para a sobrevivência do grupo e a atividade fundamental para realizar a transmissão e o desenvolvimento da cultura. No filhote dos animais superiores já existe uma disposição para acolher esta transmissão, fixada biologicamente e marcada pelo jogo-imitação. Todos os filhotes brincam com os adultos e nessa relação se realiza um adestramento, se aprendem técnicas de defesa e de ataque, de controle do território, de ritualização dos instintos. Isso ocorre – e num nível enormemente mais complexo – também com o homem primitivo, que, através da imitação, ensina ou aprende o uso das armas, a caça e a colheita, o uso da linguagem, o culto dos mortos, as técnicas de transformação e domínio do meio ambiente etc. A cultura, se "não é um fato individual, mas um fato social", implica transmissão social dos conhecimentos, portanto educação, à qual é delegada a tarefa de cultivar as jovens gerações. Já a cultura primitiva atribui à relação educativa – seja como for que esta se configure – um papel social determinante.

Depois desta fase, entra-se (cerca de 8 ou 10 mil anos atrás) na época do Neolítico, na qual se assiste a uma verdadeira e própria *revolução* cultural. Nascem as primeiras civilizações agrícolas: os grupos humanos se tornam sedentários, cultivam os campos e criam animais, aperfeiçoam e enriquecem as técnicas (para fabricar vasos, para tecer, para arar), cria--se uma divisão do trabalho cada vez mais nítida entre homem e mulher e um domínio sobre a mulher por parte do homem, depois de uma fase que exalta a feminilidade no culto da Grande Mãe (findo com o advento do treinamento, visto como "conquista masculina"). Mas não só: nasce também uma arte cada vez mais rica e sofisticada, estilizada e simbólica, com função mágica e educativa ao mesmo tempo, ligada aos animais e às lutas com as feras; muda todo o ritmo da vida: as coletividades se organizam e surge um "estilo de vida totalmente diferente da existência inquieta, instável, dos predadores paleolíticos", ligado à "economia metódica, regulada de antemão, a longo prazo e em vista de diversas eventualidades" e que agora "gravita em torno da casa e da feitoria, do campo e dos pastos, da colônia e do santuário", como bem disse Hauser. É esta civilização que percorre toda a Europa, do Mediterrâneo ao Báltico, à Rússia, ao Atlântico, e da qual encontramos traços em todas as áreas sob a forma de túmulos e templos megalíticos, que remetem a rituais comuns e a estruturas arquitetônicas homogêneas.

A revolução neolítica é também uma revolução educativa: fixa uma divisão educativa paralela à divisão do trabalho (entre homem e mulher, entre especialistas do sagrado e da defesa e grupos de produtores); fixa o papel-chave da família na reprodução das infraestruturas culturais: papel sexual, papéis sociais, competências elementares, introjeção da autoridade; produz o incremento dos locais de aprendizagem e de adestramento específicos (nas diversas oficinas artesanais ou algo semelhante; nos campos; no adestramento; nos rituais; na arte) que, embora ocorram sempre por imitação e segundo processos de participação ativa no exercício de uma atividade, tendem depois a especializar-se, dando vida a momentos ou locais cada vez mais específicos para a aprendizagem. Depois, são a linguagem e as técnicas (linguagem mágica e técnicas pragmáticas) que regulam – de maneira cada vez mais separada – dois modelos de educação. Mas aqui já estamos no limiar das sociedades hidráulicas.

2 SOCIEDADES HIDRÁULICAS E NOVOS PROBLEMAS EDUCATIVOS

Já definimos as grandes sociedades hidráulicas (nascidas nas planícies sulcadas por grandes rios e que prosperam através do controle das águas destes rios, os quais permitem um notável desenvolvimento da agricultura), mas devemos ainda sublinhar que são sociedades com forte divisão do trabalho e com nítida distinção entre as classes sociais (que tendem a tornar-se castas fechadas); que exigem um forte controle social, tendendo, portanto, a desenvolver a gestão do poder na dimensão do Estado (= governo gerido pelo soberano e pela burocracia administrativa, guerreira, religiosa); que dão corpo a uma tradição de rituais, de mitos, de técnicas, de saberes que, por sua vez, levanta o problema da sua transmissão/transformação/incremento e que é gerada pela estabilidade e pela colaboração que marca tais sociedades. O advento das grandes sociedades hidráulicas leva-nos, doravante, para o terreno da história, da grande história: de povos, de Estados, de culturas, de tradições. A Pré-História, mesmo no aspecto mais evoluído assumido no Neolítico superior, acha-se ultrapassada: as sociedades tendem a caracterizar-se como sociedades quentes e não mais como sociedades frias, marcadas pela mutação e não pela repetição, desordenadas até a entropia, enquanto as outras eram imóveis e aistóricas, fixadas num equilíbrio imutável entre recursos, necessidades e organização social. Neste ponto, começa a história no sentido próprio, mais dinâmica e irrequieta, da qual somos filhos diretos. Também deve ser lembrado que, ao lado das sociedades hidráulicas, permanecem vivas as formas das sociedades nômades ou ex-nômades e tribais, que precedem as hidráulicas, mas que ainda as acompanham e não são extintas por aquelas.

São sociedades organizadas por tribos, com forte espírito étnico, que se formam em ambientes menos hospitaleiros e em grupos mais rarefeitos (como os desertos, as estepes ou as ilhas), governadas segundo modelos patriarcais, dedicados à agricultura não extensiva/intensiva ou ao pastoreio, abertas ao comércio. E que se transformam em sociedades comerciais organizadas em torno do intercâmbio de mercadorias tão logo o terreno em que vivem se torna favorável a esta forma de economia (como acontece no Mediterrâneo com os fenícios e os gregos, mas também com os hebreus).

As grandes sociedades hidráulicas nascem no Extremo Oriente com a China e a Índia, as quais, sulcadas por grandes rios, acolhem populações numerosas e diversas e organizam sua vida de modo unitário por meio da religião e do papel do Estado. São sociedades ligadas à "cultura dos vegetais" (Braudel): o milho, a cevada, a ervilha, o sorgo; onde a carne escasseia. São sociedades agrícolas ligadas ao problema da irrigação. Aspectos centrais também nas sociedades hidráulicas mais ocidentais: da

Mesopotâmia e do Egito, que se modelam segundo a mesma estrutura das asiáticas e manifestam as mesmas características tanto sociais como técnicas e um forte desenvolvimento destes dois aspectos. Na cultura destas sociedades, a natureza aparece divinizada, pensada por meio de uma série de hierofanias (manifestações do sagrado) e de cosmogonias (organização do cosmos pelo parentesco entre os vários deuses), descrita por meio de narrativas mitológicas consignadas em textos que codificam essa visão do mundo e a fixam como sagrada (os livros sagrados das várias religiões desde a Índia até o Egito); textos depositados nas mãos dos grupos sacerdotais que são seus guardiães e seus intérpretes, e que detêm, portanto, as chaves da tradição, governam a produção ideológica, constroem ou reproduzem a mentalidade coletiva no seu nível mais profundo, de concepção do mundo. Ao mesmo tempo, a natureza aparece dominada, compreendida em seus mecanismos e submetida aos desígnios do homem, pelo controle técnico que implica, porém, o conhecimento do mundo natural para poder dominá-lo e transformá-lo. Não só as técnicas mais rudimentares de construir vasos ou tecidos, tijolos e utensílios vários, armas ou "objetos belos" (desprovidos de utilidade prática imediata, como as "pinturas rituais"), mas também as técnicas mais altas da geometria, da matemática, da teologia, da medicina etc., que vêm conotar em profundidade a estrutura e a vida social daqueles povos, inclusive a mentalidade coletiva, emancipando-a do sagrado e do mito e impelindo-a para um pensamento mais racional (mais rigoroso e válido para todos).

A educação também muda profundamente: 1. ela é, ainda, transmissão da tradição e aprendizagem por imitação, mas tende a tornar-se cada vez mais independente deste modelo e a redefinir-se como processo de aprendizagem e de transformação ao mesmo tempo; 2. liga-se cada vez mais à linguagem – primeiro oral, depois escrita –, tornando-se cada vez mais transmissão de saberes discursivos (ou discursos-saberes) e não somente de práticas, de processos que são apenas, ou sobretudo, operativos; 3. reclama uma institucionalização desta aprendizagem num local destinado a transmitir a tradição na sua articulação de saberes diversos: a escola. Instituição esta que se torna cada vez mais central até que das sociedades arcaicas se passa aos estados territoriais e a uma rica e articulada divisão dos saberes que reflete a do trabalho, o qual é cada vez mais especializado e tecnicizado. Será uma escola dúplice (de cultura e de trabalho: liberal e profissional) que acentuará o profundo dualismo próprio das sociedades hidráulicas ou agrícolas, ligado ao enrijecimento dos papéis sociais em classes sociais separadas, com alguns aspectos quase de castas.

3 O EXTREMO E O MÉDIO ORIENTES

O Extremo Oriente é aquela terra dos grandes rios e dos vegetais de que já falamos, mas é também um terreno polifônico do sagrado e um conjunto de terras submetidas à agressão da barbárie (seja dos turcos, dos mongóis ou dos quirguizes) contra a qual é preciso defender-se – assim como das intempéries: as grandes chuvas monçônicas – organizando-se de modo compacto, militar e social sob o governo de um soberano que, geralmente, é deus e rei. As sociedades do Extremo Oriente são sociedades complexas, mas imóveis, e por várias razões. Por um influxo central exercido pelas religiões, construídas como organismos perenes e sentidas como tais; pela indistinção entre humano e divino que as caracteriza e, portanto, pela perenização do humano (visto como invariante). São características comuns tanto à China e à Índia, como ao Japão e à Indochina/Indonésia.

Na China, a estrutura de base familiar da sociedade, ligada a uma família como *gens* e organizada em torno da religião dos ancestrais, é que provoca esse imobilismo que chegou quase intato até o nosso século. A religião confuciana, racionalista e prática, favoreceu ainda a separação entre governantes e governados, dando aos funcionários do Estado uma identidade própria, enriquecida por religiões mais sofisticadas que o taoísmo (misticismo e religião de salvação) e o budismo (filosofia e ética), "funcionários literatos" chamados mandarins: uma casta educada em escolas especializadas e fortemente intelectualizada. Ao lado dos mandarins, existem camponeses, artesãos e mercadores que jamais atingem o exercício efetivo do poder, nem conseguem elaborar uma cultura organicamente definida como fez o grupo literário.

Embora a China tenha produzido descobertas técnicas notáveis (a começar pela bússola), estas não conseguiram fazer decolar uma ciência no sentido moderno para contrastar com a cultura de sabedoria e exclusivamente literária dos mandarins.

A estrutura da sociedade chinesa permanece profundamente tradicional: familiar, patriarcal, autoritária, sacro-burocrática, nutrida de cultura literária ou técnica (mas de natureza exclusivamente pragmática). A educação também é tradicional: dividida em classes, opondo cultura e trabalho, organizada em escolas fechadas e separadas para a classe dirigente (para as quais se compilam livros e se estudam técnicas de aprendizagem como o exame), nas oficinas para os artesãos ou nos campos para os camponeses.

A mesma coisa ocorre na Índia dominada pelas castas sociais incomunicantes e imutáveis e pela religião védica, ligada a Brama e aos rituais secretos dos brâmanes, do jainismo e do budismo, religiões de salvação individual, abertas às classes médias, mas incapazes de combater a hierarquização da sociedade indiana e de opor barreiras à "miséria espantosa" das populações, a não ser com a paciência, a sublimação espiritual e a negação do mundo. Mas o mesmo efeito de imobilidade e tradicionalismo será típico também do Japão: uma sociedade marítima e feudal ao mesmo tempo, organizada em rígidas classes sociais e por profissões, ligada a uma religião naturalista que valoriza a submissão à natureza e à ordem social, e durante séculos hegemonizada pelos modelos da civilização chinesa (econômicos, políticos, sociais, culturais) e como aquela também dividida em classes contrapostas, que deram depois vida a uma verdadeira e própria Idade Média (em tempos mais recentes: depois de 1000 d. C.), a qual mostrou "um Japão extraordinariamente disciplinado, dividido em castas, mantido regularmente sob controle, fastoso e miserável ao mesmo tempo" (Braudel), dividido entre a espada e o crisântemo (a guerra e a beleza ou o culto da forma) e produtor de uma cultura aristocrática (poética, narrativa, pictórica), refinada, mas repetitiva. Também a educação, como na China, é dualista e literária, não pragmática e desenvolvida em escolas de cultura desinteressada.

O Médio Oriente – que vai desde a Turquia até a Arábia, também ao Norte da África –, porém, assiste à coexistência de sociedades hidráulicas, de sociedades nômades ou ex-nômades, de sociedades comerciais, que no seu pluralismo se influenciam e se contrapõem, encontrando no Mediterrâneo o seu centro de intercâmbio e o meio de comunicação (voluntária ou involuntária). Se Mesopotâmia e Egito se caracterizam como grandes estados territoriais, com problemas similares às sociedades do Extremo

Oriente, mas resolvidos de forma dinâmica ou menos imóveis (também porque mais expostos às influências de outros povos e de outras culturas) e com soluções educativas de tipo tradicional (divididas por classes sociais, ligadas ao sagrado e ao primado do saber literário, desenvolvidas em escolas para aprender o saber literário, mas não o técnico etc.), fenícios e gregos representam civilizações comerciais, ligadas a territórios estéreis e desenvolvidas sobre o mar, abertas, portanto, aos intercâmbios inclusive culturais, capazes de operar sínteses entre as culturas diversas com as quais entram em contato; por fim, os hebreus que, ao contrário, estão ainda ligados às culturas dos nômades, patriarcais e pastoris, mas que se renovam através de uma visão religiosa revolucionária, monoteísta e espiritual, cuja diferença e superioridade deve ser transmitida e defendida: assim, toda a educação se organizava em torno do fator religioso, entendido como reaquisição da mensagem histórica contida no livro sagrado, a *Bíblia*, pensado na sua plenitude e mantido vivo na esperança individual, familiar e social através da constituição de uma intensa vida comunitária de base religiosa, solicitada a reconquistar constantemente a mensagem mais genuína através da obra de estímulo e de denúncia dos profetas.

4   EGITO E MESOPOTÂMIA

"Os povos que dão vida à história e à civilização mesopotâmica são essencialmente dois: os sumérios e os semitas" (Moscati). Os primeiros – os sumérios – são um povo de origem incerta, talvez das montanhas; os segundos – os semitas – vêm do deserto e se infiltram na terra "entre os dois rios", mesclando-se com o outro povo. São os sumérios – estabelecidos já no III milênio a. C. – que organizam a vida social da Mesopotâmia, fundando cidades, canalizando as águas, cultivando grãos, cevada, palmáceas e vivendo em paz, sem "política de poder" e adorando deuses nos templos. No II milênio a. C. entram na região outros povos que fundam novos estados, entre os quais Mari, Babilônia e Assíria, dando início a uma nova fase histórica: de domínio, de expansão, de desenvolvimento técnico e cultural. O rei Hamurábi, por volta de 1700 a. C., constrói um império unitário, "torna-o florido pela economia e orgânico pela administração da justiça", através do Código de leis que "coordena o direito precedente", mas renovando-o. Depois também a Babilônia cede ao ataque de novos povos, mas a Assíria, ao norte, grande potência militar, torna-se predominante e inicia uma política de expansão, na Síria, na Palestina, até o governo do rei Assurbanipal (ou Sardanapalo), que faz de Nínive a grande capital do império. Com a queda da Assíria, é Babilônia que ressurge com Nabucodonosor, levando seus soldados até o Egito, mas desenvolvendo também uma política de paz, para depois ceder, em 538 a. C., sob o ataque dos persas. Desse modo, "a antiga civilização mesopotâmica declina para sempre".

Na civilização assírio-babilônica, tiveram um papel essencial o templo e as técnicas. O templo é o verdadeiro centro social dessa civilização, o lugar onde se condensa a tradição e onde se acumula o saber, mas é também o lugar onde organizam as competências técnicas, sobretudo as mais altas e complexas, como escrever, contar, medir, que dão vida à literatura, à matemática, à geometria, às quais se acrescenta a astronomia que estuda o céu para fins sobretudo práticos (elaborar um calendário). A religião mesopotâmica é antropomórfica e naturalística, com deuses tanto masculinos como femininos, ligada a uma cultura agrícola, mas também estruturada de forma nacional com deuses nacionais como Marduk (Babilônia) e Assur (Assíria), postos numa realidade animada de demônios e que reclama práticas mágicas e divinatórias para dominá-la. Dada a centralidade da religião, centralíssima era a função social dos sacerdotes: verdadeira casta de poder, que levava uma vida separada e se dedicava a atividades diferentes dos outros homens, ligadas aos rituais e à cultura. Eram sobretudo os depositários da palavra, os conhecedores da técnica da leitura e da escrita, nas duas culturas e línguas que alimentavam a vida do país (o sumério: língua culta e de culto; o acádico: língua da vida cotidiana e da comunicação). Os sacerdotes eram os depositários da formação escolar (como também da tecnocrática, médica etc.) ligada a um "processo de iniciação" e conferida com "extrema seriedade", segundo um sistema gradual: primeiro aprendia-se a língua oralmente, depois "de forma criptográfica", por fim na dimensão de escrita comum. A experiência escolar formava o escriba e ocorria em ambientes aparelhados para escrever sobre tabuletas de argila, sob o controle de um mestre (*dubsar*), pelo uso de silabários e segundo uma rígida disciplina. Central na escola assírio-babilônica era também a matemática, ligada à contabilidade e, talvez, ao desenho. O objetivo era formar um técnico (justamente o escriba), mas por uma iniciação também religiosa que será laicizada só a partir do II milênio.

A outra grande civilização pré-grega e ligada a uma dimensão "hidráulica" foi a do Egito, que teve início nas férteis margens do Nilo já no II milênio, fundindo grupos étnicos diversos e organizando-se em torno da instituição política dos faraós, com um localismo religioso, politeísta e confuso e uma economia agrícola e comercial que constituía a riqueza do país. O poder político, após a conquista do reino do norte por parte de Menés, rei do sul, estruturou-se segundo o princípio hierárquico-social que punha no vértice da sociedade o faraó, símbolo da unidade do país e investido de conotações divinas, o qual exercia o controle do país através dos sacerdotes e a burocracia da corte (funcionários, guerreiros e técnicos). Essa estrutura hierarquizada e nutrida por uma religião arcaizante e sem livros sagrados, sem magistério unitário, sem verdadeiros "símbolos de fé" colocava no centro a "vontade do soberano" e atribuía a essa vontade "uma característica diferente da lei no sentido até então corrente", já que "o faraó é o detentor e a fonte do próprio conceito do justo, ou seja, a *ma'at*, conatural ao seu espírito, e portanto o único a conhecê-la, a poder interpretá-la e fazer respeitar" (Levi). A história egípcia deve ser dividida em Antigo Império (do século XXVIII ao século XXIII a. C.), que gravita em torno do papel sagrado do faraó; em Médio Império (até o século XVI a. C.), que vê junto ao faraó uma classe de funcionários e a introdução do culto de Osíris ("com o qual se admite que a vida humana teria um ciclo de nascimento, morte e renascimento" e se preparava uma religião de salvação, sublinha Levi), mas também um enfraquecimento do Estado; em Novo Império (até o século X a. C.), no qual se redefine a sacralidade do faraó em termos de humanidade e de mortalidade. Essa evolução da figura do faraó já nos indica como o sagrado, a religião e o templo estão no próprio centro da vida egípcia e da sua cultura, que via também um crescimento dos conhecimentos técnicos, astronômicos, geométricos, agronômicos e financeiros. O Egito, "presente do Nilo", era também, e sobretudo, presente dos deuses.

Dentro da religião egípcia foram se definindo uma Cosmologia e uma Cosmogonia tendo ao centro o Deus-Sol (*Ra*), que "se prestava aos outros deuses para engrandecê-los e conferir-lhes um primado dentro de determinados limites geográficos ou funcionais" (Wilson), e um articulado culto dos mortos, bastante complexo e central na concepção da vida egípcia, que ia desde o embalsamamento dos cadáveres até a construção do túmulo. Todo o saber – religioso e técnico – era ministrado no templo, pela casta sacerdotal que representava o grupo intelectual daquela sociedade hierárquica. O primeiro instrumento do sacerdote-intelectual é a escrita, que no Egito era hieroglífica (relacionada com o caráter pictográfico das origens e depois estilizada em ideogramas ligados por homofonia e por polifonia, em seguida por contrações e junções, até atingir um cursivo chamado hierático e de uso cotidiano, mais simples, e finalmente o demótico, que era uma forma ainda mais abreviada e se escrevia sobre folha de papiro com um cálamo embebido em carbono). Esta era aprendida no templo ou junto à burocracia e preparava para a profissão de escriba, tanto sacerdotal como laica, mas sempre socialmente prestigiosa e separada em relação às profissões manuais (ela é "mais decente", "de sucesso"), operada segundo práticas iniciáticas. A aprendizagem se fazia por transcrição de hinos, livros sagrados, acompanhada de "exortações morais" e de "coerções físicas". Ao lado da escrita, ensinava--se também a aritmética, com sistemas de cálculo "desajeitados e toscos" (Bowen). No ápice da instrução egípcia estava a Casa da Vida, que acolhia "a instrução superior" e funcionava como depósito, por assim dizer, dos saberes.

Ao lado da educação escolar, havia a familiar (atribuída primeiro à mãe, depois ao pai) e a "dos ofícios", que se fazia nas oficinas artesanais e que atingia a maior parte da população. Este aprendizado não tinha necessidade de nenhum "processo institucionalizado de instrução" e "são os pais ou os parentes artesãos que ensinam a arte aos filhos", através do "observar para depois reproduzir o processo observado", como nos lembra Manacorda. Os grupos populares são também excluídos da ginástica e da música, reservadas apenas à casta guerreira e colocadas como adestramento para a guerra.

Tanto na Mesopotâmia como no Egito, a educação aparece nitidamente articulada segundo modelos de classe (grupos dominantes e povo), já escandida entre família e escola, especializada para aceder à profissão intelectual e desenvolvida em torno da aprendizagem da escrita: serão estes os caracteres estruturais de quase toda a tradição antiga, também grega, helenística e romana.

5 FENÍCIOS E HEBREUS

Entre a Síria e a Palestina, em tempos bem antigos, efetuou-se um assentamento de povos semíticos que, por concepções religiosas e por organizações políticas e econômicas, se contrapunham radicalmente. Desde a Antiguidade, a própria *Bíblia* informava sobre essas populações, entretanto, conhecimentos mais objetivos e menos "parciais" foram possíveis apenas com as descobertas da moderna arqueologia, que nos permitiu recuperar de modo mais integral e verdadeiro os diferentes modelos daquelas civilizações. A faixa de terra que acolhe as muitas populações, fenícias de um lado e hebraicas de outro, mas também cananeus, arameus etc., é um lugar estreito entre o deserto e o mar, contido entre o domínio egípcio e o mesopotâmico, que acolhe Estados "de reduzida dimensão" e "substancialmente autônomos", regidos por monarquias hereditárias, em luta entre si, que vivem da agricultura e do comércio, com religiões "fluidas e mutáveis" e um tanto rudes, que giram em torno dos deuses El e Baal com a esposa Astarte, mas também com "deuses nacionais" e até "deuses estrangeiros". Tal sincretismo é funcional para a vida comercial daqueles povos, seja por terra seja por mar, espalhando colônias fenícias por todo o Mediterrâneo (em Chipre, Rodes, Creta, na Sicília; no norte da África, pense-se em Cartago) e tornando prósperas as cidades (com o comércio da púrpura ou dos cedros, por exemplo).

A estrutura social é aquela que é típica do mundo antigo, com "patrícios, plebeus, escravos"; na vida familiar, porém, a mulher tem um papel não subalterno; estamos diante de uma sociedade "próspera enquanto civil: onde a vida é doce para todos, suntuosa para alguns" (Moscati).

Quanto à cultura, fundamental foi o desenvolvimento dos conhecimentos técnicos (de cálculo, de escrita, mas também ligados aos problemas da navegação). A descoberta mais significativa dessa cultura foi a do alfabeto, com 22 consoantes (sem as vogais), do qual derivam o alfabeto grego e depois os europeus, e que aconteceu pela necessidade de simplificar e acelerar a comunicação.

A primeira produção do alfabeto ocorre em Biblos (um dos centros da Fenícia), que deu, aliás, nome ao livro (*biblos* em grego), pelas indústrias de papiro que ali se encontravam. O desenvolvimento dos conhecimentos técnicos encontrava também uma codificação nas hierarquias sacerdotais – em que estava presente um "chefe", além dos vários grupos técnicos: guardas, administradores, até barbeiros, além de adivinhos. O aspecto literário e teológico da cultura dos fenícios foi, porém, mais modesto, à parte o mito e o culto de Adônis, que circulou depois amplamente no Mediterrâneo, alimentando – como demonstrou Detienne – o imaginário antigo de um profundo erotismo e de uma forte sensualidade. Quanto aos processos educativos, são aqueles típicos das sociedades pré-gregas, influenciados pelos modelos dos grandes impérios "hidráulicos" e pelas "sociedades sem escrita" em que predomina a sacralização dos saberes e a organização pragmática das técnicas, e tais processos se desenvolvem sobretudo na família, no santuário ou nas oficinas artesanais. Os processos de formação coletiva são confiados ao "bardo", ao "profeta", ao "sábio", três figuras-guia das comunidades pré-literárias e que desenvolvem uma ação de transmissão de saberes, de memória histórica e de "educadores de massa", como ainda se encontram entre os povos chamados primitivos. Ao longo das margens do Jordão, ao norte da Fenícia, atual Líbano, estabeleceram-se os hebreus: populações nômades que viviam do pastoreio, ligadas a uma religião totalmente diversa daquela dos vizinhos e contemporâneos, monoteísta e que concebe Deus como espírito absolutamente transcendente, não representável e não nominável (é apenas "aquele que é"); um Deus que fez, porém, um pacto com seu povo (Israel), ao qual revelou a gênese do mundo e as tábuas da lei e que o assiste na sua história, que é de sofrimentos impostos por Deus para pôr à prova o seu próprio povo, mas também de espera: de um Libertador, de um Messias, de um guia que fará Israel triunfar sobre todos os seus inimigos. Na *Bíblia* está contida a palavra de Deus e a história do povo hebreu, eleito, mas caminhando sempre por desvios de sua missão e indizíveis sofrimentos (destruições, deportações etc.). Do ponto de vista político, Israel se organiza cada vez mais nitidamente na direção monárquica (embora mantendo vivas as tribos e seus conflitos recíprocos) com Saul, Davi e Salomão, depois vem a crise: o reino se divide (entre reino de Israel e reino de Judá), a religião declina, para reanimar os hebreus intervêm os profetas (Isaías e Jeremias, sobretudo), vem o exílio na Babilônia. Depois, inicia-se a retomada, a começar de 538 a. C., ano da libertação da escravidão na Babilônia, para cair então sob a dominação romana, até Tito, que, em 70 d. C., destruirá o templo de Jerusalém e deportará os hebreus para cá e para lá pelo Império (a diáspora) para acalmar as rebeliões. Típicos da cultura hebraica são sobretudo o monoteísmo e a transcendência de Deus (como já o dissemos), mas também a concepção evolutiva, orientada e não cíclica da história, que espera ser completada e superada (com o advento do Messias), embora se trate de uma história própria do povo de Israel apenas, e o profetismo que também é, talvez, o traço pedagogicamente mais original da experiência político-cultural de Israel.

Quanto à história, "para o pensamento hebraico, ela tem um significado, e por isso encerra um ensinamento válido para a vida cotidiana", e o passado deve ser narrado "enquanto influi sobre o futuro" e enquanto encerra um desígnio de Deus, ligado ao "progresso". Quanto aos profetas, deve-se lembrar que eles são os educadores de Israel, inspirados por Deus e continuadores do espírito de sua mensagem ao "povo eleito": devem educar com dureza, castigar e repreender também com violência, já que sua denúncia é em razão de um retorno ao papel atribuído por Deus a Israel. Eles constituem sua consciência inquieta e seu impulso inovador. São educadores de todo o povo, mas falam a cada indivíduo, com palavras solenes e brutais, que pretendem sacudir o espírito e transformá-lo. E são educadores inspirados, previdentes, que falam contra e além de seu próprio tempo.

Escreve Ezequiel: "eu profetizei como me fora ordenado, e o espírito entrou neles [nos corpos dos homens já mortos] e eles se reanimaram, e se puseram de pé, um exército extraordinariamente grande". O papel do profeta é despertar, metaforicamente, da morte. Com os profetas, estamos diante do aspecto pedagogicamente mais relevante da *Bíblia*, mesmo se em outras passagens, nos *Provérbios* e nos livros didáticos, se condensam conselhos e normas de comportamento que pretendem educar o homem hebreu. No plano mais expressamente educativo, porém, deve ser sublinhado o papel da família e da escola. Na família, central é a autoridade do pai, que educa com severidade os filhos: "Quem economiza o porrete, odeia o próprio filho", dizem os *Provérbios*; subalterna, porém, é a condição da mulher.

A escola em Israel organiza-se em torno da interpretação da Lei dentro da sinagoga; à qual "era anexa uma escola de exegese" que, no período helenístico, se envolveu em sérios contrastes em torno, justamente, da helenização da cultura hebraica. Aos saduceus (helenizantes) opuseram--se os fariseus (antigregos) que remetiam à letra das Escrituras e à tradição interpretativa, salvaguardada de modo formalista. Assim, além de centro de oração e de vida religiosa e civil, a sinagoga se torna também lugar de instrução. A instrução que ali se professava era religiosa, voltada tanto para a "palavra" quanto para os "costumes". Os conteúdos da instrução eram "trechos escolhidos da Torá", a partir daqueles usados nos ofícios religiosos cotidianos. Só muito mais tarde (no século I d. C.) foi acrescentado o estudo da escrita e da aritmética. Nos séculos sucessivos, os hebreus da diáspora fixaram-se, em geral, sobre este modelo de formação (instrução religiosa), atribuindo também a esta o papel de salvar sua identidade cultural e sua tradição histórica.

A figura talvez mais significativa do pensamento hebraico helenizado, que se ocupou também de problemas pedagógicos, foi Fílon de Alexandria ou o Judeu (25 a. C. – 50 d. C.), que tentou conjugar hebraísmo e platonismo, desenvolvendo alguns aspectos educativos: valorizou as artes liberais como instrumentos da virtude; artes a aprender desde a infância como "estudos preliminares" para a aquisição da madura "sapiência", que é "luz arquétipa divina". Se o platonismo de Fílon permaneceu estranho à cultura hebraica, seu pensamento foi, porém, central para a formação da cultura cristã, até mesmo pedagógica, justamente pelo seu aspecto de mediador entre Escrituras e tradição helenística.

6 O "MILAGRE GREGO"

No âmbito das civilizações do mundo médio-oriental e mediterrâneo, a Grécia ocupa um papel e tem uma identidade política e cultural de nítida originalidade e de altíssimo relevo. Alguns estudiosos chegaram a falar até de "milagre grego" para sublinhar a nítida diferença entre mundo grego e mundo mediterrâneo em geral e a mudança de rota que se opera – na Grécia – no âmbito da organização social e política e na visão da cultura: mudança que se realiza em direção da *laicização*, da *racionalização*

72 FRANCO CAMBI

e da *universalização*. Embora mesclada de elementos provenientes do mundo oriental (mitos dos quais se nutre a cosmogonia grega: de Urano, de Gea etc.; religiões ora nacionais, ora de salvação individual; concepções políticas estatais e monárquicas) e de outros ligados ao mundo mediterrâneo (comuns sobretudo às técnicas, das quais os gregos operam uma síntese original sublinhando os aspectos teóricos), os diversos elementos mítico-religiosos e técnico-pragmáticos tendem cada vez mais a se tornar instrumentos nas mãos do homem para compreender e dominar o mundo natural e humano em que vive, tendendo, portanto, a laicizar-se, a fugir das práticas de tipo mágico e esotérico (de iniciados e de caráter sagrado) professadas por grupos sociais separados do resto da sociedade (os sacerdotes) e a tornar-se, pelo contrário, conhecimento próprio da mente que cada homem deve (ou pode) reconhecer como sua natureza mais específica, conhecimento que deve ser criticado, renovado, aumentado, além de demonstrado na sua verdade e no seu rigor.

Desse modo, no centro da cultura grega coloca-se a racionalidade, ou seja, aquele uso rigoroso da mente que se desenvolve na direção lógica (que demonstra) e crítica (que discute abertamente cada solução) e que organiza cada âmbito da experiência humana, submetendo-o a uma reconstrução à luz da teoria, ou de um saber orgânico estruturado segundo princípios e posto como valor em si mesmo. A racionalidade grega, de fato, tem este duplo aspecto: é regra universal na reconstrução da experiência, pela sua interpretação; e é um valor em si, um fim a desejar por si mesmo, que realiza o aspecto mais alto do homem: sua vocação à "vida contemplativa". São esses aspectos – comuns à racionalidade – que diferenciam nitidamente o mundo grego, não porque outras civilizações ignorem tais aspectos, mas porque não os afirmam na sua plenitude e como fim último de toda ação humana. Nesse sentido, podemos dizer que a Razão (o *Logos*) é uma descoberta dos gregos.

Tudo isso explica também a universalidade da sua cultura: sua posição na direção de uma humanidade que, em si, não é nem grega, nem egípcia, nem de outro grupo local, mas própria do homem em geral, como sujeito do "gênero humano" que, não por acaso, é uma noção que chega à maturação justamente no curso da filosofia grega, já no seu setor mais arcaico. Mas a universalidade é própria também dos conhecimentos, de todos os conhecimentos, que devem vir a constituir-se em razão de uma mente nem histórica nem local, mas justamente universal, que represente a "livre universalidade humana", posta como essência da subjetividade. Esse caráter de universalidade posto em essência pela racionalidade, que por sua vez é efeito de um processo de laicização, investe cada âmbito da cultura grega: o científico (basta pensar na geometria que é redefinida de forma cognoscitiva pura, sem dependência ou interferência com a práxis da mensuração prática); o literário (basta pensar na tragédia e em como ela encarna aspectos cruciais e permanentes da "condição humana": a relação com o destino-vontade dos deuses com Ésquilo; a relação com as leis, a infração do tabu com Sófocles; a desolação diante do fim do mundo com Eurípedes, em *As troianas*); e os filosóficos (falando de uma ética ou de uma estética universal, como de uma cosmologia válida para todos, de uma política eficaz para todos os povos, de uma gnoseologia própria do homem enquanto homem).

O "milagre grego" foi possível por pelo menos duas condições: a *pólis* grega e o dinamismo da psicologia do homem grego, ligado por sua vez às condições de vida (pobreza do ambiente originário, expansão comercial, abertura ao conhecimento/assimilação das outras culturas, colonização). A *pólis*, em particular, apresenta-se como uma cidade-estado extremamente carregada de fermentos, enquanto alimentada por tensões e conflitos, mas também por aberturas para o novo e por mudança dos próprios equilíbrios sociais, aspectos ignorados no mundo antigo. O homem grego, enfim, é bem representado tanto pela curiosidade e pela astúcia de Ulisses como pelo idealismo, pelo puro *theorein* de Platão ou pelo enciclopedismo de Aristóteles e pela paixão ética dos trágicos ou de Epicuro, que coloca com vigor o tema do significado da vida: um homem aberto, carregado de tensões, que confia na bússola do conhecimento para resolver os problemas da natureza e do próprio homem.

Essas são as condições-chave para compreender a "virada" que se opera no mundo antigo com a civilização grega: virada que investe em particular sobre a cultura, tornando-a *mais autônoma, mais enciclopédica* (articulada sobre todos os saberes e vista como sua reunião orgânica), *mais propriamente humana* (basta pensar na noção de *paideia*, de "formação humana" por meio de atividades mais próprias do homem, culturais portanto), *mais abertamente teorética* e submetida ao regulador da *theoria* (aspecto que a torna mais independente da tradição e a contrapõe a ela).

Será, então, esse modelo que permanecerá no centro da história ocidental e alimentará o mundo moderno. Também em pedagogia a Grécia operará uma série de inovações que marcarão o destino desse saber no Ocidente, como já o salientamos. Em primeiro lugar, essa passagem da educação (como práxis e como tradição) à pedagogia (como teoria e como construção de modelos autônomos e inovadores em relação à tradição). Depois, a construção de um grande ideal de formação humana com a *paideia*: repita-se, o homem só é tal por meio do comércio íntimo com a cultura, que deve estruturá-lo como sujeito e torná-lo indivíduo-pessoa. E ainda: a ideia dos *studia humanitatis* ligados à centralidade da literatura e da história, dos saberes do homem e pelo homem, que devem ser também o eixo cultural da escola e dos próprios programas de estudo. Como também a divisão da formação e da escola em dois âmbitos: desinteressada, cultural, de caráter teórico e contemplativo, por um lado; técnica, pragmática, de caráter aplicativo, por outro, realizada nas oficinas e destinada ao aprendizado. São alguns dos princípios que virão a estruturar durante dois mil a 2.500 anos os modelos e as agências de formação próprios da tradição ocidental e que terão uma dimensão de "longa duração".

CAPÍTULO III

A EDUCAÇÃO NA GRÉCIA

1 A IDADE ARCAICA E O MODELO HOMÉRICO: AS ARMAS E O DISCURSO

Os gregos não foram um povo unitário, étnica e culturalmente, mas uma mescla de etnias e de culturas que foram se espalhando em ondas sucessivas na Hélade, a península acidentada e pedregosa que, abaixo da Macedônia, se projeta no Mar Egeu, contornada por ilhas e arquipélagos. Sobre esse terreno estéril, mas aberto para o mar, tomou corpo – por volta do III milênio a. C. – a civilização cretense na ilha de Creta, tecnicamente evoluída (na arquitetura, na escrita), ligada aos cultos religiosos mediterrâneos, governada por reis-sacerdotes; depois – por volta de 1600 a. C. –, a esplêndida civilização cretense foi subjugada por Micene, cidade da Argólida que vinha exercendo uma supremacia sobre a região e cujos traços aparecem nos poemas homéricos; a estirpe dos aqueus, ligados a Micene, foi depois – entre 1200 e 1100 a. C. – superada pelos frígios e pelos dórios, povos invasores que se instalaram na península. Neste processo, a própria estrutura geográfica da Grécia – como se disse, "topografia montanhosa" e "fracionamento geográfico natural" – favoreceu a formação de reinos isolados e independentes, que só se aliavam momentaneamente, para depois tornar a separar-se, mas vindo assim a construir, por intercâmbios comerciais e culturais, uma profunda unidade espiritual, que deu vida a uma "civilização comum", ligada à mesma língua, ao mesmo alfabeto, a uma atividade mitopoiética comum.

O testemunho explícito e orgânico dessa unidade espiritual serão os poemas de Homero: a *Ilíada*, que narra os eventos da guerra de Troia, a vitória dos aqueus e a constituição, neste povo fracionado e dividido, de uma consciência comum, histórico-mítica e étnica, e a *Odisseia*, que conta a viagem de Ulisses de Troia a Ítaca, entremeada de vicissitudes, de provas de aventuras e de riscos, exaltando a capacidade do indivíduo, sua astúcia (= inteligência) e sua coragem, mas também sua magnanimidade e aceitação do destino. Os dois poemas são o produto de "séculos de poesia oral, composta, recitada e transmitida por bardos de profissão, os aedos, sem o auxílio da escrita" (Finley), mas onde se encontra sedimentado também o estilo de vida da Grécia mais arcaica, dividida em reinos governados por reis-guerreiros, expressão de uma casta de dominadores militares, onde se vive de agricultura e pastoreio, mas também de comércio, e onde se organiza uma sociedade hierárquica, na qual o poder está na mão da aristocracia. Nessas páginas estão refletidas as práxis econômicas e sociais, as crenças religiosas e as regras do poder, as próprias práticas culturais, ligadas à oralidade e ao papel-chave do aedo em tal contexto histórico-mítico. São retratados os tempos arcaicos, fixados por escrito entre "o fim do século IX e o início do VII" e delineado um ocaso dos costumes mais antigos – as religiões orgiásticas, os aspectos dionisíacos e báquicos ligados a desregramentos e ritos cruentos – e a afirmação de uma sociedade menos brutal e mais racional, que se organiza em torno dos valores da força e da persuasão, da excelência física e espiritual, das *armas* e da *palavra*. A educação heroica esboçada na *Ilíada* retoma aspectos da formação de Aquiles e se delineia como uma educação prática, que une "língua" e "mão" e versa sobre o cuidado do corpo, mas não exclui a oratória, guiada pelo "centauro Quirão", ou seja, organizada por uma relação pessoal entre mestre e aluno, que remete, talvez, à própria prática dórica da pederastia; da formação do jovem guerreiro através de uma amizade (até carnal) com um guerreiro mais velho que funcionava como treinador e guia, aspecto que permaneceu durante muito tempo como elemento característico da educação grega. Elementos dessa formação

HISTÓRIA DA PEDAGOGIA 77

heroica encontram-se também na *Odisseia*, em relação ao jovem Telêmaco, embora neste caso, doravante, o ambiente formativo seja a família, com suas práticas e seus afetos. Outros aspectos da educação, ligada sobretudo ao povo, encontram-se em Hesíodo (século VIII a. C.), em *Os trabalhos e os dias*, onde é exaltado o trabalho e são apontadas práticas de iniciação, que em todas as culturas arcaicas assumem um papel crucial no crescimento e na inserção das jovens gerações na sociedade adulta, sancionando uma futura maturidade do indivíduo por meio de provas rituais.

A educação heroica destina-se aos adolescentes aristocráticos, reunidos no palácio do rei, onde são treinados para o combate através de competições e jogos com disco, dardo, arco, carros, que devem favorecer o exercício da força, mas também da astúcia e da inteligência. O espírito de luta é aqui o critério educativo fundamental, que abrange tanto o aspecto físico-esportivo quanto o cortês-oratório-musical, solicitando exercícios com a lira, dança e canto e remetendo o jovem também a práticas religiosas como "a leitura dos signos, os ritos do sacrifício, o culto dos deuses e dos heróis". Estamos diante de "uma pedagogia do exemplo", da qual Aquiles encarna a *areté* (o modelo ideal mais completo de formação) ligada à excelência e ao valor. Não só: já a partir da *Ilíada* "a música e a ginástica pertencem ao programa educativo" dos gregos e são indicadas como modelo e programa às jovens gerações justamente pela leitura educativa do poema homérico, que será texto de formação – por séculos – das classes dominantes.

2   A *PÓLIS* E A FORMAÇÃO DO CIDADÃO: LEIS E RITOS, AGONÍSTICA E TEATRO

A organização política do Estado típica da Grécia arcaica – reinos independentes e territoriais – tende gradativamente, mas de modo profundo, a mudar com a afirmação da *pólis*: uma cidade-estado com forte unidade espiritual (religiosa e mitopoiética) que organiza um território, mas que sobretudo é aberta para o exterior (comércio, emigração, colonização) e administrada por regime ora monárquico, ora oligárquico, ora democrático, ora tirânico, mas no qual o poder é regulado por meio da ação de assembleias e de cargos eletivos. Se a *pólis* é "um Estado que se autogoverna", as cidades-estado gregas eram independentes entre si, viviam em luta e davam vigor – dentro da cidade – a uma intensa vida comunitária, organizada em torno de valores e de fins comuns, embora separada por grupos e por funções, e regulada por leis estabelecidas pela própria comunidade; externamente, porém, alimentavam oposições radicais e alianças frágeis, que condenaram a Grécia a sofrer a hegemonia primeiro dos persas, depois dos reis da Macedônia, que a subjugaram, extinguindo sua autonomia e criatividade política.

Se Esparta e Atenas, como veremos, representaram os dois modelos opostos da *pólis* grega, a florescência das *póleis* difundiu-se em toda a Grécia (com Corinto, Olímpia, Epidauro etc.), depois desde os limites da atual Turquia (com Mileto e Pérgamo), até a Magna Grécia, que compreendia as costas da Puglia (com Brindisi e Taranto), da Calábria (com Crotona), da Sicília (com Siracusa e Agrigento), da Campânia (com Paestum e Eleia), criando no centro do Mediterrâneo uma civilização móvel e unitária, articulada e comum, madura pelo pluralismo de formas e de especializações e pelas diversas contribuições de etnias, de grupos e de indivíduos, que pela obra dos reis macedônios e, depois, dos reis romanos foi afirmando-se como a cultura-líder do Mediterrâneo e do mundo antigo. A *pólis*, desde seus inícios, entre os séculos VIII e VII, "assinala um ponto de partida, uma verdadeira invenção", já que nela "a vida social e as relações entre os homens assumiram uma forma nova": temos "uma extraordinária presença da palavra", que se torna "instrumento político" e alimenta "a discussão" e a "argumentação"; as "manifestações mais importantes da vida social" têm um caráter de plena "publicidade", ligadas que estão a "interesses comuns", assumindo um aspecto democrático, inclusive no que tange à cultura; os diversos grupos ou clãs que compõem a cidade são "'semelhantes' uns aos outros", são *isoi*, iguais, até no plano militar (com o nascimento do hoplita: o cidadão dotado de armas que está pronto a combater pela cidade) (Vernant). Mas o que faz da *pólis* uma comunidade de vida espiritual são sobretudo as leis e os ritos, que formam a consciência do cidadão e inspiram seus comportamentos por meio de normas que fixam ações e proibições. Até os deuses são cidadãos (ainda que depois todos os deuses do Olimpo fossem cultuados); são deuses que protegem e inspiram a vida da comunidade, que são exaltados nas grandes festas urbanas por sacerdotes que não formam uma casta, mas são "leigos" ou oficiais de Estado "no mesmo sentido que generais, tesoureiros ou comissários de mercadores, com a mesma base de família, de riqueza, de experiência", como ocorria em Atenas (Finley). E são "semelhantes aos homens" cujas histórias ou mitos "explicavam" o ritual e davam uma interpretação complexa do mundo. A religião era também "um assunto do Estado ou da comunidade" cuja vida ela regulava, embora se caracterizasse em sentido local, com poucos vínculos com os cultos das outras cidades, à parte a sacralidade do santuário de Delfos e seu oráculo (além de Elêusis e seus cultos iniciáticos) ou os rituais de Olímpia, os Jogos, inaugurados em 776 a. C.

Desse modo, os jogos agonísticos – ou ginásticos, masculinos e femininos – e a atividade teatral, ambos ligados a festividades religiosas e momentos eminentemente comunitários, vinham desenvolver uma função educativa no âmbito da *pólis*, acompanhando a ação das leis e sublinhando seus fundamentos ético-antropológicos, como ainda o caráter de livre vínculo coletivo. Já Tucídides reconhecia que "a cidade é uma empresa educativa", referindo-se sobretudo a Atenas, uma vez que tende a "garantir aquela integração, aquela coesão, aquela homogeneidade de base que são requisitos essenciais para a segurança e para a sobrevivência" da cidade. Com tal objetivo, se desenvolve "uma atividade educativa total e permanente, que faz da *pólis* inteira uma 'comunidade pedagógica'" (Vegetti). Um dos instrumentos fundamentais dessa educação comunitária é o teatro, a tragédia e a comédia, que é um espelho da comunidade e que enfrenta seus problemas de legitimação das normas e de descrição/avaliação dos costumes. Assim, o teatro, em Atenas, é "também e sobretudo um lugar de representação das contradições que laceram o corpo da cidade e as consciências de seus membros", referentes a escolhas políticas, éticas, psicológicas, como ocorre pelo incesto em *Édipo Rei* ou pelas leis interiores superiores às da cidade na *Antígona* de Sófocles, como também pela aceitação do destino na *Oréstia* de Ésquilo. No teatro, a comunidade educa a si mesma; com a comédia que fustiga costumes, ridiculariza comportamentos, *castigat ridendo mores*, como dirão os latinos.

Os jogos agonísticos também educam: pelo desafio de enfrentar os outros nas corridas, pelo uso da inteligência como *metis* ("razão astuta"), pela comunicação e pela Imaginação. A *areté* masculina e feminina encontrava nos jogos agonísticos e nas suas provas um momento de tensão formativa e de apelo à excelência que estabelecia com o corpo e com seu domínio uma precisa e harmoniosa atividade espiritual. Na agonística, escreve Burckhardt, "manifestam-se a excelência e a raça, e a vitória esportiva revela-se como a mais antiga expressão da vitória pacífica da humanidade", que ultrapassará os tempos heroicos e pertencerá ao patrimônio espiritual e educativo da cultura grega, até a época clássica e depois também na helenística, embora com ênfases diferentes. E é significativo que por longo tempo os jogos agonísticos pertençam também à *areté* da mulher, vista nos "seus comportamentos não oficiais, mais íntimos e privados, e nos sociais" (Frasca).

3   A EDUCAÇÃO FAMILIAR, A MULHER, A INFÂNCIA

A família, em qualquer sociedade, é o primeiro lugar de socialização do indivíduo, onde ele aprende a reconhecer a si e aos outros, a comunicar e a falar, onde depois aprende comportamentos, regras, sistemas de valores, concepções do mundo. A família é o primeiro regulador da identidade física, psicológica e cultural do indivíduo e age sobre ele por meio de uma fortíssima ação ideológica. Esse era também o papel da família na Antiguidade, na qual se caracterizava ora como família patriarcal, ampliada, coincidente com a *gens* ou *genos* (estirpe), como a definiram os latinos e os gregos, ora como relação pais-filhos, mas sempre segundo um modelo autoritário que vê o pai quase como um *deus ex machina* da vida familiar. É da união das famílias, portanto, que nasce a comunidade social que dará vida à própria *pólis*.

No interior do *òikos* (espaço familiar) reina a mulher – como esposa e como mãe –, mas socialmente invisível e subalterna, dedicada aos trabalhos domésticos e à criação dos filhos. Penélope será um modelo significativo da condição feminina na Grécia arcaica e também na clássica. Fora da casa, a mulher é tentadora (para o homem), desvia-o da sua "tarefa", afasta-o de seus deveres: como fazem Circe e Calipso com Ulisses na *Odisseia*. A feminilidade é também perdição, é mal, é desordem: como deixa entrever o mito de Pandora, uma deusa que é símbolo da feminilidade. Hera, pelo contrário, a "rainha dos deuses", é esposa e mãe, protege o casamento e os partos e indica o modelo da verdadeira (= justa) feminilidade. Na família, a mulher é submissa, primeiro ao pai depois ao marido, ao qual deve fidelidade e amor absolutos (os vasos de núpcias acolhem frequentemente a imagem mítica de Alceste, a esposa que "aceitou chegar ao Além no lugar do marido"). Suas funções públicas são apenas para funerais (são suas atribuições a toalete dos mortos e os lamentos fúnebres), para o retorno ou a partida do guerreiro, para coros e danças nas festividades, para sacrifícios, quando aparece como canéfora, portadora do *kanòun* ou cesto sacrificial, para festas como as de Adônis e de Ártemis ou os ritos dionisíacos. Fora de casa – na vida cotidiana –, os seus espaços são as fontes; dentro de casa, o lugar onde ela fia e tece. "As cenas de mulheres fiando são muito numerosas no fim do período arcaico", na pintura de vasos; as mulheres são representadas com "concha e cesto", para indicar seu empenho no trabalho, enquanto os homens são representados no ócio.

Existem, porém, já no mito, modelos femininos que se opõem a essa domesticidade e submissão da mulher: as Amazonas, mulheres guerreiras, com características masculinas de coragem e de força; as Mênades, sequazes de Dioniso, possuídas e selvagens, que rompem toda regra moral no transe e se carregam de violência. Mulheres assassinas que inquietam um cosmo ordenado segundo os modelos masculinos de autoridade e de submissão. Na sociedade grega existem também figuras de mulheres mais livres e menos subalternas: as sacerdotisas, as "anciãs", as hetairas ou prostitutas de luxo, que vivem ao lado dos homens, são cultas, participam da vida social (como Aspásia, a favorita de Péricles, em Atenas). Em geral, porém, é no *òikos* que se desenvolve a vida feminina, entre "casamentos, nascimentos, mortes", rodeada de "filhos, parentes, criadas"; ali se cria uma comunidade feminina que trabalha, que organiza a vida da casa, que reza. "O *òikos* é o domínio das mulheres: o que acontece nele está sob seu controle", mas cumpre assinalar que nele também é "a lei masculina que reina e que sanciona por último a atividade" (Duby & Perrot).

As crianças vivem a primeira infância em família, assistidas pelas mulheres e submetidas à autoridade do pai, que pode reconhecê-las ou abandoná-las, que escolhe seu papel social e é seu tutor legal. A infância não é valorizada em toda a cultura antiga: é uma idade de passagem, ameaçada por doenças, incerta nos seus sucessos; sobre ela, portanto, se faz um mínimo investimento afetivo, como salientou Ariès para as sociedades tradicionais em geral. A infância cresce em casa, controlada pelo "medo do pai", atemorizada por figuras míticas semelhantes às bruxas (as Lâmias, em Roma), gratificada com brinquedos (pense-se nas bonecas) e entretida com jogos (bolas, aros, armas rudimentares), mas sempre colocada à margem da vida social. Ou então por esta brutalmente corrompida, submetida a violência, a estupro, a trabalho, até a sacrifícios rituais. O menino – em toda a Antiguidade e na Grécia também – é um "marginal" e como tal é violentado e explorado sob vários aspectos, mesmo se gradualmente – a partir dos sete anos, em geral – é inserido em instituições públicas e sociais que lhe concedem uma identidade, lhe indicam uma função e exercem sobre ele também uma proteção.

4 ATENAS E ESPARTA: DOIS MODELOS EDUCATIVOS

Entre as *póleis* gregas, duas cidades ocuparam um papel-guia, histórica e idealmente, dando vida a modelos políticos, sociais e culturais opostos entre si e verdadeiramente exemplares, alimentando depois durante séculos e durante milênios o debate historiográfico, mas também cultural, já que vieram a representar as duas opções radicais – e radicalmente alternativas – do espírito grego, o que significa também de toda a história ocidental, reconsiderada nas suas origens. Esparta foi o modelo de Estado totalitário; Atenas, de democrático, e de uma democracia muito avançada. Até seus ideais e modelos educativos se caracterizavam de maneira oposta pela perspectiva militar de formação de cidadãos-guerreiros, homogêneos à ideologia de uma sociedade fechada e compacta, ou por um tipo de formação cultural e aberta, que valorizava o indivíduo e suas capacidades de construção do próprio mundo interior e social. Esparta e Atenas deram vida a dois ideais de educação: um baseado no conformismo e no estatismo, outro na concepção de *paideia*, de formação humana livre e nutrida de experiências diversas, sociais, mas também culturais e antropológicas. Os dois ideais, depois, alimentaram durante séculos o debate pedagógico, sublinhando a riqueza e fecundidade ora de um, ora de outro modelo.

Esparta é uma cidade que vive da agricultura, situada longe do mar, fechada em si mesma e dividida rigidamente em classes (os cidadãos, os *perioikoi* ou habitantes do campo e os *iloti* ou grupos subalternos). É governada por uma assembleia de cidadãos que elege um conselho de 28 membros, e por dois reis com direito hereditário. Foi o mítico Licurgo quem ditou as regras políticas de Esparta e delineou seu sistema educativo, conforme o testemunho de Plutarco. As crianças do sexo masculino, a partir dos sete anos, eram retiradas da família e inseridas em escolas-ginásios onde recebiam, até os 16 anos, uma formação de tipo militar, que devia favorecer a aquisição da força e da coragem. O cidadão-guerreiro é formado pelo adestramento no uso das armas, reunido em equipes sob o controle de jovens guerreiros e, depois, de um superintendente geral (*paidonomos*). Levava-se uma vida em comum, favoreciam-se os vínculos de amizade, valorizava-se em particular a obediência. Quanto à cultura – ler, escrever –, pouco espaço era dado a ela na formação do espartano – "o estritamente necessário", diz Plutarco –, embora fizessem aprender de memória Homero e Hesíodo ou o poeta Tirteo.

Também as mulheres, em Esparta, deviam robustecer o próprio corpo com a educação física – "para suportar bem a gravidez" e para desenvolver os "nobres sentimentos da virtude e da glória", nota ainda Plutarco. Entrando em conflito com Atenas, na longa guerra do Peloponeso (451-404 a. C.), Esparta saiu enfraquecida e entrou em rápido declínio. No século V, já outras cidades desenvolveram sua própria hegemonia sobre a Grécia, a partir de Atenas. Esparta permaneceu fiel aos próprios costumes e aos próprios ideais, que, porém, eram agora superados por uma nova civilização – baseada no intercâmbio e na escrita –, à qual Esparta tinha permanecido alheia. Reduzida a "medíocre cidade do império romano", a formação do guerreiro era agora uma atração para os turistas que desejavam "ver o combate de jovens junto ao altar de Ártemis" (Mialaret & Vial).

A ascensão de Atenas no mundo grego ocorre através da obra de Sólon, que, em 594 a. C., estava na direção da cidade, enquanto nela fermentavam lutas sociais e econômicas tendentes a limitar os poderes da aristocracia fundiária. Sólon deu a Atenas uma constituição de tipo democrático: libertou os camponeses; instituiu o tribunal do povo; criou o Conselho dos Quatrocentos (executivo) designado por sorteio pela Assembleia do povo. Ainda sob a tirania de Pisístrato e do filho Hípias, em seguida sob a democracia de Clístenes e durante a guerra contra os persas comandada por

Temístocles, até a vitória de Maratona (490 a. C.) e depois de Salamina (480 a. C.), Atenas continuou a fazer crescer o comércio e a população e a exercer uma função-chave na Grécia inteira. Também a cultura, após a adoção do alfabeto iônico, totalmente fonético (em 403), que se tornou comum a toda a Grécia, teve um esplêndido florescimento em todos os campos: da poesia ao teatro, da história à filosofia. No século V, Atenas tinha cerca de 300 mil habitantes e exercia um influxo sobre toda a Grécia: tinha necessidade de uma burocracia culta, que conhecesse a escrita. Esta difundiu-se a todo o povo e os cidadãos livres adquiriram o hábito de dedicar-se à oratória, à filosofia, à literatura, desprezando (e recusando) o trabalho manual e comercial. Todo o povo escrevia, como atesta a prática do ostracismo; as mulheres também eram admitidas na cultura. Afirmou-se um ideal de formação mais culto e civil, ligado à eloquência e à beleza, desinteressado e universal, capaz de atingir os aspectos mais próprios e profundos da humanidade de cada indivíduo e destinado a educar justamente este aspecto de humanidade (de *humanitas*, como dirão Cícero e os latinos), que em particular a filosofia e as letras conseguem nele fazer emergir e amadurecer. Assim, a educação assumia em Atenas um papel-chave e complexo, tornava-se matéria de debate, tendia a universalizar-se, superando os limites da pólis. Numa primeira fase, a educação era dada aos rapazes que frequentavam a escola e a palestra, onde eram instruídos através da leitura, da escrita, da música e da educação física, sob a direção de três instrutores: o *grammatistes* (mestre), o *kitharistes* (professor de música), o *paidotribes* (professor de gramática). O rapaz (*pais*) era depois acompanhado por um escravo que o controlava e guiava: o *paidagogos*. Depois de aprender o alfabeto e a escrita, usando tabuinhas de madeira cobertas de cera, liam-se "versos ricos de ensinamentos, narrativas, discursos, elogios de homens famosos", depois "os poetas líricos" que eram cantados, como atesta Platão. Central era também o cuidado do corpo, para torná-lo sadio, forte e belo, realizado nos *gymnasia*. Aos 18 anos, o jovem era "efebo" (no auge da adolescência), inscrevia-se no próprio *demo* (ou circunscrição), com uma cerimônia entrava na vida de cidadão e depois prestava serviço militar por dois anos.

A particularidade da educação ateniense é indicada pela ideia harmônica de formação que inspira o processo educativo e o lugar que nela ocupa a cultura literária e musical, desprovida de valor prático, mas de grande importância espiritual, ligada ao crescimento da personalidade e humanidade do jovem. Estamos já no limiar da grande descoberta educativa ateniense e também de toda a cultura grega: a *paideia* que, da época dos sofistas em diante, torna-se a noção-base da tradição pedagógica antiga.

5 O NASCIMENTO DA *PAIDEIA*

No curso dos séculos V-IV a. C., a cultura grega – caracterizada agora pelo papel hegemônico de Atenas – entra numa fase de crise e de transformação, em paralelo com uma profunda mudança da sociedade em seu conjunto. Novos grupos sociais, ligados ao comércio e de riqueza recente, reclamam uma presença política e apontam para uma democracia que favoreça a troca de classes na gestão do poder. Ao lado dessa mobilidade social e dessa exigência de democracia, delineia-se também uma cultura mais crítica em relação ao saber religioso e mitopoiético e mais técnico-científica, que exalta a dimensão livre e o livre exercício da razão próprio de cada indivíduo e disposto a submeter à análise qualquer crença, qualquer ideal, qualquer princípio da tradição. Esse modelo de cultura essencialmente democrática deu lugar àquele período do "iluminismo grego" que foi interpretado de maneira exemplar pelos sofistas. Estes eram mestres de retórica (e não mestres da verdade como os sapientes desde Tales até Demócrito, filósofos-cientistas, cosmólogos etc.) e de *sophia* (de sapiência técnica, ligada à técnica do discurso) que ensinavam mediante pagamento por quase toda a Grécia, dedicando-se aos grupos sociais emergentes e iniciando-os na *techne* da oratória, por meio de discursos exemplares e argumentações erísticas (que punham em dificuldade o adversário). Os sofistas, portanto, indicam uma dupla virada na cultura grega: uma atenção quase exclusiva para o homem e seus problemas, como também para suas técnicas, a partir do discurso; além da cultura tradicional, naturalista e religiosa, cosmológica, que é submetida a uma dura crítica. A posição mais exemplar entre os sofistas foi assumida por Protágoras de Abdera (484-411 a. C.) e por Górgias de Lentini (484-376 a. C.), que sublinharam o antropologismo e o relativismo de todo saber – enquanto o homem "é medida de todas as coisas" (Protágoras) – e as formas persuasivas do discurso, além de desenvolver uma crítica radical ao eleatismo e à sua visão metafísica por ser impossível ao homem (Górgias).

"Nasce assim uma cultura diferente" em relação ao passado. Feita "de conhecimentos e de capacidades distintas da sapiência do sacerdote, da produção teórica do cientista, das habilidades do técnico especialista" e "entendida como a formação moral, retórico-linguística, histórica do homem político enquanto tal". E "a transmissão desta cultura" torna-se "a tarefa fundamental da atividade educativa" (Vegetti). De uma educação pública, retirada da família e do santuário, que visa à formação do cidadão e das suas virtudes (persuasão e capacidade de liderança, sobretudo). É uma educação que se liga à palavra e à escrita e tende à formação do homem como orador, marcado pelo princípio do *kalokagathos* (do belo e do bom) e que visa cultivar os aspectos mais próprios do humano em cada indivíduo, elevando-o a uma condição de excelência, que todavia não se possui por natureza, mas se adquire pelo estudo e pelo empenho.

Mais ainda: essa complexa formação (social, política, cultural e educativa) coloca em crise o *éthos* tradicional da *pólis* grega, que era aristocrático-religioso, transmitido por meio do exemplo e dos processos de socialização e vivido como uma profunda – e também natural, imediata – identidade social. A *pólis* como organismo também educativo entra em crise; a ela se contrapõe o indivíduo, o sujeito, que vive uma profunda desorientação e é levado a buscar uma nova identidade. Trata-se de fixar modelos de homem, de cultura e de participação na vida social bem diferentes dos do passado, não mais sustentados pelos valores da *pólis*, mas, ao mesmo tempo, mais pessoais, mais individualmente escolhidos e construídos, e mais universais, mais idôneos para a formação do homem enquanto tal, sem limite de etnia, de casta, de cidadania: um homem desenvolvido de maneira mais geral e mais livre, mais apto a reconhecer e realizar sua própria "livre universalidade humana".

Se os sofistas exemplificam bem a guinada antropológica da educação e de como ela se torna *techne* da formação humana (através da linguagem), será Sócrates quem irá mostrar a dramaticidade e a universalidade de tal processo, que envolve o indivíduo *ab imis* e busca sua identidade pela ativação de um *daimon* que traça seu caminho e pelo uso da dialética que produz a universalização do indivíduo pela discussão racional e pelo seu processo sempre renovado, a fim de atingir a virtude mais própria do homem, que é o "conhece-te a ti mesmo". Estamos já no horizonte da *paideia*, daquele ideal de formação humana, da "formação de uma humanidade superior" nutrida de cultura e de civilização, que atribui ao homem sobretudo uma identidade cultural e histórica. "Ela não parte do indivíduo, mas da ideia. Acima do homem-rebanho, e do homem pretensamente autônomo, está o homem como ideia", ou seja, "como imagem universal e exemplar da espécie" (Jaeger) nutrida de história e capaz de realizar os princípios da vida contemplativa (*bios theoretikos*). Esse humanismo (ou *humanitas*) ninguém o possui por natureza, ele é fruto apenas da educação, e é o desafio máximo que alimenta todos os processos de formação.

Se a noção de *paideia* deve ser procurada já nas fases mais remotas da cultura grega, atingindo a cultura dos médicos, depois a dos trágicos e por fim a dos filósofos, é todavia na época dos sofistas e de Sócrates que ela se afirma de modo orgânico e independente e assinala a passagem – explícita – da educação para a pedagogia, de uma dimensão pragmática da educação para uma dimensão teórica, que se delineia segundo as características universais e necessárias da filosofia. Nasce a pedagogia como saber autônomo, sistemático, rigoroso; nasce o pensamento da educação como *episteme*, e não mais como *éthos* e como *práxis* apenas. A guinada será determinante para a cultura ocidental, já que reelabora num nível mais alto e complexo os problemas da educação e os enfrenta *fora* de qualquer localismo e determinismo cultural e ambiental, num processo de universalidade racional; e porá em circulação aquela noção de *paideia* que sustentou por milênios a reflexão educativa, reelaborando-se como *paideia* cristã, como *paideia* humanística e depois como *Bildung*.

6   OS GRANDES MODELOS TEÓRICOS: SÓCRATES, PLATÃO, ISÓCRATES, ARISTÓTELES

Entre Sócrates e Aristóteles, no breve arco de tempo que vê a filosofia afirmar-se como "ciência régia" (conexa com a metafísica, a ética e a lógica em particular) e que a vê organizar-se em amplos e complexos sistemas especulativos, oferecendo uma imagem completa e rigorosa do cosmo e dos problemas que o animam, mas também do homem e de suas características éticas e cognitivas, a *paideia* recebe um desenvolvimento extremamente complexo, articulando-se numa série de modelos que refletem tanto a intensa problemática da noção quanto as diversas perspectivas segundo as quais pode desenvolver-se. O pluralismo dos modelos vem enfatizar o papel da *paideia* e a riqueza da noção, confirmando-a como o centro teórico da elaboração pedagógica da Antiguidade, que tem no seu centro a experiência grega, e no centro desta está o período dos séculos v e iv. Estamos diante da *paideia* dos filósofos que, entretanto, não elimina a dos médicos, como antes a dos trágicos, dando lugar a um leque bastante complexo e variado de modelos, os quais sublinham este aspecto de *acmé* atingido nos dois séculos da maturidade grega.

Com Sócrates (470-399 a. C.) – o filósofo ateniense que se torna mestre de todos, desinteressado e impelido por uma forte motivação ético-antropológica, que libera as consciências com seu diálogo e que depois universaliza e radicaliza seu pensamento, que nesta época de despertar interior e de liberação do indivíduo se choca com o poder político e religioso da *pólis*, até que esta o condena à morte por corromper as consciências e os jovens, sobretudo (condenação que o filósofo aceita com absoluta serenidade) –, estamos diante de uma *paideia* como problematização e como pesquisa, que visa a um indivíduo em constante amadurecimento de si próprio, acolhendo em seu interior a voz do mestre e fazendo-se mestre de si mesmo. A formação humana é para Sócrates maiêutica (operação de trazer para fora) e diálogo que se realiza por parte de um mestre (seja ele Sócrates ou um *daimon* interior), o qual desperta, levanta dúvidas, solicita pesquisa, dirige, problematiza etc. por meio do diálogo, que abre para a dialética (para a unificação através da oposição, construindo uma unidade que tende a tornar-se cada vez mais rica). A ação educativa de Sócrates consiste em favorecer tal diálogo e a sua radicalização, em solicitar um aprofundamento cada vez maior dos conceitos para chegar a uma formulação mais universal e mais crítica; desse modo se realiza o "trazer para fora" da personalidade de cada indivíduo, que tem como objetivo o "conhece-te a ti mesmo" e a sua realização segundo o princípio da liberdade e da universalidade.

A *paideia* de Sócrates é problemática e aberta; mas fixa o itinerário e a estrutura do processo com as escolhas que o sujeito deve realizar; consigna um modelo de formação dinâmico e dramático, mas ao mesmo tempo individual e universal. Estamos diante de um modelo de *paideia* entre os mais lineares e densos, já que Sócrates bem reconhece o caráter pessoal da formação, seu processo carregado de tensões, sua tendência ao autodomínio e à autodireção e o fato de ser uma tarefa contínua. A "pedagogia da consciência individual" orientada pela filosofia (típica de Sócrates) qualifica-se como, talvez, o modelo mais móvel e original produzido pela época clássica; características que, por milênios, tornarão tal modelo paradigmático e capaz de incidir em profundidade sobre toda a tradição pedagógica ocidental.

Platão, o maior filósofo ateniense (427-347 a. C.), discípulo e herdeiro de Sócrates, elabora um grandioso sistema filosófico de base idealista (que coloca a prioridade da ideia em relação ao ser-experiência e, portanto, o desenvolvimento de uma especulação que reconquiste a pureza e a função teleológica das ideias) e o desenvolve através de belíssimos textos filosóficos – os *Diálogos* – divididos em três fases (da juventude, da maturidade e da velhice), que retomam e reabrem os problemas metafísicos, éticos, políticos e lógico-gnoseológicos do idealismo platônico, levando-o a formulações cada vez mais críticas e mais profundas.

Platão fixa em seu pensamento dois tipos de *paideia*, uma – mais socrática –, ligada à formação da alma individual, outra – mais política –, ligada aos papéis sociais dos indivíduos, distintos quanto às qualidades intrínsecas da sua natureza que os destinam a uma ou outra classe social e política. A formação da alma é teorizada, sobretudo, no *Fédon*, no *Fedro*, e em *O banquete* (diálogos que estão na encruzilhada entre a juventude e a maturidade), e implica uma hierarquização entre as diversas almas (concupiscível, irascível, racional) sob o controle do auriga-razão (como sublinha o mito da biga alada), tendendo à pura contemplação das ideias. Neste itinerário, a alma se eleva através da beleza (que parte dos corpos belos para chegar à beleza em si, à sua ideia) e assim se espiritualiza por meio de uma ascese ao mesmo tempo ética e cognitiva, atribuída à dialética. Já neste primeiro modelo de formação, ligado à condição do homem "aprisionado na caverna" do corpo e da *doxa* (opinião), sublinha-se o forte acento individual e dramático da *paideia*, cujo objetivo é o reconhecimento da espiritualidade da alma e da sua identidade contemplativa.

N'*A República* e n'*As leis*, Platão desenvolve sua visão política da educação e rearticula o modelo de formação em relação às diversas classes sociais. A "cidade humorosa" (rica e desenvolvida) teorizada por Platão vê presentes três classes sociais: os governantes, os guardiães e os produtores, aos quais correspondem tipos humanos e morais bastante diferentes (áureos e racionais; argênteos e corajosos; férreos e ativos, produtivos, obedientes); são classes separadas que desenvolvem diferentes funções, das quais a cidade necessita para ser realmente "humorosa" (*trufôsa*). Pela divisão do trabalho, delineiam-se também três tipos de educação: a dos produtores, que ocorre no local de trabalho como aprendizado técnico; a dos guardiães-guerreiros (*phýlakes-polemikoi*), destinada a favorecer a formação da coragem e da moderação; a dos governantes-filósofos, que é formação especulativa através da dialética. Na educação dos guardiães, indivíduos escolhidos pelo seu valor e treinados em institutos do Estado, Platão se refere à educação "musaica" (ginástica mais poesia-música) ou uma "educação literária e musical" que exclua, porém, os discursos falsos (como as "fábulas" de deuses e heróis contadas por Homero), favoreça a narração simples, sem imitação, e valorize as harmonias sóbrias (de guerra e de oração) pela música. Quanto à ginástica, ela implica simplicidade de vida e preparação para a guerra. Poesia e ginástica dão vida a uma alma harmônica, "ao mesmo tempo temperante e corajosa". Os guardiães são educados em comum, homens e mulheres, vivendo depois em comunidade com os filhos.

Entre os guardiães, encaminhados depois de efebos para o estudo das matemáticas, serão escolhidos aqueles que se revelarem mais aptos para o estudo da dialética, que durará cinco anos, mas podendo prolongar-se até os 35 de idade, dando aos futuros administradores e governantes uma visão racional da realidade, guiada pela ideia do Bem, que é "a fonte da luz intelectual", pensamento puro que deve guiar o governante na sua ação, como reafirmará Platão também no *Timeu*. Disciplinas como a aritmética, a geometria, a estereometria, a astronomia e a harmonia são preparatórias para a dialética, por habituarem a pensar em abstrato e a direcionar-se para a unidade, se estudadas no seu aspecto teórico: elevam a alma para os princípios e para a contemplação. A ideia de uma sociedade perfeita, ordenada, na qual cada um faz só uma coisa, regulada pelo conhecimento puro dos filósofos é, na realidade, a de uma sociedade aristocrático-conservadora que se opõe – também no campo educativo – a qualquer impulso de tipo democrático. Para além da construção utópica, tal modelo pesou, sobretudo, na atribuição conferida à matemática e à filosofia de um alto e fundamental valor formativo, que, se não foi o modelo dominante na escola antiga e medieval, teve uma grande importância na tradição do platonismo e, depois, na organização da escola moderna. A *paideia* de Platão, herdeira de Sócrates, de um lado, e inserida num amplo projeto político, de outro, permanecerá na cultura ocidental como um modelo-máximo marcado por fortes implicações utópicas.

O modelo alternativo/complementar ao platônico e que resultará dominante no mundo antigo foi, todavia, o de Isócrates (436-338 a. C.), de inspiração retórico-oratória e gramático-literária. Aluno dos sofistas, entrou em contato também com Sócrates, "dedicou-se à profissão de logógrafo, escritor de discursos pronunciados depois no tribunal pelos interessados" (Bowen) e fundou em Atenas uma escola de retórica. De Isócrates nos restam diversas orações, políticas e forenses, que bem caracterizam sua concepção de oratória, bem próxima à dos sofistas. Na sua escola, a formação do orador durava quatro anos e compreendia o ensino da dicção e do estilo, mas também uma "filosofia da vida prática", elemento este que o distanciava dos sofistas e da sua técnica de debate. O aprendizado da oratória ocorria falando e escrevendo sobre qualquer assunto e confrontando analiticamente os resultados com os princípios estabelecidos pelo mestre. No seu manifesto pedagógico – *Contra os sofistas*, de 390 a. C. –, ele se opõe à elaboração de manuais para aprender oratória, a qual cresce em qualidade com o crescimento do homem inteiro, do seu conhecimento geral, e não apenas das *technai* retóricas, do seu caráter. Em outro escrito – *Antidosis* (*Sobre o intercâmbio*), de 354 a. C. – sublinha que a retórica é uma arte que depende de atitudes naturais, mas também da vontade e do empenho e que tende a acolher como fundamental tanto a formação do corpo (ginástica) como a da alma (filosofia), numa síntese orgânica e pessoal. Com Isócrates, outrossim, fixa-se a organização do discurso em quatro partes (proêmio, narração, demonstração, peroração) conhecendo vastíssima fortuna.

A *paideia* isocrática tem seu centro na palavra, é uma *paideia* do *Logos* como "palavra criadora de cultura", colocando o sujeito em posição de autonomia, mas sempre como interlocutor da cidade, na qual e pela qual desenvolve uma subjetividade mais rica de humanidade. Assim, "a organização estética das palavras e das ideias torna-se uma filosofia, um ideal que coloca, em toda a Antiguidade clássica, no vértice da educação, a cultura oratória" (Mialaret & Vial), e o modelo formativo de Isócrates será vitorioso no helenismo, chegando a Cícero e a Quintiliano, e daí se irradiará para o cristianismo, a Idade Média e até a Modernidade.

Com Aristóteles (384-322 a. C.) – nascido em Estagira e formado na Academia de Platão, deixou esta escola em 349 por causa de seus sentimentos filomacedônicos; foi depois preceptor de Alexandre na corte de Filipe II da Macedônia; voltando a Atenas em 334, fundou o Liceu, uma escola de formação científica e filosófica para a qual escreve suas obras mais geniais e complexas, organizando uma verdadeira enciclopédia do saber que se abre com o *Órganon* (textos de lógica), articula-se na *Metafísica*, na *Física*, na *Alma*, para chegar depois à *Política*, à *Poética*, à *Ética* etc. –, a pedagogia é reconfirmada, seguindo Platão, como disciplina formadora da alma e como ação civil, ligada à cidade. Sob o primeiro aspecto, devemos considerar os tratados sobre a *Alma* e sobre a *Ética*, nos quais o elemento intelectivo é posto no centro e no vértice da vida psíquica e, portanto, também da vida moral: o homem deve realizar-se segundo sua própria forma ou *enteléquia*, que é constituída pela vida contemplativa, pela atividade do *nous* (intelecto); este é também o escopo final de todo processo de formação individual: realizar as virtudes dianoéticas (racionais). Mas o homem é também homem social, inscrito numa sociedade e num Estado. Nesta vertente, é a *Política* que ilumina a posição aristotélica. A sua concepção do Estado não é utópica, mas realista: visa não à forma perfeita, mas à forma melhor aqui e agora. O seu Estado não é igualitário, distingue entre o povo e os nobres ou homens livres, os únicos dos quais a educação se ocupa, já que só eles vivem "com razão no conforto (*scholé*)". Eles devem ser educados "a viver no ócio" para atingir a virtude da *sophia*, que nasce do controle do corpo e dos apetites, para passar depois à instrução, sete anos nas escolas estatais seguindo quatro disciplinas (gramática, ginástica, música, desenho), que servem como "propedêutica" para a filosofia. No conjunto, o modelo aristotélico não é muito distante do platônico, embora mais realista e pragmático: liga-se a uma sociedade regularmente dividida em classes e exalta a virtude do ócio (mesmo reconhecendo função e valor, mas inferior, às atividades profis-

HISTÓRIA DA PEDAGOGIA 93

sionais e ao seu aprendizado). A sua *paideia* é um pouco a correção empírica do grande e ousado modelo platônico, mas de maneira nenhuma uma refutação e um modelo alternativo. Entre os dois modelos há mais continuidade do que oposição ou diferença. Como salientou com precisão Manacorda: "Platão propôs um quadro de vida política e cultural que a Grécia e todo o mundo helenístico, incorporado primeiro no império de Alexandre e depois no de Roma, ignoraram, preferindo a educação retórica; Aristóteles tentou a última racionalização da sociedade da *pólis*, que justamente a ação de seu discípulo Alexandre devia relegar definitivamente ao quadro da história passada".

Elaborações ulteriores da *paideia* tiveram lugar com a reflexão dos médicos e o *Corpus hyppocraticum* e ainda com as posições de outras escolas pós-socráticas, cujo expoente no campo pedagógico foi Xenofonte. O modelo de formação exaltado pelos médicos – a partir do mítico Hipócrates (século v a. C.) – está ligado à dialética e à atividade ginástica, que deve conservar a saúde do corpo e a valorização de uma inteligência empírica e experimental como instrumento de compreensão dos fenômenos: são aspectos que se opõem nitidamente ao *Logos* metafísico e remetem mais ao princípio da *metis*. A formação é um processo naturalista e empírico, que se desenvolve através de crises e retomadas, que não tem em si nenhuma divisão necessária, mas tem aspectos dramáticos e uma radical precariedade. A *paideia* é aqui um processo em que a intervenção do sujeito humano – do médico, do mestre, além do doente ou do próprio discente – parece determinante e guiada por uma racionalidade sem necessidade.

Com Xenofonte (435-354 a. C.) – ele também seguidor de Sócrates, a quem retratou nos *Ditos memoráveis de Sócrates* –, considera-se a educação espartana o modelo mais idôneo para fazer Atenas sair da crise que atravessa: deve-se retornar a uma educação familiar tradicional, com a mulher ligada aos trabalhos domésticos, com a valorização de uma inteligência apenas prática, com centralidade na disciplina e nas atividades guerreiras, opondo-se à identificação platônica da virtude com o conhecimento. Nas duas obras, *Econômico* e *Ciropédia*, Xenofonte teoriza um modelo de formação tradicional que não era sequer aflorado no grande debate aberto em torno da noção de *paideia* como formação humana por meio de atividades especificamente humanas, justamente as *humanitates*.

7 O HELENISMO E A EDUCAÇÃO: AS TEORIAS E A PRÁXIS

O helenismo coincide com o período em que se desenvolve a hegemonia da cultura grega no Mediterrâneo, em que se chega a constituir uma verdadeira e própria *koiné* grega (uma língua comum) e a afirmar um modelo de cultura baseado na *humanitas*; isto é, na valorização da humanidade mais própria do homem posta em exercício pela assimilação da cultura que exalta seu caráter de universalidade; mas se trata também de uma época em que se delineia uma cultura cada vez mais científica, mais especializada, mais articulada em formas diferenciadas entre si tanto pelos objetos quanto pelos métodos: é a época em que se desenvolve a ciência física em formas quase experimentais, em que se delineiam a filosofia e a historiografia em formas amadurecidas, em que cresce a astronomia tanto quanto a geometria e a matemática, como também a botânica, a zoologia, a gramática, dando vida a uma enciclopédia bastante complexa do saber. Além disso, o helenismo é uma época que assiste a um claro declínio da *pólis* e ao nascimento de monarquias territoriais burocráticas e, ao mesmo tempo, à afirmação da individualidade típica de um sujeito que se sente e se reconhece sobretudo como homem e não mais como cidadão. O helenismo é, portanto, uma grande época da cultura antiga que chega à maturidade em torno de uma crise (da relação entre o indivíduo e o Estado) e de um crescimento (ao mesmo tempo científico e humanístico) da cultura, a qual vem se modelando segundo a tradição grega, de modo que esta se torna patrimônio comum do Mediterrâneo e momento de unificação e maturação de toda a civilização antiga.

Nesta época, ao lado de Atenas, que perde sua hegemonia já a partir de 404 com a conquista macedônica, desenvolvem-se outros centros de cultura: Rodes, Pérgamo, Alexandria; Alexandria, em particular – fundada por Alexandre Magno em 932 a. C. no Egito –, com a biblioteca e o museu, afirma-se como o centro de toda a cultura helenística, literária, filosófica e científica. No campo filosófico, depois dos grandes sistemas metafísicos, científicos e políticos de Platão e Aristóteles, delineia-se um novo período que elabora um pensamento de fundamento antropológico dividido em lógica, física e ética, mas mais ligado aos problemas da ética e da busca da "vida boa" que é indicada na figura do "sábio": aquele que limita suas próprias necessidades, pratica uma meditação constante, procura a felicidade individual pela ascese. Entre Epicuro de Samos (342-270 a. C.) e Zenão de Cítio (335-264 a. C.), com o epicurismo e o estoicismo se fixa como primária e central esta tarefa ético-antropológica da filosofia e se indica na *ataraxia* (indiferença) ou na *apatia* (imperturbabilidade) a virtude mais própria do homem como sábio. Com Pirro de Élida (365-275 a. C.) e o ceticismo coloca-se em crise também toda busca da verdade e se exalta a "suspensão do juízo" e a *afasia*. Estamos diante de um novo clima filosófico e cultural: mais individualista, que olha o homem e o mundo com maior desencanto e com comportamentos mais laicos, mas que se interroga com decisão sobre as "vias de salvação" do homem, reconhecendo-as apenas na requalificação interior.

E são temas que da filosofia em sentido estrito penetram no romance, na poesia, na historiografia; são temas alimentados pelo despertar das religiões de salvação (de Ísis a Mitra, aos mistérios, do hebraísmo ao cristianismo, depois ao maniqueísmo) e que percorrem toda a longa e complexa época do helenismo. Esta se inicia com a morte de Alexandre Magno (323 a. C.) e chega, podemos dizer, até a morte de Augusto, até, talvez, a grande crise do século IV d. C., que assiste ao choque frontal e definitivo entre cultura clássica e pensamento cristão. Um papel decisivo nesta unificação espiritual do Mediterrâneo foi exercido por Roma, que, conquistando o Oriente, foi por sua vez conquistada pela cultura greco--helenística e a difundiu amplamente por todo o império. Tal cultura levava à maturidade a rica tradição da Grécia, desenvolvida em todas as suas articulações, construída em formas grandiosas em todos os setores (da arquitetura à poesia, à filosofia e às ciências), marcada agora de um forte individualismo apolítico e orientado para o "cuidado de si" que implica uma rica elaboração de "exercícios espirituais" capazes de favorecer a ascese. Se "o homem clássico não acreditava poder viver fora da *pólis* e da respectiva estrutura social, o homem helenístico quer demonstrar, ao contrário, que o homem pode bastar a si mesmo como indivíduo, pode ser totalmente autossuficiente"; "é o homem que se convenceu profundamente de que o verdadeiro bem e o verdadeiro mal não derivam das coisas, mas unicamente da opinião que ele forma das coisas"; assim, "a justa avaliação das coisas nos torna invulneráveis" (Reale).

A ideia de Alexandre de uma *ecumene* grega realizou-se, portanto, com Roma, mas mantendo no centro a cultura grega, do modo como vinha se definindo e se organizando sobretudo em Alexandria: como cultura científica e como cultura da *humanitas*. De um lado, estavam a erudição e a especialização, o aparato organizativo verdadeiramente grandioso e tecnicamente articulado, a presença de doutos de cada disciplina e a estrutura da Biblioteca realmente universal e completa de todo o patrimônio antigo marcando a cultura alexandrina, com o seu filologismo, seu refinamento, seu formalismo também; de outro, estava a forte consciência ética que atravessava tal cultura dando-lhe uma conotação profundamente pedagógica, da qual a *enkyklios paideia* será o produto mais maduro, tal como se apresenta nas anotações de um Luciano ou de um Plutarco e como se vem realizando na escola helenística. Como revelou Marrou, "a partir da geração que vem depois de Aristóteles e de Alexandre Magno, a educação antiga tornou-se realmente ela mesma": atingiu "sua forma clássica", unindo o aspecto "eminentemente moral" com características "mais livrescas" e "escolares"; difunde-se "em toda a parte oriental do mundo mediterrâneo" e prolonga-se depois até Roma e por fim até Bizâncio, que acolhem "a tradição clássica à qual a civilização helenística conferiu a sua Forma, e da qual a educação helenística representa a síntese e quase o símbolo". Aqui, a *paideia* é entendida como construção de "um espírito plenamente desenvolvido", como é indicada na noção de humanitas, que é o princípio animador da formação helenística, inspirada em valores universais que distingue "o homem do bruto, o heleno do bárbaro". A formação visa a um "homem completo", moralmente desenvolvido, que não seja só um técnico, mas justamente um homem, nutrido de cultura antes de tudo literária e hábil no uso da palavra, consciente da tradição e que se faz "pessoa", sujeito dotado de caráter.

Tais princípios ideais encontram uma elaboração precisa tanto nos teóricos da pedagogia helenística quanto na escola do helenismo. Mesmo sem apresentar autores com modelos comparáveis em riqueza e articulação aos do período clássico, a pedagogia helenística encontrou no âmbito grego algumas vozes representativas: o comediógrafo Luciano, o moralista Plutarco, depois, num período sucessivo, o filósofo Sexto Empírico e Plotino, que dão voz àquela desorientação espiritual do homem helenístico e o fazem confiar, depois que "desmoronaram os muros de sua cidade" e "os deuses os abandonaram", apenas em si mesmo, procurando em si próprio salvação e "realização" (Marrou). E são pedagogias que se ligam direta e estreitamente à formação moral, a qual encontra seu próprio vértice no "cuidado de si".

Com Luciano, estamos já no século II (120-180) e se fixa uma crítica ao *gymnasion* e à oratória: os dois modelos/instrumentos formativos da escola helenística. A sátira de Luciano é cortante e, tanto em *Anacarsi ou dos ginásios* como em *O mestre dos oradores*, toca nos pontos salientes de uma práxis educativa formalista e corruptora, porquanto insincera e impositiva.

Com Plutarco de Queroneia (50-120), estamos numa fase anterior, em que é central a formação do caráter segundo o modelo helenístico de equilíbrio e de racionalidade, de autodomínio e de brandura. Em todas as obras de Plutarco – desde as *Obras morais* até as *Vidas paralelas* e o texto, que é pseudoplutárquico, *Sobre a educação das crianças* – circula o modelo da formação do caráter que faz convergir de modo harmônico "natureza", "discurso", "hábito", que valoriza a obra do mestre (que aconselha e orienta), que sublinha o papel do meio na educação e, por fim, o objetivo ético-filosófico deste processo. O Pseudo-Plutarco, sobretudo, sublinha que "a educação das crianças" é considerada uma "tarefa da máxima importância" e que o seu "resultado é a excelência moral".

Sexto Empírico (entre os séculos II e III) escreve duas obras: *Contra os dogmáticos* e *Contra os docentes*, os quais são criticados segundo as perspectivas do ceticismo, que favorece, exclusivamente, o conhecimento sensorial. Portanto, os "dogmáticos" (os lógicos, os metafísicos etc.) erram ao partir de princípios especulativos, ao passo que os docentes são completamente inúteis e corruptores, já que se desviam do conhecimento sensível. Mas é talvez com Plotino (203-270) que a formação como ascese e passagem da beleza ao Uno, segundo um processo quase místico, vem a delinear-se como um itinerário educativo espiritual, de caráter ético-religioso. Nas *Enéadas* fixa-se a ascensão da alma até a ideia e a unidade, seguindo o percurso do Platão socrático e o valor religioso desta ascensão, a qual não é apenas interior e ética, mas também metafísica: vínculo com aquele Uno que constitui o princípio animador e a regra de todo o real, o seu centro-motor e o seu ponto de aspiração. Nesse itinerário, é atribuído à beleza um papel de unificação e de sublimação educativamente bastante significativo.

No centro do itinerário pedagógico helenístico coloca-se a formação ética e do caráter, que se realiza como "cuidado de si", como autocontrole, direção de si, desenvolvimento autorregulado, por uma dosagem harmônica de prazeres e renúncias e de um "exercício espiritual" que visa à criação de um *habitus* interior que marque de maneira constante a personalidade do sujeito e a disponha a controlar os eventos, de modo que não venham perturbar os processos de equilíbrio interior. Como bem salientou Foucault em *O cuidado de si*, todos os problemas da vida, até mesmo os da sexualidade, devem fazer parte de um "cosmo" espiritual individual ordenado e harmônico, do qual o próprio sujeito é o ordenador e o fiador.

8 A ESCOLA GREGA E A ESCOLA HELENÍSTICA

Na escola do helenismo, com o conceito de *enkyklios paideia*, "baseado na disciplina intelectual resultante do estudo analítico da palavra escrita" e destinado a sublinhar a função formativa antropológico-ética da cultura, o modelo da *paideia* helenística na forma salientada por Marrou (como formação linguístico-literária e como formação do caráter) também é central. Mas a escola helenística é apenas a última etapa da evolução da escola na Grécia, que inicia seu caminho já desde os tempos pré-sofísticos e se manifesta cada vez mais como uma instituição central em toda a cultura grega, enquanto desenvolve seus aspectos científicos e aqueles que são comuns à transmissão e à síntese pessoal da cultura.

No início, encontramos escolas como seitas culturais e religiosas – o *thyasos* –, presentes sobretudo na Jônia, que acolhem homens ou mulheres ligados por uma mesma atividade ou por uma ideia religiosa comum; aqui se criam vínculos fortes em nível pessoal e se elabora uma cultura em comum, educando-se em valores coletivos e comunitários. O *thyasos* de Lesbos, onde operou a poetisa Safo, ou o da escola pitagórica – assim chamada porque fundada por Pitágoras de Crotona (século VI a. C.) – são exemplares para fazer compreender que tipo de comunidade eram: com fortes vínculos de grupo, práticas iniciáticas, um saber de tipo esotérico e aspectos de seita religiosa. "A escola pitagórica era uma seita religiosa, uma espécie de 'mistério'" com seus mitos órficos de purificação, suas regras de vida e seu saber sagrado: a matemática. O número é o fundamento do cosmo e está na base da harmonia do mundo (Preti). Na escola pitagórica, a iniciação se faz por graus e a vinculação ao secreto se dá pelas noções aprendidas, vive-se como numa instituição cultural de caráter sacerdotal-religioso.

Características mais laicas terão as escolas de Mileto ou de Eleia, com Tales e com Parmênides, mas só com os sofistas é que se chegará a um ensino no sentido moderno, como transmissão de um saber técnico através de um itinerário de aprendizagem provado e programado, pelo qual o docente é pago, sendo reconhecido como um técnico que oferece no mercado seu próprio produto. As escolas dos sofistas são itinerantes, mas abarrotadas, voltadas para a formação do orador. Entretanto, com o nascimento do alfabeto e da escrita vem se delineando "a carreira educativa da criança grega", que começa na família e continua na escola. Em casa, são a ama e a mãe que acompanham o menino, depois é o pedagogo (com o pai) que ensina o que é bom e o que é justo, que repreende, ameaça, castiga. Na escola, são os mestres que ensinam o alfabeto, depois os poetas, a música e a ginástica. O alfabeto se aprende dizendo em voz alta as letras, depois escrevendo-as, compondo-as em sílabas e articulando enfim as palavras. O ensino "musaico" tende à formação do discurso, da *oratio* (ao lado da *ratio* e da *operatio*) e segue itinerários que culminam num exame. Também nas oficinas artesanais se ensina através da imitação e da observação, mas com uma dura disciplina exercida com o "chicote de boi" ou a "cinta de couro", presentes na mesma escola.

Afirma-se como escola estatal na *pólis* (pense-se em Esparta e em Atenas), onde se quer que "todos os filhos dos cidadãos aprendam as letras", enquanto o Estado "provê aos salários dos mestres" (os quais têm, porém, exíguo prestígio social e provêm em geral de famílias arruinadas) e dá uma educação "única e igual para todos", "pública", como atestam as "inscrições encontradas em grande número em várias cidades, de Atenas a Esparta, a Mileto, de Pérgamo a Rodes, a Lampsaco, a Halicarnasso etc.", aberta aos "livres" e às mulheres, mas também aos escravos. A forma típica da escola grega nesta época é o ginásio, "centro de cultura física e intelectual" e centro "da vida citadina", que acolhe como "matérias" as várias especializações olímpicas, porém, ao lado de "exercícios musaicos". Entretanto, vão sendo criadas também novas instituições educativo-culturais, como as escolas de alta cultura filosófica que são centros de cultura superior, como a Academia de Platão e o Liceu de Aristóteles.

A Academia, fundada em Atenas em 387 a. C., era tanto um centro de formação cultural como uma escola de formação política, que seguia ainda o modelo pitagórico de iniciação e de escolha dos excelentes (*aristoi*), mas organizava um curso de estudos que culminava na matemática e na dialética, dando espaço também às matérias científicas (da medicina à astronomia). Depois de Platão, a Academia se desenvolveu num sentido mais científico que metafísico, acompanhado, porém de um forte caráter hermético. O Liceu, fundado em 334 a. C. em Atenas por Aristóteles, pretendia por sua vez ensinar uma enciclopédia do saber, tendo como centro a física e a metafísica, além da lógica e da ética. Depois de Aristóteles, prevaleceu cada vez mais o aspecto científico, já com o herdeiro direto Teofrasto (século IV a. C.), que desenvolve também os estudos de psicologia e uma orientação filosófica materialista.

Chega-se assim à época helenística, em que se organiza mais minuciosamente o sistema de estudos, do nível elementar ao superior, em torno do modelo da *enkyklios paideia*, passando pela escola de gramática e pela escola de efebo. A escola elementar "permaneceu inalterada no curso dos séculos" e compreendia "leitura e escrita, gramática, música, desenho" (Bowen); nela se iniciava aos sete anos de idade. Na escola secundária – cujo início se dava aos doze anos –, a gramática era colocada no centro e o docente (*grammatikos*) a ensinava ditando regras e preparando exercícios; depois eram dados alguns princípios da retórica e da lógica, aplicados aos estudos da literatura. "Examinavam-se trechos escolhidos palavra por palavra, precisando sua classificação, etimologia, flexão, uso literário, referências clássicas, explicações de formas raras"; depois "acompanhava-se a prática da composição ou *mimesis*" compondo orações segundo os modelos literários. Um espaço central era atribuído também à matemática, seguindo os *Elementos* de Euclides. Depois, passa-se à *ephebeia*, período de dois ou três anos em que não se fazia mais preparação militar, mas se formava o caráter, atividade desenvolvida no *gymnasion* e cujo centro era a palestra descoberta, com seus banhos quentes e frios, com as suas êxedras para a discussão, de tal modo que se tornava também um centro de intercâmbio cultural. A formação superior-científica encontrava, por sua vez, seu próprio modelo nas escolas filosóficas, sobretudo nas de Alexandria. O museu (ou casa das musas) foi ao mesmo tempo um grande centro cultural e "o instituto máximo de instrução do mundo helenístico", frequentado por jovens de todo o mundo grego. Ao lado dele ficava a biblioteca, que recolhia todas as obras da Antiguidade, autenticava-as e registrava-as, desenvolvendo a filologia, a gramática e a crítica textual. Sobre seu modelo, surgiram outras bibliotecas em Pérgamo, Antioquia e Rodes. Mas o museu deu também o máximo desenvolvimento à ciência, a partir da astronomia, seguida da medicina, da geografia, da anatomia etc. Com o modelo alexandrino, "a condição do homem de ciência assumiu, naquele período, uma fisionomia nova, muito diferente da que tinha durante o período grego": este tornou-se um "estudioso dedicado unicamente ao trabalho científico", negligenciando a filosofia e a retórica. O objeto da ciência se restringe e se especializa: versa sobre "a observação da natureza" ou sobre a "ciência dos números" (Dumas).

9 NAS ORIGENS DA PEDAGOGIA OCIDENTAL

A complexa aventura da educação na Grécia assinalou uma fase de maturação e de decantação da tradição ocidental: um momento de viravolta e de aquisição de características que permanecerão indeléveis, revelando como – também neste campo, como já o dissemos – a experiência grega talvez constitua a matriz fundamental de uma identidade cultural complexa relativa aos problemas da educação/formação. Estamos diante da experiência que fixa *teorias* e *modelos* de educar, ora mais históricos e pragmáticos, ora mais teóricos e universais, mas que constituíram durante milênios pontos de referência dos debates e das elaborações em matéria educativa; cria uma *linguagem* para a pedagogia/educação e a provê de termos técnicos (a começar de *paideia*); funda instituições que deixarão a marca em toda a tradição educativa ocidental (como as escolas de gramática e de retórica, que são o "incunábulo" de alguns métodos da própria escola moderna: por exemplo, o liceu); chega a constituir uma *tradição* de modelos, léxicos, instituições, e ainda autores, textos, experiências, na qual ainda hoje os problemas educativos são colocados, para um contínuo acerto de contas.

Existem, porém, três aspectos que pesaram de modo muito particular sobre a tradição educativa ocidental e que são: 1. a noção de *paideia*, que universalizou e tornou socialmente mais independente e finalizado para o sujeito-pessoa o processo de formação, entendido como um formar-se universalizando-se e desenvolvendo a própria *humanitas*, por meio de um comércio estreito, constante e pessoal com a cultura e sua história; 2. a pedagogia como teoria, tornada autônoma por referentes históricos contingentes e destinada a universalizar e tornar rigoroso (no sentido racional) o tratado dos problemas educativos: nasce um saber da educação no sentido próprio, com todos os riscos de abstração, de teorismo, de normativismo que isto comporta; 3. a problematização da relação educativa, que supera o nexo pedagogo-*pais* e docente-discente, relação autoritária e formalista, abstrata e geralmente impessoal, para, ao contrário, delinear essa relação como eminentemente espiritual, quase um segundo nascimento, que faz do "mestre" o interlocutor fundamental de um processo de formação, enquanto o torna íntimo e envolvido em primeira pessoa nesse processo, como foi sublinhado por Sócrates, retomado por Platão e recolocado no centro das escolas filosóficas helenísticas que veem no "sábio" um mestre de vida e, portanto, um educador dotado de excepcional carisma e de uma exemplaridade que induz à imitação. São todos esses aspectos que colocam a experiência grega no *acmé* da cultura pedagógica antiga e que evidenciam bem o papel de inspiradora que por tão longo tempo ela assumirá dentro do ocidente romano, depois cristão e medieval, e por fim também moderno. Não é por acaso, de fato, que – também no campo educativo – a "idade nova" entre os séculos XV e XVI se realize pela reconquista e assimilação da tradição dos clássicos antigos, sobretudo gregos, a começar por Platão.

CAPÍTULO IV

ROMA E A EDUCAÇÃO

1 A ROMA ARCAICA ENTRE ETRUSCOS E MAGNA GRÉCIA: MODELOS EDUCATIVOS

Comprimida entre duas realidades sociopolíticas e culturais bastante diversas entre si, mas ambas difusas, orgânicas e poderosas, como a etrusca (ao norte) e a da Magna Grécia (ao sul), Roma – embora mantendo com as duas fronteiras relações bastante estreitas e dinâmicas – veio elaborando um modelo próprio de civilização, de economia, de Estado e de cultura, com características originais e dotado de grande capacidade expansiva. Se o mundo etrusco era um mundo culturalmente refinado (pense-se nas artes, da pintura à escultura, na ourivesaria), marcado por um profundo sentido da vida (os banquetes e o amor são temas recorrentes nas pinturas de vasos e outras) e por um igualmente profundo sentido da morte (pense-se nos cuidados dedicados às suas "cidades dos mortos", que sobreviveram a milênios), como também por uma religiosidade arcaica, feita da leitura dos signos celestes (por parte dos adivinhos ou videntes), e por uma organização política centrada sobre os sacerdotes-reis, o mundo grego, ao contrário, era um mundo em viva expansão e forte transformação, carregado de tensões sociais e culturais, aberto a uma cultura cada vez mais articulada e cada vez mais laica também: aquela cultura grega que encontrava justamente nas colônias (pense-se em Taranto, Siracusa, Sibari, Paestum etc.) as condições de seu próprio desenvolvimento mais livre. Roma, colocada no centro da planície baixa do Tibre, numa encruzilhada para as comunicações e os intercâmbios entre norte e sul, cada vez mais hegemônica sobre os povos do Lácio (os sabinos etc.), depois sobre os povos da Itália central, fundada, segundo a lenda, em 753 a. C., caracterizava-se por uma relação diferente com a campanha circunstante. A campanha romana era a rede que alimentava a cidade e que mantinha com esta intercâmbios constantes de população e de mercadorias. Daí o caráter agrário de toda a civilização arcaica de Roma, marcada por uma cultura fortemente tradicionalista, pelo intercâmbio de mercadorias agrícolas, pela constituição de latifúndios, por um estilo de vida frugal e por uma religiosidade ligada à terra, às estações, à produção agrícola. Os deuses romanos, de Marte a Quirino, antes de refazer seu modelo segundo a religião olímpica grega, têm um caráter decididamente agrícola.

Na longa fase arcaica – dos sete reis: de Rômulo a Tarquínio, o Soberbo –, Roma luta por sua autonomia em relação aos etruscos e pelo domínio do território do Lácio, desenvolvendo agricultura e comércio, mas também capacidade bélica e consciência jurídica, além de um forte apego à *gens*, à família, colocada como centro da vida social no seu conjunto. Até mesmo na Roma republicana permanecerão ativos estes modelos de cultura arcaica: pense-se na estrutura da família que é dirigida pelo *pater familias*, o qual tem poderes "de vida e de morte" sobre os filhos, pode reconhecê-los ou rejeitá-los, governá-los inclusive na plena maturidade e ao qual se deve, ao mesmo tempo, uma atitude de reverência e temor; pense-se também nas virtudes – a frugalidade, o sacrifício, a dedicação à coisa pública, o desinteresse, o heroísmo etc. – que são indicadas como exemplares ao jovem romano e ao cidadão em geral: pense-se em Múcio Cévola e na punição que inflige à sua própria mão que errou o alvo, pense-se em Lucrécia que se deixa matar para não ceder à violência; virtudes públicas ou privadas, mas sempre cívicas, baseadas no sacrifício, na dedicação absoluta a um código de valores, rígido e invariável; pense-se também em Cincinato e sua dedicação à coletividade e ao Estado. São modelos ético-civis bastante diferentes daqueles em vigor na *pólis* grega, sobretudo na fase coetânea ao desenvolvimento de Roma, que se encontra, na realidade, numa condição de atraso e de arcaísmo. Daqui, porém, desta dedicação, desta fidelidade a um *mos maiorum*, derivará também a própria força de Roma: a sua capacidade bélica, a sua coesão (até nas lutas de grupos e de classes: pense-se no apólogo de Menênio Agripa sobre as várias partes do corpo, feito para convencer os *populares* a colaborar com os *optimates*), a sua virtude cívica, que são também os objetivos primários da educação na Roma arcaica.

Como atesta Cícero, o texto-base da educação romana foi por muito e muito tempo o das *Doze tábuas*, fixado em 451 a. C., escrito no bronze e "exposto publicamente no fórum, para que todos pudessem vê-lo" (Bowen). Nelas, sublinhava-se o valor da tradição ("o espírito, os costumes, a disciplina dos pais") e delineava-se um código civil, baseado na *patria potestas* e caracterizado por formas de relação social típicas de uma sociedade agrícola atrasada. Como modelo educativo, as tábuas fixavam a dignidade, a coragem, a firmeza como valores máximos, ao lado, porém, da *pietas* e da parcimônia. Um modelo desse tipo é confirmado por Marco Pórcio Catão (234-149 a. C.) no seu *De liberis educandi*, que conhecemos através do testemunho de Plutarco na sua *Vida de Catão* e que se articula em torno do objetivo da eloquência (regulada pelo escopo de formar o *vir bonus, dicendi peritus*: de ser, ao mesmo tempo, formação literária e formação moral) e da virtude civil (para cuja realização é necessário o desenvolvimento do corpo e o adestramento nas armas, além do escrupuloso respeito à lei). No centro deste processo de formação, Catão punha a família, o papel prioritário do pai e sua função de guia e de exemplo.

Foi a expansão econômica e territorial, depois também política de Roma, que veio subverter essa ordem social, cultural, educativa. Dominada a península ao norte e ao sul, da Etrúria à Magna Grécia, dirigiu-se para a conquista do Mediterrâneo, chocando-se com outra grande potência a ocidente: Cartago, que será definitivamente derrotada em 202 a. C., colocando Roma no papel de protagonista política do mundo mediterrâneo e depois médio-oriental e lançando as bases do seu desenvolvimento imperial. Desse modo, Roma entra em contato com outras civilizações, abre-se ao conhecimento e assimilação do mundo grego, da sua cultura artística, científica e filosófica, mas também do mundo oriental, em relação às suas religiões salvíficas e aos seus rituais espetaculares, às suas elaborações teológicas refinadas, vindo a entrecruzar-se com os cultos egípcios, a crença hebraica, a religião órfica grega etc. Assim, também a vida civil vinha transformar-se, ritualizava-se (como ocorria nos ritos iniciáticos que marcavam a passagem da adolescência à juventude, com a vestidura da *toga virilis* – branca – em lugar da *praetexta* – branca orlada de vermelho – por volta dos 14 anos), reconstruía-se segundo os modelos gregos e orientais, perdendo as características que tinham sido típicas do *mos maiorum*.

A educação na Roma arcaica teve, sobretudo, caráter prático, familiar e civil, destinada a formar em particular o *civis romanus*, superior aos outros povos pela consciência do direito como fundamento da própria "romanidade" e consciente do vínculo que esta vinha constituir entre os povos, até com os escravos, realizando aquela *Respublica* que "garantia a cada um e a todos, por meio das instituições e do direito, a segurança das pessoas e da propriedade e o acúmulo de riquezas e vantagens" (Giardina), e solicitava a todos *officia* (deveres) militares, fiscais, políticos, religiosos e também educativos. O *civis romanus* era, porém, formado antes de tudo em família pelo papel central do pai, mas também da mãe, por sua vez menos submissa e menos marginal na vida da família em comparação com a Grécia. A mulher em Roma era valorizada como *mater familias*, portanto reconhecida como sujeito educativo, sobretudo se viúva, como ocorre com Cornélia, a mãe dos Gracos, com Aurélia, a mãe de Júlio César, que controlam a educação dos filhos, confiando-os a pedagogos e mestres, mas iniciando-os elas mesmas na *virtus* romana. As mulheres com três filhos, se viúvas, estão livres da tutela, na época imperial, mas já antes a tradição refere *exempla* cívicos de mães-educadoras; "a mãe romana foi *educatrix* de seus filhos no sentido mais amplo da palavra, que abarca campos semânticos indicando tomar conta de alguém nas suas exigências tanto materiais como espirituais: da nutrição à criação, à instrução, ao sustento; em suma, de seu crescimento físico e moral" (Frasca). Diferente, entretanto, é o papel do pai, cuja *auctoritas*, destinada a formar o futuro cidadão, é colocada no centro da vida familiar e por ele exercida com dureza, abarcando cada aspecto da vida do filho (desde a moral até os estudos, as letras, a vida social), usando inclusive o "porrete". Para as mulheres, porém, a educação era toda voltada a preparar seu papel de esposas e mães, mesmo se depois, gradativamente, a mulher tenha conquistado maior autonomia na sociedade romana. O ideal romano da mulher (*domum servavit, lanam fecit*), fiel e operosa, atribui a ela, porém, um papel familiar e educativo que não tem nada de marginal.

Marginais, pelo contrário, são as crianças, totalmente fechadas no âmbito da vida familiar, sujeitas a doenças e à morte precoce, às vezes mimadas e cuidadas, em geral, porém, brutalizadas e violentadas, submetidas ao duplo regime do "medo do pai" e da orientação ética da mãe, além da vigilância dos pedagogos e do autoritarismo dos mestres. Pajeadas por amas, amedrontadas pelas bruxas (as Lâmias), nutridas de *exempla* (sobretudo dos *maiores*: os ancestrais), as crianças romanas, através de sua educação familiar, entram em contato com os valores e os princípios da vida civil, incorporando-os como valores comuns e modelos de comportamento.

2   A *PAIDEIA* GREGA CONQUISTA ROMA

Se, como escreveu Horácio, "*Graecia capta, ferum victorem coepit*" ["A Grécia conquistada, conquistou seu feroz vencedor"], no decurso do século v a vida e a cultura romanas transformaram-se radicalmente, em consequência justamente dessa conquista. Transformaram-se a religião – que vinha se fundindo cada vez mais com a grega e se reelaborando de acordo com ela –, a vida política – que vinha também se redefinindo segundo os modelos da tradição grega; –, a cultura – que recebeu dos gregos formas literárias novas (como a poesia lírica), a filosofia e a retórica nas suas manifestações mais ricas e maduras. Até o estilo de vida acabou helenizando-se: o grego torna-se a língua dos letrados, os debates culturais deram vida a círculos e grupos, enquanto a difusão do epicurismo e do estoicismo chega a mudar a concepção do mundo e da vida humana, afastando as classes cultas da religião tradicional. A mudança foi profunda e não ocorreu, como é óbvio, sem resistência, especialmente por parte dos grupos sociais e políticos mais conservadores, que viram, sobretudo na filosofia, um meio de corrupção dos jovens e de ataque à ordem da sociedade e do Estado romanos. Criaram-se assim fileiras opostas entre, de um lado, filo-helênicos, como Cipião, o Africano Menor (185-129 a. C.), e o comediógrafo Terêncio, que acolheram eruditos e filósofos gregos (entre estes o estoico Panécio), e, de outro lado, anti-helênicos, representados pelo Senado e por Catão, os quais impuseram, em 155 a. C., a expulsão de alguns filósofos gregos (o acadêmico Carneades, o estoico Diógenes e o peripatético Critolau) que, embora reunidos como embaixadores em Roma, aí ensinavam filosofia, afastando os jovens de "ouvir as leis e os magistrados".

A reação, porém, foi ineficaz, já que – embora de forma bem mais modesta em relação à Grécia –, no curso do século II, e mais ainda no século seguinte, houve uma ampla difusão das ideias filosóficas, das diversas escolas amadurecidas na Grécia, com particular atenção ao epicurismo – que encontrará em Roma um repetidor genial em Tito Lucrécio Caro e seu poema *De rerum natura* – e ao estoicismo – que também terá uma rica tradição em Roma, com Sêneca, Epicteto e Marco Aurélio. Constituíram-se cenáculos ligados ao epicurismo em Campânia, enquanto entre os intelectuais era sobretudo o estoicismo que fazia escola e caracterizava o estilo de vida das classes altas.

A leste, as conquistas romanas – após ter atingido a Grécia em 146 a. C. – estenderam-se até Pérgamo (132 a. C.), a Síria (64 a. C.) etc., e puseram Roma em estreito contato com a cultura helenística, filosófica é verdade, mas também retórica, científica, literária; esta cultura penetrou muito logo também em Roma, a qual, mesmo não atingindo o papel dos grandes centros culturais do helenismo – Atenas, Pérgamo, Rodes, depois Alexandria (conquistada pelos romanos, com o Egito, em 30 a. C.) –, alinhou-se a estes modelos culturais, tornando-se uma encruzilhada dos seus intercâmbios e da sua síntese.

Neste contexto cultural, a pedagogia também muda completamente: heleniza-se, racionaliza-se, libertando-se do vínculo com o "costume" romano arcaico e republicano, para aproximar-se cada vez mais dos grandes modelos da pedagogia helenística. Em particular, também em Roma penetra a grande categoria-princípio da pedagogia grega, aquela noção e ideal de *paideia*, de formação humana pela cultura, que produz uma expansão e uma sofisticação, bem como uma universalização das características próprias do homem. A *paideia* de Platão, de Isócrates, de Aristóteles e das posteriores escolas helenísticas vem radicar-se também na cultura pedagógica romana, sobretudo por obra do grande mediador entre estas duas civilizações – a grega e a romana – que foi Cícero. A ele, de fato,

HISTÓRIA DA PEDAGOGIA 109

devemos a versão latina da noção de *paideia* na de *humanitas*, que sublinha ulteriormente sua universalidade e seu caráter retórico-literário, permanecendo durante séculos no centro da reflexão educativa e da organização escolar no Ocidente.

Marco Túlio Cícero (106-43 a. C.), nascido numa família de alta posição social, formou-se em Roma, em contato íntimo com a cultura grega, que depois conheceu diretamente em Atenas (frequentando os acadêmicos céticos), em Rodes (estudando a retórica conforme o modelo nem demasiado sucinto nem demasiado redundante chamado justamente "rodense"), acompanhando ainda o estoico Possidônio. Voltando a Roma, foi advogado e homem político, defensor convicto dos princípios republicanos e da autonomia do Senado, além de crítico da corrupção política e moral (recordem-se seus discursos contra Verre e contra Clódio). Escreveu inúmeras obras sobre oratória e sobre filosofia (*De Republica, De officis* etc.), seguindo as posições do ecletismo.

No campo educativo deve ser sublinhada a concepção do orador, proposto como modelo de cultura e de *humanitas*, a já referida retomada/ transcrição da noção grega de *paideia*, bem como uma série de observações sobre a formação dos jovens, contidas sobretudo nas suas *Cartas*. No *De Oratore*, publicado em 55 a. C., Cícero desenvolve plenamente sua concepção educativa. O verdadeiro orador é o homem ideal que reúne em si capacidade de palavra, riqueza de cultura e capacidade de participar da vida social e política, como protagonista. É o homem da *pólis* grega, reativado e universalizado pelo culto da *humanitas*, que se completa com o estudo das artes liberais, das *humanae litterae* e da retórica em particular. A retórica prepara, assim, para a oratória e pode ser aprendida mediante um curso escolar que se realiza estudando as formas da retórica, mas também a dicção e a pronúncia. Um bom curso de oratória deve realizar-se através da leitura de textos, a composição de discursos e a participação na prática processual, com particular atenção ao estilo.

Na figura ideal do *orator* realiza-se aquele modelo de *humanitas* que é o escopo da educação liberal, produto da cultura desinteressada e da participação na vida pública e que se exprime pelo domínio da palavra. Este é certamente um modelo bastante próximo das posições de Isócrates e em parte de Platão, enquanto parece mais distante da *paideia* científica e ética de Aristóteles, mesmo se o *orator* se delineia como o homem eticamente

110 FRANCO CAMBI

mais completo. Depois de Cícero, esses grandes temas da pedagogia greco-
-helenística estarão presentes também em Roma e, numa trama complexa
ora com a filosofia, ora com a retórica, permanecerão como centrais até
Quintiliano e mesmo até o fim do Império. Em particular, o modelo da
retórica como princípio formativo receberá uma notável atenção já com
a *Retorica ad Herennium* (século I a. C.), durante muito tempo atribuída a
Cícero, que apresenta uma latinização e uma esquematização da retórica
para uso escolar e que, pouco a pouco, chega até Quintiliano. Quanto às
observações sobre a vida dos jovens, sobre a prática da escola, sobre a educação familiar, Cícero é sempre um intérprete atento, capaz de penetrar na
psicologia juvenil, e pai bastante solícito para a formação dos filhos, mas
também capaz de compreender suas qualidades e limites, revelando com
eles um tipo de relação não tradicional: não autoritária, de dedicação, de
participação afetiva. Educativamente importantes são também dois ensaios escritos por Cícero, um sobre a amizade – *Laelius, de amicitia* – e outro
sobre a velhice – *Cato Maior, de senectute* –, que entram na ensaística moral
típica das escolas filosóficas helenísticas e convidam a cultivar a amizade
como meio também educativo e a enfrentar a velhice com sabedoria e decoro, através de um processo de autoeducação.

3 A EDUCAÇÃO HELENÍSTICA EM ROMA: MODELOS E FIGURAS

Através do contato com a cultura grega, Roma também entrou na
órbita do helenismo e, sobre aquele complexo modelo de saberes e de artes, organizou sua própria identidade cultural, acolhendo o grego como
língua culta e redescrevendo, segundo aquela *koiné* cultural, os diversos
saberes e as diversas artes. Assim como a arquitetura em Roma se torna
cada vez mais explicitamente próxima daquela outra tecnicamente refinada, espetacular e suntuosa, mas harmônica, própria da civilização
helenística, também a literatura se remodela segundo a lírica alexandrina
ou o romance luciânico, como igualmente se afirmará em posição central
a reflexão filosófica, acolhida justamente nos aspectos mais éticos e antropológicos típicos do helenismo, ou ainda a ciência, assumida justamente
na sua especialização alexandrina, ora como ciência experimental (pen-

se-se em Arquimedes), ora como ciência erudita (pense-se em Varrão). Neste amplo e articulado processo, coloca-se, e de maneira não marginal, também a pedagogia, que, com a noção de *humanitas* (já lembrada), vem exercer um papel de núcleo central da cultura, como sua síntese viva e pessoal, mas também na formação do homem, que agora, na própria Roma, se sente antes de tudo sujeito humano, portador de humanidade universal, em vez de cidadão, ligado ao *mos maiorum* e ao papel de *civis romanus*. Assim, já a partir de Cícero, temos o nascimento de uma pedagogia no sentido próprio, como saber refletido sobre a educação, desvinculado do *mos/éthos* e agora mais rigoroso, mais universal, menos contingente e local, elaborado através de um discurso racional. São criados assim modelos de pedagogia estreitamente ligados ao saber que se manifesta como mais universal e mais autônomo, o saber filosófico.

São pedagogias ligadas ao estoicismo, à *paideia* retórica, à concepção enciclopédica do saber. Se Varrão interpreta o saber liberal como uma enciclopédia, ligando-se aos modelos helenísticos e alexandrinos, Quintiliano confiará à retórica o papel formativo, delineando seu desenvolvimento escolar de modo orgânico e capilar. Epicteto, Sêneca, primeiro, e Marco Aurélio, depois, virão delinear um modelo de pedagogia estoica que culmina num processo de autoeducação ética. São essas as vozes romanas mais altas e mais significativas em pedagogia. Não são vozes originais, já que retomam amplamente temas e aspectos da cultura greco-helenística, mas introduzindo uma forte consciência prática, uma perspectiva explicitamente formativa e individual que as tornam novas em substância – em relação ao universalismo mais típico da cultura helenística em geral – e até próximas, por alguns aspectos, da sensibilidade e dos problemas modernos.

Com Marco Terêncio Varrão (116-27 a. C.) e seus *Disciplinarum libri novem* é fixado o esquema das artes liberais (definidas depois no século IV d. C.), ligando a elas o processo da instrução, que compreendia gramática, lógica, retórica, música, astronomia, geometria e aritmética, mais medicina e arquitetura. Era um modelo de formação erudita que foi retomado também por Cornélio Calvo e por Plínio, o Velho, ambos do século I d. C.; Plínio, em particular, na sua *Naturalis Historia* afirma o valor da observação e da coleta das diversas fontes, mescladas de modo acrítico, mas segundo um objetivo enciclopédico preciso, seguindo o método típico da ciência helenística, justamente erudita e enciclopédica.

Marco Flávio Quintiliano (35-96 d. C.), espanhol educado em Roma, titular da cátedra de retórica instituída sob Vespasiano e, depois, preceptor dos sobrinhos do imperador Domiciano, publicou pouco antes de morrer a sua *Institutio oratoria*, que será o manual por excelência do ensino da retórica, fazendo dele o mestre indiscutível, por muitos séculos, da escola ocidental, até o Renascimento. A obra é explicitamente didática, destinada aos professores de retórica, dividida em doze livros, a maior parte dos quais versando sobre o ensino da técnica retórica, enquanto os outros são dedicados à educação em geral. Quintiliano remete a Cícero e ao modelo do *vir bonus, dicendi peritus*, que é o homem moral formado pela *enkyklios paideia*, realizada mediante o estudo da oratória. Fixa depois as etapas dessa instrução-formação: a leitura, a gramática, a sintaxe e a ortografia: posteriormente a literatura deve conjugar-se também com a matemática, a música e a geometria. O aspecto significativo de Quintiliano, entretanto, é essa retomada orgânica da educação retórica isocrática como "eixo educativo" adequado à formação humana liberal, mas também o seu interesse pela atividade de ensino no sentido próprio, iluminada nos vários aspectos da aprendizagem por parte do menino e do rapaz, cuja psicologia deve-se ter presente, e de técnica de ensino, na qual o docente deve tornar-se perito, solicitando a memória do discente e estimulando a plasticidade da mente infantil. Assim, a *Institutio* é a obra que fornece "uma descrição e um estudo da didática romana, vista pelo mais evoluído mestre da época" (Boyd); modelo didático que informará a escola de toda a Europa e que sobreviverá à própria queda do Império, fornecendo um critério educativo e escolar também a toda a Idade Média.

O recurso à filosofia estoica no sentido também educativo está no centro do pensamento de Epicteto (50-138 d. C.), que no seu *Manual* elabora um percurso para permitir ao homem, a todo homem, autocontrolar-se e autodirigir-se, até atingir aquela indiferença em relação ao destino que é a condição da felicidade humana (tornada possível pela imperturbabilidade) e que se pode elaborar só por meio de um *iter* educativo, feito de exercício e de meditação. É preciso que o homem se habitue a querer que as coisas "vão assim como vão" e a "voltar-se sempre para si próprio", começando "das pequenas coisas" e do cotidiano, observando os "propósitos" como se fossem "leis".

HISTÓRIA DA PEDAGOGIA 113

Temas análogos estão presentes também em Lúcio Aneu Sêneca (4 a. C.–65 d. C.), espanhol romanizado, grande filósofo estoico e grande literato (tragédias célebres) que, numa série de tratados, estudou os diversos aspectos da vida moral (a ira, a clemência, os deveres, o ócio, a tranquilidade etc.), ou então que intervém para indicar modelos de vida que permitam um controle da dor (a *Consolatio* a Márcia, a Élvia, a Políbio etc.), pondo em relevo a superioridade da moral estoica que pensa o homem como capaz de autodirigir-se e reconhecer-se como parte de um todo, de um mundo sustentado por uma providência ou razão, que cada sujeito deve considerar como princípio da realidade material e humana, e como lei que deve inspirar – como *Logos* – a própria atuação do homem. As *Epistulae ad Lucilium*, dedicadas a um amigo, também se movem nessa fronteira ético-educativa, valorizando uma ética da igualdade e do amor universal.

Em Marco Aurélio (121-180), o futuro imperador destinado a grandes empresas militares e a significativas intervenções legislativas e administrativas, a atividade de filósofo, iniciada por volta dos doze anos, prolongou-se por toda a vida e os seus *Pensamentos* (ou *Meditações*) são justamente a obra de uma vida: um caderno de notas de meditação, para "vigiar a si próprio" e para dirigir-se em cada dificuldade da vida. Trata-se de uma obra significativa e original que manifesta a sensibilidade de um indivíduo inquieto e profundo, que examina a si mesmo à procura não da perfeição, mas do equilíbrio e da sabedoria, cuja mestra é a filosofia. A filosofia nasce da meditação e esta nos lembra que "estamos no mundo para ajuda recíproca" e que "desse mundo nós somos parte e seja quem for que governe o mundo", dele "somos a emanação". São textos estoicos correntes, mas enriquecidos por uma consciência individual forte, por uma vontade de autocontrole e de ascese que tornaram esse texto de Marco Aurélio, pelo menos até as *Confissões* agostinianas, como o mais próximo da sensibilidade instável e fugidia, constantemente problemática dos modernos, e que revela, já na Antiguidade, a formação daquele sujeito-indivíduo que depois será tarefa do cristianismo potencializar e generalizar. Mas é significativo que esse sujeito-indivíduo seja visto como fruto de um constante e autogerido processo educativo.

Com esses modelos pedagógicos estamos certamente bem longe daqueles da Roma arcaica: a cultura helenística ultrapassou aqueles

114   FRANCO CAMBI

modelos mais estreitos e produziu figuras de *humanitas* cosmopolitas e universais, por um lado, e mais individuais e pessoais, por outro, fazendo retroceder o *éthos* como horizonte educativo, pelo menos para as classes cultas e dirigentes, e introduzindo uma nova ideia de formação.

4   A ESCOLA, O TRABALHO, AS "CORPORAÇÕES"

Foi a partir do século II a. C. que em Roma também se foram organizando escolas segundo o modelo grego, destinadas a dar uma formação gramatical e retórica, ligada à língua grega. Só no século I a. C. é que foi fundada uma escola de retórica latina, que reconhecia total dignidade à literatura e à língua dos romanos. Pouco tempo depois, o espírito prático, próprio da cultura romana, levou a uma sistemática organização das escolas, divididas por graus e providas de instrumentos didáticos específicos (manuais). Quanto aos graus, as escolas eram divididas em: 1. elementares (ou do *litterator* ou *ludus*, dirigidas pelo *ludi magister* e destinadas a dar a alfabetização primária: ler, escrever e, frequentemente, também calcular; tal escola funcionava em locais alugados ou na casa dos ricos; as crianças dirigiam-se para lá acompanhadas do *paedagogus*, escreviam com o estilete sobre tabuletas de cera, aprendiam as letras do alfabeto e sua combinação, calculavam usando os dedos ou pedrinhas – *calculi* –, passavam boa parte do dia na escola e eram submetidas à rígida disciplina do *magister*, que não excluía as punições físicas); 2. secundárias ou de gramática (nas quais se aprendia a cultura nas suas diversas formas: desde a música até a geometria, a astronomia, a literatura e a oratória; embora predominasse depois o ensino literário na sua forma gramatical e filológica, exercido sobre textos gregos e latinos, através da *lectio*, da *enarratio*, da *emendatio* e do *judicium*); 3. escolas de retórica (que cultivavam o estudo dos textos literários em relação ao estilo e treinavam para a *declamatio*; nelas, estudavam-se os vários tipos de retórica – política, forense, filosófica etc. – e elaboravam-se as *suasoriae* ou discursos sobre exemplos morais e as *controversiae* ou debates sobre problemas reais ou fictícios). Embora mais limitada em comparação à educação grega (eram escassas a gramática, a música, e também a ciência e a filosofia), mais utilitária, a formação escolar romana mantém bem no centro este princípio retórico e a tradição das artes liberais, resumidas no valor atribuído à palavra.

Também sob o Império, uma constante atenção será dedicada aos problemas escolares pelos vários imperadores. Júlio César deu a cidadania romana aos mestres residentes em Roma; Augusto concedeu bolsas de estudo; Vespasiano estatizou algumas escolas e isentou alguns mestres do pagamento de impostos. Apesar das fases de contenção e de incúria – que existiram –, as escolas romanas permaneceram longamente no centro da atenção dos imperadores até Adriano e Marco Aurélio, de modo a produzir "aquele interesse pelas escolas que durou até que o próprio Império caísse na mais selvagem desordem" (Boyd), encontrando interlocutores atentos ainda em Constantino e depois em Juliano, o Apóstata, que pensava numa retomada da *paideia* grega e da cultura clássica e pagã.

Se, em Roma, "escola é apenas a escola de gramática-retórica" (Manacorda), escola da classe dirigente e funcional para o seu papel de domínio social e escolha política e militar, expressão dos interesses e da cultura dos "optimates conservadores", embora aberta a favorecer – pelo uso da palavra – uma democracia mais radical, existem outras escolas – embora menos organizadas e institucionalizadas – para os grupos inferiores e subalternos: escolas técnicas, escolas profissionalizantes, ligadas aos ofícios e às práticas de aprendizado das diversas artes e ofícios. Na Grécia, o trabalho manual tinha sido radicalmente desprezado e oposto ao ideal da vida contemplativa (visto como o mais próprio do homem livre) e por isso confiado aos escravos; em Roma, "os artesãos foram e permaneceram predominantemente homens livres ou libertos e entre eles se desenvolveu com muita força a ideologia do trabalho" (Frasca). São técnicas ligadas, num primeiro momento, ao exército e à agricultura, depois ao artesanato, e por fim ao artesanato de luxo e em vasta escala, que vai se complicando e se sofisticando e reclamando também locais para aprendizagem de suas especificidades: primeiro na oficina, depois junto a instituições de formação profissional, ligadas a uma formalização das artes. Diante dessa exigência nova vem a constituir-se o *paedagogium*, "a primeira verdadeira escola profissional", destinada à especialização, a partir da medicina. Se na oficina imperava a autoridade do mestre (embora compensada por um forte espírito competitivo com os discípulos), a hierarquia de idade, a aprendizagem como reprodução de competências e modelos, sendo forte a integração e a relação pessoal e também afetiva entre os diversos membros, o que favorecia uma formação "de escola", no *paedagogium* (edifício *ad hoc* ou parte da casa patronal em que se treinavam os servos e os artesãos) se realiza uma primeira alfabetização (o *ludus*), mas a serviço da formação profissional. O *paedagogium* é também palestra de formação para os libertos (escravos libertados pelo patrão) e local onde se ministram conhecimentos e práticas bastante diversas. Por fim, existiam os *collegia* ou *corpora* (corporações) que acolhiam e formavam novos mestres, submetendo-os a verificações profissionais, a controles disciplinares dentro de um treinamento estritamente programado.

Ao lado das escolas artesanais existem também outras "escolas" especificamente conotadas e organizadas: as da casta sacerdotal e as do exército. Nas primeiras, por meio de técnicas culturais e cultuais, formava-se o sacerdote, submetendo-o a uma rígida disciplina e preparando-o para um papel de mediador social do sagrado, treinando-o para a leitura dos sinais dos deuses – auspícios – presentes no rito e em outros eventos – sacrifícios etc. – e para a decodificação dos responsos sibilinos que se manifestam no *transe* sagrado. Os sacerdotes formavam-se nos *collegia* (no pontifical, dos áugures, depois dos sálios, dos arvais etc.). Eles provinham da classe senatorial, mas depois a cooptação será mais aberta e os sacerdotes virão a assumir um papel de "quase-magistrados", colaborando com estes nos diversos ritos públicos, através dos sacrifícios e dos auspícios que permanecem sendo administrados por ambas as figuras: o *sacerdos* e o *magister*. Ademais, "os sacerdotes romanos eram homens de direito e 'homens de letras'", recebendo uma instrução também formal que girava em torno da "jurisprudência sacra".

Dentro de outro *collegium* formava-se o soldado, adestrado para o ofício das armas e o espírito de corporação, tanto naquela fase que via o cidadão como soldado como naquela outra que deu vida ao "soldado de profissão". A ideologia nobiliária do uso das armas, ligada a uma sociedade mais arcaica e heroica, é substituída pelo profissionalismo do soldado, em presença de uma técnica perfeita e de uma ética marcada pela *prudentia* e pela *devotio*, pelo princípio de "prestar serviço sem poupar-se" e de fidelidade ao imperador. Trata-se de um mundo um tanto fechado, às vezes isolado por necessidade (por mobilização, por temor de ataques) que elabora até uma linguagem própria – o *sermo militaris* – com caracte-

HISTÓRIA DA PEDAGOGIA 117

rísticas típicas: concisão, expressividade, jocosidade, gosto pela ironia e pela metáfora, densa de neologismos e já distante da língua oficial, até mesmo falada, e na qual estão também presentes contribuições de outras línguas (do grego, sobretudo). Existiam "soldados bem instruídos e outros dotados apenas de uma formação rudimentar", com diversos níveis de alfabetização. O exército era, enfim, uma oportunidade de conformação cultural entre os jovens de diferentes regiões e diferentes classes sociais, ligando todos a um espírito de *urbanitas*. O serviço militar era, portanto, uma ocasião de formação profissional, de educação moral e de amadurecimento civil, além de alfabetização pelo menos primária.

5 A ÉPOCA IMPERIAL: DIFUSÃO E DECLÍNIO DA EDUCAÇÃO ANTIGA

Na época imperial, o modelo romano de instrução difunde-se pelas diversas regiões do Império. Assim, já a partir da época republicana tardia começaram a ser introduzidas a cultura romana e as instituições educativas que a difundiam junto aos vários povos, instituindo escolas de gramática e de retórica. Desse modo, cria-se também uma unidade espiritual no Império, ligada à língua e às traduções literárias, romanizando regiões que eram diferentes e até discordantes entre si – pela etnia, pela crença religiosa, pelos costumes, pela língua. As escolas foram também um dos alicerces da unificação do Império sob o modelo da *romanitas* (constituída pelo Estado, pelo direito e pela cultura ao mesmo tempo hegemônica e universal). A política seguida pelos imperadores no âmbito escolar, como já salientamos, mantém fixo este papel de romanização e de unificação atribuído à escola e à instrução. A leitura dos mesmos textos, o estudo dos mesmos clássicos, a análise gramatical, sintática e estilística das mesmas línguas (grego e latim) acabam por criar um *humus* comum e profundo, sobretudo no nível das classes dirigentes, sobre o qual virá depois enxertar-se aquele fenômeno complexo que será a Europa, em cuja base, ao lado da visão cristã do mundo, se colocou também a herança do mundo antigo e da cultura clássica.

Com a difusão do cristianismo e, depois, com sua legitimação político-religiosa sob Constantino, virá certamente criar-se uma significativa ruptura também no terreno educativo: os cristãos depreciam a retórica e a cultura dos pagãos em geral, atacam as escolas que transmitem uma literatura contrária ao espírito cristão e orientada para valores diferentes dos evangélicos. Todavia, os cristãos escrevem, discutem e criticam a cultura pagã, portanto eles se formam culturalmente através do ensino das escolas de onde extraem as técnicas – oratórias, filosóficas – com as quais irão opor-se ao mundo helenístico: até reconhecer a utilidade da cultura antiga e da própria *paideia* grega e romana, que precisa apenas ser atualizada no sentido cristão, como veremos no próximo capítulo. Todavia, a mesma cultura pedagógica helenística e romanizada não desaparece, sendo defendida pela aristocracia senatorial e pelos intelectuais pagãos (pense-se em Rutílio Namaziano com o poema *De reditu suo*, que investe contra os monges, seu egoísmo, seu ascetismo e antissociabilidade), mas de maneira cada vez mais frágil e mais incerta, até a retomada – grande, mas efêmera – da *paideia* clássica com Juliano, o Apóstata.

No século IV, o choque entre os dois modelos culturais será frontal e a cultura pagã é que irá sucumbir, enquanto repetidora cansada de modelos obsoletos e já no ocaso (como o do *orator*, elaborado em condições políticas e culturais bastante diversas) e ligada às escolas que seguem modelos cada vez mais formalistas, administradas por municípios paulatinamente mais fracos e precários. A própria cultura que está no centro dessas escolas foi se tornando doravante mais superficial e enciclopédica, seguindo o esquema das artes liberais desenhado por Marciano Capella (primeira metade do século V d. C.), que com seu *De nuptiis Philologiae et Mercurii* esboça um compêndio do saber reduzido a erudição e pedantismo. Trata-se de um texto "árido", mas de grande sucesso: foi "o mais comum nas escolas que se gabavam de oferecer uma instrução avançada", comentado e usado durante muito tempo.

Sob o impulso das invasões bárbaras houve um ulterior empobrecimento para as escolas e para a cultura: a ignorância dos invasores criava empecilhos e abandonos no empenho formativo das jovens gerações segundo o *iter* cultural fixado pelo mundo clássico. No século VI, é Gregório de Tours, o historiador dos francos, quem denuncia a morte do culto "pelos estudos clássicos" na Gália: ninguém conhece mais a gramática e a dialética. O atraso, porém, é comum a todo o Império, com exceção apenas do Oriente e, no Ocidente, da Itália, onde permanecem vivas as cidades e, nestas, algumas escolas e um pouco de vida cultural. Os centros de cultura superior, porém – agora reduzidos só a Atenas e Alexandria –, entrarão numa crise cada vez mais profunda: Alexandria declinará pouco a pouco até 640, ano em que foi dominada pelos árabes; em Atenas, baluarte dos neoplatônicos e dos acadêmicos, a escola foi fechada em 529 por Justiniano. As vozes mais altas da cultura antiga eram assim emudecidas para sempre. Entretanto, escreveu justamente Boyd, já no século III, "Roma não tinha mais a iniciativa quanto a ideias, e os sucessivos eventos de destaque no campo da educação se verificam de novo no Oriente, onde se vinha elaborando de maneira cada vez mais rica a doutrina do cristianismo".

CAPÍTULO V

O CRISTIANISMO COMO REVOLUÇÃO EDUCATIVA

1 CONCEPÇÃO DO MUNDO, MODELO DE CULTURA, IDEAL DE FORMAÇÃO

O advento do cristianismo operou uma profunda revolução cultural no mundo antigo, talvez a mais profunda que o mundo ocidental tenha conhecido na sua história. Uma revolução da mentalidade, antes mesmo que da cultura e das instituições sociais e, depois, políticas também. Trata-se da afirmação de um novo "tipo" de homem (igualitário, solidário, caracterizado pela virtude da humildade, do amor universal, da dedicação pessoal, como ainda pela castidade e pela pobreza), que do âmbito religioso vem modelar toda a visão da sociedade e também os comportamentos coletivos, reinventando a família (baseada no amor e não apenas e sobretudo na autoridade e no domínio), o mundo do trabalho (abolindo qualquer desprezo pelos trabalhos "baixos", manuais, e colocando num plano de colaboração recíproca os patrões e os escravos, os serviçais, os empregadores e os dependentes) e o da política (que deve inspirar-se nos valores ético-sociais de igualdade e solidariedade, devendo ver o soberano agir como um pai e um guia do povo, para dar vida a uma *res publica christiana*). Nasce um novo modelo de sociedade inspirada e sustentada pelos valores do Evangelho e que encontra na Igreja o seu ideal-guia e o seu instrumento de atuação, já que se afirma como uma sociedade baseada em relações de fraternidade e de civilidade, além de igualdade, e como o motor de todo o processo de renovação da vida social. A Igreja, desejada e fundada por Cristo, é a instituição humana mais alta, embora não perfeita, que deve tornar-se o fermento de toda a sociedade, indicando-lhe os fins a realizar e os instrumentos para atingi-los.

Tudo isso vem estabelecer uma nítida ruptura em relação ao mundo antigo, sua mentalidade, sua organização social, sua política e sua cultura. Novos valores – que são geralmente o inverso dos clássicos: a humildade diante do poder, a paz diante da força etc. – se difundem e se colocam no centro de um novo modelo antropológico, cultural e social; são, propriamente, os valores negativos do mundo antigo que são colocados no centro: a fraqueza, a tolerância, a compaixão. Na sociedade valem sobretudo os vínculos espirituais entre iguais e não as relações hierárquicas, assimétricas, de domínio e de imposição ou as identidades étnicas e locais, superadas aqui na universalidade da mensagem. Até mesmo as relações entre classes e grupos sociais sofrem uma revolução mediante o apelo à igualdade e à solidariedade. Também a política se transcreve em sentido religioso e irenista, indo além do "dai a César o que é de César e a Deus o que é de Deus" e projetando um modelo de sociedade orgânica e colaborativa.

Com o cristianismo, irrompe no mundo antigo uma nova concepção do mundo que, própria do início de minorias perseguidas, marginal – favorecida também pela crise espiritual que atravessa a cultura antiga na época imperial e pelas fraquezas internas (lutas étnicas, crise militar, crise econômica) do Império Romano –, torna-se central e depois hegemônica durante cerca de três séculos. Em 313, ano do Édito de Milão promulgado por Constantino, a Igreja Cristã afirma-se como a representante da religião do Império e coloca-se em posição – inclusive política – de nítido privilégio. Mas, para além dos sucessos políticos, o cristianismo permanece uma voz radicalmente revolucionária, pelos conteúdos antropológicos e sociais, que se contrapõe às concepções próprias do mundo antigo; ele vem, assim, dar vida a um novo modelo de civilização conotado por uma ideia de cultura que coloca no centro o fator religioso, mas delineado como mensagem para todos, povos e indivíduos, e capaz de transformar *ab imis* comportamentos e estruturas sociais a partir da "inversão de valores" que a mensagem cristã anuncia com rigor e que projeta como o caminho para uma palingenesia do mundo e um começo para a tarefa escatológica da história.

Nessa revolução, sobre a qual insistiram desde as origens os Apologistas e os Padres da Igreja, depois os grandes intérpretes do cristianismo até a Modernidade, de Erasmo a Pascal, chegando até Hegel e Engels, Nietzsche e Freud, delineou-se também uma mudança – igualmente radical – no campo educativo: transformam-se as agências educativas (como a família), uma se torna mais central que as outras (a Igreja), toda a sociedade enquanto religiosamente orientada torna-se educadora; mas mudam também os ideais formativos (à *paideia* clássica contrapõe-se a *paideia christiana*, centrada na figura do Cristo) e os próprios processos de teorização pedagógica, que se orientam e se regulam segundo o princípio religioso e teológico (e não segundo o antropológico e teorético). A revolução do cristianismo é também uma revolução pedagógica e educativa, que durante muito tempo irá marcar o Ocidente, constituindo uma das suas complexas, mas fundamentais, matrizes.

2 NOVO TESTAMENTO, CRISTIANISMO PRIMITIVO E EDUCAÇÃO

Partamos dos documentos canônicos do cristianismo primitivo para individualizar sua originária mensagem educativa/formativa. Precisamos deter-nos sobre pelo menos quatro textos: os *Evangelhos*, as *Epístolas* de São Paulo, o *Apocalipse* de São João e os *Atos dos apóstolos*, que cobrem tanto o magistério de Cristo, como o da Igreja apostólica na fase da sua primeira difusão/institucionalização no Mediterrâneo.

Quanto aos Evangelhos, são evidentes alguns aspectos fundamentais da educação cristã: que é projetada e guiada por um mestre-profeta (como Cristo), que fala contra os hábitos correntes e quer provocar uma catástrofe interior, uma renovação espiritual, através de uma mensagem que inquieta e que desafia a tradição e a indiferença subjetiva; mensagem exemplificada, por exemplo, no *Sermão da montanha*, com suas referências aos "pobres de espírito", aos "que têm sede de justiça", aos "puros de coração", para ativar uma regeneração interior, mas também as invectivas de Cristo contra a hipocrisia dos fariseus e dos escribas, "sepulcros caiados" que vivem a religião apenas como ato formal, contra os mercadores do templo etc.

Existe ainda o aspecto de comunidade – os apóstolos e os discípulos – que caracteriza a formação do cristão, que vive com os outros "convertidos", amando-os e servindo-os (ajudando-os, com espírito de solidariedade e de caridade); assim, o amor torna-se agora a chave mestra de toda a educação cristã, amor a Deus e ao próximo, sentido "como si mesmo": o amor como *ágape*, como unidade convival e espírito de dedicação, que ultrapassa nitidamente as duas concepções clássicas do amor, como *eros* e como *filia*.

Ao lado dos *Evangelhos*, como documento quase cofundador do cristianismo, colocam-se as *Epístolas* de São Paulo. Aqui aparece outra visão da mensagem cristã: mais dramática, mais inquieta, mais disciplinar, passada pelo filtro da cultura hebraica e da helenístico-romana (Paulo era um hebreu romanizado). Nas epístolas paulinas enviadas às diversas comunidades cristãs presentes no Mediterrâneo, respondendo a quesitos e definindo interpretações corretas da mensagem cristã, emergem também aspectos de valor pedagógico; sobretudo dois: o dualismo alma/corpo e a condenação da corporalidade, vista como pecado, como algo que se contrapõe e perturba a vida do espírito, que implica uma pedagogia da repressão dos instintos e da sublimação interior, operada através de uma luta contra si mesmo; o disciplinarismo dessa pedagogia, que visa ao governo de si mesmo e ao governo da comunidade, segundo um modelo já típico da pedagogia helenística que havia posto o mais alto valor ético no "cuidado de si" e no autocontrole do sábio: São Paulo recupera – dramatizando – este princípio disciplinar, subjetivo e social. Vem depois – em continuidade com os *Evangelhos* – a exaltação do Cristo como modelo do homem regenerado pela Boa-Nova: um homem espiritual, sofredor, em luta pela justiça, propenso a realizar sua própria fidelidade à mensagem cristã.

Com o *Apocalipse* de São João, os temas do "fim dos tempos", da tensão escatológica na história e da regeneração final do homem (com a *resurrectio carnis* e o juízo de Deus) são os que iluminam um caminho educativo próprio das comunidades cristãs, caminho que deve nutrir-se de uma tensão para a "realização dos tempos", assim como da "redenção da realidade", solicitando expectativas e empenho escatológico, tensões proféticas, um olhar para além da história a fim de preparar sua superação. Tudo isso impele o cristão a ir além e contra o tempo histórico, desejar uma humanidade redimida e preparar, no tempo, as condições dessa redenção por meio de uma obra educativa e autoeducativa. Como o farão os movimentos milenaristas, que em várias ocasiões alimentarão a história da religião cristã.

Nos *Atos dos apóstolos*, ao contrário, o que se encontra no centro é a ação educativa das primeiras, até mesmo primeiríssimas, comunidades cristãs. A regeneração interior, o *ágape*, a caridade/solidariedade, a radical igualdade são os valores-chave dessas comunidades e que alimentam também suas funções educativas e seus ritos de iniciação (o batismo, a missa, a oração). Mas a Igreja primitiva luta contra as perseguições e contra as heresias, revela-se como uma comunidade em autodefesa que se fortalece pelo testemunho dos próprios valores (com os Mártires), e como uma comunidade de magistério, que ensina e difunde a mensagem cristã, pondo-a em contato com os vários povos e as diversas culturas, sem dispersar a mensagem originária.

Já nos primeiros documentos cristãos está presente uma verdadeira e própria revolução educativa que, depois – em contato com o mundo helenístico e a cultura filosófica grega –, se tornará também revolução pedagógica, enquanto o cristianismo repensará organicamente seus próprios fundamentos ideais e os apresentará de forma racional, opondo-os aos clássicos e defendendo sua especificidade e sua maior universalidade.

3   O NASCIMENTO DA IGREJA E A ORGANIZAÇÃO EDUCATIVA

No período que vai da morte de Cristo à época constantiniana, a Igreja vai organizando suas próprias práticas educativas e sua própria teorização pedagógica, sob o influxo, sobretudo, da cultura helenística, mas também da evolução das comunidades cristãs. De fato, são os primeiros grupos cristãos que fixam os ritos da oração em comum, da revocação da paixão de Cristo e da última ceia, do culto dos mortos, relacionados com os símbolos do cordeiro (ligado à paz), do asno (ligado à humildade) e do peixe, desenvolvidos através de uma leitura da mensagem de Cristo (nos *Evangelhos*, que foram muitos e muito diferentes entre si, entre os quais a Igreja aceitou apenas os quatro autores chamados "canônicos": São Mateus, São Marcos, São Lucas e São João, considerados mais antigos, mais fiéis e uniformes entre si, mesmo se orientados de maneira diversa). Entrementes, fixam-se também algumas práticas educativas ligadas à práxis comunitária, relativas à família (que se modela pelo amor recíproco e dedicação aos filhos, embora os "governe" com autoridade), relativas à Igreja que vê encarnar-se nas crianças o estado de graça (segundo os apelos de Cristo que convidava a tornar-se criança e deixar vir a ele os pequeninos, segundo a ideia de que o batismo renova a alma, fazendo-a voltar à "pureza" infantil) e relativas ao papel que as crianças ocupam na própria comunidade (onde são, ao mesmo tempo, valorizadas e marginalizadas).

A Igreja, porém, desenvolve igualmente uma ação educativa sobre toda a comunidade, substituindo cada vez mais o poder civil, primeiro ligando-se a ele, depois tomando o seu lugar e fazendo o papel de reguladora formativa e administrativa. É esse aspecto que leva também a igreja de Roma a delinear sua própria supremacia sobre as outras igrejas, enquanto ligada ao centro do Império e ao local de coordenação de seus intercâmbios, de todo tipo. Tudo isso estimula também a Igreja a adotar para si uma cultura de governo, religioso e civil, acolhendo os modelos da administração e do direito romano, sobre os quais vai organizando sua própria função. Função, de início, de ligação entre as igrejas locais, de arbitragem e de conselho; depois, também de magistério, especialmente na luta contra as heresias que da gnose ao arianismo, ao nestorianismo etc. pululam nos primeiros séculos do cristianismo e referiram-se sobretudo à Trindade e a Cristo (as duas naturezas). Estamos já numa etapa posterior da história do cristianismo, após a escatológica dos inícios, ligada ao conceito de *parousia* e que se refere ao "retorno" do Cristo, animada por comunidades restritas e separadas, reguladas ocasionalmente pelo magistério dos apóstolos (São Paulo sobretudo). Entra-se, justamente por meio da fusão com a máquina imperial, na fase administrativa e institucional da Igreja: unificada na disciplina e na doutrina, regulada como uma grande comunidade, regida por um pensamento jurídico e teológico modelado pela tradição helenístico-romana. Depois do duro choque das perseguições, que tinha preparado a Igreja nascente para a apologética e a propaganda contra os anticristãos (pense-se em Tertuliano, em Arnóbio, em Lattanzio), mas também para uma forte coesão interna e uma forte identidade; depois do Édito de Constantino, a Igreja consagrou-se "a um imenso programa de recomposição social, extraindo do caos dos bárbaros os delineamentos de uma civilização europeia renovada" (Buonaiuti) e a organizar uma vida interna da própria Igreja coerente e unitária, submetida a uma disciplina comum. A ação que a Igreja vinha assim desenvolvendo era essencialmente pedagógica, no campo religioso e no campo civil (e cada vez mais também neste segundo campo); tornando-se herdeira em particular da cultura de governo que tinha sido própria de Roma (que encontrará a definição na tradição do "direito canônico").

Do ponto de vista mais estritamente educativo-escolar, são dois os aspectos que vêm caracterizar os primeiros séculos do cristinianismo: a centralidade da imitação da figura de Cristo e a adoção, na formação do cristão, da cultura clássica, literário-retórica e filosófica, sobretudo. São dois aspectos em contraste e complementares que animam o rico debate pedagógico do primeiro cristianismo e põem em destaque as diversas tensões que o atravessam: confirmar a própria diferença em relação à cultura clássico-pagã e incorporar seus instrumentos de conhecimento e de governo, além das tradições em que estavam fincadas as raízes dos povos do Império.

Se a "imitação de Cristo" foi, no início, um elemento de coesão/unificação das várias "igrejas" locais, ela se manifestava como "uma tarefa árdua", pois implicava "a necessidade de definição doutrinal e o desenvolvimento de formas de vida institucionalizada para realizar os intentos da doutrina". Tratava-se, na verdade, de fixar a *figura* de Cristo e definir a *doutrina* (coisa que fizeram os *Evangelhos*), e depois moldar o cristão segundo aquele Modelo, indicando-lhe percursos éticos e práticas religiosas capazes de levá-lo até aquele objetivo. A disciplina eclesiástica e o crescimento da cultura cristã eram voltados para esse objetivo, mas para exercer tais funções e difundir o novo modelo de vida, torna-se indispensável a mediação da filosofia/cultura grega, já que se fala de um mundo caracterizado pelo helenismo e já que a cultura grega organiza o discurso segundo aquele princípio de universalidade que é também tão próprio da alma e da doutrina cristã.

4 A HERANÇA DO MUNDO CLÁSSICO: A *PAIDEIA* CRISTÃ

A começar já dos *Evangelhos* (do IV), a marca da cultura grega se fixa dentro do discurso cristão ("*In principio erat Verbum et Verbum erat apud Deum et Deus erat Verbum*": é o começo do Evangelho de São João, onde *Verbum* transcreve a noção helênica de *Logos*), mas é sobretudo no tempo dos Apologistas (que defendem o cristianismo das acusações mais variadas: idolatria, subversão etc.) e, depois, dos Padres (os intérpretes teóricos e orgânicos da mensagem cristã) que se inicia a simbiose entre cristianismo e helenismo. Se São Justino, natural de Samaria (entre 100-165), apresentou o cristianismo como a forma mais alta de visão de Deus, mas o nutriu da tradição filosófica grega, aproximando Platão e Cristo e afirmando que "o homem pode admitir racionalmente o conhecimento divino graças ao *spermatikos logos* [a razão difundida no mundo, típica dos estoicos] já infundido nele" (Bowen), Taciano de Síria (110-172) – seu aluno em Roma – exprime uma forte oposição à cultura grega, em todas as suas formas (desde a retórica – que serve à injustiça e à calúnia – até a arte – que descreve "batalhas, os amores dos deuses, a corrupção da alma" – e a filosofia – que é saber litigioso e arrogante, ávido e fantasioso), referindo-se à tradição gnóstica (animística e demonística na concepção do cosmo, racionalista na de Deus).

Assim, se já "no tempo dos apóstolos encontramos uma primeira fase de helenismo cristão no uso da língua grega que observamos nos escritos do Novo Testamento", ele se desenvolve depois "na época dos chamados Padres", quando "com a língua grega todo um mundo de conceitos, categorias de pensamento, metáforas herdadas, matizes sutis de significado penetra no pensamento cristão" (Jaeger). Tanto a forma admonitória da prédica cristã como a noção de conversão são ideias extraídas da cultura grega, como também aquela outra, centralíssima, de *paideia* (de formação humana que receberá no cristianismo uma redefinição como *paideia Christi*).

Já com Clemente e a sua *Epístola aos coríntios* (estamos há trinta anos da morte de São Paulo), a retomada do cristianismo em termos helenístico--romanos é bem definida: a comunidade cristã deve tornar-se Estado organizado, Roma deve ser a sede da autoridade religiosa, a ordem civil é fator--chave da ética cristã. Tertuliano (160-220), na sua luta contra o paganismo, também usa categorias gregas e argumentos da filosofia grega. Mas é

HISTÓRIA DA PEDAGOGIA   129

com a Escola de Alexandria – ligada à cidade que era a capital cultural do helenismo – que se aprofundou a noção de *paideia* cristã, assimilada pelo filtro do platonismo e pela referência à transcendência e à universalidade das ideias e dos valores. Foram Clemente de Alexandria (*ca*. 153-220) e depois Orígenes (185-253) que deram vida à *paideia* cristã, reinterpretando em sentido cristão a *Bíblia* e relendo a filosofia grega à luz de Platão, mas também unindo filologia e interpretação. Clemente, com seu *Paedagogus*, coloca como modelo a *paideia* helênica, mas também afirma que esta só se realiza plenamente no cristianismo. O cristianismo é o portador de uma nova *paideia*, embora devedora da antiga. Segundo Orígenes, "Cristo era o grande Mestre" que indicava uma "*paideia* do gênero humano", mas isso implicava uma estreita colaboração entre cultura grega e cristianismo: de modo que o cristianismo se nutrisse daquela cultura e a superasse. Com Clemente e Orígenes muda também o papel do educador: este se torna guia espiritual e cultural e oferece os instrumentos para chegar à "sapiência" e a um crescimento espiritual interior. Orígenes retoma também o ensino da *enkyklia grammata* (filosofia, ciências etc.), mas segundo uma sucessão bem ordenada, que culmina no saber religioso.

Serão depois os Padres Capadócios – Basílio de Cesarea (329-379), Gregório de Nazianzo (330-389), Gregório de Nissa (335-394) – que delinearão o curriculum da nova *paideia* cristã, que darão vida a uma verdadeira e própria literatura cristã, que fixarão os textos clássicos necessários para a educação da juventude cristã (a partir de Homero) e valorizarão a forma literária, artística e filosófica dos gregos também como modelo de formação do cristão. A *morphosis* como crescimento também regula a educação do cristão: mas deve desenvolver-se como "cuidado", atento e contínuo, e conduzir o homem para a sua *areté*; ao lado dos clássicos, a formação cristã implica a *Bíblia* que chancela a *imitatio Christi* e faz superar os limites do mundo clássico (com a mensagem de Moisés e com a ética dos *Salmos*). Deve-se lembrar ainda que "foi Gregório de Nissa que transportou a concepção grega da *paideia*, na forma assumida por Platão, para dentro do movimento ascético que surgia naquele tempo na Ásia Menor e no Oriente Próximo e que logo deveria exercer um poder de atração jamais imaginado" (Jaeger).

Na frente latina, foi o dálmata São Jerônimo (342-420) quem delineou o novo modelo de cultura. Após um período de retiro monástico em Antioquia, foi ordenado sacerdote em 379, dirigindo-se depois a Roma, onde iniciou a sua tradução da *Bíblia*, concluída em 404. Enquanto isso, não abandonava o estudo dos clássicos, sobretudo Cícero e Virgílio, considerando isto, porém, uma tentação que o afastava de Deus. Transferindo-se para Belém, retirou-se para a vida ascética, continuando o seu trabalho de tradução da *Bíblia*, chamada depois *Vulgata*. No campo educativo, para São Jerônimo, apresentam-se dois modelos: o ascético, articulado em torno do "temor a Deus" e que conjuga educação intelectual e formação moral, e o clássico, ligado à *paideia*, mas do qual Jerônimo é um defensor parcial e fraco, diferentemente dos Padres orientais. A inspiração extraída de Quintiliano está na base da sua concepção de cultura, mas sempre contestada pelo seu ideal de vida austera e religiosa, que no fim resulta dominante, como revela a carta *A Leta, sobre a educação da filha*, de 403.

O diálogo entre pensamento grego e cristianismo fundou a primeira tradição filosófica da nova religião e tocou em particular o âmbito da teorização pedagógica que incorporou e transcreveu a noção de *paideia*, embora a experiência cristã deixasse conviver ao lado uma visão educativa rigorista e anti-intelectual, de inspiração rigidamente religiosa. A ruptura cristã também em pedagogia foi sensível, mas as categorias que vinham organizando aquela experiência mantiveram uma profunda continuidade com a reflexão clássica que operou durante toda a Idade Média e, depois, na própria Idade Moderna.

5 O MONASTICISMO E "UMA ESCOLA A SERVIÇO DO SENHOR"

A nova estrutura educativa elaborada pelo cristianismo, aquela que, talvez, mais profundamente – e historicamente – deixou uma marca fundamental no Ocidente foi o mosteiro. Essa instituição veio se fixando como um lugar de formação, construído segundo um modelo que orientava a vida espiritual no sentido religioso e que submetia o processo formativo ao princípio da ascese (da renúncia e da mortificação), necessário para purgar e disciplinar a vida interior das tormentas das paixões e submetê-la ao guia da razão e da fé. Tratava-se de formar a própria individualidade por meio do trabalho e da contemplação, acrescentando depois também o estudo, sobretudo quando os monges, primeiro isolados, foram se reunindo em cenóbios (do grego *Koinobion*, "vida em comum") e submetendo-se a uma Regra de vida coletiva. Com esse escopo, gradativamente, se constituíram cursos de estudo nos mosteiros, para os noviços (os monges mais jovens) e também para os externos, que gravitavam em torno do estudo, sobretudo das Sagradas Escrituras.

O movimento monástico teve início, já no tempo de Cristo (pense-se na seita hebraica dos essênios, que pretendia realizar um judaísmo menos formalista e mais espiritualizado), com a escolha de uma vida eremítica por parte de homens e mulheres que se afastavam das cidades para levar uma vida solitária de oração. No Egito, na Síria, na Palestina, difundiu-se essa escolha de vida que continuou nos séculos seguintes, fixando com algumas figuras exemplares o modelo de vida do eremita: com Paulo de Tebe, figura semilegendária do século III, com Santo Antonio Abade (*ca.* 250-356), cuja vida foi narrada por Atanásio de Alexandria (*Vita Antonii*) e que se tornou exemplar na cultura do monasticismo ocidental. Entretanto, vinha-se constituindo também outro tipo de escolha monástica, não eremítica, mas comunitária, agregando monges isolados e organizando lugares de vida em comum. Já com Pancômio (282-346), no Egito, a estrutura conventual (um "edifício defendido por muros e dividido internamente em celas individuais") (Bowen) se consolida e se difunde, como atesta a *Historia monachorum* (traduzida por Rufino de Aquileia). Nessas comunidades, "encoraja-se a instrução", copiam-se livros antigos, estuda-se a *Bíblia*. Do Egito, o monasticismo difunde-se depois no Ocidente, aumentando também o empenho cultural dos monges (com São Basílio, São Jerônimo, Santo Agostinho), e no Oriente, onde atinge a maturação máxima nos séculos da Idade Média (IV-VII) e cultiva "a conservação do saber", que se prolonga até por volta do Ano Mil, por exemplo, com o mosteiro do Monte Athos na Grécia.

Mas foi no Ocidente, no século VI, que o monasticismo teve seus modelos mais significativos, também no sentido cultural e educativo. Com *Vivarium*, fundado na Calábria em torno de 552 por Flávio Magno Aurélio Cassiodoro (480-572), alto funcionário do reino de Teodorico e depois sob o domínio de Justiniano, onde se desenvolvia um "trabalho erudito" de "conservação do passado", e se favorecia uma vida espiritual culta e disciplinada, ligada às atividades físicas, mas sobretudo à instrução, submetida a uma regra que punha a leitura da *Bíblia* e dos Padres em primeiro lugar. Para guiar a formação dos monges, Cassiodoro desenvolveu um tratado (*Institutiones divinarum et saecularium litterarum*) em que se indicavam as escrituras e as "artes liberais" como instrumentos de cultura. Depois da morte de Cassiodoro, *Vivarium* entrou em decadência por razões políticas (a conquista bizantina da Itália do Sul) e culturais (dispersão da biblioteca).

A experiência monástica mais incisiva, porém, foi realizada por Bento de Núrsia (480-547). Formado em Roma, retirou-se como eremita para Subíaco, acompanhado por outros jovens, onde fundou um primeiro mosteiro. Em 529, fundou depois o de Monte Cassino, que renovou radicalmente a tradição monástica e fixou a organização da vida dos monges numa *Regra* rigorosa e minuciosa. Cada mosteiro devia ser autossuficiente e cada monge era submetido a uma intensa vida de ascese e ao princípio do "*ora et labora*", que atribuía ao trabalho manual um papel crucial (sete horas por dia) na formação individual e na vida da comunidade. Neste quadro de vida espiritual, um papel não tão central era atribuído à atividade intelectual: como intervenção corretiva do ócio e como leitura dos livros sagrados, embora fosse lembrada a atividade de escrita (duas horas por dia).

A experiência do monasticismo, como dissemos, fixou um novo lugar de formação, no sentido espiritual e cultural, e um novo modelo formativo, caracterizado em particular pela ascese, mas também elaborou um tipo de cultura cristã que, ao mesmo tempo, se torna herdeira da tradição clássica (pense-se nos *amanuenses* que nos mosteiros copiam os textos antigos) e se qualifica em função do crescimento espiritual do sujeito no sentido religioso, levando-o assim à meditação, à contemplação, mas por meio da leitura constante e do contato contínuo com os textos sagrados e a tradição dos Padres. Nos mosteiros, ademais, toma corpo um primeiro modelo de escola cristã, diferente em parte da antiga, porém mais baseada na *enkyklios paideia*, e caracterizado pela centralidade na autoridade do *magister*, pelo estudo da *Bíblia*, pelo uso dos clássicos greco-latinos expurgados e corrigidos, como se vinha fazendo, sobretudo, nas escolas monásticas da Irlanda, onde o movimento dos monges teve larga difusão e rica elaboração sob o impulso de São Brendano e de São Columbano.

6 A FAMÍLIA E A EDUCAÇÃO CRISTÃ: A INFÂNCIA E AS MULHERES

A afirmação do cristianismo produziu também uma profunda transformação na célula educativa fundamental e primária: a família. As relações internas entre seus membros foram se redefinindo em termos de "amor" e não (ou não apenas) de "autoridade". Muda-se a relação com o pai (o próprio Deus é visto como "Pai nosso", misericordioso e amorável, ao qual se recorre com confiança e intimidade), que agora é o guia da família, mas guia atento e amoroso e não mais o pai-patrão das sociedades antigas (sobretudo a romana), do qual se tem medo e se espera um severo controle e um eventual castigo; ainda mais central e mais afetivo torna-se o papel da mãe: a figura que apoia, que socorre, chegando até o heroísmo; mais íntimas se tornam as relações entre pais e filhos. O modelo da união familiar cristãmente perfeita é pregado nos *Evangelhos*: espelha-se na Sagrada Família, na qual os vínculos entre os membros são caracterizados pelo respeito recíproco, pela diferença dos papéis (o pai como guia, a mãe como ajuda, os filhos submissos e respeitosos, mas também respeitados) e por uma íntima união amorosa. Sem dúvida, é um modelo ideal, mas que atua profundamente na cultura e na práxis das primeiras comunidades cristãs, nas quais o amor como *ágape* começa a agir justamente pela família.

São muitos os testemunhos nesse sentido numa cultura que exalta como virtude cristã a castidade, realizada na figura do monge, e a virgindade, e que vê, portanto, na família quase um "mal menor" (enquanto baseada na satisfação dos desejos carnais), mas também a reveste de um papel de regulamentação (recusando o adultério, as relações carnais improdutivas etc.) e de espiritualização, por meio da relação amorosa entre os cônjuges (de dedicação recíproca, de ajuda e apoio, de fidelidade, levando ao predomínio do afeto e da comunhão interior sobre a paixão) e o empenho na criação e educação dos filhos. São Paulo já havia falado do casamento como de uma escolha inferior – para o cristão – em relação à virgindade/castidade, mas que podia produzir notáveis frutos espirituais se vivido não em razão da carne, mas do espírito.

A família cristã tende a representar-se como centro de vida espiritual, como núcleo afetivo inspirado numa intensa vida moral, modelada sobre a ideia da Sagrada Família, mesmo que depois, de fato, continue a ser uma família patriarcal e autoritária, com o acréscimo de características bastante repressivas e o incremento do seu papel censório.

Sempre dentro da família, o cristianismo renova também o papel e a visão da mulher, bem como da infância, realizando uma "revolução cultural" de significado antropológico e de grande relevância, mesmo se logo depois tenha sido bloqueada, superada pelo *éthos* helenístico-romano que mantém vivo, por razões inclusive econômicas (de regressão econômica e de mudança das relações sociais), um modelo de família patriarcal e autoritária. Quanto à mulher, o cristianismo – embora oscilando entre os modelos opostos de Eva, a corruptora, emblema do feminino como pecado, e de Maria, a corredentora, a mãe de Cristo, a *advocata peccatorum*, a Virgem, que resgata e exalta o feminino na família e na Igreja – liberta a mulher de antigas cadeias, sublinha sua igualdade em relação ao homem (igualdade sobretudo diante de Deus) e lhe atribui um papel se não central pelo menos de presença constante na vida religiosa. Sendo-lhe proibida a via do sacerdócio, a mulher é chamada às práticas de piedade e ocupa um espaço qualificado na comunidade cristã. Elas se agregam em grupos – as viúvas, as anciãs, as diaconisas (século II), as profetisas, as heréticas também etc. – e a elas se dirige a reflexão dos Padres, de Tertuliano a Santo Ambrósio, que exaltam sua caridade e modéstia, o grande papel educativo dentro da família e o trabalho da maternidade como o mais específico da mulher. Entre exaltações e suspeitas, o cristianismo realiza uma primeira visão igualitária da mulher na cultura ocidental e assinala uma etapa – embora contraditória, embora incompleta – de seu próprio resgate. A criança, depois, vê-se elevada a modelo da regeneração interior operada pelo batismo; assume uma forte carga simbólica já a partir do Evangelho com o "*Sinite parvulos venire ad me*" e com o "*Si non eritis sicut eos*"; é exaltada com a infância de Cristo narrada nos *Evangelhos* canônicos e apócrifos. A cultura cristã atribui um papel exemplar à infância, sublinhando sua ingenuidade e inocência, por um lado, mas também retoma as avaliações do mundo antigo, que viam o menino como um ser inferior, irracional, às vezes malvado, por outro, oscilando depois – durante séculos e séculos – entre esses dois *topoi* que refletiam bem a dupla tensão que anima o cristianismo primitivo: a igualitária, revolucionária, confiante nos valores mais propriamente humanos dos *Evangelhos*, e aquela outra mais pessimista, dramática e repressiva da mensagem paulina.

7 SANTO AGOSTINHO: O MESTRE DA PEDAGOGIA CRISTÃ

Após o grande conflito do século IV entre paganismo e cristianismo, que alinha de cada lado os intelectuais mais ilustres e mais decididos (como Símaco e Ambrósio) e que conclui com a vitória política e ideológica do cristianismo; após a complexa simbiose operada entre cristianismo e pensamento greco-helenístico; após o amplo desenvolvimento realizado na religião cristã por obra dos Padres, orientais e ocidentais, estava maduro o tempo de dar vida a uma síntese completa do pensamento cristão que exprimisse seus fundamentos teóricos na trilha do pensamento grego e pusesse em evidência seus elementos éticos, antropológicos, políticos e históricos dotados de nítida autonomia e diferença presentes na visão cristã do mundo. A obra de Santo Agostinho coloca-se neste plano, reativando no cristianismo os princípios da filosofia platônica (o inatismo da verdade; o dualismo alma/corpo; a ascese ética e mística típica sobretudo do neoplatonismo), mas salvaguardando também as características originais da teologia (a Trindade, por exemplo) e da moral (o senso do pecado, em particular, ou então a ascese rigorosa) cristãs. O seu pensamento foi, realmente, uma síntese orgânica da patrística e um ponto de continuidade – talvez o máximo – entre cultura antiga, pensamento grego e cristianismo, de modo a ocupar, neste último, o papel de guia constante e agudo do pensamento cristão (seja na Idade Média seja na Modernidade), em razão dos temas de que trata, da audácia com que os trata e do método – inspirado em Platão e no seu idealismo – com que os enfrenta. Também no plano pedagógico, Santo Agostinho foi um pouco "o" mestre do Ocidente cristão, já que investigou os aspectos fundamentais de uma pedagogia de estatuto religioso e lhe deu soluções realmente exemplares: pela espessura cultural, pelo vigor teórico e também pelo significado espiritual.

Nascido em Tagaste em 354, de pai pagão e de mãe – Santa Mônica – cristã, frequentou escolas de gramática e de retórica na África, onde depois foi professor. Entrou em contato – e ambos o marcaram profunda-

136 FRANCO CAMBI

mente – com o maniqueísmo (o problema do mal) e com o neoplatonismo (a ascese e o devenir da vida espiritual), que estudou e assimilou. Em 385, em Milão, como professor de retórica, entra em contato com o cristianismo: estudou-o e discutiu-o, convertendo-se no ano seguinte. Foi ordenado sacerdote em Ipona e, depois – a partir de 396 –, foi bispo da cidade. Entrementes, tinha iniciado a publicação de suas grandes obras: *Contra academicos* (386), *De vera religione* (388), *De libero arbitrio* (395), *De doctrina christiana* (397), às quais se seguem as *Confissões* (400), o *De Trinitate* (400-416) e o *A cidade de Deus* (426), escrito depois do choque provocado pelo saque de Roma por Alarico. Morreu na África em 430.

Segundo Santo Agostinho, a verdade ilumina a consciência e se manifesta nela (*"Noli foras ire, in te ipsum redi; in interiore homine habitat veritas"*) ("Não saias, volta para dentro de ti mesmo; a verdade mora dentro do homem"), vencendo toda dúvida e opondo-se a todo ceticismo, mas a verdade, além de interior, é também transcendente: impõe-se como presença no intelecto, mas não é criada por este. Razão e fé, discurso e visão estão, assim, intimamente entrelaçados no conhecimento humano e a verdade é descoberta como algo que "existe em si" e que "quando é descoberta, nos renova", nos ilumina. A verdade vem de Deus, de quem a alma humana carrega diretamente a marca criadora, já que é feita, como diz a *Bíblia*, à "sua imagem e semelhança". Deus é Trindade: é ser, intelecto, amor: *essentia, intelligentia, amor*. Tríplice é também a aproximação do homem a Deus: com a alma, com o conhecimento, com o amor. A ética cristã, porém, deve ser marcada pela ascese e, portanto, se condensa na figura exemplar do monge, que esmaga as paixões e se exercita na comunhão mística com Deus. Ademais, o cristão opera na história do mundo, apoiado pela Igreja que o conduz da cidade dos homens para a cidade de Deus, para aquela Jerusalém celeste, cidade dos santos e da total redenção, que é o ponto de desembarque final (mas realizável apenas no Além-túmulo), de toda a história humana. Na sua grandiosa síntese de pensamento repleta de conflitos, mas também de perspectivas novas e ousadas, que fizeram dele "o mestre do cristianismo ocidental", a pedagogia tem uma presença realmente central. Santo Agostinho indica o processo de formação do cristão nas *Confissões*; enfrenta o tema do educar-instruir no *De Magistro* (389); expõe um programa de cultura e de instrução no *De doctrina christiana*; fixa um itinerário educativo para a humanidade na filosofia da história do *A cidade de Deus*; enquanto no *De catechizandis rudibus* (399) fixa os graus da formação espiritual do cristão: ler, meditar, orar, contemplar.

As *Confissões* mostram – de forma autobiográfica – o complexo itinerário da formação da alma cristã, que deve se afastar do pecado e se dirigir a Deus, através do arrependimento e da ascese, mas tornando-se consciente de sua própria fragilidade (*"non potest non peccari"*, diz Santo Agostinho) e da luta dramática que deve animá-la e que deve ser guiada pela razão. A ascensão a Deus é um processo de autoeducação, de crescimento interior que deve se realizar sob a direção do próprio indivíduo, da sua vontade e da sua racionalidade, capaz de desafiar e corrigir o erro e o pecado.

Mas o cristão deve também adquirir conhecimentos, que enquanto universais e eternos superam o próprio indivíduo e se colocam além da linguagem (que é um instrumento): tais verdades devem ser "descobertas" e "despertadas"; o mestre é, portanto, sobretudo um mestre interior, do qual Cristo é o símbolo. Aprender é operar este despertar, seguindo o mestre espiritual, que ilumina com a verdade dos universais. O horizonte da cultura cristã, fixado no *De doctrina christiana*, versa tanto sobre a retórica como sobre as Escrituras, e deve ter um alcance enciclopédico: os diversos saberes devem ser apresentados em compêndio, dando vida a manuais para uso escolar. Entretanto, em tal cultura o papel dominante deve ser atribuído à formação moral, entendida na sua forma mais ascética. Enfim, o cristão deve tomar consciência da sua viagem neste mundo, que é encaminhar-se para a *civitas Dei*, por entre quedas, retrocessos e interrupções, e combater o mal através do incremento da esperança e a expectativa da justiça ultraterrena de Deus. No *A cidade de Deus*, Santo Agostinho condenava a política e o Estado, imersos no mal e no pecado do mundo, e solicitava a salvação pessoal por meio da fé e da ascese, sob a orientação da Igreja, que era, na terra, a forma da Jerusalém celeste, quase o seu incunábulo.

O projeto educativo de Santo Agostinho, pensado em tempos dramáticos e por um pensador fortemente inquieto, permaneceu – na sua mescla de platonismo, filosofia plotiniana e cristianismo paulino – como um dos grandes modelos da pedagogia cristã, ao qual se continuou a recorrer durante séculos (pense-se em Lutero, no jansenismo, em Rosmini) e que desfraldou – pela primeira vez em toda a sua altura/complexidade – a bandeira da educação cristã, destacando suas diferenças radicais em relação aos itinerários da paideia clássica: seu caráter pessoal, sua dramaticidade, sua oscilação entre cultura e ascese, sua referência a um Mestre supremo (Cristo, modelo de humanidade sublime), sua colocação dentro da história como responsável pelas suas culpas e expectativas, com espírito, ao mesmo tempo, penitente e profético.

SEGUNDA PARTE

A ÉPOCA MEDIEVAL

CAPÍTULO I

CARACTERÍSTICAS DA EDUCAÇÃO MEDIEVAL

1 A IDADE MÉDIA NA HISTORIOGRAFIA CONTEMPORÂNEA

A imagem tradicional da Idade Média, elaborada pelos humanistas e relançada pelos iluministas, afirmada depois como um *topos*, girava em torno do princípio dos "séculos obscuros", caracterizados por uma profunda regressão da civilização e pelo retorno a condições de vida de tipo arcaico: uma economia de subsistência, uma sociedade regulada pela dependência e pela fidelidade a formas de quase escravidão, uma técnica bloqueada, uma elaboração cultural repetitiva e reduzida, um tipo de relações internacionais rarefeitas e inseguras, porém marcadas também por migrações de povos, por conflitos de etnias, por explosões de pauperismo. Certamente existe nessa imagem algo de verdadeiro, mas existe também um lugar comum que não resistiu à revisão historiográfica, ativada já a partir do romantismo. A Idade Média não é absolutamente a época do meio entre dois momentos *altos* de desenvolvimento da civilização: o mundo antigo e o mundo moderno. Foi sobretudo a época da formação da Europa cristã e da gestação dos prerrequisitos do homem moderno (formação da consciência individual; do empenho produtivo;

da identidade supranacional etc.), como também um modelo de sociedade orgânica, marcada por forte espírito comunitário e uma etapa da evolução de alguns saberes especializados como a matemática ou a lógica, assim como uma fase histórica que se coagulou em torno dos valores e dos princípios da religião, caracterizando de modo particular toda esta longa época: conferindo-lhe conotações de dramaticidade e de tensão, mas também aberturas proféticas e fragmentos utópicos que nos apresentam uma imagem mais complexa e mais rica da Idade Média; e também uma identidade mais próxima de nós e de nossa sensibilidade. O romantismo já tinha reconhecido a particularidade da sociedade medieval, centralizada em torno do valor religioso e da autoridade da Igreja, mas justamente por isso carregada de tensões e de contrastes, aberta a uma fenomenologia de formas políticas e culturais bastante articulada e assim mesmo plural. A Idade Média é o tempo do cristianismo e da Igreja, mas é também a época dos povos e dos ideais comuns da Europa: ideais-mitos, ideais-tradições, ideais-legendas que construíram o arcabouço fundamental (ideológico e imaginário) dos povos europeus. Se o romantismo exaltou esses ideais e esses valores e, em geral, as conotações da sociedade medieval (orgânica, cristã, hierárquica e percorrida por lufadas de liberdade, ao mesmo tempo), como fez a cultura da Restauração desde De Maistre (que exalta a função política do Papa) a Manzoni (que coloca no centro a mensagem cristã e a vida dos povos), a Michelet (que exalta as figuras daquela época: desde o profetismo religioso de Joana d'Arc até a contracultura mágica das bruxas), na época do positivismo serão sobretudo as coletas de documentos, as reconstruções filológicas de textos, de mitos, de legendas (pense-se no trabalho de Carducci, sobre a literatura, ou de Graf, sobre "mitos e legendas") que ocuparão os estudiosos, mas também as releituras – em chave marxista – das tensões de classe daquela época, que é reconstruída de modo mais aberto e mais carregado de sugestões modernas (pense-se em Salvemini, estudioso da história de Florença).

Só neste século, porém, em particular com o trabalho desenvolvido por alguns estudiosos atentos e criativos ligados à escola dos *Annales* (de Bloch a Le Goff, a Duby etc.) ou por diversos especialistas de história medieval (dos saberes e das técnicas, da literatura, do costume, da religião e da Igreja etc.), é que se abriu uma época radicalmente nova: de renovação crítica e de exaltação da sociedade medieval, colhida nas suas características diferenciais e específicas, mas vista como a matriz, a segunda grande matriz, do Ocidente moderno (depois daquela antiga e ligada à difusão/penetração capilar da cultura cristã nos diversos povos que vêm compor a polifonia da Europa). O distanciamento crítico sublinha a diferença que é típica da Idade Média em relação ao Antigo e ao Moderno, e que gira em torno do princípio religioso que anima em profundidade e em todas as direções a identidade da Idade Média. Diferença antropológica (o homem medieval é o *homo hierarchicus* e não o *homo aequalis* dos modernos), diferença política (pelo dualismo dos poderes em luta: Igreja e Império; pelo espírito supranacional que anima aquela época, e a aproxima dos problemas atuais mais que dos problemas do Moderno), diferença cultural (não secularizada, não laicizada; retórica e lógica, mas não científica). Quanto à valorização/exaltação, são os aspectos de comunidade, de internacionalismo, de coesão espiritual e de tensão ideal (pense-se nas Cruzadas, na Cavalaria), de vida de fé, mas também de espírito mundano, até mesmo radicalmente mundano, que são colocados no centro da interpretação da Idade Média, reconhecendo seu pluralismo e, ao mesmo tempo, a forte conotação unitária que a torna uma época permeada de contrastes, uma etapa carregada de contradições, caracterizada pelo pluralismo, mas também concentrada em torno de estruturas constantes e coercivas (a Igreja, a Fé, a consciência cristã). Assim, a Idade Média tornou-se uma época de claro-escuros, uma época de complexa transformação, uma época de importância crucial, mas dotada também de uma exemplar coesão ideal, que a marca de maneira bastante nítida e também positiva, enquanto a anima de espírito comunitário e popular, articulado em torno dos princípios de um cristianismo vivido e difuso. De fato, é o cristianismo como sistema de doutrina, como costume de vida, como retículo de instituições, como elaborador de mitos, de legendas, de figuras heroicas que atravessa toda a sociedade medieval e escande suas etapas de evolução, mesmo se depois vem também determinar algumas "viradas" fundamentais, como aquela dos anos mil que se fez através de um despertar da vida religiosa e com seu salto de qualidade, por assim dizer, para formas populares, pauperistas, reformadoras e uma paralela sofisticação da cultura religiosa (pense-se no desenvolvimento da Escolástica). Foi sobretudo o cristianismo que fez daquele conjunto de terras que vai desde o Mediterrâneo até a Escandinávia, até a Grã-Bretanha, até as planícies do Leste, entre a *putza* húngara e o planalto sarmático, não uma expressão geográfica, mas uma expressão espiritual: que lhes imprimiu uma unidade ideal de fé, de cultura, de ritos. Desse modo, e sobretudo após o bloqueio do Mediterrâneo, invadido pelo Islã e transformado em mar de fronteira (e não mais de intercâmbio), se delineia aquele mundo europeu, ao mesmo tempo plural e unitário, articulado em diversas nações e animado por diversos povos, mas unificado pela religião e pela cultura, pela fé cristã e pela língua latina (a língua da Igreja e dos letrados).

2 A FORMAÇÃO DA EUROPA E A CONSCIÊNCIA CRISTÃ

Fernand Braudel, falando da Europa, salientou que ela foi o produto de "uma série de guerras e de invasões" ligadas à "colonização germânica" e à "conquista muçulmana", que empurraram para o norte a religião cristã e delinearam com o feudalismo uma nova forma econômica, muito mais elementar, de subsistência, em relação à antiga forma helenístico/romana. A Europa nasce como "defesa": "como um mundo dividido em compartimentos" (os povos, as nações), mas também como "uma convergência evidente de civilização e de cultura", ligada a "valores morais, religiosos e culturais", a "regras da guerra, do amor, da vida e da morte" que são "as mesmas em toda parte" e entrelaçada de espírito cristão do qual a Cavalaria e as Cruzadas são um sinal preciso.

Nesse novo espaço geográfico-político-cultural, separado do Mediterrâneo (agora "lago muçulmano"), ligado à terra, unitário e plural ao mesmo tempo, percorrido a pé, a cavalo ou por via fluvial, governado pela Igreja e pelo mito do Império; nessa nova realidade bastante diferente do mundo antigo pelas fronteiras, pelas etnias, pelas crenças, afirma-se cada vez mais central o problema da liberdade: de *libertades* muito mais que de *libertas*, enquanto "conjunto de franquias e de privilégios" de grupo, de classe, de corporação, que tornaram cada vez mais inquieta e conflituosa a sociedade medieval, impedindo qualquer forma real de unificação sociopolítica. São as liberdades camponesas e as urbanas, as da Igreja e as do Império, das instituições e das corporações que alimentam os contrastes da Idade Média, mas que também os colocam como uma matriz do dinamismo da Europa, da sua história policêntrica, conflituosa, mas organicamente unificada, espiritual e culturalmente.

A Idade Média, com o cristianismo, com a Igreja, com o feudalismo, com a formação de Estados-nações, com a vida intelectual dirigida por escolas e universidades homogêneas entre si, com o incremento de um ideal humanista da cultura, foi o longo caminho de formação da Europa: uma entidade mais espiritual e cultural que geográfica e que vê a luz através de um longo trabalho que vai da separação entre Ocidente e Oriente, com Teodósio no fim do século IV até as invasões bárbaras (século V, depois século VII), até o renascimento imperial com Carlos Magno (século IX), depois a "virada do Ano Mil" e a retomada da vida urbana e da economia de mercado com a organização de um primeiro capitalismo mercantil que cria para si as primeiras estruturas e os primeiros instrumentos (os bancos, os registros, a letra de câmbio etc.) até o choque Igreja/Império e os conflitos entre guelfos e gibelinos, momentos que vêm definir e alimentar a identidade particular daquele organismo que é, justamente, a Europa. Segundo Dawson, a partir do século XI, "começa um movimento de progresso que dura quase sem interrupção até os tempos modernos" e tal movimento "se revela como uma nova forma de vida em todos os campos de atividade social, no comércio, na vida urbana e na organização política, bem como na religião, na arte e nas letras": ele "formou aquela sociedade de povos que, mais que uma simples unidade geográfica, é aquilo que chamamos 'Europa'".

No nível espiritual/cultural, foi a consciência cristã que alimentou a identidade da Europa, nutrindo seus ideais políticos, seus critérios econômicos, suas normas éticas e estruturando aquele imaginário social que os pregadores e os artistas evocavam, sancionavam, difundiam e que a instituição-chave dessa sociedade (a Igreja) reelaborava constantemente por meio de dogmas e ritos, organizações sociais e culturais, figuras carismáticas e obras de propaganda. A Igreja foi o "palco fixo" por trás do qual se moveu toda a história da Idade Média e um dos motores do seu inquieto desenvolvimento (ao lado do Império e das cidades), talvez o motor por excelência. A Europa, de fato, nasceu cristã e foi nutrida de espírito cristão, de modo a colocá-lo no centro de todas as suas manifestações, sobretudo no âmbito cultural. Caso exemplar é o da educação, que se desenvolve em estreita simbiose com a Igreja, com a fé cristã e com as instituições eclesiásticas que – enquanto acolhem os *oratores* (os especialistas da palavra, os sapientes, os cultos, distintos dos *bellatores* e dos *laboratores*) – são as únicas delegadas (com as corporações no plano profissional) a educar, a formar, a conformar. Da Igreja partem os modelos educativos e as práticas de formação, organizam-se as instituições *ad hoc* e programam-se as intervenções, como também nela se discutem tanto as práticas como os modelos. Práticas e modelos para o povo, práticas e modelos para as classes altas, uma vez que é típico também da Idade Média o dualismo social das teorias e das práxis educativas, como tinha sido no mundo antigo.

Também a escola, como nós a conhecemos, é um produto da Idade Média. A sua estrutura ligada à presença de um professor que ensina a muitos alunos de diversas procedências e que deve responder pela sua atividade à Igreja ou a outro poder (seja ele local ou não); as suas práticas ligadas à *lectio* e aos *auctores*, à discussão, ao exercício, ao comentário, à arguição etc.; as suas práxis disciplinares (prêmios e castigos) e avaliativas vêm daquela época e da organização dos estudos nas escolas monásticas e nas catedrais e sobretudo nas universidades. Vêm de lá também alguns conteúdos culturais da escola moderna e até mesmo contemporânea: o papel do latim; o ensino gramatical e retórico da língua; a imagem da filosofia, como lógica e metafísica.

3 O IMAGINÁRIO CRISTÃO E A EDUCAÇÃO: ARISTOCRACIA E POVO

Existe, porém, um campo social educativo que é central no mundo medieval e que a pesquisa histórica atual destacou como fundamental: o do imaginário, instituído por múltiplas vias (linguísticas, escritas e orais também, mas sobretudo iconográficas) e estruturado em torno do valor religioso resumido na forma cristã e tão solidamente organizado de modo a dar o perfil a toda uma cultura. Ele está ligado a uma imagem do mundo como ordem, desejada por Deus e estabelecida de uma vez por todas, invariável, definitiva, sempre justa; qualquer rebelião contra esta ordem dá lugar ao pecado, a um desvio culpado que deve ser expiado, e a Igreja é a depositária do poder de expiação, de perdoar e impor sanções, até a sanção suprema da excomunhão que, pondo o indivíduo fora da comunidade cristã, priva-o de todo direito e de todo poder. No que diz respeito à sociedade, ela é vista como iluminada pelos dois sóis (Igreja e Império), que devem combinar-se, mas sempre numa relação hierárquica (para uns com prioridade dada à Igreja, para outros ao Império), embora na realidade haja depois conflito e oposição entre ambos. Em relação à mentalidade, estamos diante de uma concepção do mundo que põe o sentido numa superação da vida mundana (que é experiência de pecado, "vale de lágrimas", exílio espiritual etc.), no valor religioso e nos parâmetros de renúncia, de *meditatio mortis*, de tensão extraterrena, de expectativa escatológica que isso implica: o homem medieval, embora bem arraigado no seu âmbito local de vida e alimentado por aquelas paixões tenazes, olha para o alto, para a vida da fé e a purificação da experiência religiosa (pense-se em Dante e na sua *Divina comédia*); é um homem passional, nutrido de espírito jocoso, mas também de espírito trágico, lacerado entre possessão, carnalidade, espírito de vingança e misticismo, elevação espiritual, ética do sacrifício; é um homem que vive numa realidade entremeada de mitos e de ritos e que na ritualidade (desde aquela do torneio até aquela das penas capitais, das festas religiosas e civis – como o Carnaval) descobre um dos cânones da convivência social.

Essa concepção do mundo dá vida a um duplo imaginário: um aristocrático e um popular, com percursos e meios de difusão diferentes. O primeiro é veiculado pelo livro, o segundo pela palavra, pela imagem, pelo rito. O primeiro está ligado, sobretudo, a uma visão mística e teológica da religião, voltada para valorizar ora os aspectos voluntários e de adesão por fé, ora, pelo contrário, os aspectos racionais, dando espaço a uma elaboração minuciosa da fé segundo um modelo lógico e sistemático. O segundo é caracterizado por uma cultura popular que simplifica a mensagem religiosa e repele a formalização/ritualização dos comportamentos humanos (a guerra no torneio, o amor no amor cortês), para olhar também para o "baixo" do homem, o corpo, o sexo, a irreligiosidade, o cômico, restituindo-lhes cidadania e colocando-os como "valores subversivos" (por exemplo, o Carnaval). A simplificação da mensagem religiosa encontra atestação nos pregadores e na sua linguagem geralmente grave,

148 FRANCO CAMBI

violenta etc., ou então nos ciclos pictóricos que ilustram os conteúdos da fé, mas em geral com intenções de evocar o terror, de provocar temores ou esperanças (como ocorre nas alegorias do Inferno e do Paraíso, depois também do Purgatório, instituído numa fase de laicização da vida europeia, por volta de 1200).

Todos os processos ligados à constituição/difusão deste complexo imaginário são processos educativos. Os pregadores educam com sua palavra profética e como moralistas, querendo incidir sobre os costumes através da evocação do pecado e da referência ao arrependimento. A palavra dos pregadores tende a tornar-se palavra de mestres de vida moral. E são pregadores tanto os pontífices quanto os monges, no momento em que "falam ao povo". É pregador Francisco de Assis, a figura mais alta da religiosidade medieval pauperista, mas que – logo depois de sua morte – foi normalizada para poder ser difundida sem traumas pela Igreja e depurada, portanto, de seus aspectos mais radicais e sobretudo heréticos. Educam pintores e literatos. Os ciclos pictóricos (da vida de Cristo, de Maria, de São Francisco ou de Santo Agostinho etc.) contêm lições de vida moral e codificam comportamentos exemplares, exaltando-os pelo poder da imagem. Os textos literários também educam: pense-se na *Vida nova* e na *Comédia* de Dante; são duas obras que tratam de experiências de formação que precisam ser comunicadas para educar, para transformar comportamentos, para operar regenerações interiores. Nesse sentido, agem mais ainda as hagiografias dos santos, as coletâneas de meditações e de poesias religiosas etc.

O cuidado educativo que a Idade Média dedica ao imaginário nos indica não só a alta taxa de ideologia que atravessa aquela sociedade (feudal e depois mercantil), agregando ao aspecto religioso uma visão do mundo que sutilmente se difunde, modelando expressões e comportamentos, temores e esperanças, convicções e ações, como também o caráter autoritário, dogmático, conformista dessa ação educativa, da qual são depositárias as classes cultas e dotadas de poder – os *oratores*, os eclesiásticos *in primis* –, que agem por meio de muitos instrumentos (da palavra à imagem, ao rito etc.), de modo "microfísico" (ou "micropsíquico"), construindo um tecido uniforme e profundo (que age na profundeza do indivíduo) na vida social, um tecido persistente e que nem mesmo as aventuras do Moderno conseguirão transformar completamente e muito menos remover. A visão religioso-cristã do mundo, edificada na Idade Média, permanece também como um fator central no politeísmo ideológico do Moderno, no qual desempenha – especialmente no nível popular – um papel de consciência arquetípica da coletividade.

4   ENTRE SOCIEDADE HIERÁRQUICA E MUNDO BURGUÊS, ENTRE ALTA E BAIXA IDADE MÉDIA

O milênio que constitui a Idade Média deve ser, porém, dividido em duas fases – pelo menos duas – profundamente diversas entre si: a primeira, que começa depois das invasões bárbaras e se encerra por volta do Ano Mil (ano simbólico da renovação do milênio, mas também data histórica de uma complexa ruptura social e cultural, e até econômica), que recebe o nome de Alta Idade Média e se agrega em torno do modelo da sociedade feudal, marcada por uma atitude defensiva, por problemas de sobrevivência, por intercâmbios reduzidos, mas também por grandes ardências religiosas e políticas (o monasticismo, a *renovatio imperii*, a *civitas christiana* etc.) e por um fervilhar de eventos no interior das estruturas bloqueadas do mundo feudal; a segunda é a da Baixa Idade Média que, a partir do Ano Mil, pelo despertar das cidades e do comércio, das ciências e das artes, pelas lutas sociais e religiosas (entre heresias e *jacqueries* ou revoltas camponesas), pela constituição de Estados nacionais (a França, a Inglaterra, depois também a Espanha) e de principados (na Itália), pelos grandes conflitos que atravessam a vida da Igreja, dá corpo a uma sociedade mais dinâmica, mais inquieta, mais livre também, que alimenta um espírito novo, o burguês (individualista, produtivo, autonomista etc.), que encontrará depois a mais nítida vitória no mundo moderno, chegando a impor novos modelos políticos, novas estruturas sociais, uma nova cultura (mais mundana e mais articulada/especializada) e também um novo modelo humano (empreendedor, emancipado, consciente do próprio valor e da própria liberdade) por volta do final dos anos Quatrocentos. É então que a Europa vai definindo suas próprias fronteiras (a leste e ao sul: pela invasão turca; a oeste: pela descoberta das rotas atlânticas) e reorganizando sua própria identidade social, cultural e política através da aventura do humanismo italiano.

Se a Alta Idade Média modela-se em torno do princípio do feudo e das relações de vassalagem que organizam sua vida interna e sua própria estrutura política; se socialmente essa época se delineia como marcada por uma sociedade hierárquica, por relações de fidelidade e de dependência, por uma estaticidade social desconhecida do mundo antigo e também, depois, do moderno; se culturalmente ela é dominada pela religião e pela ideia da *res publica christiana* que anula em boa parte os ecos da cultura clássica e reconstrói no imaginário popular uma nova concepção do mundo, com novos mitos, novos ideais, novos textos e novos modelos, toda a educação – e a pedagogia – da Alta Idade Média caracteriza-se como estática e uniforme ao redor do princípio da fé cristã e da Igreja como depositárias do modelo de *paideia* cristianizada e da função de magistério, que ela exerce por muitas vias numa sociedade de cultura predominantemente oral e visual, mas vias eficazes que agem nas profundezas do indivíduo, moldando o seu imaginário. Não é por acaso, de fato, que as pesquisas sobre as mentalidades e o imaginário, típicas da historiografia atual, tenham tido na Idade Média seu campo próprio de desenvolvimento (com Huizinga e a civilização do gótico florescente nos Países Baixos; com Ariès e o estudo das imagens da infância e da morte etc.) e o maior terreno de expansão (pense-se em Le Goff e em Duby e suas pesquisas sobre os imaginários medievais: do purgatório à contracultura dos *clerici vagantes* etc.). Naquela sociedade fechada, mas fervilhante, o imaginário é um regulador fundamental: produtor de ordem e de tensões ao mesmo tempo, consolida os vínculos sociais, mas também renova os limites (ideais) daquela sociedade.

Nessa sociedade hierárquica, também a educação se organiza em formas diferentes, geralmente contrapostas: se, de um lado – nas aristocracias –, ela se refina, se formaliza, se ritualiza (pense-se na cultura literária e ligada ao castelo, à Cavalaria, às Cruzadas, à mulher idealizada tanto pelos trovadores como pelos praticantes do estilo novo) e remete aos modelos clássicos (Virgílio em primeiro lugar), nutrindo-se de antigos mitos (de Troia, de Eneias etc.); de outro, no povo, coagula-se uma cultura do mágico e do "baixo" (do corpo, do sexo, como já mencionamos), ligados aos temas da sorte (a roda que gira) e da morte (a foice que decepa), do gozo (o país da Cocanha) e da inversão (o Carnaval), como bem salientou Bakhtin na sua obra sobre Rabelais; cultura popular que é ainda um riquíssimo campo de estudos (pense-se nas pesquisas de Camporesi e de Ginsburg etc.). A educação das aristocracias se ritualiza, mas também se classiciza, separando-se nitidamente da sociedade com suas lutas e suas necessidades; a popular mergulha nessa realidade, carrega-se de realismo, articula-se em conhecimentos técnicos (do fazer) e contrapõe-se àquela outra, separada e artificial, das classes altas; age nos espaços abertos do social (na oficina, na praça, na festa) e não naqueles espaços separados, do castelo ou da cela do mosteiro. Uma sociedade rigidamente hierárquica separa e contrapõe – hierarquizando-os – também os modelos educativos e culturais.

Na Baixa Idade Média, porém, opera-se uma primeira revolução social – o nascimento da burguesia –, que implica uma revolução cultural e outra econômica como efeito e como causa. Nas cidades, no interior das corporações e através da retomada do comércio, vem se formando uma nova classe social, fortemente individualista e autônoma, atenta à produção de bens e ao incremento da riqueza que é reinvestida – capitalisticamente – na produção. Essa nova classe social ganha impulso, alarga seu raio de intervenção, dinamiza toda a vida social, pressionando os organismos políticos e religiosos e produzindo uma transformação da mentalidade dos grupos mais dinâmicos dentro das zonas geográficas mais ativas da Europa (a Itália e os Países Baixos, em particular, mas também a Alemanha Báltica). Os novos grupos mercantis elaboram uma visão do mundo mais radicalmente laica, atenta às paixões e aos conflitos sociais, centrada sobre o homem e suas capacidades de astúcia, suas necessidades elementares e de realização social, que alimentam a cultura da sociedade pós-feudal, comunal e urbana a partir do Ano Mil e confirmada no curso dos anos Duzentos e Trezentos como nova linfa da vida social europeia. A fé cristã também recebe uma renovação radical: ela se vê atravessada por fortes impulsos heréticos (os albigenses, por exemplo), por movimentos milenaristas e escatológicos (que anunciam o advento de uma nova era da história mais justa e mais intimamente cristã), por movimentos pauperistas, por novas ordens mendicantes e predicantes (os dominicanos e os franciscanos); todos esses fenômenos acompanham o relançamento das cidades e a complicação das relações entre as classes, já nos albores da sociedade burguesa: os grupos populares manifestam em chave religiosa a sua redenção social e dão vida a uma nova imagem (mais evangélica, mais pauperista, mais escatológica) do cristianismo. A Igreja, abalada por essas exigências de renovação e pelas profundas crises que a atravessam, vive uma fase altamente dramática, que, porém, se vê revitalizada pelos novos movimentos religiosos e por altas vozes proféticas (como Santa Catarina de Siena, por exemplo).

Nessa época tão complexa e dinâmica, tão inquieta e dramática, a educação/instrução também sofre uma profunda transformação: institucionaliza-se no nível superior numa organização totalmente nova como a *universitas studiorum*, livre agregação de docentes e estudantes que acolhe as diversas especializações do saber e forma os profissionais necessários para uma sociedade em transformação.

Na Itália, na França, na Inglaterra, no breve giro de alguns decênios, nasceram as maiores universidades europeias, que viriam a tornar-se centros de elaboração cultural e de agregação de intelectuais, renovando radicalmente a transmissão cultural e o modelo de cultura (que se torna mais racionalista, mais científica, mais técnica também). Mudam também os processos educativos na família (que tende já a redefinir-se segundo o modelo nuclear, pelo menos nas áreas mais evoluídas e nas cidades) e na sociedade (com as corporações e a regulamentação da formação profissional e artesanal através das agregações religiosas e dos leigos com função tanto de edificação como de organização do tempo livre). Renovam-se os processos formativos nas oficinas, nos conventos, nas paróquias e nas práticas religiosas, nascem os institutos de caridade para os órfãos, para os doentes, para os ilegítimos.

Todo o universo da educação sofre uma transformação no sentido burguês: especializa-se, articula-se, socializa-se e, gradativamente, também se laiciza, se separa do predomínio eclesiástico, pondo em ação os primeiros germes da Idade Moderna.

5   UMA LONGA ÉPOCA DE TRANSFORMAÇÕES E O "FUNDO" DO MODERNO

A Idade Média configura, portanto, uma longa e complexa época de profundas transformações, geográficas, sociais, políticas, mas também econômicas e culturais que, embora agregadas em torno da mensagem cristã posta como cimento espiritual de toda esta época, manifesta alguns efeitos que terão uma longa duração e estarão no centro também da época moderna, constituindo até sua estrutura fundamental. Assim, a Idade Média dissolve o mundo clássico e antigo, com suas instituições, suas culturas, seus mitos e suas mentalidades, suas regras econômicas e sociais, substituindo-o por um mundo novo, intimamente conotado pelo ideal cristão e por no mínimo três estruturas originais: 1. a Europa; 2. a cultura laica; 3. as nações: estruturas que se disporão como matrizes profundas da própria era moderna. A Europa, com seu policentrismo e seus conflitos, mas também com sua unidade dinâmica, ligada a uma vida espiritual comum e a uma cultura comum, estará no centro de toda a aventura da modernidade, incluindo os próprios sucessos da história contemporânea e até sua superação após a Segunda Guerra Mundial. A cultura/mentalidade laica será a protagonista da sociedade moderna que, impondo limites aos poderes absolutos e/ou universais (o Estado e a Igreja) e levando à maturação as instâncias de liberdade já postas em ação na Idade Média (como sublinhava Braudel), será a intérprete das revoluções e o volante da cultura moderna. As nações, enfim, estarão cada vez mais no centro do empenho político, da vida coletiva, seja como estruturas seja como mitos, e agregarão forças e ideais que animarão a vida complexa da época moderna.

Os efeitos históricos da Idade Média – da qual indicamos apenas alguns pontos – constituirão também, no campo educativo, estruturas de longa duração: tais serão a universidade e seu modelo didático; a formação profissional artesanal ligada ao saber corporativamente organizado, separado da cultura geral: embora seja este um aspecto herdado do mundo antigo; as instituições sociais de caráter religioso que, também no Estado moderno, são prepostas como núcleos de formação de base; a família vista como investida de um dever essencial de educação, colocado antes de qualquer intervenção pública, sendo, por isso, fundamental; o nascimento de instituições caritativo-educativas que organizam de maneira nova o empenho da sociedade em relação às diversas classes de indivíduos que nela convivem, de modo a atingir até mesmo os mais marginais.

O próprio Moderno, portanto, encontra a sua mais verdadeira identidade se recolocado sobre o fundo da Idade Média e da sua complexa aventura, embora, obviamente, não se reduza a ela, nem possa reduzir-se, como também a Idade Média não pode ser vista como matriz do Moderno e nada mais, já que, na realidade, é, pelo contrário, uma longa época de fermentações, de transformações, de rupturas e renovações, de esfacelamentos e reagrupamentos, que abarca o campo econômico e o social, o político e o cultural etc., dando a imagem de um fervilhar de eventos e desenvolvimentos em muitas direções, os quais – embora ocorrendo sobre o fundo da ideologia cristã que alimenta e domina a história daqueles mil anos – nos fornecem a visão de uma civilização altamente vital, aberta em muitas direções e absolutamente não monolítica ou bloqueada, antes até inquietamente dedicada a salvaguardar ou impor instâncias de liberdade dentro das malhas compactas de uma sociedade aparentemente uniforme.

CAPÍTULO II

A ALTA IDADE MÉDIA E A EDUCAÇÃO FEUDAL

1 A EDUCAÇÃO NA SOCIEDADE FEUDAL

A longa época da Idade Média – que se desenvolve entre 476, ano do fim do Império Romano do Ocidente, e 1492, ano da descoberta da América, ou entre duas outras datas simbólicas muito próximas dessas – caracteriza-se por uma nova organização da sociedade, que se estrutura em torno do feudo. O feudo é uma unidade territorial, governada por um senhor que age dentro dele como fonte de direito, que se empenha na sua defesa militar, que impõe aos habitantes do feudo a obrigação à fidelidade e à submissão, em troca de proteção. A economia do feudo é, em geral, de subsistência, produzindo e consumindo *in loco* as mercadorias de que tem necessidade, reduzindo ao mínimo o intercâmbio e apresentando-se predominantemente agrícola. A cultura, no feudo, desenvolve-se somente no castelo do feudatário ou nas igrejas e, sobretudo, nos mosteiros: ela também se caracteriza por poucos intercâmbios e é toda devotada à fé cristã, aos seus dogmas, aos seus mitos. A sociedade feudal é, portanto, uma sociedade fixa, com escassa mobilidade social e pouca reciprocidade; é uma sociedade de ordens, em que os homens se acham estavelmente colocados e têm um papel social bem determinado. No vértice estão os *bellatores* (os guerreiros) e os *oratores* (os clérigos), embaixo estão os *laboratores* (camponeses, artesãos, ou seja, o povo), mas cada ordem tem direitos precisos e deveres que, sobretudo embaixo, são bastante impositivos e caracterizam a condição dos *laboratores* como de servidão (os "servos da gleba" eram, de fato, os camponeses, colocados no degrau mais baixo da sociedade feudal).

Foram as invasões (o Islã pelo sul, os hunos e depois os húngaros pelo leste, e sucessivamente os escandinavos pelo norte) que determinaram o nascimento da economia feudal: o Mediterrâneo torna-se cheio de riscos para o comércio enquanto os povos das duas margens eram francos inimigos entre si por causa da crença religiosa; as vias de comunicação terrestre eram inseguras e pouco frequentadas; cada grupo social se fechava em si mesmo para defender-se e sobreviver, no litoral e no interior. Mas decisiva foi também a queda do Império que fez desaparecer qualquer autoridade central, dando vida aos reinos bárbaros tão conflituosos etnicamente e tão instáveis politicamente. Outro fator decisivo para o nascimento do feudalismo foi o despovoamento das cidades e o deslocamento do centro da vida social para o campo. A sociedade e o homem medieval são, também, o produto da mentalidade cristã, que concentra toda a vida no além-túmulo, que torna a vida mundana trabalhada pela consciência do pecado, que vê "o mundo sensível como uma espécie de máscara" que alude a "uma realidade mais profunda". Do mundo se procura "evasão" e sua leitura é em vista de uma "catástrofe final", já delineada no Apocalipse. "Nesta sociedade cristã, nenhuma função de interesse coletivo parece mais indispensável do que a dos organismos espirituais", e a "noção de um mundo terrestre todo impregnado de sobrenatural conspirava para isso com a obsessão do além" (Bloch).

Mas a sociedade feudal tem, sobretudo, na sua base, novos vínculos entre homem e homem, não mais ligados à *pólis* ou à *civitas* nem tampouco à *communitas christiana*, mas sim a "elos de sangue" que fundam a "linguagem" e consolidam relações de parentesco como primárias e exclusivas; que favorecem a dependência e a *vendeta*, segundo um modelo de socialização pré-civil; que se manifestam na solidariedade econômica. Assim, "a força da linguagem foi um dos elementos essenciais da sociedade feudal" e justamente a "relativa fraqueza" desta sociedade "explica a existência" de

HISTÓRIA DA PEDAGOGIA 157

tais elos como fundamentais. É certo também que a sociedade feudal não permaneceu imóvel no tempo, nem foi isenta de diferenciações geográficas. Houve uma fase de incubação dessa sociedade, entre fins do Império, invasões e época carolíngia, depois a fase "áurea" do feudalismo entre Carlos Magno e o Ano Mil, por fim uma fase de declínio, de revisão e de transformação das estruturas feudais, com a retomada das cidades e dos intercâmbios e de uma cultura mais dinâmica e aberta, entre os séculos XI e XIII, já que "a evolução da economia traz consigo uma verdadeira revisão dos valores sociais", com a afirmação dos artesãos e com as *artes*, por exemplo. Do ponto de vista geográfico, se a Itália mantém uma posição bem particular, mantendo em atividade as cidades e os intercâmbios (pense-se em Veneza), além de um vínculo com a cultura clássica (através da Igreja e referente ao direito), na Alemanha tal cultura se afirmou plenamente, como também na França (com o Império Carolíngio) e na Inglaterra, onde ela chegou através da conquista normanda, enquanto nas zonas do leste europeu ela permaneceu viva – na sua forma mais rígida – até tempos muito próximos de nós (anos Seiscentos e Setecentos).

Neste tipo de sociedade – hierárquica e estática –, o problema educativo coloca-se de forma radicalmente dualista, com uma nítida distinção de modelos, de processos de formação, de locais e de práticas de formação, entre as classes inferiores e a nobreza, delineando formas e percursos radicalmente separados; do mesmo modo a educação se organiza em instituições – como a família e a Igreja – que têm uma identidade suposta permanente (pelo menos em teoria) e que manifestam uma forte impermeabilidade à mudança, determinando um tipo de educação tradicional, embebida de valores uniformes e invariáveis, ligados à visão cristã do mundo. A educação na Alta Idade Média é, portanto, dividida entre nobreza e povo, entre "escola" e "aprendizagem", mas também se nutre da *paideia* cristã, reinterpretada por via teórica e institucional (pense-se na Cavalaria), assim como dos exemplos "externos" de Bizâncio e do Islã. De fato, embora fechado em si mesmo, o Ocidente feudal não é absolutamente impermeável: há todo um pulular de deslocamentos (peregrinações, feiras) e alguns intercâmbios com outras áreas culturais (através de Veneza com Constantinopla; através da Espanha com o Islã), cria fantasias sobre o exótico e o distante etc. Os modelos e as práticas educativas também se ressentem diretamente dessa ambiguidade, dessa autossuficiência

158   FRANCO CAMBI

e dessa atenção dada a culturas vizinhas, mas diferentes. Estamos diante do "monopólio eclesiástico da educação" e da difusão do modelo cristão, como ideal e como retículo de instituições educativas; mas a hegemonia cristã, entrecruzando outros modelos, vem também nutrir-se, pelo menos em parte, dessas experiências diversas.

2   ESCOLAS ABACIAIS, CATEDRAIS, PALACIANAS

No centro da formação das elites está a transmissão do saber, que se desenvolve nas escolas organizadas pela Igreja, a qual substituiu gradativamente o Estado neste papel. E o substituiu utilizando um novo modelo de escola, ligado à vida monástica, que organiza ensinos de alcance sobretudo religioso, segundo regras e procedimentos rigorosamente fixados, dando vida a um tipo de saber bem diferente do antigo, feito de comentários e de interpretações, ligado a textos canônicos, que não "descobre" a verdade, mas a "mostra": um saber dogmaticamente fixado e que se trata apenas de esclarecer e de glosar.

Já no século v, as escolas monásticas (ou abaciais) vinham acompanhando as escolas estatais romanas de gramática e de retórica, substituindo-as depois gradativamente e propondo uma formação não literária, mas religiosa. As populações bárbaras também se opõem à cultura romana e à sua educação, para valorizar uma formação como iniciação e aprendizado militar. Nas escolas monásticas, como vimos, predomina uma cultura ascética, ligada ao estudo dos textos sagrados e do saltério, dedicada à formação espiritual e à *meditatio*. É no curso do século vii que se vem formando a educação medieval, com a difusão do monasticismo e com a cristianização dos bárbaros (pense-se nos lombardos): uma educação a cargo da Igreja, dirigida para o menino-monge (noviço ou oblato), tendo como centro a leitura e a memorização, o cálculo e o canto. Foi o modelo beneditino de Monte Cassino que foi imposto por Carlos Magno em 788 como "regra primária dos seus domínios" e reconfirmado por Ludovico, o Pio, até que em 910 foi fundada a abadia de Cluny, na Borgonha, que se torna um centro de renovação espiritual e cultural segundo uma mais "severa disciplina religiosa", dando lugar a um movimento europeu. Nesse modelo de vida religiosa, porém, a instrução permanecia secundária, enquanto o primado era atribuído à liturgia. Assim, "os verdadeiros herdeiros da Escola tradicional clássica não foram as escolas dos monges, célticas ou romanas, mas as episcopais" (Boyd).

Tais escolas vinham se organizando já no século VI, na França e na Inglaterra, para formar o clero secular, e se instalavam junto à catedral (a igreja em que o bispo tem seu trono ou *cathedra*), mas, ao que parece, com pouco sucesso. Foi o papa Eugênio II quem, depois, em 826, emitiu um decreto sublinhando o dever para os bispos de "investir mestres e docentes que ensinem com assiduidade estudos gramaticais e princípios das artes liberais" a jovens sacerdotes ou aspirantes. Enquanto isso, também a ideia da *renovatio imperii* de Carlos Magno potencializava a instrução e a difundia na Europa. Junto às maiores sedes episcopais, colocadas ao longo das grandes vias de comunicação da época (na Champagne, no vale do Ródano, na planície de Paris ou na Bélgica), foram criadas escolas catedrais de prestígio, como em Liège, Reims, Paris, Orléans, mas sobretudo em Chartres, cuja escola – fundada em 990 – teve enorme prestígio. Nessas escolas, cultivava-se o estudo do trívio (gramática, retórica, dialética), mas sobretudo do quadrívio (aritmética, geometria, astronomia, música) e se difundia um saber enciclopédico tirado de Boécio, Cassiodoro e Isidoro de Sevilha, caracterizado pela "tradição e submissão", vinculado pela *auctoritas*, fosse ela representada pela Sagrada Escritura, pelos textos dos Padres ou elaborados pelos Concílios, e destinado a fixar o *ordo* e a *regula*: o primeiro "estabelece invariavelmente o antes e o depois, os meios e os fins" e, portanto, uma hierarquia entre os saberes; a segunda "requer a virtude mais apreciada na ética de toda a Idade Média: a fidelidade (*fides*)", como própria do intelectual (Aléssio). Assim, nas escolas catedrais, até o fim do século X prevaleceu um modelo de cultura "didática e conservadora", formalista e não criativa. Só no século seguinte elas se tornarão protagonistas de um grande florescimento cultural, sob o impulso do renascimento da cidade.

Desde a época carolíngia, porém, tinha tomado corpo outro tipo de escola – ligada ao poder laico e destinada a formar a nobreza de corte e os administradores do Império –, colocado no palácio do soberano. O ideal político de Carlos Magno (742-814) de fundar uma *societas christiana* que unificasse Igreja e Estado e pusesse a "palavra de Deus" como fermento da vida social impunha já uma formação cultural e espiritual para os "conselheiros" do rei, que eram sobretudo eclesiásticos. Para formar tais eclesiásticos, e os próprios filhos da nobreza, é fundada a *schola palatina* (ou palaciana), em 782, confiada aos cuidados de Alcuíno de York (730-804), um monge inglês de grande cultura, inclusive clássica, e de grande experiência como organizador de escolas (em York). Na escola palaciana ensinavam-se sobretudo a gramática e a retórica, em torno das quais Alcuíno escreveu manuais de ensino (*Sulla grammatica, Sulla retorica, Sulla ortografia*), mas ocupando-se também do método de ensino (organizado segundo escalas ordenadas de argumentos e resumos). Sob o estímulo de Alcuíno, Carlos Magno promulgou em 789 a capitular *Admonitio generalis*, que impunha a criação de escolas para "aprender a ler" e ler "*psalmos, notas, cantos, compotum, grammaticam*" (ou seja, salmos, sentenças, cânticos, calendário, gramática). Em 796, Alcuíno deixou a escola palaciana pelo mosteiro de Tours, o qual se tornou um centro de atividade cultural importante para toda a cristandade. Com a "Renascença Carolíngia" – herdeira de transformações culturais operadas pelo monasticismo, pelas catedrais, mas também pelos reinos bárbaros em matéria educativa –, fixa-se um modelo formativo novo, ligado a uma elite de clérigos, monges e príncipes, e vinculado a uma orientação religiosa que, através de Cassiodoro, Isidoro etc., só acolhe alguns setores da cultura antiga, tendo como centro a retórica e sua teorização elaborada por Cícero.

3   CAVALARIA E FORMAÇÃO DA ELITE

As classes nobres – sobretudo na época de Carlos Magno e dentro do feudo franco, que era herdado pelo primogênito, deixando na pobreza e sem função social os filhos caçulas – vinham exprimindo um ideal formativo novo, ao mesmo tempo religioso e militar, mas profundamente inspirado nos valores cristãos de defesa dos fracos, de exaltação da justiça, de idealização da mulher e do amor, mas também nos princípios da aventura, da honra e da coragem, que se organizou dentro da Cavalaria. Esta nasce já a partir do século IV reunindo grupos armados irregulares que, colocando-se fora da lei e agindo com violência e crueldade, perturbavam a vida da *societas christiana*, dando voz a inquietudes sociais e a códigos de comportamento belicosos e muitas vezes bem rudes. As suas origens mais distantes devem ser reconhecidas em instituições de origem germânica, ligadas aos valores de honra e fraternidade, ao individualismo próprio daquelas sociedades. As mais próximas, porém, devem ser procuradas na luta cristã contra os árabes, na transformação dos exércitos (que pouco a pouco põem no centro não a Infantaria, mas a Cavalaria), assim como nas consequências sociais produzidas pelo já lembrado feudo franco. Estes grupos de *milites* a cavalo postos a serviço de um senhor foram logo os protagonistas das *chansons de gestes* de Roland a Percival, passando pelo ciclo bretão do rei Artur, que exaltavam as ações dos "paladinos" (ou cavaleiros) e proclamavam seu código de honra, vinculado à fidelidade de grupo e ao exercício da guerra, ainda que nos mostrassem ao mesmo tempo a imagem de "homens transgressores de toda lei, habituados a todo vício, capazes de todo crime". Tratava-se na realidade de educar os cavaleiros para valores de gentileza e de dedicação, para torná-los socialmente úteis. Nisso pensou a Igreja que, a partir do século X, cristianizou a Cavalaria e foi organizando-a como uma instituição de iniciação, imprimindo-lhe um alto dever moral e uma precisa identidade espiritual.

Assim "a Igreja penetrou profundamente em todo o ordenamento da Cavalaria, inspirando sua conduta e seus ideais", indicando "todo um conjunto de deveres e de costumes particulares", como a "obrigação de crer plenamente nos ensinamentos da Igreja, de observar seus mandamentos, de proteger a Igreja, de ser defensor dos fracos, de jamais ser fraco diante do perigo; de mover guerra sem fim aos infiéis; de cumprir escrupulosamente os deveres feudais ... de ser sempre fiel à palavra dada ... de ser generoso e liberal para com todos, de lutar contra o mal e a injustiça". Até o processo de formação do cavaleiro foi reorganizado e, sobretudo, concluído com uma rica cerimônia de iniciação. Já aos sete anos, o filho caçula do senhor era enviado para formar-se em outro castelo, onde era colocado como pajem e se exercitava na montaria, no torneio, no combate; iniciava-se também uma educação cortês (de boas maneiras, de código de honra e de amor, estes últimos ligados à idealização da mulher). Quanto à cerimônia que, por volta dos vinte anos, concluía a formação do cavaleiro, ela se tornou, com o tempo, cada vez mais complexa, indo desde a entrega das armas até a *colée* ou *paumée* (abraço ou palmada), um golpe no pescoço ou na nuca que servia para "fixar a promessa de sofrer pela fé e pelo dever". Sucessivamente, tal cerimômia foi sendo precedida do banho purificador, da primeira vestidura (de branco) e de uma vigília noturna de oração; depois, veio uma segunda vestidura (de vermelho, símbolo do sacrifício), sendo concluída com um juramento público. O cavaleiro tornava-se um "crente", começava a fazer parte de uma "sociedade de iniciados", dedicada a viver valores ideais comuns baseados no cristianismo.

A Cavalaria teve um profundo significado nos costumes, pondo em evidência comportamentos de piedade e de justiça e propondo-os como valores "nobres", dando vida a uma literatura que durante longo – muito longo – tempo terá um grande sucesso popular (até o romance que decreta seu fim e é sua sutil ironização: o *Dom Quixote* de Cervantes, de 1605-1614), criando códigos amorosos construídos sobre a devoção que regularão por séculos a relação entre os sexos, sobretudo no imaginário, mas teve também um papel não indiferente na história, na história político-militar sobretudo (impondo as "tréguas de Deus" durante as guerras; participando ativamente – também com o desejo de construir feudos nas terras de Ultramar, como de fato acontece – das Cruzadas, sobretudo da primeira, a mais ideal e religiosa, de 1096 a 1099; fundando aquelas ordens cavaleirescas e, ao mesmo tempo, monásticas e guerreiras, dedicadas a combater os "infiéis" – os maometanos – e destinadas a grandes empresas até a batalha de Lepanto (1571), como a Ordem do Santo Sepulcro, a dos Templários, a de Malta).

A Cavalaria foi uma agência de formação de nobres, de uma formação separada, já que "pouco a pouco os ambientes cavaleirescos adquiriram uma consciência mais elevada daquilo que os separava da massa 'sem armas', elevando-os acima dela", e sancionaram "com atos rituais" essa distância, e de uma formação na qual o "elemento religioso", embora laicizado, age sobre toda a personalidade e todas as ações do cavaleiro, mas na qual era central a atitude de comando, de guia do povo, já que, lembrava Raimondo Lúlio, "o cavaleiro deve conduzir o povo à sua vontade". Já no curso do século xv, porém, a Cavalaria era uma instituição em crise, marginalizada pelo renascimento da cidade e pelo fim dos aspectos "bárbaros" da vida social, como também pelo desenvolvimento de uma cultura mais laica e mais realista, própria dos novos grupos burgueses que se vinham afirmando cada vez mais como os protagonistas da vida econômica e social.

4 METAMORFOSES DA *PAIDEIA* CRISTÃ

A reflexão pedagógica medieval permanece toda inserida dentro da *paideia* cristã, da qual ela acentua a dimensão religiosa reunida em torno da figura de Cristo. A *paideia* cristã deve tornar-se "imitação de Cristo" e afirma como centrais os valores que, depois, no século XV, Tomás de Kempis invocará como próprios do cristão: o "desprezo do mundo", a humildade, a solidão e o silêncio, o amor de Deus e a consciência do pecado. Estamos diante de um modelo de formação que desenvolve os aspectos de interioridade e de sublimação, que invoca uma atitude de fuga da realidade para convergir para o crescimento de uma consciência que se mede na abertura para a transcendência, para a presença ao mesmo tempo forte e inefável do divino e, portanto, marcada por um conflito constantemente reaberto (entre Deus e mundo, entre pecado e salvação etc.) na interioridade do sujeito. Nas vozes que reinterpretam e desenvolvem este âmbito da *paideia* cristã, em termos agostinianos e platônicos sobretudo (pondo ênfase no conflito interior e no modelo de uma vida espiritual separada do corpo e do "mundo"), devem ser reconhecidas uma sensível homogeneidade e uma leitura diferente da *paideia*, inclusive com respeito aos Padres, menos comprometida com a cultura clássica, menos humanístico-retórica, e toda concentrada no religioso, além de escassamente articulada e diferenciada.

Um primeiro modelo de *paideia* cristã medieval está presente no Pseudo-Dionísio (século V), que sublinha a estrutura hierárquica do mundo em cada uma de suas partes, hierarquia que ascende para formas mais espiritualizadas e se realiza pela contemplação, a mística e o êxtase, ultrapassando o mundo para aproximar-se de Deus, o qual permanece, entretanto, além de toda hierarquia e *além* do mundo. Justamente por isso, Deus só se dá no silêncio místico que supera o pensamento, ultrapassa a "distinção" e se nutre da meditação da Escritura. A mística de Dionísio permaneceu como uma constante na teologia e na pedagogia medievais, como um desafio ao pensamento racional que, entretanto, outros autores procuraram aplicar também ao estudo dos modelos educativos. Já Mânlio Severino Boécio (480-525), conselheiro de Teodorico, rei dos godos, depois preso e morto por ordem deste rei, foi o intérprete de um modelo de formação racional, nutrido pelo pensamento de Aristóteles e, portanto, atento à lógica e ao papel "consolador" da filosofia, mas também em fixar as *auctoritates* do pensamento antigo. Depois também Isidoro de Sevilha (560-636) dedica-se à construção de um saber enciclopédico ordenado através do estudo das etimologias, que nos faz conhecer a verdadeira essência das coisas (homem = *homo* = *humus* = terra) e valoriza um conhecimento como análise. Além disso, Isidoro delineia uma "filosofia da temporalidade" (Aléssio) baseada no princípio da degradação progressiva, dando-nos assim uma visão pessimista que será típica de quase toda a Idade Média. Também Rábano Mauro (776-836), presente em Tours em 802, ligado a Alcuíno e à tradição das artes liberais, escreve o *De clericorum institutione* em que conecta Escritura e artes liberais (gramática e literatura, retórica e dialética que "ensina a ensinar aos outros" e "a descobrir a verdade", "a tirar conclusões") e atribui um papel fundamental também às disciplinas do quadrívio. Boécio, Isidoro e Rábano Mauro reintroduzem na *paideia* cristã elementos da cultura e do racionalismo antigo sem diluir a formação numa direção exclusiva, teológica e mística.

Será porém Escoto Erígena (810-875), que conhece o grego e os Padres orientais, que vive entre a Escócia e o continente e que publica o *De divisione naturae* em cinco livros, além de outros escritos sobre a predestinação etc., quem irá sublinhar este aspecto. O seu pensamento inspira-se no neoplatonismo e fixa uma escala descendente/ascendente na ordem dos seres, que parte de Deus e retorna a Deus, através da mediação do homem que – enquanto corpo e alma – é o ponto de fusão dos dois movimentos. Deus cria todas as coisas penetrando em toda parte, embora Deus seja anterior a elas, mas desse modo cada coisa pode, por graus, ser reportada a Deus, e o homem pode unir-se diretamente a Deus por meio da *deificatio*. Todo o processo de retorno a Deus é ligado, no homem, à valorização do conhecimento dos princípios, das ideias, a que levam as *disciplinae liberales* e em particular a dialética, que "indaga diligentemente os conceitos racionais universais da mente", mas que é preparada e estimulada pela aritmética, pela geometria, pela música e pela astronomia. Neste pensamento místico com nervuras panteísticas a *paideia* cristã se reafirma na sua aspiração mais estritamente espiritual, de formação interior de caráter religioso.

Se a tradição mais liberal e racional da formação cristã continua com a contribuição de Gerberto d'Aurillac (930-1003), mestre de Oto III, depois papa Silvestre II, perito em aritmética, música, ciências (através de relações com o Islã) e lógica, a tradição mística e antilógica foi defendida com força por São Pedro Damião (1007-1072) que, contra a lógica e a filosofia, valoriza a *Bíblia* e a "vida solitária", que exaltam um conhecimento que não se limita às palavras e às regras para ordená-las, mas vai até as "coisas", justamente aquelas que permanecem subtraídas à lógica. O verdadeiro conhecimento é *meditatio* e pensa o mundo em Deus, como afirma São Pedro Damião nos seus escritos, desde *De perfectione mona chorum* até *De santa semplicitate* e *De divina omnipotentia*. Tais posições foram retomadas e ulteriormente aprofundadas por Santo Anselmo de Aosta (1033-1109), que foi monge e depois arcebispo de Canterbury, enfim também presente na corte do papa Urbano II. Escreve obras teológicas fundamentais, como o *Monologion* e o *Proslogion*, e outras de assunto religioso (sobre o pecado original, a Trindade, o Espírito Santo) e filosófico (sobre a verdade, sobre o livre arbítrio). Santo Anselmo também é um platônico que quer demonstrar *a priori* a existência de Deus, partindo da ideia de perfeição e unificando essência e existência. Em relação a São Pedro Damião, porém, o seu pensamento é nutrido de lógica, embora orientado para aquelas verdades simples e fundamentais (relativas a Deus) que alimentam a vida monástica, posta como a vida mais própria do homem e coroada pelo conhecimento místico. Entretanto, como mestre, Anselmo deve refutar as teses do *insipiens*, do sujeito que duvida e recusa a fé. A prova ontológica da existência de Deus deverá confundir de uma vez por todas o *insipiens* e afirmar, sem deixar margem à dúvida, a existência de Deus, que é o próprio fundamento da fé e a base da vida espiritual a que o homem é chamado como ao seu mais alto desígnio: se Deus é perfeição, deve também existir, senão não é perfeito. O *credo ut intelligam* de Santo Anselmo encerra toda uma práxis educativa que acolhe, sim, a lógica e a dialética, mas as coloca a serviço da fé. A *paideia* cristã, desde o Pseudo-Dionísio até Santo Anselmo, vive a profunda tensão, tipicamente medieval, entre razão e fé e, embora com acentos às vezes diferentes, exalta a formação religiosa, espiritual e mística, exemplificada na vida monástica, como o modelo mais alto e mais próprio da identidade humana e, portanto, como o objetivo mais específico e máximo da sua educação.

5 A EDUCAÇÃO DO POVO

Como já ocorria no mundo antigo e como tinha sido teorizado por Platão em *A República*, a educação do povo se cumpria, essencialmente, pelo trabalho. Era o aprendizado, na oficina ou nos campos, que, desde a idade infantil, dava uma formação técnico-profissional e ético-civil ao filho do povo. Nas oficinas, por exemplo, aprendiam-se técnicas em níveis mais ou menos altos, segundo um *iter* articulado e escandido no tempo, sob a direção do "mestre" e reproduzindo seu saber técnico, aceitando sua autoridade, recopiando seu estilo relativo às relações sociais (com os "aprendizes", com os fornecedores, com os clientes). E isso valia desde a oficina do artífice até a do pintor.

Certamente a Idade Média – sobretudo depois do Ano Mil – também iniciou uma série de inovações no plano técnico (pense-se no moinho de água, existente desde os albores da Idade Média, mas só firmado a partir do século X; na técnica agrícola dos três campos que favorecia uma maior produtividade; na dobadoura; na bússola; no "peitoral" para os cavalos etc.), mas não mudou a relação de trabalho, que permaneceu conotada por uma relação sobretudo servil. Só mais tarde, com as corporações, sofrerá uma transformação radical e uma elevação cultural e social. Relação servil significava relação de dependência, de autoritarismo também, em todo caso de não liberdade e de não mobilidade profissional e social. No âmbito da sociedade feudal, também o trabalho era – em geral e exceto para os monges e os eclesiásticos, que provinham de quase todas as classes sociais – determinado pela família e pela tradição familiar, além da condição social. A educação que se realizava no local de trabalho era uma educação da reprodução, das capacidades técnicas, das classes e das relações sociais, sem valorizar realmente a inovação.

Ao lado do tempo de trabalho, também para o povo, havia um tempo de não trabalho (os domingos e as festas religiosas) administrado diretamente pela Igreja através dos ritos e das festas que incidiam profundamente sobre o imaginário mediante todo um sistema de signos e de símbolos que enredavam a experiência do sujeito, valorizando figuras, estilos de vida, comportamentos, mas também suscitando temores, expectativas, exaltações. Pense-se, só para exemplificar, nas imagens do além-túmulo, presentes em mosaicos e afrescos, que produzem medo e horror em relação aos tormentos do Inferno, que sancionam os pecados representados etc., bem como exaltam as delícias do Paraíso, criando no imaginário do fiel que observa as representações nas igrejas uma carga de desejo, uma necessidade de realizar para si aquela "vida beata" e, portanto, um crescimento religioso. Pense-se, como salientou também Ariès no seu *História social da família e da infância*, dedicado à história da infância, na lenta afirmação de uma imagem da Sagrada Família e do Menino Jesus, que vêm criar no imaginário coletivo uma valorização da vida familiar e da infância. Pense-se na vida dos santos, mas também na de Cristo ou na de Maria representadas nos ciclos pictóricos, que veiculam junto aos fiéis modelos de vida e práticas de fé ou de virtudes cristãs. Pense-se nas imagens dos monges, desde aqueles da Tebaida até a tradição beneditina, que devem estimular uma fuga do mundo, a valorização da solidão, da penitência e da oração.

Quanto às orações, vão sendo fixadas, entretanto, as diversas ocasiões e as diversas práticas ligadas às horas do dia, aos eventos da vida (nascimento, casamento, morte), às festividades etc., mas também os cânticos que acompanham as cerimônias e exaltam a oração, como ocorre no canto gregoriano que – na sua abstração de sons, na modulação lenta e firme, na ausência de acompanhamento – vem interpretar e valorizar (e, portanto, também promover e educar) a visão religiosa da Idade Média, tão voltada para o extraterreno e a sublimação do humano. Importantes também, neste plano, eram os manuais de formação espiritual, de exercícios espirituais cristãos que justamente na já lembrada *Imitação de Cristo* quase chegam a uma obra-prima; ainda que tais manuais fossem dirigidos aos *clerici* – aqueles que liam, que meditavam, que pregavam – e não ao povo, que simplesmente trabalhava, elementos dessa espiritualidade penetravam também no mundo popular: nas narrativas, nos cânticos, nas lendas. E educavam o povo.

6 A EDUCAÇÃO EM BIZÂNCIO E NO ISLÃ

Ao lado do Ocidente cristão e feudal colocam-se dois outros espaços geopolíticos e culturais que se diferenciam profundamente entre si e em relação ao Ocidente, que influenciam, porém, o seu imaginário, a sua cultura e até a sua política, que se colocam num nível de desenvolvimento social e cultural muito mais alto em relação ao Ocidente, primeiro bárbaro e depois feudal. A Oriente se coloca Bizâncio, com sua cultura predominantemente grega, com sua continuidade em relação ao Império romano (pela unidade do Estado, pela produção do direito, pelo desenvolvimento do saber e da técnica), com sua sutil cultura teológica e sua complexa tradição filosófica; mas Bizâncio, durante toda a Alta Idade Média, terá um papel bastante marginal no desenvolvimento do Ocidente. Ao sul, porém, encontra-se a dominação do Islã com uma florentíssima civilização, sob muitos aspectos (técnicos, científicos, filosóficos), mais evoluída em relação ao Ocidente, que a combate por razões religiosas, mas que também sofre o seu fascínio e a sua influência.

Bizâncio, do ponto de vista educativo, mantém um modelo constante, ligado a uma rede de escolas municipais em que se continuava a tradição da *enkyklios paideia*, articulada em três ciclos (elementar: leitura, escrita, cálculo; médio: gramática ou poética; superior: retórica), com professores diversamente especializados, que culminavam na figura do sofista (que ensinava oratória e "filosofia política"). Com o advento do cristianismo, essa *paideia* também continuou no auge durante muito tempo, embora integrada com a Escritura.

Assim, define-se uma cultura formativa de tipo gramatical-retórico ligada a uma língua que se esforça para modelar-se sobre o grego antigo, nutrida de ética grega (sabedoria) e de fé cristã; mas pouco a pouco se dá espaço também para as ciências, a lógica, a música, a filosofia. "A educação bizantina não ministrava apenas um saber e um modo de raciocinar; ela oferecia o contato com uma tradição intelectual e moral surgida na Antiguidade, salva por um Império que foi, nos primeiros séculos da Idade Média, o refúgio da civilização diante dos bárbaros, de Ocidente e Oriente. Por volta de 475-500, as instituições escolares estavam reduzidas a restos nas regiões de língua latina, enquanto em Constantinopla, Alexandria, Beirute havia ainda um florescente ensino superior" (Mialaret & Vial). Com Juliano, o Apóstata, que reina de 361 a 363, restauram-se o paganismo e a *paideia* antiga, ligada à língua grega e aos mestres helênicos de Homero a Aristóteles, querendo torná-la viva na escola através de mestres dotados de "caráter" e de "eloquência"; depois, com Teodósio II, que governa de 408 a 450, reforma-se de novo a instrução, fixando a "publicidade" do ensino, e com Justiniano, que publica em 529 o *Codex* e estimula a instrução elementar, os problemas educativos são mais atentamente teorizados. Do século VII ao VIII houve, pelo contrário, uma "regressão econômica e cultural, e a instrução a sentiu" (Bowen). Só com Miguel III, que reinou de 842 a 867, é que se reorganizou a escola palaciana com ensinamentos de filósofos, geômetras, astrônomos e filólogos; depois, com Fózio (810-891), que valorizou os estudos filológicos e "um culto arcaizante da *paideia*" em chave enciclopédica. A retomada continuou também nos séculos seguintes com Mikhail Psellos (1018-1078), que exaltou a filosofia e o platonismo; com Ana Comnena que falou de uma formação cultural grega, através de Platão e Aristóteles, bem como através do quadrívio. Depois, o cisma com Roma em 1054 e a conquista veneziana de Constantinopla, os ataques dos turcos levaram a um declínio e a uma derrota de Bizâncio, cuja cultura emigra para o Ocidente e alimenta a formação do humanismo italiano. Certamente que a cultura escolar bizantina, neste percurso, veio, porém, ligando-se cada vez mais à Igreja, tornando-se menos difusa e permanecendo, sobretudo, como patrimônio das classes altas.

O Islã também, com sua riquíssima e complexa civilização, que foi um dos faróis que iluminaram a cultura do Ocidente medieval, comunicando--lhe conhecimentos técnicos, introduzindo textos científicos e filosóficos, indicando-lhe tradições interpretativas, teve um cuidado constante com a educação e a instrução, já a partir de Maomé e do papel assumido pelo livro sagrado, o *Alcorão*, na formação do homem islâmico. Pela tradição xiita instaurada logo depois de Maomé, é o *imã* quem deve conduzir o processo de formação, com seu saber sobrenatural, com seu papel de guia infalível, por meio de um ensino iniciático que versa sobre a leitura do *Alcorão*, interpretado em diversos níveis conforme o grau de iniciação. Segundo a tradição sunita, porém, deve-se seguir rigidamente o princípio da autori-dade, atendo-se às interpretações mais antigas e autorizadas, sem assumir nenhuma liberdade de crítica. Nessas escolas alcoranistas, ensina-se a recitar de cor o texto, de modo a poder usá-lo como guia em qualquer ocasião, em qualquer experiência de vida. Essa orientação fortemente religiosa da educação islâmica permaneceu sempre central, também para os filósofos como Algazel, morto em 1111, segundo o qual a educação deve ser guiada pelo *sufi*, o mestre de vida; este incita a confiar em Deus e a valorizar ati-tudes de renúncia e de amor. Também a educação ética, orientada para o belo e para o bom, e que, por meio do estímulo do desejo de beleza e de bondade, produz a formação do caráter, é marcada no sentido predominantemente religioso, como afirma, por volta do Ano Mil, Miskawayh em sua obra *Sobre a formação do caráter*.

Ao lado das escolas alcoranistas colocam-se também os preceptores particulares e depois os círculos, nos quais se ensinam, sobretudo, a tradição e o direito, e por onde os jovens passam para seguir ora aqui ora ali os diversos mestres. Por volta do século x, a cultura islâmica se abre para as ciências e, criada pelo califa, nasce em Bagdá a Casa das Ciências, uma rica biblioteca que se tornará um centro de estudos e um modelo de escola para as outras províncias do Islã. No Egito, na Síria, nasceram Casas da Sabedoria, em que se ensinavam – ao lado da teologia e do direito – medicina, astronomia e matemática. No século seguinte, nasce uma instituição nova, a *madrasa* ou escola dotada de uma renda para pagar os professores e acolher os estudantes, criada pelo poder político para formar os técnicos do Estado e o pessoal da administração, segundo, porém, uma cultura tradicional.

O Islã foi também uma realidade comercial, um terreno de intercâmbios, ligados ao nomadismo daquelas populações arábicas, às rotas das caravanas que ligaram o Oriente ao Ocidente, ao papel das cidades, à interdependência sobre o mar, portanto ao papel dos artesãos e das oficinas, onde se realiza sob a orientação de um mestre a formação do trabalhador, por meio de um simples aprendizado, como ocorria no Ocidente. Para a cultura medieval do Ocidente, o Islã contribui, sobretudo, com o despertar das ciências (a começar da álgebra, que foi inventada pelos árabes), com a retomada do racionalismo filosófico (com a leitura de Aristóteles), com uma série de lendas e narrativas que alimentaram o imaginário medieval e estimularam a própria imaginação dos narradores ocidentais (pense-se apenas em Boccaccio e nos ecos islâmicos presentes no *Decamerão*).

Entre Bizâncio e o Islã, o Ocidente alto-medieval vai amadurecendo sua própria retomada que se tornará mais acelerada e mais sólida depois do Ano Mil, realizando também, e sobretudo com as universidades, um novo modelo educativo, radicalmente original e capaz de desafiar os séculos como sistema de organização da cultura superior.

CAPÍTULO III

A BAIXA IDADE MÉDIA E A EDUCAÇÃO URBANA

1 DEPOIS DO ANO MIL: UMA VIRADA TAMBÉM EDUCATIVA

O Ano Mil, como nos lembraram muitos historiadores, foi realmente um divisor de águas. No breve giro de alguns decênios, a história da Europa sofreu uma profunda transformação: uma crise profunda foi superada, novas energias chegaram à maturação, um intenso dinamismo difundiu-se no Ocidente, novas estruturas – econômicas, culturais, políticas, sociais – foram tomando corpo. Estamos diante de uma retomada de iniciativa da história ocidental que se delineia em torno da nova realidade da Europa: o desenvolvimento econômico, o incremento técnico, a afirmação de uma nova classe social – a burguesia –, o impulso do pensamento, a dissensão política e uma sociedade mais dinâmica e mais móvel; são fatores que vêm definir uma época nova, aberta a novos valores (a liberdade, a nação-Estado) e com novos protagonistas (as cidades, os indivíduos, as comunas, os burgueses). Antes de tudo, estamos agora longe dos limites da sociedade feudal, fechada e bloqueada, agrícola e sem intercâmbios; estamos longe daquela sociedade de ordens (trinitária, como foi chamada, e hierarquizada) e dentro de um mundo que se torna cada vez mais conflitual e complexo, cada vez mais articulado e plural, que vê o crescimento de protagonistas e tensões (no nível político: o papado, o Império, as comunas, os estados nacionais). Estamos também diante de uma Europa que se salvou dos ataques de muçulmanos, escandinavos e húngaros, os quais abalaram suas estruturas e suas ordens, mas sem abatê--la: até mesmo fundindo-se depois na *res publica christiana*.

"No início do novo milênio, a *res publica christiana* de fé católica, amparada ao sul pela potência adversária, mas civilizada do Islã, protegida a sudeste pela presença incômoda, mas familiar do Império bizantino, completada ao norte e a nordeste por povos que até então tinham constituído para ela uma perene ameaça, não estava mais exposta diretamente a incursões de bárbaros propriamente ditos. Mais afortunada que a Ásia, a África e a própria Europa ortodoxa, que continuaram abertas aos ataques de povos nômades, a Europa católica pôde desenvolver sua própria civilização, nos últimos mil anos, sem temer irrupções imprevisíveis que viessem de um espaço ignoto" (Lopez). Já por volta do Ano Mil, o que resulta bem delineada é justamente a Europa: esta entidade político--cultural, ao mesmo tempo plural e unitária, de caráter decididamente conflitual, aberta aos intercâmbios e ciosa de sua própria autonomia, como da própria complexidade. A Europa é pluralismo de Estados, de etnias, de tradições, mas também unidade espiritual, de culturas e de fé, de mitos e de ideais. A Europa é a terra da liberdade, marcada pelos processos de autonomia de indivíduos, grupos, povos e culturas e pelos ideais supranacionais (a Igreja, o Império), mas que se tornam cada vez mais frágeis e mais problemáticos.

Sempre ao redor do Ano Mil, começa a tomar corpo a burguesia, uma classe social urbana, ligada aos intercâmbios, corajosa e empreendedora, que nutre uma precisa consciência de si, como classe central e ativa, dinâmica, portadora de um projeto sociopolítico de transformação. A burguesia é também a classe que faz amadurecer princípios novos, novos valores e novos ideais: o indivíduo, a liberdade, a produtividade. Valores que se desenvolverão depois na Época Moderna, mas que já na Baixa Idade Média se encontram presentes ativamente na vida social e na cultura, a partir da Itália, que com a civilização comunal prepara a afirmação de novos sujeitos sociais e de novos ideais e valores coletivos. E com a Itália, depois, Flandres ou as cidades hanseáticas. E, ainda na Itália, as repúblicas marítimas (Amalfi e Veneza, Gênova e Pisa) reabriram o comércio com o Oriente e um intercâmbio de mercadorias no Mediterrâneo e dali, por via fluvial, para a Europa. A cultura também se transforma: afirmam-se as línguas nacionais e começam a delinear-se literaturas em língua vulgar; há uma retomada da filosofia – organizada em torno da dialética que marca sua identidade racional –, da ciência (através dos árabes), do pensamento religioso, com o crescimento de heresias milenaristas e pauperistas, da arquitetura, com as grandes construções românicas e depois com as – ousadíssimas – do gótico.

É todo um mundo que se vai renovando, embora amparado, por assim dizer, pelas pilastras universalistas da Igreja e do Império, mas que, agora, conflitam entre si e deixam espaço, também político, para organismos diversos, mais locais e mais diluídos, mas fortemente ativos na vida social (as cidades, as nações). Estamos já longe do feudalismo (que, todavia, permanece como estrutura-base da sociedade europeia) e caminhando, cada vez mais sensivelmente, para a Modernidade. Também a educação não é estranha a este processo. Mudam as técnicas e transforma-se o trabalho, que implica cada vez mais competências especializadas e envolve cada vez mais indivíduos ligados por conhecimentos e interesses comuns: nascem as corporações. Renova-se a ideologia, que vê o povo cada vez mais protagonista ativo de movimentos ideais e de lutas sociais (as seitas pauperistas ou as *jacqueries* – lutas camponesas –, por exemplo) e que vai reorganizando sua própria ideologia (religiosa e moral sobre tudo). A cidade educa através de suas lutas políticas, entre facções e entre grupos sociais, alimentando paixões e uma produção literária ou artística que quer "falar ao povo" (ainda que culta e letradíssima: pense-se na *Comédia* de Dante). A cidade, por outro lado, com suas lutas políticas, com seus desenvolvimentos técnicos, afirma cada vez mais nitidamente – na cultura e na ação – a centralidade do paradigma racional.

2 A CIDADE, OS MERCADORES, AS ARTES

Até a grande crise do século IX e, depois, do X – em razão das invasões, do fim do comércio, da pobreza econômica do Império carolíngio, do fechamento do Ocidente em si mesmo –, as cidades, embora empobrecidas, embora marginalizadas, tinham mantido uma função: como sedes episcopais, como centros religiosos, como centros de mercados, ainda que frágeis. E o bispo, em geral, governava a cidade: "exercia um poder de polícia", cobrava pedágio, "administrava o mercado", "vigiava a cunhagem das moedas, presidia a manutenção das portas, dos fortes e dos bastiões" (Pirenne). Depois as cidades se fortificaram contra os sarracenos ou os normandos: criou-se o *burgus*, circundado de muros, de torres, de fortalezas (como também se fortificaram os mosteiros). Em torno destes burgos, "se formarão as novas cidades quando terá início o renascimento econômico", depois do Ano Mil. O despertar se deu sobretudo, e antes de tudo, na Itália: Veneza é agora uma potência marítima, rica e especialista em navios e em viagens marítimas e fluviais; na Lombardia está Pávia, na Toscana está Lucca, ao sul está Amalfi. Ao norte estão as cidades de Flandres, com Gand, Bruges, Lille etc. No Reno, Colônia e Magonza etc. Pouco a pouco, entre cidade e campo opera-se um intercâmbio cada vez mais intenso, a população cresce e reabrem-se os intercâmbios comerciais. Nasce uma nova figura urbana: o mercador, já presente em Veneza há alguns séculos, mas que depois do Ano Mil se generaliza na Europa, na Europa das cidades. Talvez, no início, os comerciantes emergissem de uma "massa de vagabundos" que percorria a Europa, acompanhava peregrinações, frequentava feiras e mercados, operava intercâmbios, procurando o lucro. Depois, os mercadores se associam, para segurança e apoio recíproco, nas confrarias, nas *gilde*, nas *hause*, nas corporações, desenvolvendo os "comércios a longa distância" e enriquecendo-se, embora sejam desprezados numa sociedade ainda feudal e agrícola. Muito logo, porém, "a autoridade pública tomou-as sob sua proteção" e conquistaram um papel social cada vez mais central e importante. E alimentaram a formação do grupo burguês: mais livre, mais individualista, mais laico e mais empreendedor. Nas feiras, sobretudo a da Champanhe, que atraem mercadores de toda a Europa, trocam-se mercadorias de vários tipos (do sal ao vinho e ao trigo, da lã ao algodão, do alume aos escravos), vai-se organizando a técnica do comércio (dos bancos às letras de câmbio, à bolsa de mercadorias), forma-se uma mentalidade nova: produtiva, que mede o tempo empregado na produção para torná-lo mais funcional, que reclama ordem, confiabilidade e empenho na ação social (a começar da comercial).

Juntamente com o renascimento do comércio há também uma retomada das atividades artesanais, que se unem em associações profissionais, justamente as corporações, que reuniam os que se dedicavam a um ofício, ajudando-os, tornando-os depositários das técnicas de trabalho, vinculando-os à fidelidade. Assim como a corporação salvou "a autonomia da oficina", mas impôs "ao ofício regras uniformes" e "linhas de conduta comum", também foi "padronizada a profissão" e se valorizou o papel social das "oficinas artesanais". As corporações afirmam-se em toda a Europa (mas também fora: em Bizâncio e até na China) e desempenham um papel fundamental na sociedade e nos próprios processos educativos, tornando-se o lugar da formação profissional. Esta se articula segundo princípios técnicos e ético-sociais que são assimilados não só pelo aprendizado, mas também pela participação na vida da corporação, o estudo de seus estatutos, o respeito às suas regras, que dizem respeito não apenas aos "segredos" do ofício, como também aos comportamentos individuais e sociais a assumir. As corporações (que cobriam quase todas as atividades profissionais: do tecelão ao herborista) exerceram na segunda Idade Média um papel educativo fundamental e "de massa", especialmente nas cidades, emancipando o trabalhador de uma ética apenas religiosa e eclesiástica e marcando a sua mentalidade em sentido laico, técnico, racionalista.

Uma função igualmente laica e racional teve o modelo humano do mercador, que veio se afirmando e se difundindo nas cidades medievais. O mercador laiciza sua própria mentalidade: do tempo ele tem uma visão produtiva e outra sagrada, valoriza e não execra o ouro e o lucro, afirma o princípio de que o dinheiro (e não só o trabalho) pode produzir dinheiro, elabora uma visão do mundo mais racional, emancipada do sagrado. O princípio que inspira a conduta do mercador é o protocapitalista "dos meios adequados aos fins", de uma racionalidade técnica que se fará presente em larga escala a partir da Época Moderna, em particular a partir dos Quinhentos e Seiscentos. O mercador como tipo de homem afirma-se como modelo educativo: um modelo que encontramos presente, e muitas vezes exaltado, na narrativa burguesa, de Boccaccio a Chaucer, em cujas histórias a independência do burguês, seu laicismo e racionalismo aparecem embebidos de espírito comercial e são representados e vividos por uma sociedade de mercadores ou na qual os mercadores desempenham um dos papéis sociais mais importantes, inovadores e plenos de futuro.

3 EDUCAÇÃO E VIDA SOCIAL: AS CRIANÇAS, OS JOVENS, AS MULHERES

A educação, antes de tudo, tem como centro a família, como ocorre, em particular, nas sociedades tradicionais. Uma família que, na Baixa Idade Média, tende a assumir aspectos cada vez mais articulados, fazendo conviver tipos diversos de famílias, desde a patriarcal até a nuclear; a primeira, central sobretudo em áreas agrícolas; a segunda, em áreas urbanas mais avançadas. De qualquer modo, porém, estamos diante de uma família um pouco diferente da moderna e burguesa; seja patriarcal ou nuclear, a família medieval é uma família aberta para a sociedade, que não se fechou em núcleo privado, que acolhe quase todos os eventos da vida social (desde o sexo até a morte). Como lembra Ariès: "A rua era a sede central dos ofícios, da vida profissional e também dos falatórios, das conversações, dos espetáculos e dos jogos": assim sendo, "tudo acontecia na rua", até uma parte da vida familiar. Na Idade Média, de fato, as "cenas de interiores" da família são "muito raras" na iconografia, também nas representações de eventos íntimos como o parto (por exemplo, nas representações do nascimento da Virgem). E faltam representações de grupo da família. Tudo isso enfatiza como a família medieval é um organismo pouco estruturado, em estreita contiguidade e continuidade com toda a vida social, na qual os problemas educativos também têm escassa estruturação e pouca centralidade: a família cria os filhos, destina-os a um papel na sociedade, controla-os de modo autoritário, mas não os reveste de cuidados e de projetos, não os põe no centro da vida familiar, entrelaçando-os num tecido educativo minucioso e orgânico (como ocorrerá na família burguesa moderna).

As crianças na Idade Média têm um papel social mínimo, sendo muitas vezes consideradas no mesmo nível que os animais (sobretudo pela altíssima mortalidade infantil, que impedia um forte investimento afetivo desde o nascimento), mas não na sua especificidade psicológica e física, a tal ponto que são geralmente representadas como "pequenos homens", tanto na vestimenta quanto na participação na vida social. Até os seus brinquedos são os mesmos dos adultos e só com a Época Moderna é que se irá delineando uma separação. As festas religiosas, sazonais, civis também acolhiam as crianças como espectadores e protagonistas, sem censuras. E até mesmo os eventos dolorosos não excluíam a infância: morria-se em público, também na presença de menores. A educação da criança era depois confiada à oficina e ao aprendizado ou à Igreja e às suas práticas de vida religiosa: a primeira ensinava uma técnica e um ofício, a segunda, uma visão do mundo e um código moral. A imagem da infância da Idade Média é a cristã: a meio caminho entre "pecado" (idade pecaminosa, amoral, segundo Santo Agostinho) e "inocência" (idade de graça, privilegiada e exemplar, como dizem os *Evangelhos*); as condições de vida da infância são sempre duríssimas, marcadas pela escassez de bens, por violências e marginalização. Até o corpo infantil é reinterpretado através da ideologia, dos princípios da astrologia, dos princípios da hereditariedade como repetição necessária de disposições e comportamentos, dos princípios da Medicina (que sublinha sua "substância úmida", a qual necessita de uma alimentação líquida).

Ao lado da criança, outra figura marginal é a da mulher: subalterna ao homem, até mesmo na criação (já que deve ser menos alimentada), alheia à educação; ao mesmo tempo marginalizada e exaltada, como ocorre na ideologia cristã, colocada entre Eva e Maria, como já o dissemos. Só que a Idade Média retoma sob dois aspectos uma valorização da mulher: com as santas, de um lado; com o "amor cortês", de outro. As santas são heroínas do feminino, que sublimaram sua capacidade de amar e que se comunicam diretamente com Deus ou são suas intermediárias: pense-se em Catarina de Siena e seu misticismo, que torna exemplar a religiosidade e o papel político (profético, de estímulo ao papado) que vem conscientemente a exercer, colocando-a num plano a que poucos humanos podem esperar elevar-se (São Francisco e São Domingos, em particular); mas pense-se também em Joana d'Arc e sua politicidade inspirada, que a leva a estimular o rei para "salvar a França" e a colocar-se à frente do exército. O "amor cortês" elabora um código cavalheiresco de amor em que a distância e a impossibilidade de realizar concretamente o amor desempenham um papel essencial, levando à idealização da mulher, do seu papel de guia e de conselheira, de alvo de toda empresa (que se realiza em seu nome) e centro da psicologia do cavaleiro. Toda a tradição literária que vai dos trovadores aos cultores do estilo novo gravita em torno dessa imagem ideal do feminino e do papel de inspiradora que a mulher assume (até a Beatriz de Dante ou a Laura de Petrarca).

Numa condição de subalternidade e de rebelião colocam-se, entretanto, os jovens, os do sexo masculino sobretudo. São privados de direitos, dependentes do pai, deixados fora da vida social (que começa com o casamento, o qual, por sua vez, por razões econômicas e sociais é frequentemente tardio), alimentando assim as tensões que percorrem a vida social da Idade Média. A posição deles era semelhante à dos criados e permanecia-se jovem até o casamento. "A semidependência dos jovens era continuamente lembrada pela sua condição de inferioridade econômica, social e jurídica numa sociedade onde a plenitude dos direitos era essencialmente reservada ao chefe de família e a outros 'mestres' da hierarquia artesanal e corporativa" (Gillis). Daí a necessidade de fazer "explodir" de forma controlada as suas tensões: com o Carnaval, com os ritos populares de escárnio do tipo *charivari* (grito de zombaria), com a vagabundagem e com a aventura; ou favorecendo um controle através das confrarias, nas quais se entrava com uma cerimônia iniciática e se aderia a um código ético bem definido. A juventude, porém, permanecia como um fator de rebelião na sociedade medieval, dando vida a grupos mais ou menos marginais, a associações mais ou menos legais, embora favorecendo deslocamentos de um lado para outro da Europa, para seguir os mercadores ou para seguir os mestres universitários, para exaltar princípios religiosos (como ocorre com as Cruzadas) ou para participar de peregrinações.

A sociedade medieval educa – como sempre ocorre nas sociedades tradicionais – através de severos controles, mas também através de dispositivos de escape (por assim dizer), que se mostram ativos tanto no caso da criança (exaltada pela inocência) e da mulher (com a idealização) como no caso da juventude (pela vagabundagem).

4 EDUCAÇÃO E IMAGINÁRIO POPULAR: CICLOS PICTÓRICOS E PREGAÇÃO, TEATRO E FESTAS

O povo, durante a Idade Média – e durante muito tempo também na Idade Moderna –, é analfabeto. Seus conhecimentos estão ligados a crenças e tradições ou observações de senso comum: o seu horizonte cultural é muito limitado, mas bem firme na centralidade atribuída à fé cristã e à sua visão do mundo, que chega a ele por muitas vias alternativas à escrita: sobretudo através da palavra oral e da imagem, que são as duas vias de acesso à cultura por parte do povo. Mesmo que seja a uma cultura que – justamente pelos meios que usa – resulta escassamente racionalizada e, pelo contrário, marcada por características emotivas. E não é por acaso que as grandes ordens mendicantes criadas depois do Ano Mil (franciscanos e dominicanos) sejam também ordens de pregadores, que falam ao povo com uma linguagem explícita e consistente, invocando os princípios cristãos, ativando uma obra de reeducação interior. São Francisco prega também aos infiéis, São Domingos desenvolverá uma oratória mais culta e racional, mas figuras como Santo Antonino em Florença ou São Bernardino de Siena tornarão "popular" a sua oratória eclesiástica, fustigando os costumes, repelindo as heresias, alimentando de espírito profético a mensagem cristã (isto é, de esperança e de oposição ao mesmo tempo). Até chegar a Savonarola, que recolhe e enfatiza a tradição, exacerba o tom e radicaliza os objetivos (opondo-se ao papa e a Roma, reclamando uma "purificação cristã" com "as fogueiras das vaidades"). O povo que assiste a essas verdadeiras *performances* teatrais, um tanto histriônicas, fica profundamente impressionado, perturbado e transtornado (pense-se nos adeptos de Savonarola em Florença); tudo isso produz nos indivíduos uma ânsia de renovação, de transformação interior que será socialmente produtiva.

Mas a palavra age também através do teatro, que potencializa ainda mais as palavras com a imagem. Já o teatro que nasce nos adros das igrejas com representações sacras é um teatro explicitamente educativo: confirma a fé, que ele dramatiza, elementariza e reduz aos princípios essenciais, tornando-os facilmente perceptíveis e comunicativos. *O Combate entre a alma e o corpo*, uma das peças mais difundidas na Idade Média, exacerba e confirma o dualismo dramático da antropologia cristã e a sua visão da vida como sublimação heroica. Ao lado do teatro sacro, existe também o teatro popular: a comédia, a farsa, a *sotie* (ou farsa dos loucos), que encontram espaço sobretudo no Carnaval, que exaltam os temas censurados pela cultura oficial (o ventre, o sexo, a fome, o engano etc.) e os potencializam de forma paródica. Bakhtin, no seu estudo sobre Rabelais, lembrou que no Carnaval medieval toma corpo uma verdadeira visão do mundo invertida em comparação com a das classes altas e hegemônicas, que encontra seu próprio *acmé* na ação teatral.

180   FRANCO CAMBI

Por fim, as imagens: são sobretudo os ciclos pictóricos, religiosos e laicos, que tendem a "forjar" o imaginário coletivo, com fidelidade aos valores cristãos, comunais ou corporativos, através de imagens de clara leitura e de potente sugestão. Fixemo-nos na Toscana, para exemplificar. Nardo di Cione retoma, na Igreja de Santa Maria Novella em Florença, os dois temas-fortes do Inferno e do Paraíso e os repropõe, numa linguagem pictórica gótica, segundo módulos mais refinados, mas substancialmente tradicionais e destinados a sugestionar psicologicamente o fiel. Giotto e Taddeo Gaddi, na Igreja de Santa Croce, ainda em Florença, ilustram a vida de São Francisco e a de Maria, com uma rica evidência plástica, com uma exaltação, sobretudo Giotto, dos valores franciscanos (humildade, serenidade, dedicação etc.), com uma capacidade ilustrativa que torna aquelas obras mensagens evocativo-educativas explícitas e universais. Pense-se na morte de São Francisco, de autoria de Giotto, com seu clima de quietude, de sereno passamento, de confiança em Deus e de exemplaridade para os confrades que assistem ao "transe" do santo. Ou então na força visionária – realizada "em noturno" – do anúncio aos pastores, de Gaddi, e na sua capacidade de sugestão em relação à mensagem cristã compendiada no evento fundador do Natal.

Considerem-se depois os ciclos pictóricos de Assis (Basílica de São Francisco), de São Geminiano (Colegiata), mas também aqueles – laicos – de Siena, no Palácio Comunal, com a *Alegoria do Bom Governo*, de Ambrogio Lorenzetti, onde são reproduzidas as atividades urbanas e as virtudes que devem presidir ao seu governo, para realizar uma justa e plena prosperidade.

As festas, ainda – sobretudo as mais populares, transgressivas, neopagãs (*pro tempore*) ligadas ao Carnaval ou as agrícolas (ceifa, vindima etc.) –, conectam entre si os vários momentos (e os mais autônomos/autóctones) da cultura popular: teatro, cânticos, ritos e mitos; e assim dão vida àquele tecido de cultura do povo que se define por algumas de suas características muito constantes: uma religiosidade elementar, mas profunda; o sentimento do "baixo" em nítida oposição à cultura "alta" (do corpo contra o espírito); o gosto do fantástico e do fabular, que alimenta as narrações primeiro orais, depois escritas produzidas pelo povo.

Através dos "canais" supracitados – pregação, teatro, ciclos pictóricos, ritos festivos – o povo alimenta seu próprio imaginário e plasma sua

HISTÓRIA DA PEDAGOGIA 181

própria concepção do mundo, educa-se segundo modelos de valor, fixa os tipos de comportamentos, reconhece regras e se nutre espiritualmente de exemplos. Estamos diante de uma educação informal que, sobretudo numa sociedade analfabeta, desempenha um papel realmente fundamental.

5 A SOCIEDADE DOS LETRADOS E A FORMAÇÃO: ROMANCE, POESIA, ENCICLOPÉDIA

As classes altas são em geral alfabetizadas. Elas vivem em dois espaços: na igreja ou no convento e no castelo ou no palácio. Elaboram duas fronteiras do imaginário: a religiosa e a cavalheiresca (laica). E as elaboram por meio de textos escritos, por meio, sobretudo, da prática da escrita que, depois, permite uma difusão das ideias reunidas naqueles textos e a criação, em nível europeu, de uma cultura comum. Isso ocorre tanto para a cultura religiosa quanto para a laica. Ao primeiro aspecto pertencem as vidas dos santos (desde São Romualdo, fundador dos camáldulos, até São Francisco de Assis, São Boaventura e muitos outros); as obras hagiográficas (do tipo *Os florilégios de São Francisco*); os textos de formação espiritual (do tipo *A imitação de Cristo*), que agem com fim educativo plasmando a visão da religião, interpretando os valores do cristianismo, propondo modelos de formação cristã. Mas há também os comentários da *Bíblia*, as elaborações teológicas, as disputas sobre modelos teológicos (de caráter racional ou místico) que plasmam a cultura religiosa das classes cultas, determinando também seus aspectos de notável sofisticação, de sutil riqueza, como ocorrerá na tradição da Escolástica, da teologia ensinada nas universidades e que é exposta segundo o método das *summae*, das *quaestiones*, das *lectio* e dos *comentarii*, fazendo-as assumir um aspecto especulativo que provocará depois um nítido contraste nos defensores da via mística para o conhecimento das coisas divinas, via mística que aceita o mistério e o escândalo que a religião impõe à razão e o enfrenta por meio da fé.

Na sociedade laica, pelo contrário, são a epopeia cavalheiresca e "o amor cortês" que têm um papel central no imaginário coletivo. São os mitos de Orlando e dos paladinos, do ciclo bretão ligado ao rei Artur e seus cavaleiros, a Lancelote e Guinevere, a Tristão e Isolda, do Santo Graal e de Parsifal que alimentam as *chansons de gestes*, os romances. São mitos que passam da oralidade à escrita, que se alimentam dos temas produzidos pelo norte europeu, que se ligam ao mundo cavalheiresco, às suas virtudes, aos seus heróis e às suas gestas militares e amorosas. Ao lado destes, colocam-se depois outros tipos de *roman*, mais enciclopédicos, mais naturalistas e fabulísticos (tipo *Roman de la rose* ou *Roman de renard*) que acolhem sugestões narrativas diversas, mas que plasmam o imaginário culto medieval, com suas visões simbólicas e alegóricas, com sua cultura reunida em torno de um fio condutor predominantemente religioso cristão. Da epopeia e do *roman* passa-se depois à lírica: com os trovadores, que constituíram um modelo de comunicação amorosa que teve muito longa fortuna no Ocidente, por meio, primeiro, do estilonovismo e, depois, do petrarquismo. A poesia trovadoresca não é apenas um fenômeno provençal ou francês: torna-se europeu, alimenta a civilização cortesã ou palaciana; estabelece um código de interpretação e de elaboração imaginária e vivida do amor, regido e filtrado pelas virtudes cristãs. Amor infeliz e amor fatal, ao mesmo tempo, mas que justamente por isso é centro de vida espiritual.

No curso da segunda Idade Média, é todo um espaço cultural, do imaginário, que se foi construindo entre fé cristã, Cavalaria e feudalismo, depois entre realismo burguês e exaltação da cidade (pense-se nas narrativas desde Boccaccio até Sacchetti, mas também Chaucer etc.), e que foi definindo novos mitos, novos modelos, novos códigos, para narrar as experiências fundamentais do homem medieval, a fé, a terra, a mulher, a aventura etc. Fixam-se itinerários para uma educação dos sentimentos que justamente a literatura elabora, refina e veicula junto aos grupos *literatos*, dando corpo a um imaginário novo – cristão-feudal e cristão-burguês, podemos dizer –, do qual todas as literaturas populares e as culturas modernas são herdeiras diretas, chegando através delas até nós (ou nas nossas vizinhanças: pense-se na recuperação operada pelo romantismo ou na releitura daqueles mitos fixada por Wagner no seu teatro em pleno Oitocentos).

6 AS UNIVERSIDADES, OS CLÉRIGOS VAGANTES, A *LECTIO*

Foi pela evolução das escolas catedrais, que "começaram a assumir um caráter mais corporativo e no giro relativamente breve de um século

HISTÓRIA DA PEDAGOGIA 183

evoluíram para o novo instituto de universidade – o *studium generale*, como foi chamada num primeiro momento" (Bowen), e pela formação de escolas urbanas independentes da Igreja que tomou corpo aquele modelo de instituição educativa que no curso de três séculos se impôs em toda a Europa e tornou-se "o principal instituto de instrução de uma ponta a outra do Ocidente, continuando a dominar a cena da atividade educativa pelos séculos futuros, chegando até hoje, momento no qual vive uma retomada do próprio papel e uma reorganização da própria imagem estrutural e cultural. Foram sobretudo a Itália e a França que prepararam o movimento de fundação de instituições universitárias, seguindo modelos diferentes, mas agrupados por um rigoroso itinerário de estudos, fixado nos estatutos e submetido ao controle da corporação.

Em Paris, o *studium generale* nasce ao redor da escola episcopal iluminada pelo prestígio de Abelardo, por volta de 1150, instituindo um curso referente ao *trivium* (artes liberais), depois à teologia, ao direito, à medicina, que vinham constituir o nível superior de ensino. Depois vieram os reconhecimentos por parte do papa, de Filipe II Augusto e enfim o reconhecimento oficial do papa Gregório IX em 1231, com a bula *Parens scientiarum*, que impunha o juramento aos docentes, reconhecendo, porém, seu direito de liberdade. Internamente, a Universidade de Paris foi se organizando em colégios para acolher os jovens estudantes e em nações segundo a práxis bolonhesa: francesa, normanda, picarda e inglesa. Os estudantes, passando das artes liberais para as três faculdades superiores, desempenhavam também um papel de docentes na faculdade inferior. Foram contínuos os conflitos entre as corporações estudantis e as dos docentes das três corporações superiores (teologia, direito, medicina), mas, assim, "asseguravam-se o direito a uma boa dose de autogoverno, inclusive a eleição dos próprios funcionários e do administrador geral". Os estudos duravam de cinco a sete anos e terminavam (em torno dos 21 anos) com uma "cerimônia de disputa ou debate" (*determinatio*) que designava o estudante como *bacharel*. Depois de outros dois anos de estudos, o estudante era designado *magister* (através da *licentia* conferida pelo chanceler). Seis meses depois, era *licentiatus*, com uma cerimônia, e *magister* para todos os efeitos.

Mas, em Paris, a faculdade mais importante e mais ilustre era a de Teologia, onde ensinaram os grandes mestres da filosofia escolástica, a qual, na esteira de Abelardo, renovou o estudo da teologia, abrindo-a aos processos racionalistas do aristotelismo. Entrementes, foi se fixando o método de estudo da teologia, seguindo a obra de Pietro Lombardo (c.1100–c.1164), *Libri quattuor sententiarum*, que organizava as várias teses sobre determinados assuntos em *pro* e *contra* (Trindade, Deus, Encarnação etc.), e elaborando ricos comentários da *Bíblia*, na versão da *Vulgata*.

Bolonha, já no início de 1100, apresenta indicações precisas da sua vocação para tornar-se centro de estudo de direito, não só por obra de Graciano, morto em 1179, mas sobretudo de Irnério (1050-1130), que preparou um cuidadoso estudo do *Corpus juris civilis* de Justiniano, detendo-se particularmente nos princípios jurídicos que o regulavam. Em torno do *studium* bolonhês foi se organizando uma florescente escola de direito, com vários juristas, até chegar a Francesco Accursio, morto em 1259. O reconhecimento da *universitas* (ou corporação estudantil) bolonhesa ocorreu em 1158 por parte de Frederico Barba-Ruiva, que estimulou os estudantes a solicitar e obter da cidade várias "concessões de direito de alojamento" e "isenções de taxas". Reunidos em quatro nações (lombarda, toscana, emiliana e ultramontana), tiveram contatos difíceis com a cidade, enquanto não foram reconhecidos seus direitos e privilégios de "organizar as próprias *universitates*", de "eleger os próprios reitores", de "exercer um forte controle" sobre a condução do *studium*. Depois, foi a Igreja que, já desde 1219, exerceu um controle sobre a universidade bolonhesa. O *studium* bolonhês foi especializado só no direito canônico e civil – *in utroque jure* – (jamais teve faculdade de teologia e a medicina foi introduzida tardiamente), mas desenvolveu também um estudo da retórica como *ars dictamini* (arte da escrita), pela qual se empenharam inovadores da retórica, como Buoncompagno da Signa, que valorizou o modelo ciceroniano, mas sublinhando seu caráter prático.

Desses dois centros, quase contemporâneos, a universidade difundiu-se por toda a Europa: na Itália, já por volta de 1200, havia *studia* de artes liberais em Pávia, Verona, Vicenza, Florença, Siena, Pádua; em 1300 havia onze universidades e, em 1400, outras sete; na França, as universidades eram cinco em 1300, outras quatro em 1400; sete na Espanha (a começar de Salamanca); duas na Inglaterra (Oxford e Cambridge); em Portugal, na Alemanha, nos países eslavos. O crescimento das universidades foi vertiginoso e constante, interpretando bem o novo dinamismo civil e cultural da sociedade da Baixa Idade Média. As universidades se nacionalizaram – sobretudo entre os anos Trezentos e Quatrocentos –, mas mantendo uma organização substancialmente unitária (estruturas, trabalho didático, uso de textos e de língua – o latim etc.).

Mas como se organizavam os estudos universitários em quase toda a Europa? Segundo o modelo da *lectio* escolástica e em torno da figura de um tipo novo e inquieto de intelectual, representado pelos goliardos ou *clérigos vagantes*. Estes compõem geralmente um grupo "de *intelligentsia* urbana", que critica a ordem social, religiosa e laica (atacam os nobres e os frades, por exemplo), que exprime uma concepção de vida desencantada e mundanizada, ligada ao "jogo, vinho, amor" (como ficou codificada nos cantos goliardos, nos *Carmina burana*), mas também ao "destino" e à "morte"; grupo que veio a constituir-se através das vagabundagens estudantis entre as diversas universidades europeias e que exprime "temas plenos de possibilidades futuras", como as "ideias de moral natural e de libertinagem" (Le Goff). Mas a formação dos estudantes nas universidades medievais ocorre por meio de um rigoroso método de ensino do qual Abelardo foi o iniciador de forma orgânica e madura, com seu recurso à dialética como forma soberana do pensamento e à lógica como instrumento de regulamentação da linguagem, com sua obra *Sic et non* que inova a técnica do debate escolástico, com a rubrica dos *pro* e dos *contra*. Tal método gira em torno do comentário de textos, tanto teológicos como jurídicos ou médicos ou outros (Abelardo, ou Graciano com o *Decretum*, ou *Ars Medicinae* de Constantino, o Africano, que sintetizava Hipócrates e Galeno ou Cícero etc.), colocados como *auctoritates*. Em torno desses textos e de seus comentários desenvolvia-se a *lectio* (de *legere*) que fixava o significado gramatical (*littera*), depois a explicação lógica (*sensus*) e enfim a exegese ou interpretação (*sententia*) de textos ou partes de textos. Deste trabalho nasce a discussão, e esta faz emergir a *quaestio*, o problema, que dá lugar à disputa (*disputatio*): esta era a "contenda dos clérigos", que "se desenvolvia sob a direção do mestre", a quem cabia a conclusão, articulada em várias etapas e retomada e fixada por escrito, dando lugar às *quaestiones disputatae*. A estas juntavam-se também as *quaestiones quodlibetales*, isto é, sobre qualquer assunto, nas quais se empenhavam publicamente sobretudo os mestres, que eram interrogados livremente pelos interventores que procuravam fazê-los cair em contradição. Assim, a Escolástica foi "estimuladora de um pensamento original, porém obediente às leis da razão", até chegar a Descartes, a Kant e às vezes também a outros.

Neste processo de aprendizagem, um papel fundamental é assumido pelo livro, pelos *auctores* e pelos mestres. Faz-se necessário, assim, simplificar a escrita (com o cursivo) e reproduzir mais rapidamente o texto (desmembrando o livro em cadernos e copiando-os separadamente em muitos exemplares), como também torná-lo mais manejável (pelo formato) e mais funcional para a leitura de estudo (sem ornamentos). Ao mesmo tempo, aceleram-se os tempos de escrita com o uso da pena de ganso e das abreviações. O livro torna-se instrumento, e instrumento de uma cultura que tende a se tornar cada vez mais difusa, especialmente nas cidades.

7 MESTRES DA PEDAGOGIA ESCOLÁSTICA

Nas *scholae*, e depois nas universidades, foi-se também reelaborando o pensamento pedagógico, ou seja, aquela reflexão teórica em torno da formação, do crescimento humano e cultural do indivíduo e seu aprendizado de técnicas e regras, como também em torno da sua inserção social, de que tinham sido intérpretes supremos Platão e Aristóteles, mas que através do helenismo, de Plutarco ou Cícero, depois Quintiliano, Plotino etc., foi depois transcrita em termos cristãos por Santo Agostinho, verdadeiro patriarca da pedagogia medieval, com retomadas e interpretações de Escoto Erígena ou Santo Anselmo. Assim, a Escolástica prepara uma releitura da educação que envolverá de modo radical e inovador tanto os processos de formação quanto os de aprendizagem. A estes últimos, as universidades deram uma contribuição fundamental com a sua organização de estudos e com os mestres que elaboraram aquelas técnicas de trabalho intelectual, mas os modelos de formação que devem guiar o trabalho educativo foram enfrentados pelos grandes intelectuais da Escolástica, com metodologias derivadas da grande disputa sobre razão e fé que atravessa o florescimento – 1200/1300 – da filosofia escolástica. Serão as duas grandes ordens mendicantes que delinearão os diversos modelos de teorização: o primeiro – típico dos dominicanos –, ligado à valorização da razão, em si e como instrumento para penetrar e desen-

HISTÓRIA DA PEDAGOGIA   187

volver o significado da fé; o segundo – ligado aos franciscanos –, destinado a sublinhar a superioridade da fé em relação à razão, a sua "superabundância" também cognoscitiva e, portanto, o privilégio da via mística para conhecer a realidade e para formar o homem. E a grande disputa intelectual ocorrerá num século atravessado por movimentos milenaristas e pauperistas, por fortes tensões heréticas (os albigenses), que manifestam a inquietação dessa sociedade baixo-medieval e o seu caminho para uma emancipação do controle eclesiástico e da organização feudal. Neste riquíssimo contexto, delineiam-se também os novos modelos pedagógicos ainda radicalmente caracterizados pelo cristianismo, mas doravante voltados tanto para uma laicização da vida intelectual como para uma renovação (no sentido laico e ativo) da visão do homem e da vida social.

No âmbito das *scholae*, serão Pedro Abelardo (1079-1142) e Hugo de Saint-Victor, ambos parisienses e contemporâneos, que delinearão um primeiro quadro inovador dos processos educativos. Abelardo, já a partir de sua obra autobiográfica (*Historia calamitatum mearum*), em que narra o atormentado amor por Heloísa, põe em destaque uma nova identidade humana, mais individual, mais racional, mais livre, que se propõe também como modelo formativo. Assim, no *Epistolário*, retornam o Abelardo-professor e o Abelardo-homem, carregados de dúvidas, de paixões, estimulados por um desejo de busca que põe a razão (a dialética) como instrumento-chave de uma formação propriamente humana. Com o já lembrado *Sic et non*, Abelardo, porém, consigna à Escolástica o método de estudo e de estudo racional – articulado sobre a dialética – dos vários assuntos. Com sua tomada de posição em torno da *quaestio de universalibus* (os universais são os conceitos de gênero – ex., humanidade –: eles existem *in re, in mente* ou são puros *nomina?*), que interpreta estes como conceitos (seguindo Aristóteles), tendo estatuto lógico e linguístico, ele delineia uma concepção crítica do pensamento e da pesquisa filosófica que diz respeito à formação de um sujeito como intelectual autônomo e, justamente, crítico, já muito próximo do sujeito moderno.

Hugo de Saint-Victor, no seu *Didascalicon*, propõe, ao contrário, uma abordagem mística da realidade, que deve ser enfrentada mediante a *cogitatio*, depois a *meditatio* e, enfim, a *contemplatio*. Também a formação do clero deve seguir estas três etapas para atingir "aquela Sapiência em que está imóvel a Forma do Sumo Bem". O conhecimento é aqui valorizado em cada um de seus aspectos, inclusive prático (da tessitura ao teatro), mas depois circunscrita aos âmbitos teóricos, para culminar no conhecimento religioso. Tal conhecimento, depois – e esse é o aspecto didático mais relevante –, é elaborado e fixado pela memória, que se torna a faculdade de aprendizagem por excelência (aspecto este do *Didascalicon* que influenciará profundamente a cultura medieval e as suas pesquisas sobre a *ars memorativa*).

Outras figuras fundamentais foram também os mestres de Chartres (Bernardo, Teodorico, Guilherme) e João de Salisbury (1110-1180). Os primeiros elaboram um pensamento fortemente naturalista e destinado a exaltar, quanto às *auctoritates*, as posições dos modernos (pertence a eles o célebre *slogan* dos "anões nas costas dos gigantes", que terá tanta fortuna: são os modernos em relação aos antigos, mas que, todavia, enxergam mais longe); teses que têm uma precisa relevância pedagógica e educativa. O segundo, no seu *Metalogicon* (1159), elabora uma "defesa do trívio", seguindo um método de demonstração racional, "a eloquência é fundamento correto e necessário para a progressiva ascensão ao conhecimento e à verdade" (Bowen), mas deve ser coordenada à sapiência e esta aplicada à fé, permitindo sua compreensão racional.

A grande oposição entre aristotélicos (racionalistas) e agostinianos (místicos) que atravessa todo o século XII encontra sua expressão máxima na oposição entre São Tomás de Aquino (1224-1274) e São Boaventura. São Tomás, o sumo doutor da escolástica, sintetizou suas teses num organismo filosófico inspirado nos princípios do racionalismo e do naturalismo aristotélicos, que funcionam como critérios de compreensão e justificação de toda a metafísica cristã. A sua obra máxima, a *Summa theologica contra gentiles*, é também a tentativa de oferecer a imagem suprema e orgânica do saber cristão, harmonizando razão e fé, mas sem tolher à fé (e à revelação) o seu "excedente" em relação à análise racional. Deus também – através das três vias: Deus como causa do movimento, como causa das causas, como causa da ordem etc. – pode ser provado racionalmente; mesmo os dogmas cristãos – da Trindade à Encarnação – podem ser analisados e compreendidos logicamente; até o homem – como sujeito animal e racional, simultaneamente – é dualístico e unitário ao mesmo tempo, verdadeira síntese de matéria e forma (*sínolon*), mas no qual a forma (o espírito) deve ter uma função de guia na ética e na política, as quais devem não eliminar, mas coroar e potencializar nos seus aspectos mais altos a naturalidade do homem, fazendo-a encontrar-se com a revelação e com a fé. A obra grandiosa de São Tomás, que abarcou todos os âmbitos da teologia, da cosmologia e da filosofia medieval, definindo-as como "ciências", tocou também no problema educativo no *De Magistro*, obra do período parisiense de 1256-1259, retomando Santo Agostinho, e sublinhou a importância do professor no despertar da mente do estudante, o aspecto sensível do conhecimento e do ensino, a possibilidade de conhecer os "primeiros princípios" de toda ciência e de ensiná-los a outros despertando a atividade racional. A pedagogia tomista é uma pedagogia toda embebida de fé na razão. Tudo isso explica a condenação que foi feita de muitas teses tomistas em 1270, e depois em 1277.

Enquanto isso, na frente franciscana e mística colocava-se São Boaventura de Bagnoregio (1221-1274), geral da ordem e biógrafo oficial de São Francisco, dedicado a redimensionar o efeito-ruptura (ideológica e social, além de religiosa) do franciscanismo. No seu *Itinerarium mentis in Deum* (1259), sublinha que a teologia é subordinada à fé e que a verdadeira formação do cristão é ascética e mística. A obra condena toda posição racionalista e toda exaltação de Aristóteles, para valorizar, pelo contrário, uma leitura da natureza ou da história como destinada a fixar o *vestigium Dei* e uma chegada do conhecimento ao misticismo, o único que nos permite apreender – por via metarracional – a presença e a natureza de Deus. Em São Boaventura, todo o saber é reconduzido (e reduzido) à teologia e esta à mística, indicando para o cristão um ideal formativo que repete as teses agostiniano-platônicas correntes na Alta Idade Média e que são reafirmadas em alta voz.

Depois, no século XIV, a Escolástica operou outro processo: mais crítico, mais conflituoso, mais articulado. Enquanto Duns Scoto (1265-1308) retomava as teses sobre os místicos e limitava as pretensões da metafísica e da teologia, ordenando com grande sutileza suas características e sua presença em todos os âmbitos da cultura, bem como seus limites (os indivíduos, que como tais são *haecceitas*), Guilherme de Occam (1300-1349), com sua "navalha" antimetafísica (*"entia non sunt praeter necessitatem multiplicanda"*), com sua lógica *sermocinalis* (e não *de rebus*), com suas posições eclesiológicas radicais (*"Ecclesia sunt fideles"*), dá abertura a uma nova era de pensamento, mais empírico-naturalista, mais crítica e menos embebida de metafísica-teologia; como também Marsílio de Pádua (1275-1329), com seu *Defensor pacis*, elabora uma teoria política que fixa um critério na "paz civil", invoca a lei como regra e igualmente exalta uma vontade que funda o poder em nome da *pars valentior* (a parte prevalente), fugindo das posições autoritárias e de investidura religiosa, conforme as quais o poder tinha sido delineado na Idade Média.

Na elaboração dos escolásticos, o tema da formação/educação vem ligado à relação entre razão/fé, indivíduo/liberdade e entre desenvolvimento e ordem, mantendo assim a reflexão pedagógica em estreito contato com a metafísica que é, então, a *regina scientiarum* e o verdadeiro centro teórico do saber. Assim também a pedagogia é mantida num nível de reflexão rigorosa e universal.

8   O "OUTONO DA IDADE MÉDIA" E A EDUCAÇÃO

O século XIV é um século de crises que leva ao ocaso da Idade Média. Trata-se de uma crise plural que abala em muitos níveis a sociedade europeia, amadurecida depois do Ano Mil em formas de vida variegadas, complexas, cada vez mais sofisticadas: é crise demográfica pela irrupção da peste negra; é crise institucional da Igreja (com o Grande Cisma do Ocidente, que põe em cena papas e antipapas; com o aumento das heresias) e do Império (cada vez mais fraco em relação aos Estados nacionais e às comunas que tendem a constituir-se em senhorias); é crise da relação entre Estados nacionais europeus (pense-se na Guerra dos Cem Anos entre a França e a Inglaterra); é crise de uma visão do mundo, cristã-medieval, que deixará espaço a individualismos, a realismos, a novas classes sociais – a burguesia – e à sua "consciência de classe", também a uma visão mais refinada e melancólica da vida, expressa pela cultura gótica tardia. É todo um equilíbrio que entra em crise, despertando novas energias, novas sensibilidades, novas perspectivas de pensamento, de gosto artístico, de elaboração política. A Idade Média, de maneira cada vez mais sensível e em especial na Itália e em Flandres, resvala na civilização do humanismo e naquele novo universo de valores (mais laicos, mais mundanos, mais individuais, mais civis etc.) que o alimenta.

HISTÓRIA DA PEDAGOGIA 191

Quanto a Flandres, Huizinga sublinhava bem esta nova tempérie cultural e social em *O outono da Idade Média*, salientando não só os "tons crus da vida", a passionalidade, o "rígido senso de justiça", a "mistura de fé e desejo de vingança", mas também "o sonho de uma vida mais bela" que alimenta a existência das cortes onde a vida aristocrática se remodela em sentido estético, nutre-se dos ideais de Cavalaria, de heroísmo e de amor, dando lugar a uma "imagem idílica da própria vida". Estes claro-escuros acentuam-se no século XIV e trazem à luz um novo clima cultural, mais hedonista e mais trágico ao mesmo tempo, mais próximo da sensibilidade do humanismo e do seu horizonte laico e mundano da vida. Assim, "no meio do jardim do pensamento medieval, entre a velha vegetação ainda luxuriante, o classicismo veio vindo pouco a pouco. De início, nada mais é que um elemento da fantasia formal; só mais tarde torna-se uma grande e nova inspiração, e nem mesmo então o espírito e as formas de expressão, que estamos habituados a considerar como medievais, morrem completamente". Na Itália, a passagem é ainda mais diluída e sutil, como nos recordava Garin. São múltiplos os sinais de continuidade: o platonismo, a atenção às técnicas, a magia; o modelo escolástico parece cada vez mais em crise, mas ainda forte nas universidades e nos *studia*; a filosofia civil e moral do humanismo nasce já com Petrarca, que sabe que as *"bonae artes* incidem sobre todos os campos do pensamento", embora se deva depois sublinhar que o humanismo foi "uma nova visão do homem" e do mundo e que os protagonistas daquela cultura foram "homens de ação, políticos, senhores, chanceleres de repúblicas ou até comandantes e mercadores ou mesmo artistas e artesãos".

Francesco Petrarca (1304-1374), em particular, deve ser tomado como elo entre as duas épocas ou como ponto de ruptura de um equilíbrio: como intelectual, tem uma autonomia e um protagonismo desconhecidos na Idade Média; como literato, exalta a forma sobre todas as coisas; como poeta, é individual, narcisista, interiormente inquieto, sempre oscilante entre corpo e alma, mundanismo e religião, natureza e fé; como homem de pensamento, é um platônico que sublinha a superioridade do filósofo ateniense em relação a Aristóteles. Petrarca é o intérprete mais genuíno de um século em crise e da crise de um modelo de cultura e de uma visão do mundo. Outros aspectos de superação da Idade Média estarão ligados ao realismo burguês (pense-se em Boccaccio e no seu *Decamerão*, na visão desencantada do mundo, doravante alheia à fé e à ética cristã), ao gosto pela forma, pelo puro jogo da forma (exemplificado em arquitetura pelo gótico flamejante, tão exacerbado nas estruturas e precioso nas decorações, ou pelo gótico internacional em pintura, e pense-se em Gentile da Fabriano), à visão mais melancólica e desencantada da vida expressa por poetas e por pintores (pense-se no *Triunfo da morte* no Cemitério de Pisa ou nas líricas de François Villon). Todo um universo de imagens, de valores, de modelos, de princípios entra gradativamente em crise, prepara o novo e fixa alguns de seus temas ou aspectos fundamentais. "A Idade Média, iniciada com uma crise, termina com outra crise", com um feixe de crises: a peste negra, a seca, a recessão econômica etc. Abre-se a "época do individualismo", do homem-sujeito que tende a tornar-se cada vez mais protagonista da sua aventura na natureza e na história, para conseguir dominar ambas.

Também do ponto de vista educativo, as propostas mais significativas do século já estão *além* da Idade Média: com Dante Alighieri (1265-1321), com quem o vulgar se afirma como língua artística, ainda que ele teorize a superioridade do latim; a ideia de Estado se laiciza em *Monarquia* (1312); a pedagogia vem dramatizada na *Divina comédia*, que fixa um itinerário de purificação espiritual através de uma viagem ideal alimentada por uma profunda paixão pelo homem; com o já lembrado Petrarca e a sua redescoberta dos antigos, postos como modelos (literários, mas também éticos), a sua exaltação da disciplina moral e a sua oposição à escolástica; com Giovanni Boccaccio (1313-1375) e a retomada do estudo do grego; com o *Studio* florentino, criado em 1321, que chamou para ensinar o grego Manuele Crisolora (1350-1415), o qual teve longa continuação, embora organizasse o ensino segundo o modelo de pergunta-resposta caro aos escolásticos.

Entre crises dos modelos escolásticos e afirmação de novas perspectivas em direção ao humanismo consuma-se – também no terreno educativo – aquele "outono da Idade Média" que, na realidade, foi uma época na qual duas ordens culturais vieram cruzar-se, diluindo-se uma na outra e ativando-se uma pela, e contra, a outra.

TERCEIRA PARTE

A ÉPOCA MODERNA

CAPÍTULO I

CARACTERÍSTICAS DA EDUCAÇÃO MODERNA

1 A MODERNIDADE COMO REVOLUÇÃO PEDAGÓGICA

Com o fim do Quatrocentos (tomando 1453 como ano-chave e ano-símbolo, com a queda do Império do Oriente, ou 1492, com a descoberta da América, a morte de Lorenzo, o Magnífico, e a expulsão dos mouros de Granada, ou 1494, com o início das dominações estrangeiras na Itália), fecha-se um longo ciclo histórico e prepara-se outro, igualmente longo e talvez ainda inconcluso, que é geralmente designado como Modernidade. Trata-se de um ciclo histórico que tem características profundamente diferentes do anterior, em relação ao qual ele opera uma ruptura consciente, manifestando estruturas substancialmente homogêneas e orgânicas.

O debate em torno da identificação dessas estruturas e da interpretação da Modernidade tornou-se, no curso dos séculos e em particular nos últimos decênios, bastante aceso e complexo. Todos os intérpretes, todavia, de modo prioritário, sublinham o aspecto de cesura da Modernidade, seu caráter revolucionário em relação a uma sociedade estática quanto às estruturas econômicas, quanto à organização social e ao perfil cultural como aquela que a precede: a Idade Média. Com a Modernidade prepara-se o declínio e depois o desaparecimento daquela sociedade de ordens que tinha sido típica justamente da Idade Média e que negava o exercício das liberdades individuais para valorizar, ao contrário, os grandes organismos coletivos (a Igreja ou o Império, mas também a família e a comunidade), favorecendo o bloqueio de qualquer mudança e intercâmbio social. Essa sociedade de ordens era também uma sociedade governada pela autoridade política, religiosa e cultural, representada no grau máximo pelo imperador e pelo papa, que eram os avalistas da ordem social e cultural, como também os intérpretes e os símbolos da ordem do cosmos, estabelecida pelo ato divino da criação.

Essa sociedade estática, autoritária, tendencialmente imodificável, mesmo nas suas profundas, e constantes, convulsões internas (lutas de classes sociais, de grupos religiosos, de ideologias, de povos), entra em crise no fim dos anos Quatrocentos, quando a Europa se laiciza economicamente (com a retomada do comércio) e politicamente (com o nascimento dos Estados nacionais e sua política de controle sobre toda a sociedade), mas também ideologicamente, separando o mundano do religioso e afirmando sua autonomia e centralidade na própria vida do homem; quando a Europa – que, convém lembrar, é uma construção medieval, promovida pela fé cristã e pela ideia do Império – se abre para o mundo: com as descobertas geográficas, com seus comércios, seus intentos de colonização, política e religiosa; quando a própria cultura sofre uma dupla e profunda transformação: radica-se no homem e nas suas cidades, isto é, liga-se à experiência da vida individual e social, independentemente de qualquer hipoteca religiosa (como faz o humanismo, sobretudo italiano), redescobrindo o valor autônomo do pensamento e da arte, ou então se dirige para um novo âmbito do saber – científico-técnico – que quer interpretar o mundo *iuxta propria principia* e transformá-lo em proveito do homem (como dirão Bacon e Galileu).

A ruptura da Modernidade apresenta-se, portanto, como uma revolução, e uma revolução em muitos âmbitos: geográfico, econômico, político, social, ideológico, cultural e pedagógico; de fato, também no âmbito pedagógico. Como revolução geográfica, desloca o eixo da história do Mediterrâneo para o Atlântico, do Oriente para o Ocidente; e com as viagens de descobrimento e a colonização das novas terras, prepara um contato bastante estreito entre diferentes áreas do mundo, entre etnias e culturas, entre modelos antropológicos diferentes (como ocorre com os "selvagens" reconhecidos ora como indivíduos inferiores em estado pré--civil, ora como herdeiros diretos do "homem natural").

Como revolução econômica, acaba com o modelo feudal, ligado a um sistema econômico fechado, baseado na agricultura, para ativar, por sua vez, uma economia de intercâmbio, baseada na mercadoria e no dinheiro, na capitalização, no investimento, na produtividade: modelo que implica uma racionalização dos recursos (financeiros e humanos) e um cálculo do lucro como regra do crescimento econômico. Nasce o sistema capitalista, e nasce independente de princípios éticos, de justiça e de solidariedade, para caracterizar-se, ao contrário, pelo puro cálculo econômico e pela exploração de todo recurso (natural, humano, técnico).

Como revolução política, a Modernidade gira em torno do nascimento do Estado moderno, que é um Estado centralizado, controlado pelo soberano em todas as suas funções, atento à própria prosperidade econômica, organizado segundo critérios racionais de eficiência; um Estado--nação e um Estado-patrimônio nas mãos do soberano. Assim, muda também a concepção do poder: embora ancorada numa visão social da figura do rei, o exercício efetivo do poder se distribui capilarmente pela sociedade, através de um sistema de controle, de instituições (da escola ao cárcere, da burocracia ao exército, aos intelectuais) delegadas à elaboração do consenso e à penetração de uma lógica estatal (centralização das decisões e do controle) na sociedade em seu conjunto.

Como revolução social, promove a formação e a afirmação de uma nova classe: a burguesia, que nasce nas cidades e promove o novo processo econômico (capitalista), assim como delineia uma nova concepção do mundo (laica e racionalista) e novas relações de poder (opondo-se à aristocracia feudal e aliando-se à coroa, depois entrando em conflito aberto também com esta e com seu modelo de Estado-patrimonial e de exercício absoluto do poder).

Do ponto de vista ideológico-cultural, a Modernidade opera uma dupla transformação: primeiro, de laicização, emancipando a mentalidade – sobretudo das classes altas da sociedade – da visão religiosa do mundo e da vida humana e ligando o homem à história e à direção do seu processo (a liberdade, o progresso); segundo, de racionalização, produzindo uma revolução profunda nos saberes que se legitimam e se organizam através de um livre uso da razão, a qual segue apenas seus vínculos internos (sejam eles lógicos ou científicos, isto é, analíticos ou experimentais), opondo-se a toda forma de preconceito. Será o iluminismo que caracterizará de modo orgânico e explícito este novo modelo de mentalidade e de cultura, com sua fé no *sapere aude* e na *raison* como *critique*; com sua oposição à metafísica e seu vínculo estreitíssimo com a ciência e o seu *iter* lógico e experimental.

Tudo isso implica e produz também uma revolução na educação e na pedagogia. A formação do homem segue novos itinerários sociais, orien-ta-se segundo novos valores, estabelece novos modelos. A reflexão sobre esses processos de formação vive a transformação no sentido laico e racional que interessa à ideologia e à cultura, isto é, a visão do mundo e a organização dos saberes. Opera-se assim uma radical virada pedagógica que segue caminhos muito distantes daqueles empreendidos pela era cristã (destinados a formar o homem para a *civitas Dei*, definido no sentido ético-religioso e não ético-político ou prático; delineadas nitida, e rigidamente pelo magistério da Igreja; articuladas de maneira diversa para as várias ordens sociais – *oratores*, *bellatores*, *laboratores*) que reativam sugestões – sobretudo teóricas – da Antiguidade e da sua *paideia*, vista como uma livre formação humana em contato com a cultura e com a vida social (retoma-se Platão e sua *República*, mas também Plutarco e suas *Vidas*, além dos mestres de retórica e de sabedoria, desde Epicuro até os estoicos). Segue-se o modelo do *Homo faber* e do sujeito como indivíduo, embora ligando-o à "cidade" e depois ao Estado, potencializando a sua capacidade de transformar a realidade e de impor a ela uma direção e uma proteção, até mesmo a da utopia.

Mudam assim os fins da educação, destinando-se esta a um indivíduo ativo na sociedade, liberado de vínculos e de ordens, posto como *artifex fortunae suae* e do mundo em que vive; um indivíduo mundanizado, nutrido de fé laica e aberto para o cálculo racional da ação e suas consequências. Mas mudam também os meios educativos: toda a sociedade se anima de locais formativos, além da família e da igreja, como ainda da oficina; também o exército, também a escola, bem como novas instituições sociais (hospitais, prisões ou manicômios) agem em função do controle e da conformação social, operando no sentido educativo; entre essas instituições, a escola ocupa um lugar cada vez mais central, cada vez mais orgânico e funcional para o desenvolvimento da sociedade moderna: da sua ideologia (da ordem e da produtividade) e do seu sistema econômico (criando figuras profissionais, competências das quais o sistema tem necessidade). Enfim, mudam também as teorias pedagógicas, que se emancipam de um modelo unitário, definido *a priori* e considerado invariante, e tomam uma conotação histórica e empírica, encarregando-se das novas exigências sociais de formação e de instrução, modelando fins e meios da educação em relação ao tempo histórico e às condições naturais do homem, que, portanto, deve ser estudado cientificamente (ou mais cientificamente, pelo menos), de modo analítico e experimental, seja nas suas capacidades de aprender seja nos seus itinerários de crescimento físico, moral, social. Com a Modernidade nasce a pedagogia como ciência: como saber da formação humana que tende a controlar racionalmente as complexas (e inúmeras) variáveis que ativam esse processo. Mas nasce também uma pedagogia social que se reconhece como parte orgânica do processo da sociedade em seu conjunto, na qual ela desempenha uma função insubstituível e cada vez mais central: formar o homem-cidadão e formar o produtor, chegando depois, pouco a pouco, até o dirigente. Como também nasce uma pedagogia antropológico-utópica que tende a desafiar a existente e a colocar tal desafio como o verdadeiro sentido do pensar e fazer pedagogia (como faz Comenius, como faz Rousseau).

Na Modernidade, a pedagogia-educação se renova, delineando-se como saber e como práxis, para responder de forma nova àquela passagem do mundo tradicional para o mundo moderno, sobre a qual insistiram, ainda recentemente, historiadores e teóricos da pedagogia, como Clausse e Suchodolski. E a renovação se configurou como uma revolução: como um impulso e um salto em relação ao passado e como o nascimento de uma nova ordem.

2 ESTADO MODERNO, CONTROLE SOCIAL, PROJETO EDUCATIVO

O mundo moderno é atravessado por uma profunda ambiguidade: deixa-se guiar pela ideia de liberdade, mas efetua também uma exata e constante ação de governo; pretende libertar o homem, a sociedade e a cultura de vínculos, ordens e limites, fazendo viver de maneira completa esta liberdade, mas, ao mesmo tempo, tende a moldar profundamente o indivíduo segundo modelos sociais de comportamento, tornando-o produtivo e integrado. Trata-se de uma antinomia, de uma oposição fundamental que marca a história da Modernidade, faz dela um processo dramático e inconcluso, dilacerado e dinâmico em seu próprio interior, e, portanto, problemático e aberto. Cumpre salientar também que, na primeira fase da Modernidade – aquela que coincide com a época moderna, que vai de 1492 a 1789 –, tal antinomia não se torna consciente e, entre fortes impulsos para a libertação (de classes, de indivíduos, de ideias) e uma precisa idealização da liberdade (pense-se no humanismo ou no iluminismo, nos quais a liberdade é vista como a *dignitas hominis* e o fermento da história), prevalece o elemento da conformidade, de uma nova regulamentação da sociedade e do indivíduo. Será depois na época contemporânea – da Revolução Francesa até hoje – que a antinomia será assumida como uma estrutura inquieta e como um problema aberto e contraditório, acentuando a dramaticidade e a incompletitude da Modernidade.

Até 1789, naquele que foi chamado *Ancien Régime*, o mundo moderno se organiza, sobretudo, em torno dos processos de civilização (Elias), de racionalização (Weber), de institucionalização (Foucault) da vida social no seu conjunto, dando lugar a um estilo de vida radicalmente novo. Nele se afirmam comportamentos de autocontrole e de conformidade a modelos de "boas maneiras", que revelam o nascimento de uma nova sensibilidade social e de uma convivência que redescreve cada âmbito de ação do sujeito (desde assoar o nariz – com o uso do lenço – até estar à mesa – com o uso do garfo), censurando comportamentos demasiado grosseiros e solicitando um minucioso controle. Amadurecem também atitudes de racionalização: de uma ética da responsabilidade, em relação à da convicção (ideal e ideológica), que elabora um cálculo dos custos e dos benefícios de uma ação, que indaga sobre sua produtividade e eficácia. Assim, a razão calculista se estende a toda a vida social: da economia à etiqueta, à política, à cultura que se redefine no sentido científico e experimental. Há depois a dimensão da institucionalização, do minucioso controle social, articulado no tecido da sociedade, exercido por meio de instituições *ad hoc* e que diz respeito à classificação dos indivíduos e dos comportamentos, à criação de tipologias sociais diferenciadas (os loucos, os criminosos, os doentes, os pobres, os órfãos etc.) que são estudadas e dirigidas em vista ou de uma integração produtiva na sociedade ou de uma separação desta, para torná-las inofensivas.

O centro motor de todo este complexo projeto de pedagogização da sociedade, de reorganização e de controle, de produção de comportamentos integrados aos fins globais da vida social é o Estado: o Estado moderno, entendido como poder exercido por um centro, segundo um modelo de eficiência racional e produtiva, em aberto contraste com o exercício de outros poderes (eclesiástico, aristocrático) e com a sobrevivência da desordem dos marginalizados (pobres, criminosos etc.). O pêndulo desse centro é o rei, figura burocrática, mas ainda sacralizada, que exerce uma indiscutível hegemonia, funcional para o crescimento de um Estado absoluto e centralizado. A teorização do soberano operada por Maquiavel e chegando depois até Hobbes delineia com exatidão os requisitos e as formas de poder representadas por essa figura de soberano absoluto (o príncipe que não distingue entre meios e fins, que usa a religião como *instrumentum regni*, que exerce o poder até mesmo com o crime; o soberano é o novo Leviatã ao qual compete todo direito e toda delegação de poder). A mais explícita realização histórica deste modelo de Estado ocorre na França – com Henrique IV, com Luís XIII e o cardeal de Richelieu e depois Mazarino, com Luís XIV –, onde o Estado burocrático moderno e o exercício centralizado do poder tomam corpo plenamente. Mas também na Inglaterra e na Espanha fortes elementos deste modelo estarão em ação, delineando na Europa o nascimento de um novo tipo de Estado, chamado justamente Estado moderno, que, com seus requisitos de controlador social e produtor de leis impositivas para toda a comunidade, permanece como o protagonista central de todo o complexo itinerário histórico da Modernidade.

Foi Michel Foucault quem lembrou, recentemente, o papel "fundante" deste novo sistema de governo para toda a vida social, para toda a história da Modernidade. Esta nasce como desejo de governo e se põe constantemente o problema de como exercer tal função, interroga-se sobre a governabilidade, mas ao mesmo tempo a exerce segundo um novo itinerário, que é o da "microfísica do poder", ou seja: um poder que age em muitos espaços do social, de forma capilar, micrológica justamente, e que penetra nas consciências através dos corpos, através do controle minucioso de gestos, posições, atitudes físicas, estabelecendo a ordem de uma disciplina, tornando, assim, os sujeitos dóceis, possuídos e guiados pelas finalidades do poder. O indivíduo é controlado a partir do corpo, mas para tornar dócil, também, e sobretudo, a sua consciência. E esse trabalho, complexo e minucioso, é exercido pelas instituições educativas, que são dirigidas pelo Estado e das quais a sociedade, agora, está provida: os hospitais (que curam e "endireitam" os corpos doentes), os manicômios (que controlam os loucos e separam a loucura da razão, livrando a vida social do perigo da desrazão), mas sobretudo as prisões (que reabilitam para a vida social, reeducando os sujeitos inadaptados e transviados), as escolas (que formam todas as jovens gerações e as conformam a modelos de normalidade e de eficiência/produtividade social, além de docilidade político-ideológica) e o exército.

Segundo Foucault, a prisão é o caso exemplar dessas intervenções institucionais: nela se decanta a obra de educação através do controle, um controle minucioso e invisível (explicitado pelo Panopticon, uma estrutura carcerária pentagonal na qual o prisioneiro podia ser visto e controlado em todas as suas ações pelos guardas, sem que estes pudessem ser vistos pelo prisioneiro), mas também uma organização racional e produtiva de gestos, de horários, de obrigações, que devem produzir, no fim, um indivíduo normalizado.

Esses aspectos, sublinhados por Foucault, são centrais na Modernidade, embora não exclusivos, podendo até combinar com outros diferentes e mesmo opostos (por exemplo, na vida familiar, o forte "sentimento da infância" que idealiza e valoriza o menino, pondo-o no centro da família, como lembrou Ariès). Entretanto, estamos diante de um objetivo de interiorização do domínio social, para conformar a sociedade a um modelo e atraí-la para este projeto educativo através de uma ação capilar e difusa, na qual e para a qual convergem muitas instituições, antigas e novas, que se estruturam segundo uma tarefa de normalização e de domínio dos sujeitos, de supressão dos desvios e de produção das convergências (de comportamentos, de ideais e estilos de vida etc.).

HISTÓRIA DA PEDAGOGIA   203

Toda a sociedade articula-se em torno de um projeto educativo, apresenta-se como uma sociedade educativa, embora eduque *para* o poder, *para* a conformação aos seus modelos e aos seus objetivos. E tal educação se dispõe na sociedade de maneira submersa, escondida e, ao mesmo tempo, capilar, micrológica, confiando num feixe articulado de agências (da família à escola, à prisão etc.) onde se torna mais explícito o objetivo educativo, mas onde o desejo de libertação (do indivíduo de vários condicionamentos: do preconceito à ignorância, à cega submissão ao destino de classe) é acompanhado do desejo de governo, de direção, de conformação capilar e forçada que deve ser efetuada naquelas instituições, sempre e para todos, abarcando seja a mentalidade seja os comportamentos.

O primeiro aspecto da revolução da Modernidade está ligado à difusão do projeto educativo e também, talvez sobretudo, à sua colocação no âmbito do Estado. A Modernidade nasce como uma projeção pedagógica que se dispõe, ambiguamente, na dimensão da libertação e na dimensão do domínio, dando vida a um projeto complexo e dialético, também contraditório, animado por um duplo desafio: o de emancipação e o de conformação, que permaneceram no centro da história moderna e contemporânea como uma antinomia constitutiva, talvez não superável, ao mesmo tempo estrutural e caracterizante da aventura educativa do mundo moderno.

3   INSTITUCIONALIZAÇÃO EDUCATIVA E ESCOLA MODERNA

Duas instituições educativas, em particular, sofrem uma profunda redefinição e reorganização na Modernidade: a família e a escola, que se tornam cada vez mais centrais na experiência formativa dos indivíduos e na própria reprodução (cultural, ideológica e profissional) da sociedade. A ambas é delegado um papel cada vez mais definido e mais incisivo, de tal modo que elas se carregam cada vez mais de uma identidade educativa, de uma função não só ligada ao cuidado e ao crescimento do sujeito em idade evolutiva ou à instrução formal, mas também à formação pessoal e social ao mesmo tempo. As duas instituições chegam a cobrir todo o arco da infância-adolescência, como "locais" destinados à formação das jovens gerações, segundo um modelo socialmente aprovado e definido. Na Idade Média, família e escola tinham – comparadas à Modernidade – aspectos diversos: a família era mais ampla e dispersa, composta de muitos núcleos, dirigida pelo pai (herdeiro do *pater familias* latino) e submetida à sua autoridade, organizada como uma microempresa, mais como um núcleo econômico do que como um centro de afetos e de investimento social sobre as jovens gerações; a escola era sobretudo religiosa, ligada aos mosteiros e às catedrais, não organicamente definida na sua estrutura, nas suas regras e na sua função, não articulada por "classes de idade" e ligada a uma didática pouco específica e pouco consciente. Com o advento da Modernidade, família e escola sofrem uma profunda renovação.

Devemos a Ariès e ao seu estudo de 1960 sobre *História social da família e da infância* a indicação mais explícita dessa dupla transformação. "A civilização medieval tinha esquecido a *paideia* dos antigos e não conhecia ainda a educação dos modernos. A nossa sociedade de hoje depende, e sabe que depende, do sucesso do seu sistema de educação. Tem um sistema de educação, uma concepção de educação, uma consciência da sua importância." E, nesse aspecto, a nossa época é herdeira direta de uma mudança advinda com a Modernidade, que põe em relevo o papel social da educação e redefine as duas instituições, sobretudo, em relação a este papel. A família, objeto de uma retomada como núcleo de afetos e animada pelo "sentimento da infância", que faz cada vez mais da criança o centro-motor da vida familiar, elabora um sistema de cuidados e de controles da mesma criança, que tendem a conformá-la a um ideal, mas também a valorizá-la como mito, um mito de espontaneidade e de inocência, embora às vezes obscurecido por crueldade, agressividade etc., como ocorre desde os jansenistas até Freud. Desse modo, cria-se um espaço social para a criança: na família; cria-se um modelo de formação: privatizado e familiar; cria-se um saber – psicológico, médico, pedagógico – da infância, que nasce em virtude sobretudo dos cuidados familiares. A família separa a criança da sociedade, mas também se torna o seu lugar educativo e se redescreve, como instituição, em torno deste papel. "Reconhece-se doravante" – observa ainda Ariès – "que a criança não está madura para a vida, que antes de deixá-la juntar-se aos adultos é necessário submetê-la a um regime especial, a uma espécie de quarentena", na família, nos espaços controlados e em atividades planejadas. Assim nasceu também o

HISTÓRIA DA PEDAGOGIA 205

sentimento moderno da família. Os pais "não se contentam mais em apenas pôr filhos no mundo, em cuidar só de alguns desinteressando-se dos outros. A moral da época impõe que se dê a todos os filhos, não só ao primogênito, e no fim dos anos Seiscentos também às filhas, uma preparação para a vida. A tarefa de assegurar tal afirmação é atribuída à escola. A escola substitui o aprendizado tradicional".

As teses de Ariès sobre a família foram retomadas e aprofundadas desde Laslett até Manoukian e Barbagli, estudiosos com diferentes orientações disciplinares e ideológicas, mas que sublinharam a radical mudança das estruturas familiares na época moderna, à qual não é estranha também a requalificação educativa da instituição familiar, que se foi caracterizando cada vez mais como família nuclear, ou seja, constituída por um único núcleo parental (mãe-pai-filhos), na qual os vínculos afetivos se colocam cada vez mais ao centro, atribuindo aos filhos um papel-chave na vida da família (como já o lembramos). Ao lado da família, a escola: uma escola que instrui e que forma, que ensina conhecimentos, mas também comportamentos, que se articula em torno da didática, da racionalização da aprendizagem dos diversos saberes, e em torno da disciplina, da conformação programada e das práticas repressivas (constritivas, mas por isso mesmo produtoras de novos comportamentos). Mas, sobretudo, uma escola que reorganiza – racionalizando-as – suas próprias finalidades e seus meios específicos. Uma escola não mais sem graduação na qual se ensinam as mesmas coisas a todos e segundo processos de tipo adulto, não mais caracterizada pela "promiscuidade das diversas idades" e, portanto, por uma forte incapacidade educativa, por uma rebeldia endêmica por causa da ação dos maiores sobre os menores e, ainda, marcada pela "liberdade dos estudantes", sem disciplina interna e externa. Com a instituição do colégio (no século XVI), porém, terá início um processo de reorganização disciplinar da escola e de racionalização e controle do ensino, através da elaboração de métodos de ensino/educação – o mais célebre foi a *Ratio studiorum* dos jesuítas – que fixavam um programa minucioso de estudo e de comportamento, o qual tinha ao centro a disciplina, o internato e as "classes de idade", além da graduação do ensino/aprendizagem. Escreve ainda Ariès: "Dos anos Quatrocentos em diante, e sobretudo nos anos Quinhentos e Seiscentos, embora perdurasse a concepção medieval indiferente à idade, o colégio veio se consagrando inteiramente à educação e à formação da juventude, inspirando-se nos elementos de psicologia que se vinham descobrindo". Também "é dessa época a descoberta da disciplina: uma disciplina constante e orgânica, muito diferente da violência de uma autoridade não respeitada ... A disciplina escolar tem raízes na disciplina eclesiástica ou religiosa; é menos instrumento de exercício que de aperfeiçoamento moral e espiritual, é buscada pela sua eficácia, como condição necessária do trabalho em comum, mas também por seu valor próprio de edificação e de ascese".

Sobre a produtividade da disciplina também dentro do trabalho escolar, do ensino/aprendizagem, insistiu igualmente Foucault em *Vigiar e punir*, o estudo de 1975 dedicado à prisão, mas ao mesmo tempo à identificação das estruturas sincrônicas entre as diversas instituições que internam para separar e para melhor educar, ou recuperar, ou conformar à função produtiva que os vários sujeitos devem cumprir na sociedade, sem resistências e sem desvios ou oposições. Tais instituições, da prisão à escola, passando pelo exército, pelo hospital etc., operam antes de tudo um minucioso controle do corpo: assim o faz também a escola, que disciplina os gestos e as posições do corpo, conformando-o (ou tentando conformá-lo) a um corpo "bem regulado", que introjetou as boas maneiras e se submete à autodisciplina. Depois, opera uma divisão produtiva do tempo, visando a organizá-lo, sem desperdícios e aproveitando cada parcela: toda a vida escolar é uma sucessão de obrigações produtivas organizadas em unidades temporais. Tudo isso produz eficiência na aprendizagem, mas também a interiorização de um uso produtivo do tempo, que deve permanecer no centro da mentalidade do homem moderno, tanto no trabalho quanto na vida privada. Enfim, a escola ritualiza o momento do exame atribuindo-lhe o papel crucial no trabalho escolar. O exame é o momento em que o sujeito é submetido ao controle máximo, mas de modo impessoal: mediante o controle do seu saber. Na realidade, porém, o exame age sobretudo como instrumento disciplinar, de controle do sujeito, como instrumento de conformação.

Segundo Foucault, a escola, através da "vigilância hierárquica" (múltipla e cruzada), do "controle interno e contínuo", da "sanção normalizadora" (o sistema de prêmios e castigos, que introduz uma "micropenalidade"), que tem função corretiva e capacidade de reafirmar o caráter regulativo do Normal, através enfim do exame, com o "aparato do exame ininterrupto" que caracteriza a escola moderna, instaura um poder sobre o sujeito, produzindo-o segundo as instâncias do Poder: cria um corpo dócil e um sujeito normalizado, que é antropologicamente algo de novo, um novo sujeito que interiorizou o poder e se foi conformando segundo o seu modelo. Isso significa também que à escola foram atribuídos um papel e um perfil decididamente ideológicos: ela se torna agente da reprodução social e, em particular, da ideologia dominante, do poder e seus objetivos, seus ideais e sua lógica. A escola se torna, como dirá Althusser, "aparato ideológico de Estado" que conforma reproduzindo a força de trabalho, mas sobretudo a ideologia. Certamente, a escola moderna foi também outra coisa; foi igualmente uma etapa da emancipação dos indivíduos (do folclore, como viu Gramsci) e das classes sobretudo populares (elevando-as da condição de governadas à de potenciais governantes); foi um "lugar" social complexo e ambíguo, onde ideologia e crítica (cultura crítica) se enfrentam e se opõem, dando vida a processos que, sobretudo nos anos Novecentos, ampliaram sua identidade e seu projeto (pondo-a ora como escola libertadora, ora como escola da conformação).

A sociedade moderna, na sua identidade educativa e no seu desejo de pedagogização, atribui assim um papel central à família e à escola, renovadas na sua identidade, mas estende a sua ação conformativa também a muitos outros âmbitos, até o do trabalho (com o sistema de fábrica e a elaboração de regras funcionais aos tempos e às funções da máquina) ou do tempo livre (com o desenvolvimento do associacionismo, que torna não ocioso e programado também o tempo de não trabalho); realizando assim um projeto cada vez mais explícito, cada vez mais vasto, cada vez mais ambicioso de controle e conformação de toda a sociedade e colocando depois nas mãos do Estado o projeto de pedagogização da sociedade civil. Será enfim a época contemporânea que, seja nas democracias de massa seja nos Estados totalitários, levará o projeto à execução máxima, mas produzindo agora – em relação a ele – também anticorpos precisos: tomada de consciência do seu papel repressivo e alienante; desmascaramento da sua lógica de domínio; alternativas possíveis que se tornem garantias da divergência e da liberdade individual. Será esta uma das heranças incompletas da Modernidade que, tanto em política como em educação, ainda atormentam a pesquisa contemporânea.

4 UMA NOVA CULTURA PARA A INSTRUÇÃO

Outra área de renovação pedagógica que veio estabelecer uma ruptura com o passado diz respeito ao *curriculum* de estudos. A Modernidade começa com uma retomada da *paideia* clássica e da sua ideia de cultura, literária e retórica, histórica e humanística, como se configurava na tradição antiga, de Isócrates a Quintiliano, mas também de Platão aos estoicos, aos neoplatônicos, mesmo que reativada por meio de um trabalho de restauração científica, filológica, em relação a textos, conceitos, léxicos etc., de modo que a recuperação dos clássicos comportasse também reviver seu mundo, na sua inteireza, complexidade e especificidade, assumindo-o como um novo modelo de formação do homem. Se o humanismo nasce retórico e filológico, o desenvolvimento da cultura moderna que se vinha ativando com este processo manifestará também outras dimensões: religiosas, políticas, científicas. Estas, gradativamente, chegarão aos limiares da educação e procurarão espaço nos *curricula* formativos. Serão sobretudo os anos Seiscentos que trarão à luz essas novas tensões na cultura escolar, incluindo-as no projeto formativo e escolar: com Comenius, com Locke, por exemplo, mas também com o processo de crescimento e inovação que a cultura sofre nos colégios, colocando-se de maneira nova já nos primeiros anos dos Setecentos.

Já Garin lembrava em *L'educazione in Europa 1400/1600* que "a função da instância humanística" não se limitava ao "estudo do latim e do grego" e "dos autores clássicos", mas indicava "um método, que se concretizou naquele acesso ao mundo greco-romano, mas poderia viver melhor, em situação diferente, na relação com outros mundos culturais, e talvez até em diferentes maneiras de encontrar, e idealmente experimentar, o processo da obra humana".

Isso significa que a filosofia humanística era já um início de mentalidade científica e se punha na linha daquela renovação da cultura que explodirá nos anos Seiscentos e que terá no centro a nova ciência.

O aspecto literário do humanismo, de fato, entre os anos Quinhentos e Seiscentos, foi se desenvolvendo no sentido retórico-formal e gramatical, tornando os *studia humanitatis* bem mais pobres em relação à exigência dos humanistas. Entretanto, novos elementos do conhecer e do saber, além do linguístico, serão postos em foco também na formação escolar. Serão as matemáticas com Descartes e a ciência experimental com Galileu; serão novas instâncias religiosas com o protestantismo e depois com a Contrarreforma, que influenciarão também o curso dos estudos (como manifesta exemplarmente Comenius, cujo pensamento educativo, inclusive no sentido escolar, se move sobre o fundo de um objetivo irenista, religioso e político, que coloca a formação num itinerário de compreensão do sentido do real no seu conjunto, humano, cósmico e metafísico, que vê na concepção cristã seu próprio fundamento); serão exigências políticas, mais democráticas, postas em vigor por Locke (na formação do *gentleman* como modelo da classe dirigente e aberto ao conhecimento da sociedade e seus problemas de governo). A própria cultura escolar, portanto, foi se renovando profundamente. Matemática e ciência, política e religião universal, ou tolerância, compreensão, diálogo, começarão a fazer parte do *curriculum* formativo ideal, pelo menos dos grupos sociais privilegiados e destinados a um papel de direção política. Tanto Locke como Rousseau, tanto Comenius como os mestres de Port-Royal ou Fénelon delineiam *curricula* mais ricos e complexos do que os da escola humanística e vão esboçando os conteúdos culturais da escola moderna que, retomados pelos propagandistas do iluminismo europeu, se tornarão o modelo e o itinerário formativo da escola burguesa.

Gusdorf, no capítulo dedicado à pedagogia no volume sobre *As ciências humanas no século das Luzes*, sublinhou com força essa linha divisora de águas setecentista, relativa a "programas e métodos de ensino". A autoridade do latim permanece indiscutível, mas temperada pela solicitação da presença das línguas nacionais; a *querelle des anciens et des modernes* opera na direção de uma valorização das literaturas vulgares e do seu papel formativo (sublinhando a superioridade dos modernos que, como anões nas costas de gigantes, conseguem enxergar mais longe); a matemática é indicada como a *regula ad directionem ingenii* e as ciências devem encontrar espaço na escola, não mais como ciências dedutivas e filosóficas (à maneira aristotélica), mas como ciências empíricas e experimentais; depois a história deve tornar-se história das sociedades e dos Estados, história dos povos e das nações, e a geografia deve ligar-se a ela para delinear o pluralismo das condições econômicas e civis da humanidade nas diversas áreas da Terra, diferenciadas por clima e por recursos; existem depois as línguas modernas, necessárias para a comunicação entre os povos e para a formação "política" do jovem dos grupos dirigentes, que deve conhecer diretamente países e povos, com os quais deve comunicar-se diretamente, a partir do seu *tour* de instrução a cumprir nos albores da juventude. Gusdorf escreve que foi, porém, sobretudo o espaço delineado para a ciência que renovou radicalmente o *curriculum* de instrução. "Bem antes do momento intelectual, representado pela *Enciclopédia*, as testemunhas da importância assumida pelas novas instituições, como a Real Sociedade de Londres ou a Academia de Ciências de Paris, têm consciência de que a inteligência moderna, a exemplo de Bacon, requer uma renovação do conteúdo dos estudos. A ciência matemática do tipo galileano impõe um modelo de racionalidade, que determina comportamentos intelectuais diferentes daqueles que predominavam no humanismo clássico. O espírito estético e arcaizante deve dar lugar ao espírito científico, justificado e consolidado pelo progresso do conhecimento." Não que os programas escolares, no curso dos anos Setecentos, encontrem na ciência o seu centro de gravidade, mas a instância de uma revisão dos programas tradicionais (em uso nos colégios) se faz sentir e algumas linhas de atuação dessa revisão já estão traçadas. Mais ainda: a técnica também encontra lugar neste novo programa e novo método de estudo. "Os inovadores esperam que a educação não se feche na cultura da palavra e do pensamento. O homem deve formar-se em contato com a matéria, em vista da sua participação nas atividades do mundo." Com Locke, a cultura técnica – mesmo como *hobby* – foi integrada no *curriculum* formativo. Será depois Rousseau quem a retomará e a levará muito além de Locke, esboçando uma "educação profissional".

Essa mudança de conteúdos na instrução aparece por ora apenas planejada e desejada, mas ainda não realizada nas escolas do século XVIII, que só foram reformadas e renovadas em alguns períodos e em alguns poucos países europeus, em contato sobretudo com a cultura iluminista: será, porém, no século XIX que as instâncias iluministas expressas em torno da escola encontrarão satisfação com o nascimento das escolas técnicas e com a afirmação de *curricula* de base científica além de humanística. Na base deste processo, porém, está uma mudança também nos objetivos da educação: esta não versa mais sobre a formação do "bom cristão" ou do douto-cortesão (que dava ênfase a uma cultura ornamental, desenvolvida em chave religiosa, antimundana e literária), mas sim sobre a formação do cidadão, de um indivíduo ativo na sociedade e inserido na organização da comunidade estatal, ligado ao costume do povo a que pertence e à prosperidade da nação, consciente de seus direitos e de seus deveres como sujeito social. Desde as advertências de La Chalotais, contidas no *Ensaio de educação nacional* de 1763, até as de Diderot e D'Alembert na *Enciclopedia*, foi posta em foco a ideia de "educação nacional", ligada a "uma consciência coletiva própria do corpo político", como escreve Gusdorf, e ao "patriotismo" que "indica a ligação do indivíduo a uma comunidade humana, de extensão mais ou menos vasta, mas que não se deixa resumir unicamente pela referência ao soberano". Em relação a essas finalidades civis, a escola também muda: torna-se pública e estatal, instituição cada vez mais central da sociedade, que – por meio da iniciação de valores coletivos e através da reprodução da divisão do trabalho – reproduz sua complexa organização. Mudados os fins, devem mudar também "programas e métodos". E não se trata de dar espaço a novas disciplinas ou de renovar a hierarquia dos saberes curriculares, mas sim de repensar *toda* a cultura escolar, ir em busca de um novo centro para ela, de um novo núcleo em torno do qual se faça girar todo o saber escolar. O século XVIII não identificará este centro ou núcleo em torno do qual organizar o trabalho escolar, nem terá clara consciência do problema, como terão no século seguinte os movimentos educativos mais radicais, como o positivismo (que identificará na ciência o "novo princípio educativo") ou o marxismo (que o fixará na união entre instrução e trabalho). De qualquer modo, um problema se abria e um debate começava. Entrementes, um modelo tradicional de cultura escolar chegava agora ao ocaso, um ocaso longo, é verdade, mas nem por isso menos real. Visto da nossa contemporaneidade, este aspecto da pedagogia moderna também se delineia com precisão, ocupando um espaço carregado de significado, e de significado revolucionário.

Cumpre dizer ainda que uma forte polêmica contra a cultura pedantesca, contra os resíduos da escolástica medieval, mas também do gramaticalismo humanístico, tinha acompanhado o desenvolvimento da pedagogia moderna e se colocava como uma de suas conotações mais explícitas e radicais. Pense-se em Rabelais e na polêmica contra os "sorbonários" e sua cultura formalista, assim como também contra seu latim corrompido e barbarizado, mas pense-se também em Descartes e no seu *Discurso do método*, no qual vem explicitamente rejeitada a formação escolástica (inútil e "sem fundamentos") recebida no colégio jesuíta de La Flèche e se parte para a busca de um novo *ubi consistam* do saber, e, portanto, de uma nova formação cultural que deverá estar na base da escola moderna.

5 AVENTURAS DO SABER PEDAGÓGICO

No complexo trabalho de recolocação social da educação, de redefinição do seu papel e dos "lugares" sociais em que ela se desenvolve, a teoria pedagógica também se organiza em novas formas, pondo surdina naquele modelo que a via empenhada em definir os ideais máximos da formação humana, segundo um paradigma único e universal, meta-histórico e invariante. De fato, ela tende a recusar o modelo de teoria pedagógica inspirado pelo pensamento metafísico, e em particular metafísico--religioso, que – todavia – não desaparece, mas perde terreno, perde a unicidade como modelo para dar espaço também a outros itinerários de teorização. Estes se ligam mais estreitamente ao empirismo, ao tempo histórico, às necessidades da sociedade, às ideologias que a percorrem, ativando assim um feixe de tipos, de modelos de saber pedagógico que atravessam, num jogo complexo, toda a Modernidade, até chegar a nós. São modelos sobretudo sociopolíticos e científicos de pedagogia que irrompem ao lado do modelo metafísico, que corroem sua hegemonia e dão lugar a um processo intensamente dialético, posto que plural e conflituoso; processo que, entretanto, afina a teorização pedagógica, alarga a área de sua problematicidade, desenvolve sua polivalência e permeabilidade social, ativando, na época contemporâna, ulteriores sofisticações na direção antropológico-filosófica (utópico-crítico-estética: de Schiller a Marcuse) ou epistemológica (analítico-crítica da cientificidade típica do saber pedagógico, pelo menos a partir do positivismo – ou de Herbart em diante), que complicam sua identidade como saber e seu processo de teorização.

São dois, portanto, os efeitos-de-base da "revolução" pedagógica (teórico-pedagógica) da Modernidade: o pluralismo dos paradigmas (ou modelos recorrentes de teoria) e o declínio tendencial do modelo metafísico;

efeitos que produzem como consequência a conflitualidade entre os modelos e uma exigência de reforço analítico (epistêmico) da teoria, tornando este âmbito da pedagogia cada vez mais complexo e mais dinâmico no seu próprio interior.

Mas esta complicação da pedagogia em razão do pluralismo conflitual dos paradigmas (sobretudo metafísico, político-social e científico, na fase da Modernidade) também não procede de modo linear, muito pelo contrário; ela está sujeita a rupturas imprevistas, a atrasos e acelerações, a inversões, a saltos etc., que se tornam cada vez mais acentuados e que dependem da mobilidade econômico-social e cultural da sociedade moderna, a qual atualiza processos teóricos de projeção educativa cada vez mais assimétricos (correspondentes a momentos específicos e a áreas limitadas), cada vez mais capazes de escorregar um sobre o outro ou contrapor-se ou convergir etc. Tudo isso produz uma tensão para a problematização radical que, entre os séculos XIX e XX, abrirá a teoria pedagógica para soluções decididamente de ruptura em relação ao passado e capazes de repensar *ab imis* o processo educativo, como se foi configurando nas "sociedades quentes" do Ocidente (isto é, pluralistas, conflituais, entrópicas).

Entretanto, neste duplo processo de complicação (como pluralismo e como descontinuidade), a pedagogia permanece solidamente no centro da cultura, como momento conscientemente autorizado e essencial da vida social, tanto mais quanto a sociedade se desarticula e se torna complexa no seu próprio interior. Os grandes pedagogos da Modernidade, desde Comenius até Locke e Rousseau, estão fortemente conscientes dessa centralidade do pedagógico, que veem um pouco como o "lugar" de reconstrução orgânica da vida social, de conexão entre passado, presente e futuro, entre teoria e práxis, entre indivíduos e governo, com uma função estratégica global enquanto elemento substancial da construção do poder e da homologação da sociedade ao poder, até nas formas mais ousadas, irenistas e utópicas. E essa centralidade da pedagogia, numa sociedade que se torna gradativamente mais articulada e complexa, a obriga também a delinear-se teoricamente segundo perspectivas múltiplas, segundo um desenho estelar (e não linear), segundo uma lógica que conota o sentido dialético, que focaliza o real, mas o faz agir no horizonte do possível, assumindo com força a valência deontológica do agir e do pensar pedagógicos, reconhecendo no projeto livre e racional, crítico e ousado – o centro motor da pedagogia.

Consideremos agora com atenção o crescimento dos paradigmas, para nos determos depois sobre a descontinuidade do processo que investe, na época moderna, a teorização pedagógica (considerada aqui de modo autônomo em relação à prática educativa). Antes de tudo, o modelo metafísico-religioso, que tinha sido típico da Idade Média, entra num declínio cada vez mais nítido. A pedagogia não traça mais ideais de homem, de cultura, de sociedade partindo de fundamentos universais e metatemporais, postos como critérios ontológicos aos quais a obra educativa deve obedecer como modelos a realizar, válidos em sentido absoluto (quer dizer, *ab-solutus* = livre de condicionamentos, de limitações). Este modelo de pedagogia parece agora demasiado distante de um encontro com o empirismo para ser verdadeiro e eficaz: despreza o homem-como-ele-é para delinear o homem-como-ele-deve-ser; ele resulta deontológico-abstrato, negligenciando o aspecto técnico de repensar-se à luz dos próprios condicionamentos e segundo um itinerário estratégico; não satisfaz à exigência de mudança programada/controlada dos comportamentos humanos, individuais e sociais. Por isso, tende a ser substituído por outros dois paradigmas. O social, que coloca no centro a obra de conexão constante entre a pedagogia e os objetivos políticos e culturais da sociedade: o novo centro motor da pedagogia é a reorganização da sociedade em torno de um modelo produtivo e ideologicamente orgânico, embora articulado e diferenciado nos seus elementos. Pretende-se formar um homem social (ativo e útil para a sociedade, e não para a "outra vida"), delinear uma cultura socialmente engajada, caracterizar a sociedade sob o aspecto da eficiência, de produção e de governo, onde também se coloca a instância religiosa, mas como funcional às necessidades do homem e não legitimada no sentido ontológico-teológico. E este é um paradigma que agrega cada vez mais nitidamente o pensamento pedagógico, do humanismo ao seiscentismo, do iluminismo aos proto-românticos (como Pestalozzi), que se coloca com uma autoridade e uma força construtiva cada vez maior e, ao mesmo tempo, solapando o terreno do modelo metafísico de teoria.

Vem depois o paradigma científico que, desde o século XVII, assume um papel cada vez mais central: fazer pedagogia (isto é, pensá-la e projetá-

-la) significa também adequar este saber ao *pattern* da cientificidade, do controle empírico e do rigor lógico e experimental, dando ao discurso da pedagogia uma conotação racional-empírica, típica das "ciências modernas". Depois de Bacon, depois de Locke, depois de Rousseau, a pedagogia também reconhece seu próprio estatuto de ciência (ainda que particular: avaliativa e prospectiva, emaranhada com a filosofia de maneira inseparável) e tende a definir-se como tal, tanto no nível técnico (na escola, na didática: pense-se em Comenius), como no plano teórico. Preparado entre os séculos XVII e XVIII, este paradigma seguia triunfal (é o caso de dizer) no século seguinte e no nosso, tornando-se cada vez mais central, cada vez mais exclusivo na elaboração da pedagogia. Deve-se salientar, porém, que os paradigmas (ou modelos de pedagogia teórica) que inervam o saber educativo na época moderna não apenas são diferentes e múltiplos, mas ainda se entrecruzam, se enxertam reciprocamente, dando uma imagem do saber pedagógico bastante esfacelada e complexa: o modelo metafísico, por exemplo, também se abre à instância observativa da "nova ciência", como os modelos sociais e científicos acolhem instâncias tipicamente metafísicas (pense-se no "homem naturalmente bom" de Rousseau, que reativa o mito do Éden, ou em todo o *iter* pedagógico pensado por Comenius na *Pampaedia*, inserida na *Consultatio catholica*) etc.

Tudo isso dá vida a um processo de crescimento da pedagogia de caráter conflitivo e multiforme, no qual se delineiam fortes descontinuidades, rupturas, inversões, saltos. Todo o processo se dramatiza, torna-se plural e descentralizado, não homogêneo. É bem verdade que se trata, nos primeiros séculos da Modernidade, de um processo apenas encetado, não exacerbado nem proclamado; mas que – hoje, pelos resultados da contemporaneidade – podemos ver aceso, naqueles séculos cruciais, por uma *renovatio* da concepção do mundo, do homem e da sociedade, bem como da sua simbiótica e/ou simétrica formação. Pense-se nas descontinuidades presentes no século XVIII, postas em destaque também por Gusdorf, entre áreas europeias, entre *Ancien Régime* e Iluminismo, entre modelos conservadores e revolucionários; pense-se na dupla ruptura do século (a intelectual com o Iluminismo e a política com a Revolução Francesa) e como esta dupla ruptura repõe em movimento todo o universo da pedagogia (deixando na sombra a outra ruptura – a da Revolução Industrial – que produzirá seus efeitos no século seguinte), redescrevendo seus limites e funções e rearticulando profundamente seus modelos.

A aventura do saber pedagógico na época moderna é simétrica à renovação educativa, de funções e de estratégias da educação, refletindo, à sua maneira, seu processo plural e dinâmico, ainda que centralizado em torno de um critério, ancorado num modelo-guia, que entretanto não é mais nem único, nem invariante. A Modernidade pluraliza e, portanto, problematiza: também nas teorias, inclusive na pedagógica.

6 A PEDAGOGIA ENTRE CONFORMAÇÃO E EMANCIPAÇÃO

Se quisermos, porém, indicar o eixo dinâmico ou o critério de problematicidade que atravessa, inerva e sustenta todo o traçado educativo/pedagógico da época moderna (mas também da Modernidade *tout court*, vista como a unidade entre a época moderna e a época contemporânea), podemos recorrer à antinomia (ou oposição não conciliável) entre conformação e emancipação, que caracteriza em profundidade *todo* o trabalho do Moderno, inclusive no campo pedagógico, e sobretudo neste, que aparece um pouco como a câmara de decantação do sentido e das ambiguidades do caminho da Modernidade. O Moderno é ambíguo, manifesta uma estrutura dupla, tensional, contraditória. Também em pedagogia. Liberdade-liberação e governo-conformação marcam sua identidade mais profunda. A educação moderna vive exemplar e constantemente esse duplo impulso, problematizando-se em torno dele. Vive a instância da liberdade ao reclamar os direitos do indivíduo, do homem, contra o poder-Estado, contra os controles da organização social, como a vive ao assumir a liberdade – pelo menos de Rousseau em diante, mas já também com Locke – como critério da formação do sujeito, do seu processo educativo. E daí em diante se torna liberdade da cultura escolar, à qual é permitido reprogramar-se nas diversas situações e em relação a finalidades também individuais; torna-se liberdade da escola, liberdade de ensino, liberdade do aluno etc., que correspondem aos *slogans* dominantes e recorrentes da educação moderna.

Simultaneamente, porém, na educação dos modernos está presente e operante também a instância de controle, de governo, de conformação, que se torna cada vez mais nítida, mais explícita e programática, até atingir o vértice nas atuais sociedades de massa, nas quais uma colossal organização educativa – bastante complexa e variada, mas inspirada num objetivo comum de governo – foi constituída e opera em primeiro plano na vida social. Já com o Estado moderno absoluto, depois com o Estado republicano oriundo da Revolução Francesa e com os Estados constitucionais e liberais do século XIX, até a democracia de massa e os Estados totalitários, o problema da conformação – modelos aos quais conformar e meios com os quais conformar – permanece no centro da pesquisa educativa, política e social sobretudo, mas frequentemente também teórica.

Dessa radical antinomia os pedagogos mais atentos, mais informados têm uma consciência precisa: identificam-na como um problema aberto, inquietante inclusive, mas *estrutural*, isto é, constante e originário, sobre o qual a própria teorização pedagógica deve lançar luzes e com o qual deve acertar as contas. O caso exemplar é o de Rousseau, que identifica num duplo nível a presença dessa oposição problemática: nas teorias e na relação educativa. Nas teorias: quando delineia duas pedagogias, a político-civil do *Contrato*, conformadora e conformista, toda socializada e dirigida pelo governo da comunidade, e a do *Emílio*, individualista e libertária, que contrapõe o homem ao cidadão e o antepõe à sociedade. São dois modelos dialeticamente interconexos (na teoria), mas também opostos (na história), e que devem ser pensados simultaneamente para compreender a aporia da educação dos modernos, os impulsos opostos a que ela é submetida, mesmo que fosse necessário, numa sociedade reconstruída "segundo a natureza", integrar as duas exigências e recompor a antinomia. Quanto à relação educativa: pense-se no que Rousseau diz no segundo livro do *Emílio* sobre a relação entre pedagogo e aluno, quando sublinha que essa relação parece libertária, mas na realidade é preestabelecida pelo preceptor, guiada (disfarçadamente) por ele e deve ser *sempre* assim, fazendo uma apologia explícita da dominação em educação e da dominação na sua forma mais intrigante e mais enganadora.

Certo é que, na educação moderna, emancipação e conformação têm funções essenciais, tanto uma como outra. A conformação põe ênfase naquele homem socializado que é cidadão de uma sociedade mais aberta, mais móvel, mais articulada (nas classes, no trabalho, nas relações sociais), na qual deve desempenhar um papel, papel do qual depende a própria sobrevivência da articulação e da mobilidade social. A sociedade moderna exige mais disciplina que a tradicional, uma vez que se coloca na interioridade, na psique individual. À conformação é assim delegada a honra de reproduzir a sociedade nas suas articulações e no vínculo interiorizado que constitui seu veículo essencial de governo.

A emancipação, por sua vez, corresponde às instâncias de liberdade (de classes, de grupos, de sujeitos) que constituem o elemento dinâmico daquela sociedade e que, no campo educativo, se apresentam como resgate do indivíduo do *ethos* e da tradição, para submetê-lo apenas ao governo da Lei, como livre jogo da cultura, como itinerário formativo que se concretiza em autoeducação, caracterizada pela criatividade individual e pela dissensão. À educação como emancipação foi, depois, delegada a formação do indivíduo, do sujeito como indivíduo, que é o centro motor da Modernidade: aquele sujeito livre, autônomo e responsável, mas que se sabe também construtor ativo do próprio mundo e caracterizado pela escolha e pela possibilidade; sujeito que se opõe ao mundo e à sociedade e que se indaga de maneira cada vez mais sutil e crítica, que encontra em si mesmo o sentido (ainda que *in fieri* e incompleto) do real, as raízes últimas daquela construção de sentido. A emancipação é libertação, é tornar-se autônomo, é constituir-se na luta por parte do sujeito, é consciência de uma complexa dialética entre alienação e "redenção", e é categoria que, com a ética, a política e o direito moderno, inerva também a pedagogia, a qual, teoricamente, se reconhece como guiada, sempre, por um desejo de emancipação (do sujeito, da sociedade) e, praticamente, age (ainda que de forma às vezes contraditória: até conformadora e conformista) para realizá-la.

O grande processo dicotômico e aporético da pedagogia moderna, que estrutura esta como problema e nela não encontra solução (e talvez não possa encontrá-la: como é destino das antinomias, lembrou Kant), manifesta que o processo da Modernidade se apresenta como incompleto, também em pedagogia. Essa incompletitude da Modernidade refere--se ao processo de libertação que ela ativou (e que absolutamente não se concluiu: os povos do Terceiro e do Quarto Mundo quando e como serão libertados? no Ocidente a libertação está contaminada de dominação: como libertá-la, por sua vez?), mas também se refere ao projeto de governo que a guiou (se a democracia, doravante, é o produto máximo da Modernidade, no âmbito político e social, como se realiza? quais são seus modelos? qual o seu sentido?). Em ambas as frentes, a Modernidade não concluiu seu próprio caminho e suas antinomias, seus problemas permanecem ainda abertos, à espera de solução. Também em pedagogia: emancipação e conformação ainda se confrontam como os núcleos em torno dos quais *deve* trabalhar o pensamento educativo contemporâneo (e a práxis). Hoje, de fato, as contradições da Modernidade foram "reveladas", reconhecidas, mostrando que aquele moderno ainda está incompleto, que, para o presente, ele permanece em parte como uma tarefa. Retrospectivamente, todavia, a análise da Modernidade em pedagogia nos mostra um itinerário de sentido que, em torno da oposição entre emancipação e conformação, constitui sua própria trajetória e fixa sua própria identidade. Uma identidade profunda, de base, mas recorrente e estrutural, que anima o fluxo dos fenômenos educativos e das elaborações pedagógicas, por muitos séculos.

Não que, cumpre sublinhar, todos os eventos educativos e pedagógicos da Modernidade se coloquem nessa trajetória e apenas nessa; de maneira nenhuma: aqueles longos séculos são antes de tudo constelados de eventos bastante independentes e variados, descontínuos e divergentes, além de processos locais (em momentos históricos, em áreas culturais, por aspectos particulares) alheios à macroestrutura aqui delineada (pense-se na educação do povo, que se realiza por vias não institucionalizadas, divididas entre família, Igreja, trabalho e comunidade, e que apresenta características em geral alheias à educação dos modernos), mas esta estrutura representa o eixo em torno do qual dinamicamente se agregam a educação institucionalizada e a reflexividade pedagógica, ainda que depois a revivam sob formas diacrônica e sincronicamente diferenciadas. Na época moderna (1492-1789), talvez prevaleça a ótica da conformação que orienta a rearticulação educativa da sociedade moderna, ainda que essa emancipação – já com os humanistas – haja como mola genética do trabalho da história ocidental, inclusive educativa, embora sob formas ainda menos desenvolvidas e menos radicais, em relação à época contemporânea (1789-hoje).

CAPÍTULO II

O SÉCULO XV E A RENOVAÇÃO EDUCATIVA

1 A "REVOLUÇÃO" HUMANISTA

Em parte, é só por comodidade expositiva que nos manuais o humanismo costuma ser tratado separadamente do Renascimento. Na realidade, no plano conceitual, os dois períodos constituem vários aspectos de uma única civilização, a renascentista justamente, que se caracteriza por uma mudança de atitude do homem diante dos problemas da vida e do mundo. Dessa substancial unidade está fortemente convencida a mais acreditada historiografia contemporânea, a qual recusa a simples contraposição entre um humanismo todo filologia e literatura e um Renascimento todo filosofia e ciência. Da primeira posição fez-se hoje porta-voz o estudioso teuto-americano Kristeller, que nega qualquer significado teórico e filosófico ao humanismo, reconhecendo-lhe apenas o mérito de haver dado origem às disciplinas retórico-literárias, pela valorização da cultura clássica e pelos *studia humanitatis*. Quanto a esta tese, é fácil observar que mediante essa nova atitude se exprime um vivo interesse pelo presente, além de uma nova sensibilidde e um novo gosto, em suma, uma nova "filosofia", ainda que muito diferente das grandes sistematizações lógico-teológicas medievais.

A segunda posição foi sustentada com decisão em meados do século XIV por Jacob Burckhardt, numa famosa obra intitulada *A civilização do Renascimento na Itália*. Nela, o historiador alemão vê o Renascimento como o triunfo da irreligiosidade, da imanência, da mundanidade, assim como do individualismo e do materialismo diante de um medievo todo religião, transcendência, universalismo e espiritualismo.

Numa lógica substancialmente opositiva coloca-se também o conceito de "Contrarrenascimento", elaborado em meados dos anos 50 por H. C. Haydn, para quem o caráter "antirrenascentista" de alguns aspectos do pensamento político e religioso da Reforma rompe o significado unitário da nova civilização, aproximando o movimento humanístico mais das instâncias racionalistas da Escolástica do que do pensamento moderno.

A historiografia mais recente refuta decididamente estas unilateralidades. Referimo-nos não tanto às posições do estudioso alemão Konrad Burdach, defensor de uma continuidade absoluta entre humanismo e Renascimento, que "constituem uma coisa só", quanto às de Eugenio Garin. O estudioso italiano remete a um conceito de Renascimento abrangendo todo o pensamento dos séculos XV e XVI que, mesmo no âmbito de uma concepção continuativa do processo histórico, apresenta uma "especificidade" toda própria que está de acordo com as exigências do tempo que o expressou.

Sem nenhuma pretensão de exaustividade, estas notas iniciais quiseram dar conta da variedade das posições que caracterizam no tempo as interpretações de um dos períodos mais significativos da história da humanidade.

A nova historiografia está igualmente convencida de que não existe uma contraposição nítida entre uma Idade Média religiosa e um Renascimento pagão, como afirmou em meados do século XIX o já citado historiador alemão Jacob Burckhardt, nem que exista aquela continuidade absoluta entre as duas épocas que Konrad Burdach teorizou no início deste século numa obra monumental.

Na origem da civilização renascentista estão as grandes transformações políticas, sociais e culturais que, iniciadas no século XIV e até mesmo antes, fazem sentir seus efeitos nos séculos seguintes. Entre essas, assumem particular relevância dois fenômenos estreitamente conexos entre si. O primeiro é representado pela formação dos Estados nacionais na

HISTÓRIA DA PEDAGOGIA   223

Europa e os regionais na Itália. O fim das duas grandes instituições universalistas medievais, o papado e o Império, favorece o nascimento e a sucessiva afirmação de algumas entidades nacionais. França e Inglaterra sobretudo, com a consequente simplificação da geografia política e o desaparecimento de numerosos potentados feudais e locais, nascidos à sombra da política imperial e da Igreja.

O outro grande fenômeno é a afirmação definitiva de uma burguesia ativa e industriosa que tem seu centro de vida sobretudo nas cidades, que se tornam assim lugares verdadeiros e próprios de propulsão da economia e da cultura. A nova classe, já presente desde o período comunal, encontra nessa passagem da forma político-institucional da comuna para a forma mais nova e moderna da senhoria, e sucessivamente do principado, as condições que justificam sua completa afirmação e particular configuração. Num mercado que se vai ampliando desmedidamente e que estimula a abolição de qualquer proteção aduaneira, afirma-se a grande burguesia dos negócios que já não trabalha só para viver, mas para aumentar as próprias riquezas e conquistar poder. A mais prejudicada pela nova situação é sobretudo a velha aristocracia feudal, que vê desmoronar ruinosamente os privilégios até então desfrutados, enquanto a pequena burguesia dos mercadores e dos artesãos, e até mesmo o povo miúdo, embora devam acertar as contas com uma classe aguerrida e petulante, beneficiam-se por reflexo de uma condição de maior bem-estar. São, porém, os banqueiros e os grandes negociantes e artesãos que, juntamente com o senhor da cidade, detêm o monopólio econômico e cultural, exercendo um amplo controle sobre as atividades comerciais e financeiras e propondo-se como protetores do saber, não só em nome da cultura, mas também por razões práticas e de prestígio. Os Médici em Florença, os Estensi em Ferrara, os Gonzaga em Mântua, os Malatesta em Rímini, os Montefeltro em Urbino trabalham para a difusão da nova cultura tornando-se mecenas de artistas, literatos, filósofos e cientistas.

A ação combinada da política e da economia favorece o nascimento de novas indústrias, o aumento da produção, a adoção de novas técnicas em diversos setores da atividade humana e um irresistível desenvolvimento dos conhecimentos. É neste quadro que se situam e se compreendem as grandes descobertas geográficas, às quais dão um notável impulso à exigência de novas vias comerciais, o desenvolvimento da tecnologia naval, os progressos na elaboração das cartas de navegação e um contato renovado com a antiga geografia grega.

Durante todo o século XV, a vida econômica e cultural europeia é dominada pela burguesia das grandes cidades italianas. A partir do fim do século, porém, tem início uma fase de lento declínio, causado por razões econômicas (a difusão do comércio em toda a Europa) e políticas (o nascimento das grandes monarquias francesas e inglesas e a precariedade do equilíbrio político entre os principais Estados italianos), mas também pela descoberta de novas terras, produzindo um processo de periferização do Mediterrâneo, que durante a Idade Média foi o centro do comércio europeu, com todas as vantagens para o Atlântico que, com a abertura das novas rotas para a Ásia e a descoberta da América, torna-se o baricentro comercial do mundo.

2 O HUMANISMO ITALIANO COMO RENOVAÇÃO EDUCATIVA E PEDAGÓGICA

No âmbito deste quadro histórico-social sumariamente apresentado, nasce e afirma-se, primeiro na Itália e depois no resto da Europa, a nova cultura que interpreta as novas necessidades, rompe com os esquemas mentais do passado e afirma as novas exigências.

Em aberta polêmica com a tradição medieval e escolástica, toda propensa a valorizar o papel da transcendência religiosa e a colocar o indivíduo dentro de uma rígida escala social, a nova civilização concebe o homem como "senhor do mundo" e ponto de referência da criação, "cópula do universo" e "elo de conjunção do ser". Um homem não irreligioso, portanto, que não exclui Deus, mas que volta as costas aos ideais da ascese e da renúncia, pronto para imergir no mundo histórico real com o intento de dominá-lo e nele expandir sua própria humanidade. O homem da nova civilização, uma vez adquirida a consciência de poder ser o artífice de sua própria história, quer viver intensamente a vida da cidade junto com seus semelhantes; para isso, mergulha na vida civil, engaja-se na política, no comércio e nas artes exprimindo uma visão harmônica e equilibrada dos aspectos multiformes dentro dos quais se desenvolve a atividade humana. É aqui que se faz evidente a diferença com o passado. O mundo não é mais lugar de expiação e de pena, mas a expressão da força reativa e do espírito de iniciativa do homem. Este não é mais o asceta, o cavaleiro medieval da fé, mas o mercador, o prático homem de negócios, aquele que exprime a sua atividade no mundo e nele verifica o sentido da sua operosidade. Nascem daqui uma nova concepção da virtude, exemplarmente expressa pelo termo *humanitas*, e uma nova escala de valores éticos e sociais na qual não existe mais lugar para a tradicional hierarquia nobiliárquica e eclesiástica.

Essa celebração da força e da potência do homem não exclui o reconhecimento de seus limites, representados por forças naturais e sobrenaturais que, embora não anulando a sua liberdade, de certa maneira a condicionam.

A nova concepção antropológica tem necessidade de condições inovadoras que garantam sua realização. Por isso, o interesse da nova época é pela problemática educativa tanto no nível teórico quanto no prático. Não são apenas educadores e pedagogos que dedicam atenção a essa problemática, mas também literatos, políticos, representantes da nascente burguesia (mercadores, artesãos, banqueiros). Pode-se dizer que toda a produção educativa dos séculos xv e xvi, malgrado sua descontinuidade quanto a orientações e valores, é caracterizada por uma profunda aspiração a dar forma e concretude ao novo ideal de homem.

Para a realização desse objetivo revela-se necessária uma formação não unilateral, ou seja, não limitada apenas à atividade teórica ou prática, mas poliédrica e polivalente, capaz de garantir ao sujeito o exercício de funções diversas na sociedade. Nenhuma virtualidade humana pode permanecer na sombra, mas todas devem encontrar um harmônico e equilibrado desenvolvimento. Tal formação se realiza através de um currículo formativo baseado essencialmente na leitura dos clássicos gregos e latinos. O estudo direto dos clássicos permite não só superar a utilização puramente gramatical e estilística que deles fez a cultura medieval, mas sobretudo descobrir uma humanidade feita de valores universais elaborados e produzidos pela Antiguidade. A leitura dos clássicos no original permite entrar em comunhão espiritual com os grandes da Antiguidade ainda que não desapareçam completamente as gramáticas e os compêndios de inspiração escolástico-medieval. O modelo formativo é o orador da época helenístico-romana, o *vir bonus, dicendi peritus*, cuja figura compendia harmonicamente a multiplicidade das experiências humanas. Enquanto profundo conhecedor das línguas antigas e das culturas a elas correlatas, o modelo do orador da tradição quintiliânea interpreta e exprime os valores próprios da civilização antiga e torna possível sua assimilação mediante o auxílio da palavra, que se torna assim uma das funções peculiares da nova educação. Por tudo isso se compreende o programa de valorização da língua latina em oposição ao pedantismo dos escolásticos e, em certa medida, ao uso da língua vulgar que começou a afirmar-se no fim da Idade Média.

Por esse retorno à Antiguidade clássica, o humanismo foi, por muito tempo, considerado um movimento eminentemente filológico-literário. Erradamente, dizemos nós, porque neste período não só se redescobre Aristóteles, em polêmica com as interpretações deformantes a que esteve sujeito por obra da Escolástica medieval, mas também se reavaliam correntes filosóficas como o estoicismo, o epicurismo e o neoplatonismo, que a cultura precedente tinha ignorado no seu interesse exclusivo pelo pensamento do Estagirita. Queremos dizer com isso que os humanistas, malgrado o predomínio de literatos, filólogos e gramáticos, e mesmo não elaborando perspectivas filosóficas sistemáticas, conseguem todavia fazer emergir o *proprium* da cultura antiga, evidenciando um alto senso da perspectiva histórica e enfrentando os novos problemas da sua época com soluções inspiradas em modelos e valores deduzidos da cultura antiga.

Se depois, com o tempo, esse ideal de formação foi sendo gradativamente substituído por um aprendizado meramente retórico-gramatical e mnemônico-formalístico, isso não diminui o significado de virada que o humanismo ocupa na história da pedagogia e da educação graças aos ideais antropológicos dos quais ele se torna expressão e às novas exigências didáticas que põe em circulação. Deve ser concedido a ele o mérito de atribuir grande importância no plano didático aos jogos e à educação física, no âmbito de uma revalorização, depois da decidida negação medieval do mundo físico e natural, e mais ainda de descobrir a infância, o valor da vida infantil, da sua especificidade e de assegurar-lhe um lugar não secundário no quadro do mais amplo contexto social.

Como bem salientou o já citado historiador francês Philippe Ariès, é neste período que pela primeira vez na cultura europeia nasce e se desenvolve um "sentimento da infância", que encontra expressão na atenção dedicada ao mundo infantil, no desejo de "brincar com as crianças", de "jogar com elas", de conhecê-las e preservar sua original pureza e imaculada inocência. Através deste sentimento da infância, que amadurece bastante lentamente na consciência europeia, preparam-se aquele interesse "psicológico" e aquela "preocupação de ordem moral" que estarão nos fundamentos da pedagogia moderna e contemporânea.

Com a descoberta da infância, pode-se dizer que estamos diante de um fenômeno de "longa duração" que se afirmará em nível difuso apenas com a primeira revolução industrial, mas que no período do humanismo tem exórdios muito significativos nas referências à especificidade da vida infantil por parte de Vittorino da Feltre (Vittorino dos Ramboldi), nas considerações sobre a infância desenvolvidas por Montaigne, além da exigência já enfrentada naquela época de organizar o trabalho doméstico por classes de idade, de modo a evitar uma promiscuidade moralmente danosa e criar assim condições mais idôneas para a aprendizagem e o ensino.

Mesmo quando se sublinham os indiscutíveis méritos do humanismo, sintetizados na redescoberta da civilização clássica e na afirmação de novos valores da vida, não se pode deixar de evidenciar o caráter substancialmente aristocrático que ele apresenta. Mário Alighiero Manacorda deixa isso bem evidente quando escreve: "Em sintonia com a passagem das democracias comunais para o autocratismo das senhorias, com o abandono da literatura em língua vulgar, com a ilusão de uma língua literária privilegiada e em si perfeita, o humanismo constitui também uma experiência de cunho aristocrático e conservador. Não se pode compreendê-lo sem o precedente dos mestres livres que são também seus protagonistas; mas ele volta as costas às suas tentativas de inovar aliando cultura e profissão, de criar uma cultura laica e produtiva capaz de mudar a face da sociedade: as ciências naturais permanecerão em grande parte alheias aos seus interesses, assim como a cultura popular". O limite do humanismo está na sua configuração como um movimento de pensamento que diz respeito apenas a uma parte da sociedade e não ao seu conjunto. Para usar as palavras de Maffeo Vegio, ele exprime "o homem nascido nobre e na cidade livre". E é justamente esta perspectiva limitada – a referência ao homem nobre –, este fechamento aristocrático diante da camada culta, que, com o passar do tempo, produz uma esterilização da cultura humanista. Mas não é só. Enquanto, em consequência das

228 FRANCO CAMBI

crescentes exigências de especialização ligadas ao desenvolvimento das atividades produtivas, se afirmam as novas ciências profissionais, a cultura humanista não consegue libertar-se totalmente da velha atitude de desconfiança e de desprezo em relação às "artes reais", não realizando a auspiciosa síntese entre a exigência de formação completa do homem e a preparação técnica do especialista. A educação por ela proposta não deixa espaço para o aspecto técnico-profissional, correndo o risco de desembocar numa cultura superficial e nocional que é exatamente o contrário daquilo que querem os humanistas.

3 FIGURAS E MODELOS DA PEDAGOGIA HUMANISTA ITALIANA

O Quatrocentos italiano ostenta uma extensa fileira de tratadistas que dedicam particular atenção aos temas ligados à formação do homem, tornando-se assim ponto de referência para os estudiosos de toda a Europa.

Costuma-se começar com Francesco Petrarca a exposição da concepção humanista sobre a formação do homem, embora não se possa dizer que ele tenha em grande conta a atividade educativa, se é verdade que compara os mestres a pessoas infelizes, incapazes de aspirar a objetivos mais altos, e se procura dissuadir do ensino o amigo Zanóbio di Strada, sugerindo-lhe dedicar-se à profissão de literato. O fato é que Petrarca possui um forte senso da nova concepção humanista que deixa como herança a seus discípulos, em primeiro lugar a Coluccio Salutati (1331-1406), autor de uma longa epístola escrita em defesa dos *studia humanitatis* e endereçada ao frade dominicano Giovanni Dominici, que havia denunciado seus perigos para a fé.

Uma posição de indiscutível destaque nesta lista de tratadistas ocupam Leonardo Bruni, que elabora um conceito preciso de cultura como *eruditio*, Pier Paolo Vergerio, que desenvolve o tema da formação das classes dirigentes à luz de um humanismo civil, e Matteo Palmieri, que elabora um modelo mais realista de formação do cidadão em que há lugar também para a língua vernácula. Chanceler da república florentina, Leonardo Bruni di Arezzo (1370-1444), além de uma *Historiarum libri florentini populi* em seis volumes, algumas epístolas em latim e a tradução de escritos aristotélicos, entre os quais a *Política*, escreve entre 1422 e 1429 um volume intitulado *De studiis et litteris liber*, no qual, apresentando um programa de educação para uma mulher de família nobre, enfrenta os temas mais significativos dos *studia humanitatis*. Para atingir a excelência, ou seja, uma "verdadeira cultura", é necessária uma "grande perícia literária" juntamente com o "conhecimento das coisas". Trata-se de "dois dons que se ajudam mutuamente e que servem um ao outro. Se as letras sem as cognições reais são estéreis e vazias, também o conhecimento dos conteúdos, por amplo que seja, se faltar a beleza da forma literária, parece obscuro e impérvio. De que adianta saber muitas coisas belas, se não se pode falar delas com dignidade, nem escrever a respeito sem suscitar o riso? Perícia literária e conhecimento das coisas estão de certo modo conjugadas entre si".

Outras condições para chegar à excelência são um "ardente desejo de saber", muita diligência e um grande empenho no estudo de "obras egrégias e clássicas", cuja apropriação com "agudo juízo" permitirá que se faça delas um uso apropriado: "Delas se nutrirá e se impregnará com toda a diligência, de tal modo que todas as vezes que depois precisar ler ou escrever não usará palavra que antes não tenha nelas encontrado". O fim último de tais estudos é uma formação do tipo ético-religioso à qual é necessário um "bom conhecimento das sagradas escrituras". Ao lado da religião e da vida moral, nessa formação ocupam um lugar central os estudos históricos, para "conhecer a origem e os progressos da própria gente e as proezas na paz e na guerra dos povos livres e dos grandes reis" e para enriquecer "a prudência e o conselho" de quem os estuda; os estudos de oratória, para extrair deles "toda riqueza de termos, toda força e ornamento do dizer, toda viveza e, por assim dizer, todo o sangue do discurso" e para aprender "a consolar, a exortar, a estimular, a entreter" e, enfim, os estudos de poesia, nos quais "se encontram os princípios do ser e do devenir, e as causas, quase diria os germes, de todas as doutrinas".

Igual importância Bruni atribui ao método de estudo: a leitura em voz alta e o cuidado na execução dos exercícios em cadernos, por exemplo, são práticas didáticas úteis para adquirir um estilo literário elegante.

Pier Paolo Vergerio (1370-1444) de Capodistria vive em Bolonha e muitas vezes em Pádua e Florença, onde conhece Salutati e segue as aulas de grego de Crisolora. Toma parte no Concílio de Costanza como defensor das posições do imperador Segismundo, que acompanha até a Boêmia e depois a Budapeste, onde morre em 1444.

No seu tratado *De ingenuis moribus et liberalibus studis adulescentiae*, composto nos anos 1400-1402 e dedicado ao pequeno Ubertino de Carrara, Vergerio defende a importância da educação para uma vida de engenho e livre do ócio. Para esse fim, identifica na "virtude" e na "honestidade", aliadas ao amor pela glória e à "docilidade espontânea para com os mais velhos", as características de uma nobre natureza; e na libertação das mentiras, da credulidade e da luxúria, os meios de dirigi-la para objetivos educativos. Desenvolve positivamente um quadro de estudos liberais necessários a todos indistintamente, não só para aqueles de nobres costumes, mas também "para aqueles de engenho medíocre, os quais devem ser tanto mais ajudados quanto menor for a sua natural capacidade", a fim de proporcionar um conforto para as durezas da velhice e aprender a governar com sabedoria, partindo dos "monumentos literários que guardam zelosamente tudo o que ocorreu no tempo antigo", para passar sucessivamente aos estudos de história, de filosofia moral, de ciências matemáticas e naturais e de outras disciplinas (Desenho, Medicina, Direito, Teologia), antes de dedicar-se completamente àquela para a qual se é mais inclinado. Particular importância Vergerio atribui à história e, ao contrário de Bruni, também à Filosofia. Da primeira "extraem-se os exemplos que devemos seguir", enquanto da segunda "aprendemos o que convém fazer".

Também sobre o processo de aprendizagem, Vergerio faz afirmações significativas quando, por exemplo, requer a necessidade de uma vida ordenada e metódica, além de uma distribuição racional do tempo nas diversas ocupações, mas também quando requer a ligação entre a educação intelectual e a física, de modo que "o corpo possa tolerar por ser forte e obedecer com facilidade" e "a mente possa discernir e racionalmente comandar".

Na sua obra está também presente um ideal de "educação do príncipe", que é uma característica comum a muitos tratadistas do humanismo e do Renascimento, desde Maquiavel até Della Casa, que seguem a evolução do ideal aristocrático desde o homem político até o cortesão, sofrendo em consequência da mudança do clima político que vê o fim das senhorias e o nascimento de uma "cultura de corte" em torno das monarquias italianas e europeias.

Nas páginas de Vergerio percebe-se um clima fortemente aristocrático, o que é confirmado pela condenação decidida das artes "ignóbeis", remunerativas, manuais e mercantis, cujo objetivo é "o lucro e o prazer", nitidamente contrapostas às artes "liberais", desinteressadas e livres, que têm por escopo "a virtude e a glória".

Matteo Palmieri de Florença (1406-1475), ligado ao círculo de Alberti, representa "o perfeito equilíbrio entre virtude ativa e contemplativa" (Garin). Por volta de 1430, escreve o diálogo *Della vita civile*, no qual trata de alguns temas pedagógicos ligados à formação do cidadão. Segundo Palmieri, "a natureza fez os homens desejosos e aptos para aprender, prontos para exercer o engenho em coisas sutis e dignas". Por isso, a educação deve começar desde a primeiríssima infância pelas relações com uma ama de alma "sadia" e de corpo "acostumado", depois, assim que possível, deve-se começar a ensinar de forma agradável, "segundo o engenho, a disposição e as forças naturais de quem está sendo educado". Por volta dos sete anos, intervém o mestre, nem "corrompido", nem "demasiado rígido", nem de "dissoluta amabilidade", que "fale de coisas boas e honestas" e inicie a criança na "boa doutrina" usando o jogo, a música, a geometria, a gramática, o "falar ornamentado" e, por fim, como "governadora" de todas as outras disciplinas, a filosofia nas suas duas "partes digníssimas": como "investigação dos segredos da natureza" e como doutrina que "ministra os costumes e o aprovado viver dos homens virtuosos". No seu tratado, Palmieri, enfrentando o problema dos castigos, indica como instrumento eficaz as "repreensões", as "advertências várias" e algumas punições como a proibição de sair, de comer ou de outra coisa com a qual "a criança se deleite", enquanto repele as "pancadas" que "só causam uma breve dor" e depois são esquecidas e, portanto, não educam. No âmbito dos *studia humanitatis*, reconhece a utilidade do cuidado com o corpo de modo a "torná-lo apto e pronto para qualquer fato virtuoso e forte" e mais ainda o cuidado com a "nutrição da alma", a partir da filosofia e outras ciências. Como Alberti, ele reconhece uma função para a língua vernácula, que é indicada como a única adequada ao uso falado.

Grande relevância têm também as ideias sobre educação de Leon Battista Alberti (1404-1472), filho ilegítimo de uma das famílias mais conhecidas da burguesia mercantil florentina, autor de três *Livros da família* que, de forma romanceada, contêm uma exposição orgânica do seu pensamento. Com ele, o humanismo adquire uma dimensão menos ligada ao espírito do classicismo e mais alinhada com as exigências práticas do tempo. A expressão por ele usada de uma "Minerva mais gorda" exprime de fato um conceito de cultura e de formação humana menos abstrato e mais concreto que o conceito tradicional. O homem a ser educado que Alberti tem em mira não é o senhor fidalgo, mas o burguês da nova civilização que na atividade e no trabalho encontra os motivos da própria afirmação: um homem ativo, "nascido não para apodrecer inerte, mas para ser ativo", "nascido para ser feliz e para usufruir as coisas". Por isso, junto com as *humanae litterae* (motivo recorrente da pedagogia humanista), necessárias para conquistar honra e prestígio e para participar concretamente da vida política, o *curriculum* formativo de Alberti privilegia outros "elogiados exercícios" ou artes que, enquanto "estão em nós", permitem dominar o acaso tornando-se independentes dele. "Depois, aprendamos o ábaco e tudo o que seja útil em geometria: que são duas ciências adequadas e agradáveis ao engenho infantil, e para todo uso e idade é muito útil sabê-las." É uma educação completa que é proposta por ele, na qual estão presentes as artes do trívio e do quadrívio, as artes *sermonicales* e *reales*, as literárias e as científicas. Existe ainda a educação física, vários passatempos e jogos viris: arco e flecha, hipismo, jogos com bola.

Nas páginas de Alberti redescobre-se uma grande atenção pela infância, quando ele censura aqueles que "batem e espancam as crianças, descarregando sobre elas seus desgostos e ressentimentos" ou quando enaltece o exercício físico, que "tem muito proveito: a natureza se vivifica, os nervos se habituam ao cansaço, fortifica-se cada membro, afina-se o sangue, as carnes tornam-se mais firmes, o espírito está sempre pronto e alegre".

Por todos esses elementos, Alberti, como sublinha Manacorda, coloca-se no quadro de um Renascimento aberto que interpreta as instâncias do novo que avança. "Nisso, Alberti está mais próximo de Leonardo, 'homem sem letras', inimigo das 'mentirosas ciências mentais', apaixonado por Matemática e Geometria, ou talvez de Maquiavel, o qual, à 'contínua lição dos antigos', sabia associar a observação da 'realidade efetiva'."

4 PEDAGOGIA E EDUCAÇÃO NO HUMANISMO EUROPEU

O humanismo europeu retoma e desenvolve grande parte dos temas pedagógicos do movimento italiano inspirados pelos *studia humanitates* e concretizados numa série de experiências escolares de relevo internacional. Os temas de fundo permanecem os mesmos e se impõem nos vários países europeus, especialmente na Alemanha, "dando lugar a novas instituições, a novas escolas, a bibliotecas, servindo-se muito logo da imprensa, que contribui não pouco para propagar as novas ideias, auxiliando-as com livros e subsídios de toda espécie" (Garin).

Difusor do humanismo educativo na Alemanha é Roelof Huusman, mais conhecido como Rodolfo Agrícola. Nascido na Holanda em 1444, estuda em Erfurt e em Louvain, onde consegue o diploma de professor, e depois em Colônia, onde segue cursos de Teologia. Durante dez anos, de 1469 a 1479, vive na Itália, em Pávia e em Ferrara, onde aprofunda a nova cultura do humanismo e o estudo dos clássicos. Muda-se para Heidelberg onde se dedica ao estudo do hebraico para aprofundar suas pesquisas bíblicas.

Opondo-se ao ensino medieval, exalta os princípios de leitura dos clássicos apreendidos na escola de Guarini: a acurada leitura (*diligens lectio*), a rica e segura memorização (*fida memoria*), o exercício assíduo e a expressão "pura e ornamentada", necessários para chegar a uma correta filosofia, entendida como ciência de coisas naturais (através de Estrabão, Aristóteles e Teofrasto), mas sobretudo como filosofia moral e política a desenvolver nos textos de Aristóteles, Cícero e Sêneca, assim como "nos historiadores, nos poetas, nos oradores, que não apenas nos ensinam mas, coisa sumamente eficaz, nos apresentam exemplos nos quais vemos como num espelho aquilo que se deve fazer".

Outro elemento central de sua reflexão educativa é a concepção da lógica como estudo dos processos expressivos e persuasivos, que devem ser reconhecidos dentro dos discursos humanos e não nas abstrações da silogística escolástica. O próprio Melanchton considera o *De inventione dialectica* de Agrícola um instrumento muito importante para o ensino.

Ao lado de Agrícola, devem ser lembrados Alexandre Hegius (1433-1498) e sobretudo Johannes Reuchlin (1455-1522), por muitos considerado a maior figura do humanismo alemão. O primeiro, diretor da

escola de Deventer na Holanda, administrada pelos Irmãos da Vida Comum, congregação laica, mas de inspiração religiosa, dedicada ao ensino
com escolas abertas a todos, é muito influenciado pelos ideais educativos de
Agrícola, que visita sua escola induzindo-o a modificar a rígida pedagogia
por ela seguida. Ocupa-se em particular do ensino do grego, que expõe no
tratado *De utilitate linguae grecae*.

Johannes Reuchlin estuda na Alemanha e na França, depois passa para
a Itália onde conhece Pico della Mirandola, convertendo-se ainda mais à
cultura humanística. Querendo pesquisar as fontes da cultura europeia,
empreende o estudo do hebraico, considerado por ele o instrumento mais
adequado para compreender a mensagem das Sagradas Escrituras. O
estudo da língua e da cultura hebraicas o leva a interessar-se pelos mistérios religiosos e pela cabala. O seu *De arte cabalistica*, de 1517, que contém numerosos elogios à "filosofia itálica" por haver promovido o renascimento "das ótimas artes" após a corrupção medieval, é alvo de violentos
ataques por parte de amplos setores da Igreja ortodoxa alemã.

Ao contrário da Alemanha, a cultura humanística não encontra um
ambiente muito favorável na França. No país transalpino, as universidades – a Sorbonne em primeiro lugar – continuam ainda no século XVI
a seguir a Escolástica medieval; por outro lado, o mecenatismo de corte
não é um fenômeno muito praticado e difundido. Um sensível impulso
à penetração da cultura humanística na França ocorre no fim do século
com a expedição do rei Carlos VIII à Itália. Não obstante o insucesso
político-militar resultante, esse evento serve para despertar na cultura
francesa uma atenção geral pelo humanismo italiano.

Entre os humanistas franceses do século XV, o mais importante é sem
dúvida Guillaume Budé (1468-1540). Eminente jurista da Universidade de
Orléans, vive durante algum tempo na Itália como emissário de Luís XII,
podendo assim estudar as línguas clássicas e os aspectos essenciais da nova
cultura. O seu interesse pela Antiguidade é atestado não só por escritos sobre
o direito romano (*Annotationes ad pandectas*), mas também e sobretudo pelos
Commentarii linguae de 1529 e pelo diálogo *De philologia*, no qual a filologia
é considerada não só como "amor das boas letras e inclinação ao estudo",
mas também como "a recuperação da sabedoria antiga".

Um forte impulso à difusão da cultura humanística na Inglaterra
ocorre no fim do século XV por um grupo de estudiosos oxfordianos que

seguem o seu estágio formativo na Itália. O mais importante é seguramente Thomas Linacre (1446-1524). Formado pela Universidade de Oxford, vive vários anos na Itália, em Roma e em Veneza, onde estuda o latim e o grego e desenvolve uma intensa atividade de tradutor. Voltando à pátria, leciona grego em Oxford e torna-se preceptor da Coroa. Profundamente apaixonado pela Medicina, traduz do grego para o latim três livros de Galeno e contribui para a fundação do Royal College de medicina de Londres.

5 AS ESCOLAS DO HUMANISMO

Ao lado da copiosa tratadística pedagógica, o humanismo dá lugar a algumas significativas experiências escolares inspiradas pelos princípios dos *studia humanitates* que, além de terem grande difusão na Itália e larga ressonância na Europa, constituem também a base para a organização dos estudos clássicos na época moderna. No elenco dos "mestres" cuja figura se torna essencial para o desenvolvimento da nova cultura, devem ser lembrados, ao lado dos mais conhecidos como Guarini e Vittorino, Giovanni Conversino de Ravena, autor de uma *Rationarium vitae*, e sobretudo Gasparino Barzizza de Bérgamo, que funda um colégio/internato em Pádua para os nobres venezianos e é o inspirador dos ensinamentos de Guarini e Vittorino.

Com a obra desses autores, foi sendo elaborado "um esquema completo de educação literária adequada à época moderna" (Woodward), são exploradas as melhores sugestões educativas dos clássicos gregos e latinos (desde Platão e Aristóteles até Quintiliano e os Padres da Igreja) e se constrói um currículo formativo que dá amplo espaço às letras e às artes, à moral e à fé, à ginástica e à ciência.

Guarino Guarini nasce em Verona em 1374, mas estuda em Veneza e em Pádua, onde entra em contato com alguns mestres do humanismo. Dirige-se, então, a Constantinopla, onde estuda o grego e segue, na condição de *contubernalis,* as lições de Crisolora. Em 1429 volta à Itália, ensina em Florença, depois em Veneza e em Verona. Em 1429 é chamado a Ferrara por Niccolò d'Este como preceptor do duque Leonello, mas obtém permissão para também dar aulas particulares. Em 1436, com Leonello no governo,

236 FRANCO CAMBI

abre uma escola/internato que se torna pouco depois escola pública e, em 1442, "estudo geral". Em Ferrara, auxiliado pelo filho Battista, continua o seu trabalho de professor até a morte, ocorrida em 1460.

Do mesmo modo que Vittorino de Feltre, Guarini não deixa nenhum escrito de caráter pedagógico, embora seja intensa sua atividade de tradutor de textos gregos (duas obras políticas de Isócrates, um tratado sobre a *Educação das crianças* do Pseudo-Plutarco). Notícias sobre seu pensamento e o método de ensino em uso na sua escola podem ser extraídas do *De Ordine docenti ad studenti*, escrito em 1459 (para Manacorda, em 1485) pelo filho Battista e apresentado como "um compêndio da teoria e da prática de diversos eruditos, e neste caso representa de fato a doutrina de meu pai Guarino Veronese".

No tratado não existem diferenças significativas em relação às ideias de Bruni e Vergerio sobre o valor da educação humanística. Nota-se, porém, uma constante preocupação por questões técnicas ligadas ao ensino em aula, desenvolvidas até nos mínimos detalhes. O motivo dessa preceptiva tão minuciosa reside na intenção do autor de servir de ajuda aos mestres e preceptores do seu tempo, notoriamente bastante limitados em matéria de preparação profissional.

No que diz respeito à organização da escola e aos conteúdos do ensino nela dispensados, apreendemos pelo tratado que se refere a uma escola ao mesmo tempo pública (nos cursos da manhã) e particular (nos da tarde). A organização dos cursos de estudo na sua escola, diferente da de Vergerio, em quem Guarini se inspira, tem uma ordem bastante precisa e racional, derivada sobretudo de Quintiliano. O ensino é dividido em três cursos: elementar, gramatical e retórico. O primeiro é dedicado à aprendizagem da leitura e da escrita "clara e expedita" do latim, das declinações e das conjugações. O curso de gramática é constituído de uma parte metódica (relacionada com a sintaxe dos casos, a flexão dos verbos irregulares, os elementos de prosódia e métrica, os primeiros elementos de grego e o estudo memorizado de Virgílio e Cícero) e de uma parte histórica (leitura de poetas e de historiadores ricos em referências mitológicas e históricas, como Virgílio, Ovídio e os grandes historiadores latinos). O curso de retórica, enfim, é destinado ao estudo de Cícero e de Quintiliano e à leitura de Platão e Aristóteles, através da *Retorica ad Herennium*, o *De Oratore* e o *De Officiis*.

O método de Guarini baseia-se primeiramente na leitura, feita "com olho atento e com ânimo aplicado", de um período ou "cláusula": "se logo à primeira leitura apreenderes o significado, repetindo para ti mesmo e condensando-o, compreende-lo-ás dentro de uma única intuição mental" e "quando depois tiveres percorrido de igual modo e diligência vários períodos sobre o mesmo assunto, antes que a leitura passe a outro, será preciso recolher-se e, em silêncio, encontrar o sumo das coisas lidas". Uma tal leitura analítica e inteligente é a via mestra para formar o *vir bonus, dicendi peritus* de ciceroniana memória, colocado no vértice da educação humanística. Ao lado da mente, também o corpo deve ser educado, ou seja, fortalecido e enobrecido. Para tal objetivo, são úteis as caçadas e os passeios no campo, assim como os jogos aquáticos ("O homem que sabe nadar" – afirma Guarini – "tem uma dupla natureza") e com bola, e também a dança.

Vittorino dos Ramboldi (ou Rambaldoni) nasceu em Feltre por volta de 1378 de uma família nobre reduzida à pobreza. Aos 18 anos dirige-se a Pádua e inscreve-se na Faculdade de Artes, onde estuda também matemática com Biagio Pelacani e depois a ensina com sucesso. Em 1415, transfere-se para Veneza onde estuda o grego, depois para Pádua onde abre uma escola/internato que dirige pessoalmente e que acolhe também rapazes pobres, mas dotados de talento. Em 1423 é chamado a Mântua pela família dos Gonzaga como preceptor dos nobres rebentos da corte, e aqui também abre uma escola a que dá o nome de "Jocosa" e na qual ensina até sua morte, ocorrida em 1446.

Vittorino não deixa escritos pedagógicos, mas por meio de algumas cartas e dos fartos testemunhos a respeito de seu ensino é possível reconstruir o seu pensamento pedagógico e a organização da sua escola. Trata-se, em todo caso, do professor mais célebre do seu tempo, "tido por todos em alta estima e veneração, não só pela doutrina, mas pela integridade e a glória de sua vida e de seus costumes", de tal modo que os estudantes "acorriam em multidão para ele, não só de todas as partes da Itália, mas da própria Grécia, da França e da Alemanha, já que a fama de tal homem se tinha espalhado pelos mais longínquos países".

O ideal pedagógico de Vittorino se resume na convergência da formação humanística com o ensinamento ético-religioso do cristianismo, e se exprime na formação de um homem completamente desenvolvido através do cuidado do corpo (ginástica), das artes (dança, música e canto), das práticas religiosas e da exaltação do amor de Deus e do próximo, também por meio do exemplo. Para realizar esse ideal formativo contribuem tanto os estudos clássicos como as virtudes cristãs, capazes ambos de favorecer aquela harmonia interior que assume inclusive um profundo destaque social, enquanto portadora de liberdade e de felicidade e, portanto, de paz e de justiça. Educação literária e educação moral se interpenetram intimamente na escola de Vittorino, fazendo dela o modelo mais alto e maduro da pedagogia do humanismo.

No terreno mais propriamente cultural, Vittorino tem em mira um estudo desinteressado e formativo que tem como coroamento a Filosofia, aprendida através de Platão e Aristóteles, dos historiadores e de Cícero. Mas a formação para ele é essencialmente individual e, portanto, o ensino deve saber levar em conta as várias características e interesses dos alunos e, ainda, suas necessidades de recreação e distração. Esta referência à recreação, estreitamente vinculada ao ideal de harmonia e de equilíbrio, concretiza-se também na criação de um ambiente educativo, o da "Jocosa", disciplinado e majestoso, com esforços adequados para as várias atividades esportivas, e caracterizado por uma acurada beleza. Qualidades estas que tendem a favorecer no jovem aluno a formação de um ideal de vida e de comportamento orientado para a cortesia e a elegância. O esporte é, além disso, considerado um meio importante que permite à criança exprimir sua personalidade espontânea e ao docente compreender as inclinações de cada aluno e orientá-lo para um crescimento harmônico.

A escola de Vittorino compreende três cursos (de gramática, de dialética e de retórica) nos quais são ensinadas as disciplinas do "trívio" e do "quadrívio", mas com métodos inteiramente novos. A gramática, por exemplo, é estudada apenas sobre os textos de Virgílio e Cícero, de Homero e Demóstenes. Sucessivamente se aprende a discutir (dialética) e a declamar (retórica), seguindo-se depois "as disciplinas matemáticas, a aritmética, a geometria, a astronomia, a música", cujo ensino tem um valor puramente ornamental e de adestramento intelectual, não entrando nos elementos essenciais do seu pensamento pedagógico. Cada ensino é desenvolvido "com toda a afabilidade", de modo a respeitar o caráter lúdico da infância e despertar o interesse das crianças. Um papel de destaque na escola vittoriniana assume a personalidade do "mestre" que deve estar bem consciente da sua alta missão e amparado por um intenso amor religioso pela infância e pela juventude. Vittorino é o educador mais significativo do Renascimento por interpretar de maneira coerente e profunda suas duas grandes descobertas: primeiro, a mais corrente no seu tempo, da renovação cultural operada através de uma leitura histórico--filológica dos clássicos, e, segundo, a mais original e menos habitual, da autonomia e especificidade da vida infantil, caracterizada pela espontaneidade e pelo instinto do jogo.

No curso de poucos anos, a escola de Vittorino conquista uma fama e uma consideração não inferior à de muitos *studia* italianos, tanto é que, em 1433, o imperador Segismundo lhe confere a patente de Universidade, depois renovada pelos sucessores imediatos.

6 O "RETORNO DOS ANTIGOS" ENTRE FILOLOGIA/DIALÉTICA E *PAIDEIA*

Se o humanismo – primeiro italiano e depois europeu – caracterizou--se em particular pela "volta dos antigos", pela retomada de seu pensamento, pelo estudo de suas obras e a busca quase espasmódica de seus códigos, pelo cultivo das línguas em que aqueles autores tinham falado (o grego e o latim), este retorno foi, por sua vez, marcado por um modo novo de aproximar-se dessa cultura: filológico de um lado, dialético de outro. A abordagem filológica significava restauração linguística dos textos, sua interpretação não alegórica (como tinha feito a Idade Média), mas histórica, capaz de contextualizá-los e de colher seu significado mais genuíno, ligado ao seu tempo histórico. E o empenho filológico levava a uma atenção para com as línguas antigas restauradas nas suas formas gramaticais e sintáticas, expurgadas dos barbarismos medievais, estudadas segundo um modelo extraído dos clássicos (Cícero em particular, para o latim). Certamente que não se trata apenas de restaurar textos, mas também de fazê-los falar aos contemporâneos, de dialogar diretamente com eles, para nutrir-se de seu espírito cultural e para encontrar modelos (políticos, literários, filosóficos) a serem revividos na contemporaneidade. Por exemplo, a leitura de Platão feita pelos humanistas florentinos, de Leonardo Bruni a Marsílio Ficino, mesmo articulando-se em várias frentes – política, lógica, metafísico-religiosa – foi sempre uma leitura "ao vivo", ligada a um forte desejo de diálogo e de reativação de modelos ainda carregados de sugestão e de atualidade. Desta atitude emergia o recurso à dialética, à técnica da argumentação e da retórica que o diálogo com os clássicos vinha reativar, com a recuperação de formas argumentativas distantes da silogística dos escolásticos. O "retorno dos antigos" renovava conteúdos e métodos para a cultura e impunha tal renovação também nas escolas, naquelas mais livres e de vanguarda, alheias à instituição universitária (como foi o *Studio* florentino, criado em 1321 e desenvolvido justamente com o humanismo).

Tal retorno abrangerá também os estudos pedagógicos e a práxis escolar. A referência a Platão reconduzia a pedagogia para a *pólis*, para o seu engajamento político, reconhecendo-a como um dos fatores de desenvolvimento e de prosperidade, assim como também para o primado da *paideia* como formação humana do indivíduo através do comércio com a cultura, com os outros homens, com a própria cidade. Assim, o retorno de Cícero e da oratória, de Quintiliano e do estudo formativo da língua e da literatura, repunha em jogo o ensino do latim e o vinculava a novos princípios e novos modelos. A referência aos clássicos ativava também uma polêmica dura contra as tradições medievais, contra o enciclopedismo, o logicismo e o formalismo de uma cultura, contra a sua subordinação à teologia e à teorização aristotélica. Todo o humanismo tomará distância desta cultura e deste ensino, indicando um novo tipo de cultura: funcional para a natureza e para o crescimento do homem, para a sua vontade de dominar e de mudar o mundo, para a sua identidade de *Homo faber* e de cidadão de uma *pólis*. São os temas de retorno à *paideia*, da referência à *pólis* inclusive no campo educativo, do antiescolasticismo, da valorização das *humanae litterae* que circulam dentro das obras dos intelectuais, expressões da "nova era" e que constituem o início de uma nova época da pedagogia: esta sai das escolas e mergulha na vida da cidade, dá lugar a modelos novos, redefine-se segundo um modelo de cultura (uma soldagem de filosofia e dialética), defronta-se com novos textos e novos autores.

Em particular, a revolução pedagógica do humanismo – retomada e ampliada pela época do Renascimento, que desenvolve os germes da nova cultura no plano estético, político, científico e filosófico com um grande impulso de criatividade – realiza uma *paideia* inspirada nos modelos do classicismo e que se nutre dos *studia humanitatis*. Estes se destinam a restaurar "o sentido e o uso das palavras, procurando-os nos autores gregos e latinos, mas também se esforçando para reencontrar o timbre do discurso comum" e a formar moralmente o homem, mas segundo uma moral mais livre e mais consciente do próprio caráter mundano e segundo um modelo de homem *in fieri*, empenhando-se em "formar a juventude ajudando-a a suscitar as energias naturais sem condicioná-la, sem constrangê-la dentro de esquemas e fórmulas determinadas". Além disso, "a nova educação caminhará particularmente na direção da vida política, como formadora de magistrados e técnicos do governo" e "terá como fim primário a reconquista das suas possibilidades" (Garin). Tais *studia* implicavam uma diferente organização dos estudos, primeiro literários, depois filosóficos e científicos, em aberta oposição, como dissemos, à tradição escolástico-medieval, aos seus manuais e às suas práxis didáticas, mnemônicas e repetitivas, que ainda continuava presente nas escolas "baixas". E na base desta renovada pedagogia estava também uma nova imagem da infância e da juventude, valorizada na sua autonomia, na sua diversidade em relação à idade adulta, na sua afetividade, ingenuidade e inocência, dando assim vida a uma visão da criança que estará no centro de toda a cultura (e da vida social) moderna e contemporânea, como nos lembrou Ariès. De fato, em pleno século xv, escrevia Rucellai sobre os meninos: "Deixai-os correr, saltar, jogar bola, pelota ... Não me parece nem me agrada que devam receber pancadas", devendo-se cultivar o seu "natural amor".

Todo o universo da educação veio a mudar, nos fins e nos meios, muda o ensino e muda a atitude da família em relação à criança, muda a imagem do homem que é formado por esse processo educativo: trata-se daquele homem mais laico, civil e *faber* que vive como um microcosmo no qual se reflete o macrocosmo e que é senhor do universo por dominá-lo com o pensamento e com a palavra, mas também com a vontade e a práxis. Homem que quer ver a si próprio desenvolvido em todas as suas potencialidades e realizado naquele pluralismo de capacidades e de dimensões, segundo um modelo harmônico similar à "obra de arte", como bem viu Burckhardt. A estética torna-se assim o paradigma-guia da formação e o critério supremo da pedagogia em todas as suas formas (desde a teórica até a escolar).

A importante transformação educativa e pedagógica empreendida pelo humanismo ativará um processo que, durante três séculos, até os anos Seiscentos, virá conotar profundamente a pedagogia moderna: colocando no centro o homem e os *studia humanitatis*, imprimindo à pedagogia um sentido mais laico e civil, indicando um "eixo cultural" para as escolas e para a formação que conjuga letras e história, ciências e história, língua e civilização, de modo intensamente dinâmico e radicalmente dialético. Com o humanismo, ademais, abre-se aquele dissídio entre liberdade e autoridade, entre cultura e poder, entre indivíduo e sociedade etc. que permanecerá no centro da educação dos modernos e que agirá como uma linfa em todas as aventuras da pedagogia, até o nosso século. O humanismo, portanto, inicia uma série de processos epocais em pedagogia: oferece-nos um novo ideal formativo e um novo curso de estudos, faz pensar a infância de maneira nova, coloca-nos diante do princípio animador (e antinômico) de toda a pedagogia moderna. É bem verdade que os séculos seguintes enriquecem e sofisticam o modelo com contribuições políticas e filosóficas, com ulteriores desenvolvimentos e complicações, mas um *iter* e um núcleo já estão traçados, um novo "código genético" da cultura pedagógica já está instaurado, uma aventura educativa carregada de futuro foi posta em marcha.

CAPÍTULO III

O SÉCULO XVI: O INÍCIO DA PEDAGOGIA MODERNA

1 UM SÉCULO DE GRANDES FERMENTAÇÕES

O século XVI foi marcado por profundas fermentações (rebeliões, transformações, rupturas) e igualmente profundas contradições, que invadiram o campo social e político, religioso e cultural em geral. Foi o século em que começou a tomar corpo a Modernidade com quase todas as suas características: a secularização, o individualismo, o domínio da natureza, o Estado moderno (territorial e burocrático), a afirmação da burguesia e da economia de mercado e capitalista no sentido próprio etc. Ainda que tenha sido o século seguinte que, por sua vez, tenha confirmado e colocado essas características como estruturas de uma nova época histórica: da burguesia, da ciência, do capitalismo, do Estado moderno, justamente. No curso dos século XVI, ainda, velho e novo se defrontam, e a dimensão antropocêntrica do humanismo é ainda central, embora o sentido de *liberdade* e de *inovação* se tenha tornado mais radical e mais geral. O "retorno dos antigos" é tido doravante como uma aquisição definitiva (pense-se em Maquiavel ou em Montaigne e no uso sistemático, contínuo, "normal" dos clássicos antigos como guias intelectuais e morais). Agora, a "leitura" dos clássicos "torna-se estímulo para uma criação nova, estética" e não mais apenas imitação (Garin). A atenção à natureza, ao macrocosmo, à sua ordem e à sua riqueza, torna-se agora mais técnica, mais minuciosa, mais científica: metodologicamente mais autônoma e mais consciente do primado da observação e da dedução, assim como metafisicamente mais ousada, apoiada doravante por uma filosofia da natureza que expande seus limites e exalta sua liberdade.

A cidade ideal é, agora, substituída pelo estudo da cidade real, com o engajamento num governo que se baseie *iuxta propria principia*, como teorizaram Maquiavel e Guicciardini. Com Maquiavel caminha-se para "uma visão racional da política e da história" que "leve às últimas consequências a valorização do mundano e do humano" (Garin). Também o indivíduo deve submeter-se a uma remodelação ao mesmo tempo histórica e estética, através do ideal do "cortesão" e das regras da "sociabilidade", que estabelece os princípios e as formas da socialização, que se deve realizar como "civil conversação".

Todo esse complexo processo vem também tocar profundamente a educação e a pedagogia, que são, por sua vez, radicalmente transformadas tanto no terreno político e religioso como no ético e social, e também no técnico. No âmbito político, o nascimento do Estado moderno, interessado no domínio da sociedade civil e que exerce um domínio racional, pensado desde o centro e disseminado por toda a sociedade que se vê assim controlada em todas as suas manifestações, é que vem determinar uma pedagogia política, típica do mundo moderno (melhor: típica e central, até os dias de hoje) e uma educação articulada sob muitas formas e organizada em muitos agentes (família, escola, associações, imprensa etc.), que convergem num processo de envolvimento e conformação do indivíduo, de maneira cada vez mais capilar. *O príncipe* de Maquiavel é a expressão mais explícita e mais alta desse projeto "pedagógico": de domínio e de conformação. E é um projeto que será retomado na Modernidade, através daquele desejo de governo que invade toda a sociedade: os saberes, os indivíduos, as instituições etc. No terreno religioso, porém, o século XVI caracteriza-se como uma laceração – entre Reforma e Contrarreforma – e como um século de fermentações teológicas e pastorais, com uma taxa bastante sensível de utopia em relação ao renascimento do cristianismo e da Igreja e que ativa um modelo de *societas christiana* radicalmente novo: mais evangélica, por um lado, mais rigidamente disciplinar, por outro. Seja como for, o século XVI renova a educação religiosa e a formação do cristão, afastando-se tanto dos terrores e dos compromissos da Idade Média quanto do cristianismo neoplatônico do humanismo. Aqui também é a dramaticidade da vida religiosa que é colocada no centro com sua forte função social e política. As Igrejas depois renovam os processos educativos, na família, na escola, na própria comunidade.

A ética se torna agora mais autenticamente moderna, ligada à natureza e às suas leis, à sociedade e aos seus fins, tornando-se também mais explicitamente antropológica e individual, relacionada que está com as escolhas do indivíduo e com sua subjetividade, assim como com sua pessoal visão do mundo. A ética regula-se, agora, segundo princípios predominantemente estéticos: de harmonização do sujeito, de realização de si mesmo quase como "obra de arte", de potencialização da própria vitalidade. Educar torna-se educar-se segundo um processo autônomo e responsável, para o qual não existem modelos *a priori*, ainda que estes vigorem na sociedade e na cultura e devam ser individualmente revisitados para harmonizar-se com o próprio papel social (pense-se na pedagogia da Contrarreforma). A ética, assim, estende-se entre indivíduo e sociedade, ativando um processo de dilaceração interna e dando vida a uma pedagogia submetida ao duplo regime da individualidade, da criatividade e da conformação, provocando, desse modo, uma radical dilaceração do homem moderno, que deve formar-se, ao mesmo tempo e sempre, por si e por outros.

Mas no século XVI mudam as – ou melhor, tem início uma mudança das – técnicas educativas e escolares: nasce uma sociedade disciplinar que exerce vigilância sobre o indivíduo e tende a reprimi-lo/controlá-lo, inseri-lo cada vez mais em sistemas de controle (como bem mostrará a realidade social e política dos anos Setecentos); forma-se a escola moderna: instrutiva, planificada e controlada em todas as suas ações, racionalizada nos seus processos. É uma escola que assume um papel social cada vez mais determinante: social e civil (podemos dizer) e profissional; que per-

246 FRANCO CAMBI

tence cada vez mais nitidamente aos "aparelhos ideológicos", mas também burocráticos do governo, seja ele laico ou religioso-eclesiástico. Até mesmo o saber pedagógico se renova: desenvolve-se, torna-se mais autônomo, naturaliza-se e socializa-se, demarca-se como "saber político", vai elaborando modelos bastante diversos do passado (pense-se em Maquiavel e em *O príncipe*, que é também um tratado de pedagogia, enquanto fala do domínio sobre os homens e da sua formação como cidadãos, atribuindo o papel determinante neste processo ao carisma e à astúcia do soberano, que é "metade raposa" e "metade leão", e que manipula o povo e os indivíduos; mas pense-se igualmente no individualismo de Montaigne, que visa à formação da *própria* subjetividade, contrapondo-a a todo o contexto social e cultural, reivindicando sua unicidade e autonomia). E demarca-se também no sentido técnico, dando vida a soluções novas para a aprendizagem (com mais respeito pelas capacidades infantis ou juvenis) e a espaços sociais para a formação (a escola, os oratórios e a fábrica: na primeira, afirma-se a centralidade da disciplina e de toda uma ritualidade de práticas, de gestos e de léxicos; nos segundos, organiza-se o tempo livre seja em função da reorganização funcional para o "bem social" do tempo de trabalho, seja em função da ordem social *tout court*; na terceira, realiza-se uma nova práxis de trabalho, ao mesmo tempo mais social e mais parcializado, portanto mais alienante, na medida em que se torna mais mecânico e mais cego em relação aos fins da produção).

No século XVI, a educação e a pedagogia cumprem um esforço de renovação que vai muito além dos *studia humanitatis* e das "rupturas" do humanismo, formando uma civilização pedagógica nova, doravante decididamente encaminhada para as características da Modernidade, embora estas só sejam decantadas plenamente no século seguinte.

2 A REFORMA E A EDUCAÇÃO

Nos primeiros decênios do século XVI, os fermentos de renovação religiosa, que por diversas vezes agitaram o mundo da cristandade a partir do século XIII, explodem com toda a sua carga rompente, dando lugar a um movimento de reforma político-religiosa comumente conhecido pelo nome de Reforma protestante.

Na sua base, existem motivos de ordem religiosa como a aversão pela hierarquia eclesiástica considerada responsável pela desordem disciplinar e pela corrupção moral que dominam na Igreja de Roma, e sobretudo a aspiração generalizada a um retorno ao autêntico espírito do "cristianismo das origens", do qual as escolas teológicas medievais e a prática religiosa haviam afastado grande parte dos fiéis. Mas existem também motivos de ordem social e econômica como a "crescente hostilidade da burguesia financeira dos vários países" pelo fiscalismo papal e, na Alemanha, "o nascente sentimento nacional", "as agitações sociais que movimentam as massas camponesas contra os grandes proprietários de terras" e o protesto dos novos intelectuais laicos.

Em tal situação, toma corpo uma expectativa muito generalizada de renovação radical que desemboca numa ação de ruptura da unidade do cristianismo, até então considerado religião universal da humanidade e elemento central da unificação cultural do continente. Tal sentimento de *renovatio*, na origem contido na esfera da pura espiritualidade, acaba por envolver todas as dimensões da vida do homem. No plano doutrinal, o princípio do "livre exame" e da "salvação apenas pela fé" abala os pilares da doutrina católica que fazem da Igreja o elemento de mediação na relação entre o homem e Deus e de garantia da graça divina mediante os sacramentos. No plano social, é superada a distinção de origem medieval entre clero e laicato, entre ação religiosa e ação civil, fazendo do mundo terreno o lugar em que se realiza a obra de Deus. A concepção do trabalho também sai daí amplamente modificada. Sobretudo com Calvino, a atividade laboriosa é considerada um elemento de salvação do homem e um meio para instaurar o reino de Deus na terra. Diante da desvalorização do trabalho, não só manual, operada pela tradição clássica e medieval, o reconhecimento da sua importância se transforma num potente estímulo à fundação do mundo moderno e ao surgimento da civilização capitalista.

O movimento de reforma religiosa e cultural, iniciado por Lutero na Alemanha, que tem importantes consequências na história da cultura europeia, assume desde seus inícios um importante significado educativo. Seja Lutero ou Melanchton, os dois maiores representantes da Alemanha reformada também no que diz respeito ao campo pedagógico, embora com ênfases em partes diferentes, voltam sempre a enfrentar o problema educativo. Se de fato a "Reforma" põe como seu fundamento um contato mais estreito e pessoal entre o crente e as Escrituras e, por conseguinte, valoriza uma religiosidade interior e o princípio do "livre exame" do texto sagrado, resulta essencial para todo cristão a posse dos instrumentos elementares da cultura (em particular a capacidade de leitura) e, de maneira mais geral, para as comunidades religiosas, a necessidade de difundir essa posse em nível popular, por meio de instituições escolares públicas mantidas a expensas dos municípios. Pode-se dizer que, com o protestantismo, afirmam-se em pedagogia o princípio do direito-dever de todo cidadão em relação ao estudo, pelo menos no seu grau elementar, e o princípio da obrigação e da gratuidade da instrução, lançando-se as bases para a afirmação de um conceito autônomo e responsável de formação, não estando mais o indivíduo condicionado por uma relação mediata de qualquer autoridade com a verdade e com Deus.

O modelo de cultura que o movimento reformador tem em mira para organizar as próprias escolas é o humanístico, baseado na prioridade das línguas e na centralidade da educação gramatical. Desse modo, especialmente pela ação de Melanchton, ele consegue fundir-se à obra de renovação cultural que naquela época interessa a grande parte da Alemanha, evitando uma queda para formas de fideísmo e valorizando, pelo contrário, uma ligação fundamental com alguns aspectos profundamente inovadores da cultura moderna. Para a definição e a realização das linhas educativas acima referidas dão a sua contribuição os maiores inovadores do período, cujo pensamento e obra passamos a caracterizar.

Nascido num vilarejo da Saxônia, de uma modesta família de mineradores, Martinho Lutero (1483-1546) segue estudos religiosos num mosteiro agostiniano, recebendo as ordens. Numa viagem à Itália em 1510 fica profundamente impressionado com a corrupção dominante nos meios da cúria romana. A repugnância sobretudo pela prática das indulgências o leva a afastar-se progressivamente da ortodoxia católica. A publicação em 1517 das 95 Teses sobre os abusos e as pretensões da Igreja oficial assinala o início de uma tormentosa relação com Roma, que se conclui com a ruptura definitiva.

O interesse de Lutero pelos problemas da educação e da escola está contido numa série de discursos e de apelos dirigidos aos homens políticos alemães (*Carta aos conselheiros comunais de todas as cidades da Alemanha,* de 1524; *Sermão sobre a necessidade de mandar os filhos à escola*, de 1530), além de alguns escritos de caráter religioso (*Grande e pequeno catecismo*, de 1529). A sua concepção pedagógica baseia-se num fundamental apelo à validade universal da instrução, a fim de que todo homem possa cumprir os próprios deveres sociais. "Se não existissem nem a alma, nem o Paraíso, nem o Inferno, e ainda se não se deve levar em consideração apenas as questões temporais, haveria igualmente necessidade de boas escolas masculinas e femininas, e isso para poder dispor de homens capazes de governar bem e mulheres em condições de conduzir bem as suas casas." A instrução é, portanto, uma obrigação para os cidadãos e um dever para os administradores das cidades. Os primeiros têm tal obrigação porque a lei de Deus não pode ser mantida com os punhos e com as armas, mas apenas com a cabeça e com os livros. E se, de algum modo, se mostrarem relutantes, deve-se recorrer à coação, do mesmo modo como são impostas as taxas para a construção de obras de utilidade pública. "É dever da autoridade temporal obrigar os súditos a manter os filhos na escola, especialmente os mais promissores."

O dever para as autoridades municipais de instituir e manter a próprias expensas as instituições escolares deriva da convicção de que estas se configuram como verdadeiros e legítimos recursos para toda a comunidade: a formação de cidadãos cultos e respeitadores da lei favorece a paz social e uma grande economia de dinheiro. Deriva daí que a ignorância deve ser combatida em todas as comunidades reformadas, sendo ela um instrumento com o qual "o diabo se empenha em ofender cidades e Estados".

A educação, para Lutero, deve apoiar-se sobretudo no estudo das línguas, as antigas e a nacional, porque as línguas são "a bainha na qual está guardada a espada do Espírito", o meio para chegar a compreender a verdade do Evangelho. A escola é organizada em quatro setores: o das línguas (latim, grego, hebraico, alemão), para remontar às fontes das Sagradas Escrituras; o das obras literárias (pagãs e cristãs), para o ensino da gramática e a leitura dos textos sagrados; o das ciências e das artes, e o da jurisprudência e da medicina. A frequência escolar é limitada a "uma ou duas horas por dia", enquanto o tempo restante é dedicado "a trabalhar em casa, a aprender um ofício, a fazer tudo o que se espera deles", assim "estudo e trabalho caminham lado a lado". Os edifícios escolares

250 FRANCO CAMBI

deverão ser adaptados ao uso que se faz deles e dotados de boas e bem organizadas bibliotecas. No centro da vida escolar está o mestre, que substitui a família, quando esta se mostra incapaz de desenvolver adequadamente o próprio papel formativo em relação ao jovem. O mestre deve possuir em justo equilíbrio severidade e amor, já que "com o amor obtém-se muito mais que com o medo servil e a coerção". Na escola não deve haver então espaço para as punições excessivas e para o estudo que não tenha uma finalidade e uma motivação precisa: "hoje em dia as escolas não são mais aquelas de antigamente, um Inferno e um Purgatório em que éramos atormentados com *causalibus* e *temporalibus*".

Graças à estreita colaboração entre a nova Igreja reformada e as autoridades civis, sobretudo as da Saxônia, efetua-se primeiro uma reorganização das escolas municipais e, sucessivamente, chega-se a fundar algumas escolas secundárias financiadas e controladas pelo Estado. Nascem assim os ginásios, que são o primeiro e mais duradouro núcleo da escola nacional alemã. Mais lento, porém, é o desenvolvimento das escolas populares, o que não dá razão àqueles que atribuem a Lutero o mérito de haver dado início à moderna escola popular.

A elaboração das estruturas organizativas e dos conteúdos culturais próprios das escolas secundárias da Reforma é devida sobretudo a Filipe Melanchton (1497-1560), por isso mesmo chamado "preceptor da Alemanha". Nascido num vilarejo perdido da Renânia, mostra precoces e grandes dotes intelectuais e um vasto conhecimento da cultura e das línguas clássicas. Sobrinho do humanista Reuchlin, desde cedo relaciona sua atividade cultural, desenvolvida sobretudo junto à Universidade de Wittenberg, aos princípios do protestantismo, efetuando uma decisiva convergência entre humanismo e luteranismo e fornecendo um modelo de formação para exclusivo benefício dos representantes da nova religião, com exclusão, portanto, dos grupos aristocráticos, da nascente burguesia e da classe dos camponeses. Muito ativo em promover e organizar escolas em diversas localidades da Alemanha, o seu objetivo educativo é inicialmente expresso no *De corrigendis adolescentiae studiis* de 1518, no qual defende a importância da instrução e a validade da cultura antiga para penetrar a verdade das Escrituras. A ignorância é a maior adversária da fé, por isso deve ser combatida (e não só no nível da infância) mediante uma radical reforma das escolas e uma recuperação da autoridade cultural e moral dos educadores. Tal objetivo vem em seguida completamente expresso no discurso inaugural da escola fundada em 1526 em Nuremberg (*In laudem novae scholae*). A finalidade da escola é promover a "piedade evangélica", torná-la culta e consciente através de uma instrução clássica rigorosamente organizada. Em 1527, encarregado pelo duque da Saxônia e dentro de um plano de reordenação da situação religiosa do ducado, Melanchton redige os *Artigos de visitação*, uma publicação contendo, entre outras coisas, uma série de instruções para os inspetores das escolas, na qual aprofunda suas ideias sobre a escola e sua organização. O curso dos estudos é dividido em três ciclos: o primeiro, para os principiantes, é destinado à aprendizagem dos primeiros rudimentos do latim, através do estudo de alguns simples fragmentos de Catão e de Donato; o segundo é endereçado predominantemente ao estudo da gramática, através de Terêncio e Virgílio; o terceiro é orientada para a dialética e a retórica, através de Salústio, Lívio, Horácio, Ovídio e Cícero. Neste terceiro nível, os melhores alunos são iniciados no conhecimento do grego e do hebraico, da matemática e das artes. Além de elencar de maneira muito detalhada as matérias de estudo e até mesmo as suas horas de ensino, o plano fornece indicações úteis sobre o método de aprendizagem que dá muito espaço à leitura e à conversação, mais que à gramática e à sintaxe, cuja utilidade não é, todavia, posta em dúvida para um melhor aprendizado e uso da língua. No mesmo plano, Melanchton atribui às autoridades civis a tarefa de instituir e financiar as escolas e de nomear professores dotados de boa cultura clássica.

Em nível universitário, as capacidades organizativas de Melanchton também dão seus frutos. Ele renova o curso dos estudos com a introdução de novas matérias, entre as quais a matemática, até então ensinada para fins meramente prático-comerciais, e de uma mentalidade humanista geral (filosófica e literária), em vista da realização de uma religião culta e eloquente, a *pietas litterata* que os humanistas italianos foram os primeiros a propugnar.

Se o luteranismo na Alemanha relança a função social da instrução através da instituição de escolas e a valorização da língua nacional como meio de aproximação pessoal dos textos da Sagrada Escritura, também junto às outras Igrejas reformadas o problema educativo é visto em estreita relação com o da renovação religiosa. Ele é enfrentado particularmente por João Calvino (1509-1564).

252 FRANCO CAMBI

Pertencente a uma família católica, o reformador genebrino completa a sua primeira formação em Paris, no colégio Montaigu, famoso pela sua ortodoxia católica, e sucessivamente passa para a Universidade de Orléans e de Bourges, onde segue estudos jurídicos e entra em contato com grupos de teólogos inovadores abertamente críticos em relação ao catolicismo. Do mesmo modo que Lutero, Calvino está convicto de que a salvação do homem reside na Palavra divina contida nas Escrituras. Mas, ao contrário do monge alemão, ele insiste na predestinação dos eleitos, segundo um desígnio imperscrutável de Deus que, em vez de induzir os homens à inércia, incita-os a procurar nas obras e no mundo o sinal de sua própria eleição. Daqui deriva aquele impulso à operosidade, à responsabilidade pessoal e ao trabalho que faz de Calvino o antecipador do mundo moderno.

Obrigado a fugir da França por causa das perseguições aos seguidores da nova religião, Calvino encontra abrigo na Suíça, primeiro em Genebra, depois em Basileia, e em seguida, em Estrasburgo, onde exerce o ofício de pregador na comunidade de refugiados franceses. Em 1536, publica um tratado de teologia (*Institutio religionis christianae*), logo traduzido em diversas línguas, no qual sublinha a convergência das artes liberais com o verbo evangélico, a necessidade da instrução para a justa administração da cidade e a exigência de formar a consciência individual através dos textos literários.

Chamado de volta a Genebra em 1541, assume o governo da cidade dando vida a um programa de reformas sociais e religiosas, profundamente inspirado nos princípios da nova religião, e que atribui amplo espaço à educação. Nos seus *Ordenamentos eclesiásticos* defende a necessidade da frequência escolar para todo representante da nova Igreja e aponta nas "línguas" e nas "ciências seculares" os instrumentos fundamentais da formação. Tal programa está também na base da Academia de Genebra, fundada em 1539 para a formação dos ministros do novo culto, que pode ser considerada a obra-prima de Calvino na sua qualidade de organizador de cultura.

No quadro da concepção cristã do humanismo, Erasmo de Rotterdã (1466-1536) ocupa um lugar de grande destaque. Nascido na Holanda de família ilegítima, Desidério Erasmo frequenta, nos anos de formação, ambientes intelectuais de diversos países, adquirindo desse modo uma mentalidade cosmopolita. Estuda primeiro em Deventer, na escola dirigida pelo humanista Alexandre Hegius, depois em Paris e em Londres, onde entra em contato com Thomas More e Giovanni Colet e pode exprimir plenamente seus interesses pela educação, e, por fim, na Itália, onde, como ocorre com Lutero, fica fortemente impressionado pelo grau de corrupção que reina na Igreja de Roma.

A sua experiência de viajante e o objetivo de pacificação diante dos frequentes conflitos entre os povos levam-no a afirmar a centralidade da educação e a necessidade de uma língua universal.

Suas ideias sobre educação estão contidas em diversas obras, algumas das quais de assunto não estritamente pedagógico. É o caso, por exemplo, da *Enchiridion militis christiani* de 1501, um tratado sobre os problemas da moral na Europa, no qual Erasmo propugna um retorno aos estudos clássicos, embora acentue o aspecto cristão em contraste com a dimensão "laica" e humana celebrada pelo humanismo italiano. E também o famoso *Morias Enkomion* de 1509, uma sátira feroz da sociedade do tempo, no qual o pensador holandês critica a absurdidade dos falsos sapientes, envolvendo na polêmica todos aqueles que presumem desenvolver tarefas educativas: gramáticos, literatos, retóricos, homens de Igreja e cortesãos. Ou ainda a *Institutio principis christiani* de 1516, uma obra de literatura política dedicada ao futuro imperador Carlos v. Nela, vem traçada a identidade do perfeito homem de Estado com conotações antimaquiavélicas e fortemente platônico-cristãs ("Antes de qualquer outra coisa, deve estar solidamente radicada na mente do príncipe a história de Cristo") e são dadas indicações precisas sobre o tipo de formação institucional que mais lhe convém.

Outras obras, entretanto, tratam de maneira sistemática de educação, do seu valor e da sua função social. No *De ratione studii* de 1512, Erasmo se propõe elevar "jovens de inteligência normal a um apreciável nível de erudição, e também de conversação em latim e em grego", isto é, nas duas línguas que naquele tempo representam o meio mais praticado de comunicação. Sua concepção das línguas clássicas como línguas vivas e expressivas leva-o a polemizar vivamente tanto com o latim barbarizado das universidades medievais e da Escolástica quanto com a redução delas a uma aprendizagem meramente gramatical, valorizando, pelo contrário, o aprofundamento das línguas antigas, por meio da leitura e da conversação.

Daí o interesse de Erasmo pelos problemas do método de ensino das línguas. O estudo delas deve ocorrer fora dos formalismos de uma abordagem exclusivamente gramatical e por um contato direto com os textos, sem conceder nenhuma prioridade às regras da gramática e da sintaxe, que devem, entretanto, ser recuperadas no contexto das várias obras. O latim – afirma ele nos *Colloquia* de 1518, uma série de exercícios e trechos em latim adaptados à conversação – deve ser adotado dentro e fora da escola como língua falada, mas ao lado das línguas devem ser introduzidas no currículo formativo a história, que é fonte de exemplos morais, e as ciências, estudadas principalmente pelo seu rico vocabulário. Quanto aos autores, Erasmo aconselha a leitura daqueles que enfrentam os problemas concretos e não apenas aqueles que oferecem somente exemplos de estilo. A sua polêmica contra Cícero é, nesse sentido, exemplar. A Cícero, de fato, devem ser preferidos Homero, Hesíodo, Platão, Aristóteles, Teofrasto, Plínio e Ovídio. Para fazer apreciar sua leitura, os autores clássicos devem ser constantemente relacionados com a vida cotidiana e com as várias disciplinas, da Teologia à Agricultura, da Geografia à História.

Ao lado dessa exposição bastante rica e moderna dos problemas relativos a uma didática das línguas clássicas, Erasmo enfrenta também, como já o dissemos , o problema do valor da educação. Isso é feito essencialmente no *De pueris instituendis* de 1529, "um dos estudos" – escreve James Bowen – "mais penetrantes já escritos sobre a educação. Não obstante sua brevidade, por acuidade de intuição, segurança de juízo e humano senso de moderação, este ensaio é um dos documentos mais importantes na história da educação da civilização ocidental". A parte mais relevante do raciocínio pedagógico de Erasmo refere-se à finalidade da educação. O traço distintivo do homem – afirma o pensador holandês – é a razão; cultivar a razão é essencial para realizar a verdadeira humanidade; esta tarefa de cultivar compete à educação que é "a principal aptidão concedida à humanidade". Para afirmar a razão é preciso tempo e uma distribuição racional das atividades em relação às características individuais. Para isso, ele aconselha a iniciar a intervenção educativa desde a mais tenra idade, desde o terceiro ano de vida, e não depois do sétimo, como é costume no seu tempo, porque nesta idade os maus hábitos podem já estar arraigados no indivíduo. Quanto à tendência do tempo de retardar o início da instrução para não causar danos irreparáveis à saúde da criança, ele defende que tal início deva ocorrer num tempo de pleno respeito às suas características naturais. A natureza, que é o conjunto dos dotes físicos e mentais do indivíduo, é um dos três fatores da educação, juntamente com o método, que concerne as modalidades de orientação e de instrução, e com a prática, que diz respeito à relação que se realiza entre a natureza e o método.

Por tudo isso, Erasmo atribui grande importância ao papel do professor. A ele cabe a tarefa de caracterizar as diferenças individuais dos sujeitos e em relação a elas seguir as modalidades de ensino mais oportunas. Erasmo tem em alta consideração a função do docente, embora manifeste em várias ocasiões um profundo desprezo por muitos mestres, pobres no que diz respeito à preparação cultural e profissional. Não menos relevante é a sua referência aos pais, para que se preocupem com a educação dos filhos, e à comunidade, para que providenciem escolas eficientes, sendo a educação "uma função pública", não menos importante "que a organização do exército".

Para concluir, pode-se dizer que, embora negligencie no seu programa de estudos o problema das línguas nacionais e não enfrente de modo satisfatório o problema das ciências e das artes, o grande humanista holandês elabora o sistema didático mais completo do humanismo europeu quanto aos estudo dos clássicos e enfrenta, segundo perspectivas novas e com notável organicidade, os problemas mais gerais da pedagogia, apontando soluções (atenção à infância, promoção da educação pública, formação dos educadores) em profunda sintonia com as subsequentes elaborações da época moderna.

3 A PEDAGOGIA DA CONTRARREFORMA E AS NOVAS INSTITUIÇÕES EDUCATIVAS

Com a ruptura da unidade do cristianismo, operada por Lutero, retomam vigor os impulsos de renovação dentro da Igreja católica. Tais impulsos, em forte contraste com os meios eclesiásticos mais conserva dores, encontram um canal positivo com a eleição a pontífice de Paulo III Farnese, que convoca um concílio com o intento de dar corpo às reivindicações de *rinovatio*.

O Concílio de Trento (1546-1563) confirma os pontos essenciais da doutrina católica (a essencialidade da Igreja e o valor dos sacramentos, a eficácia das obras ao lado da intervenção da graça), define novas tarefas para os eclesiásticos no plano disciplinar e pastoral, dá um forte impulso aos estudos bíblicos e teológico-filosóficos, favorecendo o nascimento e o desenvolvimento de ordens religiosas com o duplo escopo de frear o avanço da heresia protestante e difundir a religião católica nos países do Novo Mundo.

Não obstante sua relevância doutrinal e cultural, essas iniciativas "reformadoras" acabam logo por ser superadas por endurecimentos, cristalizações e voltas para trás que anulam a vontade de renovação e esterilizam a vida da Igreja. Volta-se ao espírito da Idade Média e à filosofia de Aristóteles, sobretudo na interpretação dada por São Tomás; critica-se Maquiavel, subordinando a política à moral e retomando, em última análise, a dependência do Estado à Igreja. O conjunto de provimentos assumidos pelo Concílio de Trento ou favorecidos pelo clima por ele instaurado constitui a essência daquele movimento que se costuma chamar de Contrarreforma, em cuja base estão "as fortíssimas pressões políticas exercidas sobre a Igreja pelos próprios monarcas fiéis ao catolicismo, as resistências interpostas a qualquer iniciativa autenticamente reformadora por parte de muitos prelados conservadores, o enrijecimento das novas Igrejas protestantes e a própria forma da luta aberta entre elas e a Igreja romana" (Geymonat).

Tal movimento, cuja influência sobre todos os campos da cultura é notável, tem um valor essencialmente pedagógico. Com o Concílio de Trento, de fato, a Igreja de Roma adquire uma maior consciência de sua própria função educativa e dá vida a um significativo florescimento de congregações religiosas destinadas de maneira específica a atividades de formação não só dos eclesiásticos, mas também dos jovens descendentes dos grupos dirigentes. Nisso consiste a diferença mais significativa no plano educativo entre o movimento da Reforma e o da Contrarreforma. O primeiro privilegia a instrução dos grupos burgueses e populares com o fim de criar as condições mínimas para uma leitura pessoal dos textos sagrados, enquanto o segundo, sobretudo com a obra dos jesuítas, repropõe um modelo cultural e formativo tradicional em estreita conexão com o modelo político e social expresso pela classe dirigente.

Esse interesse mais pronunciado da Igreja católica pela dimensão educativa é explicado pela renovada concepção do homem elaborada pela teologia tridentina e na definição de novas tarefas pastorais atribuídas à instituição eclesial. O homem se redime do pecado não pela fé, mas também pelas obras. Já que a graça de Deus só age se o homem se dispuser a aceitá-la, ele deve ser preparado para esse escopo. Outro motivo que torna necessária a intervenção educativa em seu favor é dado pela sua condição de pecador, da qual só pode se livrar se conseguir reprimir os instintos e adquirir os hábitos próprios do bom cristão. Para tal fim, a Igreja se dispõe a preparar instituições específicas e práticas ético-religiosas aptas a organizar a vida de todo cristão, sobretudo na sua fase juvenil, através de uma minuciosa preceptística e da elaboração de alguns modelos de comportamento que abrangem toda a articulação da existência humana na sociedade.

Para tornar mais incisiva essa obra de formação são preparadas normas rigorosas que agem sobre as consciências e os comportamentos, sobretudo dos jovens, dispondo-os à obediência e à submissão à autoridade. As disposições para o acesso aos sacramentos, a redação de diversos catecismos entre os quais o romano de Pio V, publicado em 1566 em cumprimento das deliberações conciliares, a aprovação de um *Índice dos livros proibidos* são algumas das providências dirigidas a tal objetivo. O hábito e a obediência são indicados como o meio e o fim da educação que, segundo as afirmações de um estudioso católico do nosso tempo, "assume as características da renúncia como melhor forma de preparação para a vida adulta, exprimindo-se na família como submissão ao pai e aos usos e costumes por ele impostos, na escola como veneração da *auctoritas magistri*, nos colégios como obediência, geralmente 'cega', e em todas as relações sociais como aceitação da ordem estabelecida". Nessa obra de educação destinada a preservar a infância da corrupção moral da sociedade, grande destaque é atribuído à família.

A teorização mais significativa e o tratamento mais amplo da pedagogia da Contrarreforma estão contidos na obra em três livros *Dell'educazione cristiana e politica dei figliuoli*, de Sílvio Antoniano (1540-1603), publicada em Verona em 1583. Nela, o autor enfrenta os temas da educação moral baseada no "temor de Deus, no papel central da família e do pai, na educação feminina e na escolar" e realizada através do "estudo da eloquência, a fim de que esta, criada juntamente com todas as faculdades e ciências humanas, sirva e se submeta à religião cristã".

Antoniano forma-se em Ferrara, onde se opõe à difusão das ideias protestantes entradas na corte dos Estensi com Renata de França, e passa então para Roma, onde recebe as ordens sacerdotais e a púrpura cardinalícia.

A educação, para Antoniano, é um meio para melhorar a sociedade cheia de corrupção e de calamidades de toda espécie ("de rapinas, de luxo, de litígios e de calúnias"), cujas causas devem ser atribuídas à multiplicação de "falsos testemunhos". Diante de tal situação, é necessário intervir precocemente, desde a mais tenra idade, com uma ação educativa centralizada sobre os princípios e as práticas da Igreja católica. Fora dela, não existe possibilidade de salvação, o que para Antoniano quer dizer exatamente renunciar a "sutilmente discutir as coisas da nossa santa fé" e a "buscar curiosamente coisas acima do próprio entendimento" e ao mesmo tempo empenhar-se em "crer simplesmente naquilo que a nossa santa madre Igreja nos propõe". As principais figuras educativas são para ele o pai natural, o qual segue o filho em todas as fases do seu crescimento, e sobretudo o pai espiritual, ao qual é confiado de maneira "estável e habitual" para ser conduzido à verdade da fé e à luz de Deus.

Posições mais ou menos análogas são encontradas nos escritos de outros tratadistas da época, como Orazio Lombardelli de Siena, autor de um *De gli uffizii e costumi de' Giovani* (1579) e sobretudo o jesuíta espanhol Juan Bonifácio, que inaugura este gênero de composição com a sua *Institutio christiani pueri adolescentiaeque perfugium* (1576) e o seu *De sapiente fructuoso* (1589).

O elemento mais importante da pedagogia da Contrarreforma, porém, aquele que terá sucessivos desenvolvimentos na história educativa da Europa, é fornecido pela sua capacidade de dar vida a novas instituições escolares ligadas ao modelo do colégio/internato e a currículos formativos que se referem, em parte, à tradição pedagógica do humanismo. Dizemos em parte porque, na elaboração das congregações pós-tridentinas, os elementos de derivação humanística são encaixados em formas organizativas rígidas, perdendo desse modo o papel de ruptura em relação ao passado e o caráter de liberação e de exaltação do homem que são aspectos típicos das experiências educativas dos "mestres" renascentistas. Desde as ursulinas até os barnabitas, os somascos, as escolas piedosas, os oratórios e até a experiência mais ilustre dos jesuítas, afirma-se a tendência a instituir colégios para a formação dos jovens dos grupos dirigentes e para a elaboração de programas de estudos com esse objetivo, mas rigidamente inspirados numa visão retórico-gramatical da cultura humanística.

A congregação das ursulinas, fundada em Brescia em 1535 por Santa Ângela Merici (1474-1540) para a educação de moças, tem como tarefa precípua "consolar as virgenzinhas aflitas, instruir as ignorantes, amparar as pobres, visitar as enfermas e abraçar qualquer dificuldade".

Os barnabitas, fundados por Antônio Maria Zaccaria (1502-1539), constituem uma congregação religiosa cujos objetivos são a luta contra a heresia em expansão e a formação de jovens religiosos por meio de um rigoroso plano de estudo que conjuga a formação cristã às *humanae litterae* e à filosofia. No programa de instrução, é atribuído grande destaque à leitura e a um programa selecionado de estudos, onde há lugar para o latim e o grego, mas também para a história, a matemática, a metafísica e até mesmo para a dança, a música e a esgrima. Bastante rigorosa é a concepção da disciplina, que atinge níveis inadmissíveis de dureza (ficar "ajoelhado de joelhos nus", "fazer a cruz com os braços abertos e com a língua no chão", "sentar como um asno" etc.) e o espírito de emulação individual e coletiva é favorecido além da medida.

Os somascos, fundados em 1532 por São Jerônimo Emiliano (1481-1537), dedicam-se essencialmente às crianças órfãs. A sua pedagogia se baseia numa concepção rigorosamente católica, ligada à centralidade do catecismo e a uma visão da educação como superação dos "maus hábitos e vícios". Eles também sublinham a importância da leitura e de uma ins-trução básica comum a todos (ler, escrever e fazer música). Seu método formativo encontra a codificação mais precisa numa obra de 1610 (*Ordini per educare li poveri orfanelli*). A partir de 1595, também para ampliação de suas inspirações originárias, seus colégios encontram larga difusão na Itália setentrional (em Como, Treviso, Salò, Pávia, Veneza) e se caracte-rizam por uma precisa visão hierárquica da disciplina e por uma orien-tação gramatical e retórica do ensino que põe no centro da atenção o latim, assumido como língua de comunicação dentro do próprio colégio.

As escolas piedosas, pertencentes à ordem dos esculápios, são institu-í-das em 1597 por São José de Calazans (1556-1648), um religioso espanhol que desenvolve sua obra pastoral em benefício dos bairros pobres de Roma. Em relação às outras instituições educativas da época, as suas escolas apresentam alguns aspectos distintivos: em primeiro lugar, dedicam-se ao povo e também exprimem certa sensibilidade para os problemas da ciência. Talvez com um pouco de exagero, são consideradas "as primeiras escolas públicas populares na Europa", mas não há dúvida de que seu fim social e ético, além de religioso, é explícito, já que se dedicam à formação cultural e cristã das camadas econômica e culturalmente mais pobres da sociedade e de grupos tradicionalmente marginalizados, como os judeus. Por isso, sua obra é contestada pelos grupos dominantes e pelos próprios jesuítas.

Sua organização de estudos prevê cinco classes elementares e quatro de gramática com o predomínio do latim e da leitura como método didático, mas também a introdução de elementos de matemática e de algumas posições intelectuais típicas da ciência moderna, como a pesquisa e o espírito inconformista.

O Oratório de São Filipe Néri (1515-1595) também se enquadra no âmbito das iniciativas a favor do povo. Mesmo se na experiência concreta dos oratórios a instrução representa pouca coisa, não se pode, todavia, negar o significado profundamente educativo das atividades físicas, lúdicas e teatrais postas em ação pelos padres oratorianos a favor dos jovens de condição humilde para afastá-los dos perigos e dos riscos de seu ambiente de procedência. Em relação às anteriores acima lembradas, a dos jesuítas é a ordem religiosa que, pondo em prática coerentemente os princípios da Contrarreforma, desenvolve um sistema orgânico de instrução que se afirma de maneira expansiva em escala mundial e lança os fundamentos da escola moderna, laica e estatal. Fundador dessa ordem, em 1540, é Santo Inácio de Loiola (1491-1556), um militar espanhol pertencente a uma família nobre que, em consequência de um ferimento recebido em combate, é tomado por uma profunda crise religiosa cujo resultado é um reexame radical de sua própria vida. Com tal objetivo, frequenta alguns cursos universitários em Paris, onde encontra outros jovens recém-convertidos, como Francisco Savério e Pedro Fabro, com os quais lança as bases da Companhia de Jesus. Obtida a aprovação do papa Paulo III, a Companhia caracteriza-se – em linha com o passado militar do seu fundador – como uma "milícia" a serviço da Igreja de Roma, para a qual tenciona restituir o controle sobre todos os aspectos da vida individual e social e difundir o "verbo" junto aos povos não cristãos da Ásia, das Américas e da África. Uma ordem "militar", portanto, com uma estrutura rigidamente hierárquica e sujeita à mais total obediência ao chefe supremo, que é o preposto geral, mas também uma ordem missionária que, enquanto tal, desde o início do seu mister mostra atribuir grande importância ao instrumento educativo na afirmação do catecismo contrarreformista. Nesse sentido, compreende-se a instituição por parte da Companhia de inúmeros colégios para religiosos, depois abertos também aos leigos, em grande parte da Europa e do mundo, que se tornam, assim, o instrumento mais eficaz para a elaboração de uma nova forma de cultura mais próxima dos princípios da Igreja católica. Destes colégios, os primeiros são o de Messina, fundado em 1548, orientado para os estudos clássicos e frequentado também por não religiosos, e o de Roma, bem mais famoso, instituído dois anos depois e orientado para os estudos "de gramática, de humanidades e de doutrina cristã". Em pouco tempo, surgem outros em quase toda a Itália e na Europa: em 1586, conta-se um total de 162, dos quais 147 abertos no exterior. Com a sua difusão, afirma-se a necessidade de dar uma organização coerente e unitária aos programas de ensino. Num primeiro tempo, o problema é resolvido estendendo aos outros colégios as orientações seguidas nos de Messina e de Roma, passando-se sucessivamente à redação de uma verdadeira *Ratio studiorum*, completada sob a direção do "geral" da ordem, Cláudio Acquaviva, e publicada em 1599. A *Ratio atque institutio studiorum Societatis Jesu* é um documento de trinta capítulos que retoma, reelaborando-as, as considerações pedagógicas contidas nas *Constituições da Companhia de Jesus*, que desse modo representam as bases de um programa formativo de caráter católico que se estende a todos os colégios jesuíticos do mundo. O elemento mais relevante da *Ratio* é constituído por uma rígida norma que abrange toda a organização da vida do colégio e dos estudos: desde as funções dirigentes do provincial e do reitor até as disposições didáticas relativas aos professores e aos estudantes dos vários cursos de estudo e às várias disciplinas ensinadas. Realiza-se desse modo uma orgânica programação das atividades educativas em estreita relação com os fins ético-religiosos da ordem: formar uma consciência cristã culta e moderna e orientar, também mediante a instituição escolar, para uma obediência cega e absoluta (*perinde ac cadaver*) à autoridade religiosa e civil. A obediência é uma virtude: "A santa obediência seja sempre perfeita em nós e em toda parte, tanto na obra como na vontade e no intelecto, de modo que coloquemos em ação aquilo que nos é comandado com grande presteza, gáudio e perseverança ... Que cada um se convença de que aqueles que vivem na obediência devem deixar-se guiar pela divina providência por meio dos superiores". Além deste elemento, a *Ratio* jesuítica contém um desenho preciso de "política cultural" e de organização escolar. O fim último dos estudos é, para os jesuítas, a *pietas litterata*, realizável através de um curso de estudos com a duração completa de oito anos, articulado num quinquênio de estudos linguístico-literários (três de gramática e dois de humanidades e retórica) e num triênio de filosofia, ao qual, para os internos, se acrescenta um curso quadrienal de teologia. Os objetivos desse longo currículo formativo são um bom conhecimento dos clássicos e o uso correto das línguas latina e grega. Nenhum espaço é dado, entretanto, à língua materna. Para esses estudos, os modelos predominantes são autores como Cícero e Aristóteles, integrados por historiadores e poetas, enquanto para os filosóficos o ensino é orientado pelo mais rígido tomismo. "De São Tomás o professor de filosofia deve sempre falar com respeito: deve-se segui-lo com ânimo bem disposto, todas as vezes que for necessário, deve-se discordar dele com reverência e a contra gosto, quando não totalmente convencido."

No plano didático, ao lado de normas mais minuciosas, a *Ratio* concede grande espaço ao método da *praelectio* e da *concertatio*, acompanhados da atribuição de tarefas escritas e repetições orais a fim de reforçar a memória. A *praelectio*, que se aplica a todos os estudos, sejam eles literários, filosóficos, científicos ou teológicos, consiste na leitura de uma "passagem sem interrupção", na explicação do sentido das "partes mais obscuras", na conexão de "uma com a outra" e nas observações "adequadas a cada classe". A *concertatio*, por sua vez, é uma disputa suscitada "pela pergunta do docente e pelas correções dos concorrentes ou pela interrogação recíproca dos próprios concorrentes" e "tida em alta consideração e, usada às vezes, é grande incentivo aos estudos".

O texto da *Ratio*, apesar de alguns retoques, permanecerá em vigor até a dissolução da Companhia de Jesus ocorrida em 1773 por razões políticas, por obra dos Bourbon da Espanha e por decreto de Clemente XIV, mas, depois, a reconstituição da ordem será reproposta de forma atualizada em 1832.

Grande é a influência exercida pela *Ratio* nas iniciativas escolares da Europa daquela época e também nas seguintes: a Lei Boncompagni de 1848 e a Casati de 1859, especialmente no que diz respeito à realização de um sistema público de instrução, inspiram-se abundantemente nesse exemplo. O motivo é que, apesar da presença de muitos aspectos metodológicos ligados à tradição escolástica, a novidade dos colégios jesuíticos encontra-se na construção de um ambiente educativo rigoroso e coerente, organizado segundo uma severa disciplina, mas aberto para fora através das cerimônias, dos prêmios e das disputas. A ênfase sobre a obediência e o clima censório e de vigilância próprio das instituições educativas dirigidas pelos jesuítas, sua atenção quase exclusiva aos estudos de tipo retórico-gramatical, representam os limites mais evidentes de uma experiência que, se tem o mérito de recolher os elementos ideologicamente mais neutros dos *studia humanitatis* e de introduzi-los no currículo formativo das classes dirigentes, exercendo assim uma grande influência sobre os costumes sociais da época, não consegue, porém, colher e representar as instâncias do mundo moderno para as quais serão necessárias novas orientações de pensamento.

4   O RENASCIMENTO PEDAGÓGICO NA EUROPA: DE RABELAIS A MONTAIGNE

Por efeito de uma dupla influência, a da cultura italiana e a de Erasmo, o século XVI difunde o seu modelo educativo ligado aos *studia humanitatis* em toda a Europa. Por todo o continente assiste-se ao florescimento de intelectuais empenhados numa dura luta contra a cultura tradicional e escolástica para a afirmação de uma concepção educativa de tipo filológico e literário. Para acompanhar essa política de renovação, nascem novas instituições para a formação: de Lumes a Bordeaux, de Lyon a Louvain e a Oxford, há um rico florescimento de escolas e colégios que difundem uma nova concepção pedagógica. As figuras mais originais desta nova época do Renascimento pedagógico europeu são o espanhol Vives e o francês Rabelais.

264   FRANCO CAMBI

Juan Luís Vives (1492-1540) nasce em Valência na Espanha, mas cedo se transfere para Flandres, na época uma das regiões mais ricas e fornida de arte e cultura na Europa. Por razões de estudo frequenta algum tempo Paris, mas fica profundamente insatisfeito com seu ambiente intelectual e escolar. Na capital francesa lê Erasmo, do qual recebe uma profunda influência e ao qual se liga estreitamente. Outro conhecimento importante é o de Thomas More, encontrado em Oxford. O seu interesse pela pedagogia começa depois de 1523 quando se torna preceptor da princesa Mary, filha de Catarina de Aragão e de Henrique VIII, para a qual escreve os tratados *De ratione studiis puerilis* e *Institutio foeminae christianae*. Após sua ruptura com o rei por causa de seu divórcio de Catarina de Aragão, em 1518 volta à Bélgica, a Bruges, onde se dedica ao estudo e à publicação de suas obras principais: o tratado pedagógico *De tradendis disciplinis* (1531), a obra filosófica *De anima et vita* e o volume didático *Linguae latinae exercitatio*.

A sua concepção educativa, endereçada em particular para a formação dos filhos da burguesia industriosa da época, baseia-se essencialmente numa convicta adesão às posições pedagógicas de Erasmo. A luta contra a Escolástica fundamenta-se em razões de método e de lógica. Para os escolásticos, como se sabe, na esteira de Aristóteles, o processo de conhecimento é baseado na aceitação da existência apriorística de alguns conceitos universais que desnaturam o verdadeiro procedimento cognoscitivo que é o da indução. O repúdio da Escolástica favorece um tipo de formação que em Vives se apresenta caracterizado no sentido humanístico-cristão e que tem seus eixos essenciais no conhecimento das línguas e das literaturas clássicas e numa profunda finalidade ético-religiosa. Ao pedagogo espanhol devem-se, em particular, algumas intuições pedagógicas que terão depois larga difusão no mundo moderno, sendo a primeira entre todas a utilização do método indutivo como guia dos processos de ensino-aprendizagem. "Chamo conhecimento só aquele que recebemos quando os sentidos são levados a observar as coisas corretamente e de maneira metódica, ao que nos conduz a clara razão, uma razão tão estreitamente relacionada com a natureza da nossa mente que não existe ninguém que não a aceite como guia." Com essa base, Vives não só amplia o horizonte do saber até incluir no currículo formativo a "história natural", a medicina, a economia, a política, mas também modifica a própria concepção da escola que, com ele, adquire uma função prática e útil à vida e ao bem comum da cidade, não mais voltada exclusivamente para a mera transmissão do saber. Ele sublinha ainda a importância didática da língua materna como instrumento de ensino também das línguas mortas, que permanecem, todavia, como línguas "absolutas" e "comuns", úteis ao processo de pacificação entre os povos e os grupos religiosos. Por fim, o pedagogo espanhol intui a importância de uma psicologia da educação, ao pôr em relevo a necessidade de estudar a mente da criança para adaptar a ela os conteúdos culturais. Assim, "o curso de estudos deve partir das sensações para chegar à imaginação" e aos universais, já que este processo é o que "se pode notar nas crianças". No terreno da organização da escola, entretanto, Vives é bem menos original e se inspira fundamentalmente em Quintiliano e na tradição humanística.

François Rabelais (1493-1553) nasce em Chinon, no centro da França, de uma família de pequenos proprietários. Recebe sua primeira formação num convento franciscano, de onde é afastado pela pouca ortodoxia de seus estudos e pela orientação de sentido decididamente humanístico. Passando para a ordem dos beneditinos, torna-se secretário do bispo, estuda junto a diversas universidades entrando em comunicação com doutos humanistas da época e dando início a uma dura polêmica contra o ensino de tipo escolástico, personalizado sobretudo pelos "sorbonários", isto é, mestres e teólogos da Sorbonne, considerados responsáveis pela corrupção cultural da época. Ordenado padre secular, estuda Medicina em Montpellier e, obtida a láurea, exerce a profissão de médico em Lyon, não deixando nunca de manter contato com alguns dos maiores humanistas, como Erasmo, por exemplo, com o qual tem um intenso intercâmbio epistolar. Nos últimos vinte anos de sua vida, trabalha no seu grande romance *Gargantua e Pantagruel* em cinco volumes, o último dos quais publicado postumamente, que narra a vida e as aventuras de uma estirpe de gigantes. Gargantua, confiado aos cuidados de um preceptor, consegue resultados educativamente insignificantes: ao termo de uma longa obra educativa consegue, a duras penas, recitar de memória o abecedário e ler algum livro de gramática e de moral. Passando para os cuidados de outro preceptor, estuda muitíssimo, mas não aprende nada; ao contrário, quanto mais estuda mais se torna "estúpido, tonto e idiota". Pornócrates, o novo mestre, administra-lhe antes de tudo um purgante,

266 FRANCO CAMBI

prevendo desse modo liberá-lo dos venenos acumulados anteriormente, após o que "coloca-o em tal regra de estudo que não perde uma hora do dia, empregando o seu tempo em leituras e em outras disciplinas".

A obra, que tem um enorme sucesso, mas que também lhe causa muitos aborrecimentos, apresenta-se como um *pastiche*, oscilando entre a sátira às instituições da época, sobretudo à Igreja, e a utopia de uma nova humanidade, livre e natural, aberta ao prazer e à aventura. Este comportamento propriamente renascentista tende a recuperar a cultura popular, da festa e do carnaval, dos banquetes e da praça, em que se valorizam o corpo e as suas necessidades, o grotesco e a linguagem corporal. Em páginas ricas de comicidade e de sarcasmo, construídas com uma linguagem libérrima e criativa, geralmente assindética e entremeada de felizes neologismos, Rabelais leva avante uma furiosa polêmica contra a Idade Média, acusando-a de formalismo e de superstição, e contrapondo-lhe um novo ideal humano e social, extraído dos estudos humanísticos e da lição dos clássicos. O homem por ele concebido é sobretudo livre, não reprimido nas suas funções vitais, amante do jogo, tolerante e culto, mas também evangelicamente cristão. Nos capítulos mais declaradamente pedagógicos do seu romance (os dedicados à educação de Gargantua e à Abadia de Thélème e a leitura de Gargantua a Pantagruel), o motivo dominante é a oposição, claríssima e desenvolvida com feroz sarcasmo, à educação escolástica, reduzida a vazio formalismo e a exercício retórico. Os mestres da Sorbonne são comparados a "ruminadores de névoa" que falam um latim obscuro e barbarizado, "argumentam por bem pró e contra" e concluem "com um belo silogismo em Baralipton". A ciência deles é "pura asneira", tolices a ponto de abastardar qualquer nobre e são espírito e corromper qualquer flor de juventude, enquanto a educação é feita pela indigestão de inúteis manuais, desde *De Modis significandi* até o *De quattuor virtutibus cardinalibus*, o *Dormi secure* e "outros ainda da mesma farinha".

A esse tipo de saber abstrato Rabelais contrapõe outro decididamente humanístico, caracterizado pelo estudo dos clássicos, pelo jogo e pelas atividades físicas e, ainda, pelas ciências naturais e pela medicina, além da Sagrada Escritura. A atividade educativa é articulada em atividade de estudo e de jogo intimamente harmonizadas, de modo a não criar unilateralidades na formação do homem. O conceito de cultura a que Rabelais faz referência é decididamente enciclopédico. O programa de estudo proposto é excessivamente vasto, mais vasto que aqueles delineados pela maior parte dos humanistas italianos, embora às vezes faltem indicações metodológicas e didáticas precisas para a sua realização. Mas a Rabelais interessa sobretudo projetar um ideal educativo em aberta oposição àquele que ele critica. Como para Erasmo, também para o romancista francês a formação cultural encontra sua referência última na religião, estudada sobre os textos e vivida intimamente fora dos formalismos medievais e das práticas inúteis. "Como escreve o sábio Salomão, o saber não penetra na alma malvada, e o saber sem consciência é a ruína da alma."

O seu ideal de humanidade e de sociedade é representado pela *Abadia de Thélème*. Diante da recusa por parte de um frade da direção de um convento, Rabelais desenha o ambiente ideal de uma abadia, cuja regra está em nítida oposição à de um lugar religioso comum. Nesta, homens e mulheres se reúnem livremente sem qualquer obrigação de voto, dedicando-se ao jogo, ao gozo das belezas, ao estudo, ao amor e seguindo a regra do "Faça o que quiser". Em consequência justamente dessa liberdade "não havia nenhum e nenhuma entre eles que não soubesse ler, escrever, cantar, tocar harmoniosos instrumentos, falar cinco ou seis línguas, e compor tanto em prosa como em versos". O ingresso na abadia é proibido aos "hipócritas beatos", aos "escritores e advogados", aos "sórdidos usurários" e, inversamente, consentido aos "jovens cavaleiros de bons costumes e dotados de grande coração", "às nobres e belas damas" e àqueles que "o Evangelho santo difundem no mundo, para grande despeito dos que gostariam de pô-los de lado", como fazem os teólogos e os curiais.

A reflexão pedagógica representa um momento essencial de todo o sistema de pensamento de Montaigne. De sólidas convicções católicas, Michel Eyquem, senhor de Montaigne, nasce em 1533 na véspera do *affaire des placards*, que conclui o período de relativa tolerância religiosa inaugurado no reinado de Francisco I, e morre em 1592, vivendo, portanto, no período mais intenso do choque religioso entre católicos e protestantes huguenotes que ensanguenta a França do século XVI. Após a primeira formação recebida no colégio de Guyenne sob a direção de valorosos mestres, e após os estudos de direito seguidos em Toulouse, Montaigne empreende a carreira política, tornando-se primeiro conselheiro da Corte des Aides de Perigueux e depois síndico de Bordeaux. Algumas infelizes circunstâncias (a morte de um amigo e do pai) levam-no a amadurecer a decisão de abandonar a vida pública para dedicar-se, no castelo herdado dos avós, a uma reflexão interior sobre si mesmo e sobre o homem em geral, cujos resultados estão contidos nos *Ensaios*. Neles respira-se um ar de estoicismo e de ceticismo humano e espontâneo que ajuda o homem a aceitar serenamente a dor e a morte e a reduzir o seu desmesurado orgulho, fruto da confiança tipicamente humanista nas suas infinitas possibilidades de conhecimento. "Não há nada mais ridículo que o fato de que esta criatura mísera e mesquinha, que não consegue sequer ser dona de si, se creia destinada a ser dona do universo, do qual não pode conhecer e muito menos dominar mesmo a mínima parte!" O homem não é o senhor absoluto do mundo, mas um ser inserido na ordem natural das coisas sem nenhum privilégio hierárquico. É este senso de medida, elevado a modelo de vida intelectual e existencial, que mais se destaca na reflexão de Montaigne, especialmente se nos reportarmos à situação da época que está entre as mais trágicas da história da França.

No plano pedagógico, Montaigne não elabora uma ideia sistemática de educação, mas as alusões e motivos que aparecem aqui e ali nas suas páginas revestem-se de grande significado educativo. Em particular, dois ensaios do primeiro e do segundo livro (*Pedantismo* e *Da educação das crianças*) enfrentam muito de perto a problemática escolar e educativa.

No primeiro escrito, Montaigne submete a cerrada crítica às práticas educativas em uso nas escolas da época, tanto naquelas que permanecem com posições escolásticas quanto naquelas que se inspiram apenas formalmente em concepções humanistas. O resultado em ambos os casos é uma educação autoritária e pedante que não tem nenhum vínculo com a experiência concreta, uma instrução mnemônica e repetitiva, preocupada apenas em encher a cabeça de noções e não em visar à formação da capacidade de julgamento e do espírito crítico dos alunos. "Nós trabalhamos para encher a memória e deixamos vazios o intelecto e a consciência. Como os passarinhos que vão às vezes à procura de grão e o trazem intacto no bico para dá-lo a seus filhotes, assim os nossos pedantes vão bicando a ciência nos livros, e a trazem na ponta da língua só para espalhá-la ao vento." Como responsáveis por essa degeneração, Montaigne aponta os mestres, que demonstram pouca convivência com as letras e as ciências, e os métodos de ensino por eles utilizados, demasiado abstratos e formais, pouco sensíveis à observação da realidade e pouco respeitosos das leis da natureza.

No segundo escrito, prevalecem os elementos positivos e construtivos. A educação tem o dever de formar homens de mentalidade crítica, aberta, e de sólidos princípios morais. "Melhor uma cabeça bem feita do que uma cabeça bem cheia", é o ideal formativo de Montaigne, que se realiza através de uma síntese harmônica entre cultura e conhecimento da realidade. Nada deve ser aceito pelo aluno "só com a autoridade e por crédito; os princípios de Aristóteles não sejam seus princípios mais que os dos estoicos e dos epicuristas. Coloquemos o jovem diante da diversidade de ensinos: se puder, ele fará uma escolha, se não permanecerá um ponto de interrogação. Só os loucos são convictos e resolutos". É a proposta de um novo método, mais respeitoso das peculiaridades do aluno e que concede amplo espaço à observação da realidade. "Tudo que nos rodeia é tão válido quanto um livro: a argúcia de um pajem, a estupidez de um criado, uma conversa à mesa e assim por diante podem igualmente ensinar-nos alguma coisa ... Este grande mundo, que alguns ainda multiplicam como espécie de um gênero, é o espelho em que devemos olhar para nos conhecermos pelo justo avesso. Em suma, eu quero" – conclui Montaigne – "que este livro seja o livro do meu aluno." Ao lado da observação, encontram notável lugar no método educativo de Montaigne as atividades físicas, as conversações, as viagens e as leituras, sobretudo as de filosofia, que "ensinam a viver", e as de história, que entram no mundo dos homens "em geral". Com isso, o escritor francês não pretende desconhecer a utilidade de aprendizagens literárias derivadas da tradição clássica, mas apenas sublinhar a importância de sua harmonização com as exigências da vida cotidiana. O estudo do grego e do latim é útil ao lado da língua vulgar e das línguas dos povos vizinhos, com os quais há maior possibilidade de conversar e ter relações.

Em que instituição deve ocorrer este tipo de educação? Montaigne declara-se contrário tanto à educação em colégio como em família: o primeiro é duro demais ("não quero que o nosso jovem fique preso; não o quero em poder do humor melancólico de um mestre-escola"), a segunda, mole demais. Por isso, opta por uma via intermediária, por uma educação que tenha por teatro a família, mas que esteja aos cuidados não dos pais, e sim de um preceptor, ao qual não deve faltar uma sólida cultura e um bom método de ensino, uma viva inteligência e uma sadia moral, além da capacidade de suscitar no aluno forte curiosidade e vontade de aprender.

No conjunto, ainda que Montaigne não elabore – como foi dito – um verdadeiro sistema de pensamento pedagógico, apresenta algumas felizes intuições que antecipam elementos próprios da pedagogia moderna e contemporânea. O seu reconhecimento dos limites da onipotência cognoscitiva do homem inaugura a segunda fase do humanismo renascentista, abrindo caminho para o racionalismo de Descartes, e suas intuições sobre o método educativo são hoje patrimônio da mais avançada pesquisa psicopedagógica sobre ensino/aprendizagem. Não se deve todavia esquecer que do conjunto de sua obra emerge uma proposta para a qual a cultura é aristocraticamente entendida como patrimônio privilegiado de uma elite intelectual.

5 MODELOS DE FORMAÇÃO INDIVIDUAL: BALDASSARE CASTIGLIONE, GIOVANNI DELLA CASA E STEFANO GUAZZO

A "revolução cultural" inaugurada pelo humanismo italiano sofre, no curso do século xv, um definitivo compasso de espera: não realiza a figura do "novo príncipe" segundo os ideais clássico-cristãos, não favorece a afirmação dos intelectuais humanistas como grupo dirigente e produz uma cultura de altíssima civilização, mas desengajada no plano político e civil. Esse itinerário de transformação no sentido mundano e literário deve ser colocado em estreita relação com as mudanças ocorridas na vida das cortes que atribuem maior poder ao senhor, dão início a uma burocracia subalterna e produzem grande pompa, mas menor iniciativa dos estados na vida econômica e política.

Em tal contexto, nasce e se afirma o ideal do "cortesão", do perfeito homem de corte que, gradativamente, rompe com os ideais da burguesia humanística para afirmar-se como modelo formativo capaz de representar em nível existencial aquela paixão pela "bela forma" que atravessa toda a cultura do Renascimento italiano. Se o cortesão de Castiglione pertence

HISTÓRIA DA PEDAGOGIA 271

a uma fase de certo modo ainda caracterizada por um engajamento ético da cultura e por uma menção à formação da virtude entendida como *habitus*, o *Galateu* de Della Casa pertence a um período no qual o formalismo prevalece sobre a substância ética e o ideal formativo se resolve na adoção de boas maneiras e na imitação exterior da virtude. Desse modo, até no plano pedagógico o Renascimento italiano revela uma progressiva perda de vitalidade.

Baldassare Castiglione (1478-1529), natural de Casatico, província de Mântua, passa sua vida a serviço dos duques de Mântua, de Milão e de Urbino, além de embaixador da Espanha junto à cúria romana. Com tais experiências, adquire um profundo conhecimento da vida diplomática e da corte que expõe no seu *O cortesão*, escrito entre 1513 e 1519, um precioso documento sobre o ideal pedagógico da época. Na obra, que consta de quatro livros dos quais só os dois primeiros se ocupam do cortesão, são apresentadas as características do "perfeito cortesão", isto é, do "gentil-homem que viva em corte de príncipes" e que "saiba perfeitamente servi-los em cada coisa razoável, conquistando deles graça e dos outros louvor": a "nobreza" de nascimento, o "engajamento", a "bela forma de corpo e de rosto", a "graça", a sabedoria política e a "inspiração amorosa", de um amor racional e platônico que se dirige para a contemplação da beleza e do supremo Deus.

No desenvolvimento da obra, Castiglione enfrenta temas de caráter mais estritamente educativo, quando fala do valor formativo dos exercícios físicos (voltejar, correr, saltar), ou quando, a propósito dos *studia humanitatis*, afirma a necessidade de que o cortesão seja "mais que medianamente erudito, pelo menos nestes estudos que chamamos humanidades": conhecimento, portanto, das línguas grega e latina, "pelas muitas e várias coisas que nelas são escritas", ao lado de um uso correto da língua vulgar, enriquecida de "palavras esplêndidas e elegantes de todas as partes da Itália". Nos outros dois livros, são apresentados os passatempos, os modos de vestir, de conversar e de entreter-se do cortesão com os outros na sociedade, e delineia-se a educação, além da perfeita dama de corte, também do príncipe, que deve ser conduzida pelo cortesão como "instrutor" e destinada a inspirar as virtudes próprias do "bom governo".

A obra de Castiglione teve enorme sucesso na Itália e grande difusão na Europa, atestada pelas inúmeras traduções e imitações. O seu ideal formativo atua por muito tempo na civilização europeia, dando lugar a transformações e enriquecimentos de vários tipos.

Com Giovanni Della Casa (1503-1556), homem de Igreja e prelado pontifício, o *pathos* platônico e idealizante desaparece para dar lugar à formação de um homem de corte todo prático e mundano, atento às formas e às regras da boa sociedade. O seu *Galateu*, publicado postumamente, manifesta uma sabedoria e um bom senso aliados a uma urbanidade não totalmente formal e de superfície e um recurso ao ideal de harmonia a introduzir como critério regulativo na construção do eu e nas relações sociais. A regra fundamental do cortesão é a do "ser habituado e agradável e de bela maneira", que é "virtude ou coisa muito semelhante a virtude". Desta derivam as várias regras de decoro que abrangem as mínimas atitudes e atividades do homem de corte.

Com Della Casa, a pedagogia humanístico-renascentista italiana perde a sua tensão ético-filosófica e se transforma de projeto educativo para o homem, seja burguês ou aristocrático, em ocasião de elaboração de um preciso ideal de casta, agora totalmente alheio às grandes lutas da cultura e da política.

Uma terceira obra, publicada em 1574, coloca-se na fronteira da educação cortesã e do homem civil, para o qual delineia uma humanidade *cultivée* e uma rede de "boas maneiras" aptas a valorizar seu caráter de *civilité*: *La civil conversazione* de Stefano Guazzo (1530-1593), um texto que teve notável sucesso e que exerceu então uma profunda influência (teve 34 edições até 1631). Guazzo, funcionário da corte dos Gonzaga, estabelece a centralidade da conversação, da palavra e do seu intercâmbio entre os homens, no ideal de formação humana do Renascimento; assim, a conversação se torna, como já foi dito, "forma por excelência da comunicação e metáfora da sociedade civil". A palavra é afirmada – humanisticamente – como uma "força civilizadora" quando segue regras de respeito recíproco entre os dialogantes e de comunicação genuína, aspectos que a própria prática da conversação tende a arraigar nas consciências e no estilo de vida, dando corpo a um indivíduo que se torna gentil-homem enquanto livre e civil ao mesmo tempo. Certo é que, se a "civil conversação" de Guazzo ultrapassa o individualismo e o formalismo do *Galateu* e se aproxima, de forma mais burguesa, dos ideais do *Cortesão*, também relança um modelo de convivência aristocrática e um projeto pedagógico de grupo, ligado às cortes e aos seus ideais de "graça" e de "naturalidade", vividos por homens fechados num espaço social e cultural separado e privilegiado.

6 AS TENSÕES UTÓPICAS DA PEDAGOGIA

Na reflexão pedagógica do século XVI, existe uma linha de pensamento (nem sempre plenamente visível, porque às vezes também associada com reflexões de ordem ético-política ou expressa em textos literários, como em Rabelais) que atinge autores bastante diversos entre si, chegando a roçar o novo século e a influenciar, não superficialmente, alguns pedagogos dos anos Seiscentos. Trata-se da corrente da pedagogia utopista que, à luz de ideais reformadores, vem conjugar o modelo de homem perfeito e harmônico, típico da pedagogia humanística, com a projeção de uma ideal sociedade justa. A pedagogia insere-se nessas construções, fantásticas, mas não evasivas, como uma componente teórica e prática indispensável. Nas "cidades ideais", a formação do homem-cidadão é de fato um momento central do equilíbrio social e se realiza sobretudo através de uma educação coletiva administrada pelo Estado e disciplinadamente aceita por todos os seus membros. É, em suma, a comunidade que forma o homem, e não o contrário. Essa tese central da educação utopista está bem distante do individualismo típico de muita pedagogia humanístico-renascentista e abre novas perspectivas pedagógicas, fadadas a um vigoroso desenvolvimento na época moderna e contemporânea.

Nessa linha de reflexão pedagógica, encontramos engajados alguns entre os mais altos e fascinantes pensadores do século: desde o inglês More, erasmiano e platonizante tanto em ética como em política, até o italiano Campanella, figura exemplar de "novo filósofo", engajado ao mesmo tempo na reforma do saber e na da sociedade, chegando a Francis Bacon, que conjuga de maneira íntima e realmente exemplar a renovação da ciência e a fundação da nova sociedade. Diferentes por escolhas teóricas também substanciais, esses autores parecem, porém, próximos pela fé comum na projeção utópica: uma projeção que envolve explicitamente o momento educativo como, ao mesmo tempo, corolário e instrumento da reforma intelectual e política.

Na sua *Utopia*, Thomas More (1478-1535) – arcebispo de Canterbury e chanceler do reino inglês, de cultura erasmiana e contrário ao cisma de Henrique VIII, sendo por este mandado decapitar – delineia um processo formativo que amadurece no interior da própria sociedade, através de um tipo de vida sadia e frugal, impregnada essencialmente no trabalho e que, no tempo livre, se organiza sobretudo como atividade de estudo. Este último realiza-se sob a forma de "lições públicas" para as quais "afluem homens e também mulheres de qualquer condição, em grande número, para ouvir esta ou aquela lição segundo suas inclinações". Na obra de More existe também uma referência mais explícita aos problemas do ensino, como quando se afirma que a instrução deve ser ministrada às crianças na língua materna ou quando se aconselha a postergar o estudo do grego.

Também Tommaso Campanella (1568-1639) – calabrês, monge dominicano, suspeito de heresia, condenado a 27 anos de reclusão na prisão de Nápoles, teólogo e metafísico, mas também apreciador da ciência natural –, na *Cidade do sol*, valoriza a cultura e a educação, sublinhando a exigência de ligar intimamente saber contemplativo e saber prático, artes liberais e artes mecânicas. Nas páginas dedicadas ao método educativo, opera uma doutrina inspirada por princípios realístico-sensivos e antiformalísticos: deve-se partir da observação dos fenômenos, deve-se fazer uso de ilustrações, até nos muros da cidade onde se acham inscritas as ciências, a história e as línguas. O saber, ademais, deve ser apreendido de forma enciclopédica, como um todo orgânico: "e educam-se todos em todas as artes. Depois dos três anos, as crianças aprendem a língua e o alfabeto nos muros", e "depois dos sete anos vão todos às lições de ciências naturais"; em seguida "todos se dedicam às matemáticas, à medicina e outras ciências" e vão para o campo "aprender" os trabalhos agrícolas, de modo que "é considerado de maior nobreza aquele que mais artes aprende e melhor as executa".

Na sua *Nova Atlântida*, Francis Bacon (ao qual voltaremos mais adiante) desenvolve um projeto educativo que abrange não só o modelo de cultura cultivado na "Casa de Salomão" (a academia colocada no centro da "cidade ideal" do filósofo inglês), mas também a necessária renovação dos métodos da instrução mais elementar e geral, enquanto exige que se recorra sempre à experiência e à natureza, aos dados dos sentidos e, ao mesmo tempo, a uma rigorosa iniciação ao saber científico. O estudo das línguas e o estudo das matemáticas convergem num conhecimento cada vez mais íntimo da natureza. Esta é de fato construída por Deus segundo uma ordem racional que se espelha na própria ordem da palavra. Na "Casa de Salomão", definida como um "grande instituto de pesquisa científica", trabalha-se para o desenvolvimento da ciência, especialmente na direção tecnológica, atendo-se a um ideal enciclopédico do saber. Nesta última utopia do Renascimento tardio, o que aparece valorizado não é tanto a temática da liberdade e de uma harmoniosa formação espiritual quanto a instância de um eficiente progresso tecnológico. Não surpreende então que, sob o perfil educativo e cultural, os problemas da enciclopédia do saber e do método de aprendizagem tomem o lugar do ideal do homem multilateral, que estava no centro da reflexão pedagógica da época renascentista.

CAPÍTULO IV

O SÉCULO XVII E A
REVOLUÇÃO PEDAGÓGICA BURGUESA

1 O CRESCIMENTO DA MODERNIDADE:
EDUCAÇÃO E PEDAGOGIA

Para a pesquisa histórica atual, o verdadeiro ponto inicial daqueles complexos processos designados como Modernidade deve ser colocado no século XVII.

Um século trágico, contraditório, confuso e problemático, que manifesta características frequentemente antinômicas (guerras e revoltas quase endêmicas e profundas aspirações à paz; racionalismo e superstição; classicismo e barroco; absolutismo e sociedade burguesa com seus aspectos de individualismo, jusnaturalismo etc.), mas que opera uma série de reviravoltas na história ocidental, as quais mudaram profundamente sua identidade, como o Estado moderno, a nova ciência, a economia capitalista; e ainda: a secularização, a institucionalização da sociedade, a cultura laica e a civilização das boas maneiras. Se historiadores como Hauser e, depois, os historiadores atuais trouxeram à luz a constituição/evolução desenvolvida pelo Estado moderno, conotado como Estado absoluto, governado pelo soberano e sua burocracia, centralizado e unificado, que produz efeitos de minucioso controle sobre classes e grupos sociais, sobre associações e indivíduos; se estudiosos como Weber e Marx (seguidos de muitos outros, até Hobsbawm) puseram em destaque o papel de renovação exercido pela economia de mercado e seus efeitos sobre a mentalidade, mas também a religião reformada e seus efeitos sobre a economia, estabelecendo uma estreita relação entre "ética protestante" e "espírito do capitalismo"; se historiadores da ciência como Koyré e, sucessivamente, Butterfield e muitos outros puseram em relevo o papel de racionalização e de secularização na concepção do mundo que a nova ciência introduz na sociedade da época, a partir dos cenáculos dos cientistas; autores como Foucault ou Elias destacaram, de um lado, a institucionalização da sociedade operada no século XVII, processo que submeteu a controle todo aspecto da vida social, eliminando toda forma de marginalidade (seja dos loucos, dos delinquentes, dos doentes etc.), e, de outro, a formação de uma "sociedade civil" com regras e comportamentos definidos e legitimados, que operam como vínculos educativos e vêm estruturar a organização da vida pessoal, sobretudo nas relações sociais, a partir dos gestos, das linguagens etc. Outros historiadores, porém – como Trevor Roper –, puseram às claras a contraditoriedade do século, seu caráter de época ambígua e trágica, saturada de conflitos, de violência, de sem-razão.

Nesse cadinho de eventos contraditórios, mas radicais e geralmente inovadores, vão se afirmando também aqueles processos sociais de racionalização, de secularização e de domínio que permanecerão cruciais e constantes na Modernidade e aqueles mitos que acompanharão (e guiarão) seu crescimento e desenvolvimento: os mitos do Estado, do Poder e do Dinheiro, o da Razão e o do Progresso ou o mito da Revolução, o do Trabalho e o da Infância acompanhado do mito do Bom Selvagem. São mitos que atravessarão a Modernidade e virão a caracterizar sua mentalidade em curso de laicização, mas que se nutre desses princípios normativos e os afirma como valores-guia – também no indivíduo, também nos seus processos de formação.

Com o século XVII, de fato, os processos educativos, as instituições formativas e as teorizações pedagógicas também vão se renovando. Também em pedagogia, o século XVII é o século de início da Modernidade, do seu pleno e consciente início, embora não ainda de seu completo desenvolvimento, que se realizará no século XVIII de forma ainda programática, e nos séculos seguintes como realização efetiva e difundida.

Quanto aos processos educativos, eles penetram na sociedade inteira e incidem sobre a profissionalização, que se especializa e se liberta da centralidade da oficina artesanal (no nível manual) e da formação de caráter humanístico-religioso (no nível intelectual), dando espaço à manufatura e depois à fábrica, por um lado, às academias e às escolas técnicas, por outro; mas incidem também sobre o controle social, contra os desvios de todo gênero, inclusive os juvenis, como também na formação de um imaginário social alimentado pelos mitos do Moderno e por um estilo de vida civilizado, normatizado, regulado por códigos e limitado por interdições. Processos, estes, que transformam *ab imis* o sujeito individual e o enredam numa socialização que tende a tornar-se cada vez mais integral: o sujeito moderno é realmente um "si" individual e consciente da própria irrepetibilidade, mas é também um sujeito radicalmente governado pela sociedade e pelas suas regras, já que cada vez menos pode viver sem ela ou longe dela.

As novas instituições educativas são geralmente as tradicionais, já da sociedade pré-moderna, como a família, a escola, a Igreja, mas agora elas assumem uma feição nova: a família se torna cada vez mais lugar central da formação moral e estende o seu controle sobre o indivíduo; a escola se renova através do colégio, das classes organizadas por idade, da socialização dos programas e dos métodos, da modernização dos *curricula*; a Igreja se organiza cada vez mais como espaço educativo e instrutivo, desenvolvendo uma função social cada vez mais extensa. Outra instituição educativa e deseducativa será, depois, a manufatura ou a fábrica, que veio transformar a mente do trabalhador, a sua ideologia, a própria consciência de si, vindo então a desenvolver uma função de "formação".

Também o pensamento educativo se renova, ativando novos processos de teorização, em relação à ciência e, depois, à história, mas encarregando-se também das tensões da utopia. Assim, se, de um lado, se recorrerá ao rigor do discurso pedagógico e a um modelo de formação que privilegia a mente como *cogito,* se se valorizarão as contribuições – mesmo elementares – das nascentes ciências humanas (a psicologia sobre tudo) tanto na aprendizagem como na formação, de outro, se fará apelo à destinação social – entendida no sentido cada vez mais civil e cada vez menos religioso – de todo o processo formativo, que deve ligar o sujeito a uma sociedade, colhida nas suas necessidades históricas e reconhecida nas suas estruturas históricas, e – enfim, de outro lado ainda – se tenderá a encarregar a educação de tarefas utópicas, de regeneração do homem, de capacidade irênica, de desejo de reconstrução da convivência social, que cabe ao futuro realizar, mas que a educação – e só a educação – pode preparar e que, portanto, a pedagogia deve conscientemente teorizar.

Já por estas indicações resulta evidente como o século XVII, embora com processos assimétricos entre si, não homologáveis, carregados de tensões e contrastes, dá início a uma verdadeira refundição da pedagogia e da educação, realizando assim uma real reviravolta na história educativa do Ocidente. Reviravolta da qual devemos, ainda hoje, reconhecer a nossa filiação.

Para compreender o século e todas as suas potencialidades e contradições é útil e oportuno partir de Comenius e do seu modelo de educação universal que veio mediar reciprocamente ciência, história e utopia sobre um pensamento fortemente original e, ao mesmo tempo, rico de passado e carregado de futuro.

Ao lado de Comenius colocam-se depois *outros* modelos educativos, menos originais e de alcance mais modesto, mas que desenvolvem aspectos intelectuais, sociais e religiosos da formação do homem moderno (de Port-Royal aos oratorianos, a Fénelon, a La Salle, a Francke), mas, sobretudo, o grande modelo de formação intelectual e cultural elaborado pela sociedade moderna, com o problema do método, com a práxis da experimentação, com a valorização da matemática e da lógica como fulcros do moderno saber e, portanto, da mente dos modernos.

Ao mesmo tempo, toda a organização da instrução, em contato com estas transformações sociais, culturais e pedagógicas, se renova: nasce a escola moderna, racionalizada na estrutura e nos programas e valorizada na sua função civil. Assim, o homem civil (bem-educado, a partir das boas maneiras que assume como próprias) torna-se um modelo de conformação social cada vez mais difuso, partindo da aristocracia para chegar depois aos diversos grupos burgueses e invadir com seu estilo de comportamento a sociedade inteira (excluído o povo, por muito tempo ainda). E neste novo sujeito, ao mesmo tempo individualizado e socializado, veio a mudar radicalmente o imaginário, que se torna mais laico e mais problemático, mais consciente dos conflitos que atravessam toda a vida subjetiva, e que se encontra refletido e potencializado, "representado" tanto no romance como no teatro, que recebem no século XVII um novo impulso, mas até mesmo na literatura infantil, que cresce neste século e que se dirige à formação de uma visão do mundo específica na infância.

Enfim – no final do século ou nos primeiros anos do XVIII –, afirmam-se dois grandes e novos modelos pedagógicos, que a contemporaneidade conservará: o empírico de Locke e o historicista de Vico (este será tratado depois no capítulo sobre o século XVIII), que reagem ambos contra o racionalismo típico dos anos Seiscentos – também em muitas pedagogias – e propõem releituras radicais dos processos sociais e intelectuais de formação.

2   COMENIUS E A EDUCAÇÃO UNIVERSAL

Se com Montaigne se teoriza um modelo de educação individual e prática, baseado sobre o respeito da natureza e da psicologia do educando, com o século XVII afirma-se um modelo de pedagogia explicitamente epistemológico e socialmente engajado, representado, especialmente na área norte-europeia, onde mais se observam os ideais culturais e políticos da Idade Média, sobretudo por Comenius e seus colaboradores, os quais elaboram uma ideia de educação universal nutrida por fortes ideais filosóficos e político-religiosos. Estes remetem explicitamente às posições dos utopistas da época renascentista, sobretudo no que tange aos ideais de justiça e de pacificação universal, além de reforma social, política e intelectual. Quem, porém, desenvolve estas posições em chave declaradamente pedagógica é, em primeiro lugar, Comenius, que afirma a universalidade da educação contra as restrições devidas a tradições e a interesses de grupos e de classes, e a sua centralidade na vida do homem e da sociedade. Com ele se delineiam pela primeira vez de maneira orgânica e sistemática alguns dos problemas já relevantes da pedagogia: desde o projeto antropológico-social que deve guiar o mestre até os aspectos gerais e específicos da didática, para chegar às estratégias educativas referentes às diversas orientações da instrução.

Por detrás do maior pedagogo do século XVII – Jan Amos Comenius – colocam-se, porém, alguns autores que, mesmo operando no clima reformador daquele tempo e compartilhando a ideia de uma sistematização orgânica da pedagogia, se interessam sobretudo por problemas didáticos e por uma reorganização do saber em chave pansófica. Ratke, Alsted e Andreae, recorrendo a indagações de origem medieval tendentes a buscar uma possível *clavis universalis* do saber, uma língua racional capaz de realizar um acordo entre os povos, concentram sua atenção sobre temas da educação linguística e sobre a produção de textos escolares que favoreçam uma aprendizagem espontânea e natural.

Wolfgang Ratke (1571-1635) elabora um ideal pansófico que se apoia sobre três pilares (a graça, a natureza e as línguas) e exprime uma coerente formação humana e cristã. Na sua obra mais importante, *Memoriale*, apresentada em 1612 à dieta de Frankfurt, o problema mais tratado é o do método fundamental e natural de aprendizagem: deve-se ensinar seguindo o curso da natureza e procedendo do simples ao complexo, do conhecido ao desconhecido *iuxta methodum naturae omnia*, usando inicialmente a língua materna também para a gramática das línguas estrangeiras e partindo das coisas para chegar às regras. Ratke opõe-se à aprendizagem mnemônica, passiva e estéril, em nome de um procedimento não constritivo da aprendizagem. Todo conhecimento deve ser atingido através da indução e da experimentação. Com este novo método, de forte sabor baconiano, todos os jovens, independentemente de suas condições econômicas, devem ser instruídos.

Com Johann Heinrich Alsted (1588-1638), o ideal pansófico e o mesmo problema do método ligam-se a uma forte inspiração religiosa. No *Triumphus Biblicus*, a educação é considerada um meio que realiza no mundo a vontade de Deus, colocando-se, então, como um projeto de reforma da humanidade. Numa obra posterior, *Encyclopedia omnium scientiarum*, Alsted delineia um modelo de ensino baseado em alguns pressupostos de natureza teórica: Deus é fundamento e princípio de todo saber, ao passo que quem realiza o processo de aprendizagem são o professor e os livros, sejam estes antigos ou modernos, excluídos obviamente os heréticos ou privados de orientação metódica.

No nível da organização escolar, da qual trata no *Systema mnemonicum*, ele distingue as escolas elementares, chamadas também vernáculas, das escolas superiores, divididas em *demicae* (necessárias a todos) e *accademicae* (ou universidades). As escolas superiores, urbanas e não rurais, masculinas e não femininas, acolhem os meninos dos sete anos em diante e se articulam, depois de um ano de latim, em três classes de gramática e outras três de sintaxe, retórica e lógica, para terminar em três classes de filosofia que preparam para os estudos universitários. Estes últimos estruturam-se em quatro biênios, que tendem para uma especialização cada vez maior, embora mantendo uma notável abertura cultural.

Johann Valentin Andreae (1586-1654), educado em Tubingen, é estreitamente ligado à ordem dos rosacruzes, uma sociedade de místicos reformadores de origem medieval. Em 1616, funda uma loja chamada Cruz Rosa, misturando alquimia, misticismo e reforma social aos ideais filosófico-religiosos que a inspiram. Na obra intitulada *Reipublicae Chris tianopolitanae Descriptio*, de inspiração utopista, ele trata particularmente de educação, opondo-se às técnicas mnemônicas e pedantescas em uso nas escolas da época e favorecendo uma aprendizagem que ligue as palavras às coisas e parta da língua materna. Estimula também a usar nas escolas os "melhores autores", a fim de que "se forme a língua, se refine o engenho, se enriqueça e se reforce o ânimo".

É só a partir do fim do século que se assiste, depois de mais de um século de esquecimento, a uma retomada de interesse pela figura e pela obra de Comenius. O fervor de iniciativas e de estudos pela celebração do terceiro centenário de seu nascimento abre novas perspectivas de leitura e põe em destaque aspectos do seu pensamento antes desprezados ou completamente ignorados. Hoje, de Comenius tende-se a valorizar o forte engajamento religioso e civil orientado para uma radical reforma da sociedade e substanciado por um conceito plurilateral de formação. As dimensões religiosa e "pansófica" são reconhecidas como aspectos fundamentais e prioritários do seu pensamento também no tocante às reflexões educativas e didáticas tradicionalmente consideradas elementos centrais da sua pedagogia.

No plano estritamente pedagógico, são hoje considerados motivos basilares do seu pensamento o estreito vínculo entre os problemas da educação e as problemáticas gerais do homem, a centralidade da educação no quadro do desenvolvimento social, a existência de um método universal de ensino baseado em processos harmônicos da natureza, o conceito de uma instrução para toda a vida e aberta a todos, a concepção unitária do saber e o empenho por uma educação para a paz e a concórdia entre os povos. Todos esses motivos fazem de Comenius um grande inovador e antecipador de problemas e soluções que são próprios da Modernidade, mas isso não pode levar a separá-lo da cultura de seu tempo. A sua formação ocorre em contato com os meios intelectuais europeus mais avançados do século XVII: estuda a cultura renascentista italiana sofrendo profunda influência de Campanella e mantém estreitas relações com importantes círculos europeus da Reforma participando de suas lutas políticas e teológicas. Mas no seu pensamento registra-se também a presença de ideais, como os da pacificação universal e da organização pansófica do saber, que são de derivação medieval e da Escolástica tardia. É justamente esse binômio inovação-tradição que representa o aspecto mais original e significativo do pensamento pedagógico de Comenius, enquanto o caracteriza como uma figura de guinada na história da pedagogia e como a síntese mais alta do trabalho educativo e pedagógico que acompanha o nascimento do mundo moderno. A sua grandeza se manifesta também no fato de ser um espírito luminoso numa época trágica. Época de guerras e perseguições, de extermínios e de depressão inclusive demográfica e econômica, especialmente no centro da Europa, coincidindo com a Guerra dos Trinta Anos, num tempo histórico tão carregado de tensões e de destruições, Comenius empenha-se numa renovação universal da cultura e da sociedade colocando no centro o papel criativo da educação. Desenvolve assim uma concepção educativa que abarca tanto os problemas teóricos como os práticos, afirma com força a prioridade e a dignidade da educação, além da tarefa central que ela deve assumir na sociedade moderna. Mas, justamente para que a educação possa desenvolver todo o seu potencial reformador, é necessário dar à pedagogia uma feição de ciência, de pensamento rigoroso e exaustivo, elaborado sobre critérios e princípios gnoseológica e epistemologicamente fundados. A unidade entre engajamento social e consciência científica caracteriza, então, o início de uma reflexão orgânica sobre a educação, sendo Comenius o primeiro a afirmar o seu caráter de disciplina autônoma em relação à Filosofia e à teologia.

Jan Amos Komensky nasce em Nivnice, na Morávia, em 1592 de uma família pertencente à seita religiosa dos Irmãos Morávios. Após os primeiros estudos em Prerov, frequenta cursos de teologia em Herborn, onde segue as lições de Ratke e de Alsted, e a universidade de Heidelberg na Alemanha. Ordenado sacerdote em 1616, dedica-se a atividades de ensino, estabelecendo-se em Fulnek. Iniciada a Guerra dos Trinta Anos em 1618, Comenius vive com grande intensidade, participando das desventuras políticas e religiosas do seu povo. Os dolorosos acontecimentos ligados ao desenvolvimento da guerra, até a ruína definitiva de qualquer ilusão política e religiosa dos Irmãos Morávios, não enfraquecem o seu temperamento batalhador, estimulando-o a conceber um projeto de ordem e de pacificação universal que encontra na educação o seu instrumento privilegiado e na sistematização definitiva do saber a sua condição essencial.

Os primeiros trabalhos de Comenius são textos de caráter essencialmente divulgativo, cujo objetivo é fornecer ao povo morávio "os instrumentos para reconhecer-se na sua própria história". Nascem, assim, uma enciclopédia universal (*Theatrum universitatis rerum*) e um vocabulário da língua morávia, definidos por um estudioso moderno como "um ambicioso testamento da cultura tcheca".

O fim das esperanças religiosas e políticas da união e da nação morávia com a batalha da Montanha Branca em 1623 e as ferozes repressões efetuadas pelas tropas imperiais, aliadas à obra de catolicização do país levada avante pelos jesuítas, são a ocasião para uma nova série de escritos do tipo consolatório, por assim dizer. Nasce desse modo *O labirinto do mundo e o paraíso da alma*, uma obra que se situa entre o tratado e o projeto utópico, na qual há a descrição do mundo real com os seus erros, suas dispersões, suas vaidades e suas misérias, ao qual se contrapõe um mundo ideal, situado não em lugares distantes, como na visão clássica das utopias, mas dentro do próprio coração.

Em consequência da onda restauradora que se abateu sobre a Morávia por efeito das lutas político-religiosas daqueles anos, Comenius é obrigado a deixar seu país, dando assim início àquela longa peregrinação pela Europa que só terminará com a sua morte. Após uma breve temporada na Holanda, dirige-se a Leszno, na Polônia, onde publica a *Janua linguarum reserata*, que tem grande sucesso na Europa e fora dela. Vive por um breve período na Inglaterra, onde conhece Samuel Hartlieb e alguns seguidores de Bacon e onde publica a *Via crucis*; depois, por causa da revolução, passa para a Holanda, a Alemanha, a França e a Suécia, antes de voltar à Polônia, em Elbing, onde se ocupa da reorganização da Igreja dos Irmãos Morávios e realiza pesquisas sobre a didática das línguas. Depois da paz de Westfália, transfere-se para a Hungria, em Sarospatak, onde implanta um tipo de escola que encontra a oposição dos docentes locais e suscita a preocupação das autoridades. Volta a Leszno, na Polônia, de onde é obrigado a fugir por causa da pilhagem da cidade, asilando-se então na Holanda, onde passa anos difíceis entre polêmicas religiosas e desilusões políticas apenas suavizadas pelo seu inexaurível empenho editorial. São deste período os escritos em favor da paz e da reforma universal *Lux in tenebris, Angelux pacis, Unum necessarium*.

Publica também a *Opera didactica omnia* em dois volumes e trabalha com grande tenacidade em *De rerum humanarum emendatione Consultatio catholica*, do qual publica apenas duas das sete partes. Morre em Amsterdã em novembro de 1670.

A condição de exilado faz amadurecer nele novas perspectivas políticas e culturais. A relação com as outras comunidades reformadas e com ambientes culturais mais abertos, o encontro com grandes personalidades da cultura europeia da época o induzem a modificar os projetos originais de reforma religiosa e didática em direção da construção de uma ciência universal capaz de produzir aquela pacificação geral entre os homens que constitui a aspiração última da sua vida. Testemunha destes novos interesses é *Didática tcheca*, escrita nos anos 1628-1632, sucessivamente traduzida em latim com amplos ajustes e acréscimos e publicada, finalmente, com o título *Didactica magna*, em 1657, em Amsterdã. A obra reflete a aspiração do seu autor a uma formação humana que garanta as condições daquela harmonia que é o fundamento da realidade.

A concepção pedagógica de Comenius baseia-se num profundo ideal religioso que concebe o homem e a natureza como manifestações de um preciso desígnio divino. Para Comenius, Deus está no centro do mundo e da própria vida do homem. Com esta base se esclarece a forte carga religiosa que atravessa seus projetos de reforma da sociedade e da escola, assim como seu ideal irênico de pacificação entre os homens e a própria referência à liberdade das Igrejas em vista da constituição de um cristianismo universal. Toda a construção pedagógica de Comenius é, de fato, caracterizada por uma forte tensão mística que sublinha seu caráter ético-religioso e a decidida conotação utópica: a educação neste quadro é a criação de um modelo universal de "homem virtuoso", ao qual é confiada a reforma geral da sociedade e dos costumes.

Essa orientação religiosa desenvolve-se também numa filosofia precisa que se caracteriza por uma decidida conotação antropológica e por uma igualmente decidida orientação gnoseológica. À parte as referências a Platão e a Agostinho, são fortes os influxos exercidos sobre seu pensamento pela filosofia do Renascimento. O sensacionismo dos naturalistas do século XVI interessa-lhe de modo particular. Neste plano, Tommaso Campanella é o seu guia mais respeitável, embora deva ser esclarecido que do filósofo calabrês ele aceita o sensacionismo gnoseológico, a centralidade do *sensus abditus* como integração do *sensu inditus* e fundamento do conhecimento natural, além da ideia de uma cidade reformada nos costumes, internamente pacificada, guiada por um comum ideal religioso e organizada de forma educativa, mas rejeitando decididamente sua conotação rigidamente católica e o projeto de uma *monarquia hispânica*. Da filosofia renascentista, em particular, Comenius deriva a concepção dinâmica e evolutiva da natureza e a do homem como microcosmo, gestor e mediador nas relações com a natureza, com a tarefa de reconduzi-la a Deus. Nessa tarefa, é auxiliado pelo fato de ser a mais alta e perfeita entre todas as criaturas do universo, aquela que possui por natureza "as sementes da ciência, da moral e da piedade". No homem está tudo, "a lâmpada, o lume, o óleo e o pavio"; trata-se apenas de "soltar a faísca, protegê-la, acender o lume". É preciso garantir-lhe "um pequenino impulso e um sábio guia" para que se torne homem e possa assim gozar "os maravilhosos tesouros da divina sapiência".

Sobre as bases desta concepção do homem, Comenius edifica o seu projeto educativo; isso faz dele o primeiro verdadeiro sistematizador do discurso pedagógico, aquele que relaciona organicamente os aspectos técnicos da formação com uma abrangente reflexão sobre o homem.

A formação deve começar desde a mais tenra idade, quando as mentes não estão ainda "ocupadas e contaminadas por pensamentos vãos e por costumes mundanos", e deve ocorrer na instituição escolar.

Na esteira de uma ideia já afirmada pela pedagogia humanística e pela Reforma, Comenius sublinha o papel formativo do ambiente escolar para o sadio espírito de competição que consegue estimular nos alunos. Mas existe algo mais. Na afirmação comeniana da necessidade da escola deve-se ver um argumento caro à nascente civilização capitalista, o da especialização. "O homem, quando precisa de farinha, vai ao moleiro; de carne, ao açougueiro; de bebida, ao taberneiro; de roupas, ao alfaiate; de sapatos, ao sapateiro; quando precisa de uma construção ou de um arado, ou de um prego, vai ao pedreiro, ao carpinteiro, ao serralheiro e assim por diante ... Por que então não devem existir escolas para a juventude? É claro que há muito menos dispêndio de energia, quando alguém faz uma coisa só e não é distraído por outras: desse modo um só pode servir utilmente a muitos, e muitos a um só."

A afirmação da necessidade da escola não comporta por si só um juízo positivo sobre seu funcionamento. A este respeito, a polêmica de Comenius contra a prática didática da época é bastante dura. A seu ver, as escolas não respondem plenamente aos objetivos pelos quais foram criadas. Não estão presentes em toda parte: "nas menores cidades, vilarejos e aldeias, ainda não foram fundadas escolas" e não são "para todos indistintamente, mas só para alguns, para os mais ricos, naturalmente"; os métodos que adotam são cansativos e abstratos, a ponto de transformá-las em locais de "tortura para as mentes"; a cultura que dispensam "não é séria e alerta, mas confusa e inútil"; "raramente as almas são alimentadas com cognições realmente substanciais, enquanto são mais atulhadas de palavras superficiais, vãs, papagaiescas, e de opiniões levianas como palha e feno".

Entretanto, as escolas podem responder positivamente ao seu objetivo formativo se forem reformadas e reorganizadas de maneira diversa. Às carências e aos erros postos em destaque, Comenius contrapõe o seu modelo de "escola bem ordenada", na qual "todos são instruídos plenamente". Nela há lugar para os ideais da sapiência, da honestidade e da piedade; a educação se realiza com a máxima delicadeza e doçura, sem nenhuma severidade e coerção; a cultura dispensada é verdadeira e só lida, não aparente nem superficial, e tampouco cansativa.

Para que tudo isso possa se realizar é necessário que ela disponha de professores dotados de um bom método de ensino. A estes, e também aos pais, aos estudantes, às escolas, aos Estados e à Igreja, é fundamentalmente endereçada a proposta didática elaborada por Comenius. Tal proposta atribui grande crédito à natureza. Observando a ordem que reina no universo, o pedagogo morávio extrai os princípios que coloca na base do seu método: o sincretismo e a substancial unidade estrutural que caracteriza os seres humanos no curso do seu gradual desenvolvimento.

O sincretismo, reconhecendo a correspondência entre os diversos graus da realidade, estabelece uma estreita relação entre natureza e arte, pela qual a arte de ensinar (a didática) extrai as suas regras da natureza e o processo educativo repete as leis do desenvolvimento natural. "A arte nada pode se não imitar a natureza ... a ordem que desejamos que constitua a ideia universal da arte de ensinar e de aprender tudo só pode ser extraída da escola da natureza. Isso posto, as coisas artificiais procederão fácil e espontaneamente, como fácil e espontaneamente procedem as naturais."

O outro princípio, relativo à substancial estrutura unitária da vida, postula um homem que, embora mudando na forma, permanece substancialmente imutável na sua estrutura de fundo. No nível didático isso quer dizer que conteúdos cognoscentes considerados didaticamente necessários ao homem permanecerão sempre os mesmos, embora mudando os modos de apresentá-los e os coeficientes de dificuldade. "Embora as escolas sejam diferentes, não se ensinam, porém, matérias diferentes, mas sempre as mesmas de maneira diversa, ou seja, todas aquelas coisas que podem tornar os homens realmente homens." É aqui que deve ser visto o significado mais verdadeiro da proposta comeniana do método cíclico e pansófico, com base no qual, nas diversas fases e graus da experiência escolar, se ensinam as mesmas disciplinas com graduais e progressivos níveis de aprofundamento e de reelaboração. Assim, "nas escolas dos menores devem ser ensinadas as coisas de maneira mais geral e mais elementar, nas seguintes de modo mais particular e mais distinto".

Além da chave metodológica, o princípio pansófico do "tudo a todos" pode ser lido e interpretado na sua valência social e cultural. Quanto à posição fundamentalmente aristocrática da pedagogia humanística e aquela mais avançada de Lutero, Comenius afirma a exigência de "uma educação universal" que não faça diferença de sexo ou de classe social. A sua concepção é um importante passo à frente, contemporâneo à primeira afirmação da burguesia capitalista, em relação à concepção medieval de uma escola de estrutura linear, que parte das disciplinas mais simples para as mais complexas.

Quanto aos conteúdos do "tudo", não sendo possível realizar um conhecimento aprofundado e exato do saber inteiro, Comenius, longe de cair num enciclopedismo inferior e inconclusivo, afirma a necessidade de "conhecer os fundamentos, as razões, os fins de todas as coisas mais importantes, de todas as coisas que se referem ao homem, mesmo se depois uma será mais útil para um e outra para outro".

Sobre a base das finalidades educativas a atingir e dos métodos didáticos a utilizar, além da ideia e do aproveitamento dos alunos, Comenius avança uma proposta de organização escolar que prevê quatro graus sucessivos, para cada um dos quais delineia os objetivos, os conteúdos e os métodos, com uma meticulosidade e uma minúcia por vezes excessivas, que desembocam na repetividade e no pedantismo. As quatro *scholae* são:

a) a escola maternal para a infância, a mais importante, a que prepara "o terreno da inteligência" e à qual está ligada "toda a esperança da reforma universal das coisas";

b) a escola nacional ou vernácula para a meninice, cuja finalidade é "fazer adquirir prontidão e esbeltez para o corpo, para os sentidos, para a inteligência". É articulada em seis classes nas quais se aprendem a leitura, a escrita, a matemática, mas também os primeiros preceitos morais e os rudimentos da fé;

c) a escola de latim ou ginásio para a adolescência, cujo objetivo é "colocar em forma a floresta de noções recolhidas pelos sentidos para um uso mais claro do raciocínio". É chamada de latim porque educa para a elegância expressiva e para a leitura pessoal dos textos;

d) a academia para a juventude, cuja finalidade é "a formação da luz harmônica, plena, universal, que congrega sapiência, virtude e fé". É chamada academia porque se coloca como "conselho" de sábios e está situada em lugar apartado e tranquilo.

Muitas das soluções pedagógicas e didáticas contidas na *Didactica Magna* são transportadas para a *Consultatio catholica de rerum humanarum emendatione*, cujo projeto remonta aos anos 1644-1645, mas cuja redação absorve Comenius no último período de sua vida. Na base desta "grande obra mal acabada", como a define Jean Piaget na introdução a uma antologia dos escritos comenianos, existe a convicção de que o ideal pansófico da unidade do saber universal passa através da recomposição unitária da sapiência cristã, cuja universalidade é posta em crise pelos contrastes político-religiosos que caracterizam as comunidades e os Estados que estão relacionados com o cristianismo. Daqui a proposta de uma *consultatio catholica,* de uma reunião de todos os cristãos para uma reforma de todas as coisas.

A reforma universal só é possível se for realizada a reconciliação do mundo cristão e superada a unilateralidade das intervenções reformadoras operadas até então, que privilegiaram uma parte das coisas humanas em vez do todo, expresso unitariamente na educação, na política e na religião, assim como nas correspondentes formas institucionais da escola, do Estado e da Igreja. Enquanto as intervenções atingirem separadamente uma das partes e não "todas as coisas juntas", "cada coisa retornará ao antigo caos". Só uma iniciativa conjunta dos filósofos, que "conhecem as razões das coisas", dos teólogos, que sabem "separar o verdadeiro do falso", e dos políticos, que "se ocupam do bem do estado", poderá realizar a harmonia universal. Tal convicção demonstra a pouca consciência que tinha Comenius da complexidade dos eventos que dominam a cena europeia da época e do emaranhado de interesses econômicos e políticos que estão na sua base. Para ele, o instrumento para realizar a harmonia do mundo é a educação universal, uma empresa "árdua", mas "não impossível". A *pansofia*, que representa a totalidade do saber, realiza-se através da *pampaedia*, que constitui a parte central da *Consultatio*. Nela, além de definir o fim último da educação, que é "a formação universal de todo o gênero humano", são apresentados os meios e os modos para consegui-lo. Nesta parte retorna o princípio já expresso na *Didactica Magna* do "tudo a todos totalmente" (*omnibus omnes omnino*); só que aqui *omnibus* adquire um significado mais amplo, referindo-se não só aos jovens até os 24 anos, mas a "todos indistintamente". A este princípio ligam-se estreitamente outros três:

a) o da *panscholia*, pelo qual a educação desenvolve-se em todas as fases da vida, embora com modalidades diversas para cada uma das fases: "Fazer de toda a vida uma escola, dando a cada idade só aquilo para que é idônea";

b) o da *pambiblia*, pelo qual a educação se realiza através de um estudo de todo o saber, não de forma enciclopédica, mas de maneira sistematicamente organizada e fazendo referência constante aos três reinos do conhecimento (o "mundo", a "mente" e a "revelação");

c) o da *pandidascalia*, pelo qual a educação deve ocorrer segundo os critérios da universalidade (dando "tudo a todos"), simplicidade (utilizando "meios certos") e espontaneidade (fazendo "tudo suave e agradavelmente como por brincadeira").

A unidade da formação humana que está na base da educação universal põe em particular destaque, além do problema do saber e do ensino, também o das escolas. Sobre o primeiro ponto, Comenius observa que o método deve ser completo e utilizar de maneira orgânica os momentos da análise, da síntese e da síncrise, a fim de aumentar o conhecimento e permitir ao sujeito compreender "a harmonia das coisas e sua relação com o todo". Sobre o segundo ponto, ao lado das quatro escolas já apresentadas na *Didactica Magna,* ele prevê outras quatro:

a) a escola pré-natal ou do seio materno: tem por objetivo fornecer aos pais conselhos úteis no plano moral e higiênico-sanitário;

b) a escola da virilidade: destina-se à idade madura e tem a finalidade de orientar a "práxis" da vida do indivíduo através do temor de Deus e o empenho profissional;

c) a escola da velhice: é de preparação para a morte e tem o objetivo de "conseguir finalmente que toda a vida seja boa, enquanto boa será a sua conclusão";

d) a escola da morte: "não se destina apenas aos velhos, mas a todas as idades".

Outra parte importante da *Consultatio* é a *panglottia,* que individualiza na língua o meio para o ensino universal. O interesse pela questão linguística é um ponto fundamental da reflexão comeniana. Já na *Janua linguarum reserata* de 1631, mas também no *Methodus linguarum novissima* dos anos 1644-1647, destaca-se a relação entre o aprendizagem de uma língua e o universo do saber por ela expresso, além da conexão entre noções linguísticas e realidade. "As palavras, já que são os signos das coisas, que coisa elas significam, se não se conhecem as coisas que exprimem? Um menino pode repetir de memória milhares de vocábulos, que uso fará deles se não souber aplicá-los às coisas?"

"Se as palavras sem as coisas são cascas sem frutos", então é necessário refazer o ensino das línguas no sentido de uma constante referência às coisas. Tal projeto está contido no *Orbis pictus,* no qual as palavras são apresentadas em estreita conexão com as imagens das coisas correspondentes.

Para além das intuições pedagógicas e didáticas, igualmente interessantes e que explicam o grande sucesso do autor, os dois escritos são permeados de uma intencionalidade pedagógica que se carrega cada vez mais de elementos religiosos e irênicos. São estes elementos que, em última análise, fazem de Comenius um sonhador visionário e um utopista, na prática um não revolucionário. E são estes mesmos elementos, cada vez mais pronunciados e orientados para posições milenaristas e místicas, que o afastam da tradição da ortodoxia reformada, dando-lhe nos últimos anos de vida motivos de desilusão e de dor pelo distanciamento progressivo de muitos de seus amigos e alunos.

3 OUTROS MODELOS PEDAGÓGICOS: PORT-ROYAL E OS ORATORIANOS

O cartesianismo e o jansenismo, as duas grandes linhas que dominam a cena cultural francesa no século XVII, dão lugar a outras experiências pedagógicas que da França se irradiam para toda a Europa, embora com êxitos diversos: a dos oratorianos e a das "Pequenas Escolas" de Port-Royal. O objetivo de ambas é opor-se à pedagogia jesuítica e ao seu modelo formal de educação e afirmar um programa de instrução mais aderente à experiência histórico-cultural da época e à psicologia da criança.

A ordem dos oratorianos, fundada em 1611 por Pietro de Berulle, remete, de um lado, aos princípios educativos de São Filipe Néri e, de outro, às orientações racionalistas de Descartes. A ordem dedica-se quase exclusivamente à educação secundária e elabora um método próprio de ensino que encontrará definição formal mais tarde na *Ratio docendi* de 1694. Nas escolas do Oratório há amplo espaço para a língua nacional em relação ao latim, valorizam-se a matemática, as ciências naturais e a história estreitamente ligada à geografia. Estas escolas duram até o início da Revolução de 1789 e, depois da expulsão dos jesuítas da França, mantêm o monopólio exclusivo do ensino secundário.

As "Pequenas Escolas" de Port-Royal têm, pelo contrário, uma vida bastante breve, mas uma fama muito maior graças à impostação lógica e ao forte empenho ético que as caracterizam. Instituídas por volta de 1637 por obra do abade de Saint-Cyran (1581-1643) para a instrução de alguns rapazes a ele confiados, remetem aos princípios do jansenismo. No curso de sua existência, são objeto de duros e repetidos ataques por parte dos jesuítas por razões de ortodoxia religiosa, mas sobretudo por razões de hegemonia educativa. Assim, depois de 1655, chega-se ao seu fechamento: os docentes dedicam-se à compilação de obras pedagógicas nas quais expõem com vigor as linhas educativas e didáticas das escolas de Port-Royal. Entre os mestres mais significativos desta direção são lembrados Claude Lancelot, autor de um *Novo método para o ensino* do latim, do grego, do italiano e da geometria; Antoine Arnauld (1612-1694), que escreve as *Memórias sobre o regulamento dos estudos nas letras humanas* e a *Lógica ou arte de pensar*, com Pierre Nicole, o qual é autor do tratado *Da educação do príncipe*.

As "Pequenas Escolas" fornecem um ensino preparatório a grupos muito restritos de alunos (cinco ou seis no máximo), cada um confiado aos cuidados de um mestre. Trata-se de escolas para poucos, cujo objetivo principal é intervir sobre crianças para prevenir e corrigir sua inclinação para o mal. A natureza humana, dominada pelo pecado, segundo a doutrina jansenista, e a própria predestinação não devem impedir o educador de "agir como se tudo dependesse de nós". A criança é realmente "possuída pelo diabo antes mesmo de nascer", mas justamente por isso é necessário ajudá-la e guiá-la no seu crescimento. A redenção do homem é possível se houver uma potencialização da racionalidade e das suas capacidades de julgamento. É relevante, portanto, no processo de formação, o papel do estudo e do esforço, que devem, porém, ser proporcionais às possibilidades da criança, da qual não se pode pretender um empenho superior às suas possibilidades.

O objetivo fundamental do estudo deve ser a aquisição das capacidades de julgamento. Isso deve ocorrer de forma diferente em relação ao adulto, desenvolvendo no aluno os princípios da clareza e da distinção, através de uma maior aproximação dos sentidos e dos dados da observação.

Sobre essas premissas pedagógicas, os mestres das "Pequenas Escolas" elaboram seus princípios didáticos referentes sobretudo ao ensino das línguas, à educação moral e à aplicação no plano do ensino de algumas de suas pesquisas lógicas. No campo linguístico, dão lugar ao "método fonético" para o aprendizado da leitura e da escrita. Este, que teve larga difusão, baseia-se no ensino preliminar das vogais e dos ditongos para passar depois às consoantes combinadas com as vogais. Refuta categoricamente o método tradicional, o alfabético, que apresenta primeiro as letras, depois as sílabas e enfim as palavras, pecando desse modo por abstração quanto ao correto aprendizado das línguas faladas. Além disso, os mestres de Port-Royal ensinam partindo da língua materna e não do latim, como acontecia no passado. Também as gramáticas das outras línguas são escritas na língua nacional e os clássicos (Fedro, Plauto, Terêncio e Cícero) são traduzidos antes de ser lidos. Só num segundo tempo é que começa o estudo do latim, seguindo os critérios adotados para a língua nacional; parte-se não das regras gramaticais, mas dos autores e do seu uso; repetindo em continuação, os "mesmos termos, aplicados em modos e casos diversos", aprende-se gradativamente e sem cansaço. O ensino da gramática ocorre num segundo tempo e tem a função de levar a um plano mais racional a aprendizagem das línguas, realizada através dos clássicos e seu uso.

No que diz respeito à educação moral, os mestres de Port-Royal conclamam os alunos ao empenho e ao esforço, sem nada conceder ao divertimento e à distração, condenando a emulação e valorizando a modéstia e o autocontrole. O aspecto talvez mais relevante da pedagogia port-royalista é, porém, o reconhecimento da importância que a lógica, entendida como capacidade de julgamento, tem no processo educativo. Há uma passagem na *Lógica* de Arnauld que exprime de maneira muito eficaz esse objetivo: "A aplicação precípua e a meta de quase todos os nossos estudos deveria ser a formação do julgamento e a sua maior perfeição. Servimo-nos da razão como de um instrumento para a aquisição das ciências, ao passo que devemos nos servir das ciências como de um instrumento para aperfeiçoar a razão: porque uma mente reta vale infinitamente mais que todos os conhecimentos especulativos ... Por isso os homens sábios devem aplicar-se a eles apenas o quanto seja útil para tal fim, e a fazer deles o exer-cício, não o emprego de todas as energias da mente".

Se a lógica tem o objetivo de combater, de um lado, o ceticismo e, de outro, o dogmatismo escolástico, ela tem também a tarefa de elucidar as funções intelectuais fundamentais do homem: a intuição, o julgamento, o raciocínio e a ordenação. Nesse sentido, ela se refere a uma teoria precisa da mente e assume uma valência pedagógica de destaque. A via para chegar a essa formação racional da mente é constituída pela linguagem, que é organizada segundo determinadas funções naturais e por isso universais. Com base nelas é possível elaborar uma comunicação expressiva, clara e rigorosa, por um lado, e capaz de convencer e de persuadir, por outro. Desse modo, para os port-royalistas, a educação linguística torna-se uma educação lógica, ou seja, uma educação da mente ou do "bem pensar".

4 PERCURSOS DA EDUCAÇÃO NA EUROPA: FÉNELON, LA SALLE, FRANCKE

O "século do absolutismo" – com a nítida separação que produz entre as classes dominantes, detentoras do poder político, econômico e religioso, e as populares subalternas – favorece a formação no campo educativo de dois "modelos" de instrução e de educação nitidamente distintos e diversamente organizados. A educação dos nobres realiza-se através do ensino de preceptores particulares ou no interior dos "seminários dos nobres", colégios próprios nos quais os jovens aristocráticos são formados tanto no plano intelectual como no do comportamento, mediante um programa de estudos que, ao lado das línguas modernas e das novas ciências, contempla também a atividade de vida prática como a equitação, a caça, a esgrima e a dança. A educação do povo, porém, confiada essencialmente à Igreja, ocorre mais frequentemente no interior de institutos de beneficência onde somente poucos alunos dos grupos populares recebem uma educação exclusivamente instrumental, limitada à aprendizagem de técnicas elementares como ler e escrever. Com relação a este tema, se, por um lado, deve-se registrar a insuficência do espaço concedido pelas organizações religiosas à educação das massas, por outro, não pode ser esquecida a omissão dos poderes públicos no que se refere a este problema.

O autor que melhor interpreta as exigências educativas dos grupos nobiliários é François de Salignac de la Mothe-Fénelon (1651-1715). De família nobre, homem de Igreja e diretor de uma congregação feminina fundada para converter ao catolicismo as mulheres huguenotes, Fénelon compõe, em 1687, um *Tratado sobre a educação das meninas*, dedicado à duquesa de Beauvilliers, e nos anos seguintes outras obras pedagógicas (*Fábulas, Aventuras de Telêmaco* e os *Diálogos dos mortos*), dedicadas ao duque de Borgonha, sobrinho do rei Luís XIV, do qual, entrementes, se tornou preceptor. Atacado duramente pelos jesuítas e por Bossuet pela sua proximidade das posições "quietistas", é privado do prestigioso encargo. Desenvolve sua atividade restante como arcebispo de Cambrai, dedicando-se ao seu ministério, às obras piedosas e a uma série de es critos de conteúdo predominantemente metafísico e pastoral.

A concepção educativa de Fénelon parte de alguns princípios, certamente não originais nem cientificamente fundados, mas extremamente significativos, referentes às características específicas da idade infantil, que todo educador deve conhecer e ter constantemente presentes se quiser tornar eficaz a própria obra: a importância dos chamados "ensinos indiretos" e a centralidade do jogo e das "histórias" no processo educativo. Para ele, a infância se caracteriza pela "maciez do cérebro", que "faz que tudo nele se imprima facilmente", pela "curiosidade", por um "movimento fácil e contínuo" e por uma "irrequietude" que deve ser constantemente orientada se se quiser utilizá-la para fins educativos. O educador deve, por isso, "contentar-se em seguir e secundar a natureza", sem estimular demais a criança, mas explorando a "curiosidade", que "é uma disposição natural que precede e prepara a instrução". A propósito da atenção que deve ser reservada à psicologia das crianças, no *Tratado sobre a educação das meninas* ocorrem expressões de sabor quase rousseauniano: "O cérebro infantil é semelhante a uma vela acesa em lugar exposto ao vento: sua luz vacila sempre. O menino nos faz uma pergunta; antes que lhe respondamos, seus olhos fogem para o teto; ele conta todas as figuras que lá estão pintadas, ou todos os compartimentos das vidraças das janelas; se quisermos reconduzi-lo ao seu primeiro interesse, nós o cansamos como se o mantivéssemos aprisionado. Por isso, é preciso tratar com grande cuidado seus órgãos, esperando que se consolidem ... Limitemo-nos a satisfazer sua curiosidade, e a constituir na sua memória uma provisão de bons materiais: virá o tempo em que se organizarão por si sós, e tendo o cérebro adquirido maior consistência, a criança saberá raciocinar de maneira consequente ... Deixem então o menino brincar e misturem a instrução com a brincadeira".

A educação para Fénelon deve então ser indireta: deve ocorrer através da relação com situações diversas, capazes de estimular a atenção da criança, e através do exemplo por parte do adulto. Ao mesmo tempo, "é preciso procurar todos os meios para tornar agradável à criança tudo aquilo que se exige dela" e "mostrar-lhe sempre a utilidade daquilo que lhe é ensinado". As suas faltas devem ser corrigidas sem repreensões, através de raciocínios embrionários e, sobretudo, com o exemplo. Até o "temor", útil para educar os rapazes "duros e indóceis", só deve ser assumido como critério educativo "depois de ter experimentado pacientemente todos os outros remédios". Dessa premissa, Fénelon extrai a importância educativa e didática das "histórias". "As crianças amam com paixão as historietas cômicas" e as "fabulazinhas curtas e engraçadas", que tornam agradável o ensino especialmente no campo moral. Ele aconselha a escolher "fábulas de animais que sejam engenhosos e inocentes", a "mostrar o seu lado sério" e a esperar "que a criança peça, antes de contar outras", para chegar depois a "histórias expressamente escolhidas", ministradas a intervalos e contadas em tons vivos e animados. Pouco a pouco, será a própria criança quem quererá contar e o educador intervirá apenas para corrigir e polir a sua narrativa, até chegar à sua "forma" melhor.

Esse interesse de Fénelon pelas narrativas está em profunda sintonia com toda uma produção fabulística que caracteriza na França o século de Luís XIV, e que vê como protagonistas La Fontaine com suas fábulas, Perrault com seus *contes* e toda a produção refinada e fantasiosa do *cabinet des fées*. O uso da narrativa deve ser destacado como uma preparação para a conversação, assim como para a aprendizagem de preceitos morais e para a formação de um gosto literário alinhado com a educação nobiliária e de corte que Fénelon estava esboçando.

Também para a educação do príncipe, Fénelon segue os princípios desenvolvidos no seu *Tratado*. Usa as *Fábulas* para ilustrar os defeitos e vícios do jovem aluno e para chamá-lo a refletir sobre seu próprio comportamento, a fim de promover uma gradual correção; no *Diálogo dos mortos*, introduz personagens ilustres que ministram ensinamentos morais para os quais o rapaz é atraído através da leitura agradável e o exemplo dos grandes homens da história; com *Aventuras de Telêmaco,* considerada sua obra-prima, Fénelon esboça a educação política do príncipe, apresentando a figura ideal do soberano e as virtudes e dotes que devem distingui-lo, ao mesmo tempo que desenvolve uma imagem precisa do poder em chave não absolutista, indicando os misteres específicos dos colaboradores do rei e os próprios direitos do povo.

No terreno da educação do povo, as iniciativas de maior relevo são as de Jean Battiste de La Salle que, como outros sacerdotes franceses da época, promove a fundação de escolas populares, organizadas segundo uma rígida disciplina, e de August Hermann Francke, que se dedica à difusão da instrução do povo alinhado com as indicações da orientação piedosa, uma perspectiva religiosa de inspiração protestante que se propõe uma restauração do autêntico espírito da Reforma.

La Salle (1651-1719), sacerdote de ordem nobiliar, profundamente religioso, dedica-se a uma formação integral do homem, através da união entre instrução e educação religiosa. O ensino, para ser dado a todos, deve ser obrigatório e gratuito e conduzido por docentes atentamente preparados. O seu intento é "instruir no catecismo e nas orações todos os rapazes", particularmente aqueles que "abraçaram a suposta religião reformada". Para atingir esse objetivo, La Salle funda uma escola normal para a formação dos mestres, o "Seminário dos Mestres de Escola", com uma escola elementar anexa, e a Ordem dos Irmãos das Escolas Cristãs, que acolhe religiosos desejosos de dedicar-se ao ensino. Em dois escritos (*Regras da decência e urbanidade cristã* e *Conduta das escolas cristãs*), ele expõe o seu "credo" pedagógico, uma minuciosa organização das escolas e o programa didático, que prevê leitura e escrita da língua materna, as quatro operações e o catecismo, acompanhando uma formação técnico--científica de caráter profissional. Sempre na direção do crescimento cultural do povo, La Salle promove a fundação de escolas dominicais e de um instituto para menores infratores.

O aspecto central do seu projeto educativo é, todavia, a instrução religiosa, desenvolvida na direção mística e ascética, por meio do ensino catequético e de expedientes de vários tipos. No início de cada lição (e também a cada hora ou meia hora) lembra-se ao aluno a "presença de Deus", a fim de reforçar o conceito na sua mente e consciência, ou então são recitadas orações ininterruptamente segundo turnos estabelecidos. Por essas práticas religiosas e do culto ao silêncio tende-se a criar no aluno uma atmosfera de seriedade e de rigor, alheia ao riso e ao jogo, e regulada por severas punições.

Mais rica e variada é, por sua vez, a atividade de Francke (1663-1727), influenciado pelos princípios de Comenius e pelas doutrinas pietistas de Jacob Spener. Na cidade de Halle, em cuja universidade ensina por toda a vida, funda algumas instituições escolares como a "escola dos pobres" (gratuita e destinada à instrução de crianças de grupos sociais inferiores), a "escola burguesa" (para rapazes de grupos mais abastados), a "escola latina" (de grau preparatório para a universidade), e sobretudo o "pedago-gium" (liceu para grupos superiores com orientação linguística, literária e científica, artística ou técnico-prática), a "escola normal" (para a formação dos mestres), uma série de instituições extra escolares. como uma tipo-grafia e uma livraria, uma farmácia e uma biblioteca, úteis para financiar as iniciativas educativas.

Opondo-se a uma formação exclusivamente intelectual, Francke re-clama uma cultura relacionada com a vida que sublinhe a importância educativa do trabalho. A exemplo de La Salle, afirma a exigência de uma rígida disciplina e a centralidade da oração, mas tende a valorizar o sen-timento, considerado como o princípio do respeito mútuo e da simpatia que a educação deve promover nas crianças.

Na Inglaterra, com o objetivo de educar os filhos do povo, são cria-das as "escolas de caridade" por obra da Igreja anglicana ou de outras correntes reformadas. Revela-se particularmente frutuosa a iniciativa da "Sociedade para a Difusão da Sapiência Cristã", instituída em 1689, que promove a fundação de numerosas "escolas catequéticas" nas paróquias de Londres e adjacências.

5 A NOVA CIÊNCIA, O MÉTODO E A EDUCAÇÃO

O Seiscentos foi o século da nova ciência, que levou ao amadureci-mento de uma nova visão do mundo e de uma nova concepção do saber que já tinham sido adotadas na cultura europeia entre o humanismo e o Renascimento. Basta pensar nos estudos humanísticos sobre a matemá-tica, nos recursos à observação em geografia, na nova astronomia helio-cêntrica, como também na visão renascentista do mundo uno, múltiplo e infinito, no estudo atento da natureza, na crise da física aristotélica e na afirmação de novos conceitos relativos à força e ao movimento. A propó-sito do Seiscentos, Butterfield escreveu que aquele século "representa um dos grandes episódios da experiência humana", "um daqueles perío-dos em que novas descobertas vêm à luz no mundo e na história", e isso se realiza justamente através da "revolução científica", que seculariza o pensamento, constitui um novo modelo cognitivo, elabora uma concep-ção orgânica da natureza radicalmente diferente do passado. A primeira transformação atinge a astronomia, que já com Copérnico delineia um novo sistema do céu (heliocêntrico), o qual será depois definido e aperfeiçoado por Kepler; a seguir será a física, com a mecânica de Galileu e com a gravitação de Newton, a caminhar para uma imagem nova da natureza, matematizada e mecanicista; por fim serão as ciências não mecânicas, que gradativamente ganharão importância no sentido experimental: a biologia, a química, a fisiologia, a geologia etc. Mas a grande inovação da ciência moderna, aquela que terá consequências mais profundas e duradouras, estará ligada ao nascimento do método científico. Durante todo o século, filósofos e cientistas estarão em busca do método do saber, que terá um papel de fundação rigorosa da ciência e de aprendizagem universal – aberto a todos – deste saber inovador. Bacon e Descartes, Galileu e Newton, mas também Comenius, Fontenelle e Leibniz estarão envolvidos nessa busca que pode parecer quase obsessiva. A definição – progressiva e que se realiza através de contribuições diversas e divergentes – será completada por Galileu e Newton, os quais põem em destaque as etapas constitutivas do método científico (observação, hipótese, matematização, verificação experimental) e o fato de vir a fundar um saber nomológico, que visa à caracterização de leis da natureza, universais e invariantes. Mas também as contribuições de Bacon, que valoriza a observação sistemática e sua depuração através da crítica dos *idola*, além de sua organização segundo a lógica das *tabulae* de ausência e de presença, ou de Descartes, que exalta a evidência e o rigor analítico ligado às ideias claras e distintas e à sua conexão ordenada *more geometrico/mathematico*, como também de Newton e do seu *hypotesis non fingo* relativo à objetividade das leis científicas obtidas através do empirismo observador e da abstração matemática e, ao mesmo tempo, os apelos de Comenius para uma *pansophia* que seja ensinada toda, a todos e totalmente, postulam a presença de um método universal de construção do saber, a um só tempo empírico e racional, assim como os apelos de Leibniz para o princípio de razão suficiente ou para a *mathesis universalis* reclamam uma racionalização explícita dos saberes e de seu aprendizado.

Através da ciência moderna foram se constituindo, então, uma nova teoria da mente, uma nova visão do saber e uma nova imagem do mundo que imprimirão uma mudança – profunda – também no âmbito da pedagogia/educação.

Quanto à nova concepção da mente, pense-se, sobretudo, nas teses elaboradas por René Descartes (1596-1650), já a partir do *Discurso sobre o método* e desenvolvidas depois nas *Regulae ad directionem ingenii* e no *Tratado das paixões* e sobre as quais elabora tanto a sua metafísica como a sua teoria da ciência. A mente é *cogito*, pensamento autoconsciente, autoevidente e organizado analiticamente segundo a mecânica das ideias claras e distintas que se agregam de modo lógico, seguindo as regras da não contradição e da implicação. Como *res cogitans*, o pensamento é substância diferente, e completamente diferente, em relação à *res extensa*, à matéria-extensão, e contraposta a ela por identidade e organização. O *cogito* é independente das paixões, desprovido de emoções, livre de perturbações. Estamos diante de uma mente entendida no sentido espiritualista (contra a matéria-natureza, conotada de interioridade e autotransparência), mas também no sentido matemático (organizada segundo um modelo analítico-geométrico). Essa mente é depois colocada como base da própria ciência da natureza, a qual – na extensão – deve fixar os seus caracteres analíticos coordenados entre si segundo procedimentos mecanicistas. Essa ideia de mente, que encontraremos também na base do pensamento de Galileu, de Newton ou de Leibniz, terá uma essencial importância pedagógica e influirá sobre a concepção dos estudos, sobre os processos de aprendizagem escolar, sobre o modelo de homem que muita cultura pedagógica – ligada ao racionalismo – irá elaborar. Gradativamente estará presente também no ensino dos colégios, seja pelo tipo de formação intelectual que estes vêm dar, seja pelo tipo de *curriculum* que compreendem, o qual concede um espaço cada vez mais explícito à ciência da natureza inspirada nos princípios do mecanicismo. Relativa-mente ao saber, e ao saber científico (ou natural) em particular, são so-bretudo as posições de Francis Bacon (1561-1626), de Galileu Galilei (1564-1642) e de Isaac Newton (1642-1727) que devem estar presentes. Bacon, com seu ensaio sobre o *Novum Organum* ou no *De Augmentis scientiarum*, desenvolve um modelo de saber de caráter observador e empírico, constituído em torno do método indutivo e dotado de um rigor e de um desenvolvimento progressivos, mas capaz também de suprimir os preconceitos que tendem a condicionar e a alterar a objetividade da ciência. As concepções de Bacon implicam consequências educativas precisas: libertar a mente dos preconceitos "do foro", "do teatro", "da tribo" etc., e exercitá-la para um tipo de conhecimento indutivo que deve ser elaborado de modo constante e sistemático. Com Galileu, são as matemáticas, aliadas aos experimentos e ligadas a "certas demonstrações", que devem realizar uma nova formação da mente, a qual só as ciências físicas, portanto, podem dar, juntamente com uma nova visão do saber que deve separar-se da religião ou da retórica, para confiar no rigor analítico e experimental. Também com Newton, o binômio experimento/rigor analítico é posto no centro da construção da ciência, a qual nos fornece – com a lei da gravitação universal – um modelo explicativo unitário do mundo, interpretado segundo os princípios do mecanicismo, e um critério para elaborar uma visão laica e científica do próprio mundo, que deve ser colocada no centro da formação do homem moderno, embora em Newton como em Bacon ainda permaneçam profundos ecos do pensamento mágico ou metafísico.

Portanto, é a *Weltanschauung* que esse processo constitutivo da nova ciência vem realizar, seja através do recurso ao método seja através da elaboração de novos conteúdos. Trata-se de uma nova imagem da natureza transportada pelos cientistas para a classe dos eruditos, depois para a sociedade civil aristocrática e burguesa – como ocorrerá com o iluminismo – e que se caracteriza pela laicização, por supor uma separação nítida entre fé e realidade natural, submetida através dos processos de racionalização científica ao controle do homem, e também à sua eficaz manipulação; pela superação do senso comum, destacando-se de uma concepção antropomórfica e qualitativa dos fenômenos naturais para aproximar-se de uma concepção mais intelectual, mais abstrata, mais crítica e menos ingênua, mas sobretudo mais objetiva, partindo da própria dimensão matemática que é aquela segundo a qual, como lembrava Galileu, o próprio Deus pensou o mundo. Nasce uma visão da natureza inspirada na objetividade e no domínio, liberada dos preconceitos tradicionais e estruturada em torno do modelo matemático que dará vida à visão burguesa da realidade, identificada justamente por essas duas características de abstração e de domínio e que encontrará seu próprio triunfo no século seguinte. Existem ainda outros campos educativos mais circunscritos e mais técnicos que serão atingidos pela revolução científica do século XVII, como os programas de estudo ou os processos de aprendizagem. Os primeiros vão dando cada vez mais espaço à ciência experimental moderna, fazendo retroceder e depois desaparecer dos *curricula* dos colégios a ciência tradicional e escolástica (aristotélica, sobretudo), e sublinhando o caráter, por um lado, matematizante e, por outro, experimental, justamente, dessa ciência moderna. As classes dirigentes devem dotar-se de uma nova concepção da natureza e do mundo, ao mesmo tempo mais rigorosa e mais produtiva, ligada ao primado da ciência e da técnica, como também mais laica e afastada doravante de qualquer componente mágico e metafísico. Quanto à aprendizagem, ela se logiciza e se organiza segundo um método orgânico e rigoroso, caracterizando-se sobretudo como aprendizagem intelectual ligada à formação da mente, que encontra na instituição-escola, com suas regras disciplinares, suas práticas de ensino, seus programas estruturados e bem definidos, o lugar de sua própria realização. Mas, desse modo, também a formação se institucionaliza, se escolariza, e – dentro da escola – se submete a um controle mais racional e se orienta predominantemente no sentido intelectual.

Aqui já estamos além das *humaniora* como baricentro da formação: não só as *humanae litterae* constituem a bagagem primária da instituição e da educação intelectual, mas também as ciências – com seu método e seus conteúdos (com a nova visão da natureza que realizam) – têm uma precisa valência formativa, que deve ser reconhecida e potencializada na escola moderna. Assim, na disputa que fecha o século na França e que vê contrapostos aqueles que exaltam os antigos e aqueles que valorizam os modernos – a *querelle des anciens et des modernes* –, seus modelos culturais e seus conhecimentos, embora surgida no terreno literário, caracteriza uma reavaliação da cultura moderna em todos os seus aspectos, inclusive científico, inclusive técnico, e a indica como modelo para a formação das futuras gerações.

6 O NASCIMENTO DA ESCOLA MODERNA

No curso do século XVII, estimulada não só pela revolução cultural e educativa do humanismo, pelas tensões da Reforma e da Contrarreforma, pela crise da tradição escolástica, assim como pela revolução burguesa e pela ascensão do Estado centralizado e burocrático moderno, que postulam a formação de técnicos, os quais necessitam de conhecimentos espe-

HISTÓRIA DA PEDAGOGIA   305

cíficos e de específicos requisitos morais (fidelidade, responsabilidade, dedicação à "coisa pública"), a escola também foi se renovando profundamente e assumindo a feição da escola moderna: minuciosamente organizada, administrada pelo Estado, capaz de formar o homem-cidadão, o homem-técnico, o intelectual, e não mais o perfeito cristão ou o bom católico, como ocorria ainda na escola dos anos Quinhentos, quase toda nas mãos da Igreja. O século XVII mudará profundamente os fins, os meios e os estatutos da escola, atribuindo-lhe um papel social mais central e mais universal e uma identidade mais orgânica e mais complexa: aquela que, dos anos Setecentos em diante, permaneceu no centro da vida dos Estados modernos e das sociedades industriais, mesmo na sua fase mais avançada.

Nos diversos Estados europeus, mas sobretudo naqueles mais organizados segundo o modelo do Estado moderno (como a França), a escola assume um aspecto mais especializado, como ocorre nos colégios que são destinados à formação da classe dirigente e nos quais toda a vida escolar é submetida a um controle minucioso e a uma planificação específica, mas também popular, já que começam a afirmar-se – embora ainda confiadas à Igreja – escolas para o povo, como ocorre sobretudo no mundo protestante, a fim de combater o analfabetismo e difundir os rudimentos da cultura (ler e calcular). A escola foi também racionalizada internamente para tornar-se mais adequada a seus objetivos de levar cultura às jovens gerações e de transmitir saberes organizados e especializados presentes na sociedade moderna, e racionalizada através da constituição de classes escolares por "classes de idade", através da organização do ensino mediante a disciplina e a prática de exames; enfim, torna-se cada vez mais articulada segundo um tríplice binômio, o público-estatal, o religioso-eclesiástico, o privado, que permanecerão como momentos-chave, alternativos e em conflito, no âmbito da escola moderna e depois contemporânea.

Nasce, assim, o sistema escolar moderno, embora de modo ainda embrionário e não totalmente desenvolvido nas suas potencialidades; todavia, as características essenciais já estão todas presentes. Já existe uma articulação entre escola elementar (que inicia nos instrumentos básicos da elaboração cultural: o alfabeto e os números), escola média ou secundária (formativa e profissional, ou melhor, formativa ou profissional), a instrução superior ou universitária que abre para as profissões superiores ou liberais. Os diversos graus não têm ainda uma gestão comum, concentrada nas mãos do Estado, mas apresentam sintomas precisos de um processo nessa direção, com a criação de escolas técnicas superiores, como as de artilharia, de engenharia etc. na França, ou instituições culturais laicas como a Academia Francesa ou o Jardim do Rei, instituições dedicadas, em primeiro lugar, ao cultivo da língua e da literatura, e, em segundo, ao desenvolvimento das ciências naturais.

Mas há algo mais: perfila-se também uma organização precisa da vida escolar que, partindo da classe e de seus equipamentos, divide o tempo das lições e a própria prática didática, estruturada em torno da explicação-arguição e da dissertação-exercício, confluindo por fim na verificação suprema do exame, que tem caráter público (ou semipúblico) e altamente ritualizado (justamente para sancionar o papel crucial de baricentro e de salvaguarda). Também os métodos didáticos, os programas, os livros de texto são submetidos a um processo de revisão e de racionalização, como bem revela toda a intensa atividade de Comenius, desde o *Orbis sensualium pictus* até a *Didactica magna*, relativa à renovação dos métodos de ensino. Quanto aos métodos no sentido estrito, reclama-se uma atenção maior para os processos naturais de aprendizagem, que partem sempre do concreto para chegar ao abstrato, e para a sua analiticidade, indo do simples para o complexo. Para renovar os programas são introduzidas as línguas modernas e as ciências modernas, a história dos Estados nacionais e sua geografia, com o objetivo de realizar uma formação cultural mais desfrutável, diríamos hoje, na sociedade da época, mais dinâmica e mais internacional, além de mais tecnicizada. Também os livros de texto devem adequar-se à necessidade de concretitude e de clareza: pense-se no *Orbis pictus* de Comenius, que faz aprender uma palavra, nas diversas línguas mortas e vivas, através da imagem. Nascem daqui textos de ensino das várias disciplinas, da matemática à teologia, simplificados e expostos segundo uma ordem lógica, que os torna muito úteis para a memorização do conteúdo por parte do estudante. Toda a vida escolar foi depois submetida a sistemas de controle e de planificação, a rituais e a instrumentos (a chamada, o registro) que per-manecerão centrais em toda a história da escola moderna, e que exercem um papel ao mesmo tempo disciplinar e formativo.

Nessa organização, porém, sobretudo três aspectos resultam particularmente significativos para estabelecer um hiato entre escola humanística e escola moderna: as classes por idade; a disciplina; a ideologia e o costume. Sobre o primeiro desses aspectos deteve-se sobretudo Philippe Ariès no seu *História social da família e da criança*.

Ele sublinhou que, com as classes por idade, a escola foi, por um lado, reorganizada em bases morais, preservando assim a inocência da criança e afastando-a da influência perversa de estudantes mais velhos, com diferentes problemas psicológicos e diferente maturidade física; por outro, homologou-se o ensino em âmbito cognitivo, estabelecendo regras e objetivos comuns. Quanto ao aspecto disciplinar, são centrais os destaques feitos por Foucault em *Vigiar e punir*, os quais remetem, por um lado, ao "grande internamento" dos marginais visto como prática de controle racional e de organização-institucionalização da vida (neste caso) escolar, mas, por outro, à tecnicização da aprendizagem e do ensino, atividades que se tornam cada vez mais controláveis através de regras e objetivos dos quais a pedagogia escolar da época é a elaboradora consciente (pense-se, por exemplo, no crescimento/sofisticação dos princípios didáticos da própria *Ratio studiorum*). Mas a escola é também um dos ambientes em que se organiza e se difunde aquela civilização das boas maneiras que vem realizar um tipo de sujeito humano bastante diferente do medieval: menos "natural" e mais "social", mais constituído de normas, de interdições, de transferências, que vêm redefinir, ao lado dos comportamentos, a identidade, tornando-a cada vez mais dependente da sociedade civil. Trata-se de normas e interdições que dizem respeito ao corpo, à linguagem, ao discurso, às relações sociais etc., que negam odores, referências a partes do corpo, a funções, que impõem ritos e cerimônias, utensílios de uso cotidiano (como ocorrerá depois com o garfo), praxes sociais de reconhecimento (saudações etc.) e que a partir da sociedade de corte penetram na sociedade civil: a escola, com suas regras e suas proibições, com sua identidade disciplinar, também colabora intimamente com este processo.

Em suma, no curso dos anos Seiscentos, a escola se racionaliza e se laiciza, torna-se um instrumento cada vez mais central na vida do Estado (e também da sociedade civil) e, portanto, cada vez mais submetida ao controle e à planificação por parte do poder público; processo que exalta

308 FRANCO CAMBI

sua função e difunde sua ideologia, ligada à disciplina e à produtividade
social da educação-instrução.

7 A FORMAÇÃO DO HOMEM CIVIL: SOCIEDADE DE CORTE E BOAS MANEIRAS

Entre as mudanças que envolvem a sociedade europeia e que são
diversas e complexas, como indicamos na primeira seção, não vem em
último lugar aquela que se refere ao costume de vida, às regras de comportamento social e, portanto, ao estilo da vida civil. Tal transformação
procede, como é óbvio, das classes altas – aristocráticas e burguesas – e
vem definir um código e uma verdadeira visão do mundo que inerva
toda a vida dos indivíduos, dos grupos e das sociedades em geral. Trata-
-se de regras que abrangem a linguagem, o uso do corpo e as relações
sociais, dando vida a códigos que, por um lado, remetem à tradição cavalheiresca exacerbada e enfatizada pela cultura barroca e que vêm definir
todo um cerimonial de comportamento bastante complicado e totalmente
efêmero, mas que tem uma conotação de reconhecimento e de distinção
social; por outro, todavia, tais regras ligam-se ao nascimento daquela
sociedade de corte que, reunida em torno do rei, exerce uma função puramente decorativo-cerimonial e se dedica sobretudo à *douceur de vivre*
e desenvolve códigos internos de grupos, dando origem a processos de
ritualização da vida cotidiana; por outro lado, ainda, e por fim, ligam-se
àquela "civilização das boas maneiras", que é posta como centro motor
da sociedade civil pela própria burguesia em ascensão, a qual imita a
aristocracia e procura reviver seus cerimoniais simplificando-os e, ao
mesmo tempo, separa-se do povo estabelecendo regras próprias de vida
e códigos próprios. Esse complexo processo, que deve ser considerado a
justo título um processo (ou melhor, um conjunto de processos) educativo, é central na sociedade seiscentista e funciona como contracanto à
brutalidade das suas guerras, aos fulgores do seu fanatismo, às fogueiras
produzidas pelas suas superstições, ao halo trágico que veio a marcá-la;
através dele veio a constituir-se aquele organismo frágil e complicado,
mas centralíssimo da época moderna, que é a "sociedade civil", a qual
vive de – e se caracteriza por – regras não-escritas, normas interiorizadas,

HISTÓRIA DA PEDAGOGIA 309

costumes difusos que dão corpo à "opinião pública". E foram sobretudo a Itália – já no Renascimento, como vimos no capítulo anterior –, depois a Espanha (com o seu barroquismo, com o seu "seiscentismo" que invade até mesmo a vida cotidiana) e, enfim, e em particular, a França que darão vida, de modo definitivo, à "sociedade de corte", de um lado, e às "boas maneiras", de outro, representadas pelo estilo de uma burguesia que se inspira no princípio ético-estético da *politesse* em cada ato da vida.

Foi em particular Norbert Elias, em obras que promoveram todo um setor de pesquisas e que agora são clássicas, quem estudou tanto a "sociedade de corte" como a "civilização das boas maneiras". Em *A sociedade de corte*, Elias sublinha "a função representativa de amplo significado" que ela exerceu na vida social, estabelecendo modelos de comportamento e estilos de vida que envolveram a estrutura da habitação, a qual se organiza em torno de um pátio quadrado, é constituída de salas e jardins, indica uma categoria social bem precisa com o número de criados e os rituais que nela se desenvolvem (desde a refeição até a recepção) e onde se estabelecem "tramas de relações" recíprocas que dão vida a uma sociedade específica; depois atingiram as normas de etiqueta e de cerimoniais (pense-se no ritual teatral e barroco do *lever du roi* ou do *coucher du roi* em Versalhes, que envolve os cortesãos e denuncia sua classe e hierarquia) relativos à saudação, à refeição, à conversação, às diversões, ao passeio, que eram enfim os diversos momentos – e todos cruciais – da sociedade de corte. Entretanto, a vida de corte e o seu código estavam em constante mudança, indo desde uma necessidade de contínua sofisticação para distinguir-se das outras classes sociais até a uma necessidade de maior naturalidade, contra o peso e o tédio de uma etiqueta tão incômoda e até abstrusa. E a da corte é uma mentalidade que raciocina de maneira diferente da sociedade burguesa-profissional: na base não está o cálculo, mas o simbólico, ligado ao "prestígio" e ao *status* e que, portanto, pode também ser totalmente inútil e gratuito.

A vida de corte torna-se, assim, "um jogo sério e melancólico", como dizia La Bruyère, entremeado de "escândalos, intrigas, competições", amizades interesseiras e dependências hierárquicas, que se nutre da "arte de observar os homens", da "arte de tratar os homens", do "controle dos sentimentos" etc. E desta complexa engrenagem o eixo central é o rei, que não está absolutamente "livre" da etiqueta, mas que a produz e a procura ao mesmo tempo, estabelecendo assim "um mecanismo de regulamentação, segurança e vigilância". Justamente a França, com Luís XIV e com o palácio de Versalhes, será o emblema e o produto mais acabado do espírito corte-são, criando um organismo quase perfeito para despolitizar a aristocracia e controlá-la, como também para produzir um estilo de vida que tinha posto seu próprio ponto de honra sobre a *joie de vivre*, sobre a intriga e sobre a convenção, e que será típico de uma classe social europeia – a aristocracia – até a erupção da revolução de 1789. A corte torna-se, assim, um centro de estilo de vida e de cultura (aristocrática, fantástica, ornamental, classicista) que impõe modelos – de comportamento e ideológicos – a toda a sociedade, vindo assim, de certo modo, a educá-la.

No nível burguês, porém, e já há quase dois séculos, vinha se afir-mando também aquela "civilização das boas maneiras" que estabelece códigos de amor ou códigos de conversação, os primeiros modelados sobre o petrarquismo e sobre o platonismo e sua reflexão sobre o amor espiritual; o segundo, sobre as amenas conversações a respeito dos clás-sicos realizadas na Academia ou no Jardim e na "civil conversação" teo-rizada no Renascimento, mas tocando também em aspectos mais pro-saicos e cotidianos, decretando o uso do lenço e do garfo (ambos em lugar dos dedos). Sobre as boas maneiras escrevem-se livros, estabele-cem-se regras e exceções, produzem-se máximas e provérbios como modo de memorizar as normas e difundi-las por toda a sociedade, começando com as crianças, para as quais devem voltar-se nesta campanha de civili-dade tanto a família – e justamente aquela família nuclear burguesa que agora investe sua própria função social e suas próprias relações afetivas sobre os filhos – como a escola, com seu sistema de interdições, de cas-tigos e de controles. A "civilização das boas maneiras" encontra a sua realização na classe burguesa e aristocrática sobretudo dos anos Seiscentos em diante, confirmando-se no seu papel educativo geral no Setecentos e permanecendo depois – com matizes diversos, por exemplo no Oitocen-tos vitoriano ou no Novecentos revolucionário e libertário, como é óbvio; e matizes relativos a aspectos importantes como a linguagem, o corpo, a relação entre os sexos, com os superiores etc. – no centro de toda a "vida moderna", como um fator dominante.

Quanto à linguagem, prefere-se um uso significativo da metáfora e do eufemismo em lugar de termos grosseiros demais, e um estilo comunicativo que incorpore censuras precisas e que nunca ultrapasse as interdições (respeito ao sexo, por exemplo, ou então à morte). Para o corpo, delineiam-se partes e funções inomináveis e determina-se um uso fortemente seletivo. Para as relações sociais, estabelecem-se relações por categoria, tipologias de aproximação física ou verbal bem diferenciadas por classes e por grupos; cria-se um feixe de comportamentos diferenciados em relação aos sujeitos sociais que entram em contato com aquele determinado indivíduo.

Toda a vida social vê-se envolvida, doravante, num dispositivo amplo de regras e de proibições e retranscrita numa sociedade civil que se torna um ingrediente-base da moderna "sociedade civil", ou daquela reunião de indivíduos, grupos, funções que estão a meio caminho entre a família e o Estado e que formam o tecido mais amplo e mais profundo da vida social moderna. Tal "sociedade civil", porém, é constituída, prioritariamente, pela ideologia e pela mentalidade, a qual é determinada – e numa parte fundamental – pela etiqueta cortesã e pelas boas maneiras burguesas.

8 A EDUCAÇÃO DO IMAGINÁRIO: O ROMANCE, O TEATRO E A LITERATURA INFANTIL

As características da pedagogia moderna – a organicidade do seu desenho teórico e social; a sua presença difusa na sociedade; a sua articulação pelas diversas classes de idade (da criança ao adulto); o seu desejo de controle e de conformação do homem todo etc. – implicam uma sua penetração também no espaço imaginário, individual e social. Aspecto este que é comum a todas as sociedades e que encontrou, desde a Antiguidade, um papel central na pedagogia e na educação (pense-se no teatro grego ou no medieval, nos rituais do poder ou nos mitos religiosos e literários), mas que com a Modernidade recebe um posterior desenvolvimento e uma especialização precisa, passando cada vez mais sensivelmente de uma ação coletiva, social, para uma ação individual e subjetiva. Agora é o indivíduo que é posto como protagonista do imaginário e da ação educativa. Trata-se de formar um sujeito autônomo, problemático, consciente, empenhado na construção de si e do seu mundo exterior (valores, ideais, estilos de vida), assim como do seu papel no mundo social, que depende, agora, de uma escolha e que não deve ser aceito como um destino. E tal sujeito-indivíduo deve ser formado despertando sua interioridade, favorecendo a problematização do seu mundo moral, estimulando seu empenho para construir-se uma identidade pessoal e social e um determinado projeto de vida.

A Modernidade oferece dois grandes instrumentos culturais para a formação do imaginário individual: o romance e o teatro. Certamente que continuam a agir, como protagonistas do mundo cultural e como atores de formação do imaginário social, tanto a épica como a lírica, tanto a pintura celebrativa como decorativa, mas é através do romance e do teatro que a formação do imaginário atinge a esfera mais propriamente subjetiva e vem exercer um papel de construção do sujeito. Certamente que o imaginário passa também pela festa – seja religiosa ou civil –, pela reelaboração da história e da sistematização do passado, através das reflexões jurídicas, filosóficas e éticas, mas trata-se ainda de um imaginário de caráter predominantemente social. Só o romance e o teatro, entretanto, falam diretamente ao homem burguês, refletindo-o, inquietando-o, portanto educando-o. E não é por acaso que ambos os gêneros literários encontrem nos anos Seiscentos um momento de retomada, de crescimento e de difusão.

O romance, como dirá Hegel, narra a epopeia burguesa moderna, referente "aos indivíduos e ao seu destino", e gira em torno do "conflito da poesia do coração com a prosa contrastante das relações e a acidentalidade das circunstâncias externas". No centro do romance existe um conflito entre indivíduo e sociedade, que é seguido em toda a sua complexidade, em seu minucioso desenvolvimento, em sua rica fenomenologia e desembocando numa vitória ou numa derrota, sempre problemáticas, saturadas de contrastes e semeadas, retrospectivamente, de nostalgia e de insatisfação. O século XVII justamente, a partir da França, produz com *A princesa de Clèves* o primeiro verdadeiro romance moderno, que fala dos contrastes morais de um indivíduo, analisa todo o seu tormento interior e o desenvolvimento de sua aventura existencial. No romance de Madame de La Fayette (1634-1693), publicado em 1678, já se afirma com clareza o conflito como estrutura gerativa da narração e o seu jogo sobre o duplo registro da interioridade e da sociedade, trazendo à luz a alma dividida do sujeito moderno burguês. Estamos num plano bastante diferente do romance de Miguel de Cervantes (1547-1616), do seu *Dom Quixote* de 1605 que, pelo tema, pela estrutura, pela sensibilidade, coloca-se ainda na área renascentista, com suas conotações de ironia e de sonho, de fábula e de crítica ao mesmo tempo, e se liga a indivíduos pré-burgueses como são Dom Quixote e o seu criado Sancho Pança. Com *A princesa de Clèves*, abre-se uma nova era do romance: que fala do indivíduo, da sua experiência de vida que guia a formação da sua consciência, agindo como um espelho e como uma provocação. Daí nascerá aquele romance moderno que já no século seguinte, entre França, Inglaterra e Alemanha, produzirá um espectro tão articulado de formas, e se colocará como um dos grandes educadores sociais das classes alfabetizadas, aristocráticas e burguesas.

Ao lado do romance, coloca-se o teatro e o teatro desenvolvido em toda a gama de sua própria fenomenologia: da tragédia à comédia, passando pelo drama. Se Corneille e Racine colocam-se na primeira vertente e Molière na segunda, Shakespeare se dispõe objetivamente na terceira.

O teatro de Pierre Corneille (1606-1684) e de Jean Racine (1639-1699) é ainda de toga e coturno, povoado de heróis, de situações exemplares, de modelos sublimes e abstratos, quer seja articulado na Grécia ou em Roma, no cristianismo ou na Idade Média: é sempre um teatro de eventos morais, de grandes conflitos éticos, que se coloca nas vizinhanças da tragédia clássica. Com Molière (1622-1673), todavia, é a sociedade da época que é passada ao fio de espada da crítica, atravessada por um olhar carregado de ironia e de ferocidade, sublinhando seus tiques, manias, misérias, culpas morais, como ocorre n'*O doente imaginário* ou n'*O burguês fidalgo*, mas também n'*As sabichonas* ou em *Tartufo*. Em William Shakespeare (1564-1616), porém, eventos clássicos, medievais e modernos são investidos de uma ótica problemática, que cava fundo, que traz à luz contrastes, inquietações, contradições e que considera a vida no seu conjunto como uma aventura ora dolorosa, ora insensata, mas sempre carregada de *pathos* e de participação. A complexidade da vida humana é, assim, submetida a uma análise setorial e impiedosa, abrangendo situações diversas e confrontando sentimentos diversos: da paternidade ao casamento, ao poder, à condição de filho etc.; do amor ao ciúme, à vingança, à derrota etc. Em todas as tragédias-drama de Shakespeare, desde *Rei Lear* até

Otelo, Romeu e Julieta, Hamlet, Ricardo III, e as comédias *A tempestade*, *As alegres comadres de Windsor*, *Sonho de uma noite de verão*, dedica-se uma atenção minuciosa à dinâmica dos sentimentos, à análise das condições existenciais, um julgamento sobre a história e sobre a sociedade, que torna aquele teatro – tão nobre e aristocrático – um teatro tipicamente burguês, capaz de iluminar os claro-escuros da alma burguesa. De qualquer modo, nessas três formas de teatro realiza-se uma função educativa, explicita-se um papel de reconhecimento e de decantação da consciência do homem moderno que, através da ação teatral, como esboço de identificação e símbolo de experiências vividas, é oferecida aos olhos do indivíduo burguês e apresentada como itinerário de identificação, pelo menos possível.

Mas o processo não se limita aos adultos. O século XVII também elabora – com função educativa e de educação do imaginário – uma literatura para a infância, para meninos e rapazes, sobre o duplo binômio do conto de fadas e da fábula. O conto de fadas nasce inicialmente na França como forma literária aristocrática e sofisticada, que quer construir no "feérico" uma literatura de evasão, para a qual colaboram Charles Perrault (1628-1703) e outros contistas franceses (de Madame d'Aulnoy a Mademoiselle de Beaumont). O feérico é um espaço imaginário, caracterizado por potencialidades ignotas, povoado de poderes mágicos, onde se desenvolvem aventuras saturadas de metamorfoses, de lugares encantados, de destinos maravilhosos, mas também semeadas de ações cruéis, de crime, sangue e morte. São contos que, muito cedo, são destinados à infância, seguindo o itinerário dos próprios contos populares, como aqueles recolhidos e reelaborados por Giambattista Basile (1575-1632) em *Lo cunto de li cunti*, publicação póstuma, delineando um traçado de provas e de riscos, comuns aos processos de iniciação e aos ritos de passagem. Também as fábulas, já típicas do mundo clássico com Esopo e Fedro, são atualizadas como instrumento educativo, sobretudo para as jovens gerações, às quais apresentam máximas exemplares e situações-tipo de vida moral. Pense-se em Jean de La Fontaine (1621-1695) e suas *Fábulas*, de 1668, textos que em breve se tornaram universalmente conhecidos, justamente pela sua simplicidade e pela exemplaridade de seus casos morais: recorde-se *O corvo e a raposa*, *A raposa e as uvas*, *O lobo e o grou*, *O lobo e o cordeiro* e o ensino explícito no campo moral. Embora criadas também para os adultos e para sua reflexão moral, as fábulas se deslocam muito cedo para a infância, seja pela simplicidade narrativa seja pela exemplaridade dos casos morais, que as tornam idôneas também para a recepção infantil, ou assim se espera e se crê. O que se consegue (com os contos de fadas, com as fábulas) é uma codificação e um controle do imaginário infantil, que desse modo é homologado e tornado dependente de uma série de normas e princípios que se inscrevem no horizonte do mundo burguês e que esses textos justamente podem difundir, confirmar e valorizar.

9 LOCKE: O NOVO MODELO PEDAGÓGICO

Entre o fim do Seicentos e os primeiros decênios do Setecentos vão tomando corpo dois modelos pedagógicos, culturais e educativo-escolares que se opõem – e frontalmente – ao racionalismo e oferecem uma imagem radicalmente nova dos processos formativos, ligando-a doravante aos processos empírico-naturais e às suas conotações histórica e geograficamente variáveis, portanto à sua dependência de condições extrassubjetivas e extramentais, como fará Locke, ou recorrendo à história, à linguagem, à cultura em todas as suas formas, vistos como os terrenos em que o homem se realiza a si próprio e nos quais vem operar sua formação mais específica, como faz Vico. O empirismo (Locke) e o historicismo (Vico) virão elaborar dois modelos pedagógicos que terão grande futuro e, embora contrapondo-se, alimentarão o debate e o desenvolvimento da pedagogia, sobretudo contemporânea, chegando até ao Novecentos.

Trata-se – diga-se desde logo – de dois modelos abertamente em contraste por conotações ontológicas (a Natureza ou a História), por métodos, por ideais de formação, por visão da cultura e do homem, mas que são contemporâneos e, embora se excluam reciprocamente, se evocam e se integram historicamente. A pedagogia ou se liga à natureza, à biofisiologia, ao corpo, e desenvolve uma formação que se atenha às conotações do processo natural (crescimento e desenvolvimento), ou se vincula à história e à cultura e as indica como os terrenos mais próprios da formação, que é sempre um processo espiritual.

E ainda: se o empirismo valoriza a ciência como meio e como fim educativo, reportando a educação à instrução e esta para a formação da mente interpretada no sentido cognitivo e epistemológico, o historicismo fixa o valor da história como *habitat* da formação, como centro da cultura, mas também como modelo de formação, que implica a construção da personalidade enquanto entremeada de cultura e caraterizada pelo pensamento como atividade crítica.

Chegamos, assim, às margens do século XVII: para além do racionalismo, para além do universalismo, para além das características do absolutismo político e ético-social, e já na direção das grandes aventuras do pensamento radical do iluminismo e do pensamento organicista do romantismo que, todavia, os modelos pedagógicos de Locke e de Vico já contêm exemplarmente em germe (Vico será tratado no próximo capítulo).

John Locke (1632-1704) foi o fundador do empirismo com o *Ensaio sobre o entendimento humano* (1690), em nível gnoseológico e metafísico, mas foi também o teórico da tolerância (*Carta sobre a tolerância*, 1690); foi, de maneira geral, o representante de um pensamento crítico que pretende submeter toda afirmação à prova da experiência e, portanto, colocar no centro do próprio trabalho os princípios da verificação experimental e da inferência empiricamente provada. Também em pedagogia – tratada em 1693 com os *Some Thoughts Concerning Education* [*Alguns pensamentos sobre a educação*] – Locke desenvolve um empirismo explícito e radical, contrapondo-se – também aqui – a todo inatismo e a toda predestinação, tão caros ao pensamento tradicional.

As características peculiares da gnoseologia de Locke e a sua valorização da tolerância, assumida como critério-guia no campo político-religioso, estão na base também da reflexão pedagógica do pensador inglês. Com efeito, o empenho lockiano no campo educativo, por um lado, inspira-se em precisos princípios empiristas e sublinha (numa perspectiva antiinatista) a necessária relação que não pode deixar de existir entre a instrução proveniente do mundo externo e o desenvolvimento interno da mente e das suas funções intelectuais. Por outro lado, nos seus textos pedagógicos, o Locke teórico da tolerância move uma constante e dura polêmica contra o autoritarismo e as punições corporais como métodos educativos, exaltando, em compensação, os princípios da liberdade e da autonomia dos educandos.

O pensamento pedagógico de Locke, entretanto, revela-se também como o produto mais complexo e mais maduro de toda uma tradição de reflexão educativa iniciada com certos princípios e doutrinas de Bacon, para depois desenvolver-se e afirmar-se através da luta político-religiosa dos puritanos. Deste período do pensamento pedagógico que precedeu imediatamente Locke cumpre lembrar pelo menos a obra de John Milton (1608-1674), o célebre poeta que, com o ensaio *Da educação* (1644), ofereceu uma contribuição singularmente rica e coerente para a reflexão sobre a formação das classes dirigentes e sobre a renovação didática da instrução. A obra de Locke dedicada à educação, por outro lado, oferece também um significativo testemunho da evolução que se produziu na sociedade inglesa no curso do século XVII: uma evolução caracterizada por uma radical mudança econômica e política (que transformou a Inglaterra de estado feudal em monarquia parlamentar e de país agrícola em país direcionado para a chamada "revolução industrial") e pela emergência de novos grupos sociais, a começar daquela alta burguesia, que na segunda metade do século, foi assumindo um papel cada vez mais relevante, até conquistar (ao lado da parte mais progressista da aristocracia) uma substancial hegemonia no país. É justamente esse processo de transformação social e econômica que leva Locke a colocar no centro de sua reflexão educativa a figura do *gentleman*, visto como modelo ideal para a nova classe dirigente e para o qual ele traça também um renovado *curriculum* de estudos.

Nas obras pedagógicas lockianas – desde os importantes e já lembrados *Alguns pensamentos sobre a educação* até os ensaios menores como o *Guia para a inteligência* (capítulo póstumo escrito para o *Ensaio*), as *Instruções para a conduta de um jovem fidalgo* e os *Pensamentos referentes às leituras e aos estudos de um fidalgo*, além de algumas páginas de diário publicadas postumamente com o título de *Sobre o estudo*, o que vem sobretudo teorizado é justamente uma nova concepção da aristocracia, determinada não mais pelo fato de pertencer a uma classe, mas antes de tudo pela posse ou pela aquisição de determinados conhecimentos e virtudes. O *gentleman* é o homem "capaz de renunciar aos próprios desejos, de opor-se às próprias inclinações, e de seguir unicamente aquilo que a razão lhe indica como melhor, mesmo que os apetites o dirijam para outro lado"; é aquele que é "idôneo para obedecer à mente e para seguir suas ordens", dando à sua consciência "uma reta direção". É também aquele que experimenta "sentimentos de humanidade", desenvolvidos através da "correção da linguagem" e "cortesia do comportamento", e que possui hábitos precisos de "boa educação" ligados à "observância rigorosa" de um preceito fundamental: "não ter jamais um conceito demasiado baixo dos outros". Locke põe constantemente em relevo a validade intrínseca desta educação (seria melhor dizer desta concepção do homem virtuoso), inclusive sob o perfil social, e a conveniência de que a família e a escola a realizem o quanto mais possível: "Educar bem os próprios filhos é dever e preocupação para os pais, e o bem-estar e a prosperidade da Nação dependem disso de tal maneira, que eu gostaria que todos levassem a coisa a sério; e que, depois de examinar e separar aquilo que a fantasia, o uso e a razão aconselham a respeito, levassem a própria contribuição para difundir por toda parte o método de educação que, tendo em conta as diversas condições, pareça o mais fácil, o mais rápido e o mais adequado a formar homens virtuosos, úteis e capazes de bem desempenhar as tarefas a que se dedicarão".

O processo educativo do futuro *gentleman*, segundo Locke, deve seguir alguns princípios fundamentais. Tais princípios inspiram os vários capítulos dos *Pensamentos* e estão na base de toda a obra, mesmo se às vezes esta possa parecer guiada exclusivamente pelo bom senso e por observações do tipo prático e pessoal. Tais princípios são: 1. a *mens sana in corpore sano*, afirmada como um "estado feliz neste mundo" e como critério-guia de todo educador; 2. a importância do "raciocinar com as crianças" como meio de ensino; 3. a prioridade da formação prático--moral em relação à intelectual e do critério da "utilidade" das disciplinas a ensinar aos jovens; 4. a centralidade da experiência, que desenvolve a natural curiosidade das crianças, amadurece seus interesses e se afirma também através do jogo e do trabalho.

A educação do corpo (ou "vaso de argila", como se exprime Locke) deve ser marcada pela regra do "endurecimento", que exclui a excessiva "delicadeza" e os "demasiados cuidados", exige um modo de vestir, nem leve nem pesado, que permita a robustez do corpo, e uma vida "ao ar livre", válida tanto para os rapazes como para as moças. Tal educação deve tornar-se de certo modo autoeducação (*self-government*), já que, "com o passar dos anos" os jovens serão protegidos apenas "pelos sábios princípios e pelos arraigados hábitos que tereis sabido instilar-lhes na alma". A alimentação também deverá ser "a mais comum e a mais simples" (leite, pão, farináceos, pouca carne nos primeiros anos) e distribuída em refeições regulares, enquanto a duração do sono será estabelecida individualmente conforme "o temperamento, a robustez e a constituição física de cada um".

Quanto à educação do caráter e da mente, para Locke, é necessário antes de tudo ministrar os oportunos ensinamentos não "por meio de regras", mas pelo "exercício", pelo "hábito" e, sobretudo, pelo "raciocínio". O forte destaque conferido a esta última função é um dos aspectos mais originais e discutidos (por exemplo, é decididamente criticado por Rousseau) da pedagogia de Locke, que a este propósito assim se exprime: "Surpreenderá, talvez, que eu fale de raciocinar com as crianças. As crianças sabem raciocinar desde quando começam a falar e, se bem observei, gostam de ser tratadas como criaturas racionais, muito antes do que se imagina. Esta é uma ambição que deve ser cultivada nelas, para tornar-se, tanto quanto possível, o instrumento mais válido de sua educação".

A educação moral deve ser orientada pelo princípio da "virtude" e esta é "a parte mais difícil e mais importante da educação que se deve ter em mira, já que todos os outros objetivos devem ceder o lugar e ser pospostos a este" que é "o bem, sólido e substancial, com o qual os educadores devem enriquecer as almas pela fadiga e pela arte da educação", fazendo de tal modo que o jovem veja no comportamento virtuoso "a sua força, a sua glória e o seu prazer". A virtude, estimulada pelo exemplo e favorecida por um atento estudo das "disposições" da criança por parte do educador, caracteriza-se como "respeito", como consciência das "regras da justiça", como "força de ânimo" e "coragem", como compaixão e oposição à mentira, e encontra seu fundamento no "verdadeiro conceito de Deus, como Ser supremo e independente, autor e criador de todas as coisas, do qual recebemos todo o nosso bem". Por conseguinte, na educação do *gentleman* pode-se "tranquilamente deixar de lado uma grande parte da cultura, em moda hoje nas escolas da Europa", "sem desdouro para si nem prejuízo para os próprios afazeres", e concentrar-se pelo contrário na "boa educação", no "conhecimento do mundo", na "virtude", na "atividade" e no "amor da reputação".

Dadas as premissas acima, não surpreenderá que também o *curriculum* de estudos deva ser profundamente modificado tanto nos métodos quanto nos conteúdos. Para Locke, deve-se partir da leitura e da escrita ensinadas, porém "jogando com dados ou outros brinquedos", e do contato com livros simples e agradáveis, como *As fábulas* de Esopo e algumas passagens da *Bíblia*, para passar depois ao desenho e à "estenografia", útil para "escrever depressa aquelas coisas que queremos lembrar". Sucessivamente, estudar-se-ão as línguas modernas (francês) e clássicas (latim). O latim, de fato, é "absolutamente necessário para um fidalgo", mas deve ser estudado como a língua materna, "sem o embaraço das regras", através da conversação, da leitura de textos "fáceis e agradáveis" e traduções que contenham "cognições úteis". Enfim, poderá ser iniciado "o estudo da aritmética, da geografia, da cronologia, da história e da geometria". Em particular, Locke valoriza, de um lado, a aritmética como "o primeiro daquele tipo de raciocínio abstrato a que a mente com facilidade se habitua ou se adapta", de outro, a história que "ensina" e "diverte". Sucessivamente, o aluno será orientado para o domínio do "estilo", caracterizado pela "devida concatenação com propriedade e com ordem".

A formação do *gentleman* terminará, por um lado, com a "filosofia natural", aprofundada através de vários "sistemas" (em particular o de Newton) e, por outro, com uma série de "ornamentos" (o baile, a equitação, a esgrima) e com um "ofício manual" (jardinagem, carpintaria, trabalho com ferro), que é "bom para a saúde" e capaz de desenvolver algumas "habilidades", devendo ser escolhido "como diversão para quem seja dedicado principalmente ao estudo e aos livros". Enfim, Locke não esquece sequer uma referência à importância educativa das viagens, que servem para "aprender línguas estrangeiras" e "examinar as aspirações, observar as qualidades e considerar as artes, o caráter e as inclinações dos homens".

É constante, no *curriculum* elaborado por Locke, o apelo à curiosidade e à atividade das crianças, bem como ao seu instinto de jogo. Todo processo e aspecto da instrução deve ser relacionado aos interesses que os movem e às suas necessidades concretas, que são predominantemente físicas e motoras e de modo algum abstratamente intelectuais. No processo educativo e formativo um papel fundamental é atribuído ao "preceptor", que deve ser "uma pessoa prudente e calma" com a função de "forjar" a criança e mantê-la "longe do mal". Além da "cultura" e da "seriedade", o preceptor deve possuir também "boa educação" e "conhecimento do mundo". Deve agir sobre a criança sobretudo através do exemplo.

O modelo educativo elaborado por Locke, justamente pelas características que o ligam mais estreitamente aos ideais de uma determinada classe social, manifesta de forma exemplar os elementos fundamentais da "educação burguesa", baseada no *self-government* e nas "virtudes sociais", na utilidade e no primado da consciência moral, como também na valorização da natureza e da razão. Que Locke afinal não tenha levado em nenhuma conta o problema da educação do povo, como já foi muitas vezes destacado, ou que o tenha resolvido de forma caritativa ou através de escolas de trabalho forçado para os rapazes pobres, isso não vem prejudicar o valor teórico da sua proposta pedagógica. Uma proposta na qual a conexão entre educação e participação concreta na vida social, o privilégio dado aos conteúdos pragmaticamente úteis à instrução, a ligação desta última com a experiência real dos educandos, a atenção para a formação ético-intelectual de um caráter livre e autônomo falam agora de um mundo e de valores que são o mundo e os valores da época propriamente moderna.

CAPÍTULO V

O SÉCULO XVIII: LAICIZAÇÃO EDUCATIVA E RACIONALISMO PEDAGÓGICO

1 A LAICIZAÇÃO DOS PROCESSOS FORMATIVOS: ESCOLA, IMPRENSA, VIDA SOCIAL

O século XVIII acaba de completar o processo de laicização que foi típico do mundo moderno, que o animou e que o caracterizou profundamente, impondo uma emancipação cada vez mais explícita dos poderes supranacionais por parte de povos e Estados (por exemplo, em relação ao Império, posto definitivamente em crise pela Guerra dos Trinta Anos); emancipação das condições de vida e de produção de âmbito local (com o início do capitalismo e a construção de um mercado mundial que, com as mercadorias, desloca homens e capitais, amplia os horizontes de experiência etc.); emancipação de uma concepção do mundo dominada pelo modelo religioso (e pela Igreja) e de uma explicação mágica dos eventos (substituída às vezes por uma explicação científica, empírica e rigorosa, operada através do "ensaio e erro"). O efeito de todos esses processos – acompanhado também por um papel cada vez mais incisivo e mais amplo assumido pelo nascimento e pela difusão do livro, pela expansão da alfabetização (de início por razões religiosas, depois civis e econômicas), pelo amadurecimento de um novo perfil de intelectual (o intelectual moderno, não mais emissário do poder religioso e político, mas caracterizado por uma autonomia e um papel social mais incisivos e dinâmicos) – foi um grande processo de laicização, de uma maior liberdade por parte de classes sociais e de indivíduos (liberdade de ação e julgamento), que se tornaram independentes de modelos unívocos e vinculantes e agora valorizados justamente pela sua independência. No século de Voltaire, Diderot, mas também de Rousseau e Kant, marcado ainda pelas três revoluções (a da independência americana, a burguesa e jacobina na França, a econômico-industrial na Inglaterra) e pela difusão de ideias em nível quase de massa (através de livros, imprensa diária e periódica, opúsculos etc.), manifestaram-se na sua forma orgânica uma sociedade e uma cultura laicizada, um homem-indivíduo que é um novo sujeito social, uma nova imagem do Estado e da economia que vêm romper definitivamente com a sociedade de ordem do *Ancien Régime*, realizando pela primeira vez uma "sociedade moderna" no sentido próprio: burguesa, dinâmica, estruturada em torno de muitos centros (econômicos, políticos, culturais etc.), cada vez mais participativa e inspirada no princípio-valor da liberdade. O século XVIII é, a justo título, o divisor de águas entre mundo moderno e mundo contemporâneo: decanta as estruturas profundas, realiza as instâncias-guia do primeiro, contém os "incunábulos" do segundo. E a laicização aliada ao reformismo (político e cultural sobretudo) são as bases que sustentam este papel do século das Luzes. Foi, entre outros, Franco Venturi, um ilustre estudioso do século XVIII, quem falou de um século sobretudo "reformador", que põe em crise o Antigo Regime segundo um duplo processo: político (através da afirmação de novas classes, de novos povos, de novos modelos de Estado e de governo) e cultural (através da obra – em toda a Europa – do grupo dos intelectuais que controlam e difundem as *Lumières*, inspirando uma política de reformas às vezes bastante radicais); e que desse modo vem dar forma àquela Europa caracterizada pelo pluralismo, pelas tensões, pelos ideais de liberdade e de reforma que será típica da contemporaneidade, ou seja, dos séculos XIX e XX.

Nesse contexto social e político, mas também econômico e jurídico, deve ser sublinhada ainda e com força a nova fisionomia assumida pelo intelectual: o seu papel sociopolítico, a sua identidade cultural, a sua função pública, que o delinearão como uma figura central nos séculos seguintes e o caracterizarão cada vez mais no sentido educativo. Voltaire e Diderot, sobretudo, são os modelos mais explícitos desse novo tipo de intelectual. Eles usam a pena como uma arma, para atacar preconceitos e privilégios, para denunciar intolerâncias e injustiças, mas, ao mesmo tempo, delineiam um novo panorama do saber reformulado sobre bases empíricas e científicas e que se tornou saber útil para o homem e para a sociedade. Além disso, ambos difundem suas ideias através de uma riquíssima articulação de meios, que vão do ensaio ao *pamphlet*, do romance à obra teatral, do poema ao "entretenimento", ao *conte philosophique*, ao dicionário. São intelectuais socialmente engajados que dialogam criticamente com o poder político, do qual ambicionam tornar-se conselheiros (e Voltaire o será de Frederico II da Prússia; Diderot, de Catarina II da Rússia) para promover amplos projetos de reformas em todos os campos da vida social, da instrução à economia, da liberdade de imprensa à administração da justiça. E com diferentes matizes e resultados quase todos os intelectuais iluministas assumirão conscientemente este papel sociopolítico progressista, de inovadores e idealizadores de planos mais ou menos orgânicos de reformas. Tal será a posição de Verri em Milão e de Genovesi em Nápoles, como também de Leibniz e depois Kant na Alemanha, só para exemplificar.

O intelectual torna-se mediador entre sociedade e poder, adquire maior autonomia, sua presença é ativa no âmbito social, muito ativa até, ele se põe como consciência crítica de toda a vida social e sua produção cultural adquire uma função de guia em toda a sociedade civil e até mesmo em relação ao Estado, nos momentos mais favoráveis. Nasce o intelectual contemporâneo, com o seu papel decisivo e central na sociedade, com a sua função educativa: de promotor do progresso, mas também de amortecedor dos conflitos sociais, dos contrastes de grupos ou de ideologias. A sua função educativa, de fato, mostra-se dupla: estimula ao novo, difunde suas sementes ideais, promove seus mitos, modelos, *slogans* etc., como também faz convergir as massas *para* o poder, assumindo o papel um tanto paternalista da educação social. E justamente na França os dois modelos de intelectuais estão presentes no curso do século: antes da Revolução, é o primeiro tipo de intelectual que predomina; com o Diretório e depois com Napoleão, será, porém, o segundo que estará em evidência. Seja como for, porém, o intelectual se torna cada vez mais nitidamente educador da sociedade civil, assumindo aquela conotação que ainda hoje, em grande parte, o caracteriza.

326 FRANCO CAMBI

No século XVIII, portanto, assistimos a uma potencialização – ampla, explícita, bastante orgânica – do problema educativo que é posto cada vez mais no centro da vida social: à educação é delegada a função de homologar classes e grupos sociais, de recuperar todos os cidadãos para a produtividade social, de construir em cada homem a consciência do cidadão, de promover uma emancipação (sobretudo intelectual) que tende a tornar-se universal (libertando os homens de preconceitos, tradições acríticas, fés impostas, crenças irracionais). A educação se torna cada vez mais nitidamente *uma* (ou *a*?) chave mestra da vida social, enquanto constitui o elemento que a consolida como tal e manifesta seus mais autênticos objetivos: dar vida a um sujeito humano socializado e civilizado, ativo e responsável, habitante da "cidade" e capaz de assimilar e também renovar as leis do Estado que manifestam o conteúdo ético da sua vida de homem cidadão. Daí a centralidade – já no século XVIII, como depois no XIX e assim até um pouco além dos anos 50/60 do século XX – do "mito da educação" que se faz (no nível individual e social ou institucional e cultural) cada vez mais presente. A educação é o meio mais próprio e eficaz para dar vida a uma sociedade dotada de comportamentos homogêneos e funcionais para seu próprio desenvolvimento: é a via melhor para renovar no sentido burguês – individual e coletivo ao mesmo tempo – a formação dos indivíduos, subtraindo-a a qualquer casualidade e investindo-a de finalidades também coletivas. A educação recebe cada vez mais em delegação *um* (ou *o*) papel-chave da sociedade. Já a exaltação da educação feita por Locke, depois por Rousseau e por Condillac, já o papel central a ela atribuído por intelectuais burgueses ou por utopistas extremistas (como La Chalotais ou d'Holbach), já a planificação educativa projetada pela Revolução ou por Condorcet revelam plenamente a presença de um mito educativo que percorre todo o século.

Neste novo clima cultural – de laicização dos intelectuais e de seus modelos culturais; de potencialização dos processos e das finalidades educativas; de reformismo político e intelectual etc. –, a educação também se foi transformando no sentido laico. Emancipa-se dos modelos religioso-autoritários do passado, visa à formação de um homem como cidadão e capaz de ser *faber fortunae suae*, que não atribui a outros (a castas sacerdotais, a ordens sociais) o papel de guia de sua formação, mas o reivindica para si próprio, sublinhando a liberdade desse processo e pondo nela o seu valor final e supremo. Nem livros (a *Bíblia*), nem figuras (o Pai, o Padre, o Rei), nem saberes (a teologia, a metafísica) são mais os diretores dogmáticos dos processos de formação: estes pertencem ao indivíduo, a um indivíduo ativo na sociedade, mas dinamicamente ativo e tendente a alcançar para si próprio sempre maior autonomia. Mas essa ruptura de "estilo educativo" (e de conteúdos formativos) é só um primeiro aspecto, que fecha aquele "mundo humano regido por uma axiomática rígida, imposta pelos pressupostos da dogmática cristã, interpretados segundo o espírito de um intelectualismo" escolástico-racionalístico (Gusdorf). Com o século XVIII, todo esse horizonte antropológico e metafísico desmorona e, observa ainda Gusdorf, "o fato fundamental é a decadência da ontologia tradicional", ocorrida em Locke, que sublinha a liberdade do homem e a potencialidade infinita do seu intelecto. Desde então, "a pedagogia será a arte e a técnica de modelar indivíduos conformes o quanto possível à aspiração a uma razão iluminada" (Gusdorf).

Posta a importância da educação como "geração do homem por parte do homem" e confiada às forças individuais e sociais, fora de qualquer controle teológico, de qualquer configuração pessimista, de qualquer práxis rigorista e autoritária, abre-se também um segundo cenário: as próprias instituições educativas devem laicizar-se, devem transformar-se e tornar-se autônomas em relação aos princípios do *Ancien Régime*. Assim, a família, que era núcleo de interesses de linhagem, centro de papéis sociais, célula econômica e de autoridade social, educativamente ativa segundo modelos fortemente conformistas e autoritários, vai se reorganizando cada vez mais como âmbito *também* de vida afetiva, como setor de tensões e atenções psicológicas, como momento de experiências educativas. Pense-se em como será exaltada a família natural (nutrida de afetos e centrada numa tarefa ético-educativa) por Rousseau (sobretudo em *A Nova Heloísa*), que a colocará como núcleo determinante para a transformação do homem e da sociedade. Pense-se em como se difundirá na Europa a "moda" rousseauniana de educar de forma nova a criança em família, segundo comportamentos não constritivos e afetivos. Pense-se nas observações de Pietro Verri sobre a educação da filha, com sua vivíssima sensibilidade de pai-mestre.

Mas foi sobretudo a escola que se renovou radicalmente: vai se laicizando, já que se estatiza, já que visa a formar o homem também e sobretudo como cidadão (deixando para o indivíduo particular o problema da moral e da educação moral e religiosa, pelo menos como tendência ou princípio), já que é administrada por uma burocracia *ad hoc*. E a sua renovação se realiza: 1. no nível da organização, dando vida a um "sistema escolar" orgânico e submetido a controle público, articulado em várias ordens e graus, funcionais para operar a reprodução da ideologia social e das competências laborativas; 2. no nível dos programas de ensino, acolhendo as novas ciências, as línguas nacionais, os saberes úteis e afastando-se nitidamente do modelo humanístico de escola: linguístico-retórica, não-utilitária etc.; 3. no nível da didática, dando lugar a processos de ensino/aprendizagem bastante inovadores, mais científicos (pense-se em Condillac e no seu sensualismo) ou mais empíricos (pense-se em Locke, mas também em Rousseau) ou mais práticos (pense-se em Pestalozzi). Seja como for, a escola contemporânea, com suas características públicas, estatais e civis, com sua estrutura sistemática, com seu diálogo com as ciências e os saberes em transformação, nasceu no século XVIII, já envolvendo também aquela confiança na alfabetização e na difusão da cultura como processo de crescimento democrático coletivo que permaneceu durante muito tempo, até ontem (ou, talvez, até hoje), como uma crença sem incertezas da sociedade contemporânea. Tal crença produziu o desenvolvimento de um âmbito educativo posterior: aquele ligado à imprensa, à difusão do livro, ao aumento de leitores, à articulação do objeto impresso (desde o livro até revistas e o jornal) e à sua fenomenologia cada vez mais complexa (o livro como ensaio, tratado, panfleto, conto, romance, poema etc.), que veio exercer uma ação disseminada na sociedade: uma ação educativa. Altick, um estudioso inglês do livro e sua história, lembrava que existe uma "democracia entre as páginas", um crescimento da autonomia de indivíduos, grupos, classes sociais, ligado ao exercício da leitura, à sua expansão quantitativa e qualitativa. A Inglaterra, já no século XVIII, vive de modo exemplar esse processo: influenciados pelas seitas religiosas reformadas (principalmente a dos metodistas), os grupos populares chegaram a um "uso" consistente do livro; a leitura foi divulgada, chegando a atingir até os camponeses no fim do século, sobretudo com os romances. Criam-se sociedades de leitura também para o povo, mas é "na classe média e não na classe trabalhadora que o gosto da leitura" registra "um progresso no século XVIII"

(Altick). Até as mulheres foram envolvidas na leitura, sobretudo através dos romances, bastando pensar em *Pamela*, de Richardson, publicado em 1740-1741. Ao lado dos livros agiam os periódicos: literários, com resenhas de livros, que difundiam a leitura do livro; jornais de informações etc. Nascem as livrarias como lojas exclusivas de livros: em Londres e em Edimburgo. Mas a livraria era agora ponto de encontro entre os leitores, lugar de reunião, de intercâmbio de ideias. Nascem as bibliotecas circulantes, para os mais pobres, depois os clubes livreiros, que ofereciam para leitura sobretudo romances. Ao mesmo tempo, porém, delineia-se a "emergência do público de leitores como problema social" e, "no último decênio do século", torna-se quase uma "ameaça iminente que punha diretamente em perigo a segurança nacional" (Altick).

A vida social no seu conjunto abre-se depois para uma série de ocasiões educativas (também educativas), embora em sentido informal: tais são os salões com debates culturais e políticos que se mesclam à conversação que ali impera; os teatros, para as *pièces* que ali se representam e para a vida social que ali se desenvolve; os cafés, que se tornam cada vez mais locais de reunião, de permanência ao longo do dia, de acesas discussões. E é a França que lidera essa inovação sócio-educativa para as classes altas. Mas no século XVIII também novos sujeitos da educação se impõem: em particular, as mulheres e o povo. Às mulheres é reconhecido o direito à instrução e a uma educação específica, que não desnature a mulher e o seu universo moral (como lembra Rousseau, mas como reclamam também Madame du Deffand e outras teóricas da educação feminina). Quanto ao povo, reconhece-se sua posição fora da história e reclama-se para ele uma educação/instrução que o liberte das condições de atraso e marginalidade psicológica e cognitiva e que o recoloque como elemento produtivo no âmbito da sociedade atual (pense-se em Pestalozzi e no pietismo).

Em suma, no século XVIII desenvolve-se uma imagem nova da pedagogia moderna: laica, racional, científica, orientada para valores sociais e civis, crítica em relação a tradições, instituições, crenças e práxis educativas, empenhada em reformar a sociedade também na vertente educativa, sobretudo a partir da vertente educativa. Trata-se de uma pedagogia crítico-racionalista, capaz de rever radicalmente os próprios princípios tradicionais e de repensá-los *ab imis fundamentis* (como faz Rousseau, como faz Condillac, como faz d'Holbach), organizando-se como discurso rigoroso desenvolvido a partir de critérios postos como verdadeiros (o homem bom por natureza, a sensação, o homem-máquina) e que atinge com a própria crítica todos os âmbitos da educação da época (familiar, social, intelectual, religiosa etc.), propondo uma decidida revisão. De Locke a Diderot, de Condillac a Rousseau, de Genovesi a Kant, de Basedow a Pestalozzi (ao primeiro Pestalozzi) toma corpo na Europa uma nova pedagogia teoricamente mais livre, socialmente mais ativa, praticamente mais articulada e eficaz, construída segundo modelos ideais novos (burgueses: dar vida a um sujeito-indivíduo e recolocá-lo, construtiva e ao mesmo tempo criticamente, na sociedade) e orientada sobretudo para fins sociais e civis.

Esta é, sobretudo, a pedagogia do iluminismo. Mas o iluminismo não é todo o século XVIII. Nesse século existem também áreas e momentos de oposição ao iluminismo (como o tradicionalismo católico de Gerdil), existem posições alternativas (como o historicismo de Vico e de Herder), mesmo se depois foram todas influenciadas pelo iluminismo e pelos seus grandes mitos (do Progresso e da Crítica; da Educação e do Reformismo); iluminismo que torna a confirmar-se, portanto, como o volante intelectual e civil do século, cujo caminho ele divide com as diversas fases de seu desenvolvimento (o primeiro iluminismo: desde Bayle até as *Cartas filosóficas* de Voltaire, passando por Montesquieu, mais empirista e menos radical; o iluminismo maduro: o de Voltaire e da *Enciclopédia*, de Condillac, mas também de Rousseau e dos materialistas, mais orgânico e coerente, mais consciente do próprio poder de ruptura; o iluminismo tardio: exemplificado pelos *idéologues* que radicalizam a herança iluminista, mas que também a aplicam num orgânico projeto de desenvolvimento das ciências do homem, inclusive as educativas).

2 CONTRA OS COLÉGIOS, PELA REFORMA DA INSTRUÇÃO

As instituições escolares na Europa do século XVIII manifestam, por um lado, projetos e programas orientados no sentido abertamente reformador, de dar vida a uma escola estatal, nacional e laica; por outro, aspectos reais – de condição real da instrução – bastante diferenciados de área para área (mais inovadores na área alemã, mais inertes e tradicionais na França ou na Inglaterra, oscilantes entre velho e novo na Itália e na Rússia) e ainda ligados, pelo menos até quase a Revolução, ao predomínio dos colégios na instrução secundária. Mas não só: os diversos sistemas educativos e escolares são, ainda no Setecentos, bastante variados, rígidos, contraditórios, não uniformes, apresentando "um conjunto incoerente de escolas, colégios e universidades, que dependem de autoridades privadas, não unificadas numa organização conjunta", como destacou Gusdorf. Assim, as escolas são independentes de "qualquer tutela administrativa" e os colégios têm geralmente um "caráter municipal ou corporativo ou então dependem de uma ordem religiosa, de uma instância eclesiástica". Não existe ainda um sistema escolar orgânico e centralizado: será a demanda de reformismo que porá em destaque o papel de organizador e de controlador a ser exercido pelo "poder político", uniformizando o sistema escolar nacional, racionalizando-o num conjunto de ordens e graus, distintos e interligados ao mesmo tempo. Nessa situação explica-se o grande prestígio que continua a ter o ensino dos jesuítas, cujos colégios organizados segundo o modelo da *Ratio studiorum*, malgrado o atraso da cultura que eles propõem, manifestam uma significativa eficiência, e sua substituição após a expulsão da Companhia de Jesus em 1764 criará problemas de não pouca importância, na França.

Seja como for, a batalha contra os colégios é um dos aspectos salientes da pedagogia setecentista: eles são acusados de ser alheios à formação do homem-cidadão, de ser portadores de uma cultura exclusivamente humanístico-retórica e classicista e, portanto, antimoderna, de deixar na sombra a ciência moderna, bem como de ser lugar de corrupção moral. D'Alembert, no verbete *Colégio*, da *Enciclopédia*, indica com decisão os limites da cultura e da formação presente nos colégios, enquanto exclusivamente ancorada nas *humanités* (no latim sobretudo) e na retórica (como arte de "*arredondar e alongar os discursos*"), na filosofia ("mas a dos *colégios* está muito longe de merecer este nome", já que é feita de lógica silogística e de metafísica dogmática). Assim, o jovem sai dos colégios "com o conhecimento bastante imperfeito de uma língua morta, com preceitos de retórica e princípios filosóficos que deve procurar esquecer, frequentemente com uma corrupção de costumes" e "às vezes com princípios de uma devoção mal compreendida", sem verdadeiro fundamento religioso. O ataque à prática escolar dos colégios é radical e sublinha-se, em particular, a não utilidade de sua cultura: alheia às línguas modernas, às ciências experimentais, à história e à geografia nacional, à filosofia empirista e crítica. A crítica dos *curricula*, porém, estende-se também à prática didática, atacando o nível médio (= medíocre) que o ensino deve atingir, em prejuízo das "inteligências mais abertas". Em particular, ainda é destacado como negativo o aspecto da educação moral: denuncia-se a sua corrupção (devida à emulação, ao autoritarismo, à vigilância contínua, que desresponsabilizam o indivíduo, medindo-o pela opinião dos outros), o fato de "reduzir tudo a práticas exteriores" e o papel central atribuído a "meditações e catecismos". As mesmas críticas encontramos em Voltaire e em Rousseau, no qual o papel corruptor da vida de colégio, no *Emílio*, é várias vezes indicado como um dos exemplos da degradação educativa operada na sociedade moderna. E são críticas que versam sempre sobre os dois níveis do ensino e seu *curriculum*, assim como da formação moral e social, denunciando, em ambos os planos, insuficiências e atrasos, assim como o vínculo com a elite dirigente do Antigo Regime e o distanciamento em relação à classe e à cultura burguesas. No curso do século XVIII os colégios sofrem uma decadência quantitativa, além da qualitativa. Diminui a frequência porque os colégios decaíram, custam muito caro, e são alheios à cultura da época no seu *curriculum* formativo. Ao lado dos colégios, outra instituição em crise é a universidade, modelada ainda segundo estatutos medievais e frequentemente alheia ao saber moderno. Não é por acaso que na França, já a partir de Richelieu, ganharam força as academias (a Academia Real é de 1642) e as diversas escolas técnicas que difundem um novo saber e se organizam fora de qualquer modelo escolástico-medieval e de qualquer controle por parte da universidade e dos jesuítas.

Em nítida contraposição à tradição aristocrática dos colégios, vai tomando corpo um modelo de educação nacional, como é teorizada em 1763 por Louis-René de La Chalotais no seu *Ensaio de educação nacional*, onde fala de uma instrução estatal com finalidade civil, nutrida de saber moderno e útil para a sociedade. Pede-se uma escola que difunda os conhecimentos técnicos de que a sociedade moderna necessita, que delineie novos perfis profissionais. Mas na França, assim como na Inglaterra, este modelo de educação nacional não chega a tomar corpo e o quadro educativo permanece fragmentado e desarticulado, diferenciado e desorganizado. Assim também na Itália ou na Rússia. Serão, entretanto, a Prússia de Frederico II e a Áustria de Maria Teresa e depois de José II que realizarão um sistema educativo orgânico e administrado unitaria mente pelo poder político. Comecemos pela Prússia.

Na Prússia, Frederico II tende a "organizar um sistema completo de instituições educativas" (Gusdorf). Estabelece-se a obrigação escolar dos cinco aos 13-14 anos, bem como isenção de despesas para as famílias pobres e sanções para os pais que não cumprirem o dever da frequência escolar obrigatória. Entretanto, esse processo de renovação escolar é apoiado por um movimento de ideias pedagógicas, que tem como centro a Universidade de Halle, que em 1779 confia a primeira cátedra de pedagogia a um adepto de Basedow, e a experiência educativo-filantrópica deste último. Quanto à escola secundária, cria-se a *Realschule*, entendida como "escola das coisas", escola técnica, destinada a dar uma formação prática alheia aos estudos humanísticos, inspirada sobretudo no movimento pietista e na obra de Philip Jacob Spener (1635-1705) em auxílio aos pobres, com orfanatos e escolas, e a escola normal para professores. No nível elementar, é por sua vez a *Volkschule* (escola popular) que organiza a formação das jovens gerações. Nos estudos universitários, também a Alemanha "é o país da inovação". Em Halle, inaugurado em 1694, nascerá "um centro de estudos religiosos", de iniciativa educativa e caritativa, tendo como centro a faculdade de teologia e de direito; em 1729, funda-se a primeira cátedra de Ciência Econômica do mundo; aí se ensina a física experimental. Em Göttingen, criada em Hanover em 1734, a universidade depende do Estado e ali se afirma a *libertas philosophandi* também em teologia, para formar "a elite aristocrática e burguesa" capaz de guiar um Estado moderno. Assim, renovam-se a "matéria" e a "forma" dos estudos, desenvolvendo as ciências humanas e uma metodologia de ensino "histórica e crítica", da qual Göttingen se torna o berço.

Na Áustria, após a supressão dos jesuítas (1773), inicia-se uma reorganização nacional e estatal da instrução, ou melhor, "todo o ensino se propõe ser um instrumento do Estado" para formar cidadãos e funcionários. Desde 1760 cria-se uma instituição de controle dos estudos; reorganizam-se os colégios no sentido estatal; a Universidade de Viena é renovada através do ensino da higiene e do direito administrativo. Mediante uma série de intervenções em 1774, em 1783 e em 1805, foi sendo criado um ordenamento escolar bastante orgânico, válido para todo o Império. Ele compreendia as *Trivialschulen* (escolas comuns) presentes na cidade e no campo e que ensinam a ler e escrever, cálculo e religião durante um ou dois anos; as *Hauptschulen* (escolas principais) em cada círculo ou distrito, com quatro classes onde, além das matérias das escolas comuns, se ensinavam rudimentos de latim, desenho, história, agricultura etc.; as *Normalschulen* (escolas normais), provinciais, de quatro anos, para a formação de professores; as *Realschulen* (escolas reais) para a formação de técnicos, situadas nas cidades principais. A obrigação escolar ia dos seis aos doze anos. A reforma atingia também os ginásios e liceus, submetidos ao controle do Estado e renovados nos programas de estudo.

O fervor escolar do norte da Europa repercutiu também em alguns Estados italianos: no reino da Sardenha, desde 1772, as escolas secundárias e superiores foram submetidas ao controle do Estado, e em cada província havia um representante do Estado como superintendente da instrução pública; no reino de Nápoles, com Carlos III, reorganizou-se no sentido laico a instrução média, embora com iniciativas "tímidas e modestas", mas coube a Antonio Genovesi preparar um plano de reordenamento da escola, que teve pouco sucesso; no ducado de Parma foi proibido o ensino privado, foram submetidos à aprovação estatal os livros de textos, instituiu-se um magistrado como coordenador da instrução; no ducado de Milão aplicaram-se as reformas austríacas, laicizou-se e estabilizou-se o ensino, abriu-se em 1788 uma "escola de método" para os professores; no grão-ducado da Toscana, Pedro Leopoldo favoreceu a ins-trução feminina e "centralizou nas mãos do Estado todas as escolas", uniformizou programas e métodos, recrutou os docentes por concurso, controlou com dois funcionários todo o sistema escolar.

Na Rússia, foi Catarina II quem projetou algumas reformas escolares inspirando-se nos princípios e modelos da Europa central, sobretudo austríacos. Nas cidades importantes, depois de 1786, foram criadas escolas elementares estatais e um liceu; os professores eram estatais e os livros eram aprovados pelo Estado, embora o projeto não tenha tido o sucesso esperado, por causa da resistência das famílias.

Em nítida oposição ao fervor centro-europeu relativo às reformas escolares colocam-se a Inglaterra e a França, onde as iniciativas político--reformistas ficam estagnadas e se levantam pesadas contradições entre demandas culturais de inovação e conservadorismo político.

Na Inglaterra, não se afirma a ideia de uma educação nacional e a instrução é diversificada região por região, com amplas autonomias locais. No nível secundário predomina ainda a tradição humanística, embora os expoentes políticos radicais – como os puritanos – reclamem uma "modernização dos estudos" (Gusdorf). Assim fazem também alguns teóricos, como o comeniano Samuel Hartlieb ou o poeta John Milton e, depois, sobretudo Locke, mas sem que se ativem reformas significativas. Mais viva é a situação das universidades – sobretudo de Oxford e Cambridge –, que se tornam verdadeiros "centros de inteligência" e de algumas instituições como a "Sociedade Real para o Progresso das Ciências Naturais", nascida em 1662, que é uma ativa oficina de cultura; mas, "após o extraordinário impulso do século XVII, o século XVIII é para a vida intelectual inglesa uma época de estabilidade e estagnação", também no âmbito universitário (em particular em Oxford, enquanto em Cambridge a presença de Newton tinha criado um ativo "centro de estudos científicos").

Na França do *Ancien Régime*, as condições da instrução são ainda de todo tradicionais, sem nenhuma abertura para reformas que renovem a organização dos estudos. A Igreja predomina na instrução primária e secundária (após a eliminação dos jesuítas, os colégios passam aos oratorianos), enquanto as universidades estão ancoradas nos modelos medievais tardios. A cultura das escolas e das universidades é humanística, tendo ao centro o latim e a filosofia escolástica, com a quase ausência das ciências e da língua nacional. Mas a este quadro estagnante o poder público nada contrapõe: só os intelectuais, os representantes das *Lumières*, movem uma intensa batalha contra os colégios e por uma instrução estatal, laica e moderna. Mas é só no nível de instrução superior que se afirmarão no século XVIII instituições não universitárias, fundações régias, mais próximas do saber científico, como o já lembrado "Jardim do Rei" (fundado em 1671), onde se fazem pesquisas de ciências naturais (pense-se em Buffon), o "Colégio Real" (fundado em 1530), centro de estudos filológicos, a "Escola de Aperfeiçoamento para Engenheiros" (1747), a "Escola de minas" (1780), a "Escola de Arquitetura" (1766), a já lembrada "Escola Militar" (1751) e a "Escola de Engenharia" (1748). Mas só a partir de 1789 é que o problema escolar também será enfrentado de maneira radicalmente nova, dando vida também na França a um sistema escolar moderno.

3 ILUMINISMO EUROPEU E PEDAGOGIA: DA FRANÇA À ALEMANHA E À ITÁLIA

O século XVIII opera uma profunda transformação da pedagogia, filha da ruptura realizada por Locke em 1693 com os *Alguns pensamentos sobre a educação*, que tinha posto em primeiro plano a educação como instrumento de formação tanto da mente como da moral de todo indivíduo burguês (o *gentleman*), afirmando sua "soberania" e seus poderes quase divinos, como lembra Gusdorf, e indicando na associação das ideias o instrumento de formação intelectual e moral. São teses que serão retomadas por Condillac e Rousseau e que informarão a cultura pedagógica de todo o século, na sua vertente progressista e inovadora, que quer regenerar os povos submetendo-os ao domínio da razão, fazendo, assim, que cada homem se desenvolva na sua identidade racional. "Jamais a pedagogia tinha visto abrirem-se tais possibilidades, jamais, depois, ela suscitou tais esperanças. A grande disputa do século refere-se às relações entre a natureza e a cultura: este debate teórico produz aplicações práticas. A ideia de cultura afirma o primado da pedagogia", observou ainda Gusdorf. É através da difusão das *Lumières*, da *Aufklärung*, do iluminismo que a pedagogia se afirma como um dos centros motores da vida social e das estratégias da sua transformação. São os iluministas, de fato, que delineiam uma renovação dos fins da educação, bem como dos métodos e depois das instituições, em primeiro lugar da escola, que deve reorganizar-se sobre bases estatais e segundo finalidades civis, devendo promover programas de estudo radicalmente novos, funcionais para a formação do homem moderno (mais livre, mais ativo, mais responsável na sociedade) e nutridos de "espírito burguês" (utilitário e científico).

Toda a Europa foi atravessada por um vento reformador no campo pedagógico, que agitou tanto as teorias como as instituições, mas de formas diferentes nas diversas áreas nacionais. Se a França foi o epicentro teórico desse vasto e orgânico movimento de ideias, ela não realizou porém nenhuma mudança de relevo nas suas instituições educativas, que permaneceram ligadas aos colégios para a instrução secundária e às universidades e à sua cultura tradicional para as superiores, pelo menos até o início da Revolução. Se a Inglaterra permaneceu em grande parte alheia a esta lufada inovadora, Prússia e Áustria delinearam-se como eixo central das reformas escolares, em toda ordem e grau, reformas estas capazes de tornar a instituição escola mais funcional para o desenvolvimento da sociedade capitalista e burguesa. Na Itália se recorre ora à lição teórica da França, ora ao reformismo austríaco, delineando, porém, uma sensível transformação do panorama educativo dos Estados mais avançados da península, como a Lombardia e a Toscana, mas também o reino de Nápoles.

Na França, o iluminismo produziu as teorias pedagógicas mais inovadoras e mais orgânicas, exprimindo também as soluções mais radicais. Fora dos cenáculos intelectuais dos *philosophes* situa-se o já lembrado Louis-René de La Chalotais (1701-1785), um representante da burguesia, a delinear o princípio de uma "educação nacional" (administrada pelo Estado, ativa na formação do cidadão, através de programas escolares mais atentos às ciências, à história, às línguas modernas, mais úteis) no seu estudo de 1763, *Ensaio de educação nacional*, que se opunha ao mesmo tempo aos colégios dos jesuítas, à sua cultura e ao seu ideal formativo. Sempre saturado de espírito burguês, ligado à ideia de educação civil e de cultura utilitária, surge também o programa educativo expresso por Denis Diderot (1713-1784) e por Jean Le Rond D'Alembert (1717-1783) na *Enciclopédia*, onde se defende que a educação "seja útil a esta sociedade" e ao Estado, que seja ministrada em escolas renovadas no *curriculum* de estudos (menos latim, mais ciências e história) e que devem tomar como modelo a escola militar, organizada segundo critérios higiênicos e na direção de aprendizagens úteis. D'Alembert exalta a ciência também como modelo de formação intelectual no *Discurso preliminar* à *Enciclopédia*, enquanto Diderot delineia um plano de estudos orgânico e renovado para Catarina da Rússia, no seu *Plano de uma universidade para o governo da Rússia*, de 1775-1776. Também Voltaire (1694-1778) participa deste rejuvenecimento da educação, polemizando contra os jesuítas e a cultura religiosa como modelo formativo, contrapondo a ela um saber útil e uma formação civil, como já afirma no seu *Dicionário filosófico*.

Sempre na França, terão ampla difusão as teorias psicológicas de Étienne Bonnot de Condillac (1715-1780), expostas no *Ensaio sobre a origem dos conhecimentos humanos* (1746) e depois no *Tratado das sensações* (1754), que delineiam um itinerário formativo de base rigorosamente sensacionista, indo da estátua ao homem e despertando todas as capacidades humanas através do uso primário do tato. Em tal itinerário psicológico está contida uma pedagogia: formar as ideias partindo das sensações, da sua análise e composição, indo do simples ao complexo. E será uma pedagogia desenvolvida pelo mesmo Condillac como preceptor do herdeiro do trono de Parma e depois pelos *idéologues*, que retomarão a lição do sensacionismo, radicalizando-a e sobretudo exacerbando suas conotações materialistas.

Na fronteira mais radical colocam-se, porém, Rousseau e os materialistas. Rousseau será a voz mais alta, mais complexa e mais original do século e realizará uma das maiores lições teóricas da pedagogia moderna (e não só moderna), capaz de renovar *ab imis* toda a concepção pedagógica e a práxis em vigor até aquele momento. Trataremos dele na próxima seção. Quanto aos materialistas, remetemos à seção 5 deste mesmo capítulo.

Diferentemente da França, na Alemanha predomina durante muito tempo um fervor reformador, mas só no fim do século, com Basedow, com Lessing e Herder, depois com Kant, é que se foram delineando modelos pedagógicos profundamente inovadores e de grande empenho filosófico. Quanto ao reformismo da instrução na Prússia, já em 1763 o regulamento escolar impõe a obrigatoriedade para "pais, tutores ou patrões" de crianças dos cinco aos 13-14 anos; depois, Frederico II organiza um "sistema completo de instituições educativas" no seu Estado: funda-se a Universidade de Halle, com uma cátedra de pedagogia, cria-se uma comissão superior da instrução pública, controla-se o acesso à universidade com um exame. Situação análoga temos na Áustria com Maria Teresa e José II: o Estado controla toda a instrução, torna os professores funcionários, cria escolas para a sua formação (Escolas Normais), desse modo, o Estado "reivindica a função pedagógica, até então controlada pela Igreja".

No que se refere às ideias pedagógicas, a figura dominante é Johann Bernhard Basedow (1723-1790), que desenvolve um sistema de educação total, também por meio de escolas técnicas e profissionais. Elabora o *Livro elementar* (1770-1774) para as escolas, fixa os critérios de uma pedagogia civil e social, gradual no método, mas que subordina a instrução à educação levando em conta as condições psicológicas da infância. Funda o "Filantrópino" em Dessau: um instituto para a formação de docentes e educadores. Num plano mais estritamente teórico colocam-se, pelo contrário, Gotthold Ephraim Lessing (1729-1781), com o ensaio sobre a *Educação*

HISTÓRIA DA PEDAGOGIA 339

do gênero humano, de 1771-1780, onde delineia um programa pedagógico que "abarca toda a humanidade" na sua evolução histórica e remete aos princípios-chave do pensamento iluminista; e Johann Gottfried Herder (1744-1803), que em *Filosofia da história para a educação da humanidade,* de 1773, deplora a condição educativa da Alemanha (fragmentada, sem centro) e aponta na "humanidade" o novo princípio animador da pedagogia: numa humanidade-nação que deve afirmar-se como novo ideal de formação. Com Kant, como veremos, será, pelo contrário, o sujeito moral que será posto no centro dessa renovação pedagógica, colhendo nele o fator-chave da humanidade e da sua educação.

Outras características apresenta, porém, o iluminismo italiano, no qual o problema pedagógico ocupa uma posição certamente não marginal. Isso ocorre pelo estreito vínculo que liga esses pensadores àquela "política das reformas" que, num esforço pelo menos em parte comum, congrega os governantes e as elites intelectuais dos vários Estados italianos do século VXIII, como também pelo tipo de cultura "civil" e utilitária que caracteriza os grupos intelectuais, estreitamente ligados aos ideais econômicos e políticos da agora madura burguesia europeia, presente, embora de forma mais frágil, em alguma áreas da Itália. A pedagogia dos iluministas italianos apresenta três características fundamentais e bastante comuns aos vários componentes geográficos do movimento intelectual inovador: 1. sublinha com vigor a importância social e política da educação, a sua capacidade de criar um espírito de engajamento civil na população e de aumentar a prosperidade dos Estados e, justamente nesta direção, defende com vigor a necessidade de uma educação pública (de Estado), laica e dirigida a todos os cidadãos; 2. desenvolve uma série de projetos de reforma dos estudos, procurando adequar o *curriculum* escolar às exigências postas em circulação pelo nascimento da ciência moderna e da sociedade burguesa (em particular destaca-se a função da ciência e a exigência de organizar em nível escolar a formação profissional); 3. afirma o princípio da utilidade da cultura, opondo-se decididamente à tradição retórico-literária própria da formação operada nos colégios, sobretudo naqueles dirigidos pelos jesuítas.

Em tais teorizações, o elemento filosófico predomina sobre o prático (histórico-político). Todavia, ele se revela profundamente alimentado pelos debates educativos e pelos novos "clássicos" da pedagogia europeia do século XVIII. São autores largamente difundidos na península e presentes nas páginas dos pedagogos iluminados como Locke, Rousseau e ainda Condillac, que constituem, ao mesmo tempo, os interlocutores críticos e os mestres dos teóricos italianos.

Em Nápoles, ocuparam-se de educação sobretudo Antonio Genovesi e Gaetano Filangieri (1752-1788). Genovesi destaca o valor da educação (já que os homens são "aquilo que se tornam por educação") e o critério da igualdade natural entre os homens, e afiam depois, com Vico, a importância do sentido e da fantasia na psique infantil e, portanto, na educação. Afirma também a exigência de fundar uma escola elementar gratuita e uma escola média caracterizada pelo estudo da matemática e da física. Com Filangieri, leitor atento de Montesquieu, mas também de Locke e de Rousseau, vai se delineando o projeto mais completo de reforma da educação. Na sua obra fundamental, *A ciência da legislação*, em oito volumes publicados entre 1780 e 1791, o quarto livro é dedicado à educação. Aí ele expõe o seu plano de reforma da instrução partindo do princípio de uma educação "pública, universal, mas não uniforme". Isso significa que as escolas deverão ser abertas a todos e dirigidas pelo Estado, mas articuladas em orientações diferenciadas para as diversas classes sociais. As duas classes sociais fundamentais (a produtiva que congrega os trabalhadores e a não produtiva que compreende os administradores e os intelectuais) formam-se através de escolas diversamente orientadas. A classe produtiva será formada numa escola dos seis aos dezoito anos, na qual um papel central será ocupado pelo trabalho, e a instrução intelectual será limitada a ler, escrever, fazer contas e ao conhecimento das normas civis. Tal escola deverá formar cidadãos laboriosos e atentos ao respeito das leis, além de bons pais e bons soldados. A classe improdutiva terá uma educação predominantemente humanística, através de uma instrução que assinale o "plano inefável da natureza" e se articule em educação da percepção (nos primeiros dois anos da escola secundária), da memória (os três anos seguintes), da imaginação (o oitavo ano) e da razão (outros seis anos). O objetivo comum desses dois modelos educativos é a formação de uma rigorosa consciência moral, que só é possível se realizar numa sociedade bem ordenada, devendo ser produzida pela "aquisição das cognições e das luzes". Filangieri toma também posição sobre o problema do método educativo e pretende opor-se, simultaneamente, tanto ao "escolástico" quanto ao que "abusa da experiência" e deprecia "o raciocínio".

O grupo milanês interessou-se muito indiretamente por educação, embora não faltem nas páginas do *Caffè* posições abertamente polêmicas contra as tradições educativas da época (autoritárias e pedantescas) e uma referência ao papel fundamental da razão no ensino, em relação a uma prática escolar toda concentrada ainda na memória. As figuras de maior destaque foram, na área lombarda, o padre Francesco Soave (1743-1816), adepto de Condillac e autor de vários livros educativos, frequentemente considerado o primeiro autor italiano de literatura infantil, e Giuseppe Gorani (1740-1819), homem de contatos intelectuais europeus que, no *Saggio sulla pubblica educazione*, publicado anonimamente em Londres em 1773, expõe um plano de educação pública inspirado em La Chalotais e em Rousseau, mas muito próximo das posições de Filangieri na rígida divisão educativa entre as diversas classes sociais e, além disso, aberto para a valorização do estudo das ciências, para a educação da mulher, para a limitação da instrução religiosa.

Fora dos círculos dos *philosophes* encontramos um significativo projeto de reforma escolar em duas memórias de Gaspare Gozzi (1713-1786), literato vêneto, que se opõe frontalmente aos jesuítas e ao seu ensino e projeta uma educação do cidadão, dotada de bom senso e de prudência. Para atingir esse objetivo é oportuno, entretanto, estender a instrução também ao povo e às mulheres, elaborando, porém, um plano de estudos, especialmente elementar, prático e não erudito, mais científico (contabilidade, economia, mecânica) do que literário.

No panorama do Setecentos pedagógico italiano, ocupa um lugar próprio o saboiano Sigismundo Gerdil (1718-1802), professor de Teologia moral em Turim e cardeal, forte adversário das ideias iluministas e estrênuo defensor da ortodoxia católica, que ao empirismo típico do século XVIII opõe um racionalismo matemático e metafísico, ligado a Descartes e Malebranche. Em pedagogia também ele faz referência tanto às ideias claras e distintas como ao espiritualismo católico. Isso o leva – e esse é o aspecto mais interessante do seu pensamento – a entrar em choque com Rousseau, ao qual contrapõe *L'anti-Emilio o Riflessione sulla teoria e la pratica dell'educazione*, publicado já em 1763. A obra põe em foco algumas insuficiências do texto rousseauniano, em particular o aspecto abstrato do Emílio e sua impossível separação social, além da equívoca noção de bondade natural do homem e a nítida divisão entre o homem e o cidadão, embora não apreenda o seu significado mais profundo e inovador, ligado à "descoberta da infância" e ao puericentrismo. Em oposição ainda ao método educativo de Rousseau, negativo e ativo, Gerdil recorre ao valor do método lógico-sistemático e ao princípio da autoridade. Gerdil apresenta-se um pouco como o representante do anti-iluminismo do século XVIII e o primeiro teórico de uma pedagogia da "restauração". Em outro escrito (*Considerazione sopra gli studi della gioventù*, de 1785) ele polemiza abertamente com as práticas educativas da época, acusadas de utilitarismo e de superficialidade, e proclama a necessidade de estudos mais severos e metódicos, desenvolvidos em torno do ensino lógico-gramatical, típico das escolas humanistas, uma vez que "da leitura de Homero combinada com as instituições e preceitos das outras ciências deviam os estudiosos extrair um notável proveito".

No variado panorama pedagógico do Setecentos italiano, cabe uma referência também às múltiplas iniciativas de reforma escolar que, no curso dos últimos trinta anos do século, animam a política de alguns Estados italianos. Em Veneza com Gaspare Gozzi, em Parma com o ministro Du Tillot, na Toscana com Leopoldo I e em Nápoles com o ministro Tanucci (inspirado por Genovesi), iniciam-se projetos de reforma da instrução. Em grande parte, porém, são reformas administrativas, que não chegam a laicizar completamente o ensino, mudando também os métodos e os conteúdos. O objetivo comum e primário é, na verdade, formar funcionários mais preparados e modernamente eficientes para o Estado, e não iniciar uma consistente difusão da educação pública e um desenvolvimento radical da sua laicidade.

4 ROUSSEAU: O "PAI" DA PEDAGOGIA CONTEMPORÂNEA

No interior de um século, como o XVIII, que assistiu a um crescimento e a uma ampla renovação da filosofia da educação, dos modelos educativos e das organizações escolares, e justamente na França, que foi de certo modo a forja das propostas teóricas mais avançadas (ao passo que foi bem pouco ativa nas transformações práticas), coloca-se o "pai" da pedagogia contemporânea, a figura que a influenciou de modo decisivo e radical, o autor que executou a virada mais explícita da sua história moderna: Jean-Jacques Rousseau. O filósofo de língua francesa, de fato, operou uma "revolução copernicana" em pedagogia, colocando no centro da sua teorização a criança; opôs-se a todas as ideias correntes (da tradição e do seu século) em matéria educativa: desde o uso das fraldas até o "raciocinar" com as crianças e o primado da instrução e da formação moral; elaborou uma nova imagem da infância, vista como próxima do homem por natureza, bom e animado pela piedade, sociável mas também autônomo, como articulada em etapas sucessivas (da primeira infância à adolescência) bastante diversas entre si por capacidades cognitivas e comportamentos morais; teorizou uma série de modelos educativos (dois sobretudo: um destinado ao homem e outro ao cidadão) colocados, ao mesmo tempo, como alternativos e complementares e como vias possíveis para operar a renaturalização do homem, isto é, a restauração de um homem subtraído à alienação e à desorientação interior que assumiu nas sociedades "opulentas", ricas e dominadas por falsas necessidades. Todavia, a renovação da pedagogia em Rousseau realiza-se em estreita simbiose com *todo* o seu pensamento de moralista e de político, de filósofo da história e de reformador antropológico; com aquele pensamento que se interroga sobre as origens do "mal" do homem (do seu mal-estar e da sua desnaturação – tema tradicional da teodiceia) e identifica as causas do mal na sociedade (pelo seu afastamento do estado de natureza intervindo com a divisão do trabalho e com a afirmação da propriedade particular), mas nela – e só nela – reconhece também a via do remédio, desde que se reorganize segundo a ideia do "contrato" (igualitária e comunitária, animada por uma única e coletiva vontade geral, que está na base do governo e das leis) e reative, também na sociedade doente, a possibilidade de construir um homem novo, natural e equilibrado, do qual Emílio é o modelo.

Política e pedagogia estão estreitamente ligadas em Rousseau: uma é o pressuposto e o complemento da outra, e juntas tornam possível a reforma integral do homem e da sociedade, reconduzindo-a – por vias novas – para a recuperação da condição natural, ou seja, por vias totalmente artificiais e não ingênuas, ativadas através de um radical esforço racional. A pedagogia de Rousseau faz parte de um esboço bastante complexo de filosofia da história (baseada no princípio da decadência) e de reforma antropológico-social ao qual são dedicadas todas as grandes obras do genebrino, mesmo as do último período de sua vida, saturadas de gosto romântico e de forte individualismo, que aparecem, porém, como vias posteriores para realizar a renaturalização do homem, partindo agora do simples sujeito e da sua mais íntima sensibilidade. Há em Rousseau um único e grande problema antropológico-político (fazer o homem sair do "mal" e ativar as vias para conseguir este remédio), em cujo centro se coloca a própria pedagogia, articulada em várias formas, mas sempre essencial para promover o retorno do homem e da sociedade à condição natural.

Jean-Jacques Rousseau nasce em 1712 em Genebra, cidade que abandonou aos dezesseis anos para vagabundar entre a Itália, a França e a Suíça. Na Saboia conhece Madame de Warens, que de 1735 a 1739 o acolhe em Les Charmettes, sua residência. Aqui se realiza a sua primeira e efetiva formação cultural, estudando história, literatura, filosofia e música (sobretudo). Em 1740, é preceptor em Lyon; em 1742 vai a Paris e em 1743 a Veneza como secretário do embaixador da França. Retornando depois a Paris liga-se aos *philosophes* (a Diderot em particular), escreve comédias e peças musicais, liga-se sentimentalmente à plebeia Teresa Levasseur, colabora na *Enciclopédia*. Em 1750, com o *Discurso sobre as ciências e as artes* ganha o prêmio da Academia de Dijon e inicia sua carreira de escritor. Em 1754, escreve o *Discurso sobre a origem da desigualdade*. A partir de 1756, trabalha no romance *A Nova Heloísa* (publicado em 1760) e no tratado educativo *Emílio*, que publica em 1762 juntamente com o *Contrato social*, sua obra de reflexão política. *Emílio* e *Contrato* são condenados em Paris e Genebra e Rousseau foge de Paris, iniciando uma longa peregrinação e uma fase de alteração de seu equilíbrio psíquico, perturbado por manias de perseguição. Enquanto copia e compõe música, escreve as *Confissões*, depois os *Diálogos* (obras autobiográficas) e enfim, os *Devaneios de um caminhante solitário*, obra de sensibilidade pré-romântica. Morre em Hermenonville em 1778.

O pensamento pedagógico de Rousseau pode ser articulado segundo dois modelos, o do *Emílio*, em que são centrais as noções de educação negativa e de educação indireta, como também o papel particular que assume o educador, e o do *Contrato*, que versa sobre uma educação totalmente socializada regulada pela intervenção do Estado. E são dois modelos, como já dissemos, alternativos e, ao mesmo tempo, complementares entre si.

O *EMÍLIO* E A "EDUCAÇÃO NATURAL"

Rousseau, nas *Confissões*, lembra a longa e trabalhosa elaboração do *Emílio* e as condições da sua publicação. Esta ocorre "um mês ou dois" depois do *Contrato social* que, evidentemente, tinha sido pensado e escrito ao mesmo tempo que o romance pedagógico. Este último, embora apresentado como o avesso simétrico da obra política pelas teses individualistas e antissociais que manifestava, era profundamente relacionado com o primeiro, enquanto se propunha, ao mesmo tempo, como uma intervenção alternativa e/ou complementar, em vista da reforma ética e política da sociedade. Rousseau sublinha ainda que "a publicação do livro não ocorre absolutamente com aquele objetivo de aplausos que acompanhava o aparecimento de todos os meus escritos. Jamais uma obra encontrou tantos elogios particulares e tão escassa aprovação pública". Muito cedo, porém, até mesmo pelas duras condenações sofridas pela obra de Rousseau em Paris, por parte do tribunal e do arcebispo, e em Genebra, o *Emílio* teve larga circulação na Europa e tornou-se simplesmente um texto da moda, na medida em que conseguiu despertar a curiosidade para uma nova e revolucionária sensibilidade em relação à infância e aos problemas pedagógicos. O *Emílio* foi composto por Rousseau no curso de oito--dez anos a começar de 1753-1754 e está, portanto, estreitamente ligado às grandes obras rousseaunianas daquele período, não só o *Contrato*, mas também *A nova Heloísa*, que teorizava, em suma, uma reforma da família, a partir da centralidade do amor e da virtude. A obra se apresentou de fato como um romance psicológico e como um manifesto educativo (e é este o seu aspecto mais célebre e mais comumente apreciado), mas ao mesmo tempo é um tratado de antropologia filosófica, enquanto expõe uma concepção precisa do homem natural, racional e moral, além do itinerário da sua formação, e um texto político relevante, especialmente no livro quinto, onde são retomadas e em parte integradas no sentido antropológico as teses já expostas no *Contrato*.

O tema fundamental do *Emílio* consiste na teorização de uma educação do homem enquanto tal (e não do homem como cidadão) através de seu "retorno à natureza", ou seja, à centralidade das necessidades mais profundas e essenciais da criança, ao respeito pelos seus ritmos de crescimento e à valorização das características específicas da idade infantil. Isso significa, porém, que o próprio método da educação deve mudar profundamente, através de uma "revolução copernicana" que ponha no centro da ação educativa o próprio rapaz. A educação deve ocorrer de modo "natural", longe das influências corruptoras do ambiente social e sob a direção de um pedagogo iluminado que oriente o processo formativo do menino para finalidades que reflitam as exigências da própria natureza. Cabe lembrar, porém, que "natureza" no texto de Rousseau assume pelo menos três significados diferentes: 1. como oposição àquilo que é social; 2. como valorização das necessidades espontâneas das crianças e dos processos livres de crescimento; 3. como exigência de um contínuo contato com um ambiente físico não urbano e por isso considerado mais genuíno. Trata-se, desse modo, de operar uma "naturalização" do homem, capaz de renovar a sociedade europeia moderna, que chegou a um estado de evolução (e de corrupção) que torna impossível a sua reforma política, segundo o modelo republicano-democrático do "pequeno estado".

No terreno estritamente educativo da obra de Rousseau, delineiam-se inovações extremamente originais e que tiveram uma enorme importância na evolução do pensamento pedagógico moderno. Três aspectos pelo menos devem ser destacados, por constituírem as intuições mais fulgurantes da contribuição rousseauniana à pedagogia: 1. a descoberta da infância como idade autônoma e dotada de características e finalidades específicas, bem diversas das que são próprias da idade adulta; dessa descoberta Rousseau estava decididamente consciente, como revela já no prefácio do *Emílio* ("a infância não é absolutamente conhecida" e "se perde" pelas "falsas ideias que se têm dela"; de fato, procura-se "sempre o homem no menino, sem pensar naquilo que ele é antes de ser homem"); 2. o elo entre motivação e aprendizagem colocado no centro da formação intelectual e moral de Emílio e que exige partir sempre, no ensino de qualquer noção, da sua utilidade para a criança e de uma referência precisa à sua experiência concreta; tal princípio rousseauniano foi amplamente retomado na pedagogia romântica e mais ainda em algumas correntes pedagógicas do século xx, em particular pelo "ativismo" defensor do puericentrismo e ligado a comportamentos pragmáticos; 3. a atenção dedicada à antinomia e à contraditoriedade da relação educativa, vista por Rousseau ora como orientada decididamente para a antinomia, ora como necessariamente condicionada pela heteronomia; entre liberdade e autoridade, no ato educativo, não há exclusão, mas apenas uma sutil e também paradoxal dialética; deste aspecto "dramático" da educação Rousseau também foi sagaz intérprete, como toda a ambígua relação entre Emílio e o preceptor vem ilustrar.

São estes já os temas ("puericentrismo", aprendizagem motivada, dialética autoridade-liberdade) que estão na base de grande parte da pedagogia contemporânea.

Tais perspectivas profundamente inovadoras da pedagogia rousseau niana em parte remetem também à lição de alguns pedagogos anteriores, em particular Montaigne e Fénelon que, como Rousseau, tinham-se dedicado a uma defesa dos direitos da infância e de uma aprendizagem "natural" das várias cognições formativas e instrutivas. No Rousseau pedagogo, porém, operam ainda outras tradições educativas: a espartano--plutarquiana, caracterizada por uma ordenação precisa e rigorosa das atividades infantis, por um recurso à educação física e a uma disciplina nada branda, e aquela ligada a Locke e Condillac, que se refere predominantemente aos processos de aprendizagem e à formação intelectual da criança, que deve ser precedida por uma educação dos sentidos e realizar-se através do contato com a experiência e uma análise-síntese dos seus vários aspectos.

Na base do romance pedagógico de Rousseau está colocada uma polêmica aberta e consciente contra as pedagogias do seu tempo: aquela ligada aos colégios ("estabelecimentos ridículos") e aquela ligada à educação aristocrática, e tais polêmicas antijesuíticas e antiaristocráticas colocam posteriormente em destaque o caráter de mensagem radical que o *Emílio* queria assumir. Aos jesuítas e aos seus colégios, Rousseau reprova a artificialidade da sua educação, intelectualística e livresca, autoritária e pedante; à aristocracia, de habituar os filhos à imitação dos adultos, de prepará-los quase exclusivamente para as práticas inaturais das boas maneiras e da conversação, descuidando de suas mais profundas necessidades e das próprias características da idade, a começar pela necessidade de viver em contato e crescer sob a orientação dos pais.

A obra de Rousseau imagina seguir o crescimento e a formação de um menino desde o nascimento até o casamento. Emílio, nobre e órfão, será levado para o campo e crescerá sob a orientação vigilante e atenta do preceptor. É um "rapaz comum" que vive com o preceptor-amigo, o qual aplica a regra de "seguir a via que a natureza nos traça", e cresce em ritmos lentos, mas apoderando-se bem dos conhecimentos que lhe são úteis. Estes são aprendidos no "tempo certo" quando a sua maturidade psicológica permite uma real assimilação: assim ocorre tanto para as várias disciplinas científicas como para a história, a religião e a moral. Nesse longo caminho, o papel do preceptor é o de "retardar" o mais possível esses aprendizados, de modo a evitar qualquer antecipação perigosa, e permitir que Emílio viva o mais longamente possível a própria infância, idade da alegria e da liberdade. Além de favorecer a natureza no seu lento desenvolvimento, o preceptor tem também o papel de orientar o menino, de corrigi-lo, de evitar os maus hábitos e os desvios dos comportamentos naturais. Para que este papel de intervenção tenha sucesso, é necessário "apoderar-se" do menino e "não deixá-lo mais, até que se torne homem", acompanhando-o constantemente, mas "sem que ele perceba", durante todo o crescimento. O objetivo final será formar não um fidalgo ou um erudito, mas mais simplesmente um homem, porque "qualquer pessoa bem educada para esse estado não pode cumprir mal os outros estados a ele referentes".

> Viver é o ofício que lhe quero ensinar. Saindo das minhas mãos, ele não será, admito, nem magistrado, nem soldado, nem padre; será antes de tudo um homem: tudo aquilo que um homem deve ser, ele saberá sê-lo, neste caso, como qualquer um; e por mais que a fortuna possa fazê-lo mudar de condição, ele se encontrará sempre na sua. (*Emílio*, livro I)

A formação do homem natural, exemplificado em Emílio, se realiza através de cinco grandes etapas que Rousseau apresenta nos cinco livros do seu romance-tratado. O primeiro livro é dedicado à idade infantil (que termina com a aquisição da capacidade de articular discursos suficientemente orgânicos) e caracterizado por uma educação higiênica e capaz de não criar no menino hábitos inaturais e nefastos (especialmente quanto à dependência dos adultos pelo "comando" da criança). Rousseau, após um amplo "prelúdio" em que expõe os princípios gerais da sua pedagogia, enfrenta alguns problemas concretos da educação de Emílio: opõe-se, em nome da liberdade de movimento, ao uso de fraldas; enumera as qualidades necessárias para a ama (sadia e de origem camponesa); reclama insensibilidade por parte dos adultos para com o choro infantil etc.

Mas é com o segundo livro, dedicado à puerícia (dos três aos doze anos), que emergem as teses mais originais da educação rousseauniana. Nestas páginas a infância é tratada como uma idade caracterizada por "fraqueza" e "dependência", por "curiosidade" e por "liberdade", embora esta última deva ser "bem regulada". É uma idade pré-moral e pré-racional, toda voltada para interesses presentes e substancialmente feliz. Aqui é importante que o educador "perca tempo" e intervenha, para ensinar a Emílio algumas noções essenciais (como, por exemplo, a noção de propriedade), através das "coisas", das experiências diretas da criança. Aparece nítida também a negativa de Rousseau para qualquer forma de instrução precoce, seja quanto a línguas estrangeiras, a história ou a fábulas, e o objetivo primário da educação nesta fase deve ser o fortalecimento do corpo e o uso correto dos sentidos, com raros elementos de instrução do tipo escolar (um pouco de desenho e de geometria).

Com o terceiro livro entramos na idade que hoje definiríamos como da pré-adolescência e que Rousseau caracteriza como a "idade do útil". Emílio agora é forte, ainda é curioso, e ainda surdo às paixões. É a idade melhor para iniciá-lo no estudo de noções limitadas, mas justas. A formação intelectual do rapaz ocorrerá através do estudo de ambiente que estimule nele o gosto de aprender com a experiência e não com lições abstratas. O método do seu estudo deve ser empírico e não sistemático e encontrará uma aplicação central na física experimental. O seu único livro será o *Robinson Crusoé*, que reflete egregiamente a autossuficiência do menino nesta idade e a curiosidade ativa que o mantém na aprendizagem. Emílio aprenderá também um trabalho, "limpo" e "honesto", que o habitue a submeter-se a regras, a estar em contato com os outros e que o torne economicamente autônomo em caso de reviravoltas sociais: o ofício de carpinteiro.

O quarto livro, talvez o mais célebre da obra, trata da adolescência de Emílio. Fixadas as características deste "segundo nascimento", indicadas no despertar das paixões e numa primeira atenção para com os outros homens, que se manifesta na amizade e na piedade, Rousseau apresenta as matérias que devem ser enfrentadas nesta idade: a história, a moral e a religião. No centro do quarto livro é colocada a "Profissão de fé do vigário de Saboia", que é um pouco a síntese filosófica de Rousseau e que deve preparar o jovem Emílio para uma concepção religiosa do mundo, mas segundo orientações muito próximas do deísmo e distantes de qualquer confessionalismo, embora o "deísmo" de Rousseau apresente características muito específicas, na medida em que apela para a centralidade da consciência como sede da crença no divino e da lei moral. Agora homem, enquanto dotado de paixão e de razão, Emílio pode livremente apaixonar-se e procurar a sua Sofia (a mulher ideal).

O quinto livro é dedicado em grande parte à história, com final feliz, do amor entre Emílio e Sofia, também amplamente orquestrada pelo preceptor, e que se conclui com o empenho de Emílio de servir de preceptor para o próprio filho. Mas o quinto livro contém também outras duas partes bastante significativas: um projeto de "educação da mulher", que é exaltada como modelo de virtude e de sabedoria, mas também relegada a uma posição naturalmente subalterna em relação ao homem, empenhada em preparar-se para a "profissão" única de esposa e mãe, apreciada porque "casta", "submissa e laboriosa". Ao lado deste modelo educativo para a mulher, altamente discriminatório e surdo às primeiras reivindicações de emancipação feminina já então iniciadas, Rousseau desenvolve (como já anunciamos) também um projeto de educação social e política de Emílio, através de viagens, do estudo das características dos vários povos e do estudo das línguas, a adoção de uma medida de julgamento no campo político, confiada ao critério ideal do *Contrato*. Emílio decide, enfim, fixar-se no próprio país de nascimento e "viver no meio dos homens", procurando ser para eles "o benfeitor" e "o modelo", indo especialmente habitar no campo, fugindo das grandes cidades corrompidas.

> Comovo-me pensando em quantos benefícios Emílio e Sofia podem espalhar em torno de si de seu simples retiro, como podem dar vida aos campos e reanimar o zelo extinto do infeliz camponês. Creio ver o povo multiplicando-se, os campos fertilizando-se, a terra assumindo um novo ornamento, a multidão e a abundância transformando os trabalhos em festas, os prados em alegria e as bênçãos elevando-se do meio dos jogos rústicos em torno do amável casal que os reanimou (*Emílio*, livro IV)

HISTÓRIA DA PEDAGOGIA 351

escreve Rousseau, contemplando a sua utopia antropológica e social realizada e confirmando, ao final da obra, a profunda valência política, além de pedagógica, do *Emílio*.

A "EDUCAÇÃO NEGATIVA" E A "EDUCAÇÃO INDIRETA"

Ao lado do princípio fundamental da "educação natural", Rousseau mostra, no seu texto pedagógico, a importância de pelo menos dois outros conceitos: o de "educação negativa" e o de "educação indireta".

O primeiro teoriza a não intervenção por parte do educador, que deve apenas acompanhar o crescimento do menino, mantê-lo isolado e ao abrigo das influências da sociedade corrupta e, eventualmente, corrigi-lo, mas através do exemplo ou da intervenção indireta.

> A primeira educação deve ser puramente negativa. Ela consiste não em ensinar a virtude e a verdade, mas em proteger o coração do vício e a mente do erro. Se puderdes não fazer nada e não deixar fazer nada; se puderdes levar vosso aluno sadio e robusto até a idade de doze anos ... sem preconceitos, sem hábitos ... muito logo tereis entre as mãos o mais sensato dos homens; e, começando com não fazer nada, tereis feito um prodígio de educação. (*Emílio*, livro II)

Será o próprio processo de crescimento que despertará no menino exigências e curiosidades, e o fará descobrir as dimensões mais complexas da experiência, desde a intelectual até a moral, desde a sentimental até a religiosa. O importante é não acelerar esse crescimento natural e deixar à natureza o tempo de desenvolver-se livremente. Por conseguinte, Rousseau não fixará para o seu Emílio nem horários, nem programas demasiado rígidos e minuciosos, mas se valerá de uma "liberdade bem regulada", que exclui "lições verbais" e "castigos" e que reconhece ao menino o direito de manifestar "o amor de si próprio" (que é "bom e útil" em si), isto é, sua livre iniciativa, mesmo que seja sob o olhar vigilante do pedagogo.

Toda aprendizagem, seja intelectual ou ética, deve ocorrer em contato com as "coisas", deve ser "indireta". De fato, para Rousseau, o homem é educado pela "natureza", pelas "coisas" e pelos "homens". Uma educação correta exige a valorização da natureza e das coisas e a eliminação da influência dos homens. Assim, às coisas é solicitado o papel de exercer uma coerção sobre os instintos e a liberdade infantil, de criar limites à sua expressão e de elaborar sua regulamentação precisa.

Através do contato com as coisas, o menino cresce moral e intelectualmente e o próprio educador só deverá intervir no crescimento de Emílio através das coisas, quer se trate de uma lição de economia, de moral ou de astronomia.

> Conservai a criança na dependência apenas das coisas e tereis seguido a ordem da natureza no progresso da sua educação ... Fazei de modo que, enquanto ele for atingido apenas pelas coisas sensíveis, todas as suas ideias se limitem às sensações ... (*Emílio*, livro II)
>
> Nenhum outro livro a não ser o mundo, nenhuma outra instrução a não ser os fatos ... Tornai vosso aluno atento aos fenômenos da natureza, e muito logo o tornareis curioso; mas para alimentar a sua curiosidade, não vos apresseis jamais em satisfazê-la. (*Emílio*, livro III)

A educação "natural" e "negativa" tão exaltada em muitas páginas rousseaunianas é, paradoxalmente, deixada na sombra em outras passagens do texto que reclamam explicitamente, como já dissemos, um papel autoritário, de decidida intervenção por parte do educador. Assim, algumas vezes, Rousseau quase exalta a capacidade de esconder essa intervenção coercitiva e de torná-la tolerada pela criança, ou seja, sem que ela a perceba como tal. Explicitamente, no segundo livro, ele afirma: "que ele julgue ser sempre o chefe, mas que o chefe seja sempre você. Não existe sujeição tão perfeita quanto aquela que conserva a aparência da liberdade"; para concluir mais abaixo: "não há dúvida de que ele só deve fazer o que quiser; mas só deve querer aquilo que você quer que ele faça", e de modo um tanto duro, exemplifica: "não deve dar um passo que você não tenha previsto, não deve abrir a boca sem que você saiba o que vai ser dito". As afirmações estão em aberto contraste com a liberalidade e o naturalismo típicos da pedagogia rousseauniana, como já foi muitas vezes e por muitos sublinhado, e parecem, em suma, negar seus postulados fundamentais. Alguns viram nisso a expressão da contraditoriedade típica de todo o pensamento rousseauniano, que é quase impossível de restringir-se a um traçado unívoco e coerente; outros destacaram sob a mensagem libertária a emergência da verdadeira concepção educativa de Rousseau; mas, talvez, mais próximos da verdade estejam aqueles intérpretes que viram nessa contradição a consciência precisa da complexidade-antinomicidade presente em todo ato educativo, necessária e estruturalmente dividido (e de modo tal que não é possível recompor, já que estamos diante de uma "lei" profunda da educação) entre antinomia e heteronomia, entre autoridade e liberdade.

AS DUAS PEDAGOGIAS DE ROUSSEAU

Os estudos mais recentes sobre a pedagogia de Rousseau puseram em destaque a existência, na sua obra de maturidade, de dois modelos educativos, bem diferenciados entre si e, às vezes, até mesmo opostos. De um lado, coloca-se o modelo da educação natural e libertária que privilegia a formação do homem, típica do *Emílio*; de outro, o modelo de uma educação social e política, desenvolvida pelo Estado e ligada mais ao princípio da "conformação social" do que ao da liberdade, e que encontramos desenvolvida, em particular, nas *Considerações sobre o governo da Polônia*, obra póstuma de 1782. Educação do homem e educação do cidadão são contrapostas por Rousseau já no início do *Emílio*, onde a segunda vem desvalorizada, uma vez, que "a instrução pública não existe mais e não pode mais existir, já que onde não há mais pátria não pode mais haver cidadãos". Onde é possível, porém, reformar a sociedade e restituir-lhe um espírito nacional, a educação do cidadão permanece ainda como a fórmula mais justa e mais praticável.

Neste caso, é "a educação que deve dar às almas a forma nacional e dirigir suas opiniões e seus gostos, de tal modo que elas sejam patrióticas por inclinação, por paixão, por necessidade". Ela tem no centro "o amor da pátria", como unidade nacional e como república livre. A instrução "deve ser pública, confiada a professores poloneses, todos casados", e operada através de colégios que possuam um ginásio onde se dediquem amplos cuidados ao corpo, no qual as crianças se habituem a viver e a agir "todos juntos e em público". A escola pública será administrada por um "colegiado de magistrados de primeira ordem", que nomeará "os diretores dos colégios" e "os mestres dos exercícios".

O modelo em que Rousseau se inspira é, por um lado, a Genebra de Calvino e a sua administração centralizada dos estudos; por outro, a educação "dos antigos", admirada através da tradição espartana e através das páginas de *A República* de Platão, e vista como um "fermento" presente em cada homem, mesmo moderno, que espera apenas as condições socio-políticas favoráveis para afirmar-se e desenvolver-se.

Os dois modelos pedagógicos elaborados por Rousseau não apenas representam duas fases do seu pensamento, mas também duas vias para operar o saneamento da sociedade e o renascimento do homem moral. A via do *Emílio* aplica-se a sociedades complexas e já demasiado corrompidas que não possam empreender o retorno a um Estado regido segundo os ditames do *Contrato social*; a via das *Considerações* resulta praticável por aqueles países ainda não centralizados demais ou vastos demais, que tenham uma economia mais primitiva e uma forte coesão interna entre os vários grupos sociais, como a própria Genebra, a Córsega ou a Polônia. Os dois são alternativos entre si, conforme as condições históricas dos vários países, mas é certo que a preferência de Rousseau vai para a educação pública dos cidadãos, pois é aquela que profundamente se harmoniza com a orientação do seu pensamento político e acompanha e sustenta sua transcrição historicamente operativa.

Todavia, foi o Rousseau do *Emílio*, e não o outro, que influenciou profundamente o pensamento pedagógico moderno, oferecendo à tradição pedagógica alguns novos "mitos" (a bondade da infância, a não intervenção educativa etc.) que tiveram ampla e prolongada fortuna. Rousseau pode ser visto quase como o "pai" da pedagogia moderna, seja pelo papel de "revolução" que o seu tratado romântico exerceu no fim do século XVIII, propondo uma nova concepção da infância e uma nova atitude pedagógica, seja pelos temas profundamente inovadores que veio introduzir no debate educativo.

Depois de Rousseau, a pedagogia tomou decididamente outro curso: tornou-se sensível a toda uma série de problemas antes considerados marginais e substancialmente ignorados; além disso, ligar-se a Rousseau era uma referência obrigatória de todo pedagogo posterior, seja para associar-se às teses do genebrino (como ocorre com o grande Pestalozzi, em parte com Dewey, com Claparède), seja para opor-se frontalmente ao seu libertarismo e ao seu radical antinocionismo (como ocorre com Herbart ou com Gramsci).

A visão da infância, o papel do educador, a própria consciência por parte do pedagogo das estruturas e da função (até social e política) do

HISTÓRIA DA PEDAGOGIA 355

próprio discurso mudaram profundamente através das lições de Rousseau, enquanto a pedagogia no seu conjunto adquiriu uma dimensão mais francamente antropológica e filosófica, distanciando-se de um tradicional vínculo quase subalterno em relação às instituições pedagógicas e às práticas didáticas. Ao lado de Comenius, mas com posições nitidamente diferentes, Rousseau é de fato uma chave mestra do pensamento pedagógico e, além disso, é o primeiro artífice do seu mais inquieto e contraditório percurso contemporâneo.

5 OUTROS INOVADORES: OS MATERIALISTAS, VICO, KANT

Se Rousseau elaborou o modelo mais radical e mais inovador do século em Pedagogia, outros autores vieram delineando projetos educativos igualmente originais e orgânicos, ainda que não tão incisivos e revolucionários como aquele fixado pelo filósofo genebrino. Foram, em particular, as filosofias "extremas" do século que deram vida também a pedagogias mais novas e radicais. É o que ocorre com os materialistas, que constroem um modelo estatal e igualitário, rigorosamente laico de educação, que será observado com atenção pela Revolução Francesa. Mas é o que ocorre também com Vico e com Kant, que representam – o primeiro – a alternativa mais radical ao cartesianismo e ao iluminismo futuro (pelo que existe nele de cartesiano, de cientístico e de anti-historicista), elaborada a partir da tradição, da história, da língua, às quais é confiado o papel realmente formativo da mente e do sujeito, ligando-os ao tecido histórico-social em que tomam forma; – o segundo – a revisão crítica dos fundamentos do saber e do agir iluministas através da crítica da razão (teórica e prática), que dá início a uma pedagogia rigorista, destinada a formar um homem universal e racional, marcado pelo "caráter" e pelo domínio que nele exerce a racionalidade universal. Estamos diante de três modelos que terão grande fortuna nos decênios sucessivos à Revolução e que agiram em profundidade na pedagogia europeia, até épocas bastante recentes, imprimindo em movimentos políticos e em área geográficas uma caracterização precisa: na França revolucionária (materialistas), na Itália entre a Época Napoleônica e a Restauração, mas também mais tarde (Vico), na Alemanha entre o iluminismo e o romantismo (Kant).

OS MATERIALISTAS FRANCESES

Sob esta denominação colocam-se Claude-Adrien Helvétius (1715-1771) e Paul Henry Dietrich d'Holbach (1723-1789), além de Julien Offroy de Lamettrie (1709-1751). Eles levam avante uma perspectiva rigorosamente igualitária em educação, reclamando uma instrução para todos, estatal, civil e laica, gratuita e obrigatória. Deseja-se uma instrução universal, vista como o produto necessário do "progresso das luzes" que opera contra o fanatismo e debela a ignorância, preferida pelos tiranos. Mas a "revolução pedagógica parece-lhes a condição necessária e suficiente da revolução política" (Gusdorf) e remetem à "plasmabilidade infinita da natureza humana" para tornar, através da educação, os homens iguais e socialmente ativos e responsáveis. Por meio da educação e das boas leis é possível realizar a convivência equilibrada entre os homens e fundar a sociedade justa, por isso a educação é "a mais alta responsabilidade do Estado"; ela "formará cidadãos para o Estado", que serão depois selecionados pelos governantes para substituí-los na direção da coisa pública, como defendia d'Holbach no seu *O sistema da natureza*, com claros sinais de otimismo pedagógico, mas também de totalitarismo político.

Lamettrie, no seu *O homem-máquina*, de 1747, colocava-se numa posição rigidamente empirista, declarando poder conhecer o funcionamento da máquina-homem partindo do físico, embora depois o interpretasse mais como organismo que como simples máquina. Foi, porém, Helvétius quem delineou a pedagogia do materialismo, no seu tratado *O homem, suas faculdades intelectuais e sua educação*, publicação póstuma de 1772. Ele afirma que o homem pode ser plasmado completamente e que "a educação pode tudo". Desse modo, chega a negar qualquer autonomia da mente e qualquer inatismo, e desenvolve uma perspectiva igualitária como guia da educação, sublinhando que a desigualdade é fruto apenas da educação diferente que os homens recebem e, portanto, do meio em que vivem. Holbach também remete a um rígido determinismo social para explicar as diferenças culturais e atribui à educação a tarefa de produzir a verdadeira igualdade, formando os jovens em instituições estatais e segundo programas de estudo inspirados numa cultura laica e rigorosamente científica.

A contribuição dos materialistas, com suas teses racionalistas e extremistas, não foi central na história das instituições educativas, embora suas

HISTÓRIA DA PEDAGOGIA 357

posições teóricas fossem conhecidas e debatidas. Tiveram, porém, uma influência central sobre a pedagogia revolucionária e o seu modelo de "instrução pública popular", ligada aos "princípios da obrigatoriedade, da gratuidade, da laicidade", como indicava Fornaca, e encontrarão cidadania nas organizações escolares teorizadas por Condorcet em 1792.

A PEDAGOGIA DE VICO

Giambattista Vico (1668-1744), napolitano, em reação aberta contra o ambiente filosófico cartesiano, ensinou retórica na Universidade de Nápoles e elaborou uma filosofia da história que fixa esta última como o *habitat* mais próprio do homem e o terreno mais rigoroso do conhecimento (*verum ipsum factum*). Vico expõe o seu pensamento original na *Ciência nova* (1725), mas o antecipou nas suas *Orações inaugurais* (1699-1706) e nos textos *Sobre o método de estudos do nosso tempo* (1709) e *Sobre a antiquíssima sabedoria dos italianos* (1710). Vico não dedicou à reflexão pedagógica nenhum escrito particular, mas sua posição filosófica aparece fortemente caracterizada no sentido educativo, seja pelas remessas antropológicas que ela implica, seja pelo curso de estudos e a reforma cultural que ela mais ou menos abertamente defende. Além disso, são constantes as referências a problemas pedagógicos nas várias obras do filósofo napolitano, desde a primeira e mais significativa entre todas, a *Autobiografia*, até *Sobre o método de estudos do nosso tempo* e a *Ciência nova*. Não há dúvida de que em Pedagogia, como ocorre em Filosofia, Vico é um pensador substancialmente isolado, que não se liga nem à tradição psicológico-prática caracterizada pela atenção à vida da infância e à prioridade da formação ética individual, que vemos desenvolver-se de Montaigne a Locke, através de Fénelon e Port-Royal, nem à epistemológico-social, representada pelo grande Comenius. Vico, porém, faz algumas penetrantes afirmações sobre a natureza da infância (vista como "senso" e "fantasia", por exemplo), mas não tira delas todas as consequências operativas; ou aponta um centro para um novo *curriculum* de estudos na história, mas não se preocupa em desenvolvê-lo adequadamente. A pedagogia de Vico é, portanto, constituída de intuições gerais e de perspectivas não orgânicas, ainda que não se apresente absolutamente como ocasional e fragmentária. O caráter fundamental dessa posição pedagógica deve ser visto na referência ao valor da cultura humanístico-literária, linguística e histórica, voltada, porém, na direção de uma potencialização da fantasia e da expressão e não de um formalismo gramatical, como ocorria nas escolas do humanismo tardio e nas jesuíticas. Com isso, Vico não só se vinculava à tradição humanística italiana (contra o ideal da cultura cartesiana), mas também retomava em chave antirracionalista e historicista aqueles pressupostos que a ligavam ao humanismo clássico.

Sob cinco aspectos, pelo menos, o pensamento de Vico adquire de fato um significado pedagógico preciso: 1. na sua oposição ao racionalismo cartesiano; 2. na reavaliação do "senso" e da "fantasia"; 3. na valorização da ação, vinculada ao *verum ipsum factum*; 4. na centralidade da história; 5. no valor do ensino humanístico-literário. A polêmica contra Descartes leva Vico a combater qualquer abstração e formalismo também no campo dos estudos e a opor-se, portanto, à sua condição atual, caracterizados por uma excessiva conotação racionalista.

> Pode-se facilmente entender com quanto prejuízo, com que cultura da juventude, duas práticas perniciosíssimas são por alguns hoje usadas no método de estudar. A primeira é que para crianças recém-saídas da escola de gramática se abre a filosofia sobre a lógica que se diz "de Arnaldo", toda repleta de severíssimos julgamentos em torno de matérias ocultas de ciências superiores e totalmente afastadas do comum senso vulgar; com isso, se comprimem nos rapazinhos aqueles dons da mente juvenil, os quais deveriam ser regulados e promovidos cada um por uma arte própria, como a memória com o estudo das línguas, a fantasia com a lição dos poetas, historiadores e oradores, o engenho com a fantasia linear ... A outra prática é que se dão a rapazinhos os elementos da ciência das grandezas com o método algébrico, o qual congela completamente a mais viçosa das índoles juvenis, atrasa o entendimento, as quatro coisas que são muito necessárias para a cultura da melhor humanidade: a primeira para a pintura, escultura, arquitetura, música, poesia e eloquência; a segunda para a erudição das línguas e da história; a terceira para a invenção; a quarta para a prudência. (*Autobiografia*)

No lugar da "álgebra" que "aflige o engenho", "atordoa a memória", "alucina a fantasia" e "destrói o entendimento", devem ser colocadas as línguas, e a "tópica" deve ser inserida no lugar da silogística, para restituir concretude e humanidade à aprendizagem das crianças e dos jovens e à formação de seu "juízo". Deve-se retornar ao "senso comum" e ao "verossímil", aos conhecimentos empíricos e sensoriais, enquanto as abstrações do intelecto deverão aparecer no fim do curso de ensino. A reforma da

HISTÓRIA DA PEDAGOGIA 359

instrução é afirmada por si de forma bastante clara, desenvolvida de forma polemicamente consciente e ligada a pelo menos dois aspectos do seu pensamento filosófico, o *verum factum* e a revalorização do senso/fantasia.

O *verum ipsum factum* afirma que "a ciência é o conhecimento do modo e da regra segundo a qual a coisa se faz" e implica, portanto, a centralidade do "agir" e do "fazer". Além disso, ele valoriza os conhecimentos criativos e um processo participativo e construtivo por parte do sujeito em cada processo de conhecimento. A pedagogia de Vico, como já foi muitas vezes destacado, não só antecipa assim o grande tema rousseauniano-romântico da centralidade do fazer na educação, mas põe no centro também o tema, extremamente atual sob muitos aspectos, da criatividade, em geral, e artística, em particular.

No que diz respeito à concepção da infância como idade do senso e da fantasia, as afirmações de Vico são ainda mais explícitas. Na *Ciência nova*, expondo as "dignidades ou axiomas" que estão na base do seu intrincadíssimo texto, ele dedica alguns aforismas à definição da idade infantil, vista em paralelo com as antigas idades da história do homem:

> É natural nas crianças que com as ideias e com os nomes dos homens, das mulheres e das coisas que pela primeira vez conheceram, com essas e com esses aprendam e nomeiem depois todos os homens, mulheres e coisas que têm com as primeiras alguma semelhança ou relação ... Nas crianças é rigorosíssima a memória e, portanto, vivida em excesso a fantasia, que outra coisa não é senão memória dilatada ou composta ... As crianças são extremamente hábeis no imitar, porque observamos que muitas vezes se divertem em reproduzir aquilo que são capazes de aprender. Esta dignidade demonstra que o mundo criança constituiu-se de noções poéticas, já que a poesia nada mais é que imitação. (*Ciência nova*, livro I, seção II)

Nessas referências de Vico afirma-se com precisão uma concepção da infância como profundamente diferenciada em relação à idade adulta, como não racional, mas poética, que "observa" e não que "reflete com mente pura", que "imita" e "fantasia". A criança é sensitiva, como o primitivo, e deve ser educada através de discursos "fabulosos" e não racionais, deve dedicar-se às atividades poético-artísticas e não lógico-científicas. O apanhado que Vico faz sobre a natureza da psique infantil é sem dúvida importante, embora ainda elementar e intuitivo, e a sua aplicação educativa permitiria uma profunda revolução na concepção da infância, nos processos de aprendizagem e nos programas de instrução, se operado na cultura da sua época, como foi, pelo menos em parte, um século depois, na época da cultura romântica.

Se a *Ciência nova* delineia-se também como uma transformação da hierarquia epistêmica das várias ciências em favor da história, tal transformação tem também um significado pedagógico preciso, enquanto propõe como centro da formação intelectual a "lição da história". A verdadeira racionalidade do homem está colocada no conhecimento do mundo que ele vai fazendo e que só pode conhecer segundo a "verdade", pela qual só a história dos homens e das nações, da arte e do direito, das religiões e das "fábulas" e dos mitos deve constituir o material específico da sua formação intelectual e humana. Para a história, concebida como estudo das línguas e do desenvolvimento das nações, deve convergir o programa de estudos, destinado a valorizar as disciplinas filológicas sobre as lógico-científicas. Desse modo, Vico vem reafirmar vivamente a centralidade do ensino das línguas e da sua história, da oratória (segundo um preciso ideal ciceroniano e humanístico) e da poesia no processo de formação intelectual. Em particular, o filósofo napolitano apreende com exatidão o valor e a função da poesia na formação dos povos e dos indivíduos, a sua caracterização através de uma "lógica" da "metonímia" e da "sinédoque" e sua manifestação através de "monstros" e "transformações", e afirma sua centralidade enquanto próxima das características típicas da "natureza das crianças".

Em Pedagogia, além de uma *ingens sylva*, como foi definido, Vico é também um pensador no qual se concentram profundas zonas de luz e sombra. As primeiras já foram mencionadas: a infância vista como dominada pela fantasia, centralidade do fazer, ensino através da história e da poesia, antecipação de temas românticos e também contemporâneos; mas igualmente consistentes se manifestam as segundas. A pedagogia de Vico destaca-se realmente de seu tempo, da centralidade histórica da "nova ciência", para retornar a um modelo humanístico-retórico de cultura, iniciando assim uma operação ambígua e até substancialmente conservadora, que teve um papel de modo nenhum marginal na história da escola italiana e que vê no privilégio das disciplinas humanístico-literárias o terreno único e específico da formação humana, revelando uma substancial cegueira para os aspectos mais estritamente cognitivos e lógico-científicos da educação intelectual.

HISTÓRIA DA PEDAGOGIA 361

A PEDAGOGIA DE KANT

Immanuel Kant (1724-1804) formou-se na escola do racionalismo (Leibniz e Wolff) e da ciência newtoniana, interessando-se por problemas de cosmologia e de lógica, de metafísica e de ciência. Em 1770 iniciou com uma dissertação a sua filosofia crítica, que se tornou um marco no desenvolvimento da filosofia moderna, consignada nas três *Críticas* (*Crítica da razão pura*, 1781; *Crítica da razão prática*, 1788; *Crítica do juízo*, 1790). Morreu em Koenigsberg, onde sempre viveu e onde ensinou na universidade. Kant ocupou-se uma única vez de pedagogia de maneira explícita e a ocasião lhe foi dada pela obrigação de desenvolver, em 1776, um curso de Pedagogia para alunos da Universidade de Koenigsberg. Essas lições, recolhidas por um estudante, Theodor Rink, só foram publicadas em 1803 e apresentam um texto extremamente conciso, por vezes quase apodítico, além de oscilar constantemente entre exposição de princípios e enunciação de conselhos práticos. Trata-se na verdade de um texto certamente menor mas que, se relacionado às pesquisas de Kant sobre a moral (desenvolvidas desde *Crítica da razão prática* até *Metafísica dos costumes*, desde *Fundamentos da metafísica dos costumes* até *Antropologia Pragmática*), permite ler com clareza o perfil do pensamento pedagógico kantiano e fixar com precisão tanto seus vínculos com alguns pedagogos contemporâneos como as contribuições mais estritamente originais, além do decisivo destaque histórico, já que a posição kantiana terá uma influência não marginal na história das teorias pedagógicas, especialmente através de Pestalozzi e Herbart, que se relacionam expressamente com o Kant pedagogo.

A formação pedagógica de Kant deu-se através de Rousseau e Basedow. Às teorias do filósofo genebrino, Kant se liga por um certo naturalismo que alimenta a sua concepção da infância e os conselhos para a primeira educação (a criança é "boa" e deve, na primeira fase do crescimento, desenvolver-se livremente, sem intervenções coercitivas por parte dos adultos quanto às várias atividades que ela é levada a cumprir), bem como pela consciência da crise (ética e política, além de educativa) da sociedade a ele contemporânea, que deve ser reformada a partir justamente da educação. Todavia, em relação a Rousseau, Kant põe o acento sobre uma contraposição mais nítida entre natureza e moralidade, fixa a moralidade como o fim específico da educação e reclama um papel mais central para a disciplina e a autoridade. Basedow, porém, em dois artigos de 1776-1777 publicados numa revista de Koenigsberg, é definido como um "homem judicioso e valoroso", fundador de "um verdadeiro Instituto de educação, correspondendo tanto à natureza quanto a todos os objetivos civis". Nele, Kant vê alguém que conseguiu "revolucionar" o problema da educação através da superação dos erros tradicionais da pedagogia e o início de uma "nova formação dos docentes", objetivos atingidos na sua "escola exemplar", de modo a tornar possível "a salvação do gênero humano" com "um gradual melhoramento das escolas".

O objetivo da educação, para Kant, é "transformar a animalidade em humanidade" pelo desenvolvimento da "razão"; tal objetivo, porém, não se atinge "por instinto", mas somente pela "ajuda de outrem". Daí a importância dos adultos (já que "uma geração educa a outra") e da disciplina (que "impede o homem de desviar, por causa de suas inclinações animais, da sua finalidade"). É justamente a disciplina que, ao lado da educação ética como formação da consciência do dever, adquire um peso determinante na pedagogia de Kant, a ponto de imprimir-lhe um caráter por vezes quase oposto ao naturalismo e à reivindicação da autonomia da infância típicos de Rousseau, mas também de Locke e de um amplo setor da pedagogia setecentista. Mais alinhado com as reivindicações pedagógicas do iluminismo está o outro princípio da pedagogia kantiana, o da necessidade da educação, que é exposto no pequeno tratado com vigor e clareza:

> O homem só pode tornar-se verdadeiro homem mediante a educação, e ele é tal como ela o faz. Deve-se notar que ele só pode ser educado por outros homens que, por sua vez, foram educados ... se um ser superior tomasse conta de nós, veríamos tudo o que o homem pode vir a ser ... Se pelo menos uma experiência fosse feita com a ajuda dos poderosos ou com as forças colaborativas de muitas pessoas, poderíamos conhecer o ápice da capacidade humana. É extremamente penoso para o filósofo e para o filantropo constatar como os poderosos na maioria das vezes só pensam em si próprios e não tomam parte no importante experimento sobre a educação para fazer a humanidade aproximar-se da sua perfeição. (*A pedagogia*, introdução)

Para realizar essa perspectiva, destinada a promover o progresso da humanidade, é oportuno elaborar um "esboço de teoria da educação", que é, ao mesmo tempo, "um ideal nobilíssimo", ainda que não realizável aqui e agora, e um instrumento de ação. Não é nem uma "quimera" nem um "sonho", mas sim "a concepção de uma perfeição que ainda não se encontrou na experiência", "uma ideia justa" e "exequível", embora difícil de realizar.

A ligação que a pedagogia vem estabelecer com a ética faz a disciplina assumir um caráter mais estritamente filosófico e, portanto, "científico". De fato, de "uma arte aperfeiçoada por muitas gerações", substancialmente "mecânica" (isto é, "sem plano subordinado a circunstâncias determinadas"), deve tornar-se "ciência", ligando-se a uma antropologia, individual e social, de base "racional". "O mecanismo na arte educativa deve transformar-se em ciência, caso contrário jamais será possível uma empresa coerente, e uma geração poderia destruir o que a outra fez." Para que isso aconteça, é necessário inspirar-se em dois princípios: educar para um "estado melhor no futuro, segundo a ideia da humanidade e da sua destinação" e desenvolver "um plano educativo cosmopolita". E aqui estão o Kant iluminista, teórico da história como progresso, e o Kant político, teórico da "paz perpétua", a imiscuir-se na obra pedagógica.

O processo educativo vem articulado em quatro componentes ideais: a disciplina (freio da "selvageria", da animalidade), a cultura ("instrução" e "ensinamento"), a educação em sentido estrito (que socializa o homem e o "refina" através das boas maneiras e da cortesia), a moralidade (como capacidade de escolher os "fins bons"). Segundo Kant, a sociedade setecentista valorizou só os três primeiros aspectos, desprezando o quarto e tornando os homens infelizes. A intervenção reformadora deve fortalecer as "escolas públicas" contra as "domésticas" (uma vez que as primeiras permitem adquirir de maneira melhor as várias "habilidades" e formam melhor o caráter), e as "escolas experimentais", que devem assinalar o caminho a seguir para as várias escolas "elementares". Educação pela moralidade, fortalecimento das escolas públicas e início de uma "experimentação" educativa: são estes os princípios do "plano educativo" de Kant.

A atividade educativa divide-se depois em "física" e "prática". A educação física é "negativa" quando enuncia conselhos para criar os bebês (aleitamento), fazer adquirir hábitos (ao que Kant se opõe), realizar o "endurecimento" (pense-se em Locke), regular a liberdade a ser concedida às crianças e as intervenções para "vencer a teimosia". A educação física é, pelo contrário, "positiva" quando visa à cultura, ou ao "exercício das atividades espirituais". Neste campo, segundo Kant, um papel fundamental é assumido pelo "jogo" (como movimento do corpo e exercício "da habilidade") e pelo "trabalho" ("é sumamente importante que as crianças aprendam a trabalhar", "porque o homem tem necessidade de uma ocupação, nem que seja acompanhada de um certo sacrifício"). A instrução deve, depois, valorizar a memória ao lado da inteligência e iniciar também a educação moral através da adaptação da conduta às "máximas" que devem tender para a "formação do caráter"; o qual se afirma como a "submissão a uma *vontade reconhecida como racional e boa*". Esta consciência moral é preparada pela educação através da valorização na criança de atitudes como a "vergonha", a "sinceridade" e a "sociabilidade".

A educação prática objetiva três aspectos fundamentais: a habilidade (como "característica da mente"), a prudência (que deve ser seguida nas relações com os outros) e a moralidade (que é uma característica interior, ligada à "moderação").

Nas páginas dedicadas à educação prática retornam as características fundamentais da ética kantiana: o apelo ao dever, a exaltação de virtudes destinadas à sublimação do eu (autocontrole) ou à valorização de comportamentos empenhados e produtivos (a tenacidade), o papel central das regras como meio de formação moral. Retornam, portanto, não só o formalismo, como também o rigorismo do pensamento ético de Kant, que fazem do filósofo alemão, como foi dito por muitos, o maior teórico da ideologia burguesa na fase da sua decolagem europeia. Kant fala de "deveres para consigo" e "para com os outros", da centralidade do "direito" e da "razão" e remete, enfim, a uma educação religiosa, a iniciar-se já na idade infantil, que conjugue "Deus e dever" e que sirva para preparar as crianças para compreender e viver a "lei do dever".

O modelo pedagógico elaborado por Kant, embora exclusivamente teórico e desprovido de remessas à experiência concreta da vida infantil e da vida escolar, afirma-se como uma das maiores elaborações da pedagogia iluminista, confiante nas reformas e, em particular, na reforma da sociedade através da educação, mas também como uma concepção original (pela forte conotação ética que o distingue) assim como orgânica (ainda que esquemática). Isso justifica a longa influência que esse modelo terá, especialmente na área alemã, durante todo o curso do século XIX, mas chegando, de formas diversas, a atingir também alguns setores da pedagogia do nosso século (desde a "escola do trabalho" de Kerschensteiner, tão atenta

HISTÓRIA DA PEDAGOGIA 365

aos "valores", até o próprio "ativismo" deweyano, tão sensível ao chamado "primado" da educação e ao problema da formação ética do homem).

6 A REVOLUÇÃO FRANCESA E A EDUCAÇÃO: PEDAGOGIA, ESCOLA, VIDA CIVIL

Prenunciada pelo trabalho crítico e pelas propostas reformadoras dos *philosophes* (pense-se particularmente em Diderot e seu *Plano de uma universidade para o governo da Rússia*), pela reivindicação de uma educação nacional defendida pelos pedagogos burgueses (como La Chalotais), pelos próprios *Cahiers de doléances* que reclamam uma instrução pública e contrastam abertamente com a que estava em vigor no *Ancien Régime*, a onda que atinge a escola e a educação na França, após 1789, irá delineando soluções bastante inovadoras e orgânicas, também articuladas segundo modelos e itinerários ora mais, ora menos radicais. Entretanto, esse intenso processo de reformas escolares, de retomada da educação em chave civil, de reflexão sobre a função de uma série de instituições formativas (desde a festa até o teatro) produziu uma radical mudança na tradição escolar-educativa francesa, colocando-a quase como modelo europeu, sobretudo na fase jacobina e depois na napoleônica. Na França, entre a Revolução e o Império, nasce um sistema educativo moderno e orgânico, que permanecerá longamente como um exemplo a imitar para a Europa inteira e que fornecerá os fundamentos para a escola contemporânea, com seu caráter estatal, centralizado, organicamente articulado, unificado por horários, programas e livros de texto.

Durante a Revolução Francesa (1789-1795), devem ser distinguidas sobretudo três fases de intervenção sobre a escola, caracterizadas por perspectivas diferentes e por uma taxa diferente de radicalismo. Numa primeira fase, que chega até 1791-1792, realiza-se um quadro orgânico de reorganização da instrução, utilizando as lições das *Lumières*, tanto críticas como propositivas. Em 10 de setembro de 1791, coube a Talleyrand apresentar à Constituinte um relatório sobre a instrução pública, referindo-se às reivindicações expressas nos decênios anteriores pelos parlamentos e propondo uma instrução útil à sociedade e ao seu progresso, através de uma escola popular gratuita (embora não obrigatória) e das escolas distritais secundárias. Mas o relatório não teve nenhuma sequência. Em outubro de 1791, porém, a Assembleia Legislativa criou um Comitê de Instrução Pública que devia elaborar um projeto orgânico de reordenamento, que foi redigido por Marie Jean Antoine Caritat de Condorcet (1741-1794), secretário da Academia Francesa, após ter escrito umas cinco *Memórias* sobre a instrução. No seu *Relatório*, Condorcet tem em mira uma escola que desenvolva as capacidades do aluno, que estabeleça uma verdadeira igualdade entre os cidadãos, que realize uma completa liberdade de ensino, que valorize a cultura científica. O *Relatório* fixa cinco graus de escola: as escolas primárias, as secundárias, os institutos, os liceus e a "sociedade nacional para as ciências e as artes" (ou universidade). Só através da instrução era possível tornar real a *égalité* (já que só ela tornava atual a "voz da razão", levando-a ao povo) e participar a todos a cultura científica. "O projeto de Condillac teve a mesma sorte que o de Talleyrand. A sucessão dos acontecimentos impediu a Assembleia de discutir seriamente as propostas e tentar a sua execução. Mas permaneceu até o Consulado como o evangelho dos melhores legisladores escolares da Convenção e do Diretório" (Codignola). Ainda em 1791, a Constituição sublinha que será criada "uma instrução pública, comum a todos os cidadãos, gratuita nas partes de ensino indispensáveis a todos os homens", e cujos institutos serão distribuídos gradualmente "em todo o reino". Nesta primeira fase, fixam-se os princípios da pedagogia revolucionária (instrução pública para todos, administrada pelo Estado, de caráter laico e livre, destinada a formar o cidadão fiel às leis e ao Estado) e o quadro orgânico da reorganização da escola sob escolha nacional.

Em 1793, é apresentado à Assembleia o projeto de Le Peletier (1760-1793), que exprime o ponto de vista dos jacobinos e teoriza uma educação masculina (dos cinco aos doze anos) e feminina (dos cinco aos onze anos) em colégios de Estado ("casas nacionais"), separando as crianças das famílias e pondo-as numa comunidade que deve formá-las segundo modelos de virtude civil e de nítida oposição à "sociedade corrupta" da época. A ideia é criar "um novo povo" mediante uma educação conformadora e coletivista. O projeto foi asperamente criticado por ser "artificial e complicado", por violar as "leis naturais" e os "mais sagrados direitos das famílias", por atribuir ao Estado um altíssimo ônus financeiro, mas ele exprimia bem o radicalismo da pedagogia jacobina (herdeira também do Rousseau do

HISTÓRIA DA PEDAGOGIA   367

Contrato social) e se punha em total sintonia com aquele programa de educação civil que desde os *Catecismo laicos* até as festas revolucionárias invadia a sociedade para operar nela uma "completa regeneração".

Com o Termidor, em 1794, começa-se a realizar uma série de intervenções que dão vida a escolas especiais, para técnicos (desde a Escola Central de Trabalhos Públicos, depois Escola Politécnica, até as Escolas de Saúde, em 1794, e a Escola de Línguas Orientais, em 1795). Depois, em 1795, com a lei de 3 brumário dava-se à escola francesa uma ordem nova: a escola primária era confiada às comunas, negava-se a gratuidade e a obrigação da frequência escolar, mas fixava-se um programa mínimo (ler, escrever, calcular e moral republicana). Criou-se uma escola central para o ensino de letras, artes e ciências, articulada em três biênios (12-14 anos, 15-16 anos, 17-18 anos). Também neste caso, o objetivo fundamental era criar cidadãos úteis e ativos no Estado. Importante foi também a criação de uma Escola Normal (já solicitada por Joseph La Kanal em 1794, para preparar com cursos intensivos os professores de que o Estado necessitava) e as já lembradas "Escolas Especiais", de alto nível cultural e destinadas a favorecer o desenvolvimento da sociedade industrial através da formação de técnicos.

Ao lado dessa elaboração de programas de reforma escolar e de intervenções legislativas, a Revolução Francesa também pôs em ação um intenso trabalho educativo que devia desenvolver nos indivíduos a consciência de pertencer ao Estado, de sentir-se cidadão de uma nação, ativamente partícipes dos seus ritos coletivos e capazes de reviver seus ideais e valores. Se, por um lado, uma ação educativa intensa foi desenvolvida pelos *Catecismos laicos*, que pretendiam difundir uma visão não religiosa do mundo, uma ética civil e princípios de tolerância e de compromisso social, contrapondo-se abertamente aos catecismos católicos, nutrindo-se da tradição racionalista à maneira de Descartes e iluminista à maneira de Bayle, mas desenvolvendo-se de forma cada vez mais radical, segundo objetivos de uma ética exclusivamente humana e social; por outro, foram centrais as festas, as festas revolucionárias e republicanas que renovavam radicalmente a tradição das festas populares e religiosas (ou até dinásticas e reais), destinadas à formação de uma "religiosidade civil", capaz de descristianizar o povo e o seu imaginário. Já em 1790 organizam-se as primeiras "festas revolucionárias", com reuniões no Campo de Marte e com a Festa da Federação Nacional, que devem atrair o homem para a verdade, como sublinha Mirabeau no seu *Trabalho sobre a educação pública*, e que devem mudar seus costumes, vinculando-o aos valores civis. Vieram depois as festas do Ser Supremo, em que se mostram "as virtudes republicanas ao mundo", segundo um cerimonial organizado pelo pintor David, com carros alegóricos, baixos-relevos, cânticos e flores, e as festas da Deusa Razão, de caráter abertamente ateu.

O teatro, a pintura e a poesia também devem trabalhar para educar para os valores republicanos e revolucionários, devem intervir nos momentos de festa e executar um complexo circuito de educação civil, que integra e suporta o mesmo trabalho ideológico (no sentido laico e científico) desenvolvido pela escola. Aqui também é o ideal rousseauniano expresso na *Carta a d'Alembert sobre os espetáculos*, de 1758, que se torna o centro da ação educativa destinada à comunidade no seu conjunto e fortalecida no seu aspecto de coesão ideológica e de participação. O programa pedagógico elaborado pela Revolução resulta, portanto, rico, articulado e até grandioso; mostra-se bem consciente das rupturas que deve efetuar em relação ao passado e das inovações radicais que deve realizar, em chave de pedagogia civil; indica uma série de âmbitos bastante diferenciados de intervenção (desde a escola até a imprensa, a festa) mas pensa-os como integrados, como estreitamente ligados um ao outro para atingir um fim comum; inicia aquele modelo de instrução-educação coletiva e ideológica que estará cada vez mais ao centro nas sociedades de massa contemporâneas e que será retomado pelos nacionalismos oitocentistas (como nos lembrou George Mosse em *A nacionalização das massas*) e depois pelos totalitarismos novecentistas (desde o fascismo até o nazismo, o stalinismo) em formas mais sectárias e rigidamente conformistas. A Revolução, porém, sobre este último ponto, tinha reconhecido um espaço cada vez mais central para a educação do imaginário e tinha indicado no seu controle e na sua "normalização" um aspecto essencial, cada vez mais essencial, da pedagogia e da educação, bem como da vida social e cultural contemporânea.

Com a Época Napoleônica e a expansão europeia da França, difundiram-se nos diversos países orientações laicas, estatais, civis, na reorganização dos sistemas escolares. Isso ocorre também na Itália. Já na República cisalpina, após 1797, realizou-se um *Plano geral de instrução pública*, feito por Lorenzo Mascheroni e inspirado nos princípios da pedagogia revolucionária (de Talleyrand a Condorcet) e se impõe à vontade uma nova "consciência civil" baseada nos "direitos do homem e do cidadão", uma concepção científica do mundo e "o amor da pátria com as festas nacionais, com o teatro, a celebração das décadas [que substituem as semanas] ao canto de hinos patrióticos". O *Plano* jamais foi aplicado, mas permaneceu como um modelo de radical inovação educativa.

A lei de 1802, relativa à instrução pública na República italiana, coloca todas as escolas sob o controle do Estado e elabora uma intervenção orgânica dividida em nacional, departamental e comunal, que atinge a instrução elementar, média e superior. São nacionais as universidades, as academias, as escolas especiais; departamentais, os liceus; comunais, os ginásios e as escolas elementares. Também foi dedicada atenção à formação dos professores nas escolas normais e solicitou-se ao docente fidelidade, disciplina e empenho, reconhecendo compensações e pensões de bom nível. Também no Reino de Nápoles, com José Bonaparte e depois com Joachim Murat, foram realizadas reformas significativas: criaram-se os colégios reais, de orientação laica, os internatos para moças; decretou-se a obrigatoriedade para a escola elementar; fundaram-se escolas profissionais; fixaram-se programas uniformes. A experiência napoleônica difundiu na Europa os princípios de instrução pública, obrigatória e gratuita, realizando um sistema escolar orgânico e uniforme, caracterizado pelos princípios de laicidade e de engajamento civil como inspiradores supremos de toda a vida escolar.

7 DUAS MUDANÇAS SOCIAIS E EDUCATIVAS: A REVOLUÇÃO INDUSTRIAL E A FORMAÇÃO DO IMAGINÁRIO CIVIL

No curso do século XVIII veio a delinear-se também um fenômeno econômico-social que no breve giro de alguns decênios transformará desde as raízes toda a vida europeia e do mundo ocidental: a Revolução Industrial. Produzida por um complexo feixe de eventos que vão desde a revolução agrícola, e a acumulação de capital que esta promove, até a invenção das máquinas, a libertação da força-trabalho dos campos, o crescimento do mercado em nível mundial, os processos de urbanização etc., e afirmada antes de tudo na Inglaterra, a Revolução Industrial vem transformar profundamente a sociedade moderna – no sistema produtivo e no estilo de trabalho, na mentalidade e nas instituições (família, paróquia, vila), na consciência individual – produzindo também uma nova classe social (o proletariado) e um novo sujeito socioeconômico (o operário). Este complexo processo de transformação econômicosocial manifestou-se como a submissão de massas bastante numerosas de homens, mulheres e crianças às férreas leis do capital – as leis da mais-valia, da exploração intensiva da força-trabalho, da produção de mercadorias por máquinas, do mercado etc. – e reorganizou sua existência, mentalidade e aspirações, dando vida a um processo "educativo" bastante articulado, mas que girava em torno do princípio, já bem identificado por Marx, da alienação. Alienação das necessidades e alienação na máquina, produzida por um trabalho cego, regulado pela exploração, e por uma vida social estruturada pelo trabalho organizado não em função do homem, mas apenas da produção e da mais-valia.

O operário vive, portanto, uma condição alienada, mas duplamente alienada, no tempo de trabalho e no tempo livre; no primeiro, é um apêndice da máquina e, no segundo, apenas um bruto que recarrega suas forças para voltar ao trabalho, que pratica evasões para compensar a dureza do trabalho e o faz através do jogo, do álcool, da prostituição etc.

Entre a fábrica e a taberna, o operário é radicalmente deseducado, desumanizado. Acontece o mesmo com a mulher-operária, agravada ainda pela maternidade e pelo seu papel cada vez mais central dentro da família. Em tais condições, a família se desarticula, se fragmenta, perde toda valência educativa, esmagada pelos problemas do trabalho e da miséria. As crianças são também inseridas no sistema de fábrica, colocadas nas tecelagens ou em outras fábricas para atender a determinadas fases da produção (fiação, tecelagem etc.), ou nas minas de carvão e de enxofre, inseridas numa cadeia que transporta os materiais extraídos para a superfície. Duríssimas, suas condições de vida: são desnutridas, macilentas, raquíticas, retardadas; muitas vezes – assim dizem as enquetes inglesas – nascem, vivem e morrem na fábrica, sem conhecer outra realidade a não ser aquela imunda e ensurdecedora das oficinas. Estamos diante de uma infância expropriada de qualquer direito, à saúde, à educação, ao crescimento: direitos elementares que o sistema de fábrica anula de maneira total

HISTÓRIA DA PEDAGOGIA 371

e sistemática. Muito cedo, filantropos, intelectuais esclarecidos, políticos progressistas elevaram vozes de protesto contra o trabalho infantil e do menor em geral, reclamando de parte dos governos intervenções limitando horários e formas, fixando regras e limites de idade.

Neste dramático processo, a Inglaterra ocupa o papel de ancestral e de guia: serão as indústrias inglesas que manifestarão também as condições mais duras de trabalho operário e até infantil. Será esta a fase, por assim dizer, heroica da Revolução Industrial inglesa que corresponderá à fase desprovida de regras e dominada pela exploração mais bestial. É certo que, pela concentração operária e da difusão de ideias políticas mais avançadas e revolucionárias, os próprios operários tomarão consciência da "questão social" e iniciarão uma primeira resposta a estas duríssimas condições de vida, com a sindicalização e a adoção de técnicas, como a greve de resistência e boicote em relação às ofertas de trabalho. Sob a pressão justamente das massas operárias organizadas, através das *trade unions* ou das sociedades mazzinianas, depois dos partidos dos trabalhadores promovidos pela difusão do socialismo, se efetuará uma reivindicação política destinada a criar condições mais suportáveis de trabalho, fixando horários e salários e, depois, também, condições higiênicas e prevenções para doenças ou acidentes. Mas estas reivindicações organizadas, estas organizações operárias que as orientam virão desenvolver um papel eminentemente educativo por meio da imprensa – jornais ou opúsculos –, dos congressos, das manifestações públicas; e será um processo educativo que agirá no mais profundo da sociedade, construindo uma consciência de classe e ligando a um universo de valores, de fins e de objetivos amplas massas populares, vindo a caracterizar intimamente sua existência, marcada por um compromisso de solidariedade e por ideais de emancipação. Tudo isso, porém, se afirmará no século seguinte, especialmente na sua segunda metade. No curso do século XVIII predomina – e a protagonista é justamente a Inglaterra – o aspecto mais dramático da Revolução Industrial, aquele já lembrado acima, caracterizado pela exploração e pela alienação, pela alta mortalidade e pelas condições de vida mais pobres que implicam, por conseguinte, degradação moral e abandono das crianças, diluindo assim também todas as práxis educativas que tinham estado à disposição do povo na sociedade tradicional (através da paróquia e da comunidade, da caridade e do paternalismo).

372 FRANCO CAMBI

Na sociedade do século XVIII, toma corpo também – ao lado da Revolução – outro processo que virá marcá-la no sentido moderno: a formação de uma consciência civil difusa, laica e organizada em torno de novos símbolos (o Estado, a nação, o povo) e construída através de múltiplos agentes que alimentam, orientam e estruturam a opinião pública (a imprensa, sobretudo, mas também os salões – como locais de conversação, que se torna cada vez mais discussão de ideias, inclusive políticas – e depois os clubes e os partidos, assim como as festas civis que – em particular com a Revolução Francesa – vêm favorecer e desenvolver aquela "nacionalização das massas" típica do mundo contemporâneo). Este processo multiforme é também um processo educativo que se volta para/e que envolve indivíduos, grupos e classes, que exalta a função dos intelectuais e os põe a serviço da política e da opinião pública, que ativa vários mitos coletivos, do mesmo modo que articula na sociedade uma série de espaços empenhados na educação do imaginário, caracterizando-o cada vez mais no sentido civil. Recentemente, Bazcko sublinhou isso com vigor tanto no seu estudo sobre *A utopia* como no verbete "Imaginação social" compilado para a *Enciclopédia Einaudi*: depois de 1789, o poder político foi elaborando um novo imaginário coletivo de caráter civil, difundido junto aos grupos burgueses e junto ao povo por muitas vias (através de sinais de reconhecimento – o distintivo, o barrete frígio –, monumentos ou "espaços sagrados" – em Paris, a ex-Bastilha – ritos e festas para datas simbólicas, vitórias militares etc.) e que assinala uma decisiva ruptura em relação ao imaginário coletivo-social anterior, religioso e monárquico. São processos educativos que agem em profundidade: renovam a mentalidade, criam um novo universo de símbolos, delineando novos valores (laicos e civis), fixam um novo tipo de homem social (o cidadão). São processos que delineiam uma ideologia e, ao mesmo tempo, a implantam na sociedade. Enfim, são processos que se colocam sob muitos planos e ocupam muitos espaços, a começar daquele que é destinado mais à elaboração ideológica (a imprensa), para invadir depois aqueles em que se agrega a mentalidade da sociedade civil (desde os salões até os clubes e os partidos) e encontrar, ainda, uma confirmação nos ritos coletivos (as festas civis, por exemplo).

O que deve ser sublinhado neste processo é o papel da sociedade também como protagonista do imaginário coletivo, o fato de constituir-

HISTÓRIA DA PEDAGOGIA 373

-se como valor e como ideal da vida civil, através da reinterpretação de si própria em termos políticos, protagonista e destinatária da vida política. Assim, entre sociedade civil e Estado veio criar-se uma complexa dialética que encontra o ponto de sutura e a câmara de decantação no imaginário, colocando-o como um fator crucial da sociedade contemporânea e dos vários processos educativos.

A IMPRENSA

O século XVIII é o século dos jornais e das revistas, da imprensa para mulheres; é o século do romance, das enciclopédias e dos panfletos; é o século em que a imprensa começa a forjar a sociedade no seu conjunto, organizando a opinião pública, sobretudo dos grupos burgueses. Os catálogos dos editores se enriquecem, se articulam por temas, por setores, segundo os leitores; as livrarias se tornam locais de encontro, de intercâmbio de ideias, de confronto inclusive político; a difusão dos livros ocorre também através de um mercado clandestino, que procura fugir às proibições da censura, que atingem as obras mais originais e inovadoras (pense-se em Rousseau e suas obras-primas – *Contrato social* e *Emílio*, ambas condenadas tanto em Paris como em Genebra), mercado florescentíssimo nos Estados mais livres (como a República de Veneza); a leitura torna-se um momento – e central – da vida burguesa, necessário e insubstituível, para nutrir a mente com ideias e o imaginário com novos mitos e novos ideais.

OS SALÕES

Tornam-se, no curso do século, sobretudo na França – mas permanecerão depois em toda a Europa no século seguinte –, os protagonistas da vida intelectual e civil de elite. Nos salões, como no de Madame d'Epinay, no de Madame d'Holbach, depois no de Madame de Staël etc., pratica-se conversação, e conversação rica de *esprit*, inteligente e aguda, constituída de fofocas e de boutades, mas também de confronto de ideias, de teses culturais; depois, lançam-se modas (literárias ou não), elaboram-se estilos de comportamento, regula-se o gosto da classe dominante. Pouco a pouco, porém, aproximando-se da Revolução e, sobretudo, depois desta, os salões se politizam e dão espaço também às ideologias no interior da conversação.

Com a Revolução, formam-se também os clubes, agrupamentos políticos e ideológicos (como o dos girondinos e o dos jacobinos) que vêm depois determinar os verdadeiros e próprios partidos; agregações de classe e de caráter ideológico, que se organizam para a batalha política, com jornais, locais de reunião, edições de textos, estatutos e organogramas internos. Justamente pela ação dos partidos será iniciada também aquela laicização e aquela nacionalização do Estado, que estarão no centro da política pós-revolucionária, até o Terror e o Termidor: processos que nos ritos civis, nas festas populares, nas reuniões comemorativas e nas convocações de assembleia encontram o momento de máxima tensão e de máxima eficácia.

QUARTA PARTE

A ÉPOCA CONTEMPORÂNEA

CAPÍTULO I

CARACTERÍSTICAS DA EDUCAÇÃO CONTEMPORÂNEA

1 A ÉPOCA CONTEMPORÂNEA E A IDENTIDADE SOCIAL DA PEDAGOGIA

A época contemporânea nasce – convencionalmente – em 1789, com a Revolução Francesa, já que é com aquele evento crucial que caem por terra seculares equilíbrios sociais, econômicos e políticos, enquanto toda a sociedade europeia entra numa fase de convulsão e de transformação que se prolongará por muito tempo e que mudará as características mais profundas da história. Sobretudo, eliminará o *Ancien Régime*, com suas conotações ainda medievais de sociedade da ordem, da soberania por direito divino, da relação de organicidade entre as classes, para iniciar um processo totalmente novo caracterizado pela inquietação, pela constante renovação, pela abertura para o futuro (mais que pela referência ao passado) e, portanto, para o pluralismo interno (de grupos sociais, de interesses, de projetos), para o caráter conflitante e para a hegemonia construída pragmaticamente dentro e através dos conflitos. E é justamente a Revolução que opera esse duplo processo da crise do *Ancien Régime* e da ênfase sobre o dinamismo social, ideológico, político etc.

Depois da grande Revolução virão Bonaparte, o Império e a Restauração, mas não executarão nenhum passo atrás em relação às rupturas revolucionárias: Bonaparte acolhe o programa de reconstrução burguesa da sociedade francesa, segundo um modelo de modernização que implica o controle do Estado e de um Estado burocrático, que programa e dirige o funcionamento de toda a vida nacional, inspirando-se numa racionalidade técnica; o Império difunde estes princípios por toda a Europa; a Restauração não elimina absolutamente as transformações técnicas (administrativas, econômicas etc.) difundidas durante a época napoleônica.

As estruturas que se difundiram entre a Revolução e a Restauração serão as estruturas profundas que virão marcar a época contemporânea e caracterizá-la de modo unitário até os dias de hoje. A contemporânea é a época das Revoluções: desde 1789 até 1848, depois até 1917 e até o pós-1945, a história dos últimos dois séculos é marcada justamente pelas tensões revolucionárias, pelas rupturas que elas implicam e pelas exigências (de guinada em relação ao passado, de reconstrução *ab imis* da sociedade, de advento da "sociedade justa" – ou mais justa) que manifestam. É um movimento vasto e profundo, que atinge áreas geográficas, povos e culturas que se rediscutem, operam rupturas com as tradições, tendem à renovação radical; e são movimentos orientados de maneira diversa, ora políticos (como os fascismos, que nascem como solução *ad hoc* numa crise política), ora sociais (como as revoluções socialistas, de 1871 a 1917, ao pós--45), ora étnicos (como o "fundamentalismo" islâmico atual), ora tecnológicos (como ocorreu no Japão), ou entrelaçados entre si, mas que caracterizam em profundidade as sociedades contemporâneas.

Mas a contemporaneidade é também a época da industrialização, dos direitos, das massas e da democracia. A Revolução Industrial é outro fator determinante da sua identidade. A partir da Inglaterra do século XVIII, o nascimento do "sistema de fábrica", da produção em larga escala e de um mercado mundial veio marcar, às vezes mais às vezes menos, todos os países do globo, implicando também radicais mudanças sociais (o nascimento do proletariado, por exemplo), explosões demográficas, redistribuição da propriedade etc. Trata-se de um processo imenso que teve andamentos não lineares, mas fortemente diferenciados e que estruturou intimamente até o mundo político, reclamando estados autoritários nos locais em que a industrialização era tardia e se caracterizava como "salto" (pense-se na União Soviética, em particular). A época da industrialização é também a época de grandes migrações, de deslocamentos ideológicos, de lutas de classe duríssimas e frontais que o Estado não consegue (nem quer) conter e orientar. Tal processo tornou a contemporaneidade dramática, eriçada de lacerações, fez dela uma época inquieta e radicalmente conflituosa cujos custos humanos (de vidas humanas, de destinos de homens de carne e osso, de "ilusões perdidas", de expectativas irrealizadas etc.) foram altíssimos: uma época que se alimentou do *pathos* da tragédia.

Ao lado da industrialização e dos movimentos nas classes sociais que ela ativa, ao lado da consciência de classe que ela veio produzir, a contemporaneidade é também a época dos direitos, do seu reconhecimento teórico e da sua afirmação prática. São direitos do homem, do cidadão, da criança, da mulher, do trabalhador, depois das etnias, das minorias, dos animais e da natureza, num processo que desde 1789 se expande de modo concêntrico e não linear (mas com andamentos em ziguezague), para incluir aspectos cada vez mais amplos e também distantes do homem, para tutelar sua existência e especificidade. Estamos talvez diante do aspecto mais nobre, mais racional, mais iluminista até, da época moderna, que serve um pouco de contracanto e de correção para aquele *status* de tragédia que é típico da história contemporânea entre industrialização e revoluções. É o aspecto que, inclusive, faz da história contemporânea um *unicum* na história humana e em torno do qual se manifesta hoje o trabalho da própria história, indicando nele o seu sentido e o seu percurso (ou seja, o seu fim e os seus meios).

A contemporaneidade é também a época das massas, da manifestação delas como protagonistas da história, trazendo também suas próprias conotações de rebeldia, de superficialidade, de hedonismo, de espírito antiaristocrático, e encetando uma profunda tensão entre massas e elite que podemos reconhecer como uma das grandes infraestruturas da história contemporânea. De fato, as massas "se rebelam" (como sublinha Ortega y Gasset) para afirmar-se, para apropriar-se do poder ou para condicioná-lo (e, de fato, atingem tal objetivo), invadem assim a vida social, inundando-a com seu "espírito" utilitário e consumista, desprovido de qualquer espiritualidade *verdadeira*. Mas, para elas, a elite serve de contracanto: a elite do poder, as elites da cultura, além das do dinheiro (que não se afastam muito – pelo tipo de consciência e de cultura – da massa), que reelaboram um papel para as próprias elites, como vanguarda e como guia, mas também como continuidade da tradição, que freia e supera a iconoclastia das massas e da sua cultura. Assim, a contemporaneidade produz as massas, mas também os mecanismos para o seu controle, desde as ideologias até as associações, a propaganda, o uso do tempo livre, os meios de comunicação: e neste binômio dinâmico de massificação e de regulamentação das massas se exprime uma das características mais profundas, mais constantes do "tempo presente".

Enfim, a contemporaneidade é também a época da democracia, da retomada/atualização/expansão do modelo de organização política já executado na Atenas de Péricles, reativado depois na modernidade de forma burguesa: mais universal e mais ligada à economia, mas também ao *ethos* e à cidadania. O cidadão da democracia é o indivíduo burguês, que tem autonomia, opinião e bens, sendo, portanto, sujeito político com plenos direitos. Assim se configura a democracia na Inglaterra moderna, depois na França etc., seja na organização do Estado (com a divisão dos poderes, o direito de voto e a representação, os partidos etc.), seja na estruturação da vida social (com o respeito pelas minorias, com as liberdades liberais – de pensamento, de associação, de expressão –, com a participação através de grupos, clubes, *lobbies* etc.). Mas foram sobretudo os Estados Unidos da América – como sublinhou Tocqueville – que deram forma à democracia dos modernos, com a ativação de um forte espírito comunitário, mas também com o respeito pelas liberdades individuais e de grupo. De Jefferson a Dewey, Roosevelt e Kennedy, a história americana produziu o modelo mais denso de democracia, baseada na participação e no direito, embora não tenha removido seus limites econômicos (postos pelo capitalismo desenfreado e imperialista) e os seus riscos de intolerância e de domínio (o racismo e a política imperial).

Na contemporaneidade, entretanto, nasce um organismo político-social novo que reclama participação e responsabilidade social, civil e política por parte de todos, desenvolvendo também as possibilidades de igualdade entre os homens, ao realizar (pelo menos em teoria) a igualdade das oportunidades. Até mesmo as democracias populares dos países comunistas, nos seus aspectos teóricos mais avançados, limitavam-se apenas a assinalar estes aspectos progressistas, negando-os depois – e radicalmente – na prática: a democracia socialista era (ou queria ser) participativa e igualitária. Hoje, isso permanece, ainda, um desafio para o futuro: um caminho aberto da nossa história.

A contemporaneidade, justamente pelas transformações que opera nas sociedades, pela descentralização que a caracteriza (em relação ao exercício do poder no *Ancien Régime*: exercido pelo rei, dentro de um Estado que era "patrimônio" do soberano, controlado por uma burocracia centralizada), pelo pluralismo (de sujeitos sociais, de tradições, de interesses, de programas políticos etc.), pelas tensões que a atravessam etc. implica uma retomada cada vez mais central da educação, também em relação à Época Moderna. Nos anos Oitocentos e Novecentos a educação torna-se quase um centro de gravidade da vida social: o momento em que se organizam processos de conformação às normas coletivas, em que a cultura opera sua própria continuidade, em que os sujeitos superam sua própria particularidade (de indivíduos, de etnia, de classe) para integrar-se na coletividade, mas através do qual também recebem os instrumentos para inserir-se dinamicamente neste processo, solicitando soluções novas e mais abertas. Tanto as tensões revolucionárias quanto as transformações radicais da industrialização, tanto os processos de "rebelião das massas" quanto as instâncias de democracia promovem uma centralização da educação e um crescimento paralelo da pedagogia, que se tornam cada vez mais o núcleo mediador da vida social, onde se ativam tanto integrações quanto inovações, tanto processos de reequilíbrio social quanto processos de reconstrução mais avançada ou de ruptura. A educação/pedagogia – como bem viu Luhmann – veio ocupar um papel cada vez mais específico (de mediação e de reequilíbrio) no sistema social, articulando-se num subsistema igualmente plural e orgânico, disseminado no social, mas coordenado por uma reflexividade (por processos teóricos de interpretação e projeção) que garante sua funcionalidade, agindo segundo modelos adequados à sua fase histórica de desenvolvimento.

A contemporaneidade é também a época da educação e de uma educação social que dá substância ao político (enquanto a política é governo dos e sobre os cidadãos), mas que também se reelabora segundo um novo modelo teórico, que integra ciência e filosofia, experimentação e reflexão crítica, num jogo complexo e sutil.

2 EDUCAÇÃO E IDEOLOGIA

O papel social cada vez mais central que marcou a pedagogia na época contemporânea e que emergia da sua posição como mediadora nos processos sociais plurais e muitas vezes opostos, descentralizados etc., como já dissemos, que caracterizam esta época, manifestou-se antes de tudo como uma *estrita dependência da ideologia*, dos projetos de domínio, organização e transformação do mundo social, expressos pelas diversas classes sociais, pelos grupos culturais etc. Dependência de um lado, mas também construtividade do outro, já que realmente a pedagogia/educação se coloca como um momento no interior das ideologias, como uma etapa da sua fenomenologia, e vem a depender destas, recebendo conotações teóricas (orientações de valor, modelos de formação etc.) e colocações práticas (estratégias e táticas, operantes no tecido social e nos processos individuais de formação e instrução), porém também é produtora (reprodutora) e divulgadora de ideologia: melhor ainda – foi dito por Althusser, o filósofo marxista francês –, é o lugar da difusão social da ideologia, mediante, em particular, a instituição escolar e sua ação prolongada, que investe todos os sujeitos sociais. Se a sociedade moderna tem necessidade de ideologia e do jogo complexo das ideologias para garantir-se no seu pluralismo dinâmico sem perder em coesão e em organicidade, para garantir ao mesmo tempo liberdade de sujeitos, grupos, castas, classes, povos etc. e domínio orgânico sobre eles, então a dimensão pedagógica se torna não só central, mas também carregada desta vontade de coesão, de unificação social, mediante o papel de socialização que ela vem concretamente exercer e assumir como sua própria tarefa. Toda a pedagogia, por um lado, e a educação, por outro, na época contemporânea, são caracterizadas por essa forte simbiose com a ideologia. Este caráter ideológico estrutural da pedagogia, enfatizado no mundo moderno e, depois, sobretudo no contemporâneo, foi uma descoberta em particular do marxismo, que o impôs cada vez mais explicitamente no centro da reflexão teórica e histórica em pedagogia. Marx já tinha sublinhado que as "ideias dominantes" num determinado momento histórico são as "ideias das classes dominantes", ditadas pelos seus objetivos sociopolíticos, pelos seus interesses econômicos, pela sua visão do mundo. E que uma correta concepção da cultura deve reconduzi-la às suas raízes ideológico-raciais e compreender através delas tanto as suas estruturas como as suas articulações disciplinares, desde a arte até a ciência. De Marx em diante, até Althusser, até Topitsch ou Rossi Landi, efetuou-se uma reflexão em torno da ideologia, de seu estatuto e de sua função, que envolveu também – e não secundariamente – a pedagogia, na qual se sublinhou a dimensão reprodutiva, portanto central e funcional para a ordem da própria sociedade. A importância social da ideologia afirmou também a centralidade da pedagogia, que, do modo mais descoberto e mais orgânico, encarregou-se dos objetivos ideológicos de uma sociedade, na transmissão de conhecimentos, de comportamentos, de atitudes mentais (por exemplo: a produtividade como estilo de vida, individual e coletivo; a organização escolar dos conhecimentos que sublinha sua ordem hierárquica e, ainda, a função produtiva – como ocorre nas sociedades industriais). O marxismo – de modo até demasiado unívoco – sublinhou essa valência da pedagogia, essa estrutura que condiciona sua identidade contemporânea. Embora não seja o único: até mesmo o pensamento de Dewey ou o mais recente pensamento de Luhmann, o sociólogo alemão teórico de uma análise sistêmica das sociedades, deram indicações análogas.

Na pedagogia contemporânea, de Pestalozzi a Capponi, de Comte a Gentile, de Dewey a Luhmann, colocou-se como central a função política da pedagogia e a sua posição dentro do "nicho" da sociedade, em relação à qual ela age como síntese orgânica de perspectivas de valores, ou ainda como centro de rearticulação na própria sociedade, submetendo-a inclusive às revisões que tal processo de transmissão cultural sempre comporta. A função ideológica não é apenas reprodutiva, é crítico-reprodutiva; assim, atribui-se a este saber – é o que faz Dewey em particular – um papel projetado também (e sobretudo) sobre a inovação social e cultural. Ao mesmo tempo, os processos educativos também se conotaram de forma mais marcadamente ideológica: isso ocorreu na família (que – tornando-se cada vez mais família nuclear, privada, portanto, de um *ethos seu*, de uma cultura *sua*, como ocorria de certo modo nas famílias extensas, de tipo patriarcal – abriu-se à influência da sociedade, por meios de comunicação e pelo envolvimento de todos os seus membros na vida social), na escola (que – estatizada e tornada obrigatória para todos – caracterizou-se pelas finalidades sociopolíticas que a revestiram, às vezes mais, às vezes menos, mas de maneira constante), no tempo livre (cada vez mais subtraído aos ritos e usos comunitários, religiosos ou não, ligados aos ciclos sazonais, a festividades civis – para ser, pelo contrário, administrado por associações estatais ou econômicas ou sindicais etc. e, portanto, cada vez mais infiltrado de finalidades coletivas, de objetivos sociopolíticos, como o escotismo, as associações esportivas, os grupos paraescolares, as colônias de férias etc., que são bons exemplos pelo seu cruzamento entre diversão e conformação a modelos e valores).

O duplo processo de ideologização sofrido pela pedagogia teve como efeito também colocar no centro da reflexão sobre a educação a relação complexa, também ambígua e tensional, dismórfica e dialética, entre educação e sociedade, entre pedagogia e sociedade, entre escola e sociedade, que atravessou de maneira central, como aspecto tipificante, toda a teorização pedagógica dos últimos dois séculos, afirmando-se em particular com o marxismo, com o instrumentalismo pragmático deweyano e as reflexões sociológicas sobre a educação e o saber (de Durkheim a Weber e Luhmann). Foi trazida à luz a estreita dependência de toda teorização pedagógica, de todo projeto educativo, de todo sistema escolar de um *tipo* de sociedade, de seus fins e seus modelos de valores e de ação social, decantados e difundidos justamente através da pedagogia. Esta, porém, vinculando-se a tais modelos, irá reexaminá-los, reconstruí-los, reorganizá--los, mudando, matizando, combinando de maneira nova seus elementos e, sobretudo, mantendo viva, no momento da transmissão, sua releitura teórica, tal como se exprime tanto na pesquisa pedagógica quanto na instituição-escola, pelo papel que nela é atribuído à cultura.

O vínculo pedagogia-sociedade, justamente, aparece doravante como um dos grandes temas/problemas estruturais da pedagogia contemporânea, ligado ao seu profundo envolvimento social e político, bem como à relação com a ideologia que caracteriza tal envolvimento. É um problema ainda aberto, sobre o qual mesmo hoje se dão soluções bastante diferentes, oscilando entre modelos tecnocráticos e modelos emancipativos, que sublinham ora a funcionalidade da pedagogia-educação--escola à sociedade e ao seu desenvolvimento justamente funcional (e não aberto à mudança) – como pretende Luhmann –, ora a função crítica, emancipatória e transformadora (no sentido da inovação, regulada também por estímulos utópicos), que é própria da pedagogia, como saber social guiado pelo critério da libertação do homem, comum a todas as ciências humanas, mas aqui mais explícito e mais forte, como sublinhava Habermas.

Este forte vínculo com a ideologia produziu também uma politização cada vez mais nítida da pedagogia, que significa um entrelaçamento máximo com as teorizações políticas, com os grandes movimentos políticos, mas também com as estratégias e as táticas da política, comum a partidos, a programas, a alianças políticas etc. A pedagogia viveu em estreita simbiose com o político, tornando-se uma das "portas de entrada" do fazer política: esta, de fato, sempre implica também políticas (isto é, programas e intervenções) da educação, da instrução, da formação, que se distribuem em várias instituições (da escola às associações) que o "político" deve administrar e controlar. Daqui veio também aquele caráter de pedagogização que, cada vez mais, assumiu o labor político, destinado a difundir programas, a criar consenso, a persuadir e agregar ao projeto de hegemonia grupos ou faixas sociais ou sujeitos livres: era o que bem destacava Gramsci, nos seus *Cadernos do cárcere*, quando indicava como central no trabalho político progressista a hegemonia construída através do consenso, e do consenso intelectual em particular (construído difundindo uma visão do mundo que resulta mais madura e mais eficaz, em relação a outras mais arcaicas ou mais parciais, setoriais), reclamando uma ação pedagógica do partido que fosse orgânica e minuciosa, atingindo a escola, mas também a imprensa, a edição de livros, as academias etc., que fosse dirigida a todos os cidadãos e servisse para a construção do pressuposto para edificar o "bloco histórico" (a aliança de grupos e classes diferentes), ou seja, o fundamento social da própria hegemonia.

Para além das teorias, foram os totalitarismos do século xx que enfatizaram o vínculo pedagogia-política, operativamente (embora os próprios países democráticos tenham expresso exigências em parte análogas: considerem-se as observações sobre a sociedade americana e o seu conformismo expressas por Gramsci em *Americanismo e fordismo* ou as de Weber sobre a proximidade entre socialismo, industrialismo e democracias de massa em relação ao conceito de indivíduo) e de modo radical. No fascismo, no nazismo, no stalinismo, a pedagogia reduziu-se à *longa manus* da política sobre e na sociedade, a agente de conformação capilar e de consenso ora persuasivo, ora forçado, perdendo toda autonomia, toda função de controle ideal do sistema social e político e de projeção/experimentação (teórica) inovadora, toda abertura para o futuro. Naqueles regimes, manifestou-se plenamente uma possibilidade da ideologização da pedagogia que se operou na época contemporânea (poderíamos dizer a via negativa dessa pedagogia-ideologia), mas manifestou-se também o perigo sempre imanente a essa estreita simbiose, em torno da qual a própria pedagogia, com sua reflexão exercida de modo crítico e aberto, deve estar atenta, deve predispor antídotos (concepções alternativas, pluralismo de posições, legitimações da dissensão) e construir limites.

3 NOVOS SUJEITOS EDUCATIVOS

A contemporaneidade, sempre do ponto de vista social e em relação às características "de estrutura" que a atravessam, foi também uma fase marcada pelo crescimento (ou melhor, pela afirmação, pelo desenvolvimento, pela centralidade cada vez maior) de novos sujeitos da educação que, gradativamente, invadiram o campo da teoria, onde introduziram radicais mudanças. Estes novos sujeitos foram sobretudo três: a criança, a mulher, o deficiente. Seguidos depois – mas em épocas mais próximas de nós – pelas etnias e pelas minorias culturais. Tratava-se da afirmação de entidades empíricas e teóricas ignoradas por aquele *anthropos* que a pedagogia sempre (ou de Sócrates em diante) teve em mira: sujeito--mente e sujeito-consciência modelado sobre o indivíduo adulto, assexuado mas masculino, identificado segundo um padrão de normalidade e pertencente à cultura ocidental oficial (da maioria). A criança, a mulher, o deficiente, o estrangeiro romperam esse invólucro ideológico da pedagogia, mas também a sua unidade-unicidade, fazendo aparecer sujeitos diferenciados e teorias diversificadas, por interesses-guia, por estruturas ideais, por objetivos estratégicos que vieram a caracterizá-las.

Ariès, no seu estudo sobre *História social da família e da criança*, já mencionado, pôs em destaque a "descoberta da infância" efetuada já nos albores da Modernidade, entre o humanismo e o Renascimento, e desenvolvida nos séculos seguintes, pela família e o seu investimento afetivo sobre a criança, pela escola que se reorganiza segundo as necessidades e as capacidades das várias etapas da idade evolutiva, para chegar a invadir a sociedade e a cultura, entre os séculos XVIII e XIX, entre o sensacionismo e o sentimentalismo no Iluminismo, entre o culto das origens e a exaltação da fantasia no Romantismo. No curso do século XIX foram ora as ciências humanas, ora as instituições educativas burguesas que puseram cada vez mais no centro da pedagogia a criança, assumida na sua especificidade psicológica e na sua função social. A infância foi vista como uma idade radicalmente diferente em relação à adulta, submetida a um processo evolutivo complexo e conflituoso, emotivo e cognitivo, portadora, porém, de valores próprios e exemplares: da fantasia à igualdade, à comunicação. Assim, a criança tornou-se o sujeito educativo por excelência, reclamando uma rearticulação das instituições educativas, reclamando o "jardim-de-infância" ao lado da escola, porque é justamente na idade pré-escolar que se desenvolve o germe da personalidade humana.

A pedagogia tornou-se – depois de Rousseau – puericêntrica e viu no menino, como disse Montessori, "o pai do homem". Isso produziu uma teorização pedagógica cada vez mais atenta para o valor da infância, para a função antropológica que esta veio a exercer (de renovação do homem, reconduzindo-o para formas mais espontâneas, mais livres, mais originárias), para o papel dialético que ela *deve* exercer na sociedade do futuro (que deve libertar e não comprimir a infância); teorização que abarcou a psicanálise e o ativismo pedagógico nas suas várias formas; mas que atingiu também a literatura, o cinema, a publicidade (pense-se em Pascoli, Morante, e também nos filmes de Comencini). O século XX, em particular, foi realmente – como profetizava Ellen Key – o "século da criança", do seu conhecimento, do seu resgate, embora ainda restrito (a certas áreas do mundo, a certas classes sociais) e incompleto (a violência contra a infância é ainda amplamente – e tragicamente – generalizada).

As mulheres também, depois de milênios de subalternidade social e educativa, de exclusão da escola e da instrução, só na época contemporânea é que se afirmaram cada vez mais no centro da cena educativa. Já no século XVIII, de forma débil, depois no XIX, de maneira cada vez mais explícita e consciente, os problemas da educação feminina e da instrução das mulheres impuseram-se à atenção de toda a sociedade, embora com soluções diferentes, mais ou menos avançadas. A educação delineou-se como uma via de emancipação feminina buscando a paridade (com a masculina) e o reconhecimento de uma função-chave da mulher também na vida social; esse resgate educativo caracterizou-se pela reivindicação da instrução, de toda ordem e grau aberta também às mulheres, e como abertura de todas as instituições masculinas associativas e do tempo livre (referentes ao esporte ou ao compromisso civil), de modo a permitir uma integração completa das mulheres na vida social e sua socialização não subalterna. No curso dos últimos decênios também esse objetivo de emancipação e de paridade mostrou-se insuficiente para o papel histórico que as mulheres julgam hoje dever assumir, diante de uma cultura/civilização no masculino que está – objetivamente, isto é, através de seus efeitos empiricamente controláveis – entrando numa crise profunda e pondo "em xeque" os valores que até aqui a inspiraram e sustentaram (valores de violência, de prepotência, de domínio, mas também de produtividade, de eficiência, de desenvolvimento tecnológico). No lugar da emancipação como objetivo do resgate feminino entrou a "diferença" que, entre os muitos equívocos que suscitou – inclusive e sobretudo no campo educativo –, pôs ênfase sobre a autonomia do feminino e sobre os valores diferentes (e mais vitais, mais dialógicos em relação aos masculinos) que o inspiram. Projeta-se, assim, uma educação toda no feminino para as mulheres, que as separe do contexto masculino da sociedade e as mergulhe nos *seus* valores e nas *suas* práticas comunicativas, conduzindo-as à reconstrução da cultura, partindo de perspectivas radicalmente novas e autenticamente alternativas aos modelos em curso (masculinos) e agora em crise. Tudo isso manifesta como a ascensão social das mulheres produziu um profundíssimo embaralhamento das cartas educativas e pedagógicas, e a afirmação de um sujeito educativo que colocou problemas novos e novas soluções para as teorias e práticas da formação, mudando o horizonte da pedagogia contemporânea.

O deficiente – seja físico ou mental, retardado ou mutilado, leve ou grave –, já desde o século XVIII foi posto no centro de uma pedagogia da recuperação, que tem como objetivo a sua normalização (pelo menos a máxima possível) e como instrumento o reconhecimento de uma contiguidade/continuidade entre sentidos e mente, entre afinamento das capacidades sensoriais e desenvolvimento cognitivo. O caso do rapaz selvagem de Aveyron, tratado por Itard no início do século XIX, continua exemplar, apesar da impossibilidade da completa recuperação de Víctor (um rapaz de doze anos encontrado num bosque e criado por lobos) sobretudo em relação à linguagem. Depois, através de Séguin e de Maria Montessori, as técnicas de recuperação se aperfeiçoam, partindo sempre de um pressuposto de tipo sensorial (formar a mente através dos sentidos), para complicar-se entre os séculos xix e xx com as contribuições da psiquiatria infantil e da psicanálise, que ativam procedimentos bastante diversos de recuperação, de tipo interativo entre deficiente e terapeuta/professor, de tipo fortemente emotivo além de técnico-sensorial, ligado sobretudo ao jogo. Tudo isso, porém, permitiu uma reintegração do portador de deficiência no processo educativo e muitas vezes também nas instituições educativas e escolares, operando uma prática de não exclusão que é uma mola fundamental no sujeito deficiente para operar a recuperação. Nasceu, assim, uma pedagogia especial, ortofrênica e da recuperação, altamente especializada, mas também vinculada às grandes temáticas da pedagogia, sobre as quais lança muitas luzes (não só sobre a aprendizagem, mas também sobre a comunicação infantil, sobre o conhecimento das necessidades primárias da infância).

Em tempos bem mais recentes – com o colonialismo e, depois, sobretudo com a descolonização –, colocou-se também o problema do diálogo educativo entre etnias diferentes, entre culturas heterogêneas, entre mentalidades assimétricas. Colocou-se o problema de como aculturar povos ou grupos étnicos ou sociais supostamente inferiores, se é possível considerá-los inferiores, se o diálogo deve ser sobretudo um confronto, com os resultados de abertura recíproca que isso comporta. Esses aspectos todos vieram deslocar a pedagogia (isto é, a tradição ocidental com as suas certezas e as suas supremacias), obrigaram-na a repensar seus próprios objetivos e seus próprios valores, a estabelecer critérios de regulamentação dos discursos e das práticas mais compreensivos e, portanto, mais amplos e mais tolerantes. Iniciou-se assim uma fermentação bastante radical em pedagogia, solicitando uma reflexão comparada dos modelos educativos e o fim de sua – *a priori* rígida – hierarquização, para assumir, pelo contrário, critérios e objetivos de multiculturalismo, de diálogo reciprocamente hermenêutico entre as culturas e as mentalidades. Sem ofuscar, porém, as dificuldades, as tensões que produz, as incompreensões que gera, os fechamentos que tendem a marcar tal processo.

A emergência destes novos sujeitos fez toda a problemática educativo-
-pedagógica redistribuir-se, requalificar-se segundo perspectivas novas e
renovar-se profundamente. O despertar das marginalidades exige uma
ampliação da educação e uma reconstrução da teoria, implica a abertura
de uma nova fronteira e a identificação de novos itinerários e horizontes
da educação e da formação, delineia um novo desenho – mais variado,
menos homogêneo, mais conflituoso – da pedagogia, que é totalmente
novo, totalmente inédito historicamente. Ademais, o modelo unívoco/uni-
tário de pedagogia típico do Ocidente, modelo ideológico e hegemônico,
entra em crise: encontra-se deslocado por estas *outras* pedagogias para
outros sujeitos e deve, portanto, redescrever-se e reinterpretar-se em
profundidade, submeter-se a uma revisão radical, que é também uma
integração e uma renovação. O século xx especialmente produziu este
efeito de redistribuição e, ao mesmo tempo, de dissolução da pedagogia,
impelindo-a para saídas cada vez mais radicais, cada vez mais radicalmente críticas.

4 MITOS DA EDUCAÇÃO

Na época contemporânea afirmou-se e cresceu o "mito da educação".
Em razão justamente de sua centralidade política e social, a educação
foi vista como o fator-chave do desenvolvimento social, como o fulcro da
evolução da sociedade no seu conjunto, como o "lugar" em que se vem
estabelecer o intercâmbio social além de sua coesão. A educação colocou-
-se como substituta da política, como via para operar a construção do
homem moderno (indivíduo e cidadão ao mesmo tempo, autônomo e
socializado) e para realizar uma sociedade orgânica, mas na liberdade,
mediante livre colaboração de todos. Do século xvii até hoje, o "mito da
educação" impôs-se no centro da elaboração cultural, segundo muitas
perspectivas, mas confirmado (por mais de dois séculos) na sua presença
e na sua função. Com o Iluminismo, foi – em Rousseau, por exemplo – a
via para reorganizar a sociedade e, ao mesmo tempo para pôr o homem
(com a sua "natureza", com os seus direitos) no centro dela, restauran-
do uma verdadeira e profunda simbiose entre homem e sociedade. No
século xix, delinearam-se grandes opções desse mito: a democrática (à

maneira de Dewey), que vê a educação como o baricentro de toda a vida social e a mola de seu desenvolvimento; a socialista (à maneira de Marx), que sublinha a politicidade da educação e a sua dependência das classes em ascensão, mantendo assim uma função-chave na renovação social; a totalitária (à maneira de Hegel ou de Comte), que põe a educação como socialização integral que deve ocorrer de maneira conformista e adaptativa, destinada à integração dos indivíduos e à funcionalidade da sociedade. No século xx, enfim, esses diversos modelos encarnaram-se historicamente, dando lugar a uma dialética complexa que levou, porém, a um gradual enfraquecimento do "mito da educação", que se revelou também nos seus conteúdos mistificadores e autoritários. Mistificadores, porque existem limites para a ação educativa, objetivos e subjetivos; ela, portanto, "não pode tudo". Autoritários, porque tal centralidade da educação implica a valorização da convergência e da massificação. Entretanto, o mito foi constante e poderoso, alimentou reflexões teóricas e soluções práticas, invadiu diversas ideologias e deu ênfase à educação como estrutura e tarefa central da vida social, da ação histórica e política.

Esse grande mito encontrou sua afirmação máxima justamente no segundo pós-guerra do século xx: com a necessidade de renovação típica das sociedades europeias após a devastação bélica; com a afirmação também do "mito americano", que tem na educação, sobretudo na ideologia da educação, o seu próprio centro (todo indivíduo pode progredir na sociedade democrática, desde que seja um sujeito capaz de empenhar-se, de orientar-se na ascensão social, de valorizar-se na sociedade); com o início da Guerra Fria, que deslocava para a ideologia e para o terreno sociocultural o conflito Leste-Oeste (ou seja, EUA-URSS, capitalismo e coletivismo, democracia e socialismo); com a descolonização e as campanhas educativas no Terceiro Mundo desenvolvidas pela ONU e programadas também pela Unesco. Nisso tudo, um lugar certamente significativo, até mesmo generativo, assumiu o modelo-mito da sociedade educativa: a vontade de realizar um tipo de convivência social que satisfaça qualquer necessidade do indivíduo, desde a necessidade de liberdade até a de socialização, de criatividade e de comunicação, dando vida a uma comunidade gratificante, na qual a vida de um indivíduo possa realizar-se em todos os seus aspectos. Em tal sociedade-comunidade, a escola ocupa um lugar central, mas juntamente com muitos outros agentes formativos dirigidos às jovens gerações ou aos adultos e que absorvem todos num vínculo participativo que vai desde o corpo até o imaginário, realizando um indivíduo ao mesmo tempo livre e integrado. Estamos diante de um mito-utopia comunitário que agiu por muito tempo na pedagogia: de Rousseau a Fourier e Owen, de Tolstoi a Gramsci, de Dewey a Illich e os adeptos contemporâneos da não escolarização. E foi um mito profundamente propulsor, inovador, capaz de ativar críticas em relação às formas educativas existentes nas sociedades e, ao mesmo tempo, indicar metas para a projeção educativa, até ousadas, até mesmo ousadas demais, mas significativas e radicais.

O mito da sociedade educadora, ao lado do mito da educação, alimentou todo o rico e variegado intercâmbio posto em movimento na história contemporânea – no nível cultural, mas também político – entre pedagogia e sociedade, abrindo-o para soluções mais avançadas, mais ousadas e construtivas, mesmo se às vezes ambígua.

Outro grande mito, porém, dominou a educação contemporânea: o da infância, ligado à espontaneidade/naturalidade da infância e à sua posição como um dos modelos daquele homem novo, mais livre e mais genuíno, não repressivo e não autoritário, que é o projeto a que visa a educação nas sociedades atuais, democráticas e libertárias. O menino é o modelo deste homem livre e liberado, subtraído às manipulações da sociedade, restituído às suas verdadeiras necessidades e assumido em toda a gama das suas potencialidades (da fantasia ao riso, da aventura ao erotismo polimorfo). Este mito da infância foi muito forte, constante e articulado, até mesmo invasivo, no âmbito da contemporaneidade. Nascido no século XVIII em concomitância/alternativa ao mito do "bom selvagem", dilatou-se com Rousseau e o seu naturalismo educativo, com seu puericentrismo pedagógico, tornando-se um mito cultural com o romantismo e o seu apelo à experiência originária (sentimental e pré-social) e daí ramificando-se para a arte e a literatura, chegando até o cinema, atingindo a poesia e o romance, expressões artísticas e teorias estéticas, além de elaborações psicológicas e sociológicas (como Montessori, como Benjamin, teóricos de um menino como libertador do homem). Mas, no século XX, foram sobretudo a pedagogia e a psicanálise que afirmaram a generalidade/centralidade desse mito.

HISTÓRIA DA PEDAGOGIA 393

O puericentrismo pedagógico, entre a elaboração americana e a construção genebrina, entre Dewey e Claparède-Ferrière, passando pelos teóricos das "escolas novas" e os pedagogos-psicólogos (como Piaget, como Bovet) ou pedagogos-filósofos (como Lombardo Radice) ou mestres-experimentalistas (como Neill), afirmou-se como uma característica portante da pedagogia contemporânea, da qual o ativismo se fez intérprete de modo radical, explícito e orgânico. Em tal posição pedagógica, o mito da infância era assumido como eixo central, embora fosse reelaborado através de contribuições científicas e filosóficas, e reclamava da pedagogia uma total transformação, uma radical mudança de rota, de maneira a colocar-se a serviço da criança (que é o futuro e a esperança do homem, do homem novo) e não da sociedade. Tal mito atingiu, e de modo amplo, também as pedagogias revolucionárias: pense-se nos primeiros pedagogos soviéticos, no pré-stalinismo, de Lunaciarski a Vygotski, e suas referências à construção de um homem novo a partir das exigências e das características da infância, daquela criança que pode ser assumida como matriz (única) do homem e na qual este último deve ser reprojetado. Gramsci se opôs frontalmente a este mito, mas, justamente ao opor-se (para realizar uma pedagogia sociopolítica da emancipação e não psicoantropológica), reconhecia o valor e a força daquela tese.

A psicanálise, depois, divulgou e enfatizou o mito da infância e o repropôs como centro da ação pedagógica, destinada a liberar e não a conformar, a desconstruir, a deslocar o existente, suas formas e seus valores. Na criança, ela viu o verdadeiro protagonista da aventura humana em todas as suas contradições: a criança é o artífice (inconsciente) das raízes neuróticas do sujeito, mas é também a matriz do seu resgate, pelos vínculos mais estreitos que ela mantém com o inconsciente e suas pulsões. A criança é o informante do destino neurótico de todo sujeito, dos traumas sofridos, das derrotas suportadas etc., mas é também o símbolo do seu resgate, a "medida" do seu retorno às origens (ao inconsciente, à unidade de *eros/thanatos*, ao perverso-polimorfo etc.). Na psicanálise, o mito da infância enfatizou-se como chave mestra de uma visão do mundo, de uma cultura, colocando-se nela como diagnose de seus males e como sua terapia.

Nessa elaboração de mitos veio a delinear-se a função crítico-prospectiva assumida pela pedagogia, a sua tensão pós-ideológica que tende a subtraí-la às culturas do existente e a investi-la de uma tarefa de alternativa e ulterioridade em relação ao presente histórico, que se manifesta de forma muitas vezes radical. Não só: a presença dos mitos revela também que a pedagogia se alimenta de uma racionalidade muitas vezes convergente, mas muitas vezes também divergente, crítica, portadora de dissensão. Aqueles mitos de que se nutriu a pedagogia contemporânea têm muitas vezes um alcance utópico, uma função crítico-regulativa e prospectiva maximalista que é típica justamente da utopia. Aqueles mitos reconfirmam a cisão entre conformação e emancipação também na pedagogia contemporânea, radicalizando-a até os limites da projeção utópica.

5 INSTRUÇÃO E TRABALHO

A época contemporânea propôs também – em pedagogia – um face a face mais explícito e radical entre instrução e trabalho, que se afirmaram como momentos centrais da ação pedagógica e da projeção educativa. A instrução afirmou-se como direito universal e como tarefa social. O trabalho é bem verdade que se impôs como dever social, mas, antes ainda, como atividade específica do homem. As duas frentes se interligaram, mas dialeticamente, dando lugar a uma série de problemas que resultam típicos da contemporaneidade.

Ora foi o trabalho que se afirmou como elemento primário da formação ora isso ocorreu com a instrução, mas sempre se sublinhou uma estreita simbiose entre os dois elementos numa sociedade articulada e complexa, produtivamente avançada como a atual, onde os perfis formativos também devem assumir maior flexibilidade e possíveis alternativas, mesmo caracterizando-se segundo princípios relativamente unitários (que recuperem tanto o trabalho intelectual como o manual). Esse face a face não era ignorado pela pedagogia dos séculos anteriores ao XVIII, mas só na contemporaneidade é que ele se tornou um problema estrutural e urgente.

Comecemos pelo tema-problema do trabalho, que justamente a Revolução Industrial impôs à atenção da sociedade e dos processos educativos que ela foi elaborando. Mas que também o modelo de homem moderno, ativo e *faber*, envolvido no domínio/transformação da natureza para construir um *habitat* melhor para a sua espécie, impôs como elemento crucial do seu processo de formação. É verdade, porém, que essa estreita relação entre formação e trabalho manifestou-se segundo diversas perspectivas. Por um lado, impôs-se como aquisição de profissionalismos diversos e articulados, de modo a tornar possível a reprodução social, econômica, cultural, técnica. Por outro, afirmou-se como característica típica do homem como espécie que, no *operar*, atinge seu aspecto distintivo em relação às outras espécies animais e realiza a unidade dinâmica dos dois *bioi* (teórico e prático) que o caracterizam como homem. Por um terceiro lado, qualificou-se como uma integração dos *curricula* de instrução para os jovens e, portanto, como uma matéria de estudo que, por sua vez, está ligada ao desenvolvimento histórico da produção e do mercado de trabalho.

A educação veio se redesenhando sobre os perfis profissionais, colocou no centro a ótica do profissionalismo e a escola assumiu como sua essa tarefa social primária. Já desde o século XVIII, com a fundação de escolas especializadas (politécnicas, "normais" – isto é, para a formação de professores-profissionais) distantes da tradição humanística, orientadas para formar o perfil técnico de uma sociedade em que a divisão do trabalho se tornou sofisticada. Trata-se, em suma, de uma instância que percorre a pedagogia do século XIX (pense-se no positivismo) e as políticas escolares das nações mais avançadas, que ocupa o centro da reflexão sociológica sobre a educação de Marx a Comte e Weber, os quais teorizam – de várias maneiras – a finalidade profissional da instrução, que é, afinal, o momento crucial da educação. No século XX essa exigência difundiu-se, articulou-se, foi criticamente diferenciada e redefinida, até tomar consciência da assimetria que não pode deixar de existir entre formação técnica e mercado de trabalho, submetidos a lógicas diferentes (cognitivas as primeiras, produtivas as segundas) e a diferentes finalidades (postergadas pela formação, imediatas pela produção). Seja como for, o problema de uma relação entre escola e produção permaneceu no centro do debate, dramática e insistentemente, já que é um problema real e urgente tanto para a escola quanto para a sociedade. Simultaneamente, o pensamento pedagógico pôs em destaque que a atividade, a práxis, a transformação inteligente e voluntária da natureza é a característica mais específica (ou, pelo menos, uma das mais específicas) do homem. Já Hegel, na *Fenomenologia do espírito*, tinha posto o *operar* como elemento de passagem ao espírito objetivo, à cultura e à produção de saberes específicos e articulados. Depois Marx ou Dewey tinham rearticulado esse conceito, estendendo-o a toda a compreensão da história e à caracterização do sujeito, indicando-o como o *primum* (o fundamento, o conotado-base) da pedagogia. A pedagogia do século xx, entre ativismo e marxismo, antes da revolução cognitivista (que exalta, pelo contrário, a formação da mente como caracterizada pela lógica e pela ciência, numa escola que transmite saberes de modo orgânico, formalizado, rigoroso e que, portanto, instrui e, instruindo, forma), enfatizou esta "descoberta" antropológica, indicando, como sublinhou Gramsci, "um novo princípio educativo".

Assim, também os *curricula* foram submetidos a uma virada fundamental, dando espaço ao "fazer", ao "trabalho", ao "problema", rejeitando o intelectualismo e o formalismo tradicionais, a abstração culturalista da tradição escolar humanística. Tratou-se, sobretudo, de abrir espaço nas escolas para o trabalho, ora entendido como trabalho pedagógico (feito em classe, capaz de valorizar a habilidade manual do estudante, destinado a reunificar o pensamento e o fazer, não produtivo), ora como trabalho produtivo *tout court*, para ser exercido em locais específicos (oficinas) ligados à escola e capazes de introduzir nela uma fase que não é uma mera *bricolagem*, mas um trabalho real. Oscilações e contraposições, integrações e negações sucederam-se em torno deste problema, encetando uma revisão dos *curricula*, dos programas de estudo, bastante radical, como ocorreu no ativismo (um movimento mundial que, no século xx, até os anos 50, teorizou e experimentou modelos de "escolas novas" e uma reintegração entre pensamento e ação) ou no marxismo soviético (um movimento pedagógico que se desenvolveu sobre o modelo politécnico de escola e de instrução, teorizado por Marx, e conjugando formação cultural e trabalho produtivo em fábrica). Ambos os movimentos, de fato, postularam uma reintrodução da práxis, da atividade laborativa, na escola e na formação das jovens gerações, por mais difícil e também contraditória que possa delinear-se essa simbiose, mais desejada do que possível (como revela a autocrítica das teses marxistas elaborada sobre este ponto por Gramsci, que se refere ao trabalho como fator central de uma nova concepção do mundo, do qual a escola deve ser o centro propulsor e não como um trabalho de fábrica a começar na escola).

HISTÓRIA DA PEDAGOGIA   397

Hoje o tríplice problema levantado pelo vínculo instrução-trabalho tornou-se menos central, pela reação cognitivista que invadiu a pedagogia e a escola, ainda que – sobretudo no seu aspecto de conexão entre instrução e mercado de trabalho – continue a preocupar a pesquisa educativa. Hoje é a instrução, mais que o trabalho *tout court*, que se colocou no centro da pesquisa educativa e escolar. Formar as jovens gerações é, sobretudo, transmitir-lhes competências e comportamentos, é conformá-las a regras sociais que atingem, antes de tudo, as competências profissionais. O trabalho resulta, assim, deslocado na escola contemporânea, não é visto de modo algum como seu eixo central, embora se continue a debater o problema de um novo "eixo cultural" que deve organizar os saberes escolares e torná-los formativos (da mente e da personalidade). Eixo cultural que é cada vez mais nitidamente indicado na sofisticação dos conhecimentos, na sua compreensão epistêmica, e metaepistêmica, através de um controle lógico sistemático que sublinhe sua complexidade e estrutura regulativa, ligada ao "aprender a aprender", como nos recorda Luhmann. Hoje não só se assiste ao declínio, à obsolescência do trabalho como categoria-chave da pedagogia escolar e das teorias formativas, mas se assiste também a uma retomada da instrução em chave cognotivo-mentalista, culturalista e formalista, que se ativa pelas referências do estruturalismo ao primado do conhecimento e à sua estruturação lógica e epistemológica, bem como pelo princípio da cientificidade e, portanto, da tradição epistêmica das várias ciências. O retorno do princípio da instrução ao centro retoma de modo mais problemático a relação com o mundo do trabalho, indicando-o como ponto de saída (portanto, como externo) do processo de formação, e de modo algum como seu núcleo estrutural.

O que o século agora próximo do fim nos atribui como problema é um duplo legado: que o homem moderno enquanto tal é caracterizado também pelo *operar*, pela *práxis*, pelo "fazer", mas que tal característica não pode substituir – na sociedade complexa, no mundo burguês habitado por indivíduos especializados e socialmente diferenciados por competências e habilidades – o ainda mais central princípio da instrução, dos conhecimentos técnicos, de que depende a reprodução de um mercado de trabalho complicado e talvez também injusto nas suas diferenças, mas necessário e que se trata de regular e de dominar nas suas distorções e nas suas contradições, mas não de negar ou superar.

A herança do moderno é – em torno destes temas – problemática: ninguém tem a solução pronta no bolso, o problema é realmente duplo e aberto, as soluções correm sempre o risco de ser insuficientes. O importante é reconhecer o duplo legado, o problema aberto e continuar a interrogar-se – sem preconceitos e sem censuras – em torno deste tema crucial da contemporaneidade.

6 A ESCOLA E AS REFORMAS

Outra característica que atravessa a contemporaneidade pedagógica e que a marca profundamente é a renovação da organização escolar e a sua vocação reformista. A começar do século XVIII (também neste caso), a instituição escolar foi submetida a processos de revisão, de reprogramação, de reorganização setorial e global, tendo em vista uma maior funcionalidade social, ligada à convergência ideológica com o poder, mas sobretudo à eficiência em relação às necessidades produtivas e, portanto, técnicas da sociedade-nação-Estado. Tratou-se de renovar a escola a fim de torná-la funcional para a sociedade industrial, democrática, de massa etc., que se vinha configurando como o modelo contemporâneo e disseminado de sociedade. Tratou-se de atualizar a escola por organização-gestão, por programas, por modelos culturais a uma sociedade nova que se configurava como produtiva, pluralista, aberta.

Toda uma série de reestruturações que a escola sofreu no curso dos últimos dois séculos mostra esta "lei" de adequação à sociedade que a atravessa, tornando-a cada vez mais uma instituição central da vida social, à qual são delegadas tarefas de reprodução e de transmissão, mas também de seleção, isto é, de duplo filtro entre passado e futuro, entre conservação e mudança. A escola tornou-se *obrigatória* (pelo menos em certas ordens e graus), gratuita ou quase, *estatal* (com algumas exceções, mas que não chegam a anular o papel de controle por parte do Estado sobre todos os tipos de escola): são três aspectos que a colocam na sociedade atribuindo-lhe um papel essencial. Existe ainda o outro aspecto da diferenciação interna, dos muitos tipos de escola, que vem cobrir outra exigência: de reprodução da divisão do trabalho e de reconstrução de classes e grupos sociais.

A obrigação escolar foi uma característica central da legislação dos Estados modernos, a começar do século XVIII. Obrigação de frequência para todos os cidadãos, pelo menos no nível de escola popular, para atingir justamente aquelas qualidades típicas do cidadão moderno: sentir-se parte de um Estado, reconhecer suas leis, realizar a sua defesa ou a sua prosperidade. A escola elementar dá elementos cognitivos, mas também sociais: instrui socializando. O princípio da obrigatoriedade escolar tem uma complexa atuação nos vários Estados europeus, entre os quais a Itália (que a afirma como princípio em 1859 com a lei Casati, promulgada pelo Reino da Sardenha e estendida, depois dos anos 60, para toda a Itália, embora omita os problemas econômicos e sociais que devem ser resolvidos preliminarmente para tornar operante tal princípio; que amplia apenas em 1962 com a extensão da escola obrigatória até o 14º ano, mas que espera ainda para ser posteriormente estendido – ao 16º ano – e tornado realmente operativo em todas as partes do país), e pode ser considerado um princípio ainda incompleto. Entretanto, foi uma característica central da escola contemporânea, que a colocou a serviço da nação e a investiu de um papel emancipativo, delineando-a como um dos fatores da renovação social (pela alfabetização das massas, por uma aculturação que saía do âmbito do folclore e do religioso).

Também a gratuidade, já afirmada pelos teóricos mais radicais da instrução no século XVIII, foi um princípio que acompanhou o crescimento da escola, que a colocou a serviço de todos, que a tornou socialmente decisiva para operar um despertar das massas populares e uma verdadeira participação na vida econômica e política. A gratuidade da escola significa pagamento de taxas simbólicas ou isenção destas para receber, pelo contrário, subsídios e contribuições que são consignados às famílias para manter os filhos na escola (como fizeram, por exemplo, os Patronatos Escolares nos primeiros anos deste século na Itália, deslocando do público para o privado a obra de defesa do "direito ao estudo" ou à refeição escolar, que livrava as famílias pobres da obrigação de alimentar os filhos no período escolar).

Enfim, o estatismo da escola significa controle de toda a instrução por parte do Estado e gestão direta do setor (o público) mais importante. E o Estado se encarrega da escola para subtraí-la às influências de ideologias "parciais" da sociedade (étnicas, religiosas, de renda) e para aparelhá-la como "escola de todos", isto é, dos e para os cidadãos, sem ideologia e *super partes* (pelo menos em teoria). Estatismo significa também uniformidade geográfica e cultural da escola, sua gestão por uma burocracia controlável do centro e, portanto, submetida a uma lei uniforme e imparcial (ainda em teoria). O estatismo, é bem verdade, não livra das pressões ideológicas, das servidões políticas, das ingerências e das centralizações da burocracia (que significam também ineficiência e descontrole), de negligências e subalternidades (como ocorreu, exemplarmente, nos Estados totalitários), mas foi uma conquista da escola contemporânea que laicizou o ensino e o colocou ao abrigo de fideísmos e propagandismos, valorizou-o no seu aspecto crítico e racional (por meio dos controles, através dos programas, através da política de recrutamento do pessoal).

Complementar a estes aspectos de homologação e centralização é a diferenciação, isto é, a articulação da escola em âmbitos e setores culturalmente diferentes, além de cronologicamente dispostos, de modo a dar às diversas classes ou grupos sociais a escola mais adaptada às suas exigências, mas também de modo a permitir passagens e prosseguimentos de estudos de um tipo de escola para outro, oferecendo um trampolim para a mobilidade social, pelo menos em princípio. O caso italiano é, sob este aspecto, exemplar. Até a época giolittiana, a escola da Itália unificada procura favorecer essa diferenciação, mas também esse dinamismo interno (como a passagem da orientação técnica para a universidade, e não só através dos liceus), ao passo que, com a reforma idealístico- -fascista de 1923, a escola viu-se bloqueada numa estrutura "em degraus" que só no fim dos anos 60 foi colocada radicalmente em discussão com a liberação do acesso universitário (embora tal disposição depois resultasse igualitária e progressista apenas no papel).

Ao lado dessas características de estrutura delineia-se na escola contemporânea também outro elemento, ligado ao reformismo, à inquietação que marcou a escola nos últimos séculos, submetida a uma "neurose de mudança", a uma insatisfação contínua, a um projeto constantemente renovado. Será que se trata de uma característica positiva ou negativa, que marcaria uma "escola à deriva" ou uma instituição imersa numa sociedade em transformação? Um pouco as duas coisas. Tratou-se de uma vontade de acertar as contas com a tradição ilustre da escola moderna e da sua cultura, para torná-la mais ágil e adaptada a sociedades de massa e democráticas (ou, pelo menos, tendentes a tal) e mais em sintonia com a cultura crítica da contemporaneidade, que veio rediscutindo muitos – se não todos – princípios da cultura ocidental e da sua tradição (da recusa do fazer ao intelectualismo, ao humanismo, ao autoritarismo etc.). Mas tratou--se também de "reconciliar escola e sociedade", em particular com uma sociedade em transformação, de modo a tornar cada vez mais móvel a escola; sob pena de torná-la (às vezes) incerta e submetida a contínuas mudanças, que, porém – como já destacava Gabelli no século passado –, nascem de uma mudança de fundo da instituição escolar, doravante toda imersa nos processos de modernização.

A escola contemporânea, tão entrelaçada com o político, tão imersa no social, corre o risco também de ser submetida a uma espécie de "duplo regime" teórico, de duplo ideal ou modelo: de instituição técnica e profissionalizante, que age, como destaca Luhmann, qual um subsistema social, que no sistema da sociedade desenvolve um papel essencial e constante (de reprodução da força de trabalho e da seleção); de instituição formativa e cultural, que promove o crescimento intelectual, moral e social do indivíduo, torna-o partícipe dos valores culturais, mergulha-o naquele "terceiro mundo" que serve para emancipá-lo da sua contingência histórica e social e introduzi-lo no "reino do espírito". São duas finalidades e duas funções que a escola contemporânea entrelaça sem conseguir harmonizá-las e que constituem – no seu dualismo – um dos elementos de problematicidade mais radical da escola contemporânea (ao lado daquele – paralelo – da oposição entre ideologização e autonomia, da dependência do político e da autonomia formativa e crítica).

Com tudo isso, porém, a escola assumiu um papel cada vez mais determinante na vida social e na organização política contemporânea, um papel de rearticulação e de fortalecimento da vida coletiva. Trata-se de uma centralidade que se ampliou com as transformações ocorridas na família e no Estado, além da sociedade civil, ligada também à necessidade de dar vida àquele homem-cidadão que é, de certo modo, a meta e o desafio do mundo moderno e que só pode nascer dentro de um lugar em que o social e o cultural, o político e o espiritual convivam, nem que seja dinamicamente, num equilíbrio precário e aberto, mas que evidencia sua centralidade e estruturalidade.

7 O SABER PEDAGÓGICO: CIÊNCIA, POLÍTICA E FILOSOFIA

O próprio saber pedagógico da época contemporânea sofreu uma série de transformações radicais. Antes de tudo: emancipou-se de maneira clara, cada vez mais clara, da metafísica. Segundo: articulou-se em torno de uma série cada vez mais ampla e complexa de conhecimentos científicos. Terceiro: caracterizou-se como regulado no próprio interior de uma reflexão filosófica que de unívoca e totalizante se tornou regional no "discurso pedagógico", do qual ocupa apenas uma parte, embora importante e irrecusável. Quarto: revelou-se como fortemente interligado com o político, com o ideológico, como já destacamos. Quinto: assumiu o aspecto de um saber plural, conflituoso, assimétrico no seu próprio interior (entre filosofia e ciência, entre teoria e práxis).

Trata-se, entretanto, de um processo amplo que produziu mudanças igualmente amplas e que ainda está em curso e, portanto, instável nos equilíbrios atingidos. Hoje, por exemplo, perfila-se como central um equilíbrio crítico entre ciência e filosofia, entre teoria e práxis, exercido em particular por perspectivas de pensamento hermenêutico que aparece como a forma de teoria mais adequada (enquanto contextualização, enquanto interpretativa) para organizar e regular um saber dismórfico e largamente entrelaçado com a sociedade e com a história, e também com o sujeito (do qual pretende iluminar os processos formativos e as metas a atingir). Todavia, esse modelo hermenêutico-crítico do saber pedagógico que relaciona práxis e teoria, história e método, ciência e filosofia, que é considerado, por muitos, um modelo mais maduro e que nos remete uma imagem do saber educativo dinâmica, complexa e orgânica, poderia ser (e será) apenas uma etapa na rica transformação contemporânea da pedagogia, ainda que importante e central. Como já dissemos, trata-se de fato de um saber em devenir, em desenvolvimento-crescimento e ainda em profunda transformação.

Quanto ao declínio do modelo metafísico da pedagogia – modelo antiquíssimo, já presente em Platão e predominante até o século XVII e além, que se fundava no primado da filosofia especulativa como conhecimento da substância do real e como elaboração, sobre aquela base metafísica (unitária e invariante), de modelos de homem, de cultura e de sociedade (e, portanto, de formação) considerados universais e meta-históricos, dos quais a pedagogia como técnica e práxis devia ser a aplicação –, ele tinha começado entre os séculos XVII e XVIII, com Locke, aumentando depois com Rousseau e Kant, com o romantismo e o positivismo, para expandir-se no nosso século, onde permaneceu como apanágio de posições que não eram de vanguarda, embora combativas e rigorosas (como o idealismo, como muito pensamento católico, neoescolástico ou espiritualístico). A centralidade da especulação filosófica como guia da pedagogia foi substituída no pensamento contemporâneo pela centralidade da ciência, e de uma ciência autônoma, cada vez mais autônoma em relação à Filosofia. Melhor: em pedagogia, a referência à ciência manifestou-se como referência a uma série de ciências, cada vez mais ricas na sua articulação; cada vez mais entrecortadas, de modo a dar uma imagem do saber científico em pedagogia bastante fragmentado, inquieto e problemático. Foram a Psicologia (com seus aspectos de enquete cognitiva, de sondagem sobre a afetividade, sobre processos de aprendizagem etc.), a sociologia (com os destaques em torno da socialização do sujeito, as dinâmicas de grupo, o papel social das instituições educativas etc.) a Antropologia (com as comparações entre os diversos modelos formativos, com as sondagens sobre o vínculo entre desenvolvimento cognitivo, linguagem e vida social etc.), depois a Psicanálise, a estatística, a Biologia e até ciências ainda mais recentes como a Cibernética etc., que delinearam um novo horizonte no saber pedagógico, para ancorá-lo, por um lado, a processos experimentais e analíticos, e, por outro, a modelos em contínuo desenvolvimento, em contínua transformação, reclamando uma "pesquisa educativa" em estreito contato com as ciências, aberta a contínuas revisões e reprogramações. Podemos dizer que, desde os anos 60, pelo menos, a Pedagogia tornou-se pesquisa educativa desenvolvida dentro das ciências da educação e à qual é delegada a tarefa de fixar modelos e estratégias da formação.

Todavia, o espaço da Filosofia não desapareceu absolutamente: redistribuiu-se, concentrou-se, especializou-se, mas permaneceu central, até mesmo confirmou-se, nos últimos anos, como cada vez mais central. A ela é delegada a reflexão em torno do rigor epistêmico da Pedagogia, o seu autocontrole como discurso, e também a escolha-decisão (histórica: operada num determinado tempo histórico-social) de valores, de fins que devem inspirar toda a caracterização da Pedagogia (teórica e prática) ou todo o seu trabalho de pesquisa dentro das ciências da educação (das quais deve organizar tipologias formativas e processos de formação) que, porém, deve ser dirigido para objetivos político-culturais e/ou político--sociais como podem ser delineados – de modo racional: livre e rigoroso – apenas pela Filosofia. E por uma filosofia que não é herdeira da metafísica, de caráter especulativo (fundativo e abstrato), porém empírico e crítico, próximo da experiência e capaz de analisá-la, de investi-la de dúvidas, de submetê-la a quesitos, segundo um *iter* radical, que aspira a tornar-se cada vez mais radical.

Assim, também o político, que é um elemento central e irrecusável na pedagogia moderna, é submetido a uma revisão, a um controle racional (isto é, crítico), e é a filosofia que exerce esse controle, removendo a potência e a autoridade da ideologia, desmascarando suas posições partidárias, as implicações sociais e, portanto, a não universalidade que resulta – num saber que tende a tornar-se universalmente emancipativo, capaz de administrar a libertação de todos – num limite, até num erro. O desmascaramento e a desideologização tornaram-se na pedagogia contemporânea (do estruturalismo de Foucault ao marxismo de Althusser, à hermenêutica de Ricoeur ou de Derrida) uma tarefa e uma meta central, para devolver aquele saber a um controle crítico mais total e radical. E a desideologização pode ser operada por muitas vias, mediante a genealogia, a arqueologia ou a crítica da ideologia, procedimentos que mostram de modo eficaz a presença de interesses e perspectivas sociais dentro da elaboração da teoria, e, assim fazendo, tendem a removê-la, a deslegitimá-la e imputá-la como falsificação e erro.

É certo, porém, que, entre antimetafísica, entre "ciências da educação", entre elaboração filosófico-crítica e desideologização, o saber pedagógico foi mudando de feição. Tornou-se um saber não linear e bastante complexo no seu próprio interior, dotado de estatuto lógico plural e, portanto, instável e também incerto, controlável por meio de processos múltiplos e não unívocos: um saber cuja organicidade deve ser conquistada passo a passo, que deve ser mantida aberta e *sub judice*; portanto um saber "difícil" e por isso também atravessado por dogmatismos de retorno, ou metafísicos ou tecnológicos, que tendem a emancipá-lo desta condição de problematicidade endêmica, de precariedade, mas assim fazendo acabam por reduzir sua riqueza/complexidade e por traí-lo na sua "essência" moderna: saber aberto sobre as práxis formativas e capaz de iluminá-las criticamente, sem ir à procura de objetivos *für ewig* ou "eternos" e de certezas *ne varientur.*

Viver essa precariedade, essa descontinuidade interna é difícil e não é isso, de fato, que esse saber faz, mas o faz também sem muita angústia e com bons resultados de eficiência reflexiva e operativa. E é isso que vem fazendo com ousadia e com equilíbrio há mais de trinta anos, isto é, pelo menos desde quando teve início aquela revolução que o caracterizou como saber-limite das ciências humanas (teórico + técnico + político) e como um saber forte da sociedade contemporânea.

CAPÍTULO II

O SÉCULO XIX: O SÉCULO DA PEDAGOGIA. CONFLITOS IDEOLÓGICOS, MODELOS FORMATIVOS, SABERES DA EDUCAÇÃO

1 BURGUESIA E POVO: ENTRE IDEOLOGIAS PEDAGÓGICAS E CONFLITOS EDUCATIVOS

Se o século XIX aparece como o século do "triunfo da burguesia", também foi o do "grande medo" burguês, do temor pelo "espectro" do socialismo-comunismo (como lembrou Marx), um século, portanto, caracterizado por uma frontal oposição/luta de classes, que investiu as ideologias, as políticas e a própria cultura, além da economia e da vida social. Isso produziu também uma ideologização mais radical (em relação ao passado) da pedagogia e da educação, que se afirmaram como setores-chave do controle social e, portanto, do projeto político e da própria gestão do poder (social e político). Pela difusão da indústria e da renovação econômica e social que essa difusão comporta, foi se determinando na Europa e na América do Norte, com apêndices também na Ásia e na América do Sul, um processo de mobilização social que tornou mais articulado o perfil das burguesias, desenvolvendo seus diversos grupos, desde o empresarial e das profissões liberais até o comercial e o burocrático dos altos

408 FRANCO CAMBI

cargos, além da pequena burguesia do artesanato e dos cargos executivos, diferentes pela renda e pela tradição, mas agrupados por aspirações e por alguns aspectos do estilo de vida, e sobretudo por uma nítida separação em relação ao povo. Entretanto, este último também não se revela nada homogêneo no seu interior: dividido entre artesanato e indústria, entre cidade e campo, entre norte e sul, entre povo e plebe, entre proletariado e subproletariado. O povo, portanto, mostra-se ainda mais fracionado e heterogêneo que os grupos burgueses, já que dividido entre consciente ou não da sua própria exploração e entre a possibilidade ou não de um resgate econômico e político.

Ao norte, a oeste e nas áreas urbanas da Europa, as burguesias eram mais articuladas, mas o povo também o era; mais dinâmica era a situação social, mais aberta a instâncias revolucionárias era a consciência de classe. Ao sul, a leste e nas áreas agrícolas, a situação social apresentava-se mais firme, embora atravessada por muitas fermentações. Na segunda metade do século, estas oposições sociais irão se clareando cada vez mais, com a afirmação do socialismo carregando a sociedade burguesa de um forte conflito de classe, que tende a tornar-se – embora não em toda parte – cada vez mais radical e frontal e cada vez mais extenso.

Numa sociedade socialmente tão lacerada, econômica e politicamente em grande transformação, conotada por uma fortíssima taxa ideológica na cultura, nos saberes e nas artes, na qual velho e novo, tradição e revolução convivem tão íntima e dramaticamente, um papel essencial é reconhecido – pelas diversas frentes sociais e ideológicas – ao compromisso educativo: para as burguesias, trata-se de perpetuar o próprio domínio técnico e sociopolítico mediante a formação de figuras profissionais capazes e impregnadas de "espírito burguês", de desejo de ordem e de espírito produtivo; para o povo, de operar uma emancipação das classes inferiores mediante a difusão da educação, isto é, mediante a libertação da mente e da consciência para chegar à libertação política. As burguesias têm frequentemente uma visão paternalista da educação: o povo deve ser educado para evitar desordens sociais, formando-se pelos valores burgueses da laboriosidade, da poupança, do sacrifício. Mas existem também na própria burguesia pedagogos que visam à emancipação do povo, seus direitos sociais e políticos, entre os quais o da instrução, assim como o da educação (em idade infantil, em condições higiênicas melhores, em instituições não degradadas etc.), que não podem ser esquecidos. As pedagogias burguesas são realmente diferenciadas entre si em relação à emancipação do povo, mas não superam, em geral, o objetivo de salvaguardar sobretudo a ordem social e o crescimento de uma sociedade colaborativa e pacífica no seu interior. Assim, também no terreno das pedagogias populares vai-se desde as reformistas até as revolucionárias (e este será um dualismo que percorrerá a elaboração teórica e sociopolítica, histórica, do socialismo), desde as que visam a uma emancipação como integração (na sociedade burguesa) das classes populares, agora mais conscientes de seu papel e com suas condições de vida melhoradas, até as que reclamam, pelo contrário, uma revolução da ordem burguesa, uma tomada do poder por parte dos proletários guiados pelas "aristocracias operárias". Temos, então, diversos modelos de pedagogia com alta taxa social e política, com orientações diversas, mais ou menos conservadores e mais ou menos progressistas e revolucionários, mas sempre fortemente ideologizados.

Essa ideologização da pedagogia é notada em todas as grandes correntes e fases da pedagogia oitocentista: desde aquela mais propriamente romântica na Alemanha até aquela da Restauração europeia, desde a positivista até aquela ligada ao socialismo. Já em Pestalozzi podemos colher o vínculo estreitíssimo entre pedagogia e sociedade através da disciplina e do trabalho, mas também a formação do homem vista como exercício da liberdade e da participação na vida coletiva, econômica e social. É na liberdade que Pestalozzi (como depois Fichte e Fröbel) indica a função sociopolítica e portanto ideológica da educação: a ação que deve emancipar integrando, tornando o sujeito partícipe e responsável na nova sociedade a caminho, industrial e liberal. O pensamento alemão – herdeiro do *Sturm und Drang* – torna-se intérprete dessa ideologia da liberdade, ainda que de maneiras diversas, também em Hegel (cuja *Fenomenologia do espírito* é um itinerário pedagógico, governado pelo alvo da liberação operada como autoconsciência filosófica), também em Herbart (cuja pedagogia visa a uma formação individual elaborada segundo um modelo de homem livre, crítico e responsável) ou em Marx, sobretudo no jovem Marx (no qual a educação é desalienação e reconquista – na liberdade – da onilateralidade humana por parte de cada homem). Agem nesta pedagogia modelos bem diferentes de liberdade, mas todos inscritos naquele horizonte de ideal de liberdade, que se não era propriamente uma religião, como queria Croce, era, em todo caso, uma força comum, uma "estrela de incomparável fulgor". E liberdade "era [palavra] pronunciada pelas jovens gerações com o acento comovido de quem acabou de descobrir um conceito de importância vital, esclarecedor do passado e do presente, guia do futuro", também em pedagogia (Croce).

Nos outros países europeus – até 1848 –, a tensão romântica em relação à liberdade, a ideologia da liberdade, agiu de maneira um pouco diferente da ocorrida na Alemanha: prevaleceram ideologias da Restauração, de retorno a uma ordem social considerada natural e invariante, à qual a própria educação devia dar estabilidade (fosse tal ordem tradicional, como nos teóricos da Restauração católica, até Rosmini, por aberto que se revele a instâncias liberais, fosse de tipo novo, industrial-progressista, mas orgânico, à maneira de Comte), que se opuseram às pedagogias abertas a instâncias liberais ou democráticas (de modo espiritualista, à Lambruschini, de modo sociopolítico, à Cattaneo, ou de modo religioso-laico, à Mazzini), estabelecendo um forte contraste de posições ou procurando mesclá-las para operar modelos novos e cautamente liberais de educação (como ocorre, para permanecer na Itália, com Capponi). Ideologias da Restauração e ideologias da liberdade se contrastam, se conjugam ou se entrelaçam em toda a Europa romântica, alimentando um debate intenso e articulado que recoloca, porém, a educação no centro do projeto político, pondo-a frequentemente como complementar (ou sucedânea, às vezes) da própria política.

Entre positivismo e socialismo, a ideologização da pedagogia torna-se ainda mais forte e, sobretudo, mais explícita. No positivismo, ela é um momento da sociologia, que atravessa sua estática e sua dinâmica e tende a conformar (a socializar, dirá Durkheim) o homem segundo necessidades e modelos expressamente sociais, isto é, funcionais para a identidade/equilíbrio de uma determinada sociedade. De Comte a Durkheim, o advento de uma sociedade "positiva" implica, como central, o papel da educação, que socializa, conforma, integra e torna o sujeito socialmente produtivo, enquanto regulado – *in interiore homine* – por aquele cosmo de valores sociais próprios do novo modelo político-ideológico (e econômico e ético): a participação e a produtividade. No socialismo, não só cada pedagogia é desmascarada (isto é, criticamente reconhecida) como ideologia, mas assume como guia a ideologia (suposta como pós-ideológica, posto que científica, isto é, amadurecida através da crítica da ideologia) da sociedade liberada, caracterizada pelo homem liberado, enquanto se realiza através do trabalho liberado e reconstrói a própria convivência social (em economia, em política, na sociedade civil) segundo o modelo (utópico, é bem verdade, mas que agora é possível fazer chegar à realidade) da comunidade. Por muitas vias, de Fourier a Marx, de Engels a Bernstein e Labriola, o socialismo conjuga a pedagogia à ideologia da liberdade, mas entendendo-a como liberação/emancipação, como superação dos limites históricos da formação humana e sua potencialização para todos numa sociedade sem divisão de classes e sem trabalho alienado. Nos anarquistas – que, cumpre lembrar, são um componente profundo e ativo do próprio socialismo –, a referência a uma educação/pedagogia fortemente ideologizada no sentido libertário (isto é, que exalta a liberdade tanto como fim quanto como meio, e a assume sem restrição alguma, colocando-a no indivíduo, antes que na sociedade, ao contrário do que quer o socialismo) é central e evidente.

Assim, toda a pedagogia oitocentista é animada (e entremeada) por processos fortes e constantes de ideologização. Estamos diante de teorias da formação que têm uma decidida e palpável espessura política, uma valência política explícita (com muita frequência) e um vínculo com as ideologias fortes do século. Tudo isso emerge também da renovada e aumentada centralidade social da educação, à qual são delegadas tarefas de repacificação social entre as classes e os grupos, homologando-os com valores uniformes e comportamentos comuns (aprendidos na escola, por exemplo, ou através da propaganda por meio de livros, espetáculos, discursos, cerimônias etc.), como também tarefas de formação social e de integração produtiva. Essas características tornam a educação socialmente crucial, quase como o meio soberano para promover uma sociedade equilibrada e orgânica, aberta para operar um constante progresso entendido como desenvolvimento racional e como unificação da coletividade, como nos desejos da ideologia burguesa progressista. Mas, também para os grupos conservadores, a educação é essencial: só ela pode – com a repressão policial ou outro meio – frear a desordem social, agindo paternalisticamente junto ao povo e integrando-o, por vezes, na cultura-ideologia burguesa (do trabalho e da poupança, do sacrifício e da colaboração social). É a referência que ocorre, por exemplo, na *Rerum novarum* de Leão XIII, inserindo também instâncias autenticamente progressistas, que visam às condições do trabalhador, seus direitos e seus deveres, aos deveres dos empregadores, tendo em vista uma sociedade interclassista capaz de trabalhar inteiramente para o bem comum.

É certo que o vínculo pedagogia-sociedade ou pedagogia-ideologia/política não chega a cobrir toda a pedagogia oitocentista, embora se coloque como o vetor-chave, em torno do qual o debate foi mais amplo e as soluções mais articuladas. Outros aspectos da educação e da pedagogia também foram desenvolvidos (e em profundidade) pela pedagogia oitocentista: aspectos que se colocam sobre vertentes mais técnicas ou mais filosóficas do "fazer pedagogia" (ou educação). Quatro, em particular, devem ser bem sublinhados: 1. a reflexão em torno da *Bildung*, que atravessa todo o século, especialmente na pedagogia alemã, e que tende a reformular, de modo crítico e segundo valências também utópicas, o modelo de formação, humana e cultural, visando sobretudo à harmonia do sujeito, à sua liberdade-equilíbrio interior, à sua riqueza de formas (isto é, de experiências espirituais); estamos diante de uma pedagogia bastante crítica em relação às ideologias e às estruturas da sociedade moderna, profundamente alimentada pela nostalgia do clássico, mas também impregnada do ideal de liberdade como liberação e autonomia, que contrapõe ao cidadão e ao *Homo faber* contemporâneo a utopia da "alma bela"; 2. a atenção prestada à função educativa da arte, iniciada pelos românticos e retomada nos sistemas filosóficos de Schelling ou de Schopenhauer ou na práxis educativa de um Fröbel ou de um Richter, mas que continua a atuar em todo o século, também em Herbart e em alguns autores do positivismo (pense-se em Corrado Ricci e a sua revalorização do desenho infantil). Através da arte se reforça a fantasia, desenvolvem-se as capacidades cognitivas, enriquece-se a personalidade da criança e do jovem; arte que na infância é sobretudo jogo e que deve ser colocada no centro da atividade nos "jardins da infância", mas também na escola elementar; estamos diante de uma solicitação educativa típica da cultura romântica e que daí se difunde para a pedagogia-educação de todo o século, mantendo uma significativa centralidade: que valoriza a criatividade, que reforça a liberdade da mente; 3. a importância assumida pela epistemologia, ou seja, por uma fundação rigorosa da pedagogia como saber, ligada aos estatutos da cientificidade elaborados em disciplinas mais avançadas (como as ciências naturais e a sociologia, como as ciências do espírito); trata-se de fazer este estatuto ser assumido também pela pedagogia, reorganizando seu discurso pelo uso de um método mais rigoroso, mais controlado, mais consciente das especificidades – lógicas – do discurso pedagógico; já com Herbart e com o herbartismo, depois com o positivismo, em particular, essa exigência da pedagogia contemporânea é posta bem em foco; embora através de modelos diversos – crítico-filosófico o primeiro, científico-experimental o segundo; desse modo, porém, inicia-se uma reflexão que terá enorme importância e difusão justamente no século XX, que trabalhará longamente em torno da função e do modelo (dos modelos) da epistemologia pedagógica; 4. a reorganização *técnica* (isto é, relativa à própria funcionalidade e à própria articulação, também ela funcional) da escola, daquela instituição educativa que se tornou cada vez mais central na vida contemporânea; trata-se de uma organização que requalificou sua função e seu perfil, reunindo finalidades políticas e estruturas curriculares, delineando uma estrutura de tipo arbóreo que veio abranger cada âmbito das necessidades sociais de profissionalismo e de conformação ideológica; nesse processo, porém, a escola foi se delineando como um organismo técnico, dotado de fins e de estruturas próprias, dotado também de continuidade e de "inércia" na sociedade em que trabalha para manter vivos os vínculos com o passado e a herança cultural. No curso do século XX, o esforço para realizar uma escola eficaz numa sociedade em crescimento e transformação foi realmente enorme, em relação a aspectos políticos e normativo-jurídicos e a aspectos didáticos, operando assim uma coordenação bastante profunda em toda a instituição-escola e uma colocação social cada vez mais articulada e mais essencial.

Portanto, a ideologia é apenas o aspecto mais forte, mais incisivo e aparente da pedagogia oitocentista, mas também outras contribuições – nada secundárias – foram por ela elaboradas com relação a vários aspectos da educação, deixadas como herança para o século seguinte. Com tudo isso, podemos bem compreender por que o século XIX pode ser definido como o "século da pedagogia" (muito mais que o século XVIII, que operou uma virada decisiva nos estudos pedagógicos e nos processos educativos): um século que, com o advento da sociedade de massa e com a afirmação do industrialismo, viu-se diante do problema da conformação a novos modelos de comportamento de novas classes sociais, de povos, de grupos, realizáveis apenas através da educação, mas uma educação nova (organizada de forma nova) regulada por teorias novas, por uma pedagogia consciente do desafio a que ela deve responder. Um século bastante rico em modelos formativos, em teorizações pedagógicas, em compromisso educativo e reformismo escolar, em vista justamente de um crescimento social a realizar-se da maneira menos conflituosa possível e da forma mais geral. É certo, porém, que este compromisso político-social da pedagogia não será inteiramente realizado, pelos conflitos entre forças sociais diferentes e seus modelos educativos que se ativarão no curso do século e que alimentarão, todavia, a riqueza e a criatividade da pedagogia, a sua intensa participação no complexo e contraditório desenvolvimento da sociedade contemporânea.

2 A PEDAGOGIA ROMÂNTICA DE PESTALOZZI A SCHILLER E FRÖBEL

O século XIX abre-se com uma grande "revolução cultural", herdeira das vozes mais heréticas do iluminismo (de Rousseau a Kant, de Herder a Jacobi em filosofia, de Saint-Pierre a Madame de Staël e Goethe em literatura, de Buffon a Alexander von Humboldt nas ciências, só para exemplificar), bem como do espírito da Revolução Francesa (ligado à ideia de liberdade), mas que se contrapõe nitidamente a muita cultura setecentista pela sua referência ao indivíduo e ao sentimento, à história e à nação, à tradição e ao irracional, contra o predomínio da "crítica" e da "razão". A nova forma cultural – que abrangeu literatura e filosofia, ciência e arte, política e historiografia, música e costumes, acendendo amplos debates e operando uma transformação radical do gosto – qualificou-se como "romântica", remetendo às tradições da Europa cristã medieval e exaltando os estados d'alma indefinidos e conflituosos como geradores da nova cultura (como o *Streben*, a pura tendência para, ou o *rêve*, o sonho), produzindo assim um estilo de pensamento, em todo setor cultural, caracterizado por fortes tensões ideais, por uma igualmente forte consciência histórica, por uma nítida oposição aos aspectos menos "nobres" do processo de modernização (a industrização e a democracia, o tecnicismo e a massificação) para exaltar, ao contrário, os valores do sentimento, da pertença a uma estirpe, da transcendência religiosa que ilumina e resolve o mistério da existência, sempre dramática e lacerada, sempre ameaçada pela morte.

Tal revolução cultural teve seu epicentro na Alemanha, onde a oposição ao iluminismo foi mais radical e onde os novos temas do romantismo se desenvolveram em todo campo com mais força e com maior organicidade. Entre o *Sturm und Drang* e a *Naturphilosophie*, entre o idealismo transcendente de Fichte, Schelling e Hegel e o idealismo mágico de Novalis, entre a estética romântica dos Schlegel e de Wacheuroder e as pesquisas sobre o nacional-popular dos irmãos Grimm, até o pessimismo filosófico de Schopenhauer e a hermenêutica religiosa de Schleiermacher, até o nacionalismo heroico do jovem Wagner – embora com alguma resistência: exemplar, em filosofia, a do realismo de Herbart –, veio se delineando um amplíssimo movimento cultural que abrangeu depois toda a Europa e produziu, nas diversas áreas nacionais, uma retomada/variação dos temas alemães, ligados a uma cultura fortemente espiritualista, tradicionalista e liberal ao mesmo tempo, atenta aos temas do conflito, do trágico, do heroico, assim como aos da nação, do povo e da história. O romantismo foi um evento realmente europeu e influenciou em profundidade cada âmbito da cultura: até a pedagogia.

No âmbito da pedagogia, o período romântico produziu uma profunda renovação teórica – sobretudo teórica – que ativou, por um lado, uma nova ideia de formação (como *Bildung*, como desenvolvimento espiritual através da cultura) ligada a uma nova concepção do espírito humano (posto como centro do mundo, como presença ativa, através de múltiplos itinerários da cultura e em luta contra aquele mundo natural e histórico em que está imerso e que deve tender a dominar), mas também da cultura e da história (vistas não como entremeadas de erros, mas valorizadas em todos os seus aspectos); por outro, uma reafirmação da educação, da relação educativa, da escola e da família como momentos centrais de toda formação humana e que devem ser assumidos em toda a sua – complexa – problematicidade formativa, relativa – justamente – a uma formação do espírito. Todas as grandes pedagogias do romantismo, especialmente alemão, se dispõem sobre essas duas frentes, entrelaçam esses dois motivos, seja com o grande mestre da pedagogia romântica Pestalozzi – que revive em primeira pessoa o drama da educação (os projetos, as dificuldades, as derrotas), reativa uma noção espiritual de educação (animada pelo amor), mas também se engaja nas problemáticas sociais e políticas da própria educação, construindo um modelo complexo e problemático, inquieto e agudíssimo de pedagogia –, seja com o *Sturm und Drang* de Schiller e o neo-humanismo de Goethe e de von Humboldt, seja com Hegel, com Richter ou com Fröbel (figuras magistrais que animam a vanguarda da pedagogia alemã entrelaçando-se e opondo-se, mas fazendo assim nascer um novo modelo de pedagogia impregnada dos postulados da filosofia romântica) e até com o anti-idealista Herbart, nutrido de espírito kantiano e atento intérprete das dinâmicas espirituais da educação.

A pedagogia alemã – como a filosofia, a literatura, a música etc. – também fez escola na Europa; seus temas – e seus autores – circularam largamente nos outros países: sobretudo a teoria da educação escolar teorizada por Pestalozzi em Yverdon, que teve "sucesso nos meios anglo-saxões e protestantes, ou seja, em toda a Europa setentrional, desde a Inglaterra até a Holanda, a Escandinávia e a Prússia" (Bowen); o modelo dos jardins-de-infância elaborado por Fröbel, que teve difusão em toda a Europa, também na Itália, até o fim do século XIX, e nos Estados Unidos; a abordagem de Herbart sobre a pedagogia, a educação e a escola, que foi uma voz presente em nível mundial durante toda a segunda metade do século XIX, e até mais tarde. Com o romantismo pedagógico alemão estamos diante de uma fase intensamente criativa da pedagogia moderna, que fez amadurecer uma nova consciência epistemológica do saber educativo (reconhecendo-o como situado entre filosofia e ciência e colocado problematicamente no seu ponto de intersecção), uma nova consciência educativa (social e histórica, ligada às necessidades do povo e aos objetivos da nação e/ou do Estado, mas também relativa ao "comportamento educativo e docente", capaz de agir *para* a liberdade do aluno, harmonizando autoridade e liberdade, nutrindo-se de conhecimento psicológico e de "amor penseroso") e uma imagem igualmente nova dos dois maiores agentes educativos: a família, que deve reorganizar-se em torno de seu próprio papel educativo – pense-se em Pestalozzi –, e a escola, que deve tornar-se escola de todos e para todos, capaz de formar ao mesmo tempo o homem e o cidadão, organizada segundo perfis – profissionais e educativos – diferentes, mas justamente por isso capaz de agir em profundidade no tecido social.

HISTÓRIA DA PEDAGOGIA 417

No cruzamento entre posições setecentistas (a ideia da educação da humanidade; o governo iluminado; a adesão aos ideais revolucionários, embora condenando o extremismo) e comportamentos românticos (a atenção ao povo; a visão orgânica da sociedade; o papel do sentimento e a referência à formação espiritual) coloca-se a figura de Johann Heinrich Pestalozzi (1746-1827). Nascido em Zurique, filho de um pastor protestante de origem italiana, estudou na cidade natal e participou do movimento pela independência suíça. Foi influenciado – na fase juvenil – pelo pensamento de Rousseau e por alguns aspectos do movimento romântico (em particular, a exaltação da imaginação). Em 1767, inicia sua atividade de empresário-educador em Neuhof (nova feitoria), onde se interessa pelos problemas da população agrícola, com iniciativas de educação profissional. Em 1770, nasce o filho Jean-Jacques, e a partir de 1774, acolhe em Neuhof rapazes órfãos, para educá-los através de leitura, escrita, cálculo e trabalho. Em 1781, publica a sua primeira obra pedagógica de longo fôlego, o romance *Leonardo e Gertrude*, precedido dos aforismos de *Os serões de um solitário*, em 1780. O pensamento pedagógico juvenil de Pestalozzi é orientado pelos princípios rousseaunianos da educação segundo a natureza, da educação familiar e da finalidade ética da educação. A sequência do romance, publicada em 1783, 1785 e 1787, ampliou a fama de Pestalozzi na Europa. Interrompendo em 1779 a experiência de Neuhof, até 1797 dedicou-se à pesquisa teórica, marcada por desânimo e pessimismo, alimentados também pela derrota da revolução na França. Em 1798, dirige o *Jornal do Povo Suíço*, no qual difunde suas ideias pedagógicas. Enquanto isso, ia também enriquecendo sua cultura política e pedagógica, pelo contato com Fichte, que encontra em 1793, do qual exalta as afinidades com seu próprio pensamento e a referência comum a Kant, que Pestalozzi coloca de certo modo no centro do seu trabalho de 1797: *Minhas pesquisas sobre o curso da natureza no desenvolvimento do gênero humano*. Em 1798, dirige também um instituto para órfãos em Stans, organizado como uma família e destinado a educar intelectual e moralmente os rapazes afiliados. Aqui, Pestalozzi desenvolve os princípios fundamentais do seu ensino: o método intuitivo e o ensino mútuo. Interrompida a experiência em Stans, ele a continua em Burgdorf, com sucesso, fazendo seu instituto tornar-se uma meta europeia das "viagens pedagógicas" de estudiosos e de políticos. Mas é em 1805, em Yverdon, no cantão de Vaud, que Pestalozzi organiza o seu método educativo na forma mais completa: o seu instituto internacionaliza-se e terá visitantes excepcionais (Fröbel, Madame de Staël); o seu pensamento pedagógico está agora maduro. A sua experiência, ademais, coloca-se como modelo educativo para toda a Suíça. Mas as dificuldades internas e externas afetarão profundamente essa experiência educativa, tanto que o próprio Pestalozzi a encerrará em 1825. Completa, ainda – em 1826 –, duas obras autobiográficas: *O canto do cisne* e *Destinos da minha vida*. Morre em Brugg, em 1827.

No centro do pensamento pedagógico de Pestalozzi colocam-se três teorias: 1. a da educação como processo que deve seguir a natureza, retomada de Rousseau, segundo a qual o homem é bom e deve ser apenas assistido no seu desenvolvimento, de modo a liberar todas as suas capacidades morais e intelectuais. Isso significa que a educação deve desenvolver – harmonicamente – todo o homem, pondo ênfase sobre a "unidade das faculdades", embora sublinhe que, na fase da maturidade, existe na natureza humana "preguiça", "ignorância", "ganância" e "leviandade" que só a educação pode ajudar a superar, como educação positiva e não apenas negativa; segundo Pestalozzi – como também para Rousseau –, a criança já tem em si todas as "faculdades da natureza humana": "ela é como um botão que ainda não se abriu", mas "quando se abre cada pétala se expande e nenhuma permanece no seu interior", e assim "deve ser o processo da educação"; 2. a da formação espiritual do homem como unidade de "coração", "mente" e "mão" (ou "arte"), que deve ser desenvolvida por meio da educação moral, intelectual e profissional, estreitamente ligadas entre si; a formação do homem é um processo complexo que se efetua em torno da *Anschauung*, entendida como "observação intuitiva da natureza", que promove o desenvolvimento intelectual, o qual por sua vez promove um desenvolvimento moral, de modo a produzir no sujeito "um sentimento de harmonia tanto com o mundo exterior quanto com o interior", que realiza a "elevação do homem à autêntica dignidade de ser espiritual", como escreve ele numa carta de 1818; a formação moral – em Pestalozzi – delineia-se em termos cada vez mais nitidamente kantianos: como submissão a um imperativo interior que a disciplina também permite realizar, despertar e desenvolver; 3. a da instrução, à qual Pestalozzi dedicou a mais ampla atenção e que desenvolveu particularmente em *Como*

Gertrude instrui seus filhos, de 1801, segundo a qual, no ensino, é necessário sempre partir da intuição, do contato direto com as diversas experiências que cada aluno deve concretamente realizar no próprio meio. Sem "fundamento intuitivo", toda "verdade", para os rapazes, é apenas "um jogo tedioso" e "inadequado às suas capacidades"; partindo da intuição, Pestalozzi desenvolve uma educação elementar que parte dos "elementos" da realidade, tanto no ensino linguístico como no matemático, analisando-os segundo o "número", a "forma" e a "linguagem"; essa didática da intuição segue as próprias leis da psicologia, a infantil em particular, que "procede gradativamente da intuição de simples objetos para a sua denominação e desta para a determinação das suas propriedades, isto é, a capacidade da sua descrição e desta para a capacidade de formar-se um conceito claro, isto é, de defini-los".

Ao lado dessas teorias pedagógicas e didáticas, porém, o pensamento de Pestalozzi desenvolve também uma precisa reflexão sociopolítica que está estreitamente relacionada com a sua elaboração pedagógica e interagindo com ela. Ele critica a ordem social do seu tempo (despótica em política, conflituosa e confusa em economia) e, colocando-se do lado do povo, pede reformas em direção de uma verdadeira liberdade e igualdade (como queria a Revolução Francesa, que depois traiu esse princípio) para fundar uma "sociedade ideal" que tenha as características da comunidade (modelada sobre a família) e na qual vigorem fortes princípios éticos destinados a "nobilitar a humanidade". Um Estado que garantia a autonomia civil e a liberdade e que tendia a realizar uma igualdade da propriedade tinha existido na Suíça do século xv. Nesse horizonte fortemente rousseauniano insere-se como fator-chave a educação: todo homem deve ser eticamente aperfeiçoado para agir como cidadão e tal aperfeiçoamento é obra, sobretudo, da educação e não apenas da natureza. E de uma educação que conjugue a formação da humanidade de todo homem à consciência nacional, ao patriotismo que deve realizar "a unificação das virtudes bélicas com as da paz".

Escreveu Bowen: "À época da sua morte, Pestalozzi era a mais importante personalidade europeia no âmbito educativo"; encarnava as ideias de Rousseau e a sua fama superava a de Fichte; tinha efetuado uma "revolução prática" paralela à de Rousseau, mas sobretudo tinha revivido, *como educador*, os problemas da pedagogia tal como se punham nos albores

420 FRANCO CAMBI

da sociedade contemporânea (industrial e de massa) e os tinha enfrentado à luz de uma teoria pedagógica talvez não muito rigorosa nem orgânica, mas alimentada pelos grandes princípios da cultura romântica e iluminada por uma nítida e forte concepção da educação como formação humana, ao mesmo tempo espiritual e sociopolítica. A grandeza de Pestalozzi reside na experimentação educativa constantemente retomada e aprofundada, e também na precisa finalidade antropológica e política que reconhece para a atividade educativa e a reflexão pedagógica. Podemos dizer que Pestalozzi, melhor que Rousseau, colhe a pedagogia e a educação em toda a sua problematicidade, e também na sua centralidade e densidade históricas. E por isso continua a ser um dos grandes mestres da pedagogia contemporânea.

A pedagogia mais propriamente romântica acha-se exposta nas posições de Schiller, de Goethe e de von Humboldt, de Fichte e de Schleiermacher, de Fröbel e de Richter, enquanto numa dimensão mais crítica se dispõe o pensamento educativo de Hegel e, numa dimensão de nítida alteridade, a grande lição pedagógica de Herbart.

A pedagogia do neo-humanismo, elaborada na Alemanha por Friedrich Schiller, Wolfgang Goethe e Wilhelm von Humboldt, apresenta-se como uma referência explícita ao humanismo dos séculos XV e XVI e desenvolve-se como uma reflexão orgânica em torno do homem, bem como da cultura e da sociedade em que ele deveria idealmente viver. O tema pedagógico dominante nesses autores é o da *Bildung* (ou formação humana) que aponta na direção de um ideal de homem integral, capaz de conciliar dentro de si sensibilidade e razão, de desenvolver a si próprio em plena liberdade interior e de organizar-se, mediante uma viva relação com a cultura, como personalidade harmônica. A *Bildung* é tensão espiritual do eu, contato profundo com as várias esferas da cultura e consciência de um crescimento interior para formas de personalidades cada vez mais complexas e harmônicas. Para realizar esse modelo de "formação humana", é necessário reaproximar-se da cultura dos clássicos gregos e revivê-la, já que foi justamente na Grécia que a harmonia entre instinto e razão, entre individualidade e cultura/sociedade foi mais plenamente atingida, mas é também oportuna a tendência a superar aquelas cisões radicais que caracterizam a cultura ocidental moderna (cristã e burguesa) entre sentimento e intelecto, entre espírito e corpo, e entre destreza e conhecimento. Daí o papel central que esses autores atribuem à arte: nas pegadas do Kant da terceira *Crítica*, identificam justamente na atividade estética o fulcro dessa educação harmônica e integral. A arte elabora, por meio da fantasia, um equilíbrio de necessidade e de liberdade, de intelecto e sentimento e, enquanto tal, deve tornar-se a grande e fundamental inspiradora de todo processo formativo. Em Schiller, a arte vê-se assim reconduzida a um comportamento universalmente humano, o do jogo que, enquanto atividade que se organiza segundo finalidades livres, é fixado como uma disposição essencial do homem, capaz de permitir-lhe um crescimento mais harmonioso e completo.

Segundo essas perspectivas fundamentais, os neo-humanistas enfrentam os vários problemas educativos, mas mantendo-se (à parte Humboldt que tentará realizar uma reforma escolar inspirada nesses princípios) num plano de reflexão filosófica, geral e idealizante, dando vida a uma utopia pedagógica que teve um papel profundamente inovador no âmbito das teorizações educativas.

Schiller (1759-1805), nas suas *Cartas sobre a educação estética da humanidade* (1795), apresentadas como pesquisas "sobre o belo e sobre a arte", desenvolve um ideal de formação (*Bildung*) que, kantianamente, conjuga "nobilidade moral" e "felicidade". Opondo-se frontalmente ao "grande ídolo da época" (o "útil") e tendendo a conjugar reflexão antropológico--estética e política ("para resolver na prática o problema político é necessário tomar a via do estético, porque só se chega à liberdade através da beleza"), Schiller propõe-se afirmar um ideal de homem que traga de volta à vida a harmonia interior do homem grego, visto como *maximum* da "humanidade". A característica fundamental deste homem novo é a harmonia que reina nele entre sensibilidade e razão e a multilateralidade do "exercício das faculdades" que deve ser-lhe própria. O instrumento adequado para formar esse novo tipo de homem é a "educação do sentimento".

Tal educação encontra sua realização na arte que se orienta para "a união do possível com o necessário" e, através da beleza, educa para a "verdade", mas para uma verdade reconhecida ao mesmo tempo com o "intelecto" e com o "sentido". Assim, o homem se torna "pessoa", isto é, realiza o próprio ideal humano, pela valorização do "instinto da forma" (contraposto ao "sensual"), que tende "a trazer harmonia na variedade" e introduzir "leis" na experiência humana. Todavia, no homem os dois instintos jamais deverão separar-se, mas interagir, dando lugar a uma dialética ao mesmo tempo dramática e vital, que se harmoniza através do "instinto do jogo", destinado a anular o tempo, a unir o "devir com o ser absoluto, a mudança com a identidade". Com a atividade lúdica chega-se a realizar a "alma bela". Ela vive profundamente aquele "ideal da beleza" que é comum tanto à razão como ao jogo, que concilia intelecto e vontade e que, ademais, se forma através do contato com a cultura.

Goethe (1749-1832), na segunda parte do *Wilheim Meister*, nos *Anos de peregrinação de W. M.* (1801), no lugar chamado *Província pedagógica*, retoma as concepções fundamentais de Schiller (o homem como harmonia; a multilateralidade das faculdades; a função educativa da arte), mas as desenvolve num contexto mais prático e, ao mesmo tempo, mais decisivamente utópico. Imagina, de fato, um lugar exclusivamente dedicado à formação dos jovens, onde, sob a direção de "sábios" mestres, se dá às novas gerações tanto um rico, embora livre, conhecimento da cultura quanto uma profunda concepção do mundo. No plano do conhecimento valoriza-se, sobretudo, uma recomposição das atividades intelectuais com as manuais, favorecendo todo contato com a vida dos campos e impondo a cada jovem a escolha de um trabalho, como também se dá amplo espaço à educação estética, desde o canto (considerado expressão naturalmente voltada para a alegria e a comunhão com os outros) até a escultura, desde a pintura até a poesia épica. No plano, porém, da concepção do mundo e do eu, a educação projetada na *Província pedagógica* tende a valorizar o "respeito" a si próprio, à natureza, e às artes, ao universo e a Deus, que jamais é dado "por natureza", mas é aquilo "que importa mais que qualquer outra coisa" para que "o homem seja tal em todos os sentidos". O "respeito" origina um sentimento de ordem e abre para a experiência religiosa que Goethe desenvolve em termos muito próximos do deísmo, como religião universal e destinada a favorecer um forte compromisso ético. Estes fins formativos são atingidos mediante uma organização capilar da vida da comunidade educativa, que manifesta em cada escolha e em cada momento (do trabalho à festa, dos edifícios à paisagem) uma vontade precisa de trazer à luz as implicações ideais e morais que a guiam, além de variar as solicitações cognitivas.

Wilhelm von Humboldt (1767-1835) ocupou-se de pedagogia só depois de 1809, quando se tornou ministro da Instrução da Prússia. O seu objetivo foi reafirmar o valor da educação humanística e, em particular, do ensino das línguas clássicas, contra a tendência, própria do seu tempo, a exaltar o valor formativo das ciências e da matemática e contra o interesse, quase exclusivo (por exemplo em Pestalozzi), dedicado à instrução elementar. Em resposta a essas degenerações "assustadoras", elabora um "plano escolar de reforma" referente a toda a instrução, desde a escola elementar até a universidade. O objetivo de toda escola deve ser "fornecer apenas uma formação humana geral", absolutamente não especializada, já que, de outro modo, se terá uma "educação impura e não haverá nem homens completos, nem cidadãos completos". A educação é dividida em "elementar" (esta segue o método de Pestalozzi; focaliza a língua materna, o "número" e a "mão"; implica "alguma outra forma de conhecimento", como geometria e história natural; mas deve permanecer "elementar" porque muitos rapazes logo depois da escola devem "enfrentar imediatamente a vida"); "escolar" (ou média) que compreende a instrução linguística (destinada à realização de uma aprendizagem "clara" da "forma da língua", que é possível atingir melhor mediante o estudo das "línguas mortas", grego e latim, mas isso deve ser um exercício não só do intelecto, mas também do "pensamento" e da "fantasia"), histórica e matemática e tende a valorizar as vocações individuais dos jovens; "universitária", da qual Humboldt tem uma ideia bastante precisa e eficaz. A universidade é o lugar onde o estudante "realiza pesquisas por sua conta, enquanto o professor orienta tais pesquisas". Esse trabalho deve inspirar-se na "unidade da ciência" e encontra no empenho individual o momento essencial e qualificante, já que a "aula coletiva" não é senão um "aspecto secundário" da vida universitária, ao passo que é essencial "que se viva uma série de anos para si e para a ciência, em estreita comunhão com pessoas de igual idade e animadas dos mesmos interesses e com a consciência de que no mesmo lugar existe um certo número de homens perfeitamente cultos que se dedicam apenas à ampliação e à exaltação da ciência". Essa sua ideia de universidade – exposta num opúsculo de 1810 – Humboldt procurou realizar em Berlim, onde organizou os estudos em quatro faculdades (teologia, filosofia, direito, medicina), dando, porém, à de filosofia o papel de promover a "ciência pura".

Quanto à pedagogia de Johann G. Fichte (1762-1814), o primeiro grande filósofo do idealismo e teórico da liberdade encontra-se concentrada sobretudo nos *Discursos à nação alemã*, pronunciados em 1807-1808 pelo grande filósofo herdeiro de Kant, onde o idealismo subjetivo de Fichte, que acentua a atividade do eu transcendental e a sua tensão ética, se desenvolve no sentido político, afirmando que entre ética e nação existe uma radical convergência. A educação deve tornar-se educação nacional, interpretando as energias do povo e exaltando-as em cada sujeito, de modo a realizar uma verdadeira comunidade, guiada pelo Estado. A tarefa do Estado, de fato, é sobretudo ética: desenvolver a energia espiritual individual, vinculando-a a um ideal e a uma tarefa coletiva, que a eleve a uma dimensão mais livre e universal. Com Schleiermacher (1768-1834) é ainda a ética que está no centro do processo formativo, mas uma ética mais individual, mais pessoal, que supere o horizonte da autoridade e se afirme, pelo contrário, como liberdade. Este processo é despertado e orientado pela educação, que nutre o jovem de cultura e de história, relacionando sua vida espiritual com o meio, mas deve tender também a desenvolver sua autonomia. Tal é o objetivo da educação familiar, assim como da escolar; na primeira predomina a finalidade moral; na segunda, a intelectual e civil. Mas ambas são coroadas pela educação religiosa. Nas *Lições de pedagogia* (1813), Schleiermacher desenvolve uma epistemologia pedagógica que tem como centro a união entre teoria e práxis, segundo a qual a teoria nasce da práxis, desenvolve--se "por força própria" e retorna à práxis através da vontade iluminada pela própria teoria, num processo hermeneuticamente infinito. Assim, a pedagogia é ciência, mas ciência crítica e histórica (hermenêutica) antes ainda que empírica.

Jean Paul Richter (1768-1825), na sua obra *Levana ou Teoria da educação* (1807), retoma as teses do *Sturm und Drang* sobre a harmonia da formação, colocando no centro a educação estética. Em particular, Richter dá ênfase ao mundo da primeira infância e à educação familiar, referindo-se ao respeito pela criança e pela sua espontaneidade. Aqui também perdura o eco de Rousseau e da sua fé na bondade natural do homem e o apelo a uma pedagogia libertadora, que gire em torno do amor pela infância. O educador deverá assumir um comportamento antiautoritário e de preservação da espontaneidade/inocência da criança, seguindo o modelo – já pestalozziano – da figura materna e agindo através do sentimento, que é o verdadeiro motor da "educação espiritual", e do jogo, que é visto como atividade "séria" e típica da infância.

HISTÓRIA DA PEDAGOGIA 425

Mas é com Friedrich Fröbel (1782-1852) que a pedagogia romântica atinge o seu ápice: "Fröbel é o pedagogo do romantismo. O mundo inteiro para ele é a imagem sensível do devenir do espírito humano. Na sua concepção, as ideias de Rousseau e de Pestalozzi nascem para uma nova vida", impregnando-se da filosofia romântica (Blättner). Nascido em Turíngia, formou-se em Jena onde, a partir de 1799, seguiu cursos de filosofia, matemática etc., sofrendo a influência de Schelling e da sua filosofia da natureza. De Schelling ele retira o princípio de que "tudo é unidade", segundo o qual por ela tudo se move e a ela retorna. Em 1805, faz a sua iniciação de educador em Yverdon junto a Pestalozzi, destacando a fragilidade do método do pedagogo suíço para a primeira infância. Estuda depois ciências naturais e linguística em Göttingen e Berlim e, em 1817, funda em Keilhau um Instituto de Educação Alemão Universal; fechado o instituto pela oposição dos reacionários, publica, em 1826, sua obra principal, *A educação do homem*, na qual desenvolve originalmente temas de Rousseau, Pestalozzi e Richter. Sucessivamente, faz obra de propaganda para a formação pedagógica de docentes e pais e, em 1839, abre em Blaukenburg o "jardim de infância", que será a realização mais alta da sua obra de educador. Em 1844, publica *Cantos maternos e carícias*, um guia para as mães e professoras do jardim. Morre em Marienthal, na Saxônia, onde tinha também fundado um jardim de infância.

Três aspectos devem ser sublinhados no pensamento educativo de Fröbel: a concepção da infância; a organização dos "jardins de infância" (*Kindergarten*), bem diferentes dos "abrigos de infância" difundidos na Europa da Restauração; a didática para a primeira infância, que constitui o "coração" do método fröbeliano e que tanta difusão teve na práxis escolar do século XIX. Quanto à concepção da infância, Fröbel parte de um pressuposto religioso, que vê Deus imanentemente presente e coincidente com a natureza, mas também transcendente a ela como sua unidade e seu centro motor. Com base em tal pressuposto – que ele define como "cristão" –, a natureza é sempre boa e o é enquanto partícipe da obra divina. E o é de maneira mais nítida quando se subtrai às manifestações da sociedade, quando é mais genuína e espontânea, como na criança. Se na infância está depositada a voz de Deus, a educação deve apenas deixá-la se desenvolver, agindo de modo que se reconheça como "o divino, o espiritual, o eterno", por meio de uma comunicação profunda com a natureza e a constituição de uma harmonia entre o eu e o mundo. É necessário, portanto, reforçar na criança a sua capacidade criativa, a sua vontade de mergulhar no mundo-natureza, de conhecê-lo, dominá-lo, participando da sua atividade criativa com o sentimento e pela arte (com cores, ritmos, sons, figuras etc.). Assim, a atividade específica da criança é o jogo, que é também "o mais alto grau do desenvolvimento do espírito humano" e, já na infância, é uma atividade "séria", como dizia Richter, mesmo se depois, longe da primeira infância, o jogo seja substituído pelo trabalho, que tem, porém – na infância –, profundas conexões com o jogo e deve encontrar espaço na escola.

Os "jardins de infância" são locais não só de recolhimento de crianças (abrigos), mas também espaços aparelhados para o jogo e o trabalho infantil, para as atividades de grupo (canto), organizados por uma professora especializada que orienta as atividades, sem que estas jamais assumam uma forma orgânica e programática, como ocorre nas escolas. No jardim, é a "intuição das coisas" que é colocada no centro da atividade, é o jogo que predomina. No jardim, existem canteiros e áreas verdes, de modo a estimular as mais variadas atividades na criança, sob a orientação do educador.

O método fröbeliano, além de invocar a importância do jogo e do canto, da atividade lúdico-estética como central na organização do trabalho dos jardins, desenvolve também uma teoria dos "dados", que foi o aspecto mais criticado do fröbelismo, pelo seu caráter apriorístico, artificioso e matematizante, portanto abstrato. Os "dados" são uma espécie de material didático, constituído de objetos geométricos; estes devem iniciar a criança na compreensão da essência da natureza, sendo dotados de valor simbólico além de didático. Podem ser usados de múltiplas maneiras, mas ao mesmo tempo iniciam a uma leitura "filosófica" (simbólica) do mundo, referindo-se à unidade, ao dinamismo etc., e fixando na mente infantil estes princípios. Brincando com os "dados", compondo-os e decompondo-os, a criança apreende as formas elementares do real, além de exprimir a própria atividade criadora. Os "dados" são a esfera (símbolo da unidade e do movimento); um cubo e um cilindro; um cubo dividido em oito cubinhos; um cubo dividido em 27 tijolinhos; depois, outras figuras geométricas sólidas, de variada composição.

Para além do formalismo dos "dados", a pedagogia fröbeliana fixou uma imagem da infância como idade criativa e fantástica, que deve ser "educada" segundo suas próprias modalidades e que é, talvez, o momento crucial da educação, aquele que lança as sementes da personalidade futura do homem e que, portanto, deve ser enfrentado com forte consciência teórica e viva sensibilidade formativa. Com Fröbel, estamos diante de um pedagogo que, pela primeira vez depois de Rousseau, redefiniu organicamente a imagem da infância e teorizou a da sua "escola".

3 AS PEDAGOGIAS DE HEGEL E DE HERBART

Abertamente críticas em relação ao romantismo pedagógico foram as reflexões educativas elaboradas por dois grandes mestres alemães do historicismo – Hegel – e do realismo – Herbart. Em ambos, é central a oposição ao subjetivismo e ao intuicionismo, e a uma concepção da *Bildung* que desenvolve seus aspectos não racionalistas e não científicos, como também a referência a uma formação humana que se entrelace intimamente com a experiência do real, histórico e científico. Embora muitos princípios da educação romântica – a começar da própria *Bildung* – continuem a operar neles, mas profundamente transformados.

Georg Wilhelm Friedrich Hegel (1770-1831) foi o primeiro grande filósofo do idealismo alemão. Ele desenvolveu uma concepção do real como razão e como história, reelaborou a visão da dialética (escandindo-a como processo triádico de tese-antítese-síntese e tomando-a como "mola" do real) e interpretou a autoconsciência filosófica como o ponto culminante da história do mundo, como o momento em que ela se torna autotransparente, se compreende conceitualmente e, portanto, se conclui. O seu historicismo racional foi amadurecendo em contato com uma formação juvenil teológica (no *Stift* de Tubingen) que tendia a colher sobretudo a "positividade da religião cristã" (isto é, seu papel histórico) e com uma tomada de consciência política em favor da Revolução e da liberdade. Depois de uma temporada em Frankfurt de 1797 a 1800, transfere-se para Jena até 1808 (onde lança as bases de seu pensamento maduro e compõe a sua primeira grande obra, *A fenomenologia do espírito*, com a qual se opõe nitidamente à cultura do romantismo), depois para Nuremberg. Em 1818, é chamado à Universidade de Berlim, onde seu ensino tem enorme sucesso. Entrementes, publicou outras obras importantes: a *Ciência da Lógica*, em 1816, e a *Enciclopédia*, no ano seguinte. Em Berlim, próximo agora da política conservadora do estado prussiano, elabora os *Princípios da Filosofia do Direito* (1821) e escreve as suas *Lições* (de filosofia da história, de história da filosofia, de filosofia da religião, de estética) que concluem o seu riquíssimo sistema filosófico e que serão publicadas postumamente.

Hegel jamais tratou de maneira explícita e exaustiva o problema pedagógico, embora, na complexa reflexão do filósofo, encontremos uma atenção constante para o problema da formação humana (entendida seja como formação do homem em geral, seja como formação do cidadão), além de algumas observações – ainda que menos desenvolvidas e tratadas sobretudo nos anos de Nuremberg (nos quais, como reitor do Ginásio e depois conselheiro escolar, se ocupou dos problemas das várias ordens de escola, da escola confessional, do funcionamento da vida escolar, abordando pro blemas até bastante minuciosos, como os ligados ao valor educativo da jardinagem e da arte militar, da música e da dança) – de natureza genuinamente didática, referentes sobretudo ao ensino da filosofia.

Em geral, a pedagogia hegeliana caracteriza-se como um "humanismo integral" que interpreta o homem como um desenvolvimento dialético. O desenvolvimento da consciência passa da naturalidade à objetividade do espírito mediante um contato cada vez mais rico e amplo com a realidade histórico-social, que gradativamente se torna uma "segunda natureza" do homem. Em tal processo, o ponto de chegada é constituído pela realização de uma síntese harmônica entre o eu e o mundo histórico, que é atingida pelo empenho da vontade em ligar-se ao plano da ética social, pela participação na vida da cultura (estética e religiosa, jurídica e filosófica) e o reconhecimento do trabalho como atividade específica do homem como gênero. O homem, do qual Hegel traça as formas e as etapas de uma formação integral (*Bildung*), não é mais o indivíduo ético de Kant, dominado pelo imperativo categórico que fala diretamente à consciência, nem o "homem da natureza" rousseauniano que parece contrapor-se à sociedade de maneira abstrata e utópica, mas um homem que só reconhece a si mesmo no vínculo com a realidade histórico-social, entendida no seu mais genuíno significado espiritual, isto é, como cultura e civilização. "O indivíduo singular deve percorrer igualmente, segundo o seu conteúdo, os degraus da formação do Espírito universal, mas como figuras já abandonadas pelo Espírito, como estágios de um caminho que já foi aberto e aplainado.

Vemos assim, com respeito a conhecimentos que em tempos passados ocupavam o espírito amadurecido dos homens, que eles desceram ao nível de conhecimentos, exercícios e mesmo jogos da idade juvenil, e assim se reconhecerá no progresso pedagógico, esboçada como numa silhueta, a história da civilização", escreve no prefácio da *Fenomenologia do espírito*.

A *Bildung* exige que o homem "saia de si" e mergulhe na objetividade histórica. Assim, alheando-se de si próprio e entranhando-se na realidade, o sujeito humano supera o seu próprio ser natural, o seu próprio imediatismo vital e participa da experiência da humanidade em geral. A arte, a religião, a filosofia são as etapas fundamentais dessa formação que é, sobretudo, uma saída da clausura da consciência e a ascensão para a autoconsciência, que se delineia como conhecimento da profunda unidade-identidade do eu e do mundo histórico-social. Nessa viagem da individualidade através da cultura, Hegel atribui um papel fundamental à vontade, vista como o instrumento essencial, ao lado da atividade teórica, dessa desnaturação e dessa historicização-socialização do homem. Portanto, o aprendizado deve ser entendido como dura disciplina, como superação do "infeliz prurido" de educar pelo *pensar por si* e pela *produção autônoma*.

A atitude profundamente antiespontânea, por assim dizer, de Hegel tende também a valorizar, em particular, a função positiva do hábito, tanto no plano ético quanto no plano cognitivo. O hábito é o mecanismo central da educação, já que sem ele nada pode ser construído e tudo permanece num contínuo "dissipar-se" que corrompe e não forma a consciência do sujeito. A aprendizagem, mediante o empenho voluntário e o hábito, deve estar voltada para os vários conteúdos da cultura, dispostos em ordem sistemática, pelo menos no que diz respeito à última etapa da formação cultural representada pela filosofia, que Hegel tratou de modo mais específico e exaustivo, ainda que, para os graus inferiores da instrução, ele reconheça a validade de uma aprendizagem mais estreitamente vinculada ao sensível e à experiência imediata. Nas três classes superiores, a filosofia se articula em estudo do direito, da moral, da religião (primeira classe), da lógica e da psicologia (segunda e terceira classes) e, enfim, (quarta classe) da enciclopédia filosófica, pondo assim em destaque a exigência de concretitude histórica e empírica que deve distingui-la.

Simultaneamente, porém, o homem se forma também pela participação na vida social, pelas várias instituições nas quais está inserido o seu processo formativo. Família, escola, sociedade civil e Estado são os momentos essenciais desse crescimento individual orientado para uma ligação cada vez mais ampla com a vida da coletividade. As várias instituições "educativas" são, de certo modo, os graus de desenvolvimento da ética do indivíduo, ou seja, da sua capacidade de participar intimamente da "atmosfera do seu povo", e as etapas da formação do cidadão. Já a família tem como tarefa libertar o sujeito humano da sua própria naturalidade e inseri-lo numa nova trama de relações e de normas, especificamente humanas e sociais. O papel da escola é, ao mesmo tempo, social e intelectual. Essa é "a esfera interme-diária que guia o homem do círculo da família para o mundo, das relações naturais da sensibilidade e da inclinação para o elemento da objetividade substancial". Na escola o indivíduo é iniciado para a posse do patrimônio da cultura e a sua própria experiência vai se tornando mais universal. Pela vida escolar, o indivíduo entra na sociedade civil, caracterizada em grande parte pelas relações econômicas e da qual o sujeito humano participa pelo trabalho. Nele, tem lugar uma "educação prática" que nasce do "*hábito da ocupação* em geral", da "*limitação do próprio fazer*" e que se articula como "disciplina de atividade *objetiva* e de atitudes *válidas universalmente*". Na sociedade civil, o sujeito participa também das normas jurídicas, que se tornam a forma substancial da sua ética, e das crenças religiosas, que o vinculam à vida de todo um povo. Por meio do vínculo com a vida do povo vista como "um mundo já pronto e válido, que ele deve assimilar", o in-divíduo entra na história, isto é, na vida da comunidade. Tal comunidade se concretiza, porém, na realidade do Estado, enquanto este interpreta o elemento universal da consciência subjetiva e o articula numa vida unitá-ria e comum, e como tal representa o ponto de chegada da libertação do homem e da formação da sua consciência especificamente humana.

A nova *paideia* hegeliana ressente-se profundamente das concepções antropológicas e educativas do neo-humanismo alemão de Schiller e Goethe. O ideal de um homem integralmente formado e caracterizado pela harmonia entre natureza e razão, a própria noção de *Bildung,* en-tendida como formação humana por meio do contato com a cultura, a própria valorização do jogo, que Hegel também reconhece como uma característica fundamental do homem-criança, são elementos que provêm das posições do neo-humanismo. Embora no filósofo de Stuttgart se te-nha uma maior acentuação do aspecto histórico-social da formação humana, além de uma desvalorização do momento estético em relação ao da pura reflexão como elemento fundamental para operar um novo equilíbrio no sujeito humano, as dívidas de Hegel para com o *Sturm und Drang* pedagógico permanecem constantes e centrais.

Johann Friedrich Herbart (1776-1841) forma-se pelas obras de Wolff e de Kant, embora em Jena – a partir de 1794 – siga os cursos de Fichte. O seu pensamento terá desde o início uma conotação explicitamente antirromântica. Leciona em Göttingen, depois, de 1809 a 1833, em Koenigsberg, depois de novo em Göttingen. Já desde os primeiros anos do século XIX, elaborou um sistema filosófico inspirado no realismo e alimentado pelo pensamento de Kant (pelo criticismo e pelo dualismo entre fenômeno e número) e de Leibniz (sobre cujo modelo das mônadas teoriza os "reais", isto é, as diversas realidades objetivas imutáveis, das quais o conhecimento deve inteirar-se). Para Herbart, como para Kant, a filosofia é "elaboração de conceitos" e fundação de uma metafísica crítica realística. Aspectos importantes do pensamento filosófico de Herbart são também a psicologia, indagada mediante o método matemático-mecânico, a ética e a estética, que dizem respeito aos "juízos estimativos" que são animados por cinco ideais (da liberdade, da perfeição, da benevolência, do direito e da equidade). Psicologia e ética remetem depois diretamente à pedagogia e aos processos de formação humana que ela ilumina e projeta.

O pensamento filosófico de Herbart está contido, em particular, na *Filosofia prática geral* (de 1807), na *Psicologia como ciência fundamental sobre a experiência* (1824-1825), na *Metafísica geral* (1828-1829); o pedagógico nas obras *Sobre a representação estética como tarefa fundamental da educação* (1806), *Pedagogia geral* (1806) e *Esboço de lições de pedagogia* (1835).

Com Herbart emerge, com plena clareza, um empenho da pedagogia de constituir-se como "ciência", ainda que como ciência filosófica, e portanto o início de uma pesquisa epistemológica em pedagogia. O outro caráter fundamental dessa concepção educativa está ligado ao profundo humanismo que a inspira. O objetivo final da pedagogia permanece o de formar o homem e formá-lo como totalidade harmônica e como pessoa responsável, mostrando a importância do "caráter" no âmbito da educação moral e da educação estética.

Na base da construção pedagógica de Herbart encontra-se uma precisa tomada de posição em relação às várias correntes da pedagogia moderna: de Locke a Rousseau, dos idealistas pós-kantianos a Pestalozzi, os vários protagonistas do pensamento pedagógico de todo um século (e além) são enfrentados nas páginas herbartianas. Locke, segundo Herbart, limitou-se na sua teoria pedagógica ao "convencional", vinculando os processos educativos aos objetivos imediatos de uma sociedade e perpetuando assim "os males presentes". Rousseau postulou uma "natureza" boa na criança que o levou, no seu romance-tratado, a dois paradoxos: de equiparar o educador ao educando, fazendo do primeiro o protagonista da educação, e de educar uma criança antissocial, que deverá, porém, viver em sociedade e "numa sociedade muito diferente dele". Os idealistas afirmaram a existência de uma liberdade transcendental, com a qual vêm, porém, negar todo processo educativo verdadeiro, enquanto eliminam seu caráter de "tarefa" e de "esforço". Pestalozzi, entretanto, é de certo modo o pedagogo a quem Herbart considera como um guia. Ele elaborou uma concepção mais realista da infância e desenvolveu uma reflexão orgânica no terreno da dialética, reconduzindo a pedagogia à sua tarefa de "técnica", embora não tenha dado uma forma rigorosa ao seu pensamento.

A pedagogia para Herbart deve, porém, realizar-se como ciência e ter "força de pensamento" e pode fazer isso pondo-se "a refletir com a maior precisão possível sobre os conceitos que lhe são próprios" assim como cultivando "um pensamento independente". Ela é ciência filosófica que tem como objeto e fim "o governo das crianças" e foi sendo elaborada pela colaboração da psicologia e da ética, que resultam como os elementos estruturais e caracterizantes do seu aspecto científico enquanto definem rigorosamente seus "meios" e seus "fins". A cientificidade pedagógica, porém, não é redutível à das ciências naturais, já que, por versar sobre o homem, ela se liga intimamente à reflexão filosófica, especialmente à "filosofia prática" da qual é o prolongamento e o coroamento. A da pedagogia é uma cientificidade filosófica que conjuga teoria e prática, "ciência" e "arte", e põe a pedagogia num lugar específico e eminente entre as várias ciências (psicologia, ética, metafísica etc.) enquanto constitui sua síntese final.

A psicologia em Herbart caracteriza-se como uma pesquisa experimental, que usa modelos explicativos de tipo mecânico e matemático e se articula numa "estática" e numa "dinâmica", isto é, num estudo dos obstáculos (processos por meio dos quais se elabora o equilíbrio entre as várias representações) e das conexões (ou relações entre as várias representações). Ela renova o terreno das pesquisas psicológicas tradicionais, ligadas às "faculdades" e às suas dinâmicas separadas, deslocando-as para um plano mais preciso e coerente, mas permanece ancorada a pressupostos espiritualistas gerais, como o dualismo da alma e do corpo e o primado da liberdade do eu.

A ética herbartiana é, kantianamente, uma ética do dever que se elabora conjugando os dados da experiência e a reflexão teórica. Em relação a Kant, porém, Herbart reavalia o recurso à experiência e rejeita a abstração do rigorismo. Ela exige empenho e esforço, e tende a realizar no homem e na criança uma personalidade autônoma e responsável, mas harmonicamente desenvolvida. A moral como elemento unificante da personalidade humana é o "fim" da educação e o critério-guia da pedagogia. Esta deve realizar a formação do "caráter" visto como "unidade do querer moral".

À luz das indicações da psicologia e da ética, chega-se a determinar o "governo" da criança, que abrange pais e educadores e implica, ao mesmo tempo, uma relação de autoridade e de amor. O objetivo do "governo" é tornar moral a natureza "sem vontade" da criança, caracterizada por "selvagem desregramento" e "rudes tendências", preparando-a para o exercício da autogestão. Portanto, o "governo", em parte, "consiste em evitar prejuízos para os outros e para a própria criança", em parte, "em evitar o conflito, que é por si mesmo um inconveniente" e, enfim, "em evitar a colisão, que conduziria a sociedade ao conflito". O exercício do "governo" deve, porém, passar das "ameaças" à "autoridade" (que "faz dobrar o espírito"), ao "amor" (que é "difícil" e, muitas vezes, "passageiro e fugaz", especialmente na criança, mas "tão importante também para a verdadeira educação"). O "governo" prolonga-se e desenvolve-se no ensino verdadeiro, que deve, porém, ser entendido no sentido amplamente formativo, enquanto parte dos interesses da criança e da sua "plurilateralidade", que deve levar a um "desenvolvimento harmônico das várias faculdades". Essa tarefa é confiada essencialmente ao educador, o qual "representa o homem futuro na criança", e deve, portanto, ser harmonicamente desenvolvido como personalidade e consciente de que "múltiplos devem ser os cuidados com a educação", como são "múltiplas as tendências humanas".

Um aspecto verdadeiramente central e original da pedagogia herbartiana é justamente aquele ligado à "plurilateralidade" do interesse que se desenvolve, por um lado, numa concepção plástica da vida da criança, que sublinha "o movimento da alma" da criança, a alternância da "concentração" e da "reflexão", e, por outro, numa fadiga educativa que, no estímulo dos vários interesses infantis, visa à criação de uma "ordem", à afirmação de um "método" que torne claros os conteúdos das experiências e suas associações. Clareza (ligada à decomposição dos objetos de estudo em seus "elementos") e associação (que relaciona o objeto com outros semelhantes e já "conhecidos"), "sistema" (orientado para a conexão não empírica, mas científica) e "método" (isto é, aplicação por meio de exercícios) apresentam-se como os princípios fundamentais em torno dos quais se estrutura o processo de ensino e constituem os "graus formais" deste.

A "pluralidade" do interesse desenvolve-se, entretanto, segundo as duas trajetórias do "conhecimento" – pela aquisição de representações sempre novas, articuladas como conhecimento da multiplicidade, das suas "conformidades e leis" e das suas "relações estéticas" – e da "participação", que visa à "humanidade" e à sociedade, como a "relação de ambas com o ente supremo". Mas para que isso aconteça é necessário que intervenha a atenção, vista como o momento "preliminar" e "essencial" da pedagogia, já que justamente dela depende o crescimento dos interesses da criança e sobre ela se baseia o trabalho concreto de ensino-instrução, que se articula sobre o "observar, esperar, procurar, agir", "graus" típicos do interesse.

A instrução se dedica às "coisas", às "formas" e aos "signos", isto é, "as próprias coisas, as obras da natureza, e da arte, os homens, a família e os Estados", de um lado, às "abstrações", como "as figuras matemáticas", os "conceitos metafísicos", de outro, e, enfim, às "línguas". Ela deve ir da "simples representação" para a análise, depois para a síntese, de modo a ligar organicamente o "particular" ao "universal" e colocar no centro tanto o ensino científico-matemático, importante também para a formação ética da criança mediante a aquisição de uma atitude de ordem e de rigor, quanto o ensino histórico-literário, centralizado, para a infância, na leitura da *Odisseia*, que aproxima as crianças das fontes da cultura ocidental.

O trabalho escolar é teorizado por Herbart de maneira atenta e minuciosa, procurando conjugar as exigências de Basedow com as do neo-humanismo humboldtiano, à luz de alguns pressupostos pestalozzianos.

Ao lado da centralidade da ciência e da literatura se dispõem as várias disciplinas de estudo, mas tudo deve ser dosado e organizado em relação às exigências individuais do aluno, sem planificações demasiado rígidas e uniformes. O trabalho deve desenvolver-se de acordo com "episódios", de modo a oferecer uma suficiente coordenação dos argumentos e a possibilidade de um desenvolvimento mais personalizado do estudo, e segundo aplicações "de exercício", que permitam uma recuperação e um aprofundamento das noções aprendidas.

Um papel fundamental na didática herbartiana é exercido também pela educação estética cuja tarefa é a de "fazer surgir o belo na fantasia do aluno". Esta se desenvolve por meio da "apresentação do assunto", a "conversação" sobre ele que mantém "ocupada a fantasia" e a visão da obra de arte. E isso vale tanto para "um drama clássico" quanto para um trecho de música.

As escolas secundárias, das quais Herbart se ocupou predominantemente, devem distinguir-se em escola técnica e ginásio, separadas por objetivos e programas, mas para ambas "a atividade oficial" que as caracteriza deve "inserir-se num todo". O professor, a quem é confiado o bom funcionamento da escola, deve ser culto e didaticamente preparado, capaz de desenvolver um trabalho escolar gradual e orgânico, de dirigir-se aos rapazes com "clareza e precisão". Além disso, deverá ser um atento indagador da individualidade dos estudantes, para poder efetivamente guiá-los e educá-los.

A posição herbartiana caracteriza-se também por uma decidida defesa da autonomia da escola, em relação ao Estado e à Igreja. De fato, na escola "opera uma força constante" que o Estado pode "utilizar ou desperdiçar", mas "cuja natureza não pode transformar" e que está ligada à livre elaboração da cultura. Assim, também a Igreja "queira evitar de imiscuir-se nos assuntos da escola e desmanchar o círculo, que ela não traçou". A educação de fato não pertence ao Estado, nem à Igreja, mas à família, afirma Herbart, manifestando uma posição político-educativa abertamente conservadora, ainda que justificada pela exigência de defender a autonomia da escola.

O objetivo fundamental e final da atividade escolar, porém, é, em substância, formar o caráter do jovem pela aquisição de uma "cultura moral" que "serve para *realizar* o ensino, que influirá na ulterior formação do caráter do homem agora independente", mas também "para produzir ou não produzir desde já um princípio de caráter, determinando ou não para a ação".

Certamente que a formação sempre um tanto abstrata e o interesse frequentemente intelectual pelos problemas da formação juvenil, como também a excessiva sistematicidade das suas teorizações representam limites bastante evidentes da concepção pedagógica de Herbart, mas eles não diminuem em nada os aspectos altamente significativos desse pensamento, ligados ao forte empenho ético que caracteriza a educação, à presença de um interesse psicopedagógico que o torna bastante moderno, à capacidade de haver delineado um perfil teórico bastante claro e profundo da pedagogia e um quadro equilibrado e essencial da prática educativa. Ademais, a importância histórica da doutrina pedagógica de Herbart foi bastante ampla. O herbartismo difundiu-se sobretudo na Alemanha, nos Estados Unidos e na Itália, pondo no centro do problema educativo o papel do professor e um ordenamento preciso dos processos de instrução. Na Alemanha, criaram-se duas escolas, a de Karl V. Stoy (1815-1885), em Jena, e a de Tuiskon Ziller (1817-1882), em Leipzig, que fundaram dois "seminários" para a formação de professores e revistas pedagógicas de inspiração herbartiana. A tradição herbartiana continuou também no curso do século xx, onde teve um ilustre representante em Otto Willmann (1839-1920), que se ocupou em particular de teoria da didática. Nos Estados Unidos foi organizado, por alunos dos "seminários" de Jena e de Leipizig, um "Herbart Club" em Nova York, depois em Denver, e se prepararam numerosas traduções e estudos sobre a obra de Herbart, especialmente no decênio 1892-1901, influenciando também, e não de maneira secundária, a concepção pedagógica do jovem Dewey. Na Itália, ligaram-se ao herbartismo pedagógico sobretudo Antonio Labriola e Luigi Credaro (1860-1939) que, em 1900, publicou o primeiro estudo italiano importante sobre a pedagogia herbartiana.

4 AS PEDAGOGIAS BURGUESAS NA FRANÇA, INGLATERRA, SUÍÇA E RÚSSIA

A hegemonia pedagógica da classe burguesa delineou-se nitidamente em toda a Europa na primeira metade do século xix mediante um

HISTÓRIA DA PEDAGOGIA 437

processo diferenciado por áreas nacionais, mas agrupado por ideais e princípios que extraíam exemplo e força do trabalho de crítica realizado pelo iluminismo, também em relação aos fins e aos meios da educação na sociedade burguesa em fase de expansão, bem como pelas realizações educativas da Revolução e por meio da escola, da propaganda etc., orientado na direção predominantemente civil. Entre guerras napoleônicas, Restauração e espírito de 1848 (revolucionário e democrático, voltado para a libertação dos povos), fica decididamente ultrapassado o modelo educativo do *Ancien Régime*, caracterizado por escolas elitistas, indiferença pelo povo e delegação à Igreja dos problemas formativos, configurando-se um novo modelo: laico, estatal e burguês. Isso significa, inspirado numa ideologia laica, destinado a formar o cidadão, coordenado pelo Estado e orientado em torno à visão do mundo própria da burguesia (inspirada na ordem social, na ética do trabalho, na hierarquia das classes, no respeito do direito etc.).

Tal hegemonia assume aspectos diversos nas diferentes áreas nacionais: mais multiforme e conflituosa na França, onde se desenvolveram modelos bastante diferenciados no plano ideológico e filosófico, embora convergentes – na maior parte – em torno da instauração de uma completa sociedade burguesa, na qual também o povo fosse parte ativa; mais homogênea na Inglaterra, organizada em torno de ideologias utilitarista-evolucionistas, embora aberta a soluções mais radicais (pense-se em Owen) e inserida numa realidade educativa que atingia o máximo da dramaticidade, da qual políticos e pedagogos tomavam consciência e que era produzida pelo desenvolvimento capitalista-industrial; mais lenta e confusa na sua evolução na Rússia, onde a ainda persistente estrutura feudal da sociedade vai produzindo impulsos para a renovação, inclusive pedagógica, de modo bastante radical, com o populismo, com a lição de Tolstoi (embora esta se coloque na segunda metade do século); mais linear em países como a Bélgica e a Holanda, que realizam modelos mais avançados de educação laica e burguesa, ou na Suíça, onde se elaboram algumas pedagogias "de ponta" na primeira metade do século XIX.

A hegemonia burguesa não foi isenta de contrastes, que se manifestaram especialmente por meio da afirmação do socialismo utópico e depois do anarquismo, mas todo o século – e em particular a sua primeira metade – foi a fase de um verdadeiro crescimento e afirmação da pedagogia burguesa, isto é, gerida pela burguesia, inerente aos seus interesses e nutrida pela sua ideologia, mas que produziu uma superação também das concepções educativas do *Ancien Régime*, operou um processo intenso de modernização e delineou na sociedade moderna instâncias de democracia e de emancipação mesmo nas classes subalternas, que produziram, por sua vez, pedagogias ainda mais inovadoras e radicais (como serão as socialistas, as anárquicas, as libertárias).

Na França, com o início da Restauração, foram se construindo pedagogias tradicionalistas e espiritualistas. Com Joseph de Maistre (1753-1821) é o tradicionalismo filosófico e político (contrário à Revolução, teórico do direito divino e do princípio de autoridade, orientado para a teocracia) que anuncia uma reforma também educativa que recoloque indivíduo e sociedade no leito da tradição, da qual a Igreja e o papa são os depositários, como afirma em *Do papa* (1819) e nos *Serões de São Petersburgo* (1821). Porém, com Benjamin Constant (1767-1830), é o liberalismo que se impõe como ideologia-guia da sociedade moderna: por seu respeito pelo indivíduo, por sua referência à "liberdade dos modernos", entendida como liberdade civil de ideias, de associação, de intercâmbio, da qual é portador, contudo, o indivíduo, que deve ser, portanto, respeitado e posto como eixo central de toda a vida social, inclusive daquela que abrange o problema educativo. Numa posição intermediária entre tradicionalismo católico e liberalismo coloca-se o catolicismo liberal de Felicité-Robert de Lamennais (1782-1854) que, apelando ao senso comum, restaura uma ordem entre os valores e impõe a estes uma validade universal, reafirmando a prioridade da existência de Deus e extraindo dessa verdade um forte empenho educativo que ratifica sua validade mediante um livre reconhecimento racional. A sua reforma pedagógico-religiosa encontrou ativação nas páginas da sua revista *L'Avenir* (1830-1831) e nos escritos *Sobre a educação do povo* (1818) e *Sobre a religião considerada nas suas relações com a ordem política e civil* (1825-1826).

Na vertente do espiritualismo colocou-se, entretanto, François-Pierre Maine de Biran (1766-1824) que, para superar as análises fisiológicas e naturalistas do homem operadas pelos *idéologues*, invocou a autonomia e a prioridade da consciência, dando vida a uma psicologia antissensorial e não empirista que tinha como centro a noção de eu-consciência e da qual extraía princípios éticos e pedagógicos. A sua antropologia – exposta em *Novos ensaios de antropologia* (1823-1824) – parte da irredutibilidade e subjetividade/individualidade da consciência, na qual estão inscritos princípios éticos e religiosos que devem tornar-se os *leitmotiven* da própria formação do homem. Sempre no terreno estritamente filosófico coloca-se também Victor Cousin (1792-1867), representante do ecletismo, que remete a uma formação escolar que tenha como centro a filosofia e que percorra novamente seu processo histórico, acolhendo dos vários sistemas as suas específicas dimensões de verdade. Cousin também ocupou, na França, cargos educativos de destaque – foi diretor da Escola Normal e ministro da Instrução Pública – através dos quais deixou uma marca estável na escola francesa, sobretudo no Liceu.

Mas na França, naqueles anos, tomavam corpo também outras teorias pedagógicas, de elaboração mais radical e ligadas muito mais à tradição iluminístico-revolucionária do que à Restauração. Com Comte – sobre o qual nos deteremos na seção 6 – foi se elaborando uma pedagogia positivista, laica, racionalista, científica, que exige uma profunda reforma da escola e a elaboração de novos modelos formativos de modo a tornar a educação adequada ao desenvolvimento da sociedade industrial. Com Fourier e Proudhon – como veremos na seção 6 –, foi se elaborando um socialismo utópico que é uma das vozes mais radicais de inovação também educativa do século XIX europeu, que reclama uma vocação utópica para a pedagogia e um papel central para a instauração e o funcionamento da "sociedade liberada", caracterizada por um forte espírito comunitário.

O panorama educativo – no plano ideológico-teórico – é bem articulado na França da Restauração e da Revolução "gloriosa" (1830), que vê afirmar-se a burguesia como classe hegemônica e ideologicamente aguerrida também no plano educativo, embora exposta à crítica de oposições bastante nítidas, que vão do tradicionalismo católico ao socialismo utópico. Todavia, a França realiza – desse modo – as posições mais variadas e mais ricas da pedagogia da primeira metade do século XIX, manifestando assim também o forte dinamismo que alimenta a sua cultura e a sua política.

Na Inglaterra, o quadro é, ao mesmo tempo, mais linear e mais dramático. Mais linear na teoria, mais dramático na prática. As teorias pedagógicas giram em torno do empirismo, ora em chave utilitarista – com Jeremy Bentham (1748-1832) e com James Mill (1773-1836) –, ora em chave positivista e evolucionista – com John Stuart Mill e Herbert Spencer, sobretudo. O utilitarismo visava a uma educação (ou reeducação, em relação aos "criminosos") não coercitiva, mas que promovesse a participação do sujeito, estimulando suas necessidades e expectativas. Partindo do prazer era possível obter melhores frutos também no âmbito da aprendizagem, como ainda a formação humana era coordenada sobretudo pelo "bem social". Através do princípio da utilidade, o empirismo elaborava uma teoria social (e também uma teoria da formação, uma educação) que desse curso – realisticamente – à "moral da simpatia" de Hume, pois, partindo do útil, era possível construir um entendimento efetivo entre os homens. O positivismo e o evolucionismo – como veremos na seção 6 –, em contato com as ciências físico-naturais e com a sua reflexão epistemológica, retomaram e reelaboraram os princípios de uma pedagogia empirista, apontando-a assim como modelo nacional de pedagogia, capaz de adquirir, porém, cada vez mais crédito e atenção em toda a Europa com a difusão do positivismo, do qual Stuart Mill e Spencer – em duas diferentes direções: um, lógica e metodológica; outro, naturalístico-metafísica – foram dois campeões.

Em posição de total alteridade em relação aos modelos empiristas de pedagogia colocou-se o pensamento de William Godwin (1756-1836), o grande teórico do anarquismo, que, na sua obra-prima de 1793 – *Investigação sobre os princípios da justiça política* –, sublinha o caráter de corrupção inerente em todo vínculo de autoridade (na família, na sociedade civil, no Estado) e na propriedade privada, indicando como princípio para edificar uma nova sociedade a igualdade que deve ser promovida, em particular, pela educação. "A ação educativa deveria consistir num método racional destinado a aproximar as jovens mentes dos sadios princípios da virtude e da sabedoria", mediante um método libertário, não constritivo, e instituições não estatais, mas livres, confiadas à iniciativa de grupos e de mestres que trabalham para "ensinar a liberdade". Com Godwin toma corpo aquele filão pedagógico que estará no centro dos debates mais radicais do século xix europeu e das correntes políticas mais revolucionárias, dos anarquistas (de Stirner a Bakunin) e dos socialistas utópicos (como em Owen, sobre o qual nos deteremos na seção 6).

Entrementes, alguns filantropos intervinham procurando melhorar a situação educativa das classes inferiores. Já em 1780, o reverendo Robert Raikes (1735-1811) abriu em Gloucester uma "escola dominical" para os pobres, ensinando a ler e escrever utilizando a *Bíblia*. Depois, Andrew Bell (1753-1832) inaugurou o modelo do ensino mútuo, criando classes para os pobres nas quais os maiores e mais adiantados ensinavam aos menores e mais atrasados e apresentando tal método como econômico e eficaz para ensinar a ler (*Um experimento de educação*, 1796). Em seguida, Joseph Lancaster (1778-1838) retomou o modelo de Bell e abriu uma escola em Londres, obtendo, porém, inscrições mais numerosas e chegando, em 1804, a 700 alunos. O ensino era confiado a um "monitor", um rapaz já instruído e mais hábil, que coordenava o trabalho de aprendizagem por setores, dentro de um único salão com até 100 mesas e com gráficos e cartazes nas paredes. O financiamento para a escola vinha de subscrições. Embora fossem notáveis os ataques frontais a Lancaster pelas suas ligações com os quacres e com seu pacifismo e anticonformismo, por parte dos tories, todavia o sistema difundiu-se na Inglaterra e na Europa, na França (em 1820, tais escolas eram já 1.500), na Suíça, na Itália, na Espanha, na Rússia, na América, onde o próprio Lancaster o introduziu em 1818. Para os filhos dos burgueses, como veremos, organizaram-se escolas privadas (sobretudo), administradas com forte espírito tradicionalista, muitas vezes até de casta, e organizadas segundo uma disciplina bastante severa e segundo um trabalho escolar "rígido" e inspirado nos critérios do classicismo.

Outro país empenhado numa reelaboração dos princípios pedagógicos, também sob a influência de Pestalozzi, foi a Suíça, que viu em atividade dois pedagogos de destaque, Albertine Necker de Saussure (1766-1841) e Padre Jean-Baptiste Girard (1765-1850). Necker publicou de 1835 a 1838 *A educação progressiva*, um ensaio nascido da observação dos próprios filhos e de uma rica cultura, alimentada também pela sua proximidade a Madame de Staël e de Sismondi. Necker tem uma visão da educação como processo constante de formação, aberto e voltado para o aperfeiçoamento de si: a educação é progressiva e dura toda a vida, embora se divida sobretudo em três etapas: a da infância (que só se realiza pela ação de outros sujeitos), a da adolescência (que vê colaborar educando e autoridades educativas), a da juventude (que é agora autoeducação). O ponto culminante da educação é a formação de uma humanidade liberada que encontra na religião sua própria meta. Fortemente influenciada pelas ideias de Kant (do Kant moral), a pedagogia de Necker é totalmente antirrousseauniana: do pensador

442 FRANCO CAMBI

genebrino nega o otimismo e a ideia de educação negativa, contrapondo a essas teses a visão cristã do homem (como pecador e corrupto) e da educação (como intervenção de uma autoridade que serve para liberar a espiritualidade do aluno). A pedagoga suíça dedica depois uma atenção particular à mulher e ao seu fundamental papel educativo (já reconhecido por Pestalozzi) dentro da família, como esposa e como mãe, e à primeira infância, da qual estuda sobretudo o comportamento moral, sublinhando a função formativa, neste campo, da simpatia e do exemplo, que do âmbito familiar atingem a sociedade no seu conjunto.

Padre Girard foi um franciscano que se interessou pelos problemas educativos da Suíça, sobretudo em âmbito popular, aplicou o método do "ensino mútuo", aproximou-se de Pestalozzi, embora – depois de 1815 – tenha sido marginalizado por suas ideias demasiado avançadas. Fechada a sua escola em Friburgo, dedicou-se aos estudos durante dez anos e só em 1834 pôde retomar seu trabalho de administrador escolar e pedagógico. Entre suas obras, a que teve maior ressonância e sucesso foi *Do ensino regular da língua materna nas escolas e nas famílias,* de 1844, que enfrentava o tema talvez central da pedagogia de Girard: o ensino das línguas. A língua deve estar na base de todo ensino e ser aprendida pelas crianças segundo um método "materno" (que use palavras referentes a experiências e coisas conhecidas), o qual exige uma aula não passiva (feita de regras e de exercícios), mas sim ativa, que reinvente o saber que a criança deve aprender. Embora sobrecarregado por muitos pedantismos, o *Curso educativo de língua materna*, outra obra fundamental de Girard (1845-1848), estimulou uma didática não formalista, que visava sobretudo à formação do pensamento e da mente infantil em geral.

Na Rússia, só no início do século XIX é que se instalou um sistema escolar estatal e se elaboraram regulamentos e estatutos para os vários tipos de escola, desde as paroquiais até as distritais, os liceus, as universidades, onde a instrução era quase completamente laicizada. Com a política rea-cionária de Nicolau I, as escolas, especialmente superiores, foram fechadas aos burgueses, ao passo que, por iniciativa de particulares, se desenvolveram escolas para a infância. Neste quadro de profundo atraso inseriram-se as reivindicações de uma educação da infância de V. F. Odoevsky (1804-1869) e de V. G. Belinsky (1811-1848) e, depois dos anos 60, as críticas dos revolucionários democráticos como N. G. Cerniswsky e dos populistas com K. D. Usinsky (1824-1870), que visava a um resgate do povo pelo aprendizado da língua materna e do desenvolvimento moral no trabalho, do qual o professor deve ser o exemplo. Mas foi sobretudo Leão Nikolaievich Tolstoi (1828-1910), o grande romancista, quem elaborou uma pedagogia bastante original e radical, herdeira direta do libertarismo de Rousseau, levada às suas extremas consequências. Foi em 1861 que, na sua herdade de Iasnaia Poliana, ele abriu uma escola para os filhos dos campo neses, fechada depois pela polícia. Em 1871, abriu um seminário para docentes e de 1872 a 1874 compôs os *Quatro livros de leitura* e o artigo "Sobre a instrução popular". Nos anos seguintes dedicou-se particularmente a enfrentar problemas políticos e religiosos, incorrendo na excomunhão do Santo Sínodo (1886). Para Tolstoi, a educação é formar-se para a liberdade através da liberdade. Assim, a escola deve ser uma palestra de livres atividades, o professor deve abandonar qualquer atitude repressiva e dirigista, o estudo deve partir do interesse, a disciplina deve tornar-se autodisciplina.

A formação deve ser uma livre maturação e a própria instrução deve ocorrer sem constrições nem formalismos, numa atmosfera alegre, de trabalho livremente escolhido e, portanto, de livre responsabilidade. Tal escola é necessária sobretudo para o povo, para levá-lo à escola e ajudá-lo a autoformar--se através de aprendizados úteis (a língua e o cálculo), embora os valores éticos e estéticos devam encontrar lugar na escola popular, por meio de composições e leituras, por meio da prática da solidariedade e da fraternidade. A pedagogia tolstoiana – tão libertária, tão anárquica – durante muito tempo foi submetida a severas censuras e só mais recentemente, primeiro pelo ativismo (que valorizou seu espontaneísmo, a atenção aos direitos da criança), depois pelos "desescolarizadores" (que sublinham a crítica da pedagogia tradicional e a crise do seu modelo de escola, visando a uma escola aberta, sem regras preestabelecidas), é que ela foi valorizada como uma das grandes vozes – e uma das mais heréticas, das mais radicais – da pedagogia oitocentista e (justamente por este seu radicalismo) ainda atual.

5 A PEDAGOGIA ITALIANA DO *RISORGIMENTO*

Uma intensa atividade pedagógico-educativa atravessou também a primeira metade do Oitocentos italiano, naquela fase de notável desen-

444 FRANCO CAMBI

volvimento político que atingiu os diversos Estados italianos (sobretudo o Centro-Norte) e foi construindo o processo de unificação. Nesta fase – que foi definida como *Risorgimento* – delinearam-se iniciativas educativas, projetos de reforma escolar, posições pedagógicas bastante articuladas, que ativaram um rico diálogo sobre temas e problemas educativos, entremeados de fortes impulsos ideológicos. As diversas posições catalisaram--se em torno do espiritualismo católico e católico-liberal em particular, e em torno da tradição laica do pensamento liberal e, sobretudo, democrático. Para reconstruir as diversas posições e, portanto, o pluralismo e o conflito de modelos próprios da pedagogia do *Risorgimento*, podemos deter-nos sobre quatro aspectos: 1. a educação pública tal como foi sendo definida na frente laica (de Cuoco a Cattaneo); 2. o espiritualismo de Rosmini e de Gioberti; 3. as teses dos católicos liberais; 4. o reformismo educativo de Aporti e Mayer relativo aos abrigos infantis.

O quadro que emerge dessa reconstrução é marcado por um forte empenho ideológico-político, na medida em que se visa à formação de um homem-cidadão capaz de tornar-se sujeito responsável numa sociedade que se vai transformando no sentido liberal-democrático e industrial, mas também por um conflito de modelos que extraem suas identidades justamente desse terreno ideológico-político. Centrais são também os problemas escolares enfrentados para tornar a instituição-escola mais adequada às suas novas tarefas, como escola para todos e formadora do homem-cidadão, reelaborando (como veremos) instrumentos didáticos e quadros organizativos. Enfim, existe um empenho em "pedagogizar a sociedade", em torná-la inteiramente formativa e organicamente estruturada tendo em vista a educação do homem-cidadão (vejam-se, em particular, as teses de Capponi, mas também – pelo menos em parte – as de Cattaneo e de De Sanctis).

A EDUCAÇÃO PÚBLICA DE CUOCO A CATTANEO

No clima de despertar civil e de renovação institucional que se veio determinando cada vez mais depois de 1815, foi se formando uma orientação pedagógica inspirada nos princípios liberais/democráticos, profundamente convicta do papel social e político da educação, voltada para o fortalecimento de reformas educativas de direção laica e tendo em vista uma valorização do saber científico. De Cuoco até Romagnosi e Cattaneo, são levantados alguns problemas centrais da educação moderna, vindo a constituir-se de fato uma linha de reflexão pedagógica que, se não chegou a afirmar-se como hegemônica através das lutas culturais e políticas do *Risorgimento*, pelo menos agiu profundamente sobre a pedagogia dos séculos XIX e XX, representando um modelo alternativo e mais radical-democrático em relação ao da pedagogia oficial, de orientação liberal, mas fortemente autoritária e classista nas suas realizações de política escolar.

Vincenzo Cuoco (1770-1823), advogado napolitano, participou da vida da República Partenopeia de 1799. Exilado em Milão, escreveu o célebre *Ensaio histórico sobre a Revolução Napolitana de 1799* (1801), no qual desenvolve uma crítica ao abstrato revolucionarismo iluminista-jacobino, remetendo a uma análise mais atenta e circunstanciada da possibilidade de promover uma ação revolucionária em condições históricas determinadas e em relação às tradições típicas dos vários povos. Somente em tal contexto de fidelidade ao patrimônio histórico de um povo é que a revolução pode ter sucesso e ser não apenas destrutiva, mas profundamente inovativa. No ensaio sobre *Platão na Itália*, Cuoco retomava temas de Vico e os difundia nos cenáculos da cultura lombarda nos primeiríssimos anos do Oitocentos. Voltando a Nápoles, sob o poder de José Bonaparte ocupou importantes cargos públicos até tornar-se conselheiro de Estado e Diretor do Tesouro. Neste período compôs os seus escritos pedagógicos, solicitados pelos seus próprios compromissos públicos, como o *Relatório ao Rei Joachim Murat* e o *Projeto para o Ordenamento da Instrução Pública* (1809). Esta última proposta não foi aceita, mas influenciou amplamente as várias realizações escolares em Nápoles e em toda a Itália. No *Relatório*, Cuoco afirma que "a instrução, para que seja útil, deve ser: 1. *universal*; 2. deve ser *pública*, deve ser *uniforme*". Por "universal" ele entende uma instrução que compreenda "todas as ciências, todas as artes". "Pública" deve ser entendida como organização de "uma instrução para todos, uma para muitos, uma para poucos. A primeira não deve formar tantos sábios do povo, mas deve apenas instruí-lo o quanto baste para que possa tirar proveito dos sábios. A dos poucos é destinada a conservar e promover as ciências". Por "uniforme" deve ser entendida uma instrução bem regulamentada e igual em todo o Estado, controlada por funcionários que dependem do governo e homogênea até nos livros de texto, nos horários, nos programas. Tal instrução articula-se em três graus. O "primário", que trata da instrução "necessária a todos os homens" e versa sobre "ler, escrever, as primeiras operações da aritmética e a moral"; é "gratuita" e presente "em cada comunidade"; confiada a um número suficiente de professores bem pagos e atualizados sobre os novos métodos didáticos (como o de Pestalozzi). O grau "médio" é reservado a poucos e caracterizado pela amplitude das "cognições" (desde as "línguas" até a "física"), devendo, porém, formar não "um livro, mas um homem"; deverá privilegiar as ciências "mais necessárias à vida". Enfim, o grau "sublime" ou universitário é baseado na especialização das várias ciências e "um estudo mais longo e mais minucioso", que introduz à formação nas várias profissões liberais. A concepção pedagógica de Cuoco reflete fielmente as exigências de separar a instrução do povo da instrução das classes dirigentes e de especializar esta última no sentido "científico", exigências típicas da burguesia emergente como classe política. Tal concepção caracteriza-se também por uma atitude historicista em relação aos problemas da instrução, que exigem ser resolvidos em sintonia com as tradições dos vários povos. Mas são sobretudo as características de laicidade e de empenho pela educação popular que, malgrado seus limites, constituem os elementos mais inovadores da reflexão pedagógica de Cuoco.

Giandomenico Romagnosi (1761-1835) foi consultor do Ministério da Justiça em Milão desde 1806 e viveu em estreito contato com a administração napoleônica na Itália, de modo a retomar e desenvolver nos seus escritos pedagógicos os elementos de laicidade e de renovação das instituições e dos *curricula* educativos que a política napoleônica vinha introduzindo também na Itália. Tais reflexões pedagógicas pertencem, porém, predominantemente ao período seguinte, vivido entre múltiplas dificuldades durante os anos da Restauração, e estão contidas naquela que é considerada a obra-prima de Romagnosi, *Da índole e dos fatores da aculturação* (1832), e em alguns escritos menores, como os ensaios "O que é a mente sã?" (1827) e "Educação mental" (1829). Os aspectos fundamentais da pedagogia de Romagnosi estão ligados à valorização da "educação social" (entendida como participação das jovens gerações na cultura da comunidade em que vivem, de modo que seu aprendizado das várias técnicas de "aculturação" seja mais rico e mais célere, já que "cada ano da sua idade equivale a séculos da vida de seus antepassados") e à formação da "mente sã". Romagnosi via a educação da "mente" como síntese de receptividade e criatividade, pela conjunção de "sensações" e "sentido lógico" que desenvolvem sua capacidade, mas respeitava ao mesmo tempo as características da mente infantil, conotada por uma "racionalidade virtual" mais do que "atual" e educável por meio da "razoabilidade" que se manifesta pelo "sentir discreto", o "tender determinado" e o "conceber qualificado". Romagnosi elaborou também um projeto orgânico de educação nacional, contido na obra *Da constituição de uma monarquia nacional representativa*, publicada anonimamente em 1815. A escola primária deverá ser gratuita e comum a todos até o sétimo ano e deverá ensinar a ler, escrever e fazer contas com o acréscimo de um catecismo nacional para o sexo masculino e fiação-tecelagem para o feminino. Até os 12 anos a escola preparatória será, porém, paga e reservada aos grupos médios. Entre os 12 e os 18 anos a instrução será dedicada ao ensino das ciências e à formação prática do jovem. Tal instrução deverá proceder gradualmente dos sentidos para a fantasia, a razão, que representa o ponto culminante da formação intelectual, enquanto desenvolve "uma *infinita memória* das ideias individuais às quais foram associadas". Também em pedagogia, embora amplamente ligado às perspectivas iluministas de uma educação pública, laica e científica, Romagnosi, mediante a socialidade do aprendizado e o gradual fortalecimento da passagem do sentido à razão, tende a superar o seu sensacionismo originário e pôr em destaque uma função mais ativa da mente.

Na vasta e rica produção de Carlo Cattaneo, a pedagogia ocupa um lugar, se não central, pelo menos constante e significativo. Nascido em Milão em 1801, Cattaneo desenvolveu uma intensa atividade de jornalista e de estudioso e com seu *O politécnico* (1839-1845 e depois 1860-1863) deixou uma marca na cultura italiana, estimulando-a a caracterizar-se no sentido científico e laico. Intensa foi a sua participação nos acontecimentos políticos, especialmente em 1848. Morreu em Lugano, em 1869. Desde o artigo de 1824, "Sobre a instrução nacional", até os vários escritos dos anos 30, os escritos *Sobre o ulterior desenvolvimento do ensino público na Lombardia* (1848), *Sobre a reforma do ensino superior no Ticino* (1852) e *Sobre o reordenamento dos estudos científicos. Carta ao Senador Matteucci* (1862), a reflexão cattaneana sobre a educação apresenta algumas características recorrentes e fundamentais: 1. a afirmação do valor da instrução na formação de todo homem e cidadão; 2. a valorização do fim prático da instrução, até das próprias línguas mortas; 3. a prioridade do ensino científico e a formação de uma mentalidade científica como típica do homem moderno; 4. a organização das escolas segundo critérios precisos de especialização; 5. a referência a uma centralidade da educação nos processos de elevação civil das várias classes sociais e da nação inteira. Em particular, tipicamente cattaneana é a ênfase sobre a função educativa da ciência e da técnica que devem inspirar um moderno *curriculum* de estudo. Assim, deverão ser abertas escolas de agronomia e de contabilidade, de química e de mecânica, nas quais a aprendizagem ocorrerá também por meio da atividade de "laboratório", já que, por exemplo, "se com a leitura de livros e a observação das mais admiráveis operações se pode *entender* a química, só nas perseverantes fadigas do *laboratório* se pode realmente *aprendê-la*". Retomando depois explicitamente algumas indicações de Romagnosi, Cattaneo sublinha a importância dos processos sociais na aprendizagem. Isso implica uma constante referência histórica e civil da cultura e da instrução, além de uma concepção colaborativa da ciência que pode "aplacar todas as iras, desarmar todas as vendetas, abraçar em consórcio fraterno todas as pessoas". A visão pedagógica de Cattaneo está ligada ao seu otimismo iluminista tardio, mas nutrida também de uma consciência precisa do valor "político" da educação e das funções histórico-sociais que vêm fortalecer as várias ciências.

À luz desses princípios gerais, Cattaneo esboça também um projeto de reorganização dos estudos que previa uma escola Elementar Menor e Elementar Maior para passar depois ao Liceu e punha em destaque o papel não preeminente do latim, ao passo que valorizava o da ciência, da geografia e da história. Também para o terreno histórico é levado o próprio ensino da filosofia, que "deveria compreender não as habituais controvérsias insolúveis de metafísica e de psicologia, mas aquelas matérias que Romagnosi chamava *Filosofia Civil* e aquelas que nas escolas do Reino da Itália se chamavam *Instituições Civis*".

A PEDAGOGIA DE ROSMINI, GIOBERTI E MAZZINI

Os dois filósofos do espiritualismo constroem uma filosofia da educação de orientação metafísica, embora profundamente interligada às instâncias de reforma religiosa e política que os dois autores vêm manifestando em seus escritos da maturidade, e especialmente sensível aos problemas que trabalham a cultura católica da sua época, primeiro entre todos o da relação entre autoridade e liberdade. Certamente que também na sua pedagogia permanecem limitações bastante sensíveis às inspirações de caráter liberal, mas o pensamento pedagógico dos dois autores, no quadro do Oitocentos italiano antes da unificação, manifesta-se como atravessado por vivazes instâncias de renovação, de abertura para o mundo moderno e as suas demandas de liberdade. Rosmini e Gioberti não representam a ala mais avançada da fileira católico-liberal, mas rompem em muitos aspectos com a tradição educativa católica, de hegemonia jesuítica, e iniciam uma reflexão educativa de orientação espiritualista que teve, pelo menos na Itália e até em épocas bastante recentes, uma fortuna significativa.

Antonio Rosmini (1797-1855) – o grande representante do espiritualismo personalístico oitocentista, cujo pensamento se inspira numa revisão no sentido agostiniano do criticismo de Kant, de inspiração ontologística – dedicou à pedagogia três escritos importantes: em 1826, o ensaio "Sobre a unidade da educação"; em 1839, a obra fundamental *Do supremo princípio da metódica*, deixada incompleta; em 1854, alguns artigos: "Da liberdade de ensino". No ensaio juvenil afirma que a educação deve "ser una e coerente consigo mesma" e que tal unidade só é alcançável através do elemento religioso, que deve dominar (o que não significa, porém, exaurir) os vários processos formativos e instrutivos. Só com o advento do cristianismo tal unidade, segundo Rosmini, se impôs no âmbito educativo "porque pôs nas mãos do homem a régua para medir todas as coisas e o fim último ao qual dirigi-las". Ademais, "de três maneiras, segundo a intenção e o espírito do cristianismo, quer ter *unidade* a educação dos homens: unidade do seu *fim*, que é o próprio princípio de toda unidade, e a característica essencial da educação cristã; unidade nas *doutrinas*, às quais se faz aplicar a juventude, ou seja, sobre o sistema dos objetos da instrução; e finalmente unidade nas *potências*, que devem ser todas penetradas, por assim dizer, e operadas pelas doutrinas aprendidas, ou seja, unidade no método de ensino", escreve ele em "Sobre a unidade da educação".

Em nítida oposição ao sensacionismo setecentista, Rosmini afirma também a necessidade de adequar o ensino à "ordem das coisas fora de nós"

450 FRANCO CAMBI

de maneira a "ajustar a elas as mentes e as almas". Tal orientação para a ordem objetiva como "supremo princípio da humana educação" (que é a aplicação pedagógica da sua gnoseologia) exige a introdução "essencial e necessária" do conhecimento e do amor de Deus no espírito humano. Ao lado desses aspectos mais diretamente ligados ao ontologismo espiritualista de Rosmini, a obra contém também a afirmação do valor da individualidade, naquilo que tem "de próprio", isto é, "o temperamento, o gênio, o fim do indivíduo", além daquela de "formar o coração do homem" como objetivo central da educação, que manifestam uma abertura para a cultura romântica e liberal.

No escrito elaborado em 1839, em lugar de uma teorização filosófico-teológica da educação, desenvolve-se uma observação mais direta sobretudo da mente infantil, que Rosmini vê como caracterizada pela "benevolência" e pelo instinto "de agradar, já que é plena de vida e de sensibilidade" e, sucessivamente, na idade pueril, como dominada por intelecto e sentimento, por "idealidade" e "realidade". A consequência pedagógica é evidente: deve-se usar todo meio educativo que respeite a especificidade da vida psíquica infantil, a sua liberdade e a sua "benevolência". Nestas páginas estão presentes também alguns ecos rousseaunianos, como quando fala daquilo que "em cada idade a criança faz por si mesma" e daquilo que, paralelamente, o educador deve fazer no ambiente "ao seu redor", além de finas anotações de psicologia infantil (como, por exemplo, as belas observações sobre o riso da criança nos primeiros meses de vida). Além disso, Rosmini identifica o "supremo princípio da metódica" no método dedutivo, que parte do geral para aplicar-se depois aos casos particulares, e parece fecundo no estudo de qualquer disciplina. Assim, o filósofo recomenda, como regra geral, "apresentar à mente da criança" os "objetos" que pertencem à "primeira ordem de intelecção", isto é, pensamentos puros e gerais, depois os da "segunda", da "terceira" ordem, e assim por diante, de modo que "jamais aconteça que se queira levar a criança a fazer uma intelecção de segunda ordem sem assegurar-se primeiro de que a sua mente fez as intelecções relativas à primeira ordem". Tal procedimento exclusivamente lógico-analítico do método, bem estranho às descobertas da psicologia infantil, aparece corrigido em outras obras pelo próprio Rosmini, quando afirma, por exemplo, a necessidade típica da psique infantil de partir sempre do concreto e do particular, também para conhecer os aspectos mais gerais de um determinado objeto.

Um aspecto mais conservador têm, pelo contrário, os artigos sobre a liberdade de ensino, que reivindicam para a Igreja o direito de ensinar e se opõem com decisão a todo monopólio estatal no âmbito da escola. A Igreja, de fato, "tem um dever e um direito divino de administrar universalmente todos, governados e governos" e, portanto, lhe cabe, pela sua própria natureza, o direito da liberdade de ensino. Tal direito, porém, refere-se sobretudo à formação religiosa, já que "as outras partes da instrução e da educação, seja pública ou privada, não são de exclusivo direito do clero, mas permanecem no direito comum do ensino livre". A posição rosminiana, até mesmo nestes escritos mais diretamente ligados às batalhas ideológicas (em torno da liberdade de ensino depois da aprovação no Piemonte das leis Siccardi, que limitavam o poder da Igreja em matéria religiosa e educativa), mostra-se cautelosamente mediadora entre exigências eclesiásticas e reivindicações liberais.

Vincenzo Gioberti (1801-1852) – o outro representante do ontologismo, na forma mais espinosiana – tratou de educação não só indiretamente nos seus escritos políticos, como também diretamente em alguns capítulos da *Introdução ao estudo da Filosofia* (1840). Em Gioberti também há uma explícita defesa da educação cristã e católica: "O cristianismo, destinado ao sublime ofício de perfeição e a enobrecer os homens, é a educação do gênero humano em ordem para a vida futura" e a Igreja realiza tal ofício específico por meio do ensino (o catecismo) e da disciplina (os cânones). Nos tempos modernos, a educação, de eclesiástica, tornou-se privada e prevaleceram doutrinas naturalistas em pedagogia (Rousseau) e princípios de liberdade de ensino na organização da instrução. Gioberti adere explicitamente às exigências modernas de uma educação pública administrada pelo Estado, opondo-se ao monopólio tradicional dos jesuítas e aos seus métodos educativos (porque a educação "confiada apenas a eclesiásticos basta para disciplinar monges, mas não para fazer ci-dadãos") e rejeita não só as teses libertárias de Rousseau (baseadas numa "falsa base", a bondade da natureza humana), como as dos liberais em matéria de política escolar. A educação nos tempos modernos não pode mais ser "doméstica", já que se trata de formar cidadãos, nem ser confiada a particulares, mas apenas ao Estado, segundo o modelo dos antigos. Nesta decidida afirmação está presente uma clara herança do pensamento iluminista, que tinha lutado para tirar a educação do clero e dos particulares e reivindicar a superioridade da educação pública. Tal educação deve estar voltada para os "talentos mais eleitos", mas deve também voltar-se para o povo, pois ler e escrever são necessários para realizar uma sociedade que veja a participação nos problemas de todos os cidadãos através da imprensa. O objetivo pedagógico de Gioberti é decididamente progressista e ligado a uma precisa absorção dos postulados fundamentais da política escolar (e não só escolar) do liberalismo moderno (liberdade de imprensa, educação pública, educação popular). Em Gioberti não existe uma oposição ao mundo moderno nem uma tentativa de operar um compromisso entre conservantismo e progresso (como ocorre em Rosmini), mas, mesmo sem abrogar os fundamentos metafísicos e teológicos do seu sistema filosófico, um corajoso alinhamento com as reivindicações de liberdade, e também de democracia, que caracterizam os alinhamentos burgueses mais avançados da cultura e da política do *Risorgimento*. Com Gioberti, já estamos no âmbito de um catolicismo liberal.

Num espiritualismo ético e laico inspirou-se o pensamento de Giuseppe Mazzini (1805-1872) que, no campo pedagógico, distinguiu-se pelo seu papel de "apóstolo" e de educador do povo, como também pelo seu apelo à união entre Deus, ação e dever e à de pensamento e ação que devem constituir os princípios de uma "religião da humanidade", a qual deve tornar-se princípio político ativo vivido no ideal da Pátria, como defende em *Os deveres do homem*.

OS CATÓLICOS LIBERAIS: LAMBRUSCHINI, CAPPONI E TOMMASEO

Na Itália do Oitocentos, os católicos liberais representam um grupo de intelectuais bastante homogêneo, presente nas regiões de economia mais avançada e caracterizada por uma vida cultural mais aberta aos contatos internacionais (como a Lombardia e a Toscana); grupo que une uma radical oposição às teses racionalistas e anticristãs do Iluminismo a uma vivaz sensibilidade pelas exigências de liberdade e de emancipação do povo, típicas da cultura romântica. Seu catolicismo é decididamente ortodoxo, mas não antiliberal; a filosofia em que se inspiram é um espiritualismo que procura inserir-se nas conquistas da reflexão moderna, afastando-se do tradicional tomismo da Igreja romana; a política que defendem é de nítida oposição à aliança trono-altar típica da Restauração e orientada para valorizar o papel das massas no âmbito da sociedade moderna, mais liberal em política e mais dinâmica em economia. Estes autores tentam uma fusão entre cristianismo e liberalismo, embora permaneçam ancorados numa concepção antropológica de tipo religioso. Seu liberalismo, de fato, encontra um limite nos direitos e nos deveres da pessoa interpretada como dotada de uma alma imortal e de uma destinação extraterrena. A liberdade se antepunha à autoridade da fé e ao primado da religião. Não obstante, suas batalhas religiosas, políticas e pedagógicas foram acesas e corajosas, chegando a reclamar abertamente uma reforma, às vezes radical, da Igreja e, no campo político, uma aliança com os liberais laicos que se afirmará durante o processo de unificação da Itália, do mesmo modo que, no campo social, os católicos liberais defendem a necessidade de aliviar os sofrimentos das classes populares, embrutecidas pela miséria e pela ignorância. A pedagogia ocupa, portanto, um lugar privilegiado no seu pensamento, já que a ela especialmente é confiada a evolução da sociedade, a defesa do povo da propaganda do ateísmo e a formação de uma classe popular mais evoluída, capaz de colaborar na construção de um Estado guiado pelos genuínos princípios do cristianismo. Os católicos liberais italianos devem suas ideias fundamentais a algumas correntes do catolicismo francês, em particular a Lamennais, mas as desenvolveram com significativa autonomia, atenuando-as nos tons mais radicais e colorindo-as de um pedagogismo por vezes até paternalista, que permanece como o aspecto dominante do grupo. O problema central que ocupou a pesquisa dos católicos liberais foi a relação entre autoridade e liberdade, para a qual procuraram uma solução intermediária e de compromisso que muitas vezes se revelou frágil e, de fato, resultou ou em vantagem da autoridade ou num fortalecimento mais radical da liberdade.

Rosmini e Gioberti, embora com maior consciência filosófica, mas também eles com posições oscilantes, enfrentaram alguns temas e problemas-chave do momento católico-liberal que encontrou, porém, as figuras mais representativas em Lambruschini, Capponi e Tommaseo e que inspirou também as pesquisas eruditas de Cesare Cantù ou as literárias de Alessandro Manzoni.

454 FRANCO CAMBI

Raffaello Lambruschini nasceu em Gênova em 1788 de uma rica família bastante ligada à Igreja (um tio foi secretário de Estado sob Gregório XVI). Iniciado na carreira eclesiástica, estuda em Roma e se aprofunda nos textos de Santo Agostinho. Durante o domínio napoleônico rege a diocese de Orvieto, por conta do tio arcebispo. Com a Restauração, em 1816, recolhe-se à sua propriedade de São Cerbone junto a Figline, abandonando toda ambição de carreira eclesiástica. Nessa propriedade, pelo menos até 1830, dedica-se a organizar uma escola-internato (aberta até 1847), de onde mantém estreitos contatos com o ambiente cultural florentino (com Viesseux e a Academia dos Georgófilos). De 1836 a 1846, publica também uma revista, o *Guia do Educador*, na qual colaborarão também Mayer e Tommaseo. Em 1848 inicia uma intensa atividade política na ala federalista e moderada, e dirige o jornal *La Patria*. Voltando aos estudos, retomará a atividade pública em 1860, com a revista *A Família e a Escola*. É nomeado senador, presidente da Academia dos Georgófilos e professor de Pedagogia no Instituto de Estudos Superiores de Florença. Morre em 1873. As obras de Lambruschini – *Da educação* (1849); *Discursos aos mestres* (1860-1863); *Da instrução* (1871); *Das virtudes e dos vícios* (1873) – foram compostas recolhendo seus artigos esparsos em vários periódicos, mas os escritos mais ousados do pedagogo toscano, especialmente em matéria religiosa, permaneceram inéditos e só vieram à luz neste século. O pensamento pedagógico de Lambruschini está estreitamente ligado ao problema religioso e à reforma da Igreja, como também à sua própria concepção política. A visão religiosa em Lambruschini desenvolve-se através de uma crítica da forma histórica do cristianismo, na qual "a política é identificada com a religião" e esta última é apresentada de forma dogmática e autoritária. A esta é necessário contrapor a "religião do Evangelho", orientada para edificar a harmonia entre os homens mediante o recurso ao valor primário da consciência individual, a interpretação histórica e progressiva da revelação e a atenção à vida econômico-social como condição necessária para o crescimento da vida espiritual. Lambruschini opõe-se, portanto, à Igreja da Restauração, politizada e autoritária, além de historicamente imóvel, ancorada em formas religiosas ligadas "a séculos preferidos por ela, em que brilhava, com todo o esplendor, a autoridade do sacerdócio, enquanto se obscurecia a luz da religião evangélica". A religião, para Lambruschini, é, porém, "um elo:

HISTÓRIA DA PEDAGOGIA   455

um elo do homem com Deus; um elo dos homens entre si", é uma força libertadora que age no indivíduo e na sociedade. Para realizar tal religiosidade é necessário reformar a Igreja, despojá-la de seus dogmas e do seu autoritarismo para fazê-la voltar à sua pureza evangélica e à centralidade da fé. Além disso, também como organismo administrativo e político, a Igreja necessita de uma reforma: o clero deveria ser reduzido; a responsabilidade dos párocos deveria ser aumentada; os estudos eclesiásticos deveriam tornar-se mais rigorosos; aos párocos deveria caber a nomeação dos bispos que, por sua vez, deveriam eleger o papa; o celibato eclesiástico seria abolido; os fiéis deviam ser incluídos nos ritos religiosos e a confissão deveria voltar a ser mais simples e mais sentida.

No terreno político, Lambruschini insere-se na corrente dos moderados, favorável, na Toscana, às várias exigências de renovação econômica e social, à criação de um Estado de regime constitucional e a uma ascensão das classes sociais inferiores mediante um processo de assimilação educativa às regras da sociedade burguesa. O homem deve viver em sociedade e nela deve satisfazer as suas necessidades, que "são todas as exigências da sua complexa natureza, são o desenvolvimento progressivo das suas faculdades, os destinos que Deus lhes prefixou, a direção para o governo das suas múltiplas forças – em conjunto, necessidades, direitos, deveres; sob diversos nomes uma coisa só, a lei da humanidade". Isso ocorre por meio da liberdade, do progresso e da associação, mas, para que tais condições sejam realizadas, deve-se erguer a massa popular da situação de indigência e de ignorância em que se encontra, e este é um dever específico das classes mais ricas e mais cultas.

Uma particular atenção Lambruschini dedica à interpretação da liberdade: "a liberdade verdadeira é a remoção dos obstáculos para seguir os ditames da consciência. A moralidade é inseparável da liberdade", afirma ele em *Da autoridade e da liberdade*, publicação póstuma; mas ela se explica sempre num contexto social, de leis e de obrigações, no qual a liberdade deve ser contemporizada com "a submissão", que deve ser maior onde há "fraqueza e ignorância", mas a autoridade deve ser "socorrista" ou libertadora, isto é, voltada para favorecer o crescimento da responsabilidade e da autonomia. Se "a liberdade é a consciência que respeita a lei, a Autoridade é a lei que respeita a consciência". A Autoridade, afirma ainda Lambruschini, é "para os homens" e é esse o princípio que alimenta a religião cristã. Dessa visão progressista e liberal da vida social decorre a nítida separação entre Igreja e Estado sublinhada muitas vezes por Lambruschini. Os dois organismos devem estar numa relação mútua de "distinção amigável", já que as duas instituições "não devem ser ministras uma da outra", embora possam em alguns casos "coadjuvar-se", mesmo aplicando um princípio de não interferência. O moderantismo de Lambruschini impede-o, porém, de afirmar a extensão dos direitos políticos a todos os cidadãos, bem como o princípio da soberania popular.

Em contato direito com os problemas educativos surgidos na sua escola de São Cerbone, Lambruschini foi elaborando a sua concepção pedagógica e a sua ação de propaganda educativa e didática nas revistas por ele dirigidas. Além da escola-internato, Lambruschini interessou-se também pela organização de abrigos infantis, escolas de ensino mútuo, escolas populares e festivas, bandas musicais e sociedade de socorro mútuo. Esse vasto empenho educativo inspirava-se em alguns princípios pedagógicos fundamentais, com frequência influenciados pelas pesquisas educativas e didáticas de Pestalozzi e de Fröbel. Antes de tudo, a educação deve ser pública, isto é, estatal ou privada, mas aberta a todos; a estatal deve ser desenvolvida numa escola bem organizada, gratuita mas não obrigatória, dividida no grau superior em orientação literária e orientação técnica; estruturada segundo o princípio da liberdade de ensino que garanta uma ampla autonomia aos dirigentes periféricos em relação ao Ministério da Instrução Pública; a educação privada exige um controle por parte do Estado, que deve também entrar em concorrência com ela de modo a fazê-la diminuir drasticamente.

No plano estritamente teórico, Lambruschini enfrentou alguns problemas centrais da pedagogia moderna, em particular, aquele profundamente sentido por ele, da relação que se estabelece em toda forma de educação entre autoridade e liberdade. A relação entre docente e discente é uma relação baseada sobre uma autoridade que libera, que estimula a criança (ou o homem) "a fazer aquilo que é justo" mesmo quando "lhe desagrada". Retorna também em pedagogia à um tanto ambígua tese de compromisso, cara aos católicos liberais, da autoridade libertadora, que, de fato, como foi várias vezes destacado, após as reivindicações libertárias de Rousseau e dos românticos, recolocava os processos educativos sob o predomínio da autoridade, da tradição e do controle quase exclusivo do adulto. Além da afirmação desse princípio dramático que estrutura e torna problemático todo ato educativo, Lambruschini, nas pegadas de Pestalozzi, dá ênfase à dedicação amorosa que deve ser própria do educador. Com notável amplitude, ele interessou-se também pelos problemas didáticos, tratando os temas mais variados, do trabalho à língua, da aritmética à religião. Em particular, devem ser destacadas as reflexões sobre a didática da língua, já que elaborou um método de aprendizagem da leitura e da escrita que às vezes se aproxima bastante do "método global". De fato, a aprendizagem das palavras parte sempre de uma "ideia de início obscura e confusa" para depois desenvolver-se de forma analítica e passar, enfim, à reconstrução sintética, sendo, portanto, necessário, no trabalho escolar, procurar analogias de letras e sílabas entre as palavras para favorecer a sua decomposição-recomposição, de tal modo que o discente "aprende as palavras posteriores com mais facilidade que as anteriores e por si mesmo ele coloca muitas delas junto com elementos já tirados de palavras semelhantes".

A obra-prima de Lambruschini continua sendo, porém, o *Guia do Educador*, primeira revista especializada em pedagogia na Itália, que encontrou amplo consenso e teve vasta difusão. Nela, Lambruschini enfrentou problemas de teoria e de didática, de "ciência" e de "arte" educativa, com "uma obra humilde, obscura", mas "dirigida para um grande fim, já que não há nada tão grande quanto dedicar-se a tornar os homens melhores", uma obra, como ele próprio a define, "totalmente moral" e "evangélica".

Com Gino Capponi, o pensamento católico-liberal se mancha de uma veia cética em filosofia e de um certo pessimismo antropológico que, todavia, não reduz o seu empenho pedagógico e o seu recurso a iniciativas práticas de educação. Capponi nasceu em Florença, em 1792, de uma família patrícia, ativa na política da Toscana grão-ducal. Estuda as línguas clássicas e modernas e realiza numerosas viagens a vários países europeus. Colabora nas revistas florentinas da época, da *Antologia* ao *Guia do Educador* e *Arquivo Histórico Italiano*, ligando-se por amizade a Vieusseux, Tommaseo e Lambruschini. Expoente do liberalismo moderado, é nomeado, em 1848, presidente do Conselho. Alinha-se depois à política de Cavour e, em 1861, é eleito senador e como tal se opõe à conquista de Roma, por respeito ao pontífice. Nos últimos anos, dedica-se à ordenação e ao acabamento de seus escritos. Morre em Florença, em 1876. Seus escritos

458 FRANCO CAMBI

principais são dedicados à pesquisa histórica, culminada na *História da República de Florença* (1875) e voltada para a história dos lombardos, como também a dos papas. Seus escritos pedagógicos são raros, mas altamente significativos: uma resenha sobre a escola do padre Girard, escrita em 1820; outra resenha sobre as escolas da Suíça, publicada em 1822 na *Antologia* de Vieusseux; os *Pensamentos sobre a educação*, elaborados de 1837 a 1841 e publicados em 1845; o *Fragmento de estudo moral*, de 1856, sobre a capacidade intelectual e as qualidades morais das mulheres.

O pensamento de Capponi parte de uma explícita desconfiança em relação à filosofia metafísica e sistemática e se aproxima mais das reflexões dos moralistas, de Santo Agostinho a Montaigne, bem como das posições dos empiristas, de Locke a Condillac. A filosofia de Capponi é de base cética e orientada para a valorização do "bom senso"; afirma o fazer como superior ao conhecer e culmina na reflexão religiosa como aspecto supremo da verdade. Capponi "ama, portanto, a filosofia", mas só quando se "extraíam dela normas mais corretas para o juízo ou delas derivem aqueles cânones que são úteis à vida" e não absolutamente quando pode construir um sistema que cobre com "tristes enganos da soberba" os "vazios da ignorância". No terreno religioso, Capponi sofre a influência não só do jansenismo (tanto pelo recurso à interioridade da experiência religiosa quanto pela concepção pessimista sobre a natureza humana), como das posições lockianas (deísmo e tolerância). Nas cartas trocadas com Lambruschini, o pensamento religioso do marquês florentino se revela em toda a sua riqueza, mas também na sua decidida oposição a todo tradicionalismo: a essência da pregação evangélica é colhida no "princípio da caridade, da igualdade, da associação universal do gênero humano"; o dogma da Trindade reduzido a fórmula filosófica; a figura de Cristo é mais valorizada como humana que como divina; alguns sacramentos têm caráter simbólico (batismo e eucaristia).

A obra de mais alto valor pedagógico e a mais original de Capponi são os *Pensamentos sobre a educação*, onde vêm entrelaçados pelo menos quatro temas fundamentais: 1. a crítica ao naturalismo rousseauniano; 2. o problema da relação educação-sociedade; 3. a crítica à educação eclesiástica; 4. o estudo do caráter da infância.

Rousseau, "criança poética", no seu romance pedagógico – que foi revolucionário no campo educativo, mas que "propositadamente simulava

HISTÓRIA DA PEDAGOGIA 459

um menino impossível e uma educação impossível" – elaborou uma pedagogia abstrata, em aberta oposição a qualquer vínculo social, e ancorada em pressupostos naturalistas. Emílio é, assim (e a crítica de Capponi tornou-se célebre),

> aquele menino gorducho e insípido, sem índole nem engenho próprio, como Rousseau quer deliberadamente representá-lo e o conseguiu otimamente, comuníssimo, verdadeiro bípede de espinha ereta, mas sem que o sopro de Deus o tenha penetrado, e sem que o diabo lhe tenha sugerido nada ... meninos como esse eu jamais conheci, embora conheça piores. Acresce que Emílio não tem nem pai, nem mãe, nem família, nem cidade, nem estado; e não sabe de que religião seja, em que mundo vive, em qual se prepara para viver.

As abstrações de Rousseau devem ser substituídas pelo modelo de uma educação social que conjuga de maneira estreita a formação do indivíduo com a participação na vida de uma comunidade (com normas, regras, ideais). Já os antigos "dedicavam atenção extrema à educação dos meninos que deviam ser cidadãos, segundo convinha às várias formas dos Estados e ao espírito que os regia". Em tal contexto social, "a educação pública seguia as normas prescritas pelos legisladores; a privada era confiada aos exemplos das famílias". Entretanto, o princípio era único: "formar para o Estado", embora a formação fosse fornecida só para aqueles que possuíam o "estado" de cidadãos, nunca "para os escravos e a ínfima plebe". A sua força era a ligação com as "leis da cidade", a sua fraqueza, o caráter aristocrático. Com o cristianismo, que privilegia a consciência individual e a "intenção" em relação à "exterior atividade", tal equilíbrio se rompe e nasce a educação moderna, mais problemática e mais inquieta, dividida entre indivíduo e sociedade.

Com o cristianismo, a educação passa às mãos dos eclesiásticos e tende a formalizar-se, a constituir-se como "arte que existe de *per si*" e que deve ser mantida "com métodos". Ela se torna assim especialmente nas mãos dos jesuítas. Mas, com o nascimento do mundo moderno os eclesiásticos são expropriados da tarefa de educar: "Uma grande batalha entre tantas, talvez maior que qualquer outra, foi travada em nossos dias e quase vencida: a educação pode-se dizer tirada das mãos do clero".

No centro do processo educativo, ao lado do papel primário da sociedade, deve ser colocada a valorização da natureza da infância, do seu tipo de pensamento, que Capponi, com precisão, define como sintético ("o pensamento da criança é essencialmente sintético porque ele é intuitivo: a análise conhece, a síntese cria"), além da personalidade da criança que se caracteriza mais pelo sentimento do que pela razão (esta última reduz os meninos a "homenzinhos" e "soberbos"), das leituras que lhe são inerentes (que são aquelas inspiradas no "puro e sadio bom senso"). Ao lado desses quatro temas de crítica pedagógica, Capponi desenvolve também um projeto educativo que é confiado às escolas públicas e privadas (para os primeiros anos) e tende a formar o caráter da criança e a conotar-se como um modelo de "educação viril". A religião ocupa um lugar central nesse projeto formativo: "Quanto a mim, creio que só a religião é para o homem educativa, e tenho por muito insípido qualquer discurso moral que não se valha dos preceitos do Evangelho". A posição de Capponi, em conclusão, revela-se extremamente moderada em relação às inovações educativas, como inspirada numa visão estática da sociedade e da educação, mas, ao mesmo tempo, capaz de colher de forma clara a evolução da sociedade moderna em matéria educativa e a relação central entre educação e sociedade que foi uma espécie de *leitmotiv* da pesquisa pedagógica dos últimos dois séculos. Capponi, mesmo com seu tradicionalismo moderado e seu ceticismo, identifica com segurança os problemas centrais e abertos da educação moderna: a relação entre formação e ambiente, o estudo da natureza específica da infância e o papel "positivo" (e não apenas rousseuanianamente "negativo") de todo ato educativo.

Também Niccolò Tommaseo (1802-1874), amigo tanto de Rosmini como do grupo florentino de Vieusseux, estudioso de línguas e literato, além de ardente patriota, ocupou-se de educação, embora de forma não sistemática. Defende o papel fundamental da educação do povo, para mudar nele "os rudes ou graves hábitos", que deve efetuar-se em cada ato da vida pública, nos "divertimentos, exercícios, espetáculos, casas, bairros, passeios", de modo que seja despertado nos cidadãos o senso moral e político. A educação nacional deve realizar-se mediante "a instrução, a religião e o amor", e deve ser confiada "à milícia das artes e das ciências", que deve exercitar-se em instituições escolares tanto públicas como particulares, embora, segundo Tommaseo, seja o governo que deva aprender com os particulares, já que "não só é direito seu comandar, como é dever e dignidade obedecer". A essas teses gerais, expostas no volume

HISTÓRIA DA PEDAGOGIA 461

Educação e adestramento do povo e da nação italiana, de 1871, Tommaseo acrescentou reflexões sobre a didática e sobre a relação professor-estudante, baseada num vivaz intercâmbio afetivo, além de observações de psicologia infantil (desenvolvidas no *Diário de uma menina do primeiro ao quinto ano de idade)* e de educação da mulher, contidas nas obras *Da educação, escritos vários* (1834) e *Da educação, desejos* (1846).

FERRANTE APORTI, ENRICO MAYER E OS ABRIGOS INFANTIS

O Oitocentos italiano (como o europeu) foi atravessado por apaixonados debates em torno do problema da educação popular. As reivindicações já apresentadas pelos iluministas de uma escola especialmente elementar aberta ao povo tinham encontrado defensores não só nos liberais, como, com maior energia, nos democratas, e o problema foi agitado por políticos e filantropos, por pedagogos e por burgueses iluminados. Por longo tempo, porém, a expansão da instrução em nível popular foi confiada à iniciativa de particulares, movidos por uma vivaz sensibilidade no campo social e orientados para uma concepção progressista da organização social que reconhecia ao povo uma função subalterna, mas lhe prenunciava uma participação mais ativa. Contra as teses dos reacionários (de modo especial os jesuítas), que afirmavam que a instrução destrói a moral, que é socialmente perturbadora e afasta o povo da felicidade; a burguesia, especialmente do norte, interessou-se profundamente pelos problemas da escola popular, visitando escolas-modelo no exterior e iniciando experimentos locais de alfabetização e formação ética e civil das camadas inferiores da sociedade. Um papel fundamental, neste crescimento da instrução para o povo, tiveram as "escolas de ensino mútuo", nas quais os rapazes mais maduros orientavam os aprendizados dos menores, de modo que um só professor podia instruir quatrocentos ou quinhentos rapazes simultaneamente, ajudados por vários vice-professores escolhidos entre os alunos mais dotados. O objetivo dessas escolas, que tiveram larga difusão no norte e no centro, era ensinar a ler, escrever e calcular, ou seja, dar ao rapaz do povo os instrumentos básicos da instrução e preparar as crianças para um comportamento de solidariedade recíproca. O curso de estudos durava 18 meses, dividido em períodos de quarenta dias e oferecia a vantagem de instruir em tempo curto muitos rapazes, de modo a torná-los mais idôneos para o trabalho industrial, então em crescimento e em transformação. Um episódio central desse desenvolvimento da escola popular foram os abrigos de Aporti que, em comparação com as escolas de ensino mútuo, visavam não só a uma instrução elementar e instrumental, mas também a uma formação mais harmônica e geral da criança, e dirigiam-se a classes de idade menor, vindo assim ao encontro das exigências das famílias, que em tempos de sensível transformação econômico-social achavam-se cada vez menos idôneas para educar as crianças.

Ferrante Aporti, nascido perto de Mântua, em 1791, foi sacerdote e professor no Seminário de Cremona, e a partir de 1821, diretor das escolas elementares da cidade. Em 1829, abriu, ainda em Cremona, o primeiro "Abrigo Infantil", onde aplicou um método de ensino que teve imediatamente amplo sucesso e notável difusão. Segundo seu exemplo e seu modelo, houve uma ampla difusão de escolas para a infância em várias cidades italianas. O sucesso do experimento levou-o a ilustrar suas ideias num curso de Metódica na Universidade de Turim, em 1844, cidade onde morreu, em 1858. Em 1833, publicou um *Manual de educação e de treinamento para a escola infantil*; em 1836, um *Guia para os fundadores e diretores para a escola infantil de caridade*; e, em 1847, os *Elementos de pedagogia ou da educação racional das crianças*, obras que acompanharam e sustentaram as batalhas políticas do movimento pela educação popular em relação à oposição dos governos e dos meios católicos menos iluminados. Em várias regiões italianas fundaram-se sociedades para os asilos aportianos, que tiveram seu máximo florescimento no Piemonte, na Lombardia e na Toscana, encontrando, porém, radicais opositores em Nápoles e em Roma.

A educação nos abrigos aportianos, abertos a crianças dos dois anos e meio aos seis anos de idade, dava-se através de várias atividades organizadas, como o jogo e a oração, o canto e o desenho, e o método seguido inspirava-se no método intuitivo de Pestalozzi, assim como no de Girard no que diz respeito ao ensino linguístico. A educação linguística partia de exercícios de nomenclatura que permitiam aprender "os primeiros elementos da língua por meio de regras gramaticais superiores àquelas fracas inteligências, mas pela via de *fato*, a qual é sumamente apropriada àquela idade". Valorizava-se também o interesse espontâneo das crianças pelas "histórias" e pelos "contos", detendo-se nos episódios de história sagrada que servem "outrossim de iniciação ao conhecimento das doutrinas religiosas". Enfim, com o canto e a conversação procurava-se *prevenir* qualquer defeito de língua". O programa instrutivo dos abrigos aportianos tratava da nomenclatura "das partes do corpo humano, da vestimenta, dos nomes dos objetos naturais mais comuns" além das "qualidades e ações, os usos, as utilidades ou os males" dos vários objetos. Concluía-se o curso educativo com noções elementares de leitura, escrita, aritmética e religião. Todas essas "cognições" eram aprendidas pelo método *"demonstrativo*, isto é, por meio da mostra real dos objetos ou de suas imagens fiéis, chamando e dirigindo para eles a atenção dos pequenos alunos". Todavia, o objetivo final desse ensino era posto na formação moral, de modo a orientar as crianças para as virtudes ("amor ao próximo e à justiça", "gratidão", "boa fé" e "perdão das injúrias", "moderação", "modéstia" e "frugalidade") tipicamente cristãs que eram aprendidas através da oração (preces cotidianas e "render graças"), a história sagrada e "a própria disciplina da escola". Aporti estava bem consciente das notáveis "vantagens" do seu projeto educativo e do seu método, que ele próprio, em 1833, indicava assim: "Relativamente: 1º. à utilidade física há vantagem na limpeza das roupas e da pessoa, em robustez e saúde; 2º. com relação *às utilidades morais* que são importantíssimas, obtém-se mais disciplinamento, amor à ordem, socialidade, um certo bom garbo no trato".

Já o próprio Aporti tinha chamado os seus abrigos de "escola infantil para os pobres" e tinha destacado que, nas cidades, as crianças pobres eram 12% da população, as viúvas não tinham meios para educar os filhos e, frequentemente, tais crianças eram obrigadas a mendigar. O problema dos pobres impõe-se de fato às classes dirigentes e as impele a encontrar "confortos" para tal situação, localizando-os ora na moral e na higiene, ora na educação e na religião. Neste terreno e com posições bastante ousadas movimentou-se Mayer.

Enrico Mayer nasceu em Livorno, em 1802, de pai alemão e mãe francesa, e estudou em Florença, onde colaborou na *Antologia*. Foi preceptor do duque de Württemberg, em 1823, e teve ocasião de visitar várias escolas e institutos no exterior e de entrar em contato com a filosofia alemã. Iniciou as suas publicações pedagógicas, em 1822, com um artigo na *Antologia* e, em 1825, publicou o ensaio "Sobre a educação do povo nas suas relações com a sociedade". Viajou com frequência ao exterior e travou amizade com Mazzini, orientando-se politicamente para posições democráticas. Foi sócio da Sociedade da Escola de Ensino Mútuo e, em 1829, abriu em Livorno uma escola inspirada nesse método. A coletânea de seus escritos saiu em Florença, em 1867, com o título *Fragmentos de uma viagem pedagógica* e também em Florença Mayer morreu, em 1877.

A concepção pedagógica de Mayer parte de uma visão precisa das relações entre as várias classes sociais, baseadas na exploração e na miséria do povo. Na sociedade "existe, por outro lado, uma parte imensa desse povo que *labuta para os ricos, para os nobres, para os poderosos*, sem receber nada além de uma escassa e frequentemente incerta recompensa"; há, portanto, um empenho específico das classes esclarecidas em dedicar-se à elevação espiritual e à emancipação social e econômica das "classes inferiores". Mayer, porém, indicava também com clareza as origens dessa miséria quando falava "daquela condição *pobre sim e ainda dependente,* mas de tal forma que *compra a sua dependência* com o emprego da sua obra, e devolve com *juros* o prêmio recebido pelo seu trabalho com o produto desse mesmo trabalho", e Mayer solicitava uma intervenção em favor dos pobres que fosse educativa e política ao mesmo tempo. Também os "Abrigos Infantis" são para Mayer uma *"instituição social"*, isto é, uma "instituição estreitamente ligada a outras já contempladas pela economia social e mais destinada com o passar do tempo a sentir a ação delas, e a fazê-las reciprocamente sentir a sua". Os abrigos devem tirar as crianças dos "esquálidos tetos onde habitam as numerosas famílias dos pobres", onde a infância é "atacada pelos males físicos", e da "mendicância", para mergulhá-las numa atmosfera mais sadia física e moralmente, na qual serão iniciadas ao trabalho e onde a sua infância poderá ser "alegrada". Mayer reconhece que a instituição dos abrigos exige disposição coercitiva para as famílias insolventes, já que os pais, sempre por razões econômicas, são avessos a "deixar seus filhos nas escolas até uma idade determinada", mas também que tal educação infantil é necessária para o desenvolvimento econômico da sociedade moderna, enquanto tende a eliminar a "corrupção social" e a indiferença para com o trabalho. Para Mayer, os abrigos "se mostram os iniciadores de um novo sistema de educação popular; restauradores da higiene pública; coadjutores da beneficência pública; reformadores da moral pública". Eles se ligam às outras "instituições consagradas ao conforto do homem" ("escolas, hospitais, casas de trabalho, institutos de caridade, orfanatos, abrigos de abandonados") e se manifestam como "uma das mais úteis instituições sociais". O empenho educativo de Mayer caracteriza-se pela profunda paixão que empresta às suas batalhas pela emancipação do povo, pelo empenho que manifesta na realização da sua ideia da centralidade do momento educativo para essa emancipação através da escola e da imprensa para o povo, pela organização de escolas livres para a infância e de escolas para adultos. Se a obra de Mayer não foi original no plano do pensamento nem no da criação de instituições escolares e educativas, já que substancialmente retomou ideias e projetos de larga circulação na Europa e na Itália, ela expressou com maior vigor do que outros pedagogos e educadores e com maior clareza o elo que existe entre educação e sociedade, entre educação e política, e entre educação e lutas para a emancipação social das classes subalternas. Tudo isso o coloca, com Cattaneo e antes de Labriola, como uma das pontas mais avançadas da reflexão pedagógica do Oitocentos italiano.

6 SOCIEDADE INDUSTRIAL E EDUCAÇÃO: ENTRE POSITIVISMO E SOCIALISMO

O advento da sociedade industrial, que no curso do século XIX se difunde em toda a Europa – embora com ritmos e intensidades diferentes –, ativou também um processo de redefinição dos objetivos e dos instrumentos da pedagogia, estimulando-a a assumir finalidades mais explicitamente laicas (formar o cidadão, difundir os valores burgueses, organizar o consenso social) e uma identidade cada vez mais nítida de saber científico (embora desenvolvido segundo diferentes modelos: científico-técnico ou histórico-crítico). Para a pedagogia são apontadas novas tarefas sociais e um novo modelo de rigor epistemológico (passando da filosofia à ciência), mas ligando-a, assim, e intimamente, ao processos da ideologia. Não é por acaso, de fato, que já por volta da metade do século e mais amplamente depois disso, dois modelos ideológica e epistemologicamente antitéticos venham a contrapor-se: o burguês e o proletário, um inspirado no positivismo e o outro ligado ao socialismo. São dois modelos que interpretam a oposição de classe que está no centro da sociedade industrial, determinando dois diferentes e opostos universos de valores, inclusive educativos, e de organização social, inclusive educativa. O positivismo exalta a ciência e a técnica, a ordem burguesa da sociedade e seus mitos (o progresso em primeiro lugar), nutre-se de mentalidade laica e valoriza os saberes experimentais: é a ideologia de uma classe produtiva na época do seu triunfo, que sanciona seu domínio e fortalece sua visão do mundo. O socialismo é a posição teórica (científica) da classe antagonista, que remete aos valores "negados" pela ideologia burguesa (a solidariedade e a igualdade, a participação popular no governo da sociedade) e delineia estratégias de conquista do poder que insistem sobre as contradições insanáveis da sociedade burguesa (principalmente entre capital e trabalho), delineando uma sociedade "sem classes". Também a pedagogia se caracteriza segundo estes dois modelos, elaborando perfis diversos de educação escolar, familiar, social e diversos ideais de homem, de cultura, de formação, que – sobretudo na segunda metade do século – vão alimentar o debate e a pesquisa pedagógica em âmbito internacional.

O positivismo pedagógico – como o filosófico – desenvolveu-se primeiro na França com Comte, depois rearticulou-se na Inglaterra entre Spencer e Stuart Mill, e por fim difundiu-se em toda a Europa, até na Itália e com uma significativa fisionomia pluralista e problemática. O socialismo iniciou-se já antes de 1848, com as posições do socialismo utópico (sobretudo com Fourier e Owen), para depois definir-se de modo "científico" pela obra de Marx e de Engels, a qual fixou alguns princípios pedagógicos conscientemente opostos e "superiores" aos elaborados pela reflexão burguesa (e pelo positivismo em particular). Isso não impede, porém, que, especialmente no último decênio do século, entre os dois modelos antagonistas venham a criarem-se interferências e superposições, fusões e entrelaçamentos, alimentados também pelo novo clima de colaboração política entre as classes antagonistas inaugurado pela social-democracia.

POSITIVISMO E PEDAGOGIA NA FRANÇA E NA INGLATERRA

A época do positivismo produziu também uma profunda transformação na elaboração dos problemas pedagógicos e educativos, já que descartou com decisão o recurso típico dos românticos, mesmo no terreno educativo, ao valor quase exclusivo do indivíduo e à sua espontaneidade e/ou criatividade, para colocar tais problemas no terreno rigoroso da ciência. Segundo o modelo epistemológico, ligado ao primado da indução e à determinação de "leis" constantes capazes de permitir a "previsão", que os positivistas defendiam, a pedagogia se encontrava num estágio de evolução científica ainda confuso e não sistemático, devendo, pelo contrário, transformar-se em disciplina orgânica e rigorosa mediante uma redefinição de todos os seus instrumentos conceituais e operativos em contato com as várias ciências positivas, sobretudo com a fisiologia e a sociologia. Isso comportava uma adequação dos métodos de pesquisa e dos vários "materiais" (antropológicos, sociológicos, didáticos inclusive), com os quais a pedagogia vinha a constituir-se, aos critérios dominantes das ciências físico-biológicas, acolhendo no seu interior tanto os princípios de observação orgânica, de argumentação dedutiva e de coerência sistemática, quando aqueles ligados ao princípio geral da evolução e a uma fundação fisiológica dos fenômenos psíquicos, que governam as ciências-guia da época.

O projeto pedagógico do positivismo estava voltado, em particular, para uma elaboração da pedagogia como ciência (ou "ciência da educação"), por um lado, e, por outro, para uma redefinição dos *curricula* formativos, colocando em seu centro a ciência, vista como o conhecimento típico e central do mundo moderno baseado na indústria e como um feixe de disciplinas altamente formativas, tanto no plano intelectual como no do caráter. Ao lado destes aspectos dominantes deve, porém, ser destacada também a presença de outras características típicas da posição "positiva": a valorização da educação como "dever" essencial das sociedades modernas e como "direito" de cada cidadão e, portanto, como meio primário para operar uma evolução no sentido laico e racional da vida coletiva; a atenção aos problemas da escola, sentida como o instrumento essencial desse crescimento educativo das sociedades industriais.

Na elaboração dos positivistas estão presentes também fortes limites, que podemos desde já enumerar. Por um lado, a sua pedagogia científica, como foi muitas vezes destacado por parte de vários intérpretes, permaneceu no estágio de esboço, de enunciado e de aspiração, e jamais se concretizou em pesquisas específicas, setoriais e minuciosas nos vários campos que a pedagogia pode implicar. A sua ciência da educação permaneceu frequentemente na intenção e, além disso, oscilando entre um reducionismo naturalista e um recurso, por vezes retórico, aos valores humanitários e sociais. Ademais, o seu próprio projeto formativo de base científica resulta, com muita frequência, numa valorização quase exclusiva da instrução e numa prática de ensino tendendo explicitamente para o nocionismo e o enciclopedismo. Com tudo isso, porém, cumpre destacar que devemos ao positivismo oitocentista o início de uma reflexão epistemológica da pedagogia e o recurso a um novo perfil, baseado numa intensa colaboração entre as várias ciências, biológicas e "humanas". Estas ciências "fundam" um novo aspecto experimental e rigoroso da pedagogia, não retórico nem exclusivamente prático ou filosófico, que se afirmou como dominante na pedagogia contemporânea, e, de fato, encontra nas reflexões educativas da época do positivismo uma das suas raízes constitutivas.

A primeira grande elaboração/difusão do positivismo pedagógico, já na metade do século XIX, teve como protagonistas pensadores operantes nos países europeus de economia industrial mais avançada, como a França e a Inglaterra. No primeiro, encontramos Auguste Comte (1798-1857), o fundador do positivismo, que, também para a pedagogia, expõe, no seu *Curso de filosofia positiva*, as novas características fundamentais, mas a exigência de cientificidade que Comte punha tanto em evidência foi sentida profundamente, embora sob outras formas, inclusive por autores como Séguin e Durkheim. No segundo, a figura dominante é Spencer, mas ao lado dele deve ser lembrado também o empirista Bain, e outras figuras menores, como John Tyndall (1820-1893) e Thomas Huxley (1825-1895), que defenderam abertamente a validade, e mesmo a superioridade, da educação científica. Por volta de 1860-1870, o positivismo pedagógico se difunde igualmente em outros países, como a Alemanha e a Itália, mantendo, porém, as características originárias fundamentais, chegando a atingir também a tradição pedagógica dos Estados Unidos e influenciando a psicologia infantil de Stanley Hall (1846-1924).

Comte prometeu, no fim do seu *Curso*, a elaboração de um "sistema" de pedagogia orgânico, mas jamais a levou a efeito. Todavia, estava convencido de que a educação constitui "sempre, pela sua natureza, a principal aplicação de todo sistema geral destinado a governar espiritualmente a humanidade". Para ser eficaz, porém, a educação deve tornar-se "ciência", embora, pelo estado de atraso das ciências sociais de sua época, isso não pudesse ocorrer imediatamente. O que Comte reivindica, porém, com força, como característica dessa futura educação científica, vem indicado na oposição nítida a toda educação tradicional, metafísica e abstrata, e na reivindicação do princípio de uma "rigorosa universalidade" da educação, que exige uma difusão junto a todo o povo.

Edouard Séguin (1812-1880) ocupou-se sobretudo de reeducação dos excepcionais, recorrendo também às experiências e ao método do *idéologue* Itard e à reflexão de Saint-Simon. A educação das crianças deficientes devia partir do plano senso-motor, mas, ao mesmo tempo, considerava a atividade física da criança como intimamente ligada à sua individualidade e aos seus processos de socialização. Sensação, intelecto e vontade são os três aspectos fundamentais e interligados de todo indivíduo e, portanto, a educação sensorial se liga a uma educação da personalidade inteira. Na sua obra mais famosa, *Tratamento moral, higiênico e educação dos idiotas e de outras crianças retardadas*, publicada em Paris, em 1846, Séguin sublinha a importância da educação das funções dos vários órgãos e destaca que, de outro modo, seria impossível "fazer amadurecer uma messe de faculdades intelectuais sobre um campo obstruído por funções caóticas". Seguem, depois, a educação física e motora, a educação intelectual e a da vontade. Em seguida, ele insiste sobre o papel fundamental do ambiente e, portanto, também sobre o tipo de ambiente social e reeducativo típico da instituição para excepcionais, segregante e autoritária, projetando como alternativa um ambiente mais livre, mais estimulante e menos institucionalizado.

Já Emile Durkheim (1855-1917), expoente-chave da sociologia positivista, remete diretamente à linha de Comte, pondo em destaque, porém, o papel fundamental da sociedade no âmbito dos processos educativos. A educação é um aprendizado social por parte do indivíduo e um meio para conformar os indivíduos às normas e valores coletivos por parte da sociedade, além de ser o instrumento para perpetuar nas gerações mais jovens as tradições e conquistas de um determinado nível de desenvolvimento social e cultural atingido por um povo. A educação é, de fato, uma "ação exercida pelas gerações adultas sobre as que não estão ainda maduras para a vida social; tem por objetivo suscitar e desenvolver na criança um certo número de estados físicos, intelectuais e mo-

470 FRANCO CAMBI

rais que a ela são solicitados tanto pela sociedade política no seu conjunto quanto pelo ambiente particular ao qual é destinada de modo específico". Os modelos educativos são, assim, historicamente variáveis e condicionados pelas estruturas econômico-sociais e pelas específicas divisões do trabalho presentes nas várias comunidades. A educação caracteriza-se predominantemente como "arte", mas tende, especialmente nas complexas sociedades modernas, a especializar-se como "ciência", embora se trate de uma ciência particular, ligada à ação, que se caracteriza como "teoria prática", enquanto "não estuda cientificamente os sistemas da educação, mas os reflete para fornecer à atividade do educador ideias que a dirijam". As fontes de uma tal "teoria prática" da educação são identificáveis, por um lado, na psicologia e na sociologia e, por outro, na história, em particular na história do ensino e da própria pedagogia. Durkheim, no curso ministrado em 1902-1903, sobre *A educação moral*, que com alguns artigos de caráter geral, como o dedicado a *Educação e sociologia* (1903), e verbetes para um dicionário pedagógico sobre "Educação", "Infância" e "Pedagogia" (1911), constitui o núcleo central do *corpus* dos escritos dedicados ao problema educativo, desenvolve os "conteúdos" de um projeto pedagógico adequado às exigências da sociedade atual. Este projeto valoriza os aspectos laicos e racionais da formação juvenil, orienta-se sobre uma prioridade da educação moral promovida já em idade infantil pelo "espírito de disciplina" ligado a um "sistema de mandamentos" e desenvolvido depois numa ideia precisa de dever. Com Durkheim, mesmo dentro de uma redução quase exclusivamente sociológica do significado da educação, estamos bem além das afirmações genéricas de positivistas e também claramente orientados para uma consciência da riqueza e complexidade do fenômeno educativo que o coloca, com pleno direito, no limiar da reflexão pedagógica contemporânea.

A cultura filosófica inglesa de orientação positivista, que entrelaça de maneira original a tradição empirista e o evolucionismo darwiniano, encontra a expressão pedagógica máxima na obra de Herbert Spencer (1820-1903), a *Educação intelectual, moral e física*, que foi, em âmbito europeu, uma espécie de manifesto do positivismo pedagógico. Publicada em 1861, ela se coloca dentro da enciclopédia filosófica de base evolucionista iniciada por Spencer justamente naqueles anos. A obra entrelaça constantemente dois objetivos: 1. uma crítica do costume educativo da própria época, antiutilitarista e tendente ao "decorativo", baseado em falsos princípios antropológicos e ligado ao privilégio da "educação clássica" em relação à científica; 2. a teorização de um processo educativo que, com base na espontaneidade da natureza e na evolução do indivíduo para uma realização orgânica e intelectual, dedica-se à formação de um homem capaz de viver uma "vida completa". Para atingir tal objetivo, é necessário reconduzir a pedagogia à reafirmação de um fundamento natural que deve constituir a primeira etapa da educação. Isso se revela imprescindível tanto na educação física (para a qual os pais não podem mais ignorar completamente "as mais simples leis fisiológicas") quanto na educação intelectual (na qual se deve proceder "do concreto para o abstrato" rejeitando todo ensino ordenado segundo "definições, regras e princípios") e na moral (que deve ser prática e basear-se na avaliação das "inevitáveis consequências das ações da criança"). Um particular cuidado é dedicado por Spencer ao tratamento da educação física, mostrando-se nesse caso ligado à tradição pedagógica empirista, de origem lockiana, além dos pressupostos naturalistas do positivismo. O princípio que governa a educação spenceriana durante todo o curso da idade evolutiva é o da "utilidade", que corresponde exatamente ao tipo de educação solicitada pela sociedade atual, dinâmica e industrial, científica e comercial. Isso leva, também no ensino, a revolucionar o método. Não se deve mais partir das noções a aprender e da sua ordem lógica, mas das exigências e da evolução psicológica da criança e das experiências concretas, "úteis", que ela vem fazendo. Além disso, tal método de ensino inspirado nos princípios do evolucionismo exige também que a ordem das noções decalque as descobertas historicamente realizadas pela raça humana, já que, como dirá ainda mais explicitamente Stanley Hall, "a ontogênese repete a filogênese" e isso deverá valer para o ensino das várias matérias (da matemática à história) e permitirá uma aprendizagem mais ordenada do simples para o complexo e uma relação constante à concretitude da experiência. A pedagogia de Spencer foi acusada, e não sem razão, de dogmatismo evolucionista e de conservadorismo. Ela é, de fato, dominada por uma atenção quase exclusiva para o problema do "físico", enquanto no plano da "moral" se revela toda voltada para valorizar exclusivamente as virtudes burguesas da "boa conduta" e da obediência (embora não cega) e, no terreno da "política escolar", negligencia quase totalmente o problema da educação popular. Mesmo nestes limites, porém, deve-se reconhecer que tal texto de Spencer "atuou rigorosamente para a democratização da escola e da cultura" (Saloni).

Alexander Bain (1818-1903), na sua obra *A ciência da educação* (1879), delineia um modelo de pedagogia de base fisiológica (que é vista como "o guia teórico" da educação, na medida em que é o seu pressuposto) e psicológica ("o capítulo mais importante da ciência da educação" que formula as "leis psicológicas", as quais versam sobretudo sobre as três funções do intelecto, a da "distinção", a da "concordância" e a "retentiva") que se organiza em "dois departamentos fundamentais, *ciência e linguagem*", no que se refere às aplicações a um projeto de renovação da tradição escolar. A ciência, valorizada na sua função prática, educa para uma mentalidade não dogmática e experimental. A linguagem deve ser aprendida por meio do uso e não mediante um ensino gramatical. A educação deve culminar no plano moral, delineando-se como "hábito à obediência" pelo exemplo, e pela "distribuição pública do castigo e da recompensa", além da apresentação de "lições de moral". A obra de Bain, que teve vasta notoriedade e calorosa acolhida junto ao público europeu (na Itália foi traduzida já em 1880), manifesta os mesmos limites filosóficos e políticos encontrados no texto de Spencer.

A PEDAGOGIA DO POSITIVISMO ITALIANO

O positivismo, que dominou a cultura italiana desde os anos 70 até por volta do fim do século, apesar de profundamente atacado por ontologistas e espiritualistas, depois por idealistas e marxistas, expressou no terreno pedagógico os aspectos mais positivos e também mais duradouros da sua "revolução cultural" em chave científica e social. A exaltação da ciência que ele promoveu de maneira muitas vezes ingênua favoreceu um rigorismo interno da pedagogia, uma série de tentativas de organizá-la segundo critérios epistemológicos que não separassem demais esta disciplina sempre incerta e "selvagem" (como a definiu Giovanni Gentile nos primeiros anos do século xx), de todas as outras ciências, constituídas ou em vias de constituição. Todavia, tal redefinição científica da pedagogia não ocorre em detrimento do seu empenho social e político: os positivistas enfrentam os problemas da educação popular e da reordenação da escola, interessam-se pelos problemas de didática e promovem uma transformação no sentido laico da educação. A sua pedagogia, embora ligada aos pressupostos do tipo muitas vezes "cientístico", articula-se no terreno da sociedade, propondo para ela uma substancial reforma, confiada em grande parte à educação. A educação, para os positivistas, é o instrumento de uma "revolução pacífica" (Tisato). Embora sua orientação ideológico-política fosse, em geral, conservadora e, nas soluções propostas, seguissem muitas vezes os princípios elaborados pelo positivismo europeu (francês e inglês em particular), após suas intervenções e através da sua propaganda, a escola italiana, a tradição pedagógica nacional e a própria mentalidade das classes médias italianas eram mais modernas e inseridas na cultura da era industrial, profundamente transformadas tanto em relação ao período do *Risorgimento* como em relação ao período imediata mente posterior à unificação do país. Em particular, tanto na teoria como na prática, os positivistas defenderam o valor e a imprescindibilidade do laicismo como elemento principal na formação do homem e do cidadão modernos. A dupla relação da pedagogia com a ciência e com a sociedade, o radical laicismo e a educação como instrumento político são os três "fundamentos" do positivismo pedagógico. A estas características principais deve-se acrescentar como aspecto dominante da corrente um empenho bastante intenso em torno do problema do método de ensino e o consequente nascimento de uma didática por vezes pedante e formalista, mas inspirada em claros critérios de cientificismo e de organização racional.

A pedagogia do positivismo italiano tem como protagonistas inúmeras figuras de variada proveniência cultural (Siciliani, Angiulli e Villari são formados pela escola dos hegelianos) e de diversos engajamentos teóricos, os quais, esquematizando um pouco, podemos dizer que se dispõem em dois filões de pesquisa. De um lado, temos os positivistas "científicos", mais ligados a uma concepção determinista do real e a uma visão muitas vezes dogmática da ciência, que se empenham em redefinir a pedagogia em relação aos princípios epistemológicos gerais amadurecidos pela ciência moderna e que elaboram, portanto, uma pedagogia sistemática e um tanto abstrata, distante dos problemas concretos da escola e da educação. De outro, acham-se os positivistas "práticos", homens de escola e homens políticos, que enfrentam as grandes batalhas para uma edificação laica da pedagogia e pelo crescimento da educação popular, também por meio de canais não exclusivamente escolares (como ocorrerá, nos inícios do novo século, com as universidades populares). Ardigò, De Dominicis e Fornelli, bem como, em parte, Maria Montessori (a das primeiras obras teóricas) figuram predominantemente na primeira vertente. Villari e Gabelli colocam-se sobretudo na segunda.

O "pai" do positivismo pedagógico italiano foi, porém, Andrea Angiulli (1837-1890). Já em 1868, com a obra *A filosofia e a pesquisa positiva*, ele aderia aos princípios do positivismo, valorizava a ciência moderna e delineava uma concepção evolucionista da natureza, princípios que retomou na introdução bolonhesa de 1872 dedicada a *A filosofia positiva e a pedagogia*, que pode ser considerada quase como a certidão de nascimento da pedagogia positivista na Itália. A pedagogia, para Angiulli, "é uma ciência natural e ao mesmo tempo uma ciência social", que compreende uma antropologia de base biológica e uma sociologia, e na qual a filosofia tem uma função de ligação sistemática entre as várias ciências que vêm a constituí-la. Mas a pedagogia, assim organizada, tem um significado político preciso: ela deve colaborar com a atividade do Estado para instaurar uma política positiva que deve visar resolver o problema social. As teses mais amadurecidas do seu pensamento Angiulli as expressou no volume de 1876, *A pedagogia, o Estado e a família*.

Com Roberto Ardigò (1828-1920), a pedagogia define-se como "a ciência da educação", definição que será também o título da sua mais importante obra pedagógica, publicada em 1893. A educação deve ser pensada como uma "formação natural" que ocorre num contexto ambiental determinante de seu desenvolvimento. A formação educativa tem necessidade de uma matriz e de um ambiente, em que se determine na constituição fisiológico-psíquica do homem uma formação ulterior, uma formação que varia, portanto, com a variação da própria matriz. E as matrizes, no tocante à educação, são muitas: "a sociedade, a família, os educadores de profissão, as maestrias profissionais e as instituições especiais". À luz dessa premissa a "formação natural" deve partir do plano fisico-psíquico, deve favorecer sua atividade com estímulos adequados de base sensorial, para depois, por meio de um método que vá "do conhecido para o desconhecido" e "do simples para o composto", organizar-se no exercício e fixar-se no hábito. A pedagogia de Ardigò é uma pedagogia "do hábito" e a sua "ciência da educação" caracteriza-se como estreitamente ligada aos princípios deterministas e naturalista-evolucionistas da sua "filosofia positiva". Em Ardigò encontramos, porém, igualmente uma viva sensibilidade educativa em relação aos problemas morais, desenvolvida em chave antiegoísta e socializante, e uma valorização, ainda que não adequadamente desenvolvida, do papel social da educação.

Também o pensamento de Savério De Dominicis (1846-1930), professor da Universidade de Pávia e colaborador de numerosas revistas, parte do evolucionismo e do determinismo positivistas, mas os desenvolve tanto no sentido teórico, com obras significativamente intituladas *Ideias para uma ciência da educação* (1908-1911), *Ciência comparada da educação* (1908-1913), quanto no terreno didático. Em De Dominicis encontramos, e com maior vigor que em Ardigò, uma referência aos problemas político-sociais da educação e uma abertura para posições político-pedagógicas mais democráticas que reclamam um fortalecimento da escola popular, tanto qualitativo como quantitativo.

Pietro Siciliani (1835-1885) e Nicola Fornelli (1843-1915) atuam, eles também, no terreno de uma teoria positiva da pedagogia de base empírico--científica, frequentemente ancorada em princípios dogmáticos típicos do pensamento positivista. Essa ênfase sobre a ciência está presente também nas primeiras obras de Maria Montessori (da qual falaremos mais adiante) que se formou na escola de Giuseppe Sergi (1842-1936), em pleno clima positivista.

Pasquale Villari (1827-1917) – historiador de profissão –, com seu escrito sobre *A escola e a questão social* (1872), põe a reflexão pedagógica diretamente em contato com a sociedade e aponta com precisão a prioridade do problema econômico em relação ao educativo, embora valorizando a elevação moral e civil do povo por meio da instrução. A abertura de Villari também no campo pedagógico é testemunhada pelas suas *enquêtes* realizadas nas escolas de numerosos países estrangeiros (Inglaterra, Alemanha etc.), nas quais os vários aspectos organizativos e didáticos são analisados com cuidado, promovendo-se um procedimento do tipo "comparativo" para o estudo das instituições escolares. Por esses aspectos de notável concretitude, como por outros não menos importantes (por exemplo, a valorização educativa do trabalho manual, a recusa do ensino religioso na escola), Villari representa uma voz bastante significa-

476 FRANCO CAMBI

tiva e original no panorama pedagógico do positivismo italiano, mesmo em relação a Gabelli, ao qual foi muitas vezes comparado e com o qual está frequentemente de acordo em matéria educativa.

O maior pedagogo do positivismo na Itália, porém, foi Aristide Gabelli, enquanto intérprete coerente da "revolução cultural" do positivismo e agudo conhecedor dos problemas da escola italiana. Nascido em Belluno, em 1830, estudou em Veneza e, depois, em Viena, onde ocorre a sua formação científica e filosófica. Afastando-se da religião católica e retornando à Itália, dirige-se a Florença como provedor para a extensão da nova legislação escolar aos antigos Estados pontifícios. Em 1874, é provedor de Roma e, em 1884, é eleito senador. Morre em 1891. Escreveu numerosos artigos e alguns ensaios: "O homem e as ciências morais" (1869), "O método de ensino nas escolas elementares da Itália" (1880) e "O positivismo naturalista em filosofia" (1891). Gabelli foi homem da direita liberal, um conservador esclarecido, mas temeroso de qualquer "revolução". No terreno estritamente político, julga necessário que as massas sejam guiadas por uma classe respeitável e consciente, que sobre elas exerça toda a sua autoridade. O seu modelo político é a Inglaterra, e a democracia que ele projeta e defende está longe de ser universal: "se todos concordam que a arte de governar é difícil, como se pretende que possa ser bom um governo em que muitos participam?". A sua democracia deve realizar-se com a ação pedagógica, destinada a elevar o povo. Igualmente decidida é a defesa que Gabelli faz do princípio de propriedade, colocado como eixo de toda a vida social (*O meu e o teu*, 1886). No terreno da filosofia, Gabelli orienta-se para uma síntese de ciência e de ética, já que a finalidade da ciência é justamente renovar os costumes, fazendo o homem sair da dependência do fator religioso e mudando sua mentalidade no sentido rigorosamente laico. A ética, enquanto elabora "um predomínio da inteligência educada sobre o sentimento", implica um processo educativo. Daqui o papel fundamental da escola, que deve ser estatal, laica e obrigatória, e à qual é solicitada a tarefa de tornar as massas populares emancipadas e conscientes dos próprios deveres sociais. A educação e a escola serão, para Gabelli e de certo modo para todos os positivistas, os motores de uma nova era, democrática e laica, industrial e produtiva, harmônica nas relações entre as diversas classes sociais. No que diz respeito ao conteúdo da instrução, Gabelli polemiza abertamente com a tradição didática corrente, ao mesmo tempo nocionista e formalista, reclamando, pelo contrário, uma educação dedicada a formar o "instrumento cabeça", isto é, a capacidade de julgamento autônomo e racional. Os programas escolares devem, por conseguinte, ser mudados e visar a uma formação coordenada do físico, do intelecto e do sentimento moral. No campo intelectual, deve-se visar não tanto às simples "cognições" quanto aos "hábitos que o pensamento adquire pelo modo como são ministrados", que tendem a formar "o modo de pensar" que "dura toda a vida, entra em todas as ações humanas e é causa de efeitos benéficos".

OS SOCIALISTAS UTÓPICOS E A EDUCAÇÃO

No curso da primeira metade do século XIX, o problema pedagógico recebe um tratamento bastante significativo e amplamente inovador nas páginas dos socialistas utópicos. A exigência, que estes manifestam com vigor, de reorganizar a sociedade segundo um ideal de justiça social e de igualdade entre os homens, e de dar a tal sociedade uma ordenação racional e orgânica, contém um aspecto educativo preciso. De fato, a renovação das regras de convivência social, que devem ser alimentadas pelo princípio de solidariedade, a transformação no sentido libertário das várias instituições sociais (família, fábrica, Estado) e a projeção de uma harmoniosa sociedade ideal implicam também uma profunda mudança do homem-cidadão, do ideal antropológico que é colocado na base dessa sociedade renovada. A nova sociedade exige um homem novo, dotado de mentalidade igualitária e anti-individualista, capaz de comunicar-se com os outros e de reavaliar a própria atividade laborativa. Os socialistas utópicos afirmam, então, que "todo homem, e não somente poucos privilegiados, tem direito a um pleno, autônomo e múltiplo desenvolvimento da personalidade". Ao lado dessa reivindicação de uma emancipação cultural e humana possível para todo cidadão, postulam, com maior vigor que outras correntes pedagógicas, a mais estreita ligação entre educação e sociedade, sobretudo entre educação e política, rompendo com a tradição que via a educação relegada ao âmbito exclusivamente escolar e frequentemente alheia ao debate político no sentido estrito. Sua pedagogia visa à restauração de uma sociedade exclusivamente terrena, sem apelos ao transcendental, e vê tal advento como possível somente mediante a difusão do saber, concebido, porém, não só como instrumento de conhecimento, mas também de transformação da realidade natural e social. Além disso, nos seus escritos, os socialistas utópicos elaboram um quadro preciso das condições de vida das massas populares, da exploração que estas sofrem e da ignorância que as caracteriza, e, simultaneamente, delineiam uma série de intervenções socialmente necessárias para tornar menos desumanas as condições de vida dos trabalhadores, especialmente da indústria.

As figuras pedagogicamente mais interessantes dessa corrente encontram-se sobretudo na França. De Babeuf a Saint-Simon, Proudhon, Fourier, recorrendo também à experiência dos utopistas iluministas, elaboram modelos precisos de reconstrução ideal da sociedade e, do mesmo modo, afirmam noções precisas capazes de promover, na vertente educativa, uma crítica radical da sociedade existente. Na Inglaterra encontramos, porém, Owen, que o próprio Marx considerou o teórico burguês mais progressista do seu tempo e ao qual se deve a primeira tentativa de realizar uma comunidade ideal, que coloca no centro do seu projeto o momento educativo. Outras figuras de destaque encontram-se também na Alemanha (com Wilhelm Weitling, 1808-1871), na Suíça etc.

François-Noël Babeuf (1760-1797), filho de um oficial muito autoritário, foi um leitor apaixonado de Rousseau e de Morelly, feroz opositor da propriedade privada e aberto defensor da luta de classes. Ele elabora um comunismo bastante moderno por muitos aspectos, que o levou, sob o Diretório, a organizar a "Conjuração dos Iguais", a qual, porém, falhou completamente em seus objetivos. Em pedagogia, embora partindo de pressupostos rousseaunianos (educar as crianças fora do contexto social, em contato direto com a natureza e partindo de suas necessidades), desenvolve a importância formativa do traballho e reclama uma recomposição entre trabalho manual e intelectual. No *Cadastre perpétuel* (1787), elabora também um plano de educação nacional aberta a todos, fornecida pelo Estado através de professores pagos com o produto da venda dos bens eclesiásticos. Tal educação deve ser caracterizada pela oposição radical aos preconceitos, que são "filhos da ignorância" e não tornaram os homens "conscientes da sua dignidade", e pela promoção de princípios de solidariedade, já que a sociedade é uma grande família, em que os diversos membros, enquanto concorrem para o bem-estar comum segundo as possibilidades físicas e intelectuais de cada um, "devem ter iguais direitos". Ao mesmo tempo, Babeuf critica uma série de preconceitos típicos da educação corrente e ligados à precisa feição de classe que a caracteriza: o "mito" da superioridade do talento e da capacidade de alguns indivíduos, bem como o princípio da maior recompensa pelo trabalho intelectual.

Com Henri-Claude de Saint-Simon (1760-1825), a crítica da sociedade existente e a projeção utópica são caracterizadas pela valorização da Revolução Industrial, que reclama um novo tipo de cultura e coloca como urgente a solução da questão social. No vértice da nova sociedade que Saint--Simon delineia estão os industriais, os cientistas e os artistas, os banqueiros e os advogados, que devem, porém, agir em proveito das camadas mais baixas, e o cimento de tal sociedade deve ser o "novo cristianismo" baseado na fraternidade universal. A educação, por conseguinte, deve ser, ao mesmo tempo, científica e socializante. Para Saint-Simon, por um lado, deve--se favorecer uma educação indireta, por meio do ambiente social racionalmente ordenado, e, por outro, uma instrução predominantemente científica. Saint-Simon interessa-se por problemas educativos também sob outros aspectos: o da crítica das estruturas educativas existentes (socialmente discriminantes e insuficientes em relação à formação intelectual) e o da atividade destinada a promover a educação do povo, aderindo especialmente à "Sociedade" que pretendia difundir o ensino mútuo.

Também em Pierre-Joseph de Proudhon (1809-1865) a educação se apresenta como o princípio motor da renovação social. "Nenhuma revolução jamais será fecunda, se uma instrução pública renovada não se torna seu coroamento." Além disso, "a organização do ensino é ao mesmo tempo a condição da igualdade e a sanção do progresso". Mas, segundo Proudhon, "para mudar a sociedade não basta" a educação: "é preciso uma regeneração de carne e de sangue". Para que isso aconteça não são suficientes as iniciativas da "filantropia do poder", que se ocupa "das crianças que vivem nas oficinas e em trabalhos insalubres", mas devem ser fixados "de uma vez os princípios da educação profissional e os direitos do operário". Em muitas páginas de suas obras ele desenvolve também uma polêmica cerrada contra a educação burguesa, tanto a popular (tornada ineficaz pela não resolução do problema do pauperismo) como a secundária (convertida em retórica e baseada na desigualdade), a ela contrapondo a educação do operário evoluído e eticamente formado, honesto e religioso, vivendo sem a orientação de patrões e de padres e que encarna os valores fundamentais da civilização moderna. Um lugar particular na pedagogia de Proudhon ocupa a exaltação do trabalho manual, tradicionalmente excluído do *curriculum* formativo e que aqui, porém, é reivindicado como momento fundamental.

Os autores que se apresentam como os mais originais e mais orgânicos no terreno da pedagogia utopista são, no entanto, Fourier e Owen.

Charles Fourier (1772-1837), na *Teoria dos quatro movimentos* (1808) e no *Novo mundo amoroso* (1809), desenvolveu um modelo de sociedade organizada segundo critérios antiautoritários e segundo um ideal de vida artesanal e campesina, em cujo centro era colocado o princípio da harmonia e da solidariedade. Mediante uma minuciosa descrição da vida dos cidadãos reunidos em "falanstérios", casas-laboratórios onde cerca de 1.800 homens e mulheres vivem uma vida autossuficiente e em condições de perfeita igualdade, Fourier ressalta a total liberdade de que cada indivíduo pode gozar na nova sociedade. Também no terreno da emancipação, ele defende doutrinas que durante muito tempo causaram escândalo: elimina o casamento e inverte a moral sexual corrente, de base repressiva, afirmando a total igualdade da mulher e do homem. A educação que ele propõe, portanto, é antes de tudo uma educação para a liberdade e para a felicidade que se realiza por meio do fortalecimento da harmonia no eu e entre os vários indivíduos. Além disso, ao lado de penetrantes juízos sobre a infância (inerentes ao valor do jogo e do "fazer"), desenvolve uma crítica radical das instituições educativas existentes, em particular da família e da escola. A primeira é acusada de autoritarismo, de provocar na criança frustrações ou revoltas, de destruir o afeto entre pais e filhos. A segunda é vista como ligada aos privilégios das classes dominantes e a um princípio de trabalho exclusivamente intelectual, baseado, ainda por cima, unicamente nas línguas clássicas, marginalizando desse modo as utilíssimas ciências modernas.

A formação de todos os jovens deve, entretanto, ser "integral", dedicada ao espírito e ao corpo, deve poder orientar para múltiplas atividades (umas trinta) entre as quais o jovem possa escolher, e deve caracterizar-se como socializante e não como individualista. Tal formação ocorrerá, no país da Harmonia, do nascimento aos 19 anos, distribuídos em nove graus diferenciados.

Nessas páginas de Fourier, às vezes também um tanto extravagantes, circula uma profunda paixão pelo homem "liberado" e renovado à luz de um ideal de vida harmônica e feliz, que o revela como um autor de importância nada secundária no panorama do século XIX, especialmente aos olhos dos pedagogos e dos educadores atuais, que se sensibilizaram amplamente para um papel mais ousado e não conformista da projeção educativa.

Robert Owen (1771-1858), de origem humilde, torna-se coproprietário de um estabelecimento têxtil em New Lanark, onde se dedicou a um vasto plano de reforma voltado para melhorar as condições de vida dos trabalhadores da indústria. A ideia que o guiava era a de fundar uma "perfeita colônia-modelo". Em 1822, elaborou um plano de reforma geral da sociedade inspirado em critérios comunistas (*Novos pontos de vista da sociedade sobre a formação do caráter humano*), que procurou realizar no território americano como o nome de New-Harmony, mas sem sucesso. Voltando à Inglaterra, dedicou-se a propagar o seu ideal de reforma destinado a "criar um novo espírito e uma nova vontade em todo o gênero humano", de modo que "cada um, por uma necessidade inelutável, se tornará consequente, racional, sadio de juízo e de conduta". De 1836 a 1844, publicou sua obra maior (*O livro do novo mundo moral*) e sucessivamente uma série de opúsculos de propaganda, criando uma série de adeptos dentro do movimento operário inglês. Para Owen, também o trabalho deve tornar-se um princípio básico para realizar o "novo mundo moral"; o estudo, especialmente nos anos da formação educativa, deve ser alternado com o trabalho e integrado com atividades físicas e lúdico-estéticas (ginástica, canto, dança). Além disso, a educação deve ser igual para todos e deve ocorrer em edifícios adequados, amplos e funcionais, dotados de refeitório e enfermaria, e estar ligada, depois dos dez anos, à vida da oficina. Owen também tem profunda consciência das condições desumanas em que vive a classe operária e da necessidade de renovar ao mesmo tempo a organização do trabalho, as condições de vida dos operários e as estruturas educativas, para atingir uma real emancipação das classes sociais inferiores. Nas escolas renovadas devem ser criados "há bitos" morais nas crianças e ser dada uma instrução útil que deve, porém, ocorrer de maneira "intimamente conjugada com as ocupações oferecidas pela comunidade". O quadro educativo delineado por Owen, que se ressente de fortes elementos iluministas e filantrópicos, desenvolve-se sobre uma análise coerente e aguda da sociedade industrial moderna, caracterizando-se também pelas soluções bastante avançadas, ligadas a um reformismo radical e orgânico.

MARX, ENGELS E A PEDAGOGIA

Nos textos de Karl Marx (1818-1883) e de Friedrich Engels (1820-1895) – os fundadores do materialismo histórico: ao mesmo tempo filósofos, teóricos da economia e políticos – está contida uma perspectiva pedagógica, às vezes de forma mais explícita, como elaboração de algumas propostas em torno da instrução, que são apresentadas em obras de propaganda e de intervenção política, como os *Princípios do comunismo* e o *Manifesto* (1847-1848), as *Instruções aos delegados* (1866-1867) e a *Crítica ao Programa de Gotha* (1875), outras vezes de forma implícita e destinada a desenvolver alguns grandes temas da "filosofia" marxista, reunidos em torno do problema antropológico e da análise dos mecanismos sociais e ideológicos do mundo capitalista moderno. Essas orientações pedagógicas mais gerais, filosóficas e sociológicas, encontram-se nas grandes obras de Marx e de Engels, seja nas do período juvenil, dominado ainda por Hegel e por Feuerbach, seja nas da maturidade, dedicadas à compreensão das leis da economia política e do funcionamento do sistema capitalista. Vai se delineando, assim, uma antropologia pedagógica marxista de base rigorosamente histórico-materialista, destinada a colocar em destaque – contra toda interpretação deontológica e abstrata, e portanto metafísica e utópica, da natureza humana e de seus processos de desenvolvimento –, as condições econômico-sociais dentro das quais o homem vai se formando como indivíduo (caracterizadas, especialmente segundo o jovem Marx, ainda impregnado de hegelianismo, por uma radical alienação que se manifesta tanto na consciência que o homem tem de si e do mundo, e que se exprime na idealização teológica e no sentimento religioso baseado na dependência, quanto no processo laborativo, que separa do trabalhador o produto do seu labor e o entrega nas mãos estranhas e inimigas do capitalista).

O homem, para Marx, é historicamente alienado pela organização capitalista do trabalho e, ao mesmo tempo, pelas ideologias que ela exprime, mas é também um "ente" ativo que, por meio do trabalho e da sua dialética revolucionária, prepara seu próprio resgate. O trabalho de fato é a atividade própria do homem como gênero, aquela que especificamente o caracteriza e, como tal, deve ser colocado no centro da formação individual. Só pelo trabalho o homem desenvolve a si próprio e, assim, o "trabalho emancipado" torna-se a "condição da sua emancipação". Marx, ademais, esboça o futuro da sociedade liberada e vê nela "o livre desenvolvimento da individualidade". Dois princípios, portanto, guiam a antropologia (também pedagógica) de Marx: o papel central e dialético do trabalho (e dialético enquanto é capaz de mudar, pela própria organização no sentido revolucionário, isto é, com a afirmação da luta de classes por parte dos operários, as condições de alienação que historicamente o caracterizam) e a ideia do homem "onilateral". Contra o indivíduo "unilateral", seja ele o proletário ou o capitalista, caracterizado pelo desenvolvimento de capacidades apenas setoriais (manuais ou intelectuais), Marx mostra que a evolução econômico-política da sociedade moderna leva à formação de um "homem novo", que reúna em si as atividades tanto manuais como intelectuais e supere, assim, a divisão histórica do trabalho, dando vida a uma personalidade harmônica e completa, que se exprime como "universalidade e onilateralidade das relações e capacidades" humanas, voltadas tanto para o plano produtivo quanto para o do consumo e da fruição, harmonizando assim "tempo de trabalho" e "tempo livre".

Do estudo dos mecanismos da sociedade capitalista emergem, porém, algumas linhas de "sociologia da educação". Engels põe em destaque, no seu escrito sobre *A situação da classe trabalhadora na Inglaterra*, a insuficiência da instrução popular (que permaneceu circunscrita ao ler, escrever, calcular e ao catecismo religioso), as lutas empreendidas pelos operários para conquistar as primeiras leis sobre a instrução, a denúncia das condições de precariedade típicas da escola para o povo (despreparo dos professores e inadequação ou inexistência de locais). Marx e Engels, em *A ideologia alemã* e depois no *Manifesto*, sublinham que a educação é estreitamente dependente da sociedade, isto é, da classe dominante. A escola, como qualquer outra instituição social e como a própria cultura, é um instrumento ideológico que exprime a concepção do mundo e os interesses socioeconômicos da classe no poder. Portanto, ela reflete e confirma uma nítida divisão entre as classes sociais (burguesia e proletariado), para as quais existem orientações escolares diferenciadas, bem como veicula uma cultura abstrata e idealista, que se baseia na divisão do trabalho. Ao lado da escola, também a família (da qual Engels se ocupou no escrito sobre *A origem da família, da propriedade privada e do Estado*) é vista na sua evolução histórica e na sua dependência das transformações econômico--sociais e dela é colocada em destaque, no âmbito da sociedade capitalista, a substancial dissolução e a desordem moral introduzida pelo "sistema de fábrica" e a mudança das relações entre os sexos e entre pais e filhos, também pelas desumanas condições de vida de todos os membros. Uma atenção particular Marx dedicou, em algumas célebres páginas de *O capital*, às condições de vida da infância nas sociedades industriais (na Inglaterra, sobretudo), pondo em destaque a exploração a que as crianças são submetidas e às condições de miséria material e espiritual a que são condenadas. Em conclusão, para Marx e Engels, não é possível falar de educação sem referir-se à realidade socioeconômica e à luta de classes que a caracteriza e sustenta. Desse modo, a pedagogia perde todo aspecto idealista e neutral e determina-se, pelo contrário, em relação a condições sociais e políticas precisas. Em relação a essas orientações gerais, antropológicas e sociológico-políticas, os dois teóricos do materialismo histórico esboçam uma proposta educativa que se desenvolve em torno do papel fundamental atribuído ao trabalho no âmbito escolar. O trabalho a que Marx e Engels se referem, porém, é um trabalho produtivo, ligado à fábrica e, através dela, à sociedade no seu conjunto. Assim, consolida-se também aquela relação entre indivíduo e ambiente histórico-natural, que é posto, no marxismo, como um elemento fundamental da humanização do homem, já que o homem é (ou se torna) tal somente por meio dos intercâmbios com a natureza e com a sociedade. Nas *Instruções aos delegados*, Marx afirma que "numa situação racional da sociedade, *toda criança sem distinção* a partir dos nove anos deveria tornar-se um operário produtivo", e supõe uma divisão das crianças em três classes de idade (dos 9 aos 13 anos; dos 13 aos 15; dos 16 aos 17), nas quais a atividade laborativa deve ser respectivamente de duas, quatro e seis horas. Ao lado do trabalho, porém, Marx sublinha também a importância da instrução, entendida como:

HISTÓRIA DA PEDAGOGIA 485

"Primeira: Formação espiritual.

Segunda: Educação física, como é ministrada nas escolas de ginástica através dos exercícios militares.

Terceira: Instrução politécnica, que transmita os fundamentos científicos gerais de todos os processos de produção, e que ao mesmo tempo introduza a criança e o adolescente no uso prático e na capacidade de manejar os instrumentos elementares de todos os ofícios", escreve ele nas mesmas *Instruções aos delegados*. O tema central, porém, da proposta educativa marxista deve ser reconhecido na noção de "escola politécnica" (ou "tecnológica", como é definida outras vezes), que une trabalho produtivo e instrução, desenvolvendo de modo mais orgânico alguns princípios já postos em destaque por Owen, a quem Marx explicitamente se refere e que, no nosso século, teve larga aplicação (embora problemática) nos países chamados do "socialismo real".

O modelo pedagógico e educativo elaborado, embora de modo esquemático, por Marx e Engels introduziu na pedagogia contemporânea pelo menos duas propostas que podem ser consideradas revolucionárias: a referência ao trabalho produtivo, que se punha em aberto contraste com toda uma tradição educativa intelectualista e espiritualista, e a afirmação de uma constante relação entre educação e sociedade, que se manifesta tanto como consciência de uma valência ideológica da educação como projeção "científica" de uma "sociedade liberada", também no campo educativo. Já nos anos em que Marx e Engels viviam, porém, a sugestão operada pelo seu pensamento se fez sentir dentro das realizações educativas empreendidas pela Comuna de Paris de 1871. A instrução popular, com um decreto de 2 de abril, é despojada de qualquer finalidade religiosa e a própria instrução religiosa é proibida nas escolas. Ao lado dessa defesa de uma perspectiva laica da instrução afirmava-se também que "o filho do camponês" devia receber "a mesma instrução que o filho do rico, e além disso gratuitamente" e abria-se também para as mulheres o acesso à instrução prevista para os homens. Além disso, a Comuna procurou realizar a fusão do estudo com o trabalho produtivo, para dar vida a "homens completos", e iniciar a instituição de escolas de novo tipo, nas quais se realizassem tanto uma ampla preparação profissional quanto uma rigorosa instrução científica. Por fim, uma atenção particular foi dedicada aos "abrigos", nos quais foi introduzida uma educação completa da criança.

LABRIOLA E A PEDAGOGIA MARXISTA NA ITÁLIA

Um lugar à parte, mas fundamental, no debate pedagógico da segunda metade do século XIX ocupa Antonio Labriola (1843-1904), seja pela amplitude dos problemas que enfrenta, seja pelas soluções radicalmente progressistas que implanta no campo educativo, especialmente na fase marxista (e ligada a um marxismo crítico) do seu pensamento. As origens do interesse pedagógico de Labriola devem ser procuradas na sua adesão à filosofia herbartiana, por um lado, e, por outro, na direção do Museu de Instrução e de Educação fundado em Roma em 1874 e confiado a Labriola de 1877 a 1881. O herbartismo apresenta-se a Labriola como capaz de preparar uma reorganização do sistema educativo em relação a princípios e ideais universais, que tinham sido traídos pelo positivismo. Nos anos 70, ele escreve alguns ensaios pedagógicos de notável interesse, especialmente *Do ensino da história* (1876) e, pouco mais tarde, *Sobre o ensino da escola popular em diversos países* (1881). Neles, desenvolve uma redefinição da educação popular de forma decididamente progressista e democrática, em oposição aos fechamentos e aos atrasos da política escolar dos governos posteriores à unificação da Itália. Em particular, ele valoriza o ensino da história como meio de educação civil enquanto elaborada pelo esforço e pelo trabalho dos vários grupos sociais e suas batalhas ideológicas e políticas. A história deve ser ensinada como história coletiva e, como tal, torna-se também o meio mais eficaz de educação moral.

Ainda no chamado "período marxista", Labriola continua a interessar-se por problemas educativos, como atesta o discurso "A Universidade e a liberdade da ciência", que pronuncia em Roma, em 1896, no qual reivindica tanto a função emancipadora da cultura, também em nível social, quanto o empenho intelectual e ético que deve caracterizar a pesquisa científica. Mas nas obras mais estritamente filosóficas, ao lado de uma redefinição no sentido antideterminista e crítico-dialético do marxismo teórico, são desenvolvidas algumas importantes categorias pedagógicas, como, antes de todas, a de práxis. Esta, ao implicar uma transformação prática das condições objetivas (econômico-sociais) da experiência, organiza-se de forma educativa, torna-se ela própria (e só ela de maneira completa) um processo educativo. Por outro lado, a referência à crítica da ideologia oferece um instrumento sutil também para a crítica pedagógica, enquanto permite ler de forma historicamente determinada por interesses de classe e por visões do mundo as abstrações muitas vezes nebulosas e pouco conclusivas com que trabalha em geral a teorização pedagógica.

7 A PEDAGOGIZAÇÃO DA SOCIEDADE E O CRESCIMENTO DAS INSTITUIÇÕES EDUCATIVAS

O século XIX leva também à execução aquela pedagogização da sociedade que se tinha ativado com o início da época moderna e com o nascimento do "Estado moderno" e da sociedade burguesa, operando um conjunto articulado de instituições educativas e um projeto de organização minuciosa do consenso social em torno de uma constelação de valores e de modelos culturais. A sociedade é encarregada de um projeto educativo que se dissemina junto a diversas instituições e assume um aspecto cada vez mais articulado e complexo, para completar a formação do homem-cidadão que é o fim primário da ação educativa nos diversos Estados nacionais e junto às diversas classes sociais. Tal projeto educativo administrado pelo poder político e construído segundo a sua ideologia encontra a sua instituição-chave na escola que, como veremos na próxima seção, é submetida a uma rearticulação do seu sistema e da sua administração, bem como da sua cultura e da sua práxis didática. No curso do século XIX, é a escola que se considera como instituição delegada a formar o cidadão como homem e o homem como cidadão, enquanto o liga à ideologia dominante, o forma como "produtor" ou como "governante", o nutre de uma visão mais laica do mundo. E é para a escola que se dirigem os cuidados dos governos, dos publicistas e dos pedagogos, indicando-a como o lugar central da elaboração dos comportamentos coletivos dominantes, inspirados na "ordem social", mas também no "laborismo" ou no "higienismo".

Ao lado da escola, está a família, vista como instituição educativa primária e natural, mas que deve agir – para o bem da sociedade inteira – segundo modelos mais racionais, mais uniformes e mais constritivos. Deve ser a via primária para a conformação, para a constituição de um sujeito disciplinado e consciente dos próprios deveres, capaz de modelar-se às normas que justamente a família, com o seu comportamento, encarna:

a submissão à autoridade (do pai), a ética do sacrifício e da responsabilidade, o valor do trabalho, da poupança, da propriedade. A família burguesa assume justamente na segunda metade do século essas características de organismo autoritário e censório, atenta ao cuidado dos filhos, mas também ao seu estrito controle, fortemente repressivo e normalizante, como foi amplamente sublinhado por historiadores ou por psiquiatras. É a família como aparecerá delineada dentro da obra freudiana: produtora de neuroses e de traumas, especialmente sexuais, mas também sustentada por uma ânsia de normalização autoritária, de oposição a toda forma de desvio ou de dissensão. Também a família rural – bastante diferente pela composição e pela organização da família burguesa ou da proletária (esta última é uma família em geral desagregada, raramente educadora, ora autoritária, ora indiferente, como revelam as pesquisas sobre as classes pobres no século XIX) – manifesta características de "coesão" e de "fechamento"; é "homogênea e unitária" nos valores tradicionais que a sustentam, mas também no autoritarismo que a permeia.

Em quase toda a Europa, tanto na família burguesa como na patriarcal, "os pais adestravam os filhos desde pequenos para a submissão e a deferência de mil maneiras", embora no século XIX mudem os métodos de criação (não para as fraldas, e sim para os cuidados médicos, as vacinações etc.) e aumente a quantidade de tempo que os pais dedicam aos filhos com a consolidação da família nuclear. Mesmo entre nítidos limites de grupo, o modelo de família nuclear burguesa investida de um forte empenho educativo (e conformista) impõe-se cada vez mais no século XIX, tornando-se o modelo-guia, no qual se espelham também as famílias operárias e, depois, as camponesas.

Depois da família e da escola, são as associações que atuam na formação sobretudo dos jovens, em relação ao tempo livre da escola e do trabalho. São os oratórios – como aquele fundado por São João Bosco (1815-1888) no Piemonte, que teve tanto êxito e que retomava a tradição de São Filipe Néri, aplicando-a em particular aos rapazes transviados e "perigosos", aos órfãos e aos abandonados, aos jovens operários. Nos oratórios salesianos (porque dedicados a São Francisco de Sales), jogava-se, cantava-se, fazia-se teatro e se liam bons livros, edificantes e formativos, inspirados na valorização da religião e da moral cristã. Mas nestes oratórios ria-se, brincava-se e os vários animadores assumiam atitudes de compreensão e de afeto para com os adolescentes. Ao lado dos oratórios – destinados ao povo e administrados por religiosos – colocam-se, para a classe burguesa, as associações esportivas e as corais (estudadas, as da Alemanha, por Mosse em relação à afirmação de uma ideologia nacionalista), bem como as estudantis, essas também ativas sobretudo na Alemanha, ou aquelas que hoje chamaríamos ecológicas, como os escoteiros. Em todas essas associações reuniam-se jovens que coordenavam suas atividades em torno de um interesse, organizavam minuciosamente o tempo livre, submetendo-o a uma disciplina precisa, criava-se um espírito de corporação, afirmava-se um ideal de vida e desenvolvia-se, assim, uma obra bastante explícita de educação, capaz – muitas vezes – de incidir com maior profundidade que a própria educação escolar ou familiar. As associações esportivas, em particular, engajavam os jovens num esforço de autodisciplina, de controle do corpo e de valorização da competição: aspectos esses que incidiam profundamente naquele processo de formação juvenil que visava a uma socialização dos indivíduos e seu engajamento no fortalecimento da nação, pela adoção de uma ética que fazia da luta e do sacrifício, do autocontrole individual e do melhoramento da raça o seu próprio eixo central. O associacionismo favorecia também um controle sobre o jovem e, em particular, da sua vida sexual, através do "controle do grupo" que se torna "rigidamente organizado", de modo que "qualquer tipo de individualismo fosse imediatamente interpretado como um sinal de vício sexual" (Gillis). Pelas associações juvenis não só se chega a reconhecer a autonomia da adolescência e de seus problemas, a dar corpo às necessidades fundamentais da juventude, mas também se criam instituições que permitem organizar a vida de adolescentes e jovens, submetendo-a a um controle e a um itinerário de desenvolvimento preciso, fixando seus limites e seus objetivos.

Uma função semi-institucional, por assim dizer, de tipo educativo vem se desenvolvendo também – cada vez mais nitidamente no curso do século XIX – outro feixe de iniciativas, com a imprensa, com o teatro, com a edição sobretudo de poesias, de romances, de pequenos ensaios (como os manuais). A imprensa cotidiana e periódica agiu em profundidade na sociedade oitocentista, agitando problemas políticos, sociais e culturais. A imprensa vai assumindo aquele aspecto articulado que conhecemos, dirigindo-se com os periódicos sobretudo às diversas "figuras" sociais: profissionais em particular, mas diferenciados também por sexo e por idade. Nasce uma série de publicações para mulheres (já iniciada no século XVIII), bem como para crianças (pense-se no *Giornale dei Bambini* dirigido por Ferdinando Martini, no qual saiu em fascículos – entre 1881 e 1883 – o *Pinóquio* de Collodi). Nascem publicações para o povo, tanto de orientação laica, e depois também socialista, como católica, visando à formação ideológico-moral e política sobretudo dos adultos. Desse modo, é um amplo circuito de papel impresso que se põe em movimento, penetrando em todos os setores da vida social, difundindo atitudes e palavras de ordem e operando ativamente no imaginário social, desenvolvendo, portanto, uma obra educativa (em geral conformista, algumas vezes aberta à dissensão e alternativa) bastante intensa e tenaz.

Ao lado da imprensa operam as editoras que, já na época da Restauração, vinham se desenvolvendo também na Itália e assumindo características cada vez mais industriais, para revelar-se na segunda metade do século XIX como um instrumento de formação da mentalidade coletiva realmente central e poderoso. As editoras orientam o gosto, criam mitos e modelos por meio da moda que lança tipologias de heróis, situações típicas e experiências-chave capazes de agir no imaginário individual e de conformá-lo a ideologias ou visões do mundo, a regras e a normas. E as editoras produzem poesia, que na classe dos letrados, especialmente no Oitocentos, foi um instrumento central da formação do imaginário (pelo recurso romântico ao lirismo e ao canto, ao sonho e à livre efusão da linguagem; pela sua proximidade com as perturbações de um leitor interiormente inquieto e à procura de si mesmo etc.). Pense-se nos cantos de Ossian e na moda ossiânica, como depois na byroniana, mas pense-se igualmente na recepção dos *Cantos* de Leopardi ou do *Rodolfo* de Prati e, ainda, mais tarde, das obras de Carducci; a poesia exalta as angústias e as expectativas individuais, ilumina os sujeitos sobre a problemática da existência, afinando sua sensibilidade.

Mas talvez seja o romance o grande educador (literário) do imaginário oitocentista. No romance, o leitor percorre de maneira mais realista um paradigma de existência, variando sua tipologia (do romance negro ao amarelo, do romance de aventura ao fantástico etc.) e colhendo sua dramaticidade intrínseca, redescrevendo sobre aquele paradigma a consciência de si próprio. Afina sua identidade e relê a própria experiência, operando um processo seja de formação seja de conformação (a valores, a ideais, a modelos), assim como apreende aspectos distantes da própria experiência (pense-se no romance histórico, ou no erótico, ou no de aventura), integrando-a, ou ampliando-a. Desse modo, opera-se um crescimento ou uma perdição (como bem viu Flaubert com Emma Bovary), mas, de qualquer maneira, realiza-se uma rearticulação profunda do eu segundo linhas cujos traçados são indicados pela editora. Os casos exemplares do *Werther* ou da *Bovary* (e do wertherismo ou do bovarismo como estados de alma ativos na coletividade) são testemunhos dessa incidência formativa do romance, além de ser este, às vezes, o intérprete dos tempos. Na Itália, casos exemplares, de maneira diversa, foram *Os noivos* de Manzoni e os romances de D'Annunzio. O texto de Manzoni tornou-se desde cedo oficial e o autor foi incluído (com Dante e Alfieri) no número de educadores intelectuais e morais da nação. E entrou diretamente na escola. As obras de D'Annunzio foram modelos para a burguesia entre os dois séculos, criando para ela uma nova mitologia entre decadente e nietzschiana, feita de exaltações eróticas, heroicas, aventureiras e guerreiras.

Se a literatura e o romance, em particular, produzem uma mudança no imaginário coletivo, nutrindo-o de mitos e modelos burgueses (especialmente quando se dirigia sobretudo ao povo, como nos romances de folhetim), foi a ensaística que atuou de modo mais explícito e compacto na direção de uma conformação ideológica: uma ensaística que repetia os próprios temas nos mais diversos níveis (desde o ensaio "filosófico" até o manual e o artigo de jornal), por meio de alguns *slogans*, ou palavras de ordem, ou ainda a repetição de temas-chave. Isso se realiza de maneira quase exemplar para o caso do higienismo – aquela ideologia que exalta o cuidado do corpo através da ginástica, o saneamento do meio ambiente, a alimentação correta, a abstinência sexual e, portanto, o fortalecimento das capacidades produtivas do indivíduo em vista de um desenvolvimento da nação –, mas também para o "selfismo" (o "fazer-se por si", com as próprias forças: empenho, sacrifício, poupança, para elevar a própria posição social) e para o laborismo (aquela ética do trabalho que o exalta como tarefa primária do homem, da qual poderá extrair as mais altas satisfações, entre as quais contribuir para o desenvolvimento da nação) como ainda – pelo menos em parte – para o nacionalismo que é ideologia política, mas também visão do mundo e que justamente por isso se nutre de estímulos culturais e em torno deles se vai construindo como fator-chave do imaginário social (burguês) do Oitocentos europeu. Mosse mostrou isso com extrema finura no seu ensaio sobre *A nacionalização das massas*, dando ênfase também à produção editorial (desde Gobineau até Chamberlain) e ao papel do teatro (especialmente o wagneriano, impregnado de valores germânicos e apresentado no teatro de Bayreuth através de um rito iniciático coletivo que exalta sua força "educativa").

Caberia, de fato, analisar o papel do teatro, como teatro em prosa e como teatro de ópera, mas também como espaço para audição sinfônica, para passar depois aos grupos e às associações corais, para sublinhar como também essas instituições culturais atuaram como agentes educativos, voltados para produzir mitos e modelos para o imaginário e a administrar a sua formação/educação. Mas são pesquisas apenas iniciadas na vertente histórico-educativa, que aqui podemos somente indicar como outra fronteira da pedagogização da sociedade. Enfim, caberia igualmente estudar o mundo do trabalho – a oficina, a fábrica, os campos –, no qual as jovens gerações entram precocemente e do qual – desde as práticas de socialização (pense-se na mineração, entre outros casos) até a elaboração cultural (os cantos, por exemplo), desde a linguagem até as técnicas (e as suas implicações cognitivas) – saem decisivamente marcadas. Basta, aqui, sublinhar essas tarefas posteriores.

8 A ESCOLA NO SÉCULO XIX EUROPEU

No curso do século XIX – da Época Napoleônica até a crise do fim do século –, desenvolve-se um processo bastante articulado no que diz respeito à instituição-escola, embora dividido em etapas não homogêneas e manifestado de forma diferente nos vários países europeus e americanos. Realiza-se, de fato, um processo que produz um crescimento social da escola, um desenvolvimento na sua organização, um papel político mais forte. Estamos diante de uma escola muito distante daquela do *Ancien Régime*, que tornou mais unitário o sistema (ou antes, que o produziu), superou as divisões entre iniciativas diversas (Igreja, Estado e particulares) e coordenou os esforços e os compromissos assumidos pelos vários operadores; que renovou a cultura escolar, laicizando-a e organizando-a num programa didático preciso, que com instrumentos jurídicos e intervenções administrativas deu uma nova feição à vida escolar; que assumiu cada vez mais um aspecto abertamente disciplinar, de controle, de sanção e, ao mesmo tempo, de produção de comportamentos delineados como "normais" e que excluem qualquer possibilidade de desvio. O polimorfismo, o pluralismo cultural, as contradições e as defasagens (entre ordens de escola, mas também na sua localização geográfica), os retrocessos da escola do *Ancien Régime* são decididamente ultrapassados, para ir em direção a uma escola mais uniforme, mais conformadora (sob todos os aspectos), mais rígida nas estruturas e nos comportamentos, mais programada e mais laica: uma escola mais racional, por um lado, e mais democrática, mais aberta às várias classes sociais, por outro.

O crescimento social da escola oitocentista refere-se à sua extensão às classes inferiores, aos filhos do povo: um crescimento lento que atinge a escola elementar e popular nos diversos sistemas nacionais de instrução, do qual o Estado se torna organizador e fiador, embora submetendo-se às exigências locais (em matéria de horário, de frequência). Realiza-se uma escolarização das massas, por vezes através de vias muito empíricas e de validade duvidosa (como o ensino mútuo) que estendem, porém, os rudimentos da instrução a classes que até então eram geralmente excluídas dela. Em toda a Europa foi se delineando um sistema escolar destinado a todo o povo (também ao povo), mesmo se, até na Inglaterra, "os progressos da instrução popular foram tão lentos, que foi preciso esperar o fim do século para que começasse a funcionar um sistema generalizado de escolas elementares, em condições de assegurar, nem que fosse a poucos, com bolsas de estudo, o acesso às escolas da classe média" e uma mínima mobilidade social (Bowen). Na primeira parte do século, foram as escolas (privadas) de ensino mútuo que asseguraram um pouco de cultura ao povo. Só na segunda metade – após a regulamentação do trabalho infantil e a fixação da idade mínima para início do trabalho (aos nove anos, na Inglaterra de 1833) – é que se opera uma escolarização mais difundida tendo em vista uma alfabetização de massa. Mas foi só em 1870 que se delineou – na própria Inglaterra – um sistema completo de instrução nacional, tornado obrigatório só em 1880, enquanto em 1891 foram abolidas as taxas para a escola elementar.

Também em outros países, na França, na Alemanha, na Itália, a escola popular se desenvolveu com lentidão e em meio a muitas dificuldades e só no fim do século é que ela aparece definida nos seus objetivos fundamentais, e, especialmente na Alemanha, opera com notável eficiência, inclusive no tocante à formação de professores e à organização administrativa. Na Prússia, já em 1810, eram obrigatórias as *Volkschulen,* de três anos, para 90% da população (elevada a oito anos em 1868).

Quanto à organização, cria-se um verdadeiro e próprio sistema escolar dividido em vários graus (ou níveis) e em diversas ordens (para os graus superiores), coordenado pela administração pública, às vezes (como na França) fortemente centralizado e controlado pela burocracia de Estado, outras vezes baseado na autonomia dos condados e das próprias escolas, com seus programas, suas tradições e regras (como ocorre na Inglaterra). Assim, toda a idade evolutiva do cidadão e a sua formação como produtor/ governante e como cidadão de um Estado vê-se envolvida num sistema de escolas que, desde a elementar até a universidade, se organizam para reproduzir a mão de obra, os técnicos e os dirigentes da sociedade burguesa-industrial e para conformar as gerações em crescimento aos valores coletivos. É o grau secundário, em particular, que recebe a maior articulação, separando-se em duas linhas diferentes, a "clássica" e a "técnica", que se alimentam de dois modelos culturais diversos (humanístico-filosófico, no primeiro; técnico-científico, no segundo) e visam à formação de diferentes figuras sociais (os governantes, de um lado, os técnicos-executivos, do outro). E é na ordem técnica que depois se delineiam ulteriores diferenciações, com escolas técnicas no sentido próprio, com institutos técnicos (de duração mais longa e com mais cultura), com escolas profissionais ou do trabalho (como ocorre na Itália no fim do Oitocentos). No nível universitário, ainda, há uma substancial laicização e uma especialização das faculdades que oscilam, porém (e esse será um problema até hoje não resolvido), entre cursos de formação científica e de formação profissional. Em particular, adquirem amplitude e autoridade cada vez maior as faculdades científicas, articulando-se em diversas especializações (desde a matemática até a física, a biologia, a agronomia, a engenharia etc.).

Por fim, existe o aspecto ligado à função política: político-econômica e político-ideológica. Por um lado, a escola – como já dissemos – prepara para as profissões (mais ou menos elevadas, mais ou menos intelectuais) e o faz mediante a participação na cultura sistematicamente definida, dogmaticamente transmitida, mnemonicamente adquirida, bem como por meio de uma ética que a própria disciplina escolar deve introjetar no sujeito (ética do dever, ética da responsabilidade, ética da produtividade), transformando-o, ou melhor, tornando-o adequado ao modelo de organização social em curso; por outro, porém, a escola produz consenso e controle, estrutura a personalidade dos jovens segundo um modelo *standard* de homem-cidadão e o torna partícipe da ideologia dominante. A escola – disse Althusser em 1970, mas a observação é válida também para a escola oitocentista, que é a matriz da atual – é lugar de reprodução tanto da força de trabalho como da ideologia e todo o sistema escolar é voltado para essa dupla finalidade. Talvez a tese de Althusser seja demasiado forte e exclusiva; despreza o papel emancipativo da escola (pelo contato com a cultura), mas contém uma boa parte de verdade, sobretudo para a escola rigidamente clássica do século passado. Ao lado, porém, daqueles setores de maior desenvolvimento da escola oitocentista (o elementar, que é a inovação do século e aquele que acompanha com mais dramaticidade seu desenvolvimento nos vários países, europeus ou não; o secundário técnico, que é o setor mais inquieto nas realizações de todo o século: sempre reafirmado como central, sempre enfrentado de modo desorganizado e confuso, com intervenções contraditórias e frequentemente delegada a iniciativas locais, pense-se na Itália após a unificação, por exemplo), setores que caracterizam seu dinamismo e sua tensão inovativa, deve ser colocado também o grau preparatório da escola, aqueles abrigos, ou jardins da infância, ou escolas maternais que desde os primeiros anos do século acolheram os filhos das classes populares e desenvolveram uma ação vicária em relação à família. O sistema de fábrica ocupa também a mulher num trabalho fora de casa e seus filhos precisam encontrar uma sistematização alternativa para o abandono durante muitas horas do dia: nascem as "salas de custódia", depois os abrigos e, enfim, os jardins de infância. E são os particulares ou a Igreja que exercem esse papel de vicariato familiar e materno, organizando locais de acolhimento de crianças confiadas a pessoas de pouquíssima preparação, que as distraíam com jogos e orações. Depois, também os abrigos mudam de forma: com Fröbel e seus jardins de infância (de que já falamos), mais tarde com o modelo elaborado por Maria Montessori. Nas "casas das crianças", a criança não é guardada ou educada, mas preparada para um livre crescimento moral e intelectual, através do uso de um material científico especialmente construído e a ação das professoras que estimulam e acompanham o ordenamento infantil e o crescimento da criança, sem imposições ou noções, antes favorecendo o desenvolvimento *no* jogo, por meio do jogo, como propunha em *O método da pedagogia científica aplicado à educação infantil nas casas dos meninos,* de 1909. À tradição fröbeliana e montessoriana contrapunham-se também outras escolhas metodológicas, como ocorre na Itália com Rosa e Carolina Agazzi (1866-1951 e 1870-1945, respectivamente), que desenvolvem uma série de critérios mais empíricos e mais afetivos para acompanhar e promover o desenvolvimento da primeira infância, recorrendo a materiais ocasionais (sobre os quais se exercitam a observação e a expressão) e submetendo a criança a regras mais agradáveis. Tratou-se de uma via mais artesanal (e não filosófica – como Fröbel – ou científica – como Montessori) para a educação infantil, mas que teve notável sucesso na Itália.

Além dos aspectos já mencionados, a escola oitocentista apresenta também outras duas características, difundidas em âmbito europeu e que marcam seu desenvolvimento: 1. o constante contraste entre escola pública e escola privada, que constitui um problema aberto durante todo o século, dando lugar a diferentes modelos de solução, e que ainda hoje herdamos do século passado, repropondo-se com maior ou menor radicalismo e dispondo-se como o fundo (*um* fundo) do mesmo debate mais atual e como matriz de diversas soluções (pense-se naquela – aliás bastante equilibrada e correta – delineada na Constituição italiana de 1948 nos artigos 33 e 34). Trata-se de um contraste que contrapõe, em particular, a Igreja e o Estado e que, de um lado, opõe um pluralismo de escolas e de perfis educativos a um monolitismo monopolista que pode resultar em dogmatismo ideológico e, de outro, reclama um pluralismo dentro das escolas e não um pluralismo de escolas e se opõe ao risco de uma escola de grupo que pode ser funcional para uma instituição – seja igreja ou partido – mas bem menos para a formação livre e responsável do todo homem-cidadão; 2. a organização da vida escolar – como já indicamos – segundo um modelo disciplinar, regulado pela autoridade (política, administrativa) e por normas jurídicas, confiado a figuras profissionais (como os professores etc.), enquadrados no emprego público e regulados por programas, livros-texto, calendários escolares. Toda a vida da escola, como bem viu Foucault falando dos séculos anteriores, é submetida a um processo de racionalização que assume, no seu disciplinarismo, o modelo do "vigiar e punir", dando lugar a uma práxis escolar em geral autoritária, conformista e repressiva, além de nocionista e formalista, que explica bem a reação operada pelas escolas novas do início do século xx.

A Itália, na sua história da escola antes e depois da unificação do país, pode ser tomada como um caso exemplar desse desenvolvimento/reorganização/racionalização/laicização que ocorreu na escola oitocentista. Na Itália anterior a 1860, as condições escolares são radicalmente diferenciadas: mais desenvolvidas e de nível quase europeu no Norte (no Piemonte e na Lombardia), bastante orgânicas na Toscana, em condições desastrosas no Estado da Igreja e no Reino das Duas Sicílias. Também do ponto de vista escolar a Itália é um mosaico, embora a dominação napoleônica, com a sua reorganização das escolas segundo o modelo francês tenha deixado alguns traços: diversas são as legislações, diversas as tradições, diversos os modelos visados. Depois, em 1861, foi aplicada à Itália unida a Lei Casati, promulgada para o Piemonte em 1859, que em 380 artigos organizava o sistema escolar segundo os princípios liberais: delineava uma administração centralizada com a tarefa de programar e controlar a vida escolar no seu conjunto, dividia a instrução escolar em clássica e técnica, fixava os dois graus – inferior e superior – da instrução elementar delegada às comunas e instituía as escolas normais para a formação dos professores. Impunha, ainda, a obrigatoriedade escolar para o grau inferior elementar, que continuou com grande evasão, como continuaram muito precárias por longo tempo – depois de 1861 – as condições da escola elementar (quanto a instalações, recrutamento de professores, salários do corpo docente etc.). Ademais, ela foi aplicada como um molde sobre situações muito diferentes da piemontesa, produzindo – especialmente no Sul – resultados escassos na luta contra o analfabetismo (pela atribuição do ônus financeiro às prefeituras quanto a construções, mobiliário e docentes, mesmo às prefeituras paupérrimas do Sul). Só em 1877, com a esquerda no poder e Michele Coppino no Ministério da Educação, foram promulgados os novos programas que tiveram uma marca de tipo positivista: fixava-se a obrigatoriedade até os nove anos, alongava-se de um ano (aumentando para cinco) o curso elementar, eliminava-se a religião das matérias de estudo e introduziam-se "os direitos e os deveres do cidadão". A escola italiana se laicizava. A escola superior permaneceu, porém, organizada, em toda a segunda metade do século, segundo as normas da Lei Casati, e ligada à sua dupla formação, embora a instrução técnica e profissional tenha sido muitas vezes retocada, rearticulada e deslocada entre os vários ministérios, mas com raras intervenções substanciais. O liceu e as escolas normais permaneceram substancialmente sem variações em suas estruturas e seus programas. Também a universidade, embora submetida a contínuas intervenções e reorganizada segundo o modelo alemão, sofreu poucas transformações: em 1872 foi extinta a Faculdade de Teologia, sobretudo. Porém, foi amplo o debate em torno das tarefas e da reforma da universidade.

Reformas escolares mais incisivas ocorreram apenas no fim do século e nos primeiros anos do Novecentos: em 1896, o ministro Gianturco instituía a escola complementar feminina, trienal, pós-elementar; em 1904, a Lei Orlando fazia voltar o curso elementar a quatro anos, juntando a 5ª e a 6ª classes, e a obrigatoriedade aumentada para os 12 anos; em 1911, a Lei Dàneo-Credaro avocou as escolas elementares ao Estado e instituiu um liceu moderno, jamais instalado. Será, enfim, Giovanni Gentile que, em 1923, renovará radicalmente a escola italiana segundo o critério do "voltar a Casati", fechando todo espaço de mobilidade social e favorecendo apenas o canal formativo do liceu, mas dando uma forma orgânica – estrutural e culturalmente – à escola italiana.

9 O NASCIMENTO DA PEDAGOGIA CIENTÍFICA E EXPERIMENTAL

A segunda metade do século XIX assiste ao nascimento da pedagogia científica e da pedagogia experimental, que tendem a separar-se da filosofia e a tornar-se independentes da política para reconstruir o saber pedagógico em contato com as ciências positivas, que tratam do homem (a fisiologia, a antropologia, a psicologia) e da sociedade (a sociologia, a etnologia, a criminologia), renovando seu método e seu conteúdo pela adoção do paradigma científico, indutivo e experimental, articulado em conhecimentos baseados em "fatos". É sobretudo o positivismo, como vimos, que delineia o modelo de ciência ao qual a pedagogia deve adequar--se, e é uma ciência fortemente ideológica (produtora de progresso, em contínua evolução, sem resíduos metafísicos e inteiramente experimental) e dogmática (que fixa leis invariantes, interpreta fatos, é isenta de erros) que trabalha em pedagogia sobretudo através dos princípios-guia do evolucionismo (Spencer, Ardigò) e da sociologia positiva (Durkheim). Também a pedagogia – como as outras ciências humanas e sociais – se foi reestruturando em profundidade, já no seu estatuto epistemológico (científico) e na sua imagem de saber (interdisciplinar e progressiva), assumindo aquela feição de disciplina feita de muitas "ciências da educação" e posta no seu ponto de convergência ou de cruzamento por razões teórico--pragmáticas (os problemas formativos numa determinada sociedade, num dado tempo histórico) que lhe são próprias ainda hoje. E já então esse pluralismo da pedagogia veio a constituir um problema: devia ser unificada, seja por meio de uma reflexão epistemológica, seja mediante uma reflexão filosófica inspirada nos princípios da filosofia positiva (evolucionista, em particular).

Um exemplo explícito dessa reformulação científica da pedagogia é representado pelo aspecto educativo do trabalho sociológico de Emile Durkheim, que elaborou uma teoria da educação como socialização, ampla e coerente, remetendo assim a pedagogia (como tinha feito Comte) à sociologia. A educação enquanto aprendizado de técnicas, linguagens e normas sociais é uma função fundamental da sociedade, que se organiza em instituições específicas e administrada por profissionais especializados (os docentes). A "ciencia" pedagógica deve refletir em torno desse estatuto social da educação e produzir um saber inerente a este objetivo. A pedagogia é uma "teoria prática", que a psicologia, a sociologia, a história, unificadas em chave educativa, vêm fundar.

Com Durkheim, nasce aquela sociologia da educação que terá tanto sucesso no século xx e que "estuda as relações observáveis entre os diversos componentes de um sistema educativo, como a ideologia, que o orienta, os fins pedagógicos que propõe, a sua organização", os conteúdos culturais, o funcionamento interno, a formação dos docentes, mas que também abrange as relações entre escola e poder, entre pedagogia e sociedade, enfrentando problemas fundamentais do saber pedagógico. Depois de Durkheim, também o grande historiador, sociólogo e filósofo Max

500 FRANCO CAMBI

Weber (1864-1920) enfrentou esses problemas, delineando sobretudo diversos modelos de educação (nas sociedades tradicionais, na capitalista, naquelas animadas por chefes carismáticos) e a centralidade da formação religiosa e intelectual no âmbito da reprodução social, sobretudo moderna (ligada à ética protestante como núcleo genético do espírito do capitalismo e ao trabalho intelectual como profissão). Depois de Weber, também Mosca e Pareto, os grandes sociólogos das elites, abordarão temas de sociologia da educação, depois Mannheim e muitos outros a levarão para o seu atual – rico e complexo – desenvolvimento.

Sobretudo, porém, nesse mesmo período, toma corpo a pedagogia experimental. "A denominação *pedagogia experimental* remonta ao fim do século xix, quando foi cunhada em estreito paralelismo com *psicologia experimental*" e se ocupa da criança através de um estudo que se organiza como "uma intervenção deliberada numa situação (ou fenômeno) para fazê-los variar segundo um determinado objetivo e fixar depois os princípios do comportamento infantil em várias situações educativas" (De Landsheere). A pedagogia experimental nasce como não valorativa (deixa de fora os "juízos de valor") e visa aos aspectos objetivos e mensuráveis da experiência educativa submetida a experimentação. É um campo que, depois, durante o século xx e particularmente nos últimos 30 anos, teve um enorme desenvolvimento. Podemos também salientar, com Landsheere, que até o fim do século xix estamos ainda na fase "pré-científica" da pedagogia experimental, fase na qual muitos autores "provam a seu modo a necessidade de experimentar, mas permanecem ao mesmo tempo profundamente influenciados pelos grandes componentes filosóficos e históricos da ciência do espírito, da *Geisteswissenschaft* alemã, feita de construções geralmente consideráveis, acuradas combinações lógico-dedutivas de materiais tanto empíricos como puramente idealísticos".

Entre os precursores podem ser citados Pestalozzi (pelo estudo rigoroso do método de ensino desenvolvido em *Como Gertrude instrui seus filhos*) e Herbart (pelos destaques dados à psicologia na escola e à experimentação de métodos), Bain, J. M. Rice (nos EUA), que desenvolveu a técnica da *enquête* aplicada ao rendimento escolar (1897: *A futilidade do moinho ortográfico*), W. Wundt (na Alemanha – que com seus estudos de psicologia experimental toca também em problemas educativos: os tempos de reação e a memória, a aprendizagem e a solução de problemas), e, na França,

Théodore Ribot e seu aluno Alfred Binet que, com seu estudo sobre *A fadiga intelectual* (1898), apresenta um quadro bastante convincente da pedagogia experimental: baseada na observação e na experiência mediante um estudo experimental "contendo documentos coletados metodicamente e relatados com tal riqueza de detalhes e com tal precisão que torne possível que outros possam, com esses documentos, refazer o trabalho do autor, verificá-lo ou tirar dele conclusões que a ele escaparam". Nos Estados Unidos atuam, por sua vez, J. Mc Keen Cattell – especialização com Wundt em Leipzig e primeiro professor de Psicologia no mundo, na Pensilvânia – que, em 1890, funda a psicometria com o ensaio "Testes mentais e mensuração", publicado em *Mind*, a mais célebre revista de filosofia inglesa, e Stanley Hall que, em 1891, funda a revista *Seminário Pedagógico* que se ocupa de psicologia genética e usa técnicas novas, como o questionário, nas suas pesquisas; enfim, um aluno seu – Chrisman –, em 1893, cunhará o termo "pedologia" para o estudo experimental da criança. Mas é por volta do fim do século que o trabalho neste âmbito se torna intenso: Dewey funda, em 1896, junto à Universidade de Chicago, a sua "escola-laboratório", uma verdadeira escola experimental; Hermann Ebbinghaus, em 1897, aperfeiçoa o seu teste para medir as atitudes mentais dos estudantes; em 1898, Lay distingue a pedagogia experimental da didática experimental e Binet publica o volume acima lembrado; em 1899, nasce na Inglaterra a revista *O Pedólogo* e um laboratório de pedologia em Anvers, na Bélgica. Nesta fase "mobilizaram-se eficientemente forças até então profanas aos estudos pedagógicos" e "psicólogos e pedagogos enfrentam num terreno concreto os problemas educativos e escolares". Assim se cunharam os termos pedagogia experimental e pedologia aos quais corresponde uma profunda reviravolta nos estudos pedagógicos: reviravolta que os liga de maneira cada vez mais íntima ao método e às aventuras (teóricas, ideológicas, históricas) da ciência, produzindo um novo campo de especialização da pesquisa pedagógica que se expandirá cada vez mais no novo século, até se tornar um dos setores-piloto. E que se origina como "o recurso do experimentalismo a energias diversas e o apelo ao controle científico [posto] como garantia de uma escola à altura dos tempos" e de uma reflexão rigorosa que a acompanhe (Becchi).

Pedagogia científica, sociologia da educação, pedagogia experimental e pedologia, como salientamos, vêm delinear um novo modelo de pedagogia, radicalmente inovador no seu estatuto epistemológico e aberto a um crescimento cumulativo (ou melhor, também em parte cumulativo) como é o das ciências empíricas; a pedagogia liga-se, assim, à lógica da ciência como também se nutre da sua ideologia, mas se consolida como um dos saberes-chave da modernidade, capaz de renovar-se e de reorganizar-se segundo novos modelos, pondo em surdina (mas sem eliminá-los) os aspectos mais filosóficos e mais políticos que tinham orientado o seu resgate na modernidade. Para a pedagogia, trata-se agora de executar um "salto" posterior: habituar-se com a metodologia científica e redescrever-se como saber científico autônomo. Será no século XX que os problemas levantados por essa reviravolta (ligados ao seu dogmatismo, ao seu ideologismo e à sua consequente acrisia) virão decididamente à tona.

10   TENSÕES PEDAGÓGICAS DO FIM DO SÉCULO: NIETZSCHE E DILTHEY, BERGSON E SOREL

O fim do século, também no âmbito pedagógico (como ocorre nos âmbitos político, social e cultural), apresenta-se como uma fase de fermentações, de tensões e de crises. Estamos diante daquela contraposição social entre burguesia e proletariado que provocará em todos os países europeus profundas convulsões (pense-se na Itália e na crise de 1898 e também na profunda dispersão política que opõe, de maneira cada vez mais nítida, direita e esquerda, socialismo e nacionalismo nascente, internacionalismo e colonialismo, abrindo um período de convulsões políticas). No plano cultural, são os anos em que amadurece a reação ao positivismo e em que toma corpo aquela "cultura da crise" que, com o neoidealismo, o pragmatismo, o decadentismo e o voluntarismo penetrará em cada setor cultural, provocando radicais transformações em relação à ordem estabelecida pelas grandes correntes culturais do Oitocentos, do idealismo ao espiritualismo e o positivismo. A cultura do fim do século foi anti-intelectualista, vitalista e radical, em luta aberta contra o positivismo, sentido como "um jugo espiritual" e uma filosofia burguesa, quietista e "vulgar", incapaz de inflamar os espíritos.

É nos anos 90, sobretudo na Alemanha e depois na França, que o movimento de renovação cultural se consolida e se expande, refutando,

HISTÓRIA DA PEDAGOGIA 503

ponto por ponto, todos os mitos do positivismo: o progresso, a sociedade orgânica e colaborativa, a ética social e produtiva, o culto da ciência. Entram em cena outros fatores culturais: o eu e o inconsciente, a ação e a vontade, a crítica e a dissensão. Todo um mundo intelectual entra radicalmente em crise e são autores como Bergson, como Croce e como Weber que interpretam inequivocamente seus signos. Sobre todos, porém, domina a figura de Nietzsche, do Nietzsche "iluminista" (crítico do Ocidente, da Alemanha "filisteia", do cristianismo e do socialismo), mas também o Nietzsche messiânico (com o mito de Zaratustra e da morte de Deus, do super-homem e do eterno retorno, que alimentam o seu niilismo); figura que se expande na cultura europeia e alimenta o crepúsculo de toda uma atmosfera cultural, representada pelo positivismo e pelo seu progressismo burguês, para dar voz a novos valores (heroicos e trágicos, ligados à luta e à liberdade do espírito).

A pedagogia estará envolvida nessa fermentação cultural sobretudo nos anos que vão do início do Novecentos até a Primeira Guerra Mundial, quando o debate em torno das inovações dos sistemas escolares e em torno do estatuto da pedagogia e de seus modelos formativos se tornará intenso e conflituoso, permeado de fortes tensões políticas e filosóficas. Na década de 1890 (ou pouco antes) aparecem, apenas em nível teórico, os primeiros modelos de ruptura e as primeiras vozes de dissensão e de renovação, mas são vozes de intelectuais isolados, particularmente. Falta ainda um conjunto de grupos, de revistas, de iniciativas culturais que deem substância às vozes discordantes, como ocorrerá no início do século XX, por exemplo na Itália, com o surgimento de novas posições filosóficas e ideológicas, com novas revistas (como as florentinas no primeiro decênio do século), com novos intelectuais-guia agora reconhecidos (pense-se, ainda na Itália, em Croce e Gentile). Entretanto, os modelos que se apresentam são modelos pedagógicos de ruptura, radicais e críticos, em geral totalmente alternativos. Três, em particular, devem ser destacados como extremamente significativos, tanto pela coerência e força do modelo que elaboram como pela difusão que atingem: Nietzsche e o seu niilismo, o historicismo de Dilthey e o voluntarismo de Bergson e de Sorel. São modelos que – para além de seu envolvimento maior ou menor com a pedagogia – atuam como vozes radicais em pedagogia, confundindo suas águas aparentemente tranquilas dominadas pelo posi-

504 FRANCO CAMBI

tivismo, pelo socialismo, pelo herbartismo e introduzindo temas novos e bastante inquietantes.

Com Friedrich Nietzsche (1844-1900), delineiam-se no plano pedagógico uma crítica à tradição educativa (ético-antropológica e cultural-escolástica) e a proposta de uma nova *paideia* dirigida para a superação da concepção greco-cristã (metafísica e moralista) para dar corpo aos valores do super-homem (ou do *Uebermensch* = ultra-homem), do trágico e do niilismo, delineando um novo modelo de civilização. A crítica da educação tradicional já está no centro de *Sobre o futuro das nossas escolas*, de 1872; tal educação vinha se caracterizando por ser utilitária e profissionalizante, esquecendo os objetivos da "verdadeira cultura". O Liceu operou também uma "redução da cultura", pôs no auge a ciência e desprezou as línguas e, sobretudo, agora "não educa visando à cultura, mas visando apenas à erudição", deixando à margem "hábitos e ideias que sejam sérias e irremovíveis", para favorecer historicismos e filologismos. É necessário, todavia, reativar o modelo da cultura clássica e o seu vínculo com a arte (e não com a erudição), para tornar a instrução de novo formativa. A crítica da educação tradicional põe em causa o modelo antropológico grego-cristão-burguês, nascido com Sócrates e confirmado com o cristianismo, que é ligado a um homem alheio aos valores trágicos e imerso num horizonte de repressão-sublimação, de oposição aos valores vitais. Contra ele e a sua "moral" deve agir uma educação que vise – como enuncia Zaratustra na sua mensagem ética e filosófica – à formação do "espírito livre" (*Der freie Geist*), do "espírito nobre" (*Der vornehme Mensch*) e do "espírito dionisíaco" (*Das Dionysische*), que se realize numa disposição interior para a "leveza", como liberdade, jogo e nobreza, que desenvolva tensões heroicas e atitudes de luta, reconhecendo como própria do homem a condição existencial aberta pela "morte de Deus" e pelo reconhecimento do niilismo. A nova *paideia* deve ser crítica e trágica ao mesmo tempo, deve recusar o passado (como tal) e reconstruir um homem que afirme suas tensões vitais no centro do próprio projeto existencial e, portanto, da própria formação, bem como da sociedade nova (dos fortes, dos eleitos, dos ultra-homens) que se dispõe a edificar. A pedagogia de Nietzsche trabalha como a "toupeira" (escava galerias para fazer desmoronar os castelos das certezas) e com o "martelo" (para ouvir se as ideias soam no vazio), operando uma radical destruição das tradições

HISTÓRIA DA PEDAGOGIA   505

pedagógicas e educativas, propondo a elas alternativas que visam a um modelo de homem, de cultura, de civilização totalmente novos, organizados em torno de valores que a tradição metafísica e moralista do Ocidente, desde as suas origens, ocultou e afastou. Nietzsche quer ser um "educador" e o foi na direção crítico-radical, ativando no pensamento entre os dois séculos processos de revisão radical dos modelos educativos e propostas ousadas na direção de sua superação, inspirando-se em valores censurados e desprezados (o jogo, a "dança", mas, igualmente, a luta, a precariedade da vida etc.). Nietzsche foi – entre o Oitocentos e o Novecentos – a voz mais inquietante e mais radical não só no campo filosófico, mas também no pedagógico, no qual introduziu revisões drásticas e alternativas claríssimas, críticas agudas e "projeções" ousadas.

Se Nietzsche foi a voz mais criticamente radical e alternativa, Wilhelm Dilthey (1833-1911), fundador do historicismo e teórico da autonomia das ciências do espírito, reafirmou uma pedagogia que se construía em torno do conceito de *Bildung*, em chave antipositivista e desenvolvida no sentido cultural formativo. Em obras como *Os problemas contemporâneos e a ciência pedagógica*, de 1886, e *Possibilidade de uma ciência pedagógica de valor universal*, de 1888, Dilthey elabora uma pedagogia inspirada não em princípios e normas absolutas, mas de valor histórico e distribuída segundo modelos culturais diversos, na base dos quais está a psicologia, da qual se extraem "tipos de vida" que agem como regras universais da pedagogia. Dois aspectos devem ser destacados neste quadro historicista da pedagogia: 1. o recurso à intuição, à capacidade de "reviver" a cultura e a vida espiritual por parte do sujeito-educando e, portanto, também a um tipo de ensino que, especialmente no estudo das ciências do espírito (desde a arte até a história), não seja centralizado sobre elementos apenas formais ou eruditos; 2. o apelo a um desenvolvimento formativo que leve em conta a síntese imanente, constantemente aberta e renovada, que caracteriza a verdadeira vida espiritual e o enriquecimento cultural por parte do sujeito e que deve exercitar-se numa relação estreita entre o indivíduo e a cultura: apelo que também a escola deve fazer seu redefinindo-se segundo esta finalidade formativa.

São estes aspectos, postos em circulação por Dilthey, que serão retomados pela pedagogia alemã, até tempos bem recentes, e que levarão a desenvolver uma teorização educativa muito atenta para os problemas da cultura e da história, mas também – em particular – para os processos formativos (psicológicos, éticos, sociais, políticos etc.) que animam a educação do sujeito, sobretudo do sujeito moderno, bem consciente e guardião atento da própria individualidade, confiada ao dinamismo e ao enriquecimento progressivo da própria consciência e vida espiritual. São temas que serão retomados por Edouard Spranger (1882-1963) e por Theodor Litt (1880-1962), seguidores de Dilthey e representantes de uma pedagogia neo-humanista, inspirada no princípio da *Bildung*, embora não isenta de profundas debandadas políticas (em direção a ideologias reacionárias) na situação complexa e trágica vivida pela Alemanha na primeira metade do século xx.

Na França estarão ativas, entretanto, as vozes de Henri Bergson (1859-1941) e de Georges Sorel (1847-1922), ambos não pedagogos de profissão, mas intérpretes profundos das novas inquietações – inclusive educativas – que emergiam na cultura e na sociedade do último Oitocentos e nos primeiros anos do novo século. Com Bergson, estamos diante do teórico do "impulso vital", da intuição e da oposição entre matéria e memória, do representante mais explícito de uma concepção dinâmica da vida espiritual, e portanto também dos processos de formação, nos quais sublinha os aspectos mais interiores e subjetivos. No plano educativo e escolar, Bergson opõe-se a toda especialização profissional da instrução, sublinhando seu compromisso ético – de formação do caráter, harmônico e equilibrado – e a valorização da criatividade, opondo-se a todo intelectualismo e acentuando o motivo voluntarista. Em escritos como *A especialização* (1882) ou *O bom senso e os estudos clássicos* (1895) ou *Da inteligência* (1902), Bergson delineia uma concepção pedagógica orientada no sentido espiritualista e dinâmico, ligada aos estudos clássicos e destinada à formação do indivíduo, desenvolvida em termos que – embora indiretamente, pela moda do bergsonismo – estarão amplamente presentes na cultura (inclusive pedagógica) europeia da primeira metade do século e nas posições da "escola ativa". Bergson, portanto, será um dos grandes artífices do novo clima pedagógico do Novecentos nos seus albores.

No mesmo comprimento de ondas coloca-se também Sorel, que exalta a ação e a revolta no seu pensamento político-social, que faz o elogio da "violência" e visa a uma formação de instituições sociais (como o sindicato) com finalidades ativistas e educativas das massas. Nos seus interesses mais estritamente educativos, como no ensaio "A ciência da educação", ele parece mais próximo de teses do tipo positivista, reconstruindo o saber pedagógico em torno do eixo da ciência social, inspirada, porém, em modelos elaborados pelo socialismo e pelo darwinismo, embora o aspecto educativo-pedagógico presente nas *Reflexões sobre a violência*, de 1906, no plano de uma pedagogia atinente aos movimentos de grupos sociais e à formação de comportamentos de massa, resulte muito mais original e incisivo. Com o voluntarismo, ele sublinha a valorização da luta e das atividades mais espontâneas do proletariado como classe-guia ideal no presente, colocando-se em profunda sintonia tanto com o bergsonismo (inclusive educativo) quanto com o ativismo do socialismo mais extremista, de ascendência anárquica e ligado a objetivos revolucionários.

Com Nietzsche, Dilthey, Bergson e Sorel estamos diante de modelos pedagógicos que terão uma profunda incidência sobre o debate pedagógico do novo século, imprimindo-lhe conotações muito diferentes em comparação com os oitocentistas (sobretudo do segundo Oitocentos: científico, progressista, burguês e racionalista) e animando tal debate com impulsos crítico-radicais, ativistas, utópicos e com uma perspectiva ligada a um espiritualismo inquieto, a um voluntarismo explícito e a um pragmatismo consciente. O que é rejeitado é todo um âmbito de "certezas pedagógicas", de tipo positivista e burguês-progressista, e um estilo nacionalista de fazer pedagogia, para reafirmar o itinerário de aventura espiritual que é inerente a todo processo formativo, seja individual ou social. E, assim, entramos em outro clima espiritual: um clima saturado de inquietudes e de aberturas, de inovações, mas também de sensíveis riscos.

CAPÍTULO III

O SÉCULO XX ATÉ OS ANOS 50.
"ESCOLAS NOVAS" E IDEOLOGIAS DA EDUCAÇÃO

1 O SÉCULO DAS CRIANÇAS E DAS MULHERES, DAS MASSAS E DA TÉCNICA: TRANSFORMAÇÕES EDUCATIVAS

O século xx foi um século dramático, conflituoso, radicalmente inovador em cada aspecto da vida social: em economia, em política, nos comportamentos, na cultura. A economia viu a afirmação do capitalismo monopolista e das suas tensões imperialistas, do *Welfare State* e da "sociedade emergente", baseados no consumo e no crescimento da classe média, mas viu também a renovação do capitalismo como sistema produtivo, que passou da centralidade da indústria para a dos serviços (ou terciário), depois a sua expansão planetária, atingindo áreas até então excluídas desse modelo econômico e social (a Ásia, a América Latina, a Europa do Leste, o Oriente Médio etc.) e, enfim, a afirmação do seu radical antagonista: o socialismo, que se inspira num modelo coletivista e na superação da propriedade privada dos meios de produção. Essa história econômica complexa produziu fortíssimas tensões, contraposições de modelos e de Estados, alternativas radicais em contraste e um duplo desenvolvimento de universos econômicos (depois de 1917, com a Revolução de Outubro na

Rússia, e depois de 1945, com a divisão da Europa e a agregação do Leste ao modelo soviético), ambos atravessados por crises e ajustamentos, mas um dos quais – o coletivista – foi se decompondo e se exaurindo, deixando atrás de si (depois de 1989, ano da "queda do comunismo") ruínas econômicas, caracterizadas por incapacidade produtiva e distributiva das mercadorias, por pobreza generalizada e, portanto, por uma recessão gravíssima. A política também não foi menos dramática e contraditória. Democracia e totalitarismo confrontam-se durante todo o século, mas também se influenciam alternadamente e se apresentam como vencedores em diversas áreas geográficas e culturais e em relação ao nível de evolução econômica e social daquelas áreas. Se o século XIX foi o século da afirmação e do choque entre liberalismo e socialismo, o século XX político colocou frente a frente democracia e totalitarismo, indicando, na primeira, mesmo nas suas múltiplas faces, um prerrequisito da vida coletiva em sociedades avançadas em seu desenvolvimento econômico e social e uma tarefa a realizar, além de um princípio a salvaguardar e valorizar; e no segundo, uma tentação ou risco ou possibilidade continuamente presente na vida dos diversos países, especialmente nos momentos em que estes vivem transformações sociais, econômicas etc. radicais ou em que se delineia uma crise profunda de identidade social e ideal, antes que política. Os casos da Alemanha após Weimar, da Itália fascista de 1922 a 1943, da URSS de Stalin, mas também da Espanha de Franco, da Argentina de Perón, da Grécia dos coronéis nos anos 60-70 etc. são verdadeiramente exemplares: o totalitarismo – quer seja mais ou menos articulado, quer seja justificado por ideologias contrapostas, quer seja mais ou menos *soft* – foi uma presença constante e um atalho (trágico) para a solução de problemas em tempos de crise, enfrentando-os por meio do controle e da repressão (até o limite do extermínio) e por meio da criação de canais de conformação forçada (a começar da escola, que se torna expressa e prioritariamente o lugar de reprodução da ideologia).

Os comportamentos (individuais e sociais) e as mentalidades transformaram-se radicalmente no curso do século e em cada área do globo. Emanciparam-se de tradições, subculturas, concepções do mundo idênticas e difundidas durante séculos para assumir dimensões totalmente inéditas. Antes de tudo, exacerbou-se o individualismo. Depois, cresceu o hedonismo. Por fim, dilatou-se a influência da massa. O sujeito faz cada vez mais referência a si próprio e às suas necessidades/interesses, segue a ética do prazer e da afirmação de si, envolvendo-se em comportamentos cada vez mais narcisistas. Com o individualismo difunde-se também o hedonismo como regra de vida: vale antes de tudo o consumo e não a produção, vale o tempo livre e não o trabalho. Toda a ética perde as conotações de responsabilidade e de uniformidade a uma lei, para assumir cada vez mais características narcisistas e subjetivas. Mas o indivíduo hedonista é também homem-massa: que vive em simbiose com outros indivíduos que têm as mesmas aspirações e que se ligam aos mesmos mitos, que cumpre ritos coletivos no jogo e no divertimento, que assume um estilo de vida cada vez mais padronizado. Este homem do século xx (presente nas áreas mais avançadas, mas que serve de modelo a todo o planeta) cortou as pontes com o passado, inebria-se de futuro (baseado no progresso e na segurança) e sobretudo de presente, daquele aqui- -agora que é visto como o vértice da história e o melhor dos mundos possíveis. Estamos diante de um modelo antropológico novo, guiado pela ideia de felicidade, a qual é medida pelo consumo, equiparada ao haver, à acumulação de experiências, de bens, de relações (com o mundo e com os outros).

O século xx foi realmente o século do "homem novo", mas este correspondeu cada vez mais àquele homem-massa, cuja fisionomia foi criticamente traçada por Ortega y Gasset, sublinhando suas estruturas, mas também seus custos (a perda da interioridade, o esquecimento do passado) e riscos (a rebeldia, o embrutecimento). Seja como for, o horizonte antropológico-social mudou radicalmente: o mundo burguês e o popular, com suas regras, com suas barreiras, foram substancialmente desagregados, criando certamente maior igualdade, mas na homologação e na vulgarização.

E a cultura, como se transformou? Ideologizou-se, por um lado, sofisticou-se e hiperespecializou-se, por outro. Tratou-se de dois processos muito diferentes entre si: o primeiro agregou a cultura ao político e ao social, tornou-a operativa, mas desviou dela os intentos de reflexividade, de liberdade, de autonomia; o segundo, pelo contrário, fixou-se na autonomia do saber ou da expressão, pôs em destaque a separação da arte ou da ciência, bem como a autonomia da técnica, que se impôs como modelo cultural (como estilo cognitivo e como valor social) dominante, como modelo-guia na época da formação da Modernidade. Aqui também, portanto, pluralismo e conflito alimentaram o debate enquanto a própria cultura foi submetida a distorções, a separações ou a enrijecimentos, a fechamentos que enfraqueceram o perfil complexo que lhe é próprio: lugar de autocompreensão e de projeção (até ousada e radical) do real, na sua integridade e no seu processo dialético. Não que esse papel tenha desaparecido, pelo contrário. Só que se tornou mais marginal, mais fraco, em relação às novas entidades ideológicas ou tecnológicas.

No interior dessas mudanças – entrelaçadas entre si e ligadas de maneira exponencial – colocou-se também a educação, assim como a pedagogia. Tanto as práticas quanto as teorias ressentiram-se diretamente da massificação da vida social, da evolução de grupos sociais tradicionalmente subalternos, da criação de um novo estilo de vida, do crescimento da democracia e da participação, bem como da conformação e do gregarismo. A prática educativa voltou-se para um sujeito humano novo (homem-indivíduo e homem-massa ao mesmo tempo), impôs novos protagonistas (a criança, a mulher, o deficiente), renovou as instituições formativas (desde a família até a escola, a fábrica etc.) dando vida a um processo de socialização dessas práticas (envolvendo o poder público sobretudo) e de articulação/sofisticação. A teoria alimentou um processo de esclarecimento em torno dos fins e meios da educação, entregando-se a procedimentos epistêmicos variados e complexos e fixando um papel cada vez mais central para as ciências, especialmente humanas, que devem desenvolver e guiar os saberes da educação. Processo esse que se revelou riquíssimo de posições, coerente mas variegado no desenvolvimento, orgânico ao pesquisar o pluralismo da pedagogia. Renovação educativa e renovação pedagógica agiram de modo constante e entrelaçado no curso do século XX, consignando ao pedagógico uma feição cada vez mais rica, mais incisiva, mais sofisticada também. O itinerário dessa maturação foi complexo, atingiu muitos setores e seguiu muitos caminhos, entre os quais devem ser destacados, em particular: 1. a aventura das "escolas novas" e do ativismo, que inaugurou um novo modo de pensar a educação; 2. a presença das grandes filosofias-ideologias que agiram sobre a elaboração teórica e sobre a prática educativo-escolar (como o idealismo italiano, o pragmatismo americano, o marxismo europeu e soviético); 3. o modelo totalitário de educação; 4. as elaborações

HISTÓRIA DA PEDAGOGIA 513

do personalismo, como posição que relança os princípios cristãos da educação, radicando-os justamente na crise contemporânea; 5. o crescimento científico da pedagogia e a nova relação que a liga à filosofia; 6. as características da pedagogia e da educação nos países não europeus, sobretudo do Terceiro Mundo, nos quais assume um papel e uma feição muito diferentes em relação aos resultados europeus e norte-americanos.

2 RENOVAÇÃO DA ESCOLA E PEDAGOGIA ATIVISTA

No século xx, a escola sofre processos de profunda e radical transformação. Abre-se às massas. Nutre-se de ideologia. Afirma-se cada vez mais como central na sociedade (para ofuscar essa centralidade só por volta do fim do século, na época dos *mass media*). Essa renovação foi maior no âmbito da tradição ativista, quando a escola se impôs como instituição-chave da sociedade democrática e se nutriu de um forte ideal libertário, dando vida tanto a experimentações escolares e didáticas baseadas no primado do "fazer" quanto a teorizações pedagógicas destinadas a fundar/interpretar essas práticas inovativas partindo de filosofias ou de abordagens científicas novas em relação ao passado. O ativismo foi também uma grande voz da pedagogia novecentista, pelo menos até os anos 50, e alimentou toda uma série de posições que deixaram sua marca na escola contemporânea e na pedagogia atual. Além disso, foi um movimento internacional – embora sobretudo europeu e norte-americano –, que teve vastíssima influência nas práticas cotidianas da educação, especialmente escolar, e uma continuidade de desenvolvimento de pelo menos cinquenta anos. Enfim, ele realizou uma reviravolta radical na educação, colocando no centro a criança, as suas necessidades e as suas capacidades; o fazer que deve preceder o conhecer, o qual procede do global para o particular e, portanto, amadurece inicialmente num plano "operatório", como sublinhou Piaget; a aprendizagem coloca no centro o ambiente e não o saber codificado e tornado sistemático. Tratou-se, como foi dito, de uma "revolução copernicana" na educação (e em pedagogia), a qual é necessário, ainda hoje, levar em conta e que rompia radicalmente com o passado, com uma instituição escolar formalista, disciplinar e verbalista, e com uma pedagogia deontológica,

514 FRANCO CAMBI

abstrata e geralmente metafísica, alheia ao espírito da demonstração e da teorização interdisciplinar e antropologicamente centralizada. Sigamos, então, os dois itinerários do ativismo: escolar e pedagógico.

AS "ESCOLAS NOVAS" E A EDUCAÇÃO ATIVA

Entre o último decênio do século XIX e o terceiro decênio do novo século, afirmam-se na pedagogia mundial algumas experiências educativas de vanguarda, inspiradas em princípios formativos bastante diferentes daqueles em vigor na escola tradicional. Na base dessa consciência educativa inovadora estavam não só as descobertas da psicologia, que vinham afirmando a radical "diversidade" da psique infantil em relação à adulta (à qual em geral era sempre assimilada), como também o movimento de emancipação de amplas massas populares nas sociedades ocidentais, que vinha inovar profundamente o papel da escola e o seu perfil educativo, rejeitando decisivamente seu aspecto exclusivamente elitista. Embora as "escolas novas" nasçam e se desenvolvam como experimentos isolados, ligados a condições particulares e a personalidades excepcionais de educadores, elas, justamente porque tiveram imediatamente ampla ressonância no mundo educativo, propiciaram uma série de pesquisas no campo da instrução, destinadas a transformar profundamente a escola, não só no seu aspecto organizativo e institucional, mas também, e talvez sobretudo, no aspecto ligado aos ideais formativos e aos objetivos culturais.

A característica comum e dominante dessas "escolas novas", que tiveram difusão predominantemente na Europa ocidental e nos Estados Unidos, deve ser identificada no recurso à atividade da criança. A infância, segundo esses educadores, deve ser vista como uma idade pré-intelectual e pré--moral, na qual os processos cognitivos se entrelaçam estreitamente com a ação e o dinamismo, não só motor, como psíquico, da criança. A criança é espontaneamente ativa e necessita, portanto, ser libertada dos vínculos da educação familiar e escolar, permitindo-lhe uma livre manifestação de suas inclinações primárias. Em consequência desse pressuposto essencial a vida da escola deve sofrer profundas mudanças: deve ser, se possível, afastada do ambiente artificial e constritivo da cidade; a aprendizagem deve ocorrer em contato com o ambiente externo, em cuja descoberta a criança está espontaneamente interessada, e mediante atividades não exclusivamente intelectuais, mas também de manipulação, respeitando desse modo a natureza "global" da criança, que não tende jamais a separar conhecimento e ação, atividade intelectual e atividade prática. Na base das "escolas novas" existe, portanto, um ideal comum de educação ou "escola ativa" (como a definiu agudamente o genebrino Pierre Bovet), do qual essas experiências serão, ao mesmo tempo, porta-bandeiras e modelos. As "escolas novas" são também uma voz de protesto, às vezes de sabor quase tardo-romântico, contra a sociedade industrial e tecnológica. Elas se nutrem predominantemente de uma ideologia democrática e progressista, inspirada em ideais de participação ativa dos cidadãos na vida social e política, de desenvolvimento no sentido libertário das próprias relações sociais, ainda que ligadas a uma concepção fundamentalmente individualista do homem, segundo a qual as relações de comunicação com os outros são certamente essenciais, mas sem que venham prejudicar a autonomia da consciência e a liberdade pessoal de escolha.

O experimento das "escolas novas" foi iniciado na Inglaterra por Cecil Reddie (1858-1932) que, em 1889, abriu em Abbotsholme (perto de Derbyshire) uma escola para rapazes dos 11 aos 18 anos, que dirigiu até 1927. Segundo Reddie, o ensino devia ser profundamente mudado para tornar-se mais adequado às exigências da sociedade moderna. Em contraposição a um programa formativo antiquado (línguas mortas no centro, línguas vivas e ciências à margem) é necessário "conseguir um desenvolvimento harmônico de todas as faculdades humanas". O rapaz deve tornar-se um homem completo "para estar em condições de cumprir todos os objetivos da vida". Para tal fim, a escola deve tornar-se "um pequeno mundo real, prático" e coligar sistematicamente "a inteligência" e "a energia, a vontade, a força física, a habilidade manual, a agilidade".

Um adepto de Reddie, Haden Badley, afastou-se de Abbotsholme para fundar em Bedales, no Sussex, uma escola-internato que se organizava segundo princípios ainda mais radicais, já que valorizava no seu próprio interior um sistema de autogoverno e o princípio da coeducação.

Ao experimento de Reddie recorreu explicitamente o francês Edmond Demolins (1852-1907), na sua *École des Roches*, publicada na Normandia em 1899. A escola é colocada "no campo", num parque ainda semisselvagem que "deixa ainda muitos afazeres aos mestres e aos alunos". Nele, as crianças andam "em plena liberdade" e moram em casas "confortáveis", que lembram o ambiente doméstico, de modo que seja mantida totalmente "a sensação da vida real como se encontra numa família saudável e feliz". O objetivo da escola fundada por Demolins, e continuada depois por Georges Bertier (1877-1909), é operar uma formação global da criança, tanto intelectual como física, moral e social. O espírito de sociabilidade e de ativa colaboração é largamente incentivado também pela participação dos próprios rapazes na organização da vida comum. O estudo é desenvolvido segundo a caracterização de "centros de interesse", que têm na base o vínculo dos rapazes com "a terra", vista como elemento predominante nas atividades econômicas e sociais. Isso leva também à valorização das atividades práticas, presentes tanto no curso de estudos como nas ocupações recreativas. A propósito da *École des Roches* e da escola de Reddie, foi muitas vezes posto em destaque, e não sem razão, o seu caráter de ilha privilegiada, destinada a poucos afortunados, de boa extração econômica e social, e radicalmente distante dos problemas emergentes com a escola de massa, que já estava se afirmando nos albores do novo século.

Também na Alemanha, Hermann Lietz (1868-1910), com suas *Casas de educação no campo*, que se inspiram, mas em chave ainda mais aristocrática, nas experiências de Reddie e Demolins, e Paul Geheeb (1870-1961), com sua escola ligada ao ideal de um neo-humanismo goethiano, iniciam alguns experimentos significativos de "escolas novas". Porém, foram sobretudo Gustav Wyneken (1875-1964) e Georg Kerschensteiner (1854-1932) que desenvolveram de forma mais original e coerente os ideais de uma renovação educativa e escolar.

Wyneken elaborou um modelo educativo antiburguês e libertário que exerceu ampla influência sobre a juventude alemã até a Primeira Guerra Mundial (basta lembrar que Wyneken foi um dos "mestres" de Walter Benjamin). O seu ideal pedagógico, de caráter essencialmente anárquico, bania a autoridade da família, a tirania dos adultos, os métodos escolares mistificadores e conformistas e valorizava, pelo contrário, a livre iniciativa dos jovens que deviam organizar-se de maneira autônoma (num movimento, surgido em 1896, que Wyneken chamou dos *Wandervogel* ou pássaros migradores, que se inspirava no mote rousseauniano do "voltemos à natureza" e organizava o tempo livre dominical dos jovens) e exigia uma formação escolar que desse mais espaço às línguas modernas e aos conhecimentos científicos. Com a revista *O Princípio*, fundada em Berlim em 1913, e com as suas obras, desde *Escola e cultura juvenil* (1912) e *Revolução e escola* (1924), difundiu a sua mensagem dirigida à juventude alemã e, numa época de profunda crise espiritual e de vivas inquietações sociais, organizou o "protesto" juvenil, ao qual aderirão especialmente os jovens burgueses e que se caracterizava pela exaltação de um sentimento romântico da vida, pela aversão à vida da cidade, pelo recurso ao popular, ao simples, ao natural.

Kerschensteiner elaborou um modelo de escola nova que chamou "escola do trabalho". A formação pedagógica de Kerschensteiner ocorre através de Dewey e seu recurso ao aspecto manual da educação. Na obra *O Conceito da escola do trabalho*, propunha renovar o currículo tradicional dos estudos, especialmente o elementar, com a introdução do trabalho. O trabalho é de fato a atividade fundamental do homem e como tal deve ser posto no centro da educação infantil, mas deve ser um trabalho preciso e sério, desenvolvido coletivamente e cotado de valor real (isto é, produtivo, mesmo que não econômico). Para desenvolver tal trabalho, as escolas precisam ser dotadas de laboratórios e oficinas aparelhadas (como o próprio Kerschensteiner fez em Mônaco, quando foi encarregado de iniciar uma reforma orgânica das escolas profissionais pós-elementares). Todavia, o trabalho não é fim em si mesmo; ele deve "cuidar para que as representações dos fins da ação produzam uma reação de natureza objetiva, uma reação voltada para um valor objetivamente apreciado ou eterno, a um valor de verdade, de moralidade, de beleza, de liberação, em suma, um valor de ordem e de coerência espiritual por amor da ordem e da coerência espiritual em si mesmas". O trabalho resulta, portanto, educativo quando é plenamente consciente das próprias finalidades globais. A escola pública renovada sobre a base do trabalho deve tentar atingir uma formação profissional, uma formação moral e uma educação social da criança e do jovem. Assim a formação social é vista como o objetivo fundamental da escola popular, enquanto esta deve dar aos rapazes, como ideal de vida, o colocar-se a serviço dos outros, mediante o mesmo empenho que cada um deve assumir para desenvolver com precisão e responsabilidade o próprio trabalho.

518 FRANCO CAMBI

AS "ESCOLAS NOVAS" NA ITÁLIA

Na Itália, as "escolas novas" desenvolveram-se no âmbito daquela que Giuseppe Lombardo Radice definiu como "escola serena". Tal escola inspirava-se num ideal de continuidade entre a escola e a família, numa va-lorização das atividades artísticas e numa visão da criança como artista espontâneo. Nela, portanto, o ensino perdia toda rigidez preordenada e se desenvolvia segundo os princípios de "serenidade, equilíbrio, atividade, espontaneidade". Os representantes mais ilustres da "escola serena", entre outros menores desde Franchetti até Angelo Patri, foram Maria Boschetti Alberti (1884-1951), que atuou em Muzzano e em Agno (no Cantão Ticino) e foi elogiada por Lombardo Radice e Ferrière; Rosa Agazzi (1866-1951), que, em Mompiano, perto de Brescia, organizou com a irmã Carolina (1870-1945) um método inovador para a escola infantil; e Giuseppina Pizzigoni (1870-1947), que foi a criadora de "La Rinnovata", aberta em Milão em 1911, no popular bairro da Ghisolfa.

Maria Boschetti Alberti, nos seus volumes *O diário de Muzzano* (1939) e *A escola serena de Agno,* descreve a sua experiência de docente elementar que vai gradualmente tomando consciência da insuficiência do ensino tradicional e esclarece os pressupostos educativos e didáticos de uma escola renovada. A sua "escola serena" desenvolve-se num ambiente não aparelhado segundo critérios didáticos de vanguarda, mas que depende essencialmente do papel que assume o professor, do seu empenho e da sua consciência pedagógica e educativa. O trabalho escolar, na experiência de Boschetti Alberti, articula-se em três grupos de atividades: a "academia", que compreende "leituras, recitações, poesias" programadas diretamente pelos meninos e tem a finalidade de desenvolver nas crianças o senso do belo; o "controle": este é desenvolvido pelo docente seguindo cada dia uma matéria diferente, que os alunos levaram avante mediante trabalho individual durante duas semanas; o "trabalho livre", que se desenvolve em grupos, também livres, e considera as atividades para as quais os rapazes se sentem mais atraídos. O experimento de Boschetti Alberti, embora "interessante" (como o definiram alguns pedagogos suíços), é demasiado ligado à iniciativa individual do docente, demasiado pessoal, para poder assumir um significado mais geral. A própria autora estava consciente da particularidade do seu "método" quando dizia: "Que mé-

HISTÓRIA DA PEDAGOGIA   519

todo eu uso? Estudo as manifestações da alma, estudo meus alunos. Nada mais faço que notar aquilo que me impressiona mais", para depois concluir: "Amor, amor! Eis o meu método". Nessa posição certamente as descobertas inovadoras da escola ativa eram retomadas de maneira viva e pessoal, mas de forma intuitiva e não científica, muito próximas dos pressupostos espiritualistas do idealismo pedagógico.

Rosa Agazzi elaborou um método pessoal e inovador no tocante às escolas para a infância, procurando superar os limites do fröbelismo e do aportismo. O seu método se baseava, antes de tudo, no princípio da continuidade entre abrigo infantil e ambiente familiar, devendo, portanto, a educadora assumir um papel quase maternal, enquanto o trabalho das crianças devia ser sobretudo livre e ativo (jardinagem, limpeza etc.), mas também desenvolver-se num ambiente ordenado, de cuja manutenção a própria criança devia participar. Entre as crianças devia ser desenvolvido um forte senso de colaboração. A invenção didática mais significativa de Agazzi foi, porém, o material não preordenado, não científico e ocasional, que era definido como um conjunto de "bugigangas sem patente", constituído de tudo aquilo que as próprias crianças recolhiam ou levavam à escola e pelo que se interessavam. Esse material compreendia também os objetos que eram obrigatórios para cada criança, os quais eram marcados, de modo que cada um pudesse colaborar para a manutenção da ordem. Com o primeiro tipo de material se prepara o "museu" e se vão articulando pesquisas, conversações e experiências que constituem um momento essencial da vida da classe. Os aspectos fundamentais do método agazziano têm um decidido caráter antimontessoriano que deve ser sublinhado: a ordem aqui nasce dos meninos e não do ambiente preordenado cientificamente, bem como os materiais de estudo são espontaneamente recolhidos e não predeterminados segundo critérios exclusivamente científicos. Justamente este aspecto mais intuitivo e espontâneo levou Lombardo Radice a ver no método Agazzi um exemplo vivo de "escola serena".

Giuseppina Pizzigoni, com "La Rinnovata", procurava atuar no âmbito da escola tradicional, renovando profundamente o seu método. Antes de tudo é necessário fazer entrar na escola a experiência direta das crianças e conjugar a vida escolar e a social, levando os rapazes a visitar oficinas e cidades, montes e mares. "Eu levo o universo à escola e a escola ao universo", afirmava Giuseppina Pizzigoni, de modo que a criança "veja, conheça, sinta, ame". O seu método "experimental" (como foi exposto em 1914 em *A nova escola elementar renovada segundo o método "experimental"* e em outras obras sucessivas) coloca também no centro o trabalho e uma intensa atividade social, sendo ainda destinado a introduzir (nas escolas elementares públicas, cujos programas e horários "La Rinnovata" segue) "a precedência absoluta da experiência do aluno em relação à palavra do mestre".

Um experimento de escola ativa, muito mais tardio em relação ao precedente, mas que foi altamente significativo e amplamente conhecido e elogiado, é representado pela Escola-Cidade Pestalozzi, surgida em Florença, em 1945, por iniciativa de Ernesto e Anna Maria Codignola. A escola-cidade tem como objetivo primário a formação social dos rapazes, tornando-os conscientes de seus deveres e direitos cívicos, baseando-se, portanto, numa organização interna que reflete a da comunidade adulta (com prefeitos, tribunais, cerimônias etc.) e que é administrada diretamente pelos rapazes, exercitando-se assim para a aquisição de um comportamento democrático. A escola-cidade "quer ser uma comunidade de trabalho, uma colmeia de espíritos operosos e álacres, onde todos participam de todos os aspectos da vida coletiva". O ensino escolar parte diretamente da experiência pessoal da criança e dos problemas da vida concreta da comunidade, articulando-se, deweyanamente, segundo um ideal de interação entre atividade intelectual e atividade manual. Horários e programas são profundamente renovados em relação à escola elementar tradicional; a escola é provida de biblioteca e laboratórios; o método didático é livre e não prefixado. O experimento de Codignola teve larga ressonância na Itália e em outras partes, especialmente até os anos 60, quando a escola-cidade foi mudando, e profundamente, sua própria forma (em sintonia também com uma transformação do clima pedagógico, que viu a superação e depois o ocaso do ativismo) e voltando-se para soluções mais especializadas e tecnológicas no campo didático, interessando-se pela renovação do ensino das matemáticas e das línguas.

Um experimento educativo, desenvolvido na Europa e alimentado pelas lições do ativismo que resulta dos mais interessantes, foi o dos escoteiros, surgido em 1908, promovido por Robert Baden Powell (1857-1941), ex-coronel do exército inglês. Inspirado no colonialismo, do qual tira não só o uso do uniforme, mas também muitos princípios e o próprio espírito de aventura que o inspira, e organizado de forma quase militar, o movimento escoteiro teve amplo sucesso e difusão mundial. Os rapazes são divididos por classes de idade ("lobinhos": 8-11 anos; "escoteiros": 12-16 anos; "pioneiros": 17 anos em diante) e numa estrutura que os organiza em "patrulhas" (formadas por cerca de oito rapazes), guiadas por um chefe e reunidas em grupos de quatro ou cinco sob a orientação de um "instrutor". A admissão no grupo ocorre em uma cerimônia, na qual deve ser lida a "promessa", uma espécie de decálogo do jovem explorador que sublinha os princípios de lealdade, de amizade, de amor ao próximo, além de piedade para com os animais, e as características de uma ética viril e engajada representada pelo trabalho, pelo autocontrole sexual, pela disposição à alegria. As características ativistas do escotismo devem ser destacadas no seu vínculo com o ambiente natural, na valorização da vida em grupo e num entusiasmo para aquilo que é selvagem, típico da idade juvenil, no desenvolvimento do espírito de iniciativa e da capacidade manual. A importância do escotismo deve ser reconhecida sobretudo no empenho que ele revela em resolver o problema do tempo livre juvenil, ainda que, hoje, o aparato "colonial" e a ética do esforço e da privação, que estão na base do movimento, pareçam decididamente superados.

OS MODELOS MAIS MADUROS: NOS EUA E NA EUROPA

Nos Estados Unidos, o experimento ativista mais ilustre foi aquele promovido por Dewey em Chicago, mas ao lado dele foram se delineando pelo menos outras três iniciativas bastante significativas. Mais próximo de Dewey e do seu ativismo pragmatista encontra-se William H. Kilpatrick (1871-1954) que, mesmo sendo um teórico da educação, ocupou-se também de didática, elaborando um método que encontrou amplo consenso na América e na Europa e que tinha sido delineado na obra *O método dos projetos* (1918). O "método dos projetos" destaca-se do método "dos problemas", característico de Dewey, ao pôr o acento na motivação prática do momento intelectual, mas liga-se estreitamente a ele pela valorização da mola do interesse e pela importância atribuída às experiências concretas e problemáticas. O "projeto" é uma "atividade intencional", destinada, portanto, ao "conseguimento de um fim", e se desenvolve de várias formas: desde a "do produtor" (que é aquela preeminente na atividade prática) até a do "consumidor" (ou estética), desde a "do problema" (ligada à execução inteligente de uma tarefa) até a "do adestramento" (como projeto de um aprendizado específico). O que deve ser sublinhado em todas essas formas de aprendizado é a presença de uma forte motivação prática (o "fim") e o estímulo que ela introduz no processo cognitivo para solicitar escolhas e soluções criativas. Se tal método for introduzido na escola, esta deve mudar completamente tudo que diga respeito a programas, horários e organização, mesmo que mantenha como central e operando em novas bases a sistematização orgânica das várias disciplinas. Esta ocorrerá de fato pelo "amadurecimento" dos rapazes, que se realiza como "um aumento geral do raio de interesse". Ativismo e cognitivismo desenvolvem-se, na proposta de Kilpatrick, segundo o modelo da mais madura lição deweyana, articulando-se segundo um essencial equilíbrio, para o qual as "escolas novas" não foram em geral muito sensíveis.

Helen Parkhust (1887-1973), para o seu *Dalton Plan,* inspirou-se por sua vez nas posições de Montessori, conhecida na Itália, e procurou aplicá-lo numa University-School particular em Nova York. As ideias fundamentais do "plano" são a individualização do ensino e a livre escolha do trabalho escolar. O programa é organizado em unidades mínimas de estudo, das quais a criança deve apropriar-se, embora com tempos e ritmos pessoais. O desenvolvimento de um programa livre exige também algumas mudanças quanto aos locais escolares: as salas de aula serão destinadas não a uma classe, mas a um determinado ensino, dirigido por um docente especializado. Cada aluno tem uma tarefa mensal a desenvolver livremente e o docente intervirá apenas para aconselhar e controlar o trabalho. Cada jornada de trabalho escolar articula-se em atividades de "laboratório", de "organização" do trabalho e de "conferências" (lições). À parte certa rigidez um tanto pedantesca e o perigo de uma "atomização" da vida escolar, privada de objetivos comuns e voltada predominantemente para o terreno da formação intelectual, o *Dalton Plan* parece caracterizado por uma viva sensibilidade pelos problemas da aprendizagem individual, bem como por um projeto de "racionalização" bastante interessante do trabalho escolar.

Carleton W. Washburne (1889-1968) foi o organizador das célebres escolas de Winnetka, próximo a Chicago, nas quais procurou desenvolver um ensino individualizado segundo o sistema de um livre agrupamento de alunos (em lugar das classes e dos grupos) e segundo um programa igualmente livre. A escola deverá ser o lugar "em que as crianças vivem felizes, em que tenham a liberdade de criar, de viver em sociedade, de exprimir-se enquanto crianças, e onde, ao mesmo tempo, sejam preparadas de modo completo e científico para participar da vida que as circunda". O programa desta escola se divide numa parte comum, que compreende conhecimentos e técnicas de base, e numa parte criativa e livre. Todo o material é concebido de modo a tornar possível a autocorreção e se desenvolve em testes de controle sobre as várias matérias do programa comum. As atividades criativas presentes na escola, entre as quais a criança pode escolher livremente, são as musicais e artísticas, o jogo, o laboratório e a imprensa. A importância do trabalho criativo deve ser vista sobretudo na capacidade que ele tem de estimular a criança a diferenciar-se dos colegas, a desenvolver suas próprias atitudes e a descobrir as próprias vocações. As escolas de Winnetka afirmaram-se não como um experimento já completo e definitivo, mas como um laboratório de pesquisa didática, caracterizando-se pelos controles atentos que dedicaram aos resultados conseguidos e pelo interesse pelas várias soluções novas em relação aos problemas do ensino.

O movimento europeu das "escolas novas" encontrou, em anos mais recentes, uma interpretação bastante rica e equilibrada dos próprios princípios nas posições de Cousinet e de Freinet, que elaboraram não só métodos didáticos bastante significativos e orgânicos, mas também uma constante reflexão sobre os fundamentos teóricos e as implicações políticas características da "educação nova". Os dois pedagogos e educadores situam-se numa fase menos entusiasta e menos espontânea do movimento das "escolas novas", pondo claramente em foco sejam as implicações sociais da experiência infantil sejam os aspectos cognitivos em geral e histórico-culturais em particular que ela inclui. Suas propostas educativas resultam, em certo sentido, quase como uma *suma* conclusiva e madura dos motivos enunciados e defendidos por todo o movimento da renovação escolar, afirmado com vigor nos primeiros decênios do século.

Roger Cousinet (1882-1973), no volumezinho intitulado *Um método de trabalho livre para grupos* (1925), expõe seu próprio método didático, que teve amplo sucesso na França e em outros países, destinado a permitir às crianças "agir, instruir-se e educar-se por si mesmas, sob o olhar de um docente encarregado de vigiar seus passos e ajudá-los em caso de necessidade". O trabalho escolar, segundo este método, deve realizar-se num ambiente capaz de estimular e de satisfazer a curiosidade infantil e favorecer os processos de socialização. Para tal fim, a aprendizagem deve ocorrer não mediante atividades individuais, mas de grupo; assim, nas escolas serão constituídos grupos livres de crianças nos quais será organizada toda a atividade de aprendizagem, tanto no plano do conhecimento (como "estudo do real por meio da análise") como no da criação (desenho, composição, dança, poesia e música). Um papel muito importante neste *curriculum* de estudos ocupa o "trabalho histórico" que deve ligar a criança à história da civilização, partindo da "história das coisas" (habitação, vestuário, meios de transporte etc.). Na escola, preparados pelo professor, encontram-se os "documentos" com os quais os vários grupos devem trabalhar, organizados em fichas por matéria, mas ainda não sistematizados, de modo a permitir um uso livre por parte da criança e estimular a sua inteligência. Todo o trabalho escolar desenvolve-se num contexto social e comunicativo que se torna também a matriz da vida moral das crianças, dos princípios de autodisciplina e de respeito pelos outros. Ao lado dessa atividade de teórico da didática, Cousinet desenvolveu ainda um trabalho de teórico da educação "progressista" que expôs sobretudo num pequeno volume intitulado *Educação nova* (1950), no qual pôs em destaque tanto as ascendências rousseaunianas, individuais e ativistas, quanto as tolstoianas, sociais e ideológicas, libertárias, da educação nova, assim como desenvolveu uma obra de pesquisador atento e apaixonado pela vida social dos jovens (*A vida social dos jovens*, 1950).

Célestin Freinet (1896-1966) desenvolveu um método baseado na "cooperação" e centralizado no uso da tipografia na escola. Como fundamento da "pedagogia" de Freinet encontra-se uma concepção da experiência infantil como *tâtonnement* (ir tateando), movida pelas próprias necessidades da criança, mas que se nutre das várias técnicas cognitivas que a comunidade humana elaborou no tempo. O objetivo da escola é "orientar" essa experiência e enriquecê-la mediante um "trabalho" desenvolvido em comum pelas crianças, embora o trabalho infantil deva ter o caráter de um trabalho-jogo. Sobre essa base, Freinet desenvolve a sua concepção da escola como "canteiro de obras", na qual o trabalho resulta humanizado e efetuado num clima de empenho e colaboração. No centro do trabalho escolar estão o "texto livre", escrito pelo estudante "quando tem desejo de escrever e conforme o assunto que o inspira", como esclarecia um adepto de Freinet, embora preparado e estimulado por conversações e trocas de experiências, e a "tipografia", que permite a criação de um jornalzinho de classe e a comunicação com o exterior (a família, as outras escolas etc.). É predominantemente em torno do "jornalzinho" que se desenvolve a atividade da classe e ele motiva até a aprendizagem de técnicas de aritmética e de contabilidade e exercícios sobre elas. As várias obras de Freinet, desde *A tipografia na escola* (1927) até *Nascimento de uma pedagogia popular* (1949), reúnem, numa síntese orgânica, os interesses didático-educativos e o forte engajamento político do pedagogo, voltado para posições socialistas. Essa característica decididamente "progressista" da ideologia que inspira o método, bem como a finura das propostas didáticas favoreceram uma ampla difusão do método Freinet na Europa, em particular na Itália, onde o Movimento de Cooperação Educativa (MCE) teve de enfrentar como protagonista, desde o segundo pós-guerra, o longo e trabalhoso caminho de renovação da escola, especialmente a obrigatoriedade, e ofereceu ao debate pedagógico posições não só cientificamente atualizadas, bem como socialmente (e politicamente) engajadas.

OS TEÓRICOS DO ATIVISMO: DECROLY, CLAPARÈDE, FERRIÈRE, MONTESSORI

O movimento das "escolas novas" foi acompanhado e sustentado, ao longo de toda a sua fase de desenvolvimento, por um intenso trabalho de teorização, destinado a trazer à luz os fundamentos filosóficos e científicos dessa ampla renovação da pedagogia, bem como os objetivos educativos básicos que ele vinha afirmando em nítida oposição à escola e à pedagogia tradicionais, acusadas de uma falsa concepção da natureza infantil (por desvalorizarem seus aspectos ativos e produtivos), de uma visão "separada" do ensino (como momento que se diferencia nitidamente da experiência vivida das crianças e a ela se opõe) e de uma interpretação do trabalho mental em chave predominantemente mecânico-repetitiva e nem um pouco criativa. O trabalho dos teóricos e, no campo

526 FRANCO CAMBI

mais estritamente operativo, o trabalho desenvolvido pelas "escolas novas" juntaram-se para formar aquele projeto de educação "ativa" que teve
um papel fundamental na pedagogia do Novecentos e uma difusão mundial, conseguindo impor-se também junto a amplas faixas de docentes e
de educadores. O movimento ativista ligava estreitamente a pedagogia
às ciências humanas (a psicologia – em especial a psicologia "genética" –
e a sociologia, sobretudo) e, simultaneamente, indicava também suas implicações políticas (caracterizadas por uma forte orientação democrática)
e antropológicas (destinadas a formar um homem mais livre e mais feliz,
mais inteligente e criativo). O "ativismo" estava ampla e nitidamente consciente de ter operado uma reviravolta profunda na pedagogia ocidental,
mantida com empenho quase missionário, além da vontade de afirmar-
-se através de associações internacionais (como a Liga Internacional para
a Educação Nova, fundada em 1921 em Calais, o CEMEA – Centro de Experimentação dos Métodos Educativos Ativos – e o MCE, surgido em 1951),
revistas (*The New Era* e *Pour l'Ère Nouvelle*) e congressos, nos quais eram
afirmados e defendidos os princípios da educação nova. A difusão do
ativismo provocou também a assimilação de alguns de seus elementos
fundamentais por parte de ideologias educativas bem distantes de seus
pressupostos psicológicos e sociais, como a pedagogia católica e a marxista
que, ao lado de uma polêmica às vezes acesa sobre a concepção do homem e da sociedade em que o ativismo se inspirava, dedicaram uma progressiva atenção, muitas vezes genuína e sensível, para as soluções didáticas
que o movimento da "escola ativa" vinha propondo.

Os grandes temas da pedagogia do ativismo, resumindo, podem ser
indicados: 1. no "puericentrismo", isto é, no reconhecimento do papel
essencial (e essencialmente ativo) da criança em todo processo educativo;
2. na valorização do "fazer" no âmbito da aprendizagem infantil, que tendia, por conseguinte, a colocar no centro do trabalho escolar as atividades
manuais, o jogo e o trabalho; 3. na "motivação", segundo a qual toda
aprendizagem real e orgânica deve estar ligada a um interesse por parte
da criança e, portanto, movida por uma solicitação de suas necessidades
emotivas, práticas e cognitivas; 4. na centralidade do "estudo de ambiente", já que é justamente da realidade que a circunda que a criança recebe
estímulos para a aprendizagem; 5. na "socialização", vista como uma
necessidade primária da criança que, no processo educativo, deve ser

satisfeita e incrementada; 6. no "antiautoritarismo", sentido como uma renovação profunda da tradição educativa e escolar, que partia sempre da supremacia do adulto, da sua vontade e de seus "fins", sobre a criança; 7. no "anti-intelectualismo", que levava à desvalorização dos programas formativos exclusivamente culturais e objetivamente determinados e à consequente valorização de uma organização mais livre dos conhecimentos por parte do discente.

Os grandes "mestres teóricos" do ativismo devem ser reconhecidos em Dewey e Decroly, em Claparède (e sua escola) e Ferrière, além de Maria Montessori. Dewey foi certamente o teórico mais ilustre da educação nova, pela riqueza e rigor filosófico do seu pensamento, mas sobre ele nos deteremos mais adiante.

Ovide Decroly (1871-1932), médico belga, chegou aos problemas educativos partindo da pedagogia diferencial (ou dos deficientes), da qual se tinha ocupado desde 1901. Estendeu depois esses métodos educativos também aos rapazes normais e, em 1907, abriu em Bruxelas a École de l'Ermitage, uma "escola nova" pioneira, para a qual foi elaborando um rico e complexo material didático e que foi um dos centros mais famosos de experimentação educativa. A partir de 1914, Decroly foi professor no Instituto Superior de Pedagogia de Bruxelas e, a partir de 1920, docente de psicologia da infância na universidade. Seus textos mais célebres foram *Para a escola renovada* (1921) e, sobretudo, *A função da globalização e o ensino* (1929), além de *O desenvolvimento da linguagem falada na criança* (1932), que iniciou, com as pesquisas de Piaget, o estudo científico da linguagem infantil. Como psicólogo, interessado numa elaboração "quantitativa" da pedagogia, Decroly estudou longamente a psique infantil, partindo justamente dos anormais, que ele considerava muito interessantes para a educação, em vista não só de sua recuperação através de um ensino "acurado" e "prolongado", mas também para conhecer melhor "a criança em geral". Conhecendo melhor a criança, será possível de fato iniciar em educação aquele processo de individualização (que é totalmente estranho à escola tradicional, sempre uniforme demais nos programas e verbalista no ensino) capaz de respeitar tanto as épocas de amadurecimento das várias crianças quanto os comportamentos afetivo--cognitivos típicos da mente infantil. A característica dominante da psique da criança, e que se manifesta em toda a sua atividade, é a "globalização":

o conhecimento e a própria sensação não se dirigem para elementos diferenciais e separados que depois são associados, mas para um todo, um conjunto de dados que se agregam sob o impulso de um interesse vital. Por conseguinte, toda atividade de aprendizagem parte na criança de uma abordagem global em relação ao ambiente, que deve ser respeitado no ensino. Toda atividade educativa deve partir do concreto para o abstrato, do simples para o composto, do conhecido para o desconhecido, e portanto todo processo de simbolização deve ser aprendido através de um contato prolongado com a realidade e com seus dados empíricos. Todavia, para Decroly, ainda muito ligado à cultura evolucionista e biofisiológica do positivismo, a atenção que a criança dedica aos fenômenos do real natural e social é estimulada por um interesse que se caracteriza pelo vínculo que estabelece com as necessidades fundamentais do homem. Essas necessidades são: de alimentação, de lutar contra as intempéries, de defender-se dos perigos, de agir e trabalhar, e devem encontrar espaço em todo processo de aprendizagem-ensino, de modo que a atividade de estudo se organize segundo "centros de interesse" estreitamente ligados a essas necessidades fundamentais. Em particular, devem ser desenvolvidos os assuntos que se referem à relação da criança com os outros homens (família, cidade, Estado, pátria e humanidade) e com a natureza (animais, plantas, solo, sol e astros). Assim, "a criança não só adquirirá a noção sob a forma mais concreta, mas a relacionará às outras noções que já possui", embora as várias matérias que deverá conhecer, e que formam o seu programa orgânico de estudo, mantenham em Decroly um perfil intelectualista e objetivistas demais. Seja como for, apesar desses limites, o estudioso belga deu ênfase com clareza às bases psicológicas de toda aprendizagem e à necessidade de uma participação não passiva por parte das crianças, que é estimulada justamente pelo interesse. Os processos de aprendizagem se desenvolvem então em três momentos fundamentais: a "observação", que é o ponto de partida de todo conhecimento, que deve ser colocada no centro da atividade escolar, cujo lema deve ser "poucas palavras, muitos fatos", usando-se um material bastante variado que deve ser manipulado e observado diretamente pela criança; a "associação", que organiza, embora de forma elementar, o ambiente que a criança observou na direção do espaço e do tempo, dando lugar aos conhecimentos fundamentais da geografia e da história; a "expressão", que pode ser concreta ou abstrata: a primeira refere-se aos trabalhos manuais, à modelagem e ao desenho; a segunda, à linguagem, ou seja, à leitura e à escrita. Uma das aplicações mais felizes do "método global" de Decroly foi justamente no plano do ensino da leitura, no qual dois princípios fundamentais devem ser seguidos: associar as imagens escritas das coisas às próprias coisas; facilitar a decomposição das palavras para ajudar o reconhecimento das imagens da linguagem escrita. Segundo o "método global", não se deve partir das letras para passar às sílabas, depois às palavras e à frase, mas realizar um processo inverso. A criança primeiro conhece as coisas, depois compreende as frases e, enfim, isola as palavras. O ensino da leitura deve ocorrer através de "jogos educativos" (reunidos em pequenos quadros, bingo de imagens e de palavras etc.) que servem para tornar ativo e agradável o esforço de apoderar-se dos símbolos alfabéticos e da linguagem escrita.

Com Edouard Claparède (1873-1940) cria-se em Genebra, em torno do Instituto J.-J. Rousseau, fundado em 1912 e interessado na pesquisa psicológica e educativa, uma "escola", a chamada Escola de Genebra, que contava, além de Claparède, com Pierre Bovet (1878-1944), Adolphe Ferrière, Henri Wallon (1879-1962) e Jean Piaget. A obra de Claparède desenvolveu-se sobretudo com relação às noções de "educação funcional" e de "escola sob medida", elaboradas nos dois livros homônimos de 1920 e de 1931. A educação deve ser sempre mantida por uma necessidade, sendo necessário então rever profundamente os programas de estudo e os métodos de ensino típicos da escola tradicional, enquanto excluem qualquer participação motivada pelo interesse da criança, ligado diretamente às suas necessidades. Por conseguinte, a escola deve organizar-se "sob medida" para a criança, deve respeitar a natureza e satisfazer suas necessidades, organizando também processos de aprendizagem capazes de ser individualizados, pela oferta de uma série de opções de atividades, entre as quais a criança pode escolher livremente.

A figura da Escola de Genebra mais diretamente empenhada no plano da escola ativa e de uma teorização (frequentemente mais entusiasta do que rigorosa) do ativismo foi certamente Adolphe Ferrière (1879-1961). O pensador genebrino teve uma formação primeiro biológico-sociológica, amplamente inspirada nas posições do evolucionismo, especialmente spenceriano, aderindo ao movimento das "escolas novas", de que se tornou um ativo defensor e um intérprete atento, além de um solerte difusor no plano internacional, especialmente através de seus numerosos escritos: *Projetos de escola nova* (1909), *Escola ativa* (1920), *Transformemos a escola* (1920), *A autonomia dos estudantes* (1921), *A prática da escola ativa* (1922), *A liberdade da criança na escola ativa* (1923), *A escola ativa através da Europa* (1948) e muitos outros. Nesta fase, que foi a mais produtiva, Ferrière inspirou-se substancialmente na filosofia de Bergson e adotou a noção de *élan vital*, capaz de organizar uma concepção ativista e criativa dos processos vitais e, portanto, também da atividade de crescimento e formação humana do indivíduo. Ferrière colocou-se numa atitude bem clara de defesa dos "direitos" da criança e de suas "necessidades" fundamentais, que estão ligados a um exercício da livre atividade. Essa defesa deve ser colocada no centro da escola renovada "ativa": esta deve aceitar e desenvolver as funções essenciais da psique humana, e infantil em particular, ou seja, as funções de "impulso espiritual", de "progresso", de hereditariedade dos "tipos psicológicos", organizando sua própria atividade em torno do princípio do interesse, por um lado, e da "recapitulação biogenética", por outro. Desse modo, a "escola ativa" poderá atingir o seu objetivo essencial, o de ser libertadora, ou de educar para a liberdade pela liberdade. A escola deverá transformar-se profundamente, colocando no centro de suas atividades tanto o jogo como o trabalho, geralmente posto à margem da escola tradicional. Em tal escola realiza-se também uma formação segura do caráter (livre e democrático) e um incremento da autonomia como comportamento essencial do indivíduo, enquanto a vida escolar se organiza segundo o princípio do autogoverno. Entre as "escolas ativas" do seu tempo, Ferrière observou com interesse sobretudo as experiências de Decroly e de Maria Montessori, assim como de Dewey, mas sentiu-se atraído também pelas soluções de Lombardo Radice e da "escola serena", valorizando, porém, em geral, sempre uma visão progressiva e aberta dos métodos do ativismo. A lição de Ferrière, apesar da guinada fideísta e metafísico-teosófica ocorrida na última fase do seu pensamento, e expressa em obras como *A ciência e a fé* (1912), *O mistério da pessoa* (1955), *A influência dos astros* (1947) e *A autogênese humana ou a ascensão para o espírito* (1959), caracterizou-se sobretudo pelo amplo trabalho de síntese e de interpretação da busca dos fundamentos comuns às várias experiências de educação nova e por haver dado a esses princípios comuns uma acepção bio-psicológico-espiritualista, que estava amplamente presente na base de muitos desses experimentos educativos e que se ligava diretamente àquela referência ao homem e aos "valores", à necessidade de uma renovação da civilização, que tinha atingido a cultura europeia em geral no início do século e provocado a "bancarrota" do positivismo e uma interpretação dinâmica e ativista do real e do espírito.

Outra página central na história do ativismo pedagógico foi Maria Montessori (1870-1952). Nascida em Chiaravalle (Ancona), formou-se em Roma, onde se diplomou em Medicina, dedicando-se depois ao tratamento de crianças excepcionais. Seguiu também, ainda em Roma, as lições de psicologia e pedagogia de mestres como Sergi, Lombroso e De Giovanni, todos profundamente ligados ao clima cultural positivista. Em 1906, organizou abrigos populares em Roma e, em 1907, fundava a primeira Casa das Crianças. Em seguida, dedicou-se à difusão das suas doutrinas em todo o mundo, mas estas tiveram mais influência no exterior do que na Itália, onde encontraram forte resistência, em consequência da hegemonia idealista na cultura filosófica e pedagógica. Montessori faleceu em Amsterdã, depois de se ter transferido para o exterior em 1916 e ter desenvolvido sua atividade na América e na Índia. Depois dos primeiros escritos, *O método da pedagogia científica* (1909) e *Antropologia pedagógica* (1910), inspirados na lição do positivismo, ela vai se dirigindo, nos posteriores, para uma defesa dos direitos da infância, sublinhando as características de atividade e de intrínseca religiosidade dessa idade do homem, como ocorre em *O segredo da infância* (1938), *A formação do homem* (1949) e *A mente absorvente* (1952). Na base do "método Montessori" está um estudo experimental da natureza da criança que dá ênfase, em particular, às atividades senso-motoras da criança, que devem ser desenvolvidas seja por meio de "exercícios de vida prática" (vestir-se, lavar-se, comer etc.) seja por meio de um material didático cientificamente organizado (encaixes sólidos, blocos geométricos, materiais para o exercício do tato, do senso cromático, do ouvido etc.). Além da atividade de organizadora de escolas para a infância e de promotora de uma renovação dos métodos ortofrênicos (destinados à reeducação de deficientes), Montessori fez também uma reflexão mais geral sobre a educação que se desenvolveu em torno dos princípios da "liberação da criança", do papel formativo do ambiente e da "concepção da mente infantil como mente absorvente". A criança deve desenvolver livremente suas próprias atividades para amadurecer todas as suas capacidades e atingir também um comportamento responsável, mas tal liberdade, para Montessori, não deve ser confundida com o espontaneísmo. A "liberação" é crescimento rico e harmonioso, desenvolvimento da pessoa, e portanto deve ocorrer sob a orientação atenta, embora não coercitiva, do adulto, que deve estar cientificamente consciente das necessidades das crianças e dos obstáculos que se interpõem à sua liberação. Assim, o papel do ambiente, embora fundamental, é "indubitavelmente secundário" nos processos de crescimento e de aprendizagem. Ele "pode modificar, como pode ajudar ou destruir", mas "não cria jamais". Todavia, a sua importância permanece central e é, portanto, oportuno que ele seja "adaptado" à criança, reorganizado segundo as suas exigências físicas e psíquicas. O próprio equipamento escolar deve ser projetado sob medida para a criança, de modo que ela possa diretamente manejá-lo e movê-lo, compreendendo também aqueles materiais por meio dos quais se efetua a autoeducação da criança, embora sob a vigilância atenta, mas não opressiva, do professor. Segundo Montessori, de fato, a criança deve agir por si e receber estímulos e solicitações sobretudo do ambiente e não diretamente do adulto. A mente infantil é vista como uma "mente absorvente", dotada de um extraordinário poder de assimilação, muitas vezes inconsciente, e também de participação-comunicação, que se manifesta na "imaginação criativa", no "prazer das narrativas", no "apego às pessoas", no "jogo". Sob a criança inquieta e egoísta encontra-se outro aspecto mais profundo, "uma outra natureza primitiva e normal", que deve ser valorizada na educação para formar homens melhores. Apesar do notável esforço de renovação que Montessori empreendeu para superar certa rigidez psicológica e didática implícita no seu "método", muitas vezes se sublinhou que permanece restrita demais no seu pensamento a relação central entre escola e sociedade, sobre a qual se concentraram as pesquisas de muitos representantes das "escolas novas" e do ativismo, e ainda que tal pensamento se baseia ora num excessivo e por vezes não totalmente crítico fideísmo científico, ora, especialmente nos últimos decênios da sua vida, num entusiasmo, por vezes um tanto simplista, em relação a valores de tipo humanitário e religioso. Todavia, Montessori tem o mérito de ter conjugado, com um esforço notável, tanto teórico como político, o momento da necessidade de uma pesquisa científica com o da "liberação" da criança e do homem, conjugando de maneira original dois elementos que geralmente se manifestam em dissídio no âmbito da pedagogia contemporânea, ainda que o equilíbrio por ela caracterizado resulte por vezes oscilante e insatisfatório.

Ainda na Itália, especialmente no segundo pós-guerra, o ativismo encontrou defensores sensíveis aos grandes temas que ele tinha agitado no plano internacional, além de intérpretes atentos que desenvolveram seus temas dominantes, relativos ao vínculo da pedagogia com as ciências humanas e a relação escola-sociedade. Foi especialmente o grupo à frente da revista *Scuola e Città* (fundada por Ernesto Codignola em 1950) que desenvolveu, seguindo predominantemente a lição deweyana, os temas da conexão entre educação e democracia, iluminou o horizonte antropológico que guiava o ativismo e iniciou também uma reflexão epistemológica no âmbito da educação. Lamberto Borghi (1907), Francesco De Bartolomeis (1918), Aldo Visalberghi (1919) e Raffaele Laporta (1916), Giacomo Cives (1926), todos ainda vivos, embora assumindo posições nem sempre homogêneas e diversamente articuladas, defenderam com vigor os princípios do ativismo, inserindo-o no âmbito da nossa tradição pedagógica, operando nela uma renovação significativa na direção científica e social, e promovendo uma transformação dos métodos didáticos que, mesmo sem alcançar larga difusão nas escolas públicas, envolveu numerosos docentes nas experimentações dos novos métodos didáticos.

No final dos anos 50, nos Estados Unidos e depois também na Europa, o ativismo foi submetido a uma radical e drástica revisão. A educação ativa foi acusada de ser responsável pela formação insatisfatória das novas gerações no plano da educação científica e, com o permissivismo e a exaltação do aspecto manual que a caracterizam, levar a escola a esquecer as suas finalidades essencialmente culturais e cognitivas. Simultaneamente, também todo um setor da psicopedagogia americana, e depois também europeia, com Bruner à frente, foi se encaminhando para a pesquisa das estruturas cognitivas e dos processos de aprendizagem, inspirando-se tanto no estruturalismo como na cibernética, contestando tanto o valor científico quanto social e político dos projetos educativos mantidos pela "educação nova". Muitas críticas certamente atingiam o alvo, mas deixavam na sombra os "pontos de honra", por assim dizer, do ativismo, isto é, a valorização da psicologia infantil como elemento fundamental de todo processo educativo e a elaboração do vínculo complexo e dialético que liga indissoluvelmente a educação à sociedade e, por conseguinte, à política. Seja como for, desde o começo dos anos 60, teve início um lento, mas inexorável ocaso do ativismo, substituído no terreno da pedagogia por orientações do tipo cognitivo e tecnológico que se apresentaram como "científicas" e muitas vezes "neutras", embora estivessem saturadas de conteúdos ideológicos (em geral moderados, se não conservadores) e apresentando, além disso, pontos filosófica e pedagogicamente mais fracos em relação às lições dos mestres do ativismo, especialmente aqueles mais ricos e maduros, como Dewey.

3 NOVAS TEORIAS PEDAGÓGICAS: O IDEALISMO

No início do século XX, o debate sobre a renovação da escola, bem como o forte choque ideológico-social e o amadurecimento de perspectivas culturais (e filosóficas) radicalmente inovadoras, mas também o compromisso social da pedagogia que a torna cada vez mais atividade central na organização da sociedade (plural, complexa, em transformação constante etc.) produzem não só uma revisão profunda das teorias pedagógicas (espiritualistas e positivistas, em particular) como ainda a formação de novas teorias, dispostas em diversas fronteiras teóricas, mas capazes de repensar de modo *novo* e *radical* a identidade e o papel cultural e político da pedagogia. Três modelos, de modo específico, vieram rearticular a fronteira teórica da pedagogia, mas, ao mesmo tempo, relançar sua identidade teórico-filosófica e, portanto, a necessidade de enquadrar os problemas educativos e as vias de sua solução num horizonte mais autônomo, mais coerente, mais rigorosamente fundamentado, ao qual deve referir-se sobretudo a filosofia. Na Itália, o século nasce com as críticas de Gentile ao positivismo, a Herbart e a todo tipo de pedagogia científica, para sublinhar apenas sua identidade filosófica, como "ciência do espírito". Assim, Gentile reativa na Itália temas já recolocados no centro da teorização pedagógica em outros países europeus (Alemanha e França, em particular) e com seu atualismo dá vida a uma pedagogia centralizada na identidade espiritual do sujeito humano, uma pedagogia de oposição aos modelos dominantes e restauradora de uma ordem educativa e escolar que privilegia a autoridade e a tradição. Mas assim fazendo, Gentile impõe um modelo orgânico e em parte novo de pedagogia que vigorou durante muito tempo na Itália e se colocou como uma das grandes alternativas da teorização pedagógica contemporânea.

Na Europa, a voz talvez mais radical e inovadora, porém, é a do marxismo que, primeiro com a social-democracia alemã, com as teorizações de autores de nível internacional (de Bernstein a Labriola, Luxemburgo, Adler), com as experiências dos socialismos nacionais, depois com a revolução russa de 1917, foi elaborando uma concepção orgânica da pedagogia, orientada no sentido político-social e coordenada no seu centro pela categoria do trabalho. Afirmam-se assim um novo modelo de pedagogia (como saber histórico-crítico-dialético, científico e político ao mesmo tempo) e um novo modelo de educação (emancipativa, igualitária, baseada no trabalho, delegada a uma escola radicalmente renovada por fins e estruturas), que terão longo sucesso e autoridade por quase todo o século, ainda que abertos – no seu interior – a um pluralismo de posições e também a frontais conflitos.

Mas é na América que toma corpo o modelo pedagógico mais rico e mais duradouro do século, o de Dewey, ligado, por um lado, a uma renovação da escola, sublinhando sua identidade de "laboratório" e sua função civil e política, igualitária e emancipativa; por outro, a uma pedagogia que teoriza e atua, ao mesmo tempo, e o faz numa precisa direção política (fundar a democracia *in interiore homine* mediante a experiência escolar) e cognitiva (formar a mente democrática por meio de uma assimilação crítica dos conhecimentos, que deve realizar-se em estreito contato com a ação, assimilando a lógica da pesquisa que é típica do saber científico moderno). Com Dewey, todas as temáticas educativas tradicionais e os novos problemas atuais da sociedade industrial são relidos de maneira inovadora e orgânica, com grande equilíbrio, respeitando a complexidade das práxis e das teorias da educação. Isso explica a autoridade indiscutível exercida pelo filósofo americano sobre a pedagogia do Novecentos, mesmo depois do declínio do pragmatismo e o advento de filosofias de tipo estruturalista ou dialético. Dewey permanece sempre o ponto-chave da pedagogia do século xx: já que interpreta seus problemas de fundo, enfrenta-os mediante uma teoria ao mesmo tempo livre e cautelosa, resolvendo-os segundo itinerários de racionalidade crítica e simultaneamente orgânica. Com Gentile, com o marxismo, com Dewey, estamos diante dos modelos radicais (ou mais radicais) do século em pedagogia, diante de vozes que (para o bem e para o mal) alimentaram e atravessaram a história educativa de muitos decênios e orientaram os sistemas educativos de alguns países, de modo a deixar sua marca na teoria e na práxis, de modo a alimentar, em alguns aspectos, até o debate atual. Vamos reconstruir então os três modelos, começando do primeiro.

O PENSAMENTO PEDAGÓGICO DE GENTILE

Dentro daquela que foi chamada de "enciclopédia atualista das ciências filosóficas", um ponto central pertence à pedagogia. O atualismo é a filosofia elaborada por Giovanni Gentile (1875-1944), que parte, fichtianamente, do ato de pensamento como princípio único fundante de toda a realidade. Formado em Pisa com Jaja, um aluno de Bernardo Spaventa, Gentile ensinou em Nápoles, em Palermo e em Roma, alimentando uma rica escola de estudiosos; aproximou-se do nacionalismo e, depois, do fascismo (rompendo assim a amizade/colaboração com Croce, ativada no início do século); foi ministro da Instrução Pública entre 1922 e 1924, aprovando, assim, a reforma escolar de 1923; foi depois diretor da *Enciclopédia Italiana* e presidente da Academia da Itália. Foi morto em Florença pelos antifascistas por causa de seus apelos em defesa do fascismo da República de Salò. Seu pensamento filosófico está contido sobretudo na *Teoria geral do espírito como ato puro* (1916), no *Sistema de lógica* (1917-1922), na *Filosofia da arte* (1931) e no póstumo *Gênese e estrutura da sociedade* (1945); e o pensamento pedagógico, em *Sumário de pedagogia como ciência filosófica* (1913-1914), *A reforma da educação* (1920), *Educação e escola laica* (1921) e outros escritos menores.

Para Gentile, a pedagogia só é realmente ciência quando se torna filosófica, já que o processo de desenvolvimento da vida espiritual, que é o objeto específico da educação, só é definível e compreensível fora de qualquer dualismo e mecanicismo, próprios das filosofias da educação, insuficientes e desviantes, que se inspiram nas lições de Herbart e do positivismo. A verdadeira pedagogia científica é aquela que pensa a educação,

HISTÓRIA DA PEDAGOGIA 537

e o homem que é seu protagonista, em termos de espírito, de desenvolvimento dialético e de unidade, mediante o princípio da síntese *a priori*. Desse modo, verdadeira ciência é só a filosofia, como verdadeira educação é autoeducação.

O atualismo pedagógico de Gentile, ligado a uma visão espiritualista e filosófica da educação, pretende opor-se radicalmente e com vigor a todas as concepções pedagógicas de base naturalista que não reconhecem adequadamente a natureza espiritual própria do homem e introduzem oposições e dualismos no interior do seu processo formativo. Para essas correntes de pensamento – que são, essencialmente, as já citadas herbatiana e positivista –, a pedagogia é "técnica", ao se delinear "como aquela ação com a qual um espírito promove o desenvolvimento de outro espírito", e se vincula assim a um "preconceito monadístico" (já que pensa o espírito como um pluralismo de mônadas e não em termos transcendentais). Por conseguinte, tais pedagogias separam a teoria e a prática, o conhecer e o fazer, provocando uma série de inúteis complicações e de contrastes irresolúveis no interior do processo educativo, além de uma substancial degradação da pedagogia de ciência para arte, já que a técnica é essencialmente um instrumento operativo e não um verdadeiro conhecimento teórico. Os perigos que correm o herbartismo e o positivismo são aqueles de dar uma imagem abstrata e rígida da vida espiritual e de apresentá-la, pelo menos tendencialmente, em termos materialistas. A ausência da noção de desenvolvimento espiritual, de autoformação do espírito bloqueia as pedagogias de base naturalista num terreno não científico e numa visão mecanicista do homem. Isso se tornou transparente em particular pela "psicologia pedológica" que é defendida por essas teorias pedagógicas e que, pelo seu caráter naturalista (ligado às classificações), não pode "conhecer a espiritualidade, a liberdade, a espontaneidade da vida psíquica". Tal psicologia elabora um modelo de "criança mítica que afinal não é precisamente nenhuma criança viva", mas uma criança "de infância obrigatória" que "deve brincar, imitar, interessar-se pelas narrativas maravilhosas etc., mas sobretudo brincar. E depois, claro, deve aprender tudo e, portanto, cansar-se: pobre criança condenada primeiro a brincar sempre e depois a submeter-se à tortura do cansaço!". A essa criança abstrata Gentile, como veremos, irá contrapor uma específica concepção da infância, de base rigorosamente espiritualista.

538 FRANCO CAMBI

Os temas aqui sumariamente expostos foram enfrentados por Gentile, com vivaz espírito polêmico, sobretudo na sua obra pedagógica mais sistemática, o *Sumário de pedagogia como ciência filosófica*. Nos dois volumes, depois de referir-se aos temas dominantes da sua filosofia de base antropológico-espiritualista que resulta na concepção do espírito como desenvolvimento e como atividade universal, Gentile expõe os postulados da sua pedagogia filosófica mediante um confronto cerrado com as posições que são antagônicas a ela, delineando ao mesmo tempo uma concepção precisa da vida da escola, vista como o lugar específico onde se realizam processos de formação espiritual, e uma igualmente precisa concepção da didática, totalmente alternativa em relação àquela de tipo naturalista. O objetivo fundamental do tratado é remover todas as oposições que caracterizaram até hoje o pensamento pedagógico e que tornaram irresolúveis seus problemas, oposição entre educação negativa e educação positiva (resolúvel na noção "da unidade do todo como espírito" em que "a ação de um ser sobre o outro torna-se a face externa do dinamismo espiritual interno"), entre educação formal e educação moral (que se unificam na educação "atual"), entre instrução e educação (que se soldam na "moralidade" presente em todo ato do espírito), entre educação religiosa e educação científica (que se unificam na filosofia, que é ciência e religião ao mesmo tempo), entre educação estética e educação humanista, ético-religiosa (que se conjugam na "universalidade da educação filosófica").

Quanto à vida da escola – que Gentile, significativa mas muito arbitrariamente, reduz à relação entre professor e aluno –, o objetivo é remover todo dualismo e afirmar a unidade da vida espiritual em desenvolvimento que se realiza no interior de todo ato educativo verdadeiro. Professor e aluno unificam-se na concreta vida do espírito que se realiza no processo formativo da aula. Todavia, observando bem, tal unidade se cumpre pela afirmação da centralidade do docente, da sua cultura e da sua autoridade em razão do grau mais alto de desenvolvimento da espiritualidade que ele, como adulto, atingiu, enquanto a criança na sua concretitude e real identidade, com suas necessidades e interesses, resulta essencialmente marginalizada. A escola teorizada por Gentile é a escola do professor e da cultura e de modo nenhum a escola da criança e das suas necessidades. Além disso, a aula que ele teoriza como modelo é muito próxima da aula tradicional, aula de cultura e aula "de cátedra", ainda que justificada com o princípio da comunicação espiritual que ela realiza *in interiore homine*. Estamos, no entanto, muito longe de todo o movimento da pedagogia progressiva contemporânea que elabora uma concepção pedagógica e didática caracterizada pela liberdade, mas não apenas no sentido abstrato e filosófico.

Ao lado da redefinição do papel do "professor" e da "aula", Gentile elabora também uma concepção original da infância, que fixou nos estudos de 1922-1923, apresentados como *Preliminares ao estudo da criança*. Aqui, o filósofo siciliano distingue "três diferentes tipos de criança": a "criança eterna", que se encontra "em qualquer idade da vida" e que se pode encontrar também "no próprio ânimo"; a "criança fantoche", que é aquela construída pela psicologia da infância e que aparece como uma "criança mítica"; a "criança real", isto é, aquela "que existe em carne e osso", "criatura viva e necessitada de cuidados" e que deve ser o verdadeiro assunto de estudo de uma filosofia do espírito. Essa "criança real" é artista e sonhadora; é voltada para o brinquedo, mas é também sujeito moral dotado de vontade e de autonomia, que tende para o outro "que está em nós"; é, enfim, síntese de "sujeito" e "objeto", ou seja, aquela "individualidade" que "contém o limite e a lei no seu próprio seio"; é, portanto, espontaneidade e desenvolvimento, mas ao mesmo tempo regulamentação da dinâmica do seu próprio desenvolvimento.

A teoria gentiliana da educação escolar oscila, assim, entre espontaneísmo e disciplina, entre as razões do professor e as da criança, propondo, porém, em substância, uma recuperação da escola tradicional, ligada à centralidade do professor. Tal teoria tende, contudo, a distanciar-se também em relação a outro ponto da escola italiana daqueles anos, profundamente influenciada pelo positivismo: o da concepção de laicidade. Gentile, já em 1907, vinha afirmando um conceito "positivo" e não negativo ou neutro de laicidade, já que toda educação verdadeira exige uma orientação ideal, uma concepção do mundo e uma seleção definitiva de valores e, como a criança não pode elevar-se à concepção filosófica do mundo, deve ser iniciada numa concepção religiosa. A religião se tornará, portanto, o princípio de orientação ideal da escola, quase uma filosofia inferior adaptada às crianças e às massas. Também neste plano Gentile opunha-se vigorosamente a boa parte da cultura pedagógica moderna, que tinha afirmado como central o princípio da laicidade da educação (como Gentile já havia feito em relação às exigências de cientificidade e de espontaneidade, que ele vinha interpretando de forma conservadora e, em substância, antimoderna).

Também no terreno da didática Gentile parte da visão espiritualista do real, para a qual o método de ensino não deve seguir normas extraídas do objeto do ensino, mas apenas do sujeito. O ensino é uma forma de comunicação-criação que se qualifica como uma "geração do saber". Assim, a mola intensiva de todo processo de aprendizagem é a própria dialética da vida espiritual que se cadencia segundo os três momentos da arte, da religião e da filosofia. A arte em particular ocupa um lugar central no ensino, especialmente elementar, e é vista como um elemento "constitutivo da personalidade humana". Como momento da pura subjetividade, ela é imprescindível em todo processo educativo e, conjugando-se com a teoria da "criança artista", veio a caracterizar a escola (que foi chamada "serena", nas pegadas de Lombardo Radice) inspirada nos princípios do atualismo pedagógico. A religião é o momento da objetividade e coloca diante do processo do espírito uma lei, uma verdade que ele deve respeitar e à qual deve adequar-se. É o momento da heteronomia necessário para passar à síntese filosófica que reconhece o espírito como autonomia, como unidade e como "fazer-se". Todo ato de ensino deve estruturar-se segundo um desses três princípios e realizar, no seu conjunto, a unidade da vida espiritual.

A concepção pedagógica gentiliana, especialmente pela reforma escolar de 1923, influenciou profundamente a escola italiana, orientando-a para uma defesa da superioridade da formação humanista e para um espiritualismo em grande parte retórico e abstrato. Em tal pedagogia, de fato, embora estivesse presente um recurso à espontaneidade da criança e à concepção dinâmica da vida espiritual, bem como uma valorização específica da educação artística, vinha se delineando com vigor uma orientação autoritária e conservadora da educação e da própria pedagogia. De um lado, reafirmava-se a absoluta centralidade da figura do professor e da aula "passiva", enquanto, de outro, se reduzia, sem resíduos, a pedagogia à filosofia, separando-a com violência de todas aquelas ciências que ela vinha postulando há mais de um século como sua própria base e sua própria sustentação. Com Gentile, estamos de fato diante de uma pedagogia de tipo romântico, particularmente ligada às posições fichtianas (filósofo presente em Gentile muito mais que o próprio Hegel), que vem

HISTÓRIA DA PEDAGOGIA 541

mediando, de forma em geral apenas abstrata, as exigências contrárias da liberdade e da autoridade, da ciência e da filosofia, da espontaneidade e da disciplina, optando, porém, em conclusão, quase exclusivamente pelo segundo polo das alternativas, apesar de ser uma pedagogia que pôs luminosamente no centro o princípio da formação como princípio-guia para pensar a educação.

A PEDAGOGIA DO NEOIDEALISMO ITALIANO

A pedagogia do atualismo, elaborada por Gentile, influenciou, além da escola italiana, também a tradição pedagógica nacional, operando nela uma virada decisiva no sentido espiritualista e provocando uma nítida recusa da tradição científica e laica que, com o positivismo, o herbartismo e o neokantismo, se tinha afirmado na cultura pedagógica durante a segunda metade do século XIX. A sugestão que a pedagogia gentiliana exerceu sobre pedagogos e educadores foi vasta e duradoura, na medida em que tal pedagogia era capaz de ligar-se ao tradicionalismo e também à retórica espiritualista que naqueles anos caracterizavam o mundo da escola. O atualismo, pelo menos entre 1910 e 1930, foi de certo modo o eixo central da pedagogia italiana e combateu com vigor as outras correntes pedagógicas, do positivismo tardio ao socialismo e ao espiritualismo católico. Todavia, o pelotão atualista em pedagogia nem sempre se apresentou totalmente compacto, e muito menos monolítico, devendo ser observado que, já seus maiores representantes, colaboradores de Gentile na reforma de 1923, apresentaram posições cada vez mais distantes das gentilianas e se abriram gradativamente a exigências profundamente novas. Lombardo Radice e Codignola representam, de fato, aquela ala do atualismo pedagógico italiano mais aberta às exigências da experiência educativa concreta, que introduz na perfeita equação de filosofia e pedagogia afirmada por Gentile um elemento bastante sensível de revisão e de desenvolvimento em grande parte diferente.

Num plano de evolução ainda mais radical do atualismo encontram-se, por sua vez, Spirito e Calogero, que, também em pedagogia, trazem à luz a problemática do "ato" e o seu caráter ético essencial. Em particular, parece interessante a posição pedagógica de Calogero que encontrou sua expressão mais completa no ensaio "A escola do homem", de 1939. Calogero pretende reintroduzir, no interior do princípio idealista da educação como autoeducação, o dualismo entre professor e aluno, como sujeitos morais que se vão unificando dentro de um diálogo que os conduz um para o outro. A unidade é, portanto, uma tarefa ética e pressupõe, para ser tal, justamente a dualidade. Ao lado desse aspecto fundamental, Calogero desenvolve também uma recuperação da pedagogia como "técnica" e da didática como problema específico, distinto da dialética do espírito. A própria educação religiosa é depois reconduzida a um plano exclusivamente ético, no qual vem valorizar a abertura e a dedicação aos outros. Na revisão calogeriana do atualismo gentiliano bem pouco restava e, sobretudo, era rejeitada aquela total redução da pedagogia à filosofia, sobre a qual essencialmente se baseava, mas pela qual também se geravam inúmeros paradoxos e graves insuficiências, e se manifestava um respeito e uma compreensão mais realista dos processos educativos concretos.

Num terreno de igualmente aberta divergência colocaram-se também Gino Ferretti (1880-1950) e Aldo Capitini (1899-1968). Ferretti, contra os postulados do atualismo pedagógico, ao qual, porém, permaneceu sempre fiel nos aspectos fundamentais de seu pensamento (a concepção da criança como artista e a valorização da criatividade), dedicou-se a uma recuperação de instâncias precisas do positivismo, como a autonomia e a necessidade de um estudo psicológico da infância, e, depois, a áreas cada vez mais distantes do idealismo, como o materialismo histórico, o neopositivismo e uma psicologia científica da criança. Capitini, por sua vez, reivindicou a autonomia da experiência religiosa e a sua superioridade, se entendida em chave ética e rigorosamente laica, em relação à própria filosofia, além do papel fundamental que vem assumir no terreno pedagógico, como perspectiva de "abertura", de diálogo eu-você-todos, de formação democrática e de consciência "coral". De qualquer maneira, deve ser assinalado o processo de fuga e, portanto, de dissolução que todos esses autores efetuam em relação ao atualismo, reconhecendo ao mesmo tempo a sua centralidade no âmbito do pensamento pedagógico italiano e as suas profundas insuficiências. Porém, as figuras mais iminentes e representativas do neoidealismo pedagógico italiano, além de Gentile, foram Lombardo Radice e Codignola.

Giuseppe Lombardo Radice (1879-1938), nascido em Catânia, foi um solerte promotor de cultura pedagógica através de várias revistas (a mais famosa foi *L'Educazione Nazionale*, 1919-1933), professor de pedagogia em Catânia e depois em Roma, participou de batalhas, inclusive sindicais, pelo movimento da escola, foi colaborador, para a escola elementar, de Gentile na reforma de 1923. Depois de 1924, rompe suas relações com o fascismo, retira-se da vida pública e assume posições antifascistas cada vez mais claras. Entre seus muitos escritos, devem ser lembrados as celebérrimas *Lições de didática* (1912) e as mais teóricas e gentilianas *Lições de pedagogia geral*, mas também os menos idealistas e manchados aqui e ali de socialismo *Ensaios de propaganda política e pedagógica* (1910), os ensaios dedicados à "escola serena" com *Atenas criança* (1925), e os históricos contidos em *Pedagogia de apóstolos e de operários* (1936). No plano teórico, Lombardo Radice se atém sempre a um rigoroso idealismo assumido em termos estritamente gentilianos, portanto ligado à concepção do espírito como desenvolvimento ativo e dinâmico, pensado apenas em termos filosóficos e caracterizado como processo autoeducativo. Todavia, já neste plano mais geral, emergem alguns aspectos de divergência em relação ao atualismo gentiliano, como por exemplo a relação entre o eu individual e o eu universal, que é resolvida por Lombardo Radice com uma maior atenção aos direitos do "mim" (ou sujeito vivente) e, portanto, reintroduzindo no atualismo precisas instâncias psicológicas. O "espírito" em Lombardo Radice torna-se "comunhão de espíritos" e "vida de relação" e para o sujeito humano isso se torna uma tarefa (enquanto "processo de ativo alargamento de si") mais que um dado (um "ato sempre em ato", como afirmava Gentile). Também no plano político, Lombardo Radice insiste menos sobre o Estado ético e mais sobre os problemas sociais e sobre a reivindicação de um papel educador do Estado, que não seja, porém, expressão de nenhuma classe social em particular, mas antes de um "pensamento total" da época. O próprio nacionalismo de Lombardo Radice também se apresenta de forma bastante diferente dos grupos corradinianos, confluídos depois no fascismo, enquanto ligado a um "substrato socialista", como foi dito, que o torna intérprete sensível das exigências do povo e das instâncias de uma sociedade tendencialmente mais igualitária. O aspecto fundamental da reflexão de Lombardo Radice permanece sendo, porém, o dedicado à didática, especialmente a da escola primária e pré-elementar.

Esta se caracteriza como uma "didática viva", criativa e imanente ao próprio processo educativo, como consciência dos meios aptos a melhor desenvolver tal processo e construção operativa destes mesmos meios, e como uma "crítica didática", que atua contra a excessiva especialização, mas que também reconhece uma função específica para este tipo de reflexão sobre o ato educativo.

A didática de Lombardo Radice resulta numa busca contínua e problemática, como sublinhou Cives, num "exame crítico da obra educativa, ou melhor, um exame autocrítico" e tem a finalidade de "ser sobretudo reflexão crítica, uma forma de repensar o fazer educativo", que se realiza como "estudo da escola em ato". Na base da didática neoidealista de Lombardo Radice estão algumas noções que vêm determinar depois o tipo de trabalho escolar que ela minuciosamente descreve. Em primeiro lugar, ela exige que a figura do professor se abra à "colaboração" com a criança, despojando-se da própria humanidade particular e colocando-se no plano do universal, do "comum espírito humano". Assim, o professor é "como um ponto de confluência da humanidade passada e futura; sente-se *espírito criador*; tem o desejo do divino", escreve Lombardo Radice numa prosa idealistamente conotada. Em segundo, tal didática postula uma nova concepção da aula, entendida não mais como entidade fragmentária e isolada, mas como uma rica e complexa unidade orgânica que se relaciona com todos os outros atos educativos. Ela é um "*ciclo* de atos" que implica até a "repetição", mas quer que esta seja como uma "aula nova", um ato criativo e comunicativo. Enfim, em terceiro lugar, está na base uma concepção específica da infância, como uma idade criativa e ativa, intensamente afetiva e voltada para um conhecimento mágico do mundo. A criança é "poeta", nela é fortíssima a fantasia e ela manifesta a si própria de forma mais genuína e completa na expressão artística. Desses princípios fundamentais decorre a atenção que Lombardo Radice dedica à educação artística – valorizada em particular no desenho e no canto, cuja finalidade é serenar a alma, tornando-se também, especialmente no caso do desenho, uma preparação para a composição, através da elaboração de uma linguagem de tipo gráfico – e a educação linguística, que é vista como o eixo central de todo o ensino e na qual é valorizada a "originalidade" e a "sinceridade", além da clareza, de tal modo que a linguagem convencional seja "assumida" pelo eu da criança.

O modelo de escola que Lombardo Radice vinha teorizando na "Montesca" de Franchetti em Lucchesia – e que julgou ver realizado em alguns experimentos de renovação didática do seu tempo, desde o de Boschetti Alberti no Cantão Ticino até o de Pizzigoni em Milão – recebeu o nome de "escola serena", uma escola de tipo ativista, mas que colocava no centro não tanto o trabalho manual quanto a expressão artística, e no lugar da criança protagonista do trabalho escolar colocava a colaboração espiritual entre professor e aluno. Tal escola, como ocorria com aquela teorizada por Gentile, não pode ser laica (isto é, neutra), mas deve viver intensamente os valores religiosos, ligando-se inclusive à tradição religiosa específica dos vários povos e na Itália toma a forma de uma religiosidade cristã-católica. Outro ponto pelo qual Lombardo Radice se interessou vivamente foi o da preparação de professores, dos quais julgava que dependia a realização da "escola serena". Em lugar da quase exclusiva formação teórica desejada por Gentile com a reforma de 1923, Lombardo Radice reconhece a função essencial de cursos de especialização em que seja reconhecido um papel formativo profissional também à psicologia e à didática. Em conclusão, a obra pedagógica de Lombardo Radice, mesmo nos limites teóricos ligados à sua orientação idealista, parece em profunda sintonia com algumas reivindicações essenciais do ativismo contemporâneo, além de um produto mais maduro e mais rico, e também menos efêmero, da concepção pedagógica ligada ao atualismo.

Ernesto Codignola (1885-1965), colaborador de Gentile, professor de pedagogia em Florença, organizador de cultura através de revistas (*Levana, Civiltà Moderna, Scuola e Città* etc.) e da direção da editora La Nuova Italia, interessou-se por teoria pedagógica, por história da pedagogia e história do pensamento religioso. Entre as suas obras, devem ser lembradas pelo menos o ensaio histórico sobre *A pedagogia revolucionária* (1919) e *Problemas didáticos* (1919), bem como mais tarde *As escolas novas e seus problemas* (1946) e *Educação libertadora* (1946). Em 1945, como já vimos, tinha fundado também, num bairro popular de Florença, a Escola-Cidade Pestalozzi, uma escola-piloto inspirada nos princípios do ativismo, especialmente deweyano. Codignola ocupa um lugar característico dentro da história do atualismo pedagógico, já que leva avante uma crítica cada vez mais cerrada contra os princípios autoritários e abstratos de tal orientação, bem como dentro da pedagogia italiana contemporânea, já que por ele se realiza um decisivo deslocamento cultural, que abrange em particular os anos da Segunda Guerra Mundial e do imediato pós-guerra e se refere à passagem de uma hegemonia do idealismo para uma fase que, no terreno da pedagogia laica (isto é, não católica), é caracterizada pela presença do pragmatismo americano.

O afastamento de Codignola do atualismo (e do fascismo) deu-se especialmente depois de 1929, o ano dos Pactos de Latrão, que revigoram no pedagogo "florentino" a vocação decididamente laica e também uma dúvida em relação à redução da pedagogia à filosofia. Depois, com a guerra, a fundação da Escola-Cidade Pestalozzi e a exigência de uma reconstrução pós-bélica, delineou-se a aproximação com o pragmatismo deweyano, pelo aspecto social colocado no centro de todo ato educativo.

4   ENTRE PRAGMATISMO E INSTRUMENTALISMO: A PEDAGOGIA DE JOHN DEWEY

Dewey foi o maior pedagogo do século XX: o teórico mais orgânico de um novo modelo de pedagogia, nutrido pelas diversas ciências da educação; o experimentalista mais crítico da educação nova, que delineou inclusive suas insuficiências e desvios; o intelectual mais sensível ao papel político da pedagogia e da educação, vistas como chaves mestras de uma sociedade democrática. Além disso, o pensamento pedagógico de Dewey difundiu-se no mundo inteiro e operou em toda parte uma profunda transformação, alimentando debates e experimentações e a reposição da pedagogia no centro do desenvolvimento cultural contemporâneo nos vários países, como ocorreu, exemplarmente, na Itália no segundo pós-guerra, quando, pela obra de Codignola e da sua revista *Scuola e Città*, originou um intenso confronto em torno dos temas da política educativa e escolar, e também da teoria pedagógica, em chave ao mesmo tempo científica e democrática. Mas Dewey, cumpre lembrar, além de um grande pedagogo (teórico e prático) foi também (e antes ainda) um grande filósofo, que desenvolveu a lição do pragmatismo americano rumo a resultados racionalista-críticos, metodológicos e ético-políticos, conotados no sentido instrumentalista, isto é, ligados a uma ideia de razão aberta, colocada como instrumento na complexa dinâmica da experiência, individual e histórica.

HISTÓRIA DA PEDAGOGIA   547

Dewey nasce em Burlington, Vermont (EUA), em 1859. Estuda nas escolas locais e depois na Universidade de Vermont. Aperfeiçoa-se na John Hopkins University de Baltimore, onde estuda com Stanley Hall e Charles Peirce, sendo, o primeiro, fundador da psicologia da adolescência e, o segundo, o do pragmatismo metodológico. Leciona em Michigan como *professor of philosophy* enquanto publica estudos psicológicos e filosóficos (sobre o materialismo, sobre Espinosa, sobre Kant). Na década de 1890, ocupa-se também de lógica, de moral e de pedagogia. A partir de 1894, é diretor do Departamento de Filosofia, Psicologia e Educação da Universidade de Chicago, onde dirige também uma escola-laboratório anexa à universidade. Influenciado pelo evolucionismo e pelo hegelianismo, elabora uma filosofia centralizada na noção de experiência, desenvolvendo-a no sentido dinâmico e aberto, mas também segundo perspectivas organicistas. Em 1897, publica *O meu credo pedagógico*; em 1899, *A escola e a sociedade*; depois, em 1910, *Como pensamos*; em 1916, *Democracia e educação*. No pós-guerra inicia uma série de viagens – Japão, China, Turquia, México, URSS, Escócia – pelas quais o seu pensamento filosófico e pedagógico se difunde e se afirma como um dos instrumentos mais eficazes para enfrentar e superar a crise pós-bélica. Nos anos 20-30, expõe o seu pensamento através de uma série de obras teóricas e políticas: *A filosofia em reconstrução* (1920), *Experiência e natureza* (1925), *A procura da certeza* (1929), *A arte como experiência* e *Uma fé comum* (1934), *Lógica, a teoria da investigação* (1938) e *Teoria da avaliação* (1939). No plano político, acompanha o *New Deal* com suas obras *Individualismo velho e novo* (1930), *Liberalismo e ação social* (1935), *Liberdade e cultura* (1939); depois, em 1946, escreve *Problemas de todos*. Em 1949, publica a última grande e original obra teórica: *Conhecimento e transação*. Morre em Nova York, em 1952.

A filosofia de Dewey articula-se em torno de uma "teoria da experiência", vista como o âmbito do intercâmbio entre sujeito e natureza, intercâmbio ativo, que transforma ambos os fatores e que permanece constantemente aberto, já que caracterizado por uma crise, por um desequilíbrio sobre o qual intervém o pensamento como meio de reconstrução de um equilíbrio (novo e mais orgânico), mas submetido por sua vez a novas crises e a novas buscas de ulterior equilíbrio. Se a natureza é dada na experiência, esta introduz na natureza o princípio da integração racional, que justamente na ciência moderna encontra sua mais articulada expressão.

Assim, é ao homem e à sua "inteligência criativa" que é confiado o desenvolvimento e o controle da experiência, mediante o uso da lógica, definida como "teoria da pesquisa" e caracterizada pelo método científico e pelos princípios da experimentação, da generalização e da hipótese, da verificação; método que se deve tornar o critério de comportamento intelectual em todo âmbito da experiência (desde a ciência até a ética, a política, a pedagogia). Todavia, à arte, à imaginação e aos processos simbólicos também é atribuído um papel fundamental para o crescimento da experiência e para operar seu desenvolvimento inteligente, orgânico e criativo. A arte é o momento fruitivo e projetual-imaginativo presente em toda experiência, momento que é desenvolvido organicamente na atividade estética, a qual deve tornar-se um fator central da experiência (individual e social) e da sua dimensão avaliativa, inspirada na unidade-continuidade-identidade entre meios e fins (como ocorre exemplarmente na arte).

Neste evolucionismo pragmático e instrumentalista de Dewey, um papel central ocupa a reflexão política, que gira em torno do princípio da democracia, vista como a forma mais avançada e mais atual (na sociedade industrial de massa), mas que deve ser constantemente construída (e reconstruída) por uma obra de educação escolar (formando todo cidadão para e na democracia, na escola renovada, isto é, organizada como laboratório e destinada a estimular a atividade individual), bem como de desenvolvimento da opinião pública, que permite criar aquela "grande comunidade" capaz de autorregular-se pelo controle coletivo da inteligência livremente desenvolvida e promovida ao centro da vida social.

O riquíssimo e complexo pensamento de Dewey foi um dos intérpretes mais atentos da grande transformação social e cognitiva do século xx (ligada à industrialização, à difusão da ciência, ao advento da sociedade de massa e ao desenvolvimento da democracia), a qual foi lida de maneira não ingênua, embora confiante no crescimento da inteligência e na possibilidade de um preciso controle social exercido através da educação. Esta é colocada como força libertadora das capacidades intelectivas individuais e, ao mesmo tempo, das colaborativas sociais.

O pensamento pedagógico de Dewey está profundamente entrelaçado com a elaboração da sua filosofia, da qual extrai os conceitos fundamentais, e caracterizado, como ocorre com a própria filosofia, por um desenvolvimento constante para perspectivas cada vez mais amplas e orgâ-

HISTÓRIA DA PEDAGOGIA 549

nicas, mas também capazes muitas vezes de rever e ampliar as posições atingidas.

A reflexão pedagógica acompanhou, de fato, toda a rica e complexa produção deweyana, no campo filosófico, epistemológico, político etc., e dirigiu-se, com o mesmo empenho, seja para a construção de uma rigorosa filosofia da educação, seja para a elaboração de um eficaz projeto operativo, radicalmente inovador no campo escolar e no didático. Nas muitas obras que Dewey dedicou ao problema educativo, e especialmente naquelas mais engajadas e que muito logo o tornaram célebre no plano internacional, vai sendo elaborada uma pedagogia extremamente atenta aos problemas da sociedade industrial moderna, bem como às instâncias de promoção humana típicas de muita pedagogia contemporânea. Em geral, a pedagogia de Dewey caracteriza-se: 1. como inspirada no pragmatismo e, portanto, num permanente contato entre o momento teórico e o prático, de modo tal que o "fazer" do educando se torne o momento central da aprendizagem; 2. como entrelaçada intimamente com as pesquisas das ciências experimentais, às quais a educação deve recorrer para definir corretamente seus próprios problemas, e em particular à psicologia e à sociologia; 3. como empenhada em construir uma filosofia da educação que assume um papel muito importante também no campo social e político, enquanto a ela é delegado o desenvolvimento democrático da sociedade e a formação de um cidadão dotado de uma mentalidade moderna, científica e aberta à colaboração. Tais características gerais tornaram a pedagogia deweyana uma espécie de modelo-guia dentro do movimento da "escola ativa" que, desde o fim do século XIX e até os anos 30 do novo século, tanto na Europa como na América, teve (como já vimos) um rico florescimento de posições teóricas e de iniciativas práticas, todas elas destinadas a valorizar a criança como protagonista do processo educativo e também a colocá-la no centro de toda iniciativa didática, opondo-se às características mais autoritárias e intelectualistas da escola tradicional.

Na primeira grande obra da sua produção intelectual, A *escola e a sociedade* (1899), Dewey fixa as características fundamentais de seu próprio pensamento educativo. A obra, cumpre lembrar, inseria-se dentro de um amplo processo de transformação produtiva e de crescimento político-social que os Estados Unidos estavam vivendo naqueles anos, ligado à expansão da indústria e às reivindicações de participação política por parte das classes sociais subalternas. A escola, para Dewey, não pode permanecer alheia a essa profunda transformação da sociedade, mas deve ligar-se intimamente ao "progresso social", mudando radicalmente sua própria forma. Ela deve "tornar-se uma comunidade em miniatura, uma sociedade embrionária", mediante um contato mais estreito com o ambiente e com a realidade social do trabalho. Assim, na escola, deverão ser construídos laboratórios de vários tipos que conjuguem as atividades escolares com as produtivas, como a tecelagem e a carpintaria, e com as atividades familiares, como cozinhar, que podem introduzir no âmbito escolar motivações mais concretas para o aprendizado das várias matérias e uma consciência precisa de sua utilidade. Dewey reconhece com clareza a função inovadora e formativa do trabalho manual enquanto

> torna [os rapazes] despertos e ativos, ao invés de passivos e receptivos, torna-os mais úteis, mais capazes, e portanto mais inclinados a ajudar na família; portanto prepara-os de certo modo para os deveres práticos da vida; as meninas a ser mais hábeis donas de casa ..., os meninos em melhores condições de assumir seus deveres futuros. (Cap. I)

Outro grande tema da obra é o da valorização da "vida da criança" no âmbito escolar, isto é, de seus reais interesses e da sua necessidade de atividade. A escola deve, portanto, mudar seu próprio "centro de gravidade" que, tradicionalmente, era colocado "fora da criança" e deve agora ser formado pelas características fundamentais da natureza infantil. Em particular, na escola elas deverão encontrar um espaço adequado aos quatro interesses fundamentais: "para a conversação ou comunicação", "para a pesquisa ou a descoberta das coisas", "para a fabricação ou a construção das coisas", "para a expressão artística"; e todo o trabalho escolar deverá ser renovado à luz dessa "revolução copernicana", introduzindo, ao lado dos laboratórios, espaços para a criação artística e para o jogo.

Depois, com *Democracia e educação* (1916), que tem o aspecto de um amplo tratado de filosofia da educação, Dewey desenvolve de maneira mais orgânica seu próprio discurso em torno da educação. Aqui também ele põe em destaque a forma "progressiva" que a educação deve assumir, os seus vínculos com o "desenvolvimento social" e as finalidades específicas que devem orientar todo processo formativo, o do "desenvolvimento natural" do sujeito e o da sua "eficiência social", isto é, seu elo íntimo com a cultura e as tradições de uma sociedade. Ao lado desses temas, porém, que retomam os já tratados na obra anterior e em outras intervenções menores publicadas nos anos seguintes, Dewey desenvolve também alguns temas, em parte, novos, em particular o da função democrática da educação e o da valorização da ciência como "método" específico de uma educação democrática. A escola, de fato, não deve apenas adequar-se às transformações ocorridas no âmbito do social, mas deve promover na sociedade um incremento progressivo de democracia, isto é, de capacidade por parte dos indivíduos de participar como protagonistas da vida social e de inserir-se nela com uma mentalidade capaz de dialogar com os outros e de colaborar em objetivos comuns livremente escolhidos. À escola, portanto, é confiado o papel de transformar até politicamente a face da sociedade, de torná-la cada vez menos repressiva e autoritária e de desenvolver os momentos de participação e de colaboração.

> Uma democracia é algo mais que uma forma de governo. É, antes de tudo, um tipo de vida associada, de experiência continuamente comunicada. A extensão no espaço do número de indivíduos que participam de um interesse, de tal modo que cada um deve relacionar a sua ação à dos outros e considerar a ação dos outros para dar um motivo e uma direção à sua, equivale ao desmoronamento daquelas barreiras de classe, de raça e de território nacional que impediam os homens de colher o pleno significado da sua atividade. (Cap. VII)

Para que a educação possa realizar adequadamente essa sua tarefa de formar o homem democrático e incrementar o nível de democracia de uma sociedade, é necessário que ponha no centro da formação intelectual e moral o método da ciência. Este, de fato, enquanto caracterizado pela pesquisa livre e pela verificação intersubjetiva dos resultados da própria pesquisa, é em si mesmo um método democrático, capaz de levar o sujeito humano a crenças elaboradas em comum e submetidas a um controle, bem como a uma ação capaz de transformar em sentido cada vez mais racional a experiência individual e social. Em *Democracia e educação*, Dewey havia atingido a plena maturidade do seu pensamento pedagógico e chegava até a evocar a importância fundamental da formação intelectual no que se refere à valorização do "fazer" e das atividades práticas, exaltadas, porém, como radicalmente inovadoras em *A escola e a sociedade*. Todavia, no interior do movimento ativista, especialmente nos Estados

Unidos, prevaleceram interpretações de tipo individualista e espontaneísta, libertário e anti-intelectualista, que não perceberam ou falsearam amplamente a lição deweyana. O próprio Dewey intervém para corrigir essas interpretações do ativismo pedagógico com a obra, breve mas densa, *Experiência e educação* (1937). Contra tais degradações do ativismo e também contra a escola tradicional, saturada de nocionismo, de disciplina autoritária e profundamente alheia à vida da criança, o filósofo americano lançou um apelo preciso: "Voltemos à ideia de que uma *teoria* da experiência coerente que forneça uma direção positiva à escolha e à organização dos métodos e materiais educativos apropriados é indispensável, se se quiser dar uma nova direção às escolas". E tal *teoria* significa uma organização racional progressiva da experiência operada através do método científico que se caracteriza como pesquisa. Os critérios-guia de tal "teoria" são os da "interação" e da "continuidade", que fazem de fato que cada processo de aprendizagem se relacione com toda a experiência do educando, adquirindo "um significado digno de consideração".

O ativismo pedagógico, assim rigorosamente teorizado por Dewey, desenvolve-se, nos seus textos e na experiência educativa que ele vinha realizando através da direção da escola anexa à Universidade de Chicago, no sentido de uma profunda renovação da didática e da organização da escola. No centro das atividades que se desenvolvem na escola-laboratório encontra-se a criança, com as suas iniciativas, ligadas às suas necessidades (físicas, intelectuais e sociais) e aos seus interesses, que constituem a motivação profunda de toda aprendizagem. Mas, sendo a criança um "indivíduo social", os seus interesses fundamentais estão ligados à vida social e ao ambiente humano e produtivo que a circundam. Assim, a escola deve abrir-se para a comunidade, para atividades, para valores etc. e deve também servir para "simplificar a vida social existente", reconduzindo-a "a uma forma embrionária". Em tal processo de aprendizagem, um papel novo cabe ao professor: ele não é mais a figura essencialmente autoritária que distribui o saber através de uma aula de tipo intelectualista e aquele que controla a aprendizagem de técnicas culturais específicas por parte dos alunos, mas um guia que organiza e regula os processos de pesquisa da classe, um animador das várias atividades escolares. O docente, escrevia Dewey já em 1897 em *Meu credo pedagógico*, "não está na escola para impor certas ideias à criança ou para formar nela certos hábitos, mas está ali como membro da comunidade para selecionar as influências que agirão sobre a criança e para ajudá-la a reagir convenientemente a essas influências". Notas e exames também só servem para fazer emergir atitudes próprias de cada aluno e para torná-lo consciente da disciplina que regula a comunidade escolar. Em tal escola o centro do trabalho didático é constituído pelas atividades "expressivas ou construtivas". Em relação a essas "atividades sociais" (cozinhar, costurar, tecer etc.) que servem de centro de "coordenação" do ensino, deve-se determinar, gradativamente, a introdução das "matérias mais formais do programa", como as línguas e as ciências. O método de ensino, de fato, deve seguir "a lei implícita na natureza da própria criança", de tal modo que "o lado ativo" da aprendizagem preceda sempre o "passivo", já que "a expressão vem antes da impressão consciente". Além disso, um papel fundamental deve ser atribuído também à "faculdade imaginativa" da criança, que envolve a educação artística, entendida como um processo de fruição e produção do belo. A escola projetada por Dewey apresenta características profundamente democráticas não só no âmbito didático, mas também no âmbito de organização administrativa. Nela, o corpo docente é chamado a "participar, diretamente ou através de representantes democraticamente eleitos, da formação das metas diretivas, dos métodos e dos materiais da escola da qual faz parte". A democracia, segundo Dewey, deve atuar em todos os níveis, não só no político, mas em particular no nível da vida cotidiana, e é tarefa da escola adestrar os jovens para esse tipo de comportamento pela organização genuinamente democrática que ela deve realizar no seu próprio interior.

Um lugar central, especialmente nos últimos decênios da sua elaboração pedagógica, é atribuído por Dewey àquela que hoje chamamos educação cognitiva, isto é, a formação da inteligência através de um *curriculum* de estudos que coloca em sua própria base a ciência. Depois de ter valorizado o ensino das ciências por causa da sua importância social, Dewey põe também em destaque o caráter formativo, no sentido geral, do método científico descrito agora em termos de "investigação", que é um processo constante de organização controlada e de revisão crítica da experiência, como era delineado nas páginas da *Lógica*. Através da ciência, o pensamento se prepara para enfrentar as situações problemáticas, a investigá-las segundo procedimentos verificáveis e a projetar soluções operativas. Esse adestramento, que deve realizar-se essencialmente durante a formação escolar, deve, porém, estender-se do terreno das ciências físicas ao das ciências sociais, favorecendo uma atitude de controle democrático e de aplicação operativa também em relação aos "valores". A ciência, para Dewey, contém "valores" específicos (de intersubjetividade, de comunicação, de democracia, como já salientamos), que devem ser incrementados e que, por meio da educação, devem aplicar-se, gradativamente, a todos os campos da experiência, tornando todos controláveis por parte do homem. Através dessa presença educativa da ciência poderá ser efetuada também a tarefa de dirigir o homem para uma nova forma de religiosidade, humanista e laica, que vise à "unificação de todos os valores" numa perspectiva que coloque no centro a justiça e o amor, além da verdade. Uma tarefa não secundária da escola renovada segundo os princípios da "educação progressiva" é, de fato, também a de elaborar novos valores, capazes de imprimir um desenvolvimento social na direção de um incremento dos comportamentos inteligentes e dos intercâmbios comunicativos entre os vários indivíduos que compõem a própria sociedade. O riquíssimo pensamento de Dewey fez-se intérprete de uma das reivindicações mais orgânicas de transformação da educação, relacionada com as novas tarefas de que ela deve encarregar-se numa época que assiste a um crescimento quase explosivo da ciência e da técnica, de um lado, e a um desenvolvimento sem precedentes dos meios de comunicação de massa e de reivindicações de participação social por parte de grupos populares, de outro. Dewey procurou dar respostas adequadas a tais problemas, sem renegar as grandes conquistas intelectuais e morais da sociedade moderna e da cultura ocidental, em particular a afirmação do valor crítico do saber e da inteligência e a progressiva humanização dos valores, bem como a valorização da democracia como ideal de convivência social. É certo que a esse ousado projeto destinado a conjugar intimamente educação e desenvolvimento social (e intelectual) não faltaram ásperas críticas. Os tradicionalistas o acusaram de esvaziar o significado transcendente dos valores e de empobrecer os processos formativos pela valorização excessiva das atividades manuais. Os progressistas mais radicais atacaram o próprio papel que Dewey atribui à educação no campo social e político, declarando-o utópico, e a própria visão da escola como um território neutro da sociedade, onde se efetua, *in vitro*, o experimento-

-chave para a sua progressiva democratização, ao passo que ela é, de fato, permeada por todas as contradições sociais, já que ideologicamente conotada, politicamente dependente e estruturalmente dirigida para operar uma conformação dos indivíduos a regras sociais já estabelecidas. Com tudo isso, porém, Dewey continua sendo talvez o pedagogo mais conceituado e mais sugestivo de todo o século pela capacidade, amplamente demonstrada, de saber pensar o problema educativo em toda a sua amplitude e complexidade, bem como pelo recurso explícito a alguns princípios-valores que ainda hoje estão no centro do debate pedagógico, como o apelo para valorizar o método da inteligência criativa modelado sobre o princípio da investigação (portanto da ciência) e aquele destinado a promover um incremento, ao mesmo tempo ideal e operativo, do princípio da democracia.

5 MODELOS DE PEDAGOGIA MARXISTA (1900-1945)

O marxismo elaborou um modelo teórico e prático de educação caracterizado por uma profunda fidelidade aos textos dos dois "clássicos" do século XIX, mas que também desenvolve e aprofunda os temas que neles se achavam apenas mencionados ou, em larga medida, implícitos. Ao mesmo tempo, porém, o marxismo pedagógico do nosso século realizou uma "transcrição", por assim dizer, dos princípios doutrinários fundamentais em relação às várias tendências nacionais e às diversas estratégias políticas, bem como às diferentes fases de crescimento dos movimentos revolucionários em âmbito internacional. Todavia, um patrimônio comum e constante constituiu-se dessa maneira e apresenta características nitidamente diferentes e originais em relação às teorias "burguesas" da educação, além de manifestar uma consciência precisa de sua própria especificidade teórica e prática.

Os aspectos específicos da pedagogia marxista podem ser indicados como: 1. uma conjugação "dialética" entre educação e sociedade, segundo a qual todo tipo de ideal formativo e de prática educativa implica valores e interesses ideológicos, ligados à estrutura econômico-política da sociedade que os exprime e aos objetivos práticos das classes que a governam; 2. um vínculo, muito estreito, entre educação e política, tanto em nível

556 FRANCO CAMBI

de interpretação das várias doutrinas pedagógicas, quanto em relação às estratégias educativas voltadas para o futuro, que recorrem (devem recorrer) explícita e organicamente à ação política, à práxis revolucionária; 3. a centralidade do trabalho na formação do homem e o papel prioritário que ele vem assumir no interior de uma escola caracterizada por finalidades socialistas; 4. o valor de uma formação integralmente humana de todo homem, que recorre explicitamente à teorização marxista do homem "multilateral", libertado de condições, inclusive culturais, de submissão e de alienação; 5. a oposição, quase sempre decisivamente frontal, a toda forma de espontaneísmo e de naturalismo ingênuo, dando ênfase, pelo contrário, à disciplina e ao esforço, ao papel de "conformação" que é próprio de toda educação eficaz.

Essas características fundamentais, ainda que dispostas de maneira diferente, encontram-se também no fundo das primeiras etapas do marxismo pedagógico do século XIX. Tais etapas podem ser identificadas na lição, também bastante articulada no seu interior, da II Internacional, que se desfaz com a Primeira Guerra Mundial, e nas posições de Lenin e dos pedagogos da Rússia soviética, que, através da III Internacional, inspiram os vários marxismos depois de 1917.

A pedagogia da II Internacional afastou-se das posições revolucionárias e antiburguesas dos clássicos do marxismo e caracterizou-se por um comportamento predominantemente reformista, que julgava possível uma colaboração, inclusive em matéria educativa, entre social-democracia e forças burguesas. Reivindicava-se uma educação laica em oposição à obrigatoriedade do ensino religioso, sem oposição, porém, à militarização das escolas, especialmente na Alemanha, ainda que houvesse amplo interesse pelos problemas da educação popular, através de jornais e revistas, universidades populares e difusão de opúsculos e romances. Algumas vozes, como a de Clara Zetkin (1857-1933), assumiram posições de crítica mais aberta à educação burguesa e propuseram inovações educativas mais radicais (separação entre escola e Igreja, melhorias econômicas e jurídicas para os professores, fornecimento de alimentação, roupas e livros às crianças pobres). Duas figuras bastante representativas da cultura pedagógica da II Internacional foram Max Adler (1873-1937), na Áustria, e Rodolfo Mondolfo (1877-1976), na Itália. Adler, maior teórico do marxismo austríaco, está voltado para conjugar socialismo e ética kantiana,

HISTÓRIA DA PEDAGOGIA 557

com aberturas, porém, para uma estratégia política por vezes decididamente revolucionária; em 1924, enfrentou o problema educativo do ponto de vista teórico no volume *Homens novos. Pensamentos sobre a educação socialista*. Nele, afirmava que "a educação socialista representa apenas aquela fase em que a racionalização pode ser preparada em profundidade, a partir das novas gerações", já que ela é "uma educação para estar imersa na vida social, e ao mesmo tempo reagir ativamente sobre ela". Ligava depois a educação à política, pela luta de classes, e se opunha a qualquer "neutralidade" da educação, declarando-a falsa, afirmando, enfim, que uma educação socialista consiste em "separar espiritualmente a criança do velho mundo do capitalismo", tendendo a formar "homens novos", abertos interiormente para o comunismo.

Mondolfo, profundamente ligado ao reformismo turatiano, embora perfeito conhecedor dos textos teóricos do marxismo, no terreno pedagógico revela-se mais interessado numa reforma da escola no sentido popular e pequeno burguês, caracterizada por um coerente laicismo, por assistência para os alunos pobres, por cursos de estudos adaptados às exigências do povo, em lugar de um aprofundamento teórico da pedagogia socialista. Ao lado, porém, da defesa do classicismo e do latim, Mondolfo defendia a "escola média única", mesmo facultativa, e o controle da escola privada por parte do Estado, e manifestava uma constante atenção também para a escola profissional, inspirando-se no princípio marxista da realização de uma convergência entre cultura e trabalho no âmbito de uma instrução renovada. Mesmo na perspectiva decididamente reformista da sua pedagogia, Mondolfo traz assim à luz com clareza o grande tema inovador da pedagogia marxista, ligada à superação da divisão do trabalho.

Para além de qualquer oscilação, típica da II Internacional, entre maximalismo e reformismo, de qualquer "colaboração" com a tradição educativa burguesa, colocam-se Lenin e as orientações da pedagogia soviética. Em Lenin, a teoria marxista vem imersa dentro da tradição russa (ligando-se ao Iluminismo e ao Populismo) e, ao mesmo tempo, ligada a uma estratégia política revolucionária. De um lado, portanto, Lenin afirma com vigor que o comunismo deve ser o herdeiro cultural do passado burguês, "utilizar todo o aparato da sociedade burguesa capitalista", com "organização" e "disciplina", especialmente no que diz respeito à ciência e à técnica;

de outro, sublinha as características novas da educação comunista, identificadas por uma estreita relação entre escola e política (a escola nunca é apolítica e a melhor escola, para os operários e os camponeses, é aquela ligada à "luta revolucionária"), e pela instrução politécnica, que retoma o conceito marxista de "multilateralidade" e se articula no encontro entre instrução e trabalho produtivo. Em vários escritos, muitas vezes ocasionais, Lenin defende com vigor essas linhas gerais de pedagogia socialista, mas dá ênfase também aos problemas organizativos da escola numa sociedade comunista, ligados a "toda uma série de transformações materiais: construção de escolas, seleção dos professores, reformas internas da organização e da relação do pessoal docente", transformações estas que requerem "uma longa preparação".

Os temas educativos defendidos por Lenin estavam na base das realizações escolares do primeiro período pós-revolucionário na Rússia, que vai de 1917 a 1930. Nesses anos, caracterizados por um forte entusiasmo construtivo e por uma vontade de profunda renovação das instituições, por mérito de vários pedagogos, mas sobretudo de Anatol Vassilevic Lunaciarki (1875-1953) e de Nadeska Konstantinovna Krupskaia (1869-1939), mulher de Lenin, vai-se efetuando uma atualização pedagógica e didática, ligando-se em particular à experiência da "escola do trabalho" de Kerschensteiner. Realiza-se, assim, aquela "escola única do trabalho" que, marxistamente, conjugava trabalho intelectual e manual (produtivo), que se afirma como uma escola "de cultura geral e politécnica", baseada na união de trabalho, natureza e sociedade. Todavia, raramente se conseguiu ir além de uma organização do trabalho artesanal (carpintaria ou culinária) e não foi possível conjugar realmente o trabalho intelectual com o produtivo, de modo a colocar em execução os princípios cardinais da teoria marxista. As conquistas foram conseguidas mais na batalha contra a velha escola: foram abolidos o seu conteúdo religioso e nacionalista, seus métodos de ensino e seus livros de texto, embora, neste campo, tenha sido necessário muitas vezes corrigir tendências extremistas que exaltavam uma exclusiva finalidade prática da instrução ou que valorizavam a comuna-escola (uma escola-fábrica em miniatura), onde o trabalho produtivo era posto no centro do processo formativo. Com o advento do primeiro plano quinquenal, as perspectivas da escola também mudam: volta ao auge o trabalho cultural e são lançados novos programas que limitam sensivelmente o papel do trabalho. Com o advento de Stalin ao poder verifica-se um recurso mais decisivo à prioridade do momento cultural na instrução, ao mesmo tempo em que se exige, contra toda forma de extremismo, um conhecimento mais sistemático das ciências. Isso leva a uma reorganização da escola segundo os princípios mais tradicionais (divisões em classes, retomada das "aulas", de horários e programas, uso de manuais, notas e disciplina) e a um repúdio radical de toda forma de "ativismo". Em 1934, a escola era reorganizada num curso elementar de quatro anos, num curso médio incompleto (de sete anos) ou completo (de dez anos), enquanto eram mantidas escolas "profissionais", mas desaparecia a centralidade do trabalho de fábrica. Em 1936, foi condenada a "pedologia", que tendia a elaborar uma teoria pedagógica, de base ao mesmo tempo materialista e ativista e que tinha alcançado amplas adesões no mundo pedagógico, pelo seu recurso à natureza específica da criança e aos estudos de psicologia infantil. Nasce, assim, aquela "pedagogia sem criança", fundamentalmente intelectualista e também conformista, que de 1931 a 1953 dominou o sistema escolar soviético. À época pré-stalinista da escola soviética está profundamente ligada a figura do maior pedagogo russo deste século, Anton Semionovitch Makarenko (1888-1939). Nascido em Bielopolie de uma família de artesãos, diplomou-se professor e lecionou em Kriukov, numa escola ferroviária, de 1905 a 1911. Em 1917, diplomou-se em pedagogia e foi chamado para a direção de um instituto de órfãos de guerra, onde permaneceu até 1935. Nos últimos anos, dedicou-se à compilação das suas obras pedagógicas, que tiveram difusão imediata e, depois, um sucesso mundial: *Poema pedagógico* (1935), *O ofício dos pais* (1937) e *Bandeiras sobre as torres* (1939).

A atividade pedagógica de Makarenko insere-se diretamente no clima carregado de tensões e de esperanças da Rússia pós-revolucionária, vivendo não só a intensa construção de uma "ordem nova", bem como os entusiasmos por uma profunda transformação do homem, caracterizado agora por um forte engajamento social (e não por uma atitude individualista) e por normas "novas" no campo ético. Makarenko vive também, e em profundidade, as contradições da pedagogia soviética dos anos 20, que se desenvolviam em torno da oposição entre tradicionalismo e extremismo, entre pedagogia oficial e "pedologia". A posição assumida pelo pedagogo ucraniano mudou com o tempo (aderiu, numa primeira fase, à pedologia e a rejeitou drasticamente nos anos 30), mas constantemente inspirada na tentativa de conjugar a experiência bolchevista com certas instâncias das "escolas novas", bem como na exigência de vincular de modo completo e eficaz o processo educativo à evolução da sociedade, que sob o impulso revolucionário vivia naqueles anos excepcionais transformações. Nessa perspectiva, ele reviu os problemas que ocuparam a pesquisa pedagógica soviética (o problema do trabalho e o papel dos "grupos" na atividade escolar, o problema do anti-individualismo e a formação de uma nova moralidade social) e propôs soluções originais e atentas, que fizeram dele, nos anos anteriores à sua morte, uma espécie de pedagogo oficial da Rússia soviética.

O pensamento pedagógico de Makarenko tem uma base "experimental", no sentido de que foi elaborado no interior de experiências educativas concretas, em contato com meninos abandonados que deviam ser reeducados (e ressocializados) dentro de "colônias". Foi sobretudo através da colônia Gorki que Makarenko elaborou os aspectos fundamentais da sua pedagogia, sempre apresentados, porém, como uma elaboração *in fieri* e absolutamente não dogmática ("a pedagogia é sobretudo coisa dialética: não é possível estabelecer nenhum provimento ou sistema pedagógico absolutamente justo"), e caracterizados pelo princípio do "coletivo do trabalho" e do "trabalho produtivo".

O "coletivo" é um "organismo social vivo" colocado, ao mesmo tempo, como meio e fim da educação. É um "conjunto finalizado de indivíduos", ligados entre si "mediante a comum responsabilidade sobre o trabalho e a comum participação no trabalho coletivo". Na vida do coletivo cada indivíduo assume tarefas e responsabilidades, age segundo normas disciplinares das quais ele próprio deve fazer-se fiador e liga o próprio trabalho a algumas "linhas de perspectiva" que relacionam o próprio "coletivo" à mais vasta realidade social e política. Só através do "coletivo" é possível formar aqueles "homens novos", engajados e socialistas, que são requeridos para a criação e o desenvolvimento da sociedade revolucionária.

O "coletivo" tem à frente um "diretor" e se articula em "coletivo dos rapazes" e "coletivo dos docentes". Os rapazes são divididos em "coletivos de base" que permitem tanto uma manifestação (e um desenvolvimento) melhor das atitudes e das características individuais quanto uma participação concreta nos objetivos de crescimento de toda a comunidade. Muito forte, no interior do coletivo, é a disciplina, que apesar de socialmente exercida, está sempre presente na minuciosa organização do trabalho do "coletivo" e nos valores em que este deve inspirar-se: "dever", "honra" e "produtividade".

O "trabalho produtivo" nasce da consciência, própria do coletivo, de estar inserido no desenvolvimento da sociedade, da qual deve participar ativamente, fazendo suas também as conquistas efetuadas no plano econômico. Para que esse impulso produtivo possa encontrar espaço na colônia-escola é necessário organizar cada jornada de trabalho de modo significativo, dotando-a de objetivos e de perspectivas que tornem orgânicas e construtivas, além de "orientadas", suas várias atividades. Tais "perspectivas" são identificadas por Makarenko no desenvolvimento econômico ou no próprio coletivo, bem como no ideal de um "homem novo", e podem ser "imediatas" ou a longo prazo. Um espaço bastante significativo, na pedagogia makarenkiana, é atribuído também ao problema da família, que é reconhecida como a sede mais idônea da primeira educação. A autoridade dos pais é confirmada, mas deve inspirar-se num novo clima familiar, baseado na solidariedade recíproca e no afeto. O próprio ambiente familiar deve ser impostado de maneira a realizar o bem-estar da criança e oferecer-lhe um modelo da mais vasta sociedade socialista. Somente um "justo tom geral" da família permite aos pais tratar "de maneira justa" a criança e identificar "as justas formas de disciplina, de trabalho, de liberdade, de jogo e de autoridade".

As posições pedagógicas de Makarenko resultam, por um lado, intimamente entrelaçadas com a "ideologia" revolucionária da Rússia soviética do pós-1917, explicitando na vertente educativa seus aspectos mais originais e profundos (mas, doravante, diminuindo também seu significado de atualidade, tanto pelas transformações ocorridas na sociedade russa quanto pelas problemáticas novas que caracterizam hoje as pedagogias de orientação "revolucionária"), enquanto, por outro lado, com singular coerência levaram às últimas consequências aqueles princípios de educação social que estão na base de muita (se não de toda) pedagogia contemporânea, de Hegel a Marx, de Comte a Dewey, já que reduziram o momento educativo a um processo no interior de um "coletivo" que é, afinal, o espelho da sociedade, vista no seu crescimento orgânico, e também o centro motor mínimo do seu desenvolvimento futuro.

A experiência pedagógica mais rica e mais alta do marxismo foi talvez aquela teorizada por Antonio Gramsci (1891-1937), o qual repensou os princípios metodológicos do marxismo (a relação estrutura-superestrutura, a dialética, a crítica da ideologia) e a sua visão da história (como luta de classes para a emancipação humana e como sucessão de modelos econômico-políticos cada vez mais complexos) no interior de uma condição histórica precisa: a não difusão da revolução proletária na Europa, depois do 1917 russo, e as contrarrevoluções preventivas e autoritárias presentes nos vários Estados europeus, a começar da Itália com o fascismo. Nessas condições novas (às quais se acrescentam a industrialização e a sociedade de massa, tanto no Ocidente como no Oriente), as estratégias políticas do comunismo e a teoria marxista também devem ser repensadas, para adequar-se a elas. Gramsci empreendeu esse esforço de revisão em condições bastante difíceis, com escassos meios bibliográficos e com uma saúde já minada, registrando-o nos seus *Cadernos do cárcere*, nos quais recolhe notas de leitura, esboços de ensaios, textos já quase completos, destinados a redefinir o marxismo como filosofia da práxis e a estratégia para o comunismo como a construção de uma experiência antes de tudo cultural, desenvolvida através de uma pedagogia cujo intérprete é, em particular, o "Partido novo".

A filosofia da práxis, na esteira de Antonio Labriola (o primeiro teórico do marxismo na Itália), contrapõe-se a todo tipo de saber positivista e empirista, tendente a delinear uma concepção científica do real, enquanto o marxismo parte de uma visão histórico-crítica da realidade, sublinhando seu dinamismo, o papel ativo do homem, o primado do econômico-político como "fundamento" de toda atividade humana. Assim, Gramsci opõe-se também a toda forma de materialismo (até mesmo dialético) para interpretar o marxismo como historicismo, enquanto centralizado sobre a atividade do homem na sociedade e na história. O marxismo, portanto, valoriza a "práxis", a atividade humana que interpreta e transforma o real, submetendo-o ao controle da ação e aos processos de racionalização que ela introduz. A realidade é processo histórico-dialético e pode ser dirigida pelos homens mediante um projeto que permita seu controle e seu desenvolvimento. No mundo contemporâneo – caracterizado pelo individualismo e pela dicotomia entre dominantes e dominados, doravante mais explícita e também superável –, não é partindo da

HISTÓRIA DA PEDAGOGIA 563

estrutura (a economia) que se pode transformar a realidade, mas sim operando em particular a partir da superestrutura (a ideologia, a cultura). Em torno de uma revolução da mentalidade é possível agregar diversas classes ou grupos sociais, interessados na mudança ("bloco histórico"), para construir uma "hegemonia" cultural e depois política (e não vice-versa), da qual o "Partido novo" (revolucionário e proletário, de massa e artífice da estratégia política visando ao exercício da hegemonia) é intérprete e avalista.

Nesse repensar do marxismo operado por Gramsci, o aspecto pedagógico é dominante: a hegemonia cultural se constrói pela ação de muitas instituições educativas (desde a escola, que deve tornar-se "escola única", sem latim até os 14 anos, e iniciação a uma cultura histórica e científica, eminentemente crítica, mas nutrida de noções que permitem superar o folclore e a concepção religiosa do mundo, até a imprensa, a editoração, o teatro e a própria ação desenvolvida pelo partido como educador coletivo) e visa à formação de "intelectuais orgânicos", isto é, funcionais para o processo de construção da hegemonia (hoje por parte do "Partido novo" ou "moderno Príncipe"), por uma "organização da cultura" que deve abranger cada cidadão, conformando-o dinamicamente ao projeto político-cultural em construção.

Nesse projeto formativo, resulta central o papel atribuído à cultura, que liberta do folclore, integra as classes, delineia uma hegemonia ainda mais radical e mais profunda que a hegemonia apenas política, mas também o papel atribuído ao político, à sua direção da sociedade, que abrange inclusive as esferas mais particulares do sujeito (por exemplo, o sexo), como sublinha Gramsci em *Americanismo e fordismo*, um dos textos do cárcere mais tardios e maduros. A um explícito "conformismo" remete também a concepção de escola elaborada por Gramsci, enquanto sublinha seu inevitável nocionismo, seu papel de guia para um aprendizado sistemático da cultura, o engajamento no estudo e a disciplina, contra qualquer espontaneísmo e qualquer ativismo pedagógico, tão em voga na educação nova de matriz rousseauniana.

O modelo pedagógico gramsciano, embora aberto ao contraste entre emancipação e conformismo, entre hegemonia e dirigismo, se manifesta – justamente pela sua reelaboração da hegemonia em chave pedagógica – como o modelo mais aberto, mais avançado e mais democrático elaborado pelo marxismo, características que o tornam – mesmo com suas sensíveis sombras (o conformismo, o dirigismo) – ainda fortemente atual: a estudar no seu horizonte teórico e a desenvolver no seu aspecto político-educativo destinado a tornar cada vez mais socialmente ativa e mais participativa a cultura e a consciência crítica que ele vem formando.

O pensamento pedagógico (assim como o filosófico, o histórico e o literário) de Gramsci influenciou profundamente – desde o segundo pós-guerra – a pedagogia italiana, guiando não só a estratégia educativa do Partido Comunista Italiano (escola média única, antiespontaneísmo, escola de cultura), como também suas orientações pedagógicas fundamentais, tal como foram expressas por Dina Bertoni Jovine, por Lucio Lombardo Radice, por Mario Alighiero Manacorda, num complexo trabalho de exegese gramsciana e de defesa e desenvolvimento de seus "princípios educativos" (da hegemonia ao trabalho, que Gramsci, marxistamente, indicava como o novo "princípio pedagógico", mas que desenvolvia numa escola de cultura e não de tipo politécnico, como caráter inspirador de uma concepção ativa e dinâmica do mundo e como "centro ótico" da cultura, a qual é sempre trabalho e sempre ligada a um empenho de transformação da realidade).

6 A PEDAGOGIA CRISTÃ E O PERSONALISMO

No pensamento pedagógico do século XX, após o eclipse sofrido na segunda metade do século XIX por causa da hegemonia laica no campo educativo, foi se afirmando gradativamente uma rica e articulada presença de orientações de matriz cristã. Isso ocorreu, de um lado, pela batalha que já se vinha delineando de maneira mais aberta e segundo estratégias mais complexas, pela própria evolução da sociedade ocidental entre modelos de cultura laica e concepções tradicionais do problema educativo às quais o cristianismo pretende permanecer fiel, e, de outro, pelo novo comportamento assumido por muitas comunidades cristãs (e pela própria Igreja católica) em relação ao mundo moderno e seus ideais antropológicos e sociais, caracterizado por uma maior atenção para os problemas levantados na época atual e, depois, também por uma vontade precisa de diálogo com a sociedade "pós-cristã" contemporânea. Tanto o primeiro comportamento, de "desafio" ao mundo moderno quanto o segundo, ligado a um "diálogo" com ele, relançaram uma reflexão engajada e orgânica no terreno da educação. As soluções não foram certamente homogêneas, ainda que, pelo menos na vertente católica, todas implicassem profundamente o magistério oficial da Igreja que, justamente no curso deste século, empenhou-se em definir os elementos essenciais e irrenunciáveis de uma educação de orientação cristã. Fora dos princípios gerais comuns, porém, as diferenças entre as várias posições pedagógicas inspiradas no cristianismo foram bastante sensíveis, articulando-se num feixe de orientações que vão desde as posições mais tradicionais e ligadas a uma realidade ainda pré-industrial da Itália oitocentista tardia, de um Dom Bosco por exemplo, até aquelas abertas para experiências do ativismo de um Manjon e de um Devaud; desde aquelas, bastante articuladas no seu interior, do personalismo de Förster a Mounier, até aquelas da "dissensão" católica, ligada ora ao modernismo com Laberthonnière, ora à utopia comunitária com a experiência de Nomadelfia, ora à "contestação católica" dos últimos anos 60, com a lição de Dom Milani e das várias "comunidades de base", nos anos 50 e 60.

O magistério oficial da Igreja dedicou uma primeira atenção ao problema educativo sob o pontificado de Leão XIII. Enquanto via com simpatia a renovação da cultura teológica e uma sensibilização para a "questão social", reconfirmava com vigor a doutrina tradicional da Igreja em matéria educativa, sublinhando o papel primário da família e o princípio da liberdade de educação para a própria Igreja. A posição católica fez-se mais rígida sob Pio X, o papa do antimodernismo, que lançou o texto, extremamente abstrato e exclusivamente para memorizar, do catecismo para crianças. Com a encíclica *Divini illius magistri*, promulgada em dezembro de 1929 por Pio XI, foi elaborado o texto fundamental da Igreja romana no campo educativo, texto que permaneceu na base de toda experiência pedagógica cristã, pelo menos até o Concílio Vaticano II. A encíclica reafirmava que "não se pode dar adequada e perfeita educação que não seja a educação cristã" e que esta tem "importância suprema" para "as famílias" e para "toda a humana convivência". Só ela, de fato, garante uma formação integral do homem em relação "ao fim sublime para o qual foi criado", isto é, a salvação através da fé e a adequação aos mandamentos da Igreja. Justamente à Igreja é reconhecido um papel "proeminente" na educação dos jovens, enquanto depositária da verdadeira via para operar a salvação do homem, ao lado da família que tem "diretamente do Criador a missão e, portanto, o direito de educar a prole", tanto no campo moral e religioso como no físico e civil. Ao Estado, por conseguinte, cabe uma função subordinada, ou seja, a de "proteger e promover, e não absorver, a família e o indivíduo", e não mais monopolizar a educação portanto, mas "respeitar os direitos natos da Igreja e da família". O texto pontifício auspicia, em suma, um pluralismo de escolas, de cuja liberdade o Estado deve fazer-se fiador, e defende uma concepção da educação pública como operante em função de uma delegação recebida das famílias. Além disso, o texto condena muitos aspectos da educação moderna, tal como a coeducação dos sexos ou educação sexual, inspirada por um "naturalismo pedagógico", falso e pernicioso, que remete "a uma pretensa autonomia e liberdade ilimitada da criança" contra toda forma de "autoridade".

Só com o Vaticano II e a *Gravissimum educationis* ou *Declaração sobre a educação cristã dos jovens* as perspectivas de fundo da pedagogia católica, no plano oficial, mudam sensivelmente. A educação não é mais vista como um "direito" da Igreja, mas ligada ao seu dever de apostolado e dessa tarefa deve participar toda a comunidade eclesial. A educação torna-se obra de colaboração e o seu objetivo fundamental é a formação da "pessoa humana, seja com vistas ao seu fim último seja para o bem das várias sociedades das quais o homem é membro". Aprova-se uma "positiva e prudente educação sexual" e uma "iniciação à vida social", reforçando tanto o direito-dever da família de colocar-se como primeira responsável pela educação da prole como "o direito da Igreja de fundar e dirigir livremente as escolas de qualquer ordem e grau". Um novo comportamento, ligado ao diálogo com a sociedade contemporânea e as instituições laicas, se faz presente na declaração conciliar, embora os princípios fundamentais da educação cristã, tal como se tinham fixado pela prática educativa moderna e o magistério dos pontífices, viessem substancialmente reconfirmados.

À luz do magistério católico desenvolveu-se uma série de formas educativas que ultrapassam as fronteiras e os modos já ativados na Igreja pós-tridentina (colégios, oratórios, imprensa, teatro etc.) para privilegiar o associacionismo, junto às paróquias e às dioceses, por iniciativa de grupos ou de maneira institucionalizada. Cria-se toda uma rede formativa que pretende despertar a consciência cristã canalizando-a a serviço de uma sociedade que deve nutrir-se e impregnar-se de valores cristãos. Desde a Ação Católica até o Opus Dei, desde os grupos de vida espiritual (Focolarinos, Neocatecumenais etc.) até Comunhões e Libertações, o mundo católico se anima de um pluralismo de ações educativas que estão em estreito contato com a sociedade civil, desenvolvendo nela um papel de ligação com os princípios da ética e da política cristãs, atestando-os e difundindo-os. A própria paróquia recebe desses movimentos um novo impulso, animando--se de novas tarefas e de novas funções (não mais administrativas, rituais e sacramentais apenas) explicitamente educativas.

Também junto às outras Igrejas cristãs, essa exigência de agregação e de associação, de pedagogização da sociedade civil, foi bastante forte (pense-se nos EUA e nos grupos integralistas ou não que inervam a vida social do país), bem como nas religiões não cristãs (do judaísmo ao budismo) que desenvolveram uma ação clara de coesão social e de infiltração em áreas dominadas pelo cristianismo, agindo justamente mediante a vida comunitária e o sentido da tradição ou o da mensagem-de-vida espiritual radical e autêntica.

Os pedagogos e os educadores católicos desenvolveram de forma diferente a doutrina oficial da Igreja em matéria educativa, embora sem afastar-se muito das diretivas pontificiais e da tradição. Já no curso do século XIX, uma excepcional figura de educador, D. João Bosco, tinha aberto novas perspectivas à educação cristã, dedicando-se ao cuidado das crianças pobres, abandonadas e vadias, como já lembramos.

No curso do século XX, uma orientação bastante significativa de "diálogo" com a pedagogia laica, caracterizada também pelo desejo de assimilar no âmbito da educação cristã as descobertas psicopedagógicas das ciências educativas, foi representada por aquela direção denominada "ativismo cristão", cujos intérpretes mais engajados foram Andrés Manjon (1846-1923), na Espanha, e Eugène Devaud (1876-1942) na Suíça. Manjon, nas suas Escolas da Ave Maria, elabora um modelo de educação popular cristã que acolhe as instâncias fundamentais das "escolas novas" europeias, como uma educação ao ar livre e em contato com a natureza, a valorização do jogo, também como instrumento didático, e a referência à centralidade do trabalho. O experimento educativo de Manjon dirigia-se sobretudo aos filhos do povo que devem ser, ao mesmo tempo, instruídos e formados, em particular pela educação religiosa, com vistas à sua "salvação". A obra de Devaud, por sua vez, foi sobretudo teórica e, nas suas pesquisas reunidas em *Por uma escola ativa segundo a ordem cristã* (1934) e *O Método Decroly e a pedagogia cristã*, ela opõe-se tanto ao "naturalismo pedagógico", culpado de não ter levado em conta todas as necessidades e todas as finalidades da vida do sujeito humano, comprimindo desse modo as suas mais genuínas exigências espirituais, quanto ao tecnicismo ativista, que é incapaz de transformar a educação num efetivo processo de vida. Nas suas propostas construtivas, porém, Devaud não se afasta muito das posições tradicionais da pedagogia cristã, ao reafirmar a superioridade do professor sobre o aluno (por ser mais consciente dos "valores") e o papel positivo da autoridade, e não consegue, justamente por isso, penetrar na especificidade da "mensagem" ativista, puericêntrica e antiautoritária. A integração entre ativismo e cristianismo proposta por Devaud, embora permaneça problemática, parece bastante significativa pelo espaço de atualização manifestado por parte da vertente pedagógica católica, além de uma vontade precisa de repropor essa orientação como um interlocutor respeitável e atento no debate educativo contemporâneo.

Todavia, o esforço mais importante e orgânico, para afirmar-se como caracterizada por uma forte autonomia teórica e com vistas a uma síntese superior em relação às correntes da pedagogia contemporânea, foi realizado pela pedagogia cristã com o "personalismo". Essa orientação pedagógica pretende desenvolver uma concepção "total" da experiência educativa, colocando em seu centro a dimensão dos "valores", objetivos e transcendentes, e vendo operar-se a unidade concreta entre experiência e valor no âmbito da "pessoa". Se a "pessoa" é *valor* radicado na "*transcendência*", além de uma "realidade primária na ordem existencial", a tarefa do personalismo, inclusive pedagógico, é de "desenvolver o valor da pessoa, afirmá-lo, realizá-lo inteiramente em cada aspecto da vida" (Catalfamo). Contudo, mesmo na unidade da perspectiva fundamental, as abordagens e os desenvolvimentos da pedagogia personalista, no âmbito católico, foram bastante multiformes e variados. Ela caracterizou-se por uma orientação neokantiana, em Friedrich W. Förster (1869-1966) e Sergei Hessen (1887-1950); neotomista, em Jacques Maritain (1882-1973); existencialista, em Emmanuel Mounier (1905-1950); e, mais eclética, nos representantes italianos, de Stefanini a Catalfamo, de Casotti a Flores d'Arcais.

Förster, formado em Berlim com Zeller, foi profundamente influenciado pela filosofia neokantiana e pelos ideais políticos do socialismo, e nas suas obras, entre as quais devem ser lembradas *Doutrina da juventude* (1904), *Escola e caráter* (1907), *Autoridade e liberdade* (1910), *Cristo e a vida humana* (1921), move uma cerrada polêmica contra a pedagogia alemã, que desde a época de Bismarck se afastou do "espírito da sua história milenar", aportando no nacionalismo e no militarismo, assim como propõe uma defesa da educação com vistas a uma formação universalmente humana do homem que encontra na ética o próprio momento fundamental. A ética, enquanto formação do "caráter", define-se, segundo a tradição do rigorismo ético kantiano, como empenho dedicado a valores transcendentais que encontram sua fundação no divino. A pedagogia define-se, portanto, pelo "indissolúvel vínculo com a filosofia e a teologia" e conjuga os problemas "de técnica escolar" aos "problemas fundamentais da vida". A perspectiva defendida por Förster é a de uma "educação integral", de sabor goethiano e ligada a uma valorização do "Ideal", que implica profundas transformações também na prática educativa, como a coeducação dos sexos, a afirmação da importância da educação física e do trabalho, o compromisso social da escola. Opondo-se à "moderna pedagogia da liberdade", defende o valor da "obediência", enquanto "só a obediência educa a criança a subordinar os próprios impulsos desordenados a um princípio superior", isto é, a fazer de uma "individualidade" uma "personalidade". O cristianismo foi, nessa perspectiva, "o evento maior para a pedagogia, porque foi o primeiro a relacionar de modo universal todo serviço, todo trabalho, toda disciplina do homem com a mais íntima vida da personalidade, e exaltou como um meio para aumentar a liberdade aquilo que antes parecia apenas escravidão e opressão". O personalismo de Förster, baseado no apelo à "responsabilidade" e ao compromisso social, quer colocar-se sobretudo como uma orientação capaz de resolver a "crise" espiritual contemporânea, ligada ao exacerbado individualismo e à anomia do sujeito.

Hessen também se formou em contato com a "filosofia dos valores" (à qual deu uma interpretação de tipo neoplatônico), que sublinhava a eternidade e supremacia dos valores, mas sobretudo a sua unidade fundamental e, em obras que se tornaram famosas, como *Fundamentos da pedagogia* (1923), *Escola e democracia* (1929), *Estrutura e conteúdos da escola moderna* (1933-37), *Pedagogia e mundo econômico* (1949), ou nos estudos sobre Kant, Tolstoi, Gentile ou Maria Montessori, propôs uma imagem da pedagogia como teoria da cultura, destinada a tornar o indivíduo participante dos valores do grupo social, mas, em particular, dos "espirituais" que são vividos na intimidade da consciência. Esse processo formativo exige um empenho "criativo" por parte do sujeito, além de uma abertura para os outros e se define como uma "autoeducação da personalidade", destinada a ouvir o "chamado dos valores espirituais" e a "realizá-los na vida". Nessa perspectiva, a pedagogia se caracteriza como uma "filosofia aplicada" que se alimenta das várias ciências educativas, mas que encontra a própria organização conjunta na filosofia, entendida como "teoria da moral" e "teoria da cultura". Tais convicções levam Hessen a contrapor-se nitidamente às orientações dominantes na pedagogia contemporânea, como o "naturalismo biológico" e o "sociologismo", acusados de afastarem-se de uma concepção harmônica e integral da personalidade e de proporem uma visão unilateral do complexo fenômeno educativo. A educação da pessoa, porém, caracteriza-se por uma profunda sensibilidade quanto aos valores e deve promover uma "nostalgia" em relação a eles, que Hessen, remetendo a Platão, caracteriza como *Eros*, isto é, como "amor" pelos valores e "desejo de realizá-los". Partindo desses pressupostos, Hessen leva avante também uma interpretação da escola contemporânea, sublinhando seu aspecto "democrático" e vendo-a voltada para o objetivo de elevar o limite da obrigatoriedade escolar, por meio da escola única, problema que de fato foi colocado no centro do debate educativo tanto na Europa como nos Estados Unidos. Na escola realmente democrática o ensino deve ocorrer segundo o princípio de "estrutura", que implica a presença de três características fundamentais (o "todo", a "hierarquia" e a "autonomia") em todo tipo de aprendizagem. Por essa defesa da pedagogia da pessoa e pelo ataque a qualquer sociologismo, de um lado, e o individualismo, de outro, pode-se caracterizar a posição de Hessen como a de um "pesquisador entre duas civilizações", como ele foi definido, ou seja, entre a ocidental capitalista e a oriental comunista, entre as quais de fato o pedagogo polonês viveu dramaticamente e que, num esforço ousado, procurava sintetizar à luz da ética e da tradição platônico-cristã.

Maritain, ligado em sua elaboração filosófica aos princípios do "antimoderno" e do "humanismo integral", além da retomada do tomismo, desenvolveu suas reflexões pedagógicas em duas obras que pertencem à plena maturidade do seu pensamento – *A educação na encruzilhada* (1943) e *A educação da pessoa* (1959) – e que retomam explicitamente a polêmica contra o mundo moderno e a sua cultura (acusados de subjetivismo e de naturalismo) e a teorização de uma concepção "integral" da pessoa. Segundo Maritain, a pedagogia deve, primeiramente, encontrar seu próprio fundamento na metafísica e inspirar-se numa visão da pessoa que ponha em destaque sobretudo a sua relação com os valores espirituais. O "fim primário" da educação é o de fazer conhecer "a verdade" em relação "aos diversos graus da escala do saber", além de desenvolver a "capacidade de pensar e de juízo pessoal", em relação ao qual se encontra subordinado o fim "secundário", que é o de "assegurar a transmissão da herança de uma dada cultura". Nessa perspectiva humanista, mas não naturalista, a educação deve ser "liberal" e "para todos", ou seja, orientada para a sapiência, centralizada na humanidade, visando a desenvolver nos espíritos "a capacidade de pensar com retidão e desfrutar a liberdade e a beleza". Essa "educação liberal" deveria estender-se até os 18 anos mais ou menos e encontrar seu próprio eixo justamente na filosofia e nas "grandes obras" da literatura. Ela deve inspirar-se também na "ideia cristã do homem", valorizando a função de "uma severa disciplina" e de "um certo temor", como condições necessárias para atingir e operar uma "disciplina voluntária", que se destina não a sufocar "as energias e as virtudes naturais tanto intelectuais como morais", mas a "aperfeiçoá-las" pelo "amor de Deus" e a consciência da "verdade" objetiva e universal.

O personalismo de Mounier (destinado a realizar um ideal de homem "totalmente impregnado" tanto em relação à história quanto aos valores espirituais e tendente a sintetizar as exigências do existencialismo com as do marxismo, ou seja, a responsabilidade pessoal e o engajamento social) manifesta uma explícita valência pedagógica. Antes de tudo, essa "concepção do engajamento deve ter as suas incidências sobre a educação ainda tradicionalmente fixada nos meios em que subsiste a solicitação de uma formação do homem espiritual", favorecendo um desenvolvimento da educação no sentido "comunitário" e a adoção da sua tarefa primária de "suscitar" a pessoa. A "revolução personalista" é, essencialmente, uma transformação educativa destinada a incrementar no sujeito humano responsabilidade, criatividade e capacidade de participação social mediante a harmonização das três "tensões" que o compõem (para o "baixo": corpo; para o "alto": espírito; para o "largo": comunhão) no interior de uma determinada "situação" histórica que deve ser, ao mesmo tempo, aceita e desenvolvida, justamente pela intervenção do homem-pessoa. A pedagogia de Mounier coloca no centro o momento do "amor", como encontro genuíno com o outro homem e o engajamento na perspectiva de um diálogo construtivo e comum, e o momento da atividade "integral", vista como o momento do fazer-se doando-se aos outros e, portanto, desenvolvendo-se num sentido não tanto operativo-objetivo quanto interior. Esse homem novo, que cabe à educação elaborar, é afirmado como o modelo que as próprias instituições educativas e instrutivas (a família e a Igreja, a escola e a própria sociedade) devem observar e se caracteriza pelo forte engajamento pessoal dedicado a realizar sua integral natureza através da formação do "caráter" com um exercício constante da vontade. A educação, desse modo, manifesta-se como reconhecimento de uma "vocação" e a realização de uma "encarnação". Em obras como *Revolução personalista e comunitária* (1934), *Assim é o personalismo* (1948), *Personalismo* (1950), bem como nas próprias páginas de *Esprit* (revista fundada por Mounier em 1934), a reflexão pedagógica se entrelaça estreitamente à elaboração do "personalismo", manifestando a vontade de fazer-se, também em pedagogia, como uma perspectiva de síntese aberta e construtiva, antidogmática e "expansiva".

Os pedagogos italianos que se inspiraram no personalismo também revelaram, no interior de um alinhamento ideologicamente unitário, posições teóricas bastante diferenciadas.

Luigi Stefanini (1891-1956) foi predominantemente um filósofo, de orientação espiritualista platonizante, que fixou as linhas fundamentais do seu pensamento na obra que leva o título significativo de *Metafísica da pessoa* (1950) e tocou no problema pedagógico só de passagem, sobretudo numa coletânea de ensaios: *Personalismo educativo* (1954). Partindo de uma ênfase na "singularidade da pessoa", além da sua unidade metafísica, Stefanini submete a escola ativa a "um crivo personalista", recusando seu "funcionalismo exorbitante" e propondo um modelo de educação como "maiêutica da pessoa", que vê colocado no centro o papel do professor como guia intelectual e moral da criança e como protagonista fundamental de toda "experimentação" didática. Mario Casotti (1896-1975), ex-adepto do atualismo e teórico de uma orientação tomista em pedagogia, parte de uma concepção radicalmente pessimista do homem e da criança (vista, esta última, como "o pobre absoluto" que "tudo espera do adulto"), marcados pelo pecado original e necessitados da intervenção da graça. A educação do homem como pessoa se realiza, portanto, mediante uma limitação da liberdade e um rigorismo severo que levam a criança a encontrar os valores superiores da vida, que coincidem com os da religião. Daqui também uma rígida oposição a toda forma de ativismo e a revalorização da escola tradicional como mais autenticamente formativa. Giuseppe Catalfamo (1921-1990), nos seus ensaios sobre *Personalismo educativo* (1957), *Os fundamentos do personalismo educativo* (1966) e muitos outros, recorreu a um personalismo "aberto" que se inspira na lição de Mounier e assume uma "abrangente abertura crítica" para o ativismo, sublinhando em particular sua exigência de socialidade na educação, embora depois o seu personalismo teorizado como processo de "autoeducação" apareça freado por uma concepção mais tradicional da relação educativa, na qual o professor surge sempre como a figura dominante, mesmo enquanto agente em sintonia com as instâncias mais profundas da criança. Giuseppe Flores d'Arcais (1908-), em vários ensaios, entre os quais deve ser lembrado pelo menos *A escola para a pessoa* (1960), reivindicou para a pedagogia um engajamento teórico que deve explicitar-se como teoria da pessoa. Tal teorização resulta adequada somente no cristianismo que "explica a pessoa do homem remetendo, de certo modo, à Pessoa Divina", e desenvolve um projeto educativo que valoriza o sujeito humano como "fim em si", sem descartar, porém, os aspectos qualificantes da pedagogia moderna, como o recurso à autoeducação e a valorização da atividade.

No âmbito da pedagogia católica, durante o século xx, ergueram-se, porém, algumas vozes de viva discordância em relação às posições oficiais da Igreja e teorias que acompanharam e defenderam as reivindicações educativas. Foram vozes que surgiram em geral de áreas culturais e pastorais marginalizadas da Igreja, por vezes suspeitas também de heresia e de desobediência, mas que evidenciaram, plenamente, a complexidade e a riqueza, além da não homogeneidade, da frente católica em

574   FRANCO CAMBI

pedagogia e ainda destacaram na reflexão pedagógica contemporânea problemas de viva atualidade, encaminhando soluções às vezes bastante ousadas. Nos inícios do século coloca-se aquela "crise modernista" que tinha prenunciado um contato mais estreito entre catolicismo e mundo moderno, uma missão da dogmática à luz do racionalismo e do historicismo contemporâneo, além de uma disciplina menos centralizadora e autoritária por parte da Igreja. No campo pedagógico, algumas das instâncias fundamentais do "modernismo" foram acolhidas por Lucien Laberthonnière (1860-1932) que, inspirando-se na "filosofia da ação" de Blondel, desenvolveu, num ensaio dedicado à *Teoria da educação* (1901), uma concepção da pedagogia católica inspirada nos princípios da "solidariedade" e da "colaboração" à luz dos quais interpretava o próprio momento da "autoridade", central em toda intervenção educativa, enquanto caracterizado pela "caridade", sublinhando com isso a importância da "liberdade do aluno". O educador cristão "deve concorrer para formar consciências livres, de tal modo que os pensamentos e as crenças que inspira nelas se produzam qual frutos de vida em tudo e por tudo pessoais". A própria "doutrina revelada" deve ser ensinada não através de uma atitude de "*cesarismo* espiritual", mas "de maneira pessoal e viva", de modo que a adesão aos princípios de fé ocorra "por uma adesão desejada, e não mais por inércia". Um lugar central, nesse modelo educativo, é ocupado pela formação moral que se realiza numa "luta entre a *carne* e o *espírito*", na qual se insere também o ensino religioso, que deve, porém, suscitar uma adesão interior e um esforço pessoal voluntário por parte do aluno. O papel que Laberthonnière reconhecia para a "liberdade" e a ênfase posta na "participação" individual colocavam sua teoria educativa em sensível contraste com as posições oficiais da Igreja e a identificavam como claramente orientada para a área da dissensão modernista, embora de forma não explícita.

Por volta de 1945, com Nomadelfia, uma comunidade educativa fundada em Fossoli por Dom Zeno Saltini (1900-1981) e transferida depois para Grosseto, tivemos uma experiência pedagógica nutrida de espírito profético e de fortes sugestões utópicas, que a colocam em posição de "dissensão" aberta em relação às diretivas da política educativa católica do pós-guerra. "Nomadelfia é um fato, não uma doutrina ou um movimento", afirma a constituição da comunidade, e inspira-se no modelo da família, mais que no da escola. Seus objetivos são "devolver a família aos menores" e "realizar entre as famílias assim formadas uma aliança como ato constante, solidário, voluntário de justiça". Inspirando-se nos princípios do personalismo comunitário de Mounier, Nomadelfia se afirma como uma "comunidade educante", na qual o momento da instrução envolve todos os seus membros, menores e adultos, num esforço de educação permanente. Na comunidade procura-se realizar "o retorno dos cristãos ao Espírito do Santo Evangelho" e contesta-se abertamente o ordenamento da sociedade atual. Tal inconformismo, assumido em vista de um engajamento radical pela liberdade e pela justiça, submeteu Dom Saltini e Nomadelfia a censuras e advertências dos superiores.

Foi sobretudo no fim dos anos 60, porém, após a conclusão do Concílio Vaticano II, que tinha aberto perspectivas pastorais novas e experimentações até no campo teológico, que tomaram forma e tiveram ampla repercussão algumas experiências de comunidades eclesiais que vinham se empenhando também no terreno pedagógico. Na base dessas experiências, com as aberturas estimuladas pelo Concílio, deve ser reconhecida a influência da obra de Dom Lorenzo Milani (1923-1967), que já nos anos 50, na diocese de Florença, tinha traçado linhas de pastoral mais abertas e socialmente engajadas e que, em junho de 1967, tinha publicado a celebérrima *Carta a uma professora: pelos rapazes da escola de Barbiana*, que pretendia ser tanto uma acusação à escola pública, elitista e discriminatória quanto um manifesto de instrução alternativa, comunitária e de todos. De fato, para Dom Milani e os seus jovens de Barbiana (uma pequena aldeia de Mugello, onde o sacerdote era pároco), que colaboraram na idealização e na redação da *Carta*, "a escola só tem um problema. Os jovens que ela perde", isto é, aqueles que ela "reprova". A escola pública "perde no caminho 462.000 deles por ano" e não "volta a procurá-los". É a escola dos Pedrinhos (dos ricos) e não dos Zezinhos (dos pobres), seletiva, que ministra uma cultura elitista e parcial, frequentemente inútil. Contra essa escola, Dom Milani faz algumas propostas radicais: "I. Não reprovar. II. Aos que parecem cretinos, dar aula em tempo integral. III. Aos preguiçosos, basta dar um objetivo". Para realizar essa escola alternativa, Dom Milani exige o empenho tanto do Estado (para a escola matinal) quanto dos sindicatos (para a "extraescola") e pretende que ela assuma uma "finalidade justa", ou seja, "dedicar-se ao pró-

"ximo", tornando-se, portanto, uma experiência de colaboração entre os jovens e de uma solidariedade social baseada na justiça. Até os conteúdos dessa escola devem transformar-se, ligando-se ao social e ao político, tomando distância de uma tradição áulica e literária, mas oferecendo ao aluno os instrumentos para possuí-las e julgá-las. Um papel fundamental vem assim assumir, na escola teorizada na *Carta*, a educação linguística que deve tender não a exercitar a retórica, mas a conferir clareza ao pensamento e eficácia lógica e comunicativa à exposição verbal ou escrita. Certamente que na utopia pedagógica de Dom Milani, e isso foi sublinhado várias vezes, estão presentes alguns limites e insuficiências manifestas, referentes tanto ao seu voluntário e polêmico extremismo, quanto à não atualização da sua didática ou à marginalidade em que são mantidas as ciências, mas a sua denúncia permanece como um fato central na pedagogia italiana contemporânea (não só católica) e o seu modelo alternativo de escola mostra-se ainda amplamente sugestivo, além de indicativo da presença, na personalidade de Dom Milani, das qualidades próprias de um educador "de raça".

O cruzamento entre as inquietações pós-conciliares e a própria lição de Dom Milani dentro da fermentação do catolicismo das "comunidades de base" (grupos, paróquias etc.) levaram a um interesse muito vivo, por parte destas últimas, pelas temáticas educativas gerais e em particular por aquelas inerentes à formação religiosa dos jovens. Experiências como as do Isolotto (Florença), conduzida por Dom Mazzi, de São Paulo (Roma), dirigida por Dom Franzoni, de Oregina (Gênova) etc. manifestaram um engajamento pedagógico preciso. Significativo, por exemplo, o *Catecismo* elaborado pela Comunidade do Isolotto, que se manifestava como socialmente engajado e aderente à "pobreza" do Evangelho, bem como destinado a suscitar uma "escola de vida comunitária". Significativo, sempre em Florença, o engajamento educativo de *Testimonianze*, a revista dirigida pelo padre Ernesto Balducci, fundada em 1957, destinada a destacar tanto um engajamento ecumênico-social quanto uma abertura ao diálogo com as "esquerdas" e a combater, no terreno educativo, a "degeneração do sistema formativo italiano", para afirmar pelo contrário a necessidade de uma "completa reforma aberta à participação social e ao engajamento político".

7 TOTALITARISMO E EDUCAÇÃO NA ITÁLIA, NA ALEMANHA E NA URSS

A pressão da ideologia sobre a educação atingiu o máximo (a máxima expansão e a máxima incisividade) nos Estados totalitários, que foram uma criação típica do século xx. Um Estado totalitário é um Estado autoritário, burocraticamente organizado, dirigido por um partido único, capaz de controlar e unificar num projeto de ação comum toda a sociedade, sem resíduos; é um Estado ideologicamente compacto, rigidamente estruturado, empenhado em conformar as massas aos objetivos dos partidos-Estado. O seu aspecto totalitário é sublinhado pela oposição a toda forma de democracia e pela sua reprodução (ideológica e organizativa) mediante uma educação que anula os direitos (e as necessidades) do indivíduo. Um modelo desse tipo realizou-se na política educativa do fascismo e do nazismo, mas também no comunismo soviético, a partir da época stalinista. A educação totalitária foi se organizando na escola, nas associações infantis e juvenis, na imprensa, repercutindo até entre os teóricos da educação, que interpretam e exaltam suas conotações. Se o fascismo italiano foi o primeiro a esboçar um sistema, de início conservador, depois explicitamente ideológico-totalitário, da educação nacional, foi, porém, o nazismo que delineou o sistema mais orgânico e coerente de educação ideológica de massa, inspirada em princípios racistas e militaristas, capaz de envolver todo o crescimento das jovens gerações, através da família, da escola e da extraescola. Só com Stalin e a sua reforma escolar, só com a pedagogia do "coletivo" (Makarenko) e o papel organizativo assumido pelo partido em relação ao tempo livre juvenil é que o socialismo soviético manifestou tendências totalitárias, mas, no seu conjunto, ele mantém viva uma escola de cultura (e não de ideologia apenas) e um sistema educativo extraescolar menos sufocante e menos ideológico, ainda que modelado sobre princípios militaristas e de dedicação ao "coletivo".

Nas pedagogias totalitárias dá-se cumprimento – ou enfatiza-se, mas também se exacerba, extremando-se com consequências educativas funestas – à exigência de governo e de guia que o Estado veio assumindo no curso da Idade Moderna e que se enfatiza justamente nas sociedades de massa contemporâneas. Mas é uma exacerbação que vem mostrar também os limites e sobretudo as implicações deseducativas (conformismo, perda da individualidade, cultura ideologizada etc.) de tais totalitarismos, que também nas sociedades contemporâneas tendem a ressurgir como tentações possíveis, para resolver os graves problemas sociais e políticos, além de econômicos, que as corroem, especialmente nas áreas de mais escassa tradição democrática.

O fascismo italiano, de 1922 a 1943, foi elaborando uma teoria sistemática da escola, da educação extraescolar, da cultura popular e da pedagogia. Entretanto, cumpre lembrar que nos seus inícios o programa escolar e educativo do fascismo, da forma como o manipulou Gentile na Reforma de 1923, era apenas um programa conservador: com ela fixava-se um sistema escolar rígido e internamente diferenciado, que separava as escolas secundárias humanistas (para as classes dirigentes) das técnicas (para as classes subalternas), que indicava como cultura formativa só a literário-histórico-filosófica, que permitia acesso à universidade só pelos liceus, que introduzia o ensino religioso na escola elementar (para dar ao povo uma "concepção do mundo") e que era controlado na sua eficiência através do exame de Estado que concluía todos os ciclos secundários. A escola saiu dessa reforma profundamente renovada nas estruturas e nos conteúdos, mas foi logo atacada dentro e fora do fascismo, pela sua seletividade e pelo bloqueio que produzia na ascensão social dos grupos inferiores. Assim, ela foi retocada em vários aspectos, atenuando-se seu rigor e seu fechamento, mas – a partir de 1925, com o advento do fascismo-regime – ela foi atingida pelo processo de fascistização, que abrangeu o lançamento do livro de texto único para as classes elementares (1929), o juramento também dos professores universitários (1931), a extensão do ensino religioso às escolas secundárias, com a Concordata (1929), para chegar ao "saneamento fascista" da escola empreendido pelo ministro De Vecchi e depois ao Mapa da Escola do ministro Bottai (1939), após haver militarizado a vida escolar e ideologizado os programas de estudo (no sentido fascista e racista). A reforma Bottai foi a verdadeira reforma escolar do fascismo, pensada nos anos da autarquia e, portanto, sensível ao papel a atribuir ao trabalho, já na escola elementar. Os aspectos mais novos foram a escola média única (mas que não abrangia as escolas técnicas e que – pela eclosão da guerra – permaneceu só no papel) e o biênio de "escola do trabalho" nas classes elementares (quarta e quinta), que foi instaurada de modo bastante simplificado. Mas foi no plano da extraescola que o fascismo atuou de maneira minuciosa e consistente, criando associações para jovens (Ópera Nacional Balilla, de 1928, e Juventude do Lictório, 1937), de modo a operar uma conformação aos ideais do regime por meio de festas, competições, reuniões de propaganda ou paradas paramilitares nas quais se exaltavam os princípios fascistas e a disciplina social. Nessas associações, e até mesmo nas competições culturais universitárias (os Lictoriais) ou na Escola de Mística Fascista, vai se coagulando uma educação de massa, independente ou paralela em relação à familiar e escolar, dando ênfase às necessidades sociais de jovens e ao tempo livre, que era assim programado e, através dessas associações, conformado aos valores e ao estilo de vida do regime fascista.

Características muito semelhantes às do fascismo italiano, mas mais militarizadas e ligadas a uma ideologia mais racista e mais autoritário-totalitária, teve também a educação elaborada na Alemanha pelo nacional-socialismo. Já Hitler, no seu volume manifesto – *Mein Kampf* – tinha destacado a intenção militar da educação do novo Reich: "Toda educação ministrada por um Estado nacional deve visar principalmente não a encher a cabeça de sapiência, mas a formar um corpo fisicamente sadio até a medula". Não só: quanto à cultura escolar, o "problema das raças" devia ser "dominante". Assim, na escola sob o fascismo teve-se um enfraquecimento da cultura e sua forte ideologização, como ainda um papel primário atribuído à educação física. Simultaneamente, impuseram-se livros de textos e programas inspirados nos valores do regime, delineou-se uma nova pedagogia declaradamente nazista, atualizaram-se os docentes em torno dos princípios do nazismo (em particular o racismo), foi-lhes imposta a inscrição na Liga Nacional-Socialista dos Docentes e o juramento ao Führer. Ao lado da escola – e de maneira bastante incisiva –, operavam outras associações educativas, de tipo militar, que recolhiam os jovens no tempo livre e programavam este segundo os princípios da ideologia nazista. Assim era, em particular, a Juventude Hitlerista, que dividia a vida de cada rapaz alemão dos 6 aos 18 anos, organizando competições de ginástica, acampamentos, reuniões de propaganda e preparação para a guerra. Para cada inscrito era dado também um boletim pessoal, em que eram registrados os progressos (inclusive ideológicos) feitos pelos jovens. Para a seleção da elite foram criadas depois as Escolas A. Hitler, os Institutos Políticos Nacionais para a Educação e os Castelos da Ordem (estes, controlados pelo partido), que operavam sobretudo uma manipulação ideológica dos temas.

No sistema formativo nazista, o que aparece em primeiro plano é o intento de "condicionamento a todo custo" (como foi definido) por parte do Partido-Estado, de aberta manipulação e de conformação forçada, que o identificam como o caso extremo (e mais brutal, mas também mais orgânico) de modelo educativo totalitário. Na urss, a aproximação de um sistema educativo totalitário deu-se apenas com Stalin. No período anterior, como já indicamos, a escola e a pedagogia soviéticas se tinham caracterizado por um sensível experimentalismo e por uma viva abertura aos princípios das escolas novas e da "pedologia" (ou pedagogia experimental e puericêntrica), e também aos problemas ideológicos e sociais mais urgentes na sociedade pós-revolucionária (criar o homem novo, isto é, colaborativo, socializado, não individualista, além de laico e dotado de mentalidade científico-técnica). A criação mais significativa da pedagogia soviética foi o princípio da escola politécnica do trabalho, empenhada em conjugar instrução e trabalho de fábrica, mas também em "ampliar o horizonte cultural dos alunos", como sublinhava Krupskaia, substituindo a velha escola nacionalista e religiosa, com seus manuais e seus métodos. Nos anos da nep (Nova Política Econômica, coletivista e capitalista ao mesmo tempo), a instrução foi reduzida de 9 para 7 anos, criaram-se escolas técnicas e profissionais e universidades com "faculdades operárias", dando vida a um pluralismo de escolas, articulado entre escolas de cultura e escolas profissionais. De 1927 a 1930, houve uma ulterior politecnização da escola, por meio de novos programas sobretudo, embora não se tenha realizado por ineficiências práticas e fraquezas teóricas. Nos anos de Stalin, volta-se a uma escola de cultura, que exalta o estudo sistemático, subordina o trabalho ao estudo e se afasta dos métodos do ativismo. Em 1934, a escola elementar torna-se de 4 anos, a escola média incompleta, de 7 anos, e a completa, de 10 anos. Em 1936, foi condenada a "pedologia", ou seja, o ativismo pedagógico. Lançaram--se livros de textos e difundiram-se métodos didáticos cada vez mais oficiais e alinhados à ideologia de Estado. O trabalho foi abolido nas escolas em 1937. Nesse período, todavia, que durou até 1953-1955, houve uma forte expansão da escolaridade, um melhoramento da eficiência e das estruturas da escola soviética, a afirmação de vozes pedagógicas originais, como a de Makarenko.

Simultaneamente, vinha se organizando na sociedade soviética a Juventude Comunista, articulada em diversos agrupamentos por classes de idade, a partir dos Pioneiros, reunidos em locais onde programavam o tempo livre com competições, jogos, trabalhos de grupo, conferências, sempre fortemente impregnados de ideologia, até mesmo colocados abertamente a serviço da criação do cidadão comunista, irreligioso e totalmente socializado, fiel intérprete da ideologia própria do Estado-comunidade.

Os totalitarismos – mesmo nas suas profundas assimetrias – manifestam características comuns, em particular aquela que se liga a uma rearticulação da educação na sociedade de massa; a educação – nelas – sai dos agentes tradicionais (família e escola, sobretudo) para colocar em causa o Estado e a sua capacidade de administrar o tempo livre das jovens gerações, para controlá-las e socializá-las. A educação passa, sobretudo, por aqueles canais que inervam a sociedade civil, mas dos quais o Estado é o fiador e o organizador. A educação das massas não se elabora a partir do indivíduo, cultivando sua especificidade e singularidade, mas sim inserindo os indivíduos em estilos de vida e em concepções do mundo comuns, que justamente os agentes educativos extraescolares podem melhor e mais profundamente veicular nos sujeitos. A instância está presente também nas sociedades democráticas e é central em todas as sociedades de massa, mas, se foram os primeiros a identificá-la como grande problema atual da educação, os totalitarismos a reduziram a formas tão autoritárias, tão condicionantes, tão forçadas, a ponto de fazer a pedagogia contemporânea considerá-la como um perigo do qual livrar-se. Os totalitarismos expressaram uma exigência, ainda que respondessem a ela da forma mais pobre e mais brutal, dando vida a um sistema formativo rigidamente conformista e explicitamente iliberal.

8 O CRESCIMENTO CIENTÍFICO DA PEDAGOGIA

No curso do século XX, a pedagogia se enriquece e se renova também no plano diretamente teórico, pelo seu crescimento ideológico (político, mas também antropológico), colocando-se a serviço da criança ou das mulheres e realizando desse modo novos modelos pedagógicos (pense-se no puericentrismo ativista ou na atual pedagogia da diferença feminina), pela contribuição das filosofias (do idealismo ao pragmatismo e ao marxismo, como vimos, que se empenham em redefinir a pedagogia como saber e como elaboradora de modelos formativos, relativos ao homem, à cultura, à sociedade, às instituições educativas), pela contribuição da ciência, seja como pesquisa experimental, seja como reflexão epistemológica. Com esta última fronteira, estamos, talvez, diante do aspecto mais novo e mais incisivo da pesquisa pedagógica contemporânea, que produziu uma transformação radical de tal saber, fazendo-o passar de uma identidade filosófica (ou predominantemente tal) a uma identidade científica. No século XX, de fato, desenvolve-se enormemente a pedagogia experimental, nascem disciplinas novas como a psicopedagogia ou a sociologia da educação, opera-se uma riquíssima investigação científica sobre a criança (pense-se em Freud, em Piaget, em Vygotski etc.) ou sobre a aprendizagem (ainda Piaget, mas também Koehler ou Wertheimer), redesenhando desse modo todo o horizonte do saber educativo, inervando-o de conhecimentos científicos e de práticas cognitivas de tipo científico-experimental, encetando aquela passagem da pedagogia para as ciências da educação que será plenamente aclamada e assumida como um ponto de não retorno da pedagogia no curso da segunda metade do século.

À medida que a pesquisa científica se configura como o novo eixo em torno do qual gira a própria pedagogia, também a reflexão epistemológica em torno desse saber, de seu estatuto, de suas estruturas lógicas, de sua linguagem, de sua especificidade vai se tornando cada vez mais central e mais incisiva, para encontrar seu pleno reconhecimento e uma riquíssima articulação a partir dos anos 60.

No que diz respeito à pedagogia experimental, ela se expande na Europa e nos Estados Unidos. Na Alemanha, W. Lay e E. Meumann fundam – em 1905 – a revista *A Pedagogia Experimental* e produzem estudos sobre o ensino e a didática ou sobre aspectos psicológicos da educação; R. Lochner, em 1927, publica uma *Pedagogia descritiva*, mas sua voz será sufocada pelo nazismo. É, porém, na França, na Bélgica e nos países anglosaxões que a pedagogia experimental se institucionaliza com Binet, com Thomas Simon e suas pesquisas sobre escrita, leitura e ortografia, como também com seu forte empenho didático; com Decroly e o recurso à "pedagogia quantitativa", com Raymond Buyse e a sua dedicação ao estudo quantitativo da instrução, até os sucessos no campo da avaliação escolar, mas também de teorização na *Experimentação em pedagogia* (1935). Na Suíça, será Claparède, seguido depois de Bovet e de Dottrens, quem dará impulso a esses estudos e, enfim, o Instituto J.-J. Rousseau de Genebra com a obra desenvolvida por Piaget. Nos EUA, será sob o impulso do comportamentismo que terão início as pesquisas experimentais sobre o ensino (da aritmética, da linguagem), para desenvolver-se depois com C. H. Jeedd e com a criação dos testes para medir a capacidade intelectual da criança (com os testes de inteligência) e que justamente, nos EUA atingem a máxima expansão e a mais ampla utilização, mas também com as pesquisas normativas, como aquela empreendida de 1932 a 1940 sobre a situação educativa nos EUA (*Estudo de oito anos*) e aquelas em torno dos currículos, que criticam a rigidez dos programas em uso, mostrando sua insuficiência e favorecendo a construção mais orgânica e racional dos currículos. Mais débil, porém, é a pedagogia experimental na Inglaterra e na Escócia, para não falar da Itália, onde é quase inexistente, enquanto se difunde na Austrália, na Argentina, no Chile e até na China. No conjunto, a pedagogia experimental permanece central, sobretudo, nos países de língua inglesa, mesmo se incide pouco sobre a realidade escolar dos vários países (a não ser em setores circunscritos: como no da avaliação escolar, sobretudo nos EUA, que foi uma conquista histórica muito importante no âmbito educativo). Será, porém, na segunda metade do século XX que a experimentação em pedagogia se afirmará como um aspecto determinante da pesquisa, articulada em muitas frentes, presente em todos os países e capaz cada vez mais de incidir na prática escolar e educativa, "explodindo", sobretudo, (como lembra Landsheere) nos anos 60 com institutos de pesquisa, com iniciativas de investigações, enciclopédias, revistas e coleções de estudos em todo o mundo, promovida também pela Unesco e OCSE ou pelo Conselho Europeu.

Um setor particular de pesquisa científica em pedagogia é aquele dedicado à psicopedagogia, isto é, a uma "pedagogia baseada no conhecimento da criança em geral ou do adulto, no conhecimento individual e nos estudos do ambiente no qual ele evolui", como a define Lafou. Ela se articula em âmbitos gerais (o crescimento da criança, a formação do adulto) e especiais (relativos a aprendizados específicos: da música até a instrução programada), recorda Mialaret. Ela estuda os componentes psicológicos da ação educativa (desde a idade dos sujeitos até a sua individualidade, a sua relação com o ambiente e o seu "ingresso na escola", a orientação ou a "formação contínua", abrangendo tanto as crianças quanto os adultos, para chegar à comunicação em classe e as suas eventuais patologias e/ou otimizações), procurando fixar também alguma "lei psicológica" que possa iluminar e orientar o trabalho educativo/escolar, usando cada solicitação útil, proveniente da psicologia da aprendizagem ou da psicanálise ou da psicologia social. Particularmente significativos são os resultados sobre as "psicossociologias dos pequenos grupos", que podem ser aplicados à classe e sugerir inovações nas técnicas didáticas. Nesta fronteira da pesquisa educativa participaram não só psicólogos, como pedagogos experimentais e educadores experimentais, de Decroly a Freinet, chegando a Piaget e a Bruner, elaborando sugestões essenciais tanto para as didáticas disciplinares (de caráter científico, social, "emocional" – estético e literário –, ou corporal e comunicativo) quanto para a avaliação (na qual elaborou escalas e tabelas muito úteis como esquemas de referência e instrumentos de medida), delineando assim um "novo aspecto" da relação educativa que foi se objetivando, saindo da relação a dois, estritamente interpessoal, para redefinir-se em termos menos subjetivos, abrindo-se à mensuração e à lógica experimental, bem como à contextualização institucional na qual sempre se coloca a relação docente-discente.

No plano da sociologia da educação, os resultados foram igualmente significativos. Depois do início com Durkheim, com Marx ou com Weber (que teoriza os diversos tipos de escola na sociedade tradicional, na moderna, na capitalista e naquela dirigida por um chefe carismático), a sociologia da educação desenvolveu-se em torno, sobretudo, da escola e do seu papel social, enfrentando os temas da integração social que ela promove, a transmissão dos preconceitos que ela favorece, a reprodução ideológica que vem a exercer (sobre o que insistiu depois, em 1970, Louis Althusser) ou o estudo dos sistemas escolares e das suas peculiaridades político-sociais, como foi feito – para a Itália – por Marzio Barbagli, ou sublinhando, em particular, o papel central e insubstituível que a escola vem exercer nas sociedades democráticas, como destacam Dewey e Lipset, embora com algum excesso de otimismo. Outros problemas enfrentados pela sociologia da educação são os da relação entre escola, estratificação social e inserção no mercado de trabalho, incluindo, portanto, o problema da mobilidade e promoção social ou o da contribuição para o desenvolvimento econômico, que se tornou cada vez mais central nos anos 60, enquanto na década de 1970 se impôs como dominante o papel de reprodução ideológica que é próprio da escola em toda ordem e grau e em todo modelo ou sistema. De Mannheim a Parsons, de Dewey a Ottaway, Althusser e outros veio se delineando uma pesquisa especializada que estuda o vínculo educação-sociedade, tendo presentes as instituições e suas estruturas, a relação com o político e com o econômico, delineando assim a incidência que os processos educativos têm na estática ou na dinâmica social, de modo a favorecer também escolhas operativas de política escolar e de organização do sistema educativo. A sociologia da educação se põe, ao mesmo tempo, como "tecnologia a serviço da atividade educativa" e "adestramento para operadores escolares" e como âmbito de conhecimento da educação, em chave rigorosamente científica, já que correlato a uma reflexão sobre os métodos que usa e sobre os modelos que vai elaborando.

Outra essencial contribuição científica à pedagogia veio da psicanálise, de um lado, e da psicologia do desenvolvimento, de outro. Freud, de um lado, Piaget, de outro. Aqui nos deteremos sobre Freud, remetendo para o próximo capítulo um exame do pensamento de Piaget. A Sigmund Freud (1856-1939) a pedagogia deve, sobretudo: 1. uma redefinição da infância; 2. uma descrição nova das relações interfamiliares; 3. o papel central atribuído à emotividade/afetividade. A infância é sobretudo pulsão libidinosa, afirmação incontrolada do eros e do narcisismo, submetida, porém, – já desde os primeiros dias de vida – a um preciso controle social. Essa carga vital anárquica é também carga sexual, pré-genital (primeiro oral, depois anal, por fim genital) e perverso-polimorfa, sem nenhuma regra, que quer expandir-se livremente. Na infância existe, portanto, uma sexualidade (como afirma nos *Três ensaios sobre a teoria da sexualidade* de 1905), diferente da adulta, mas igualmente central para o desenvolvimento da personalidade infantil e que pode sofrer repressões e/ou sublimações por obra da educação. Tal obra é confiada antes de tudo aos pais, que têm com a criança uma relação complexa, enquanto esta, por sua vez, tem com eles uma relação conflitual. Essa relação é descrita por Freud como edipiana (referindo-se ao mito de Édipo) enquanto conotada por amor pela mãe e conflito com o pai, o qual representa o superego, isto é, a dimensão social da consciência, e opera uma profunda repressão da *libido* (a energia vital e erótica) da criança, produzindo a sua neurotização. Mas nesse complexo processo que se divide entre sexualidade e relação edipiana, o papel essencial na formação do sujeito é atribuído à emotividade, aos afetos que constituem o elemento fundamental, constitutivo da personalidade infantil. É em torno dos eventos afetivos que se elabora a personalidade (neurótica ou mais equilibrada) do sujeito e isso ocorre já nos primeiros meses de vida, através da relação com as figuras parentais.

As teses educativas presentes na psicanálise freudiana foram retomadas por Anna Freud (1895-1982), a filha de Freud, no seu estudo sobre *Psicanálise e crianças*, assim como por Melanie Klein (1882-1960), primeiramente, e, depois, por sua escola, com John Bowlby (1907-1990) ou com Donald W. Winnicott (1896-1971), que elaboram uma teoria da infância baseada na relação com a mãe e com o seu seio (central para barrar o "instinto de morte" da criança), sobre as necessidades lúdicas e afetivas da infância que a educação deve salvaguardar e desenvolver.

Em torno da aprendizagem trabalham tanto os comportamentistas quanto os representantes da *Gestalt*, sublinhando ora os processos por ensaio e erro, ora a abordagem orgânica (estruturada por uma "forma") da experiência. São duas vias que esclarecem também a aprendizagem infantil, ligando-a à atividade motora, ao jogo, à exploração do ambiente e aos processos de socialização, primeiro familiar, depois extrafamiliar, fixando suas etapas evolutivas. No campo educativo, um aspecto central é a relação entre motivação e aprendizagem, que se estabelece quando desponta um interesse, do qual emerge e desenvolve a integração entre experiências atuais e passadas ou por meio de uma forte motivação social (presente em particular nos adolescentes).

Para os comportamentistas a aprendizagem é, sobretudo, condicionamento que se verifica através de um *feedback* (retroação ou reforço), que a transforma de passiva em operativa. Para os gestaltistas é a globalidade que preside à aprendizagem, globalidade que deve ser aplicada em todo processo escolar, indo das estruturas (das diversas disciplinas) aos seus particulares. Estamos aqui diante de duas contribuições que, entre Thorndike e Koehler, levam a uma "revolução cognitiva" da aprendizagem-ensino que vem reorganizar-se sob a égide do cognitivismo, como veremos.

Através dessas diversas frentes foi se delineando uma nova imagem da pedagogia, como regulada por critérios metodológicos da pesquisa científica e como alimentada pelas diversas ciências (psicológicas e sociológicas, sobretudo), como articulada num pluralismo de âmbitos, regulados, porém, por uma comum consciência epistemológica que põe em relevo sua unidade de método e a função prático-operativa, típica de um saber como o pedagógico, que se constrói apoiado tanto na teoria quanto na prática. Essas são reflexões que, desde Dewey até Piaget, passando pelos teóricos da pedagogia experimental ou os defensores da educação progressista, alimentam e sustentam a pesquisa científica do século inteiro e oferecem um modelo do saber pedagógico que, sem abrogar o papel crítico (e também prospectivo de elaboração de modelos pedagógicos) desenvolvido pela filosofia, vai ao encontro de muitas ciências da educação, cujo princípio comum é o de organizar-se em torno do método científico e do seu critério experimental.

9 EDUCAÇÃO E PEDAGOGIA NOS PAÍSES NÃO EUROPEUS

Uma das mais novas características da pedagogia do século xx é marcada pela sua abertura para os problemas mundiais, para as práticas educativas e as teorizações pedagógicas elaboradas em áreas não europeias e, portanto, caracterizadas por uma condição econômica, política e social e por tradições culturais bastante diversas das que são típicas dos países ocidentais mais adiantados. A educação vê-se atingida por novos problemas, como a alfabetização em massa nos países ainda ligados a culturas arcaicas, como a formação em curto espaço de tempo dos técnicos necessários ao desenvolvimento do país, e se coloca em condições de extrema dramaticidade: dentro de situações coloniais ou imediatamente pós-coloniais, de conflitos entre o norte (industrializado e rico) e o sul (atrasado e pobre) do mundo, de lutas de etnias, de grupos religiosos, de grupos sociais nos vários países em desenvolvimento, de um processo de modernização desequilibrado e superficial que acolhe e promove os aspectos mais deletérios do desenvolvimento (o consumo, o lazer). É, porém, um fato que os problemas da educação/pedagogia sofreram radical mudança e renovação, fazendo emergir novos modelos educativos e novos horizontes de teorização pedagógica.

Foram, sobretudo, três os âmbitos em que se manifestou esse processo de inovação e alargamento da consciência pedagógica: por meio dos estudos antropológico-culturais dedicados às práticas educativas junto a culturas não ocidentais, sublinhando a riqueza e a variedade das propostas que vêm das culturas "primitivas" ou das culturas populares nos países desenvolvidos; por meio das inovações pedagógicas operadas nos países em desenvolvimento, com processos de alfabetização, mas também com práticas pedagógicas originais que tiveram larga ressonância também na Europa e nos EUA (como ocorreu com Gandhi e a sua pedagogia da não violência); por meio das campanhas de educação de adultos, aplicando modelos de conscientização, como fizeram Dolci e Capitini, na Itália, ou Paulo Freire, no Brasil (mas em anos sucessivos).

Dessas diversas vertentes veio uma redefinição dos processos educativos (tornados mais articulados, mais presentes em todas as sociedades); das finalidades pedagógicas (destinadas a formar cidadãos, técnicos e indivíduos socialmente mais ativos e responsáveis, mais "conscientes"); das instituições educativas (sobretudo a escola, que mostrou os seus limites em relação ao estímulo e à realização do desenvolvimento); e dos ideais formativos (o homem produtor, o branco dominador, o racionalismo tecnológico). Toda uma série de certezas pedagógicas foi colocada em dúvida, enquanto os processos da educação tiveram de enfrentar situações inteiramente novas em áreas do globo totalmente diferentes, na cultura e na organização social, do Ocidente em que – de maneira quase exclusiva – amadureceu nossa consciência pedagógica.

No plano da antropologia cultural, basta pensar na importância das referências feitas por Claude Lévi-Strauss à educação familiar entre povos primitivos, como os nhambiquaras, ou nas pesquisas de Margaret Mead (1901-1978) sobre a adolescência em Samoa e sobre a infância em outras sociedades primitivas, para chegar à sondagem, na Itália, com Ernesto De Martino ou com Luigi Lombardi Satriani, sobre a formação cultural do povo, sobretudo no sul italiano, ainda saturado de magia e de espírito de clã. Ao lado dessas pesquisas de campo colocam-se as reflexões sobre inculturação e aculturação que têm uma precisa valência educativa, enquanto esclarecem os processos de socialização das jovens gerações e os problemas ligados à sua formação cultural.

Lévi-Strauss, já em *Tristes trópicos* (1955), tinha apresentado as práticas familiares dos índios nhambiquaras das zonas de Mato Grosso como educativamente bastante significativas: é a relação pais-filhos que se delineia como caracterizada por um forte componente afetivo, que se manifesta em gestos e comportamentos marcados pela ternura; é a relação corpórea que liga os componentes das famílias e que se manifesta em carícias e abraços; tudo isso tende a produzir sujeitos mais felizes, mais alegres e risonhos, embora constrangidos a viver num ambiente paupérrimo e inóspito. Novos valores e comportamentos relativos à educação familiar irrompem pela pesquisa antropológica para relativizar e ilegitimar nossos preconceitos etnocêntricos de ocidentais e de povos evoluídos. E Lévi-Straus é apenas um exemplo: todos os antropólogos em seus trabalhos tratam de problemas educativos, põem às claras práticas pedagógicas "diferentes" das nosssas, elaboram todo um panorama de "diferentes" educações, reconstruindo o tecido mais ou menos orgânico.

Importantíssima, nesse âmbito, foi a pesquisa de Mead sobre *A adolescência numa sociedade primitiva*, desenvolvida em Samoa, onde a antropóloga americana destacava a inexistência de uma crise da adolescência, dos conflitos e traumas que essa fase do crescimento promove nos jovens ocidentais. Em Samoa, a sexualidade é mais livre, a comunidade juvenil é mais respeitada, a passagem à condição adulta é menos problemática tanto para os homens como para as mulheres. A educação permissiva em vigor em Samoa forma sujeitos menos desequilibrados e mais harmônicos, mais socializados. Mead amplia depois suas pesquisas para a Nova Guiné (onde estuda o estado de abandono e de atrofia intelectual em que se encontra a infância, devido a uma cultura que se nutre de animismo, e o comportamento sexual masculino e feminino, destacando como ele não é inato, mas induzido pela cultura e pela educação). As conclusões de desconstrução de preconceitos educativos ocidentais e de relativismo cultural que emergem do trabalho de Mead são bem representativas da contribuição da antropologia cultural para a educação, que em torno do princípio da socialização produziu aprofundamentos bastante importantes, os quais desnudam os mais elementares processos de formação humana.

Como lembrava Matilde Callari Galli: "é justamente a antropologia que se põe como estudo da herança social, pela qual os produtos históricos se transferem de uma geração à outra", assumindo um papel crucial na compreensão dos processos educativos.

Igualmente significativas são também as pesquisas sobre a cultura dos grupos subalternos, na própria Europa e também na Itália. Grupos que mantêm vínculos bastante estreitos com culturas pré-modernas, mágico-religiosas e ligadas ao controle da natureza e dos eventos por meio de práticas não racionais. De Martino em *O mundo mágico* ou em *Sul e magia*, trouxe à luz esse vínculo entre culturas populares e mentalidade arcaica, destacando também como tal mentalidade "educa" ainda hoje o homem do Sul (sobretudo) ou das áreas agropastoris através de canais sociais não institucionalizados, mas poderosíssimos, abrangendo a relação com a natureza, com a sociedade, com o poder. No interior desta cultura mais arcaizante produzem-se também formas de maior liberdade – referentes, por exemplo, à vida sexual masculina –, como destacou Lombardi Satriani numa pesquisa na Calábria.

Em relação ao desenvolvimento das sociedades do Terceiro Mundo, porém, dois processos se entrecruzaram no curso do século: o colonial e o da descolonização. Os países europeus desenvolveram um papel educativo em muitas áreas da Ásia e da África, em parte (mas só em parte) na América Latina: impuseram a sua cultura e a sua língua às populações locais, alimentaram a formação de burguesias (sobretudo no plano ideológico) através das escolas de tipo europeu, promoveram campanhas de alfabetização. E por meio dessas intervenções despertaram também as culturas locais, os modelos formativos alternativos em relação aos europeus e a organização de um "outro" horizonte educativo e pedagógico, radicalmente imerso na cultura autóctone da colônia, como ocorreu exemplarmente na Índia com as lutas de libertação do domínio inglês e com as teorias ético-político-pedagógicas do Mahatma (grande alma) Gandhi (1869-1948), que teorizou uma educação não violenta, aberta aos valores da tolerância e do diálogo, inspirada nos princípios da fraternidade universal e da comunhão estreita com a natureza, que postula o respeito de todos os seres vivos. Estamos diante de um modelo educativo e ético-político que suscitou adeptos e admiradores no Ocidente (nos EUA, na Europa, junto a grupos e cenáculos de educação para a paz e a não violência) e que se nutre dos valores das culturas indianas, do hinduísmo e o seu respeito por natureza ao budismo e o seu caráter não violento.

Com o início da descolonização (após a Segunda Guerra Mundial), operou-se um processo mais radical de alfabetização das massas nos países ex-coloniais, para tornar possível também sua organização democrática. Foram feitas campanhas que levaram os instrumentos elementares do saber aos grupos mais deserdados e às zonas mais inóspitas e inacessíveis, gastando muita energia e obtendo, porém, resultados bastante modestos. Basta pensar na China ou na Índia, mas também em Cuba ou nos países do Magreb, onde esse empenho foi orgânico e prolongado e onde os resultados foram melhores, em relação aos países da África negra ou da América Central. De qualquer modo, produziu-se uma escolarização de massa, elemento necessário, mas não suficiente para operar a decolagem econômica num país em vias de desenvolvimento. Ao mesmo tempo, porém, iniciou-se uma reflexão mais radical sobre a escola e sobre sua função (conservadora, discriminatória, não democrática) que se expressou na posição da desescolarização da sociedade e na retomada de vias alternativas à aprendizagem cultural, mediante um trabalho de comunidade, ativado de baixo e totalmente alheio a qualquer institucionalização realizada em simbiose com o poder (mas sobre estes aspectos voltaremos no próximo capítulo).

Através dessa internacionalização e desse pluralismo dos modelos educativos e pedagógicos toma corpo também uma nova vertente da pesquisa pedagógica: a educação comparada, que vem confrontar os diversos sistemas educativos e escolares, os diversos modelos pedagógicos e os vários ideais formativos mediante uma análise sistemática, historicizante e contextualizante, que exclui qualquer etnocentrismo prejudicial e, pelo contrário, favorece um repensar mais aberto e mais móvel das pedagogias. Se uma pedagogia comparada tinha nascido na França com Marc Antoine Jullien (1775-1848), que lhe dedicou um volume em 1817, e se ela se desenvolveu pelas "viagens pedagógicas" empreendidas por muitos educadores e teóricos da educação através da Europa (de Niemeyer a Cousin, de Horace Mann a Arnold, a Tolstoi), depois se afirmou nos centros nacionais de coleta e de informação pedagógica, foi no século XX que ela se afirmou na sua plena maturidade; o que significou não só o crescimento de estudos ou de organizações de pesquisa (até a Unesco e a OCSE), assim como o desenvolvimento metodológico da disciplina, pelo qual a comparação se tornou cada vez mais rica e mais articulada (e não só no sentido quantitativo) e o seu uso cada vez mais importante (para planificar a educação, para garantir sua eficácia em condições análogas ou diferentes entre si, nos vários países).

Outra frente central na educação não europeia é a atenção que ela dedicou à educação de adultos, envolvendo-os naquele processo de alfabetização a que nos referimos acima. Tanto no Terceiro Mundo como nas áreas atrasadas das zonas desenvolvidas, houve intervenções para envolver os adultos num processo de tomada de consciência cultural, que os afastasse do folclore, aproximando-os de modelos culturais mais críticos, mais racionais e científicos. Em geral – como fez Dolci junto aos camponeses da Sicília, ou como fez Capitini em quase toda a Itália, ou Paulo Freire na América do Sul –, os adultos foram envolvidos em discussões comuns, partindo de problemas locais e detendo-se em esclarecer conceitos e palavras, de maneira a fazer emergir uma tomada de consciência dos problemas que superasse tanto o individualismo quanto o localismo. De qualquer modo, também o associacionismo (partidário, religioso ou recreativo), ou a sindicalização, desenvolveu um papel análogo de promoção cultural, portanto de formação de amplas massas de cidadãos, ativando processos novos de educação, inseridos na sociedade, ativos de maneira permanente e muitas vezes capazes – mais que aprendizados formais e institucionalizados – de emancipar o indivíduo do folclore e de dirigi-lo para uma concepção científica e histórico-crítica do mundo, inclusive (e sobretudo) do social. Justamente o caráter mais informal da educação de adultos valoriza (e fortalece) a sua eficácia, como lembrava Lengrand: "A educação de adultos ignora a avaliação, as subdivisões, os castigos e os louvores, toda essa bagagem de uma outra época que a nossa organização escolar ainda arrasta consigo como uma incômoda herança. A ação educativa aparece em toda a sua verdade como um processo de intercâmbio e de diálogo, em que cada um intervém e contribui em função daquilo que é, das suas específicas aquisições e capacidades, e não em função de modelos impostos".

No século xx, a pedagogia e a educação se enriquecem de novos modelos e de novos horizontes; cresce a capacidade de reler criticamente os modelos eurocêntricos mediante a comparação com modelos "outros";

amplas massas de homens e mulheres excluídos desde sempre da cultura entraram em contato com o alfabeto, com o conhecimento organizado, com os processos de análise e de argumentação racional superando o vínculo exclusivo e forçado com o folclore (deixando-se para trás, assim, um conhecimento acrítico, incapaz de separação e de autonomia) em que se encontrava; e não só a escola, mas também outras vias informais de educação (em particular com referência aos adultos) tornaram possível e incrementaram essa separação. E foi sobretudo dos países não europeus (ou, pelo menos, a partir deles) que se desenvolveu todo esse complexo e profundamente inovador movimento de ideias e de práxis educativas, renovando, assim, as teorizações e as estratégias educativas do Ocidente desenvolvido, como ocorreu na segunda metade do século.

CAPÍTULO IV

A SEGUNDA METADE DO SÉCULO XX: CIÊNCIAS DA EDUCAÇÃO E EMPENHO MUNDIAL DA PEDAGOGIA

1 DA PEDAGOGIA ÀS CIÊNCIAS DA EDUCAÇÃO: UM PROBLEMA EM ABERTO

No curso da segunda metade do século xx completou-se definiti-vamente e se impôs em âmbito mundial uma radical transformação da pedagogia, que redefiniu sua identidade, renovou seus limites e deslocou o seu eixo epistemológico. Da pedagogia passou-se à ciência da educação; de um saber unitário e "fechado" passou-se a um saber plural e aberto; do primado da filosofia passou-se ao das ciências. Tratou-se de uma re-volução no saber educativo que se afirmou rapidamente e que se colocou como um "ponto de não retorno" da evolução da pedagogia: como um alvo já alcançado e que não pode ser reposto em discussão. Arnould Clausse lembrou que essa passagem ocorreu por razões não só epistemo-lógicas ligadas às transformações dos saberes, mas também e sobretudo por razões histórico-sociais: com o advento de uma sociedade cada vez mais dinâmica e mais aberta, que reclama a formação de homens sensivel-mente novos em relação ao passado; homens-técnicos e homens-abertos capazes de fazer frente às inovações sociais, culturais e técnicas. Para realizar a formação desses homens é necessário um novo saber pedagógico, mais experimental, mais empírico, mais problemático e aberto à própria evolução. Tal saber é marcado pela passagem da pedagogia às ciências da educação.

Mas como se define essa passagem? 1. Com o declínio da pedagogia, como saber unitário da educação. 2. Com a afirmação de muitas disciplinas auxiliares/constitutivas do saber pedagógico-educativo: desde a psicologia até a sociologia, depois até as especializações mais técnicas e setoriais, desde a avaliação escolar até as tecnologias educativas. 3. Com o exercício de um controle reflexivo sobre essa multiplicidade de saberes, confiado, em geral, a uma filosofia que desenvolve um papel político--cultural-antropológico (de escolha de objetivos e de elaboração de modelos históricos), como também outro papel de tipo mais nitidamente episte-mológico (de análise do discurso pedagógico, de elaboração de modelos de saber, em estreito contato com as epistemologias gerais ou especiais relativas, em particular, às ciências humanas).

A pedagogia entrou em crise como saber unitário ao se tornar cada vez mais tributária de saberes especializados assumidos como "ciências auxiliares", mas que, na realidade, reescreveram sua identidade interna, fraccionando-a e disseminando-a em vários setores. O que desaparece é aquele saber ora filosófico, ora científico, que agrega de modo ou pragmático ou normativo as diversas contribuições (científicas e/ou filosóficas), coordenando-as de maneira teoricamente coerente: aquele saber dedicado aos problemas da educação que levava o nome de pedagogia. Tal saber desaparece como único referente da educação e dos seus problemas, mas não é eliminado; ele, mais simplesmente, se desloca para o terreno da reflexão epistemológica e histórica em torno de tais problemas e se põe doravante depois/além das ciências da educação, redefinindo-se como filosofia da educação. Este, porém, é agora *um* setor (e um só) – ainda que fundamental, talvez o mais fundamental – do saber pedagógico e não pode competir ou invadir o terreno das ciências da educação: tem um âmbito *próprio*, métodos *próprios* e objetivos *próprios*. Assim, a pedagogia está hoje transcrita em grande parte nas ciências da educação e só partindo delas é que se pode enfrentar a problemática educativa, apesar de que, como lembrava Visalberghi, "é bem legítimo falar ainda de pedagogia, para indicar a abordagem mais geral e prospectivamente engajada nos problemas

HISTÓRIA DA PEDAGOGIA 597

educativos", aquela ligada à filosofia da educação e às suas escolhas – racionalmente motivadas – epistêmicas e valorativas (ético-sócio-políticas).

Quanto às ciências que vêm compor o leque das ciências da educação ou a enciclopédia pedagógica (como foi chamada), são constituídas por todos aqueles saberes especializados e autonomamente estabelecidos que é necessário ter em conta para enfrentar a complexidade dos fenômenos educativos, que se referem a sujeitos agindo numa sociedade, imersos numa tradição, que crescem e se desenvolvem, que devem aprender técnicas, que se colocam em instituições formativas, as quais têm uma história etc.; fenômenos que devem, portanto, ser lidos por múltiplas disciplinas que vão do "setor pedagógico" ao "sociológico", ao "metodológico-didático", ao "dos conteúdos" (disciplinares, ligados aos saberes a aprender) como indica ainda Visalberghi; e cada setor é animado por uma multiplicidade de saberes especializados (em psicologia, por exemplo, vai da psicologia geral à social, à evolutiva e à da aprendizagem, à psicologia diferencial, à psicometria). Cada indicação de enciclopédia, vale lembrar, é sempre, portanto, incompleta (já que os saberes da educação estão, hoje, em contínuo crescimento) e tende a dar uma imagem rígida e estática da sua divisão/articulação, enquanto, na realidade, são saberes que se agregam no interior de uma problemática vivida, dinâmica e aberta, cujas relações são extremamente fluidas e interativas, não adaptáveis a grades definidas *a priori*, como sublinhava há pouco Bertolini. O que deve ser lembrado é que o saber pedagógico se pluralizou, articulou-se no seu próprio interior dando vida a uma série de competências setoriais que dissolveram a figura do pedagogo (como especialista da educação e dos seus problemas em geral), a qual foi geralmente transcrita para a do técnico, mas que, ao mesmo tempo, tornaram tematizáveis e resolúveis problemas constantemente abertos na educação (e presentes nela como "quebra-cabeças", como antinomias recorrentes e insolúveis, como aquela entre autoridade e liberdade, que se dissolve à luz de uma ciência empírica da educação que se edifica, em relação a problemas específicos – a aprendizagem de uma língua ou a formação da consciência civil numa sociedade democrática –, mediante a contribuição e somente a contribuição das diversas ciências da educação, necessárias para iluminar aquele problema, coordenando-o, porém, às opções gerais que guiam a pesquisa pedagógico-educativa, tanto epistêmicas como valorativas).

O que muda – e profundamente – é a imagem do saber pedagógico: este vem se configurando, como foi dito, como um saber *hipercomplexo*, constituído de muitos elementos, a ser submetido a uma coordenação reflexiva e capaz de desenvolver também uma radical autorreflexão, que controle seus estatutos e finalidades. A hipercomplexidade é dada pelo pluralismo dos setores que o compõem, pelo dinamismo de suas relações, pelo metacontrole que deve ser ativado sobre aquele discurso plural e dinâmico. Daí também a centralidade da reflexão filosófica que, como epistemologia (= rigorização lógico-científica e filosófica do discurso) e como axiologia (= escolha de valores-guia para a elaboração pedagógica e educativa), se dispõe como fronteira imprescindível de todo exercício ou compreensão do discurso pedagógico na sua inteireza. À filosofia da educação é confiada a tarefa de regulador/animador de tal discurso, mas absolutamente não é nem um papel único, nem um substitutivo dos saberes empíricos que devem iluminar os problemas educativos e indicar soluções, cursos de ações para superá-los como problema, justamente, pelo menos aqui e agora (já que ali e amanhã eles podem sempre representar-se sob novas formas, com variantes mais ou menos acentuadas).

Essa passagem da pedagogia às ciências da educação foi uma passagem sem retorno? Sim, decididamente sem retorno. Hoje, é impossível pensar os problemas educativos na forma tradicional, ligada a um saber pragmático e normativo ao mesmo tempo, predominante ou exclusivamente filosófico, à maneira de Herbart ou de Gentille (muito menos): eles devem ser pensados nos saberes empíricos, nas ciências da educação, para colher a especificidade e a variedade dos problemas e para submetê-los a processos de análise e de intervenção que permitam soluções verificáveis, inspiradas numa lógica da experimentação e do controle científico, fazendo sair a intervenção pedagógica da condição dos bons propósitos e das ações ligadas a critérios exclusivamente pragmáticos.

Todavia, tal passagem ativou resistências e críticas, às vezes bastante radicais e significativas. Da parte das pedagogias mais tradicionais, foi contestada a redução de tal saber a um feixe de ciências, que negligenciam seu aspecto normativo e deixam na sombra a sua unidade teórica. Foram sobretudo as pedagogias metafísicas que refutaram tal resolução, em nome da vocação filosófica de tal saber, interpretada no sentido existencialista, como definição de finalidades e procedimentos universais e definitivos.

HISTÓRIA DA PEDAGOGIA 599

Por outra vertente teórica da pedagogia (ligada à leitura do pedagógico através de instrumentos filosófico-críticos), foi posto em foco o dogmatismo implicado nesse processo de redefinição científica da pedagogia, a perda do seu sentido unitário e a necessidade de reativá-lo por um trabalho de reflexão, justamente crítico, sobre os resultados das ciências da educação e as relações que elas estabelecem entre si e com a pedagogia em geral, que não é absolutamente reabsorvida pelo universo de tais ciências, mas sim reconstruída num nível mais sofisticado de releitura de seus resultados. Enfim, foram desmascarados os mitos implicados nessa passagem: o reducionismo (segundo o qual a complexidade do pedagógico pode ser seccionada e simplificada através de análises empíricas e científicas) ou o privilégio do empírico (enquanto fazer pedagogia significa trabalhar em nível crítico, de interpretação da experiência e de desconstrução dos conceitos, além de intervir com procedimentos empírico-construtivos) ou a ideia, já lembrada, de construir uma enciclopédia dos saberes pedagógicos (que é em si mesma irreal e resolvida sempre de modo histórico). São mitos que pesam sobre o trabalho das ciências da educação, que o condicionam, subtraindo-o a uma análise mais radical das próprias estruturas, que são, de fato, assumidas como dados sem ser, porém, criticamente revisitadas.

Mesmo com esses limites, mesmo com essas censuras, a passagem da pedagogia às ciências da educação (e à reconstrução em chave metodológica e crítica da filosofia da educação – deveríamos acrescentar) foi realmente o *evento marcante* da pedagogia contemporânea, que mudou sua identidade e sua fachada, que caracterizou seu crescimento e autocompreensão como saber e como práxis. A pedagogia tornou-se "outra coisa" em relação ao seu modelo passado: foi redescrita em termos empíricos, articulou-se *sobre* várias ciências, colocou-se o tema da sua unidade de saber como problema, mas sobretudo predispôs um saber tecnicamente mais eficaz, pensando sobre a experiência e pela experiência, para guiá-la, para modificá-la, para planificá-la. Entre empirismo (ciência empírica) e tecnologia, se dispôs a nova identidade da pedagogia, provocando um amplo reordenamento de toda a sua frente teórica. Nasceu uma pedagogia caracterizada de maneira bastante diferente em relação ao passado e que através do filtro científico-técnico vive agora a sua estreita relação com a prática. E é com esse modelo de pedagogia que a pesquisa científica atual deve trabalhar, assumindo-o como guia.

600 FRANCO CAMBI

Essa foi uma passagem amplamente reconhecida pelos maiores pedagogos contemporâneos, tendo sido tematizada – sob diferentes ângulos – por estudiosos de nível internacional como Clausse, em *Introdução às ciências da educação*, como Mialaret, em *Introdução à pedagogia*, como Visalberghi, em *Pedagogia e ciências da educação*, como Brezinka, em *A ciência da educação*. Se Clausse sublinha as razões históricas dessa passagem (ligadas ao desenvolvimento da sociedade industrial e tecnológica), Mialaret e Visalberghi reclamam a centralidade de uma filosofia da educação ao lado das ciências, filosofia crítica e historicamente colocada. Brezinka relança, por sua vez, uma visão normativa da "ciência da educação"; depois todos eles colocam a sua reflexão pedagógico-teórica (ou metateórica, como a define Brezinka) no caminho que leva da pedagogia à ciência da educação (ou às ciências), assumindo essa passagem como o efeito crucial da pedagogia contemporânea. Efeito, contudo, que é também o princípio de problematicidade da própria pedagogia contemporânea, um problema aberto, que deve permanecer *criticamente* aberto, isto é, passível de soluções diversas e a ser revisitado constantemente com rigor e com atenção e argúcia.

2   GUERRA FRIA E PEDAGOGIA

A pedagogia, na segunda metade do século xx, sofre – ao lado de uma radical e cada vez mais central cientificização, pela sua reconstrução segundo o paradigma das "ciências da educação" – também uma retomada da ideologia, da sua função/conotação ideológica. É a Guerra Fria que lhe impõe esse vínculo ideológico, pelas suas divisões em concepções do mundo contrapostas, pela lógica do alinhamento (que atravessa toda a cultura), pelo papel de confirmação/difusão de um determinado modelo de cultura (e de homem, de sociedade etc.) que é atribuído de modo explícito à filosofia. Na luta entre civilizações que mantinham a Guerra Fria (dada como luta mortal, pelo menos no curso dos anos 50) opunham-se Oeste e Leste, Democracia e Socialismo, Liberdade e Totalitarismo (ou alienação e emancipação, segundo a frente marxista), Capitalismo e Economia Planejada; opunham-se o Verdadeiro e o Falso, o Bem e o Mal, segundo um dualismo testemunha de uma ideologia elementar e propagandística. Na realidade, os dois universos ideológicos eram bem diferentes de suas descrições, com contradições muito mais visíveis, com limites muito mais nítidos. Todavia, durante pelo menos quinze anos e além do fim da guerra, a lógica do Muro (erguido em Berlim entre os dois setores Oeste e Leste da cidade, para impedir qualquer comunicação e qualquer possibilidade de fuga, em 1962) governou a política, a vida social, mas também cultural do mundo atual.

A Guerra Fria, imposta com o nascimento dos blocos (entre 1948 e 1980), "condicionou a todos", como nos recorda Fontaine: "Plasmou as nossas convicções e os nossos hábitos, a maneira de viver em São Francisco, em Pequim, em Havana e em Leopoldville; dividiu em duas nações e cidades, destruiu e fez nascer nações, fez dezenas de milhões de homens portar armas, matou algumas centenas de milhares de outros, superlotou as prisões, suscitou entusiasmos, sofrimentos e medos e, como toda grande esperança, o melhor e o pior". A pedagogia, como a filosofia, como – até mesmo – a ciência, naqueles anos, alinhou-se, fez-se intérprete das duas concepções do mundo ou das duas civilizações ou das duas ideologias que se contrapunham radicalmente. A Oeste, a pedagogia envolveu-se na defesa dos princípios da democracia liberal e da organização capitalista (isto é, da propriedade privada, do mercado, da concorrência, da liberdade de imprensa), da autonomia do indivíduo e da liberdade de povos, classes, grupos, minorias (ainda que depois – na realidade – muitos desses princípios fossem esmagados no Ocidente) e colocou-se, nos Estados Unidos e na Europa, na Alemanha ou na Itália, sobretudo, a serviço desses princípios de educação liberal-democrática. A Leste, elaborou-se uma pedagogia de Estado, fixada a partir dos clássicos do marxismo, muitas vezes rigidamente dogmática, ainda que depois – na ação e nas instituições – submetida a muitas correções e a sensíveis transformações. Todavia, os dois modelos ideológicos de pedagogia tiveram, na realidade, uma história paralela. A ocidental coincide sobretudo com a história do ativismo e da recepção europeia da pedagogia americana, em particular deweyana, como também com a retomada de pedagogias metafísicas e religiosas, expressas em particular pela frente católica. É aquela pedagogia que recorre a Dewey, a Kilpatrick, a Washburne, bem como a Claparède ou a Cousinet, na Europa, mas também a Maritain ou a Mounier na frente católica, assumindo ora uma feição laico-progressista, ora outra mais integralista ou mais democrática na área católica. A oriental

602 FRANCO CAMBI

ou comunista coloca-se dentro da história do marxismo pedagógico, ainda que o venha reelaborando em meio a muitas dificuldades em relação a condições histórias novas (no Terceiro Mundo; nos socialismos reais agora marcados pela dissensão dos intelectuais; em sociedades de fronteira entre Oeste e Leste, como a Itália).

Justamente o caso Itália pode ser assumido como o mais significativo para se analisar a força dos alinhamentos, os argumentos contrapostos e o pluralismo conflituoso de modelos educativos (formativos e institucionais) a que dá lugar à Guerra Fria. A Itália foi um verdadeiro e legítimo país de fronteira: dirigida por governos filo-ocidentais e alinhados ao lado dos EUA, inserida num desenvolvimento econômico neocapitalista e reorganizada politicamente segundo um modelo democrático (embora bloqueado, sem intercâmbio entre governo e oposições), caracterizada por uma ampla e ativa presença do Partido Comunista, guiada espiritualmente pela Igreja católica, que exprimia o partido-chave do governo (a Democracia Cristã). Nessas condições de pluralismo ideológico e de conflito cultural, a pedagogia foi se delineando sobre três frentes que durante muito tempo continuaram a opor-se e a combater-se. No poder estava a frente católica, que governou a escola e expressou a pedagogia oficial, inspirando-se nos princípios do espiritualismo e do personalismo e reclamando uma pedagogia filosófica de implante metafísico. Mais fechado e integralista nos anos 50, abriu-se depois – com o Concílio Vaticano II – a experiências mais dialógicas e até à dissensão, exprimindo figuras de educadores como Dom Milani e padre Ernesto Balducci. Ao mesmo tempo, deu vida a organizações de pesquisa pedagógica, como Scholé em Brescia, a coletâneas editoriais, a vozes bastante significativas, como Luigi Stefanini, como Aldo Agazzi, como Giuseppe Flores d'Arcais. Em aberta oposição à frente católica, mas ligado à ideologia liberal-democrática ocidental, colocou-se a pedagogia laico-progressista, que se veio elaborando através do reexame de Dewey e seu modelo de educação democrática, com as intervenções de Ernesto Codignola, de Lamberto Borghi, de Aldo Visalberghi, de Raffaele Laporta e com o empenho da revista *Scuola e Città* e da casa editora La Nuova Italia. Os laico--progressistas, ativos em quase toda a Itália, mas que tiveram seu centro ideal em Florença, delinearam uma pedagogia ativista, atenta às contribuições das ciências, como também ao empenho político e à transformação da escola e da didática, com o objetivo de preparar desde já a criança para construir-

HISTÓRIA DA PEDAGOGIA 603

-se como personalidade democrática, capaz de comunicar-se com os outros, de colaborar, de empenhar-se num projeto comum, assim como de emancipar-se de preconceitos e de comportamentos irracionais através do estudo das ciências e o exercício (mesmo elementar) do trabalho científico. Por fim, houve a frente marxista: ligada ao Partido Comunista Italiano com sua revista (*Reforma della Scuola*), com seus teóricos e seus práticos (de Manacorda a Broccoli, de Lucio Lombardo Radice a Dina Bertoni Jovine, a Bruno Ciari etc.), que produziu tanto uma crítica – em geral aguda – das outras frentes como uma defesa da especificidade marxista da educação (ligada ao trabalho, à emancipação, à unidade de cultura humanista e científica, a uma relação estreita e mais dialética entre escola e sociedade, de modo que seja atribuída à transformação social prioridade sobre a que é dada – por leigos e católicos – à escola). A Itália foi, talvez, a mais nítida forja das pedagogias da Guerra Fria e continuou por muito tempo, talvez até demais, a alimentar um debate pedagógico caracterizado por sensíveis contrastes ideológicos, dos quais ainda não está totalmente imune. Alimentaram-se, assim, pedagogias de alinhamento, marcadas no sentido prioritariamente político (antes que científico ou filosófico), mas certamente vigorosos, capazes de agregar consenso, de delinear modelos socialmente ativos, de fixar itinerários formativos coerentes e fortes. O papel (tanto teórico-pedagógico quanto prático-educativo) que tais pedagogias exerceram foi tal, que operou em profundidade, iluminando e promovendo escolhas escolares, práxis de ensino, modelos de formação cultural e social, deixando uma marca profunda na pedagogia atual.

Se o panorama da frente laica, em nível internacional, se desenvolve através do ensino deweyano e as experiências do ativismo (sobre as quais já nos detivemos no capítulo anterior) e as inovações do "estruturalismo" e do "cognitivismo" pedagógicos (sobre os quais nos deteremos na próxima seção); se o horizonte da frente católica é aquele já delineado, com certa antecipação, no capítulo anterior, entre integralismo e diálogo/dissensão; do segundo pós-guerra em diante, a frente marxista manifesta algumas sensíveis inovações que marcaram (em âmbito mundial) tanto sua expansão quanto sua revisão, até a "queda" de 1989, que se põe como o fechamento de uma longa e complexa aventura histórica, como a superação daquele socialismo-comunismo que depois de Marx e até Lenin e outros, vinha se codificando de forma geralmente dogmática e segundo um modelo socioeconômico bloqueado e ineficiente. Em 1989, desmorona uma história do marxismo, o dogmático, o realizado, mas desse modo todo o pensamento marxista, inclusive o pedagógico, é envolvido numa revisão dos próprios princípios, numa radical revisitação crítica dos próprios modelos, em todos os âmbitos (desde a escola até a educação social e a teorização pedagógica).

Seja como for, após a Segunda Guerra Mundial a pedagogia marxista vinha se transformando. Na URSS, com o advento da era Kruschev, o aspecto educativo sofre profundas mudanças. Com a reforma de 1958, cria-se uma escola obrigatória de oito anos (e não mais de sete) e se tende a reintroduzir o trabalho manual junto ao exclusivamente cultural, além de orientar-se para uma seleção escolar mais igual e democrática. Nessa mudança, devem ser reconhecidas também as características de um retorno às próprias "fontes" da pedagogia marxista e ao fundamental reclamo marxista destinado a recompor o trabalho intelectual com o manual. Mas ao lado da experiência soviética e dos países do Leste europeu, vieram amadurecendo outras "vias nacionais" para o socialismo que elaboraram projetos pedagógicos de orientação marxista bastante diversos entre si e em relação ao soviético. A China de Mao e a Cuba de Fidel Castro, bem como a política escolar (e a reflexão pedagógica) do Partido Comunista Italiano constituem, com as dos países do "socialismo real" (embora nem sempre homogêneas entre si), as "vias" de elaboração de alguns modelos pedagógico-educativos de inspiração marxista bastante diferenciados.

Embora no âmbito das diversas realidades nacionais, os países do Leste europeu, entre 1945 e 1949, iniciam um processo de reorganização da instrução no sentido democrático que opera tanto a requalificação da escola de base quanto a sua unificação. Em 1945, é lançada a nova lei escolar na Hungria; em 1946, na Albânia, na Alemanha Oriental e na Romênia; em 1948, na Bulgária e na Tcheco-Eslováquia; e em 1949, na Iugoslávia (após um início em 1945). As características da política escolar dos países socialistas seguem, nas grandes linhas, as transformações pedagógico-educativas da Rússia e, de fato, em torno de 1957-1958, encontramos também nesses países, como na Rússia, uma referência à unidade entre escola e vida, cultura e trabalho, ainda que no curso dos anos 60 e 70 tenham ocorrido numerosas diversificações, que refletem as condições nacionais dos vários "socialismos reais". Um caso bastante significativo, no interior do alinhamento do Leste, é constituído pela Polônia, que julgou dever conjugar, também no campo educativo, a tradição marxista com os princípios da ética e da fé cristã, profundamente sentida e vivida em âmbito nacional. Uma figura que procurou interpretar de maneira construtiva essa dicotomia e reelaborá-la à luz de um "humanismo socialista", que conciliasse o recurso ao momento social da educação com aquele destinado à valorização do homem e do seu empenho ético, foi Bogdan Suchodolski (1907-1993), que ensinou pedagogia em Varsóvia e publicou alguns textos fundamentais de pedagogia marxista: *Fundamentos de pedagogia marxista* (1957), *Pedagogia da essência e pedagogia da existência* (1960). O pedagogo polonês falou de uma recomposição entre homem e sociedade através da perspectiva do "progresso", que requer esforço e empenho pessoal, a formação de um "homem novo" que seja caracterizado por uma "personalidade poliédrica" capaz, no terreno moral, de ser aberto à "cooperação". A sua proposta pedagógica, orientando-se para o futuro e sublinhando seus aspectos de novidade, aparece geralmente como uma "pedagogia da utopia" que remete, também dentro do marxismo contemporâneo, a teorizações ilustres e significativas (a Bloch, em particular).

A experiência chinesa após 1949 foi caracterizada por um forte impulso de difusão da instrução e por uma concentração da própria instrução nas mãos do Estado (desmantelando as escolas privadas, confessionais ou não), mas mantiveram-se por longo tempo dois tipos diferentes de escola secundária, a "geral" e a "especializada" (profissional e técnica). Depois de 1956, iniciou-se um confronto com as diversas posições pedagógicas, bem como uma batalha intensa contra o analfabetismo e um projeto de extensão da instrução obrigatória. Em 1966, Mao Ze-dong lançava a nova diretiva que deu início à "revolução cultural" chinesa. Segundo Mao, "todo o país deve transformar-se numa escola", os estudantes devem romper as barreiras que separam cultura, trabalho e política e devem mergulhar numa luta ideológica contra as concepções burguesas que ressurgem, fatalmente, dentro de uma sociedade que não tenha recomposto harmonicamente trabalho intelectual e trabalho manual. Em consequência dessas orientações, muitos "intelectuais" foram enviados a trabalhar nos campos das comunidades agrícolas e o trabalho cultural, especialmente dentro das universidades, não foi mais separado do trabalho ideológico, criando uma politização, em geral de caráter propagandístico, dos vários conteúdos culturais. Criou-se, assim, o movimento das "Guardas Vermelhas" que, inspirando-se nas "máximas" de Mao recolhidas num "livrinho vermelho" e intervindo através de "expedições" e jornais murais (*tazebao*), iniciou uma série de manifestações contra a cultura oficial e tradicional, chegando até a formas de verdadeira "iconoclastia", especialmente em relação à tradição religiosa confuciana. A revolução cultural chinesa realizou, assim, um modelo de "revolução em ato" que, na vertente educativa, operava uma crítica cerrada do velho sistema didático e afirmava uma educação de tipo "proletário", baseada prioritariamente no trabalho. Depois de 1969 e após a morte de Mao (1976), a experiência da "revolução cultural" foi drasticamente acantonada e o seu patrimônio "ideal" disperso, em nome de um retorno à eficiência e à ordem também em matéria educativa.

A Revolução Cubana (1962) também desenvolveu uma orientação educativa estreitamente ligada tanto às condições profundamente atrasadas, do ponto de vista econômico e social da ilha, quanto aos princípios fundamentais da teoria marxista. Assim, de um lado, lançou-se uma campanha de alfabetização que saneasse as condições de pobreza, inclusive cultural, dos camponeses nascidos e crescidos em clima colonial e iniciasse uma primeira emancipação das classes rurais. O método usado partia da leitura de um texto que era decomposto em sílabas, ensinando simultaneamente a escrita e a leitura. Ao mesmo tempo, iniciou-se também uma campanha para a educação de adultos que se servia de *slogans* persuasivos, como "cada operário um estudante" ou "estudar mais para servir melhor nossa pátria socialista". Por outro lado, a pedagogia cubana reafirmou os princípios fundamentais da pedagogia marxista, como a valorização do trabalho produtivo, a "formação do homem novo" e a difusão "universal" da cultura superior. Em Cuba, também foi forte a tensão de "revolução cultural" que atingiu profundamente a própria escola e lhe deu uma feição raramente "dogmática", mas também um aspecto excessivamente ideológico e uma eficiência cultural e científica bastante relativa.

Na Europa, uma experiência pedagógica de ampla tradição e de notabilíssimo interesse é aquela ligada às reflexões teóricas e práticas de intelectuais e militantes do Partido Comunista Italiano. Já desde 1921, o PCI se vinha ocupando, esporadicamente, de problemas educativos, especialmente nas suas revistas como *L'Ordine Nuovo* e *Lo Stato Operaio* (que saiu depois de 1926 em Paris). Mas foi sobretudo depois de 1945 que as posições educativas do PCI se tornaram mais maduras e orgânicas, predominantemente através da assimilação da lição gramsciana. Gramsci (como vimos), nos seus *Cadernos do cárcere*, tinha enfrentado em vários pontos também o problema pedagógico, levando avante dois objetivos bem precisos e organicamente desenvolvidos: a crítica da tradição escolar italiana (que Gramsci desenvolve numa crítica à Reforma Gentile, considerada culturalmente atrasada e socialmente reacionária) e a proposta de um "novo princípio educativo" (reconhecido na recomposição da atividade intelectual e manual através do trabalho, segundo as referências já elaboradas por Marx e por Lenin). Ao mesmo tempo, havia avançado a proposta de uma "escola média única" sem latim, obrigatória para todos até os 14 anos, e organizada segundo um método didático que não se centralizasse sobre o "espontaneísmo" da criança, mas sobre o "empenho" e o "esforço". A educação para Gramsci delineia-se de fato como um processo não de crescimento natural, mas de "conformação" às regras sociais, como um processo de socialização, que só numa sociedade socialista perde os seus aspectos de alienação e de autoritarismo, mas nunca os de uma imprescindível "coercitividade". O objetivo final dessa educação é fazer de cada homem um "intelectual orgânico" da classe operária, de modo que cada indivíduo possa ser ao mesmo tempo "governante" e "governado". Na trilha da lição gramsciana, o PCI começou, nos anos 50 e depois nos anos 60 e 70, a elaborar uma reforma orgânica da escola (média: cuja "proposta" de reforma foi apresentada em 1959; secundária superior: cuja "proposta" foi elaborada em 1971; depois, intervenções na escola maternal e elementar, assim como na universidade), destinada a realizar uma maior difusão da cultura e uma gestão mais democrática da própria escola; como também a fixar a autonomia e a especificidade da orientação pedagógica marxista, através de uma polêmica cerrada com os representantes do "ativismo" e uma reconstrução da tradição pedagógica de Marx a Gramsci, da qual foi intérprete, entre outros, Mario Alighiero Manacorda (1914). Através desse trabalho no terreno teórico e prático, o PCI levou avante um projeto de hegemonia também no terreno escolar e pedagógico, que, especialmente nos anos 70, e em particular depois de 1974-1975, fez sentir sua presença determinante na pedagogia italiana. Ainda na Europa, tivemos uma posição inovadora no âmbito da pedagogia marxista com algumas páginas de Louis Althusser que, num ensaio (*Ideologia e aparatos ideológicos de Estado*, de 1970), pôs em foco o papel predominantemente ideológico da escola, vista como uma correia de transmissão das concepções do mundo e da cultura da classe politicamente hegemônica. Toda a pedagogia, nessa perspectiva, é subordinada a interesses de classe e tornada ainda mais ideológica pelo seu ideal, abstrato e destinado a ocultar as "razões" políticas da educação, de "cientificidade", de neutralidade descritiva e operativa. À pedagogia nada mais resta que reconhecer a própria natureza, através da crítica da ideologia, e, como sublinhou um "adepto" italiano do Althusser teórico da educação, Angelo Broccoli (1933-1987), passar a juntar-se cada vez mais estreitamente com a "práxis revolucionária", radicalizando as próprias posições.

3 A PEDAGOGIA COGNITIVA: PRIMADO DA INSTRUÇÃO E TECNOLOGIAS EDUCATIVAS

O pedagogo-psicólogo americano Jerome S. Bruner escreveu que foi na "metade dos anos 50" que se constituiu a psicologia cognitiva, operando assim uma "revolução da qual não estamos ainda em condições de explorar os limites". Para tal revolução contribuem as obras psicológicas do próprio Bruner, as pesquisas linguísticas de Noam Chomsky, as conquistas da informática, pondo em destaque as estruturas do pensamento e reconhecendo em tais estruturas o caráter mais próprio da mente humana. Depois, "as sementes plantadas nos anos 50 germinaram rapidamente no decênio seguinte" (Gardner), difundindo os resultados da "ciência cognitiva" também em outros âmbitos, em primeiro lugar a pedagogia. Esta disciplina foi estimulada a acertar suas contas com o modelo ativista-pragmático (ainda dominante nos anos 50) e a admitir no centro dos problemas educativos a aprendizagem e o desenvolvimento cognitivo, como também as estruturas de uma "teoria da instrução". Tomou corpo assim uma nova concepção da pedagogia, pouco atenta aos problemas sociais da educação e muito atenta aos da aprendizagem e da instrução, sobretudo científica. Concepção que se articulou em pesquisas psicopedagógicas

HISTÓRIA DA PEDAGOGIA 609

sobre a aprendizagem e a construção da linguagem e dos conceitos; em pesquisas de teoria da instrução que se coloca como mediadora entre aprendizagem e ensino, indicando a este os procedimentos mais gerais; em pesquisas didáticas, gerais e especiais, que produziram teorias do currículo, taxonomias dos objetivos escolares de aprendizagem, análises estruturais das diversas didáticas disciplinares, dando vida assim a um processo bastante complexo que mudou radicalmente a concepção da pedagogia nos últimos decênios, especializando-a no sentido científico e técnico (escolar-instrutivo).

Se os grandes intérpretes dessa virada psicopedagógica foram, sobretudo, Piaget, Vygotski e Bruner, no terreno da didática foram, porém, a Conferência de Woods Hole de 1959 e os "teóricos do currículo", de Kerr a Nicholls, depois o advento das "novas tecnologias educativas" (desde o quadro luminoso até o computador), que operaram uma renovação radical e capilar da pedagogia, redescrevendo-a no sentido científico-operativo e submetendo-a a um processo de reelaboração em chave técnica, que está ainda hoje no centro do debate pedagógico e da pesquisa educativa.

Jean Piaget (1896-1980) foi o teórico da epistemologia genética (um setor da psicologia que estuda as estruturas lógicas da mente e os processos cognitivos através dos quais elas amadurecem, entrelaçando epistemologia e psicologia evolutiva), como atestam os estudos (sobre *Introdução à epistemologia genética* (1950), sobre *O estruturalismo* (1968) e sobre *As ciências humanas* (1970) e a própria fundação, em 1955, em Genebra, do Centro Internacional de Epistemologia Genética) e um psicológo da idade evolutiva, da qual estudou as etapas sucessivas de evolução e as estruturas que correspondem a cada uma delas, bem como a maturação cognitiva em relação a específicos conceitos científicos (desde o de espaço, de tempo, de movimento, de força, até o de número, de causalidade etc., chegando ao de moral de regra), em obras bastante significativas como *O juízo moral da criança*, de 1932, *A gênese do número na criança*, de 1941, *A representação do espaço na criança*, de 1948, e muitas outras ainda. À pedagogia no sentido próprio dedicou raras reflexões (como *Psicologia e pedagogia*, de 1969), mas influiu nela profundamente através da sua teoria psicológico-evolutiva de base cognitivista que se tornou uma espécie de "fundamento" da nova pedagogia cognitiva. Segundo Piaget, a mente infantil é caracterizada por uma inteligência, que parte de comportamentos animistas e subjetivistas, mas descobre e se adapta, gradativamente, à objetividade e a um uso formal cada vez mais abstrato dos conceitos lógicos, regulando o próprio processo de desenvolvimento através dos princípios biológicos da "assimilação" e da "acomodação", que ligam estreitamente a mente infantil ao ambiente. Tal evolução regulada é nitidamente evidente sobretudo na linguagem, na qual partimos de uma primeira concepção egocêntrica na infância para outra, agora adulta, de tipo lógico-formal. O pensamento infantil, portanto, se divide em quatro fases (ou estágios):

1. a *fase senso-motora* (0-3 anos), caracterizada pelo pensamento egocêntrico e pela indistinção entre o sujeito e as coisas, pela ausência de causalidade e pela ignorância do futuro, na qual, através da ação, a criança começa a colher as primeiras e elementares relações formais entre as coisas (desmontando e remontando objetos, por exemplo);

2. a *fase intuitiva* (3-7 anos), na qual a criança distingue entre si e o mundo (e vice-versa), mas dá do mundo explicações animistas, assim como pensa de modo egocêntrico, sem reconhecer os outros;

3. a *fase operatório-concreta* (7-11 anos), em que o pensamento interage com as coisas, supera o egocentrismo e a linguagem se dispõe ao reconhecimento de regras e de relações formais entre as coisas;

4. a *fase hipotético-dedutiva* (11-14 anos), em que o pensamento se faz adulto, fixa o valor do símbolo e se torna abstrato, definindo as relações formais que regulam a atividade do próprio pensamento (categorias lógicas) e o tornam capaz de elaborar hipóteses e de proceder por via dedutiva.

A pedagogia deve reconstruir-se em torno desses princípios psicológicos, mas deve também integrá-los para operar sobre eles e produzir sua "otimização", isto é, o uso mais amplo e completo possível em cada sujeito. A pedagogia tem, de fato, uma autonomia em relação à psicologia, enquanto uma disciplina operativa, que deve produzir efeitos práticos na educação de determinados sujeitos. Tal pedagogia, nutrida de espírito experimental, se concretiza na prática de uma escola ativa (contrária à escola tradicional, de tipo passivo) que deve ter em mira ensinar a todas as crianças "um método que lhes servirá para toda a vida", alimentando sua mente e seu desenvolvimento cultural. Todavia, em relação à "escola ativa" clássica (pragmatista e puericêntrica, anti-intelectualista), Piaget sublinha que o seu ativismo atribui uma função fundamental ao "ensino intelectual", já que a ele reconhece-se o papel condutor na formação da mente, que é o aspecto mais específico do animal-homem e que está nele o produto mais alto da evolução biológica. Em relação a esses problemas de formação intelectual, Piaget sublinhou também a importância do ensino das ciências e os procedimentos didáticos que devem acompanhar tal ensino. Exemplar é o caso da matemática, como já foi muitas vezes sublinhado. Esta deve partir das noções menos analíticas, mais gerais e mais operatórias (exemplo: dos conjuntos). Isso permite preparar a tomada de consciência de estruturas lógicas, relativas aos "grupos" e aos "reticulados", mas sempre através da concretitude das operações. Também no ensino das ciências (físicas, biológicas etc.) deve-se manter firme o papel dos conceitos-chave (espaço, tempo etc.) e permitir sua assimilação mediante uma didática que os extrai e os fixa operativamente. A história, a língua etc. também têm suas estruturas lógicas que devem ser colocadas no centro do ensino, invertendo os procedimentos da didática tradicional: indo da experiência ao conceito e não vice-versa.

A Piaget, portanto, a pedagogia contemporânea deve uma nova concepção da mente infantil e a individualização das suas estruturas cognitivas (bem menos ou quase nada das afetivas), elementos necessários para impostar uma educação do pensamento que leve em conta, no trabalho didático, as efetivas capacidades, linguísticas e lógicas, da criança. Talvez a mente de que fala Piaget seja uma mente demasiado epistemologizada (modelada sobre o saber científico e apenas sobre ele), uma mente talvez etnocêntrica (ligada à infância tal como se apresenta na cultura ocidental e junto às classes médias altas, mas postulada como modelo universal) e escassamente socializada (e pouco dependente do *habitat* social em que se desenvolve), mas certamente a sua contribuição para os problemas da pedagogia foi decisivo, e decisivo sobretudo pela revolução cognitiva que a caracterizou nos últimos decênios. Como escreveu justamente Fornaca: "Poder-se-á discutir sobre a articulação e a duração dos estágios, sobre as características do estruturalismo piagetiano", mas "em todo caso está estabelecido que a impostação genética e as relativas correlações biológicas, sociais, culturais permanecem um ponto de referência preciso para as metodologias educativas".

Na esteira de Piaget colocam-se também Vygotski e Bruner, que retomam criticamente alguns de seus princípios fundamentais. Lev Semenovic

Vygotski (1896-1934), psicólogo soviético, influenciado pelo pensamento revolucionário (pela pesquisa para a edificação do "homem novo"), estudou tanto os problemas dos deficientes físicos quanto os da aprendizagem escolar, sublinhando a centralidade da criatividade e da superação das condições dadas pelo desenvolvimento mental da criança. Já o jogo, afirma num escrito sobre o assunto, estimula a invenção e a imaginação, além de – como havia afirmado Piaget – adestrar para o respeito das regras. E isso tem um significado no trabalho escolar, que deve tornar-se o mais criativo possível, dar espaço ao jogo e à imaginação, não se limitar às capacidades atuais da criança, mas estimular um "desenvolvimento potencial", um alargamento da sua capacidade intelectual também através da educação estética. Já com essas teses Vygotski se afastava um pouco de Piaget (os estágios de desenvolvimento não devem ser vinculantes em educação, mas podem/devem ser superados; a mente infantil é sem dúvida lógica, mas, antes ainda, inventiva e imaginativa), mas se afastará ainda mais com sua obra maior *Pensamento e linguagem*, de 1934. Nela se afirma que o pensamento verbal (aquele estudado em particular por Piaget) não é inato, mas "é determinado por um processo histórico natural" e pertence à área da psicologia social. Nas estruturas do pensamento, o psicólogo soviético identifica um estágio sincrético (ligado à intuição), um estágio evidente-situacional (ligado à percepção objetiva) e um estágio lógico-conceitual (ligado ao pensamento formal); o desenvolvimento para a aquisição do pensamento formal não é espontâneo, é cultural e dirigido por aquela "disciplina formal" da qual o ensino é o intérprete e que favorece "a organização dos conceitos num sistema". Vygotski, portanto, reconhece muito mais que Piaget um papel ativo ao ensino no desenvolvimento da mente e reclama um tipo de ensino mais consciente dessa sua finalidade produtiva de novas capacidades e de "mais altos níveis de desenvolvimento". A aprendizagem vem assumir um papel mais central na reflexão de Vygotski e a escola ocupa uma função crucial no desenvolvimento cognitivo da criança. Escreveu ainda significativamente Fornaca: "Com Vygotski abriam-se à pedagogia e à didática horizontes decisivamente novos, pelo papel atribuído às componentes sociais, históricas e culturais, pelo aprofundamento da incidência da instrução, pelo estudo da relação entre linguagem e pensamento, pela ênfase sobre a importância do desenvolvimento potencial e a separação da realidade, pela análise das atividades expressivas, artísticas e lúdicas e sobretudo da correlação entre desenvolvimento psicológico, socialização e formação cultural".

Com Jerome Seymour Bruner (1915), um psicopedagogo americano, professor em Harvard e atento estudioso dos processos cognitivos, influenciado por Piaget e por toda a psicologia cognitiva americana (da qual ele é um expoente de destaque), temos a tradução mais completa e mais rica dos princípios do cognitivismo na pedagogia. Partindo justamente do estudo sobre *O pensamento. Estratégias e categorias*, de 1956, que sublinhava as estruturas operativas do pensamento nos processos de categorização (ou seja, de atribuição de eventos a determinadas classificações conceituais), elabora uma pedagogia de tipo estruturalista que encontrou expressão – em *O desenvolvimento cognitivo* (1966) e em *Uma teoria da educação*, de 1967 – após um aprofundamento da psicologia cognitiva. Nessa obra, fixa as características do desenvolvimento intelectual infantil, lembrando que ele implica um complexo aparato simbólico, uma interação entre educador e educando, um papel primário confiado à linguagem e uma crescente consciência de estratégias alternativas. Em tal desenvolvimento um papel central é atribuído à representação que se realiza através da ação, através da organização visual (icônica), através da linguagem (simbólica), âmbitos que não se excluem, mas se desenvolvem no crescimento de modo a chegar "a dominar todos os três". Ação, imaginação e linguagem simbólica devem ser as três trajetórias do ensino nos diversos estágios do desenvolvimento infantil. E a escola deve organizar-se segundo uma "teoria da instrução" que tenha conta da "progressão da aprendizagem", que se estruture em torno do princípio do "reforço" (através de procedimentos capazes de tornar autocorretiva a aprendizagem), que estimule a "vontade de aprender", através da curiosidade e a valorização da competência e através dos intercâmbios recíprocos entre os membros ativos na comunidade de aprendizagem. Sobre tais bases deve ser construído o "programa" e a avaliação da sua assimilação por parte dos estudantes. Através dessa "teoria da instrução", que fixa os critérios para a transmissão da cultura, é reconhecido um papel específico à escola, o de instruir, que a torna uma instituição autônoma e central (nas sociedades complexas), já que ela eleva "a criança do círculo fechado da atividade cotidiana" e a introduz de modo consciente nas "habilidades", no "estilo", nos "valores" de uma cultura-civilização.

Bruner, entretanto, já desde 1959, quando organizou em Woods Hole (Massachusetts) um congresso para reelaborar os programas de estudo nas escolas secundárias (cujos resultados fixou depois, em 1961, num livro célebre *Depois de Dewey: o princípio de aprendizagem sobre as duas culturas)*, tinha empreendido uma nítida polêmica contra o ativismo, especialmente deweyano (mas aqui Bruner enganava-se: polemizava contra um "falso" Dewey, ativista puro e pragmatista explícito, que jamais existiu), acusado de haver posto o acento mais sobre o fazer que sobre o conhecer, realçado demasiadamente a socialização e o vínculo escola-sociedade, enquanto à escola era atribuído um papel especializado (de transmissão cultural e de formação cognitiva). Entretanto, Bruner iniciava também um reexame das disciplinas de estudo, projetando uma renovação dos *curricula* no sentido científico e uma didática das várias ciências de tipo estruturalista (empenhada em dar relevo aos conceitos-chave, estruturais, das diversas disciplinas, mais que às noções particulares, e capaz de tornar comunicáveis as ciências já a partir da segunda infância).

O estudo da função simbólica da linguagem leva, porém, Bruner a interessar-se também por formas de conhecimento não científicas, como o mito ou a arte, nas quais é central o símbolo, como imagem condensada e antecipação de posteriores conhecimentos analíticos. Essas atividades têm um papel fundamental na cultura, mas também no processo cognitivo e no seu desenvolvimento, e, portanto, também na educação, como afirma em *O conhecer. Ensaio para a mão esquerda* (1964).

Nos anos seguintes, Bruner permaneceu como uma figura central da pedagogia norte-americana, influenciando-a com seus estudos, como o de 1968 sobre *O significado da educação*, que soa um pouco como uma autocrítica, quando Bruner interroga-se sobre o valor social e político da educação e se, portanto, ela pode limitar-se a uma reestruturação dos *curricula*. A sua resposta – elaborada sob o impulso da "contestação juvenil" americana – é não: a educação deve ir mais fundo e enfrentar também os problemas econômicos e sociais que a condicionam, bem como deve repor em discussão os próprios preconceitos, a começar daquele segundo o qual existe a "inteligência-livre da cultura", enquanto ela é sempre social e historicamente condicionada, ou do mito de uma "cultura da pobreza", caro aos contestadores, que é, porém, uma subcultura e deve ser superada mediante intervenções não só educativas, mas capazes de

HISTÓRIA DA PEDAGOGIA 615

introduzir os "pobres" na cultura que, para o bem ou para o mal, domina o mundo.

O estruturalismo psicopedagógico de Bruner produziu uma série de aprofundamentos no âmbito da pedagogia cognitiva, sublinhando 1. o papel fundamental do simbólico e a sua variedade de formas; 2. as implicações escolar-instrutivas dessas descobertas cognitivas; 3. a necessidade de operar uma radical transformação da didática, reformulando-a justamente em termos estruturais; 4. a possibilidade de traduzir qualquer ideia "de modo correto e útil nas formas de pensamento próprias da criança de qualquer idade escolar". Não que faltem alguns limites nessa didática (como o prescritivismo e o normativismo, como foram destacados pelo próprio Bruner que os põe como as características-chave da sua "teoria da instrução" ou o racionalismo da sua visão da mente), mas eles não enfraquecem o empenho de racionalização do ensino que tal pensamento contribuiu para criar na escola contemporânea, retomando os seus objetivos instrutivos e cognitivos.

Um posterior incremento à educação no sentido cognitivista veio das "teorias do currículo" e das tecnologias educativas, como também das pesquisas de psicopedagogos empenhados na análise do trabalho escolar. Quanto às teorias do *curriculum*, elas se desenvolveram sobretudo na área anglo-saxônica, em sintonia com uma situação escolar que concede ampla autonomia e liberdade de programação às várias escolas, às quais a reflexão pedagógica deve dar orientações e conselhos sobre como proceder e por que proceder segundo um determinado modelo de organização cultural. Reflete-se sobre o *curriculum* para planejar o ensino, mas assim fazendo se vão fixando critérios para "fazer um *curriculum*", como fez (após as reflexões de Dewey, em 1902, em *A criança e o currículo* e de Franklin Bobbitt, sobre *Como fazer um currículo*, em 1924) Ralph W. Tayler em 1949 em *Princípios basilares do currículo e da instrução* (que insistia sobre as finalidades e sobre as experiências que devem realizá-las), depois toda uma série de autores ingleses e americanos que elaboram critérios metacurriculares para construir *curricula*, como aqueles relativos aos âmbitos dos "objetivos", dos "conteúdos", dos "métodos" ou aqueles que versam sobre a "programação" (educativa e didática) e sobre a "avaliação" (contínua e final), para chegar às pesquisas de Joseph J. Schwab sobre *A estrutura do conhecimento e o currículo* (1964), de clara raiz estruturalista,

616 FRANCO CAMBI

que se dedicam a organizar os conhecimentos segundo critérios de ordem, de leis, de articulação em disciplinas que devem agir como fatores de especialização e de unificação dos saberes, ao mesmo tempo, mas também segundo critérios de distinção entre o teórico, o prático e o produtivo. A discussão sobre os *curricula* tornou-se riquíssima sobretudo nos anos 70-80, ativando pesquisas bastante significativas também em países, como a Itália, que são alheios a essa tradição de autonomia programática na escola e produzindo também neste caso estímulos para uma renovação e uma profissionalização da consciência-docente e da práxis didática.

Com as novas tecnologias educativas, operadas pelas pesquisas do neocomportamentalismo de Skinner e pelo desenvolvimento da *computer science*, veio se delineando uma centralidade sempre maior atribuída às máquinas nos processos de ensino e aprendizagem (não mais suportes, mas protagonistas do ensino): como a calculadora, o televisor, os vídeos, os computadores. Desse modo, transformou-se radicalmente o modo de aprender-ensinar: tornou-se mais impessoal, mais controlável, mais microestruturado, mais capaz de autocorreção (através do *feedback* dos circuitos cibernéticos, que é um voltar atrás para modificar o próprio operado e obter resultados melhores). As diversas máquinas para ensinar, segundo Skinner, são pedagogicamente positivas porque permitem a autocorreção, porque seguem o ritmo natural da aprendizagem, porque têm uma sequência coerente. A esse âmbito cognitivista-didático de pesquisa pertencem também as investigações de Benjamin S. Bloom (1913) que, em *Taxonomia dos objetivos educacionais*, de 1956, punha em foco uma "pedagogia dos objetivos" escolar-educativos individualizados em duas áreas (cognitiva e afetiva): na primeira, centrais são conhecimento, compreensão, aplicação, análise, síntese, avaliação; na segunda, recepção, resposta, valorização, organização, caracterização do valor. Tais pesquisas foram prosseguidas por J. P. Guildorf e por R. M. Gagné, que posteriormente enriqueceram a análise das "condições da aprendizagem" com o objetivo de permitir uma mais eficaz e compreensiva programação didática. Nesse sentido, também operou a metodologia do *mastery learning* (aprendizagem por predominância), que quer construir uma didática individualizada, "sob medida" do aluno, registrando os seus pontos de partida, seus itinerários de desenvolvimento, seus pontos de chegada na aprendizagem. Nesse âmbito, o docente deve intervir, ativando escolhas

HISTÓRIA DA PEDAGOGIA 617

e promovendo orientações. Desse modo, "alunos e docentes" estão em condições "de conhecer os níveis de aprendizagem atingidos para poder enfrentar com metodologias adequadas as situações que apresentam maiores dificuldades" (Fornaca).

O complexo itinerário realizado pela pedagogia cognitiva e pelos seus "entornos" produziu uma renovação radical na pedagogia escolar, que se tornou mais racionalizada e mais eficaz, o que deslocou o eixo da pedagogia para os processos de aprendizagem, qualificando-a no sentido instrutivo, e atribuindo-lhe, desse modo, um papel crucial no âmbito das sociedades industriais avançadas, caracterizadas pelo crescimento das informações e pela difusão das tecnologias.

4 1968: CRÍTICA DA IDEOLOGIA, DESESCOLARIZAÇÃO E PEDAGOGIAS RADICAIS

Os movimentos de 1968, estudantis, políticos, culturais, ativaram um processo que foi, ao mesmo tempo, uma "revolução cultural" e uma "revolta juvenil", que invadiram a sociedade, atravessaram as ideologias, envolveram as instituições, bem como os saberes e, sobretudo, os lugares onde estes se elaboram e se aprendem (as escolas, as universidades). Iniciados nos *campi* universitários americanos, depois disseminados na Europa, na Alemanha, na Itália e sobretudo na França, tais movimentos deram lugar a uma fogueira ideológico-cultural inspirada nos pensamentos dos "três M" (Marx, Mao, Marcuse), orientada segundo os princípios do marxismo revolucionário, mas também segundo inspirações anárquicas, referências trotskistas à "revolução permanente", comportamentos de extremismo contrários tanto aos reformismos social-democratas quanto aos comunismos bloqueados dos países do Leste. Nesse cadinho de pensamento revolucionário relança-se o primado do político e, portanto, a crítica à ideologia dos saberes e das instituições sociais, para operar uma renovação radical da sociedade, que se nutra das tensões da utopia.

O exemplo, talvez, mais alto dessa revolução cultural juvenil foi o "maio francês", isto é, as lutas estudantis ativadas em Paris e alhures para obter transformações na escola/universidade e na política. A luta foi frontal entre jovens e governo, mas nutriu-se – por parte dos movimentos es-

618 FRANCO CAMBI

tudantis – de um pensamento criativo e ousado, que visava a uma requalificação total da vida social. Os *slogans* elaborados pela luta (como "A imaginação no poder" ou "Sejam realistas, peçam o impossível") punham bem em foco essa profunda tensão utópica da experiência francesa de 1968.

Em outras partes, as situações foram diferentes: nos EUA, foi sobretudo o saber acadêmico a ser desmascarado no seu oculto ideologismo, na sua não neutralidade, e foi atacado por uma crítica radical (pense-se em Marcuse, o grande expoente americanizado da Escola de Frankfurt que, com o seu *One Dimensional Man* [*A ideologia da sociedade industrial*], de 1964, havia submetido a uma revisão crítica o saber e a vida social tal como eram organizados nas sociedades neocapitalistas), como também foram as escolas e as universidades postas em discussão, quanto aos fins educativos que assumiam e a cultura que transmitiam, alimentando também uma contracultura juvenil que, da poesia à música, da literatura à filosofia, nutria-se de sugestões orientais e de apelos à comunicação mais autêntica entre os sujeitos, como indicavam os *hippies* ou "filhos das flores", ligados a uma cultura não violenta e erótica.

Na Alemanha, apelou-se para uma retomada mais criativa do marxismo, anti-stalinista, influenciada pela Escola de Frankfurt e aberta a experiências mais libertárias como as de Wilhelm Reich, que visava a uma síntese entre psicanálise e marxismo. Os textos de Reich, como os do Sex-pol (movimento que conjuga psicanálise e política), circularam em quase toda a Europa e trouxeram à luz, na esteira também do Marcuse de *Eros e civilização* (1955), uma "revolução sexual" e erótica como componente do marxismo, relida fora dos seus horizontes dogmáticos e repressivos. Como circularam também os textos de Rudi Dutschke, o teórico mais agudo do 68 alemão, ao lado de Hans Jürgen Krahl, intérpretes de um marxismo capaz de reativar e de repensar a revolução, através do desenvolvimento da consciência de classe e segundo uma perspectiva antiautoritária.

Na Itália, o "movimento dos estudantes" inseriu-se numa revolta sindical e operária, investiu com uma crítica frontal sobre o PCI e deu vida a uma constelação de grupos, extremistas e orientados segundo as diversas teorias do marxismo, de Lenin a Trotski, Mao, Che Guevara etc. Assim o movimento se politizou e degenerou no ativismo do Poder Operário e da Luta Contínua, deixando o campo das elaborações culturais a grupos de intelectuais, a revistas que permaneceram um pouco ocultas, mas que produziram um trabalho notável de releitura do papel e da identidade da cultura, dos vários saberes, até a pedagogia. Tal foi o papel de *Quaderni Piacentini* (revista que se renova profundamente entre 67 e 68), da revista *Aut-Aut* (que acolhe uma análise crítica do marxismo, revisitando-o através da perspectiva fenomenológica), de *L'Erba Voglio* (revista milanesa de ação e reflexão educativas, nutrida pelos princípios do pensamento antiautoritário e da antipsiquiatria).

Seja como for, em toda a Europa, vem se delineando um novo modo (teórico-prático) de enfrentar os problemas da educação, de interpretar a instituição-escola (e a instituição-família), de elaborar reflexões pedagógicas e de fixar seu papel social e político. Era um modo radicalmente crítico que tendia a reconduzir as intervenções educativas e as teorizações pedagógicas à matriz da ideologia (entendida, marxistamente, como falso pensamento, guiado por interesses de classe e por intenções de hegemonia sociopolítica, portanto não neutro – nem mesmo onde se define científico – e que oculta, vela a realidade, mais do que faz conhecê-la, ainda que seja uma forma de pensamento historicamente necessária, não eliminável, numa sociedade dividida em classes). Assim, a pedagogia e a escola são os lugares – um, teórico, outro, prático – em que a ideologia se reproduz, ou se legitima e se programa na sua expansão ou, de fato, se estende na consciência individual e social. Louis Althusser, na França, e Angelo Broccoli, na Itália (já lembrados), foram os teóricos mais explícitos desse ideologismo da pedagogia e da escola e operaram uma crítica da ideologia de base política (e não mais *apenas* teórica) para desmascarar e renovar através da ação social e política, justamente, a ideologia pedagógica e o seu papel de reprodutor da própria ideologia.

A crítica da ideologia escolar e a da ideologia pedagógica foram os temas mais significativos do debate de 68 no tocante à educação. E em torno de tais temas se desenvolveram pesquisas teóricas e históricas, tendentes a individualizar tanto a modalidade de ação da ideologia dentro da instituição escolar, através de programas, livros de texto, cultura e mentalidade dos docentes, práticas didáticas gerais e especiais (isto é, relativas às diversas disciplinas), quanto as formas históricas assumidas pela ideologia nos vários momentos de desenvolvimento da escola contemporânea, como, por exemplo, a etapa oitocentista tardia, burguesa e nacionalista, ou a dos totalitarismos fascistas/nazistas na Itália e Alemanha, com suas práticas militaristas, com a organização escolar centralizada e autoritária, com o objetivo de formar indivíduos para os quais fosse prioritário "crer, obedecer, combater". Desse modo, veio-se elaborando uma leitura crítica da escola que colheu de modo mais articulado o seu papel social e o seu funcionamento interno, a sua própria identidade ambígua: ora dedicada a "formar consciências" mais livres, mais cultas, mais capazes de emancipar-se dos condicionamentos sociais, ora, pelo contrário, a conformar os sujeitos a regras sociais precisas, a ideias e ideais coletivos, a concepções do mundo já definidas e a serem assumidas como meta da formação individual.

A pedagogia – como saber institucionalizado e como saber *tout court* – também é "desmontada" nos seus condicionamentos e no seu papel ideológico. Foi desmistificada, foi desmascarada nos seus processos, atitudes e valores autoritários, na sua colocação a serviço da sociedade como ela é (e portanto como espelho e regulador da ideologia), na sua configuração como ciência entre outras ciências (as humanas, auxiliares do seu saber), todas elas carregadas de ideologia, ligadas ao seu papel social – de justificação da ordem desejada pelo poder – e à epistemologia avaliativa, neutral, que a guia. A pedagogia é um saber sempre alinhado, mas que *deve* alinhar-se *pela* emancipação, *pela* libertação do homem, como sujeito-indivíduo e como gênero.

Nesse clima de revisão radical, dos processos educativos e do saber pedagógico, vieram se afirmando alguns modelos "alternativos" (como foram chamados) que se orientavam sobretudo para princípios e valores "outros" em relação aos burgueses e capitalistas, saturados de ideologia conformista-autoritária e repressiva. Foram significativas sobretudo as pedagogias da autogestão na França, com Georges Lapassade (1924), em particular; ou aquelas da desescolarização, na América Latina e depois na Europa, com Ivan Illich (1922) e Paulo Freire (1924-1998), como também na Itália a experiência de "contra escola", representada de modo exemplar por Dom Lorenzo Milani (1923-1967) e pela sua "escola de Barbiana". Foram modelos que pretendiam romper com práticas escolar-educativas tradicionais, formalistas, conformistas e favorecer, pelo contrário, processos de formação mais abertos e capazes de dar vida a sujeitos mais criativos, mais independentes, orientados também para a

HISTÓRIA DA PEDAGOGIA 621

discordância. Por trás e para além dessas experiências se vinha delineando um modo de fazer pedagogia de tipo crítico-radical, liberado da visão burguesa das ciências e dos processos formativos (ideológica, como dissemos, a primeira; conformistas, os segundos), inspirados, porém, no princípio/valor da "diferença" (isto é, no pluralismo das escolhas pedagógicas e da alteridade, que deve ser o critério-guia de toda verdadeira pedagogia progressista, portanto autônoma como saber e orientada segundo valores emancipativos na práxis). Tanto na França como na Itália, um bom número de pedagogos orientou-se para esse modelo de pedagogia, recorrendo ora a Marx, ora a Freud e dando vida a uma pedagogia libertária e crítica, antirrepressiva e dialética, capaz de emancipar, ao mesmo tempo, tanto o indivíduo quanto a sociedade, inspirando-se no marx-freudismo e no pensamento nietzschiano ou em mitos de regeneração evangélico--decadentes, como ocorre com René Schérer, com Giovanni M. Bertin, com Pier Paolo Pasolini.

Com Lapassade, num pensamento extraído de Nietzsche, Freud e Heidegger, destrói-se *O mito do adulto* (1963), que pesou de modo determinante sobre a pedagogia ocidental, contrapondo-lhe, porém, a infância como idade da "incompletude" e como esforço para "entrar na vida" de modo autêntico e criativo; infância que deve ser valorizada e salvaguardada por uma "pedagogia institucional" que ponha em crise a práxis pedagógico-escolar tradicional e desenvolva a "autogestão pedagógica" para operar a reviravolta educativa que valorize e promova a natureza genuína da infância e venha assim contestar as formas habituais de educação, libertando os alunos, os docentes e os próprios pedagogos, como afirma em *L'autogestion pédagogique*, de 1971. A prática da autogestão encontrará depois amplo destaque tanto teórico como aplicativo, na França ou na Itália, seja com M. Lobrot e A. Vasquez ou F. Oury, os teóricos da "pedagogia institucional", seja no grupo de *"L'Erba Voglio"* em Milão, com Elvio Fachinelli.

Com Illich, Freire ou Paul Goodman e Everett Reimer estamos diante de teóricos da desescolarização: é preciso desescolarizar a sociedade para afastar a aprendizagem e a formação das jovens gerações da ideologia do poder e reportar tais processos dentro de toda a sociedade, dando vida a uma pedagogia e uma aculturação alternativas àquelas operadas pela escola, capaz de favorecer a independência dos jovens e um melhor treinamento para o "sentido da descoberta". Destruída a escola (*Sociedade sem escolas*, de 1971, e *Destruir a escola*, de 1972, são, de certo modo, os textos-chave de Illich), deve-se organizar uma aprendizagem difusa em diversos momentos e âmbitos da vida social, evitando institucionalizá-la e deixando-a acontecer de maneira informal. O seu verdadeiro escopo não é a profissionalização do indivíduo (que só é funcional para o poder e a "nação"), mas a formação humana e social de cada homem, que o prepare para viver de modo "convivial" com os outros homens. Segundo Paulo Freire, uma pedagogia alternativa tem uma consciência política precisa: *A pedagogia do oprimido* (1968) coloca-se do lado dos pobres, dos últimos, ativando processos de aprendizagem que vão muito além da simples alfabetização, para realizar uma "conscientização"; esta se desenvolve como reconquista da linguagem, capacidade de tomar a palavra, análise dos significados e sua recolocação histórica e social, de modo a produzir a emancipação das consciências das classes mais deserdadas e elevá-las a uma participação na vida civil, até mesmo a uma reapropriação desta última. Na pedagogia da desescolarização está presente um forte apelo político e profético; o seu radicalismo é socialmente orientado, é destinado ao resgate dos grupos sociais mais marginais e se nutre, portanto, de um forte impulso utópico, além de um empenho revolucionário.

Tais características estão, em parte, presentes também na experiência de contra escola (e não de desescolarização, à qual é totalmente estranha e contrária) operada em Barbiana por D. Milani. A *Carta a uma professora: pelos rapazes da escola de Barbiana*, saída do trabalho da escola de D. Milani em 1967, é uma nítida condenação da escola burguesa, classista, discriminatória, incapaz de superar o divórcio entre cultura e trabalho (e entre classes sociais orientadas a fruir e produzir cultura ou a produzir artefatos e força de trabalho). Contra essa escola desmascarada nos seus conteúdos culturais e nas suas práticas didáticas explicitamente de classe, da qual os docentes são as vestais, em Barbiana se faz escola trabalhando o dia inteiro em torno de uma cultura não formalista, discutindo e escrevendo, reapropriando-se assim da palavra e, ao mesmo tempo, da autonomia do pensamento e de um instrumento de emancipação e crescimento social. Mesmo nos limites de uma experiência escolar particularíssima, ligada a uma personalidade excepcional, em condições muito particulares (uma aldeia perdida nos montes Apeninos), com privilégio quase exclusivo do ensino linguístico; mesmo nos limites de uma fortíssima politização, a experiência de Dom Milani teve larguíssimo sucesso, atuou sobre o 1968 italiano, foi conhecida, apreciada e discutida, revelando-se, no final das contas, como uma das experiências de ponta e (ainda que alheia a ela pela gênese e pela organização) exemplar da "contestação" estudantil e escolar, onde o ideologismo, o princípio emancipativo e igualitário, as tensões utópicas (inclusive na escola) de 1968 encontraram espaço de afirmação ativa e de realização.

Quanto à "pedagogia da diferença", encontrou primeiro na área francesa os seus defensores mais radicais, estimulados sobretudo pelo marxismo e pelo freudismo, os quais deram vida a uma pedagogia antiautoritária dedicada a interpretar a criança como emblema de uma humanidade diferente em relação àquela caracterizada pela tradição cristã-burguesa (alienada, conformista, egocêntrica): a criança interpreta um modelo humano mais livre, perverso-polimorfo, mais comunicativo e anticonformista (com seus desejos de fuga, de vagabundagem, com suas pulsões eróticas não caracterizadas no sentido exclusivamente genital). Entre as vozes francesas da pedagogia da diferença destaca-se em particular René Schérer que, com o seu *Emílio pervertido* (1974), move uma crítica radical da educação tal como é praticada no Ocidente (e na Modernidade, de modo particular), como prática de vigilância da criança e que produz a sua castração (como perda do seu polimorfismo sexual e da liberdade do seu desejo). É preciso, pelo contrário, libertar a corporalidade infantil e as suas "perversões", como também favorecer a sua emancipação do controle dos adultos, favorecendo a fuga e o "co-ir" (sair com outras figuras adultas, diferentes dos pais). A pedagogia deve redescobrir e fortalecer a diferença da infância, afirmando seus direitos de maneira radical, dando lugar a um modo subversivo e anticonformista de fazer pedagogia, ainda que carregado de riscos: antes de tudo chegar a uma mitificação (e a uma visão aistórica) da infância.

Na Itália, dois modelos pedagógicos caracterizaram-se na direção da diferença. Bertin, no curso dos anos 70, desenvolveu o seu racionalismo crítico (inspirado na lição filosófica de Banfi e orientado para valorizar a formação racional do sujeito segundo uma ideia de razão problemática e aberta) em estreito contato com o pensamento de Nietzsche, propondo os valores da diferença e da criatividade existencial como objetivos da

624 FRANCO CAMBI

formação. Bertin recorre às características do super-homem de Nietzsche (espírito nobre; dança = liberdade e alegria etc.) e reclama uma educação que valorize a formação de uma personalidade inquieta, original, aberta à mudança e à discordância, como afirma, após a síntese racional-crítica de 1969 de *Educação à razão*, em *Nietzsche. O inatual, ideia pedagógica*, de 1917, sucessivamente até *A razão proteiforme e o demonismo educativo*, de 1987.

Com Pasolini, porém, estamos fora do âmbito pedagógico no sentido estrito: estamos diante de uma consciência educativa muito sensível e inquieta, capaz de reviver as exigências formativas dos jovens e de iluminá-las através de um diálogo íntimo de "mestre". São, sobretudo, suas crônicas em revistas semanais, de diálogo com os leitores, que manifestam plenamente essa capacidade educativa de Pasolini e o seu objetivo de educar para a diferença, para outros valores, não consumistas, mas de comunicação e de qualificação existencial, como atesta plenamente o seu pequeno tratado pedagógico de 1975, *Gennariello*. Ainda na última fase da sua vida, Pasolini tornou-se também educador da sociedade civil, através de escritos que pretendiam provocar uma recusa da ética neocapitalista e o retorno a um tipo de convivência social (e de identidade humana) que valorizasse as instâncias comunitárias, a simplicidade e a legitimidade das necessidades, segundo um *iter* que lembra em parte o rousseauniano e do qual são testemunhas tanto os *Escritos corsários* (1975) como as *Cartas luteranas* (1976).

Em conclusão, 1968 alimentou um amplo movimento no campo educativo, escolar e pedagógico, que atingiu quase todas as áreas geográfico-culturais e incidiu em profundidade sobre a identidade da pedagogia, segundo três direções, sobretudo. Primeira: trouxe-a de volta à sua fundamental politicidade, já que educar, ensinar, pensar a educação são atividades sociais, que se desenvolvem num tempo histórico, segundo objetivos específicos, ligadas a valores, a concepções do mundo, a interesses sociais. A pedagogia é um saber *também* político e deve assumir conscientemente sua própria politicidade, pondo-se em sintonia com as forças sociais mais progressistas que trabalham para a emancipação do homem, de todos os homens. Política e utopia vêm conjugar-se na pedagogia. Segunda: a pedagogia deve ser revista criticamente na sua tradição, pondo às claras suas insuficiências e condicionamentos, sobretudo ideológicos, desmascarando-os e projetando um pensar/fazer educação que se emancipe dessa condição de subalternidade, sem cair, porém, no mito da ciência, de uma neutralidade da ciência (neste caso, das ciências da educação), delineando-se, pelo contrário, como um saber dialético, caracterizado sobretudo no sentido *crítico*. Terceira: a focalização de novos modelos formativos (antropológicos, sociais, culturais) que visam a uma condição desalienada da vida individual e social, caracterizada no sentido libertário, antiautoritário, erótico e criativo, que se colocam numa trajetória explicitamente utópica.

Nesse amplo, variegado e complexo movimento existe também um aspecto que marcou sua identidade no sentido menos convincente, em relação ao seu comportamento crítico-radical: o extremismo, e em dois sentidos: como a ilusão de poder recuperar o grau zero do pedagógico-educativo, de reconstruí-lo *ab imis fundamentis*, ultrapassando a tradição e refundando a história; e como a vontade de agir dentro da revolução, com vistas à revolução, como se esta fosse sempre e de qualquer modo possível, através de um ato voluntário ou organizativo. O extremismo caracterizou em profundidade as pedagogias que se originaram da experiência de 1968, mostrando – ao mesmo tempo – tanto seus limites quanto o valor e a função de reviravolta, de reviravolta radical, que ele exerceu. Reviravolta pela qual estamos ainda hoje condicionados, tanto no plano teórico (qual é a identidade da pedagogia? de que saber se trata? como ele age na sociedade?) quanto no prático (na relação educativa submetida a retornos de autoritarismo, ou na organização escolar, que ainda não ultrapassou as contradições que 1968 fez explodir).

5   A ESCOLA DO PÓS-GUERRA ATÉ HOJE

A instituição-escola, nos países industrializados e socialmente mais avançados, caracterizou-se por um papel social cada vez mais central e por uma organização cada vez mais aberta, cada vez mais capaz de colocar-se em sintonia com uma sociedade em transformação através da prática das "reformas", ainda que às vezes pareçam pouco orgânicas e colocadas um pouco a reboque das pressões políticas, por parte de classes, de grupos ou de partidos. De 1945 até hoje, nesses países, a escola caracterizou-se: 1. pelo seu crescimento no sentido social; 2. pelo seu papel no desenvolvimento econômico; 3. pela função exercida na ordem democrática; 4. pelas fortes tensões reformadoras, inclusive nas formas mais radicais, como aquelas expressas em 1968. Mesmo depois da tempestade da "contestação estudantil", a escola se reagrupou em torno desses problemas de estrutura e continuou a interrogar-se e a reprojetar-se em torno deles, embora – muitas vezes – com um desejo de retorno à ordem que expressou impulsos neoliberais e comportamentos conservadores, tanto na política escolar quanto na práxis administrativa da escola. E a Itália, nesse complexo processo, assumiu uma posição quase exemplar, justamente pelas contradições que, também neste âmbito, a caracterizam em relação aos outros países avançados e ocidentais (contradições políticas, ideológicas, de organização estatal etc.).

O crescimento social da escola manifestou-se através da alfabetização de massa, da elevação em quase toda parte da obrigatoriedade escolar (a 14 e a 16 anos) e da adoção de um papel (cada vez mais nítido) de mobilidade social. Foi só com o segundo pós-guerra que as massas em quase toda a Europa tiveram acesso concreto à escola até a pré-adolescência, assimilando comportamentos cognitivos, informações e habilidades que as introduziram a pleno título na história e na vida dos vários países, tornando-as sujeitos também politicamente mais ativos e responsáveis. Desse modo, o "povo" elevou-se a condições de cidadania, tornou-se a pleno título protagonista político e social: a escolarização opera uma ascensão social, numa sociedade que se tornou cada vez mais móvel e num mercado de trabalho que se tornou cada vez mais articulado e em expansão/transformação. Nas sociedades industriais e democráticas as competências profissionais favorecem uma passagem entre os grupos e até entre as classes sociais, operando uma transformação profunda do poder social, tanto pela extração dos membros que o exercem quanto pela ideologia e mentalidade que o distinguem (fortemente elitistas).

Tudo isso permite também sublinhar o papel da escola no desenvolvimento socioeconômico, central nas sociedades industrializadas onde a mão de obra operária também deve ser suficientemente aculturada, de modo a poder operar máquinas mais sofisticadas e poder organizar o próprio trabalho de modo mais móvel e aberto. As solicitações para a ampliação da obrigatoriedade escolar vieram não só dos políticos (para realizar uma verdadeira democracia participativa, prevista pelas constituições dos países mais avançados), mas também dos industriais e economistas (para melhorar as prestações da força de trabalho, em sintonia com os novos processos de produção). A escola deveria profissionalizar-se, formar especialistas para os vários âmbitos da produção, além de difundir uma cultura de base mais sólida e mais rica. Se a escola média vinha cobrir esta segunda exigência, a escola secundária deveria responder à primeira, sobretudo à primeira, articulando-se – ainda que de forma flexível e não exclusiva – em muitas direções de tipo profissional.

A escola é assim submetida a uma dupla instância: por um lado, difundir a cultura desinteressada, que forma e nutre a inteligência e a pessoa; por outro, criar perfis profissionais. São duas instâncias conflitantes entre si que alimentaram os debates em torno da identidade da escola secundária em quase todos os países (unitária ou articulada por orientações? mesmo poucas e gerais) e levaram a soluções diferentes ou híbridas, sublinhando como as duas exigências não são, ambas, elimináveis e como esse problema permanecerá durante muito tempo – caso por caso, momento por momento – como um problema aberto, a ser resolvido com compromissos revogáveis e de fato sempre revogados.

Quanto à contribuição dada pela escola para o crescimento das sociedades democráticas, já dissemos alguma coisa. Deve-se acrescentar que, além de formar cidadãos a pleno título, mais conscientes e, portanto, mais capazes de participar da "coisa pública", a escola prepara – no seu próprio interior – e preparou cada vez mais para o exercício da democracia, difundindo práticas de discussão, de diálogo, de confronto coletivo, e isso ocorreu até em 1968, mesmo nas assembleias do movimento estudantil (bastante ideologizadas e conformistas), já que prepararam gerações inteiras para o intercâmbio, até para o choque de ideias e de posições e para operar escolhas coletivas, embora muitas vezes de modo demasiado uniforme e convergente, sem dar voz a minorias e a diferenças. E esse foi outro ponto de honra – mesmo com todas as suas distorções, riscos e desvios – da escola contemporânea e que a diferenciou profundamente da tradicional (passiva e autoritária).

Ao mesmo tempo, porém, justamente essa consciência democrática, de prática de vida democrática, que atravessou a escola, produziu a condenação (primeiro o reconhecimento, depois a condenação) do seu papel ideológico, que existe e é central, e está ligado às suas estruturas, mas também aos seus conteúdos (aos programas de ensino, à cultura que os alimenta). A escola, diz Louis Althusser no seu ensaio de 1970, já lembrado, age no sentido da reprodução, seja da força de trabalho e das suas divisões internas e distinções seja da ideologia, da visão do mundo própria da classe social que está no poder e que interpreta, por sua vez, seus interesses. A cultura escolar é sempre ideológica, como ideológica é a organização da vida escolar, com seus horários, seus papéis, suas práticas disciplinares. As teses de Althusser, como dissemos, produziram um novo modo de ler a escola, bastante próximo das críticas de 68 e das suas categorias marxistas, tiveram larguíssima difusão, mas fizeram perder de vista tanto o papel necessariamente profissionalizante próprio da escola numa sociedade complexa e diferenciada no seu mercado de trabalho quanto a função libertadora, de dissensão que exerce a cultura, também na sua roupagem escolar, alimentando práticas argumentativas e tensões críticas, como experimentava a própria contestação que, entretanto, era filha da cultura escolar (filosófica, histórica, sociopolítica etc.).

A escola contemporânea parece assim dividida por esses quatro aspectos problemáticos que, no curso dos decênios, entrelaçaram-se e acentuaram-se de maneira variada, mas também marcharam juntos para dar à escola o perfil complexo que lhe é próprio nas sociedades industriais avançadas e democráticas e para manter abertos aqueles problemas de estrutura (e antinômicos, contraditórios) que ainda hoje a atravessam: a oposição entre escola de massa e escola de elite, entre escola de todos e escola seletiva; a oposição entre escola de cultura (desinteressada) e escola profissionalizante (orientada para um objetivo); a oposição entre escola livre (caracterizada pela liberdade de ensino, como quer uma instância de verdadeira cultura na escola) e escola conformativa (a papéis sociais, a papéis produtivos). São, justamente, problemas abertos, que ainda caracterizarão por muito tempo a escola nos decênios vindouros (é previsível), e que devem ser enfrentados sem exclusivismos e sem fechamentos, com a nítida consciência de que a escola contemporânea é, ainda, uma escola em transformação, que procura dar resposta a situações sociais, culturais e de mercado de trabalho profundamente novas, e em contínuo devenir.

Um reflexo bastante significativo desses problemas temos também na escola italiana de 1945 até hoje, submetida, ao que parece, a uma radical transformação, ainda que enfrentada, especialmente pela classe política, com timidez e oscilações paralisantes. O primeiro dado da escola na Itália é o seu crescimento democrático: já com a Carta Constitucional de 1948 é reconhecido o direito à instrução para todos os cidadãos, em escolas do Estado, capazes de formá-los cultural e politicamente como sujeitos autônomos e responsáveis (os artigos 3 e 4, depois, 33 e 34 da Carta fixam esses direitos), depois a reforma da escola média de 1962 (que unifica os triênios pós-elementares numa escola sem latim e mais aberta às ciências) eleva a formação de base de todos os cidadãos e ao mesmo tempo aumenta a taxa de escolarização em todo o país, em toda ordem de escola, desde a maternal até a universidade (algumas indicações para a universidade: em 1945-1946 são inscritos 189.665 estudantes; em 1985-1985 são inscritos 763.159; os diplomados são 21.453 em 1947-1948 e 72.148 em 1985-1986, dos quais 44% são mulheres contra 29% de homens). Aspectos centrais, mas oscilantes são aqueles ligados à profissionalização (que permaneceu confiada a uma miríade de institutos secundários, com objetivos profissionais muito pouco racionais e que jamais foram submetidos a processos de reordenação e de controle: dizem que tais institutos são hoje, na Itália, cerca de 200 ou mais ou menos 100, e essa confusão de números já é significativa) ou à denúncia do ideologismo (que foi verdadeiro sobretudo para a escola pré-68, ainda saturada de autoritarismo, de conformismo, de ideologismo burguês, já a partir dos programas de estudo para chegar à vida escolar, à gestão administrativa; mas que é muito menos verdadeiro para a escola atual, mais pluralista, mais independente, mais autocrítica, sobretudo por parte dos docentes que adquiriram até uma consciência mais plena do seu "profissionalismo social", como o definiu De Bartolomeis).

Tais oscilações influenciaram sobretudo a escola secundária e a universidade. A escola secundária, a partir de 1970, mergulhou numa discussão infinita sobre suas próprias reformas, com a contraposição de modelos bastante diferentes (um, unitário; outro, por "orientações") que jamais conseguiram uma mediação recíproca e que, após decênios de debates, de esboços, de projetos, jamais chegaram a nada (a não ser a uma reforma "rastejante" que parte dos programas, empreendida em nível burocrático e não político). O acesso à universidade foi liberalizado já em 1969, depois nada de significativo ocorreu, a não ser, em 1980, um reordenamento da docência (mas trata-se de um problema administra-

630 FRANCO CAMBI

tivo) e depois, em anos muito recentes, a aprovação das novas "tabelas" (= planos de estudo obrigatórios) para os vários cursos com diploma e a lei para a autonomia universitária.

A escola italiana, mesmo ampliada com intervenções políticas (a Constituição, 1962, 1968 com a escola maternal estatal, 1974 com os Decretos Delegados que inauguram a "gestão social" da escola, aberta a docentes, pais e alunos) e com iniciativas administrativas (os programas para a escola elementar em 1945, mais democráticos, em 1955, de marca espiritualista, em 1985, de orientação cognitivista; os programas para a escola média em 1963 e depois em 1977; com a reforma do exame de Estado em 1969 e dos acessos universitários: exame de Estado que prevê só duas provas escritas e duas orais, acessos universitários liberalizados etc.), manifesta ainda hoje uma aparência de atraso e de escassa eficiência, especialmente nos níveis superiores, onde a ausência de um desenho orgânico e a presença de um corpo docente escassamente qualificado criaram dificuldades para a projeção do novo e para a experimentação de novas vias didáticas que a lei permite, embora não dê instrumentos de apoio (como foram – embora não em geral e de igual maneira – os IRSSAE). A escola italiana procedeu por *stop and go*, segundo um itinerário não orgânico feito de saltos, que não favoreceu sua eficiência, ainda que tenha transformado profundamente suas características: sua identidade e sua função.

6 *MASS MEDIA* E EDUCAÇÃO

Com o advento da "indústria cultural" e dos *mass media* produziu-se uma verdadeira e própria revolução pedagógica, talvez uma das mais fundamentais do nosso tempo, que justamente no segundo pós-guerra manifestou-se em toda a sua potência, de difusão e de incidência. Os chamados "persuasores ocultos" ocuparam um espaço cada vez mais amplo na formação do imaginário coletivo, influindo diretamente sobre a consciência pessoal de cada indivíduo, sobre seus níveis de aspiração, sobre seus gostos, comportamentos, consumos, chegando a regular em larga medida a sua identidade e, portanto, também a das massas. Desde a imprensa de massa (jornais políticos, jornais esportivos, mimeógrafos, qua-

HISTÓRIA DA PEDAGOGIA   631

drinhos etc.) até o cinema, desde o rádio até o disco e a televisão, foi posto em movimento um processo de produção de mitos e de visões do mundo que alimentou a fantasia das massas e vinculou suas ideias e comportamentos. Os *mass media* foram verdadeiros e próprios educadores, informais, até ocultos, mas educadores de primeiro plano, que se tornaram potentíssimos através do meio televisivo que revoluciona a percepção e a conceitualização (elementarizando-a, separando-a da linguagem verbal e resolvendo-a sobretudo em imagens), agindo em profundidade já desde e sobretudo na infância, deixando a marca na mentalidade coletiva (infantilizando-a, como sublinhou Postman).

A primeira formação do imaginário não passa mais pelo mundo familiar ou das culturas locais, a não ser uma escassa parte, mas, antes, é dominada pela televisão, absorvida pelas crianças europeias por cerca de 5 horas ao dia e pelas americanas por cerca de 7 horas. E, agindo sobre o imaginário, penetra com seu alimento e seu veneno em toda a personalidade infantil, adolescente e juvenil (sobretudo), determinando condicionamentos de gênero variado: provocando homologações planetárias, transcontinentais e transculturais (a "aldeia global"), ativando processos cognitivos diferentes do passado (se "o meio é a mensagem", como foi dito, a linguagem icônica da televisão empobrece ou substitui a inteligência verbal, conceitual, lógica, com notáveis riscos para a cultura e para a identidade psíquica dos sujeitos) e regulando modas, consumos, modelos de comportamento, afirmando-os como autorizados através da visão reiterada e a fruição imediata que ela produz.

Entretanto, o controle e a organização dos *mass media* tornou-se doravante uma verdadeira indústria: uma produção regulada pelas leis de mercado (demanda e oferta, concorrência) e pelas transformações do mercado (concentração, monopólio) que se liga cada vez mais à lógica econômica, por um lado, e à ideologia dos grupos dominantes, por outro. O que se quer obter é a *padronização* dos comportamentos difundidos junto ao público sob formas persuasivas e através de uma série de expedientes (o final feliz nas narrativas, a presença das "estrelas", o modelo jovem de vida etc.) reiterados e portanto ativos, com vigor e profundidade para fazer prosperar os novos mitos na consciência.

A cultura veiculada pelos *media* é uma cultura de massa baseada no princípio do lazer, que penetra por toda parte. Escreveu Morin: "a cultura de massa torna-se um grande provedor de mitos condutores do *lazer*, da felicidade, do amor" e é animada por um duplo movimento, não apenas do real para o imaginário, mas também do imaginário para o real. Essa cultura não é apenas *evasão*, mas é ao mesmo tempo e contraditoriamente *integração*. É a cultura dominante na "época da reprodução técnica" da arte, num tempo novo que leva a arte às massas e assim a simplifica, também a vulgariza, embora, gramscianamente, leve as massas para além do folclore e do seu horizonte mágico-religioso, eriçado de superstições e de irracionalidades. Além disso, os *mass media* desenvolvem um papel de emancipação das massas, não só afastando-as da "cultura popular" e introduzindo-as em âmbitos diferentes (em relação ao folclore) de cultura, ainda que fragmentados e empobrecidos, mas também, por exemplo, aproximando-as da linguagem, do léxico, da sintaxe das classes mais cultas e criando uma *koiné* (uma língua comum) no âmbito das nações. Como ocorreu na Itália, onde – lembrava De Mauro – só o advento da televisão tornou realmente existente o italiano como língua nacional, substituindo gradativamente os dialetos como meio de comunicação corrente, já que nem a escola, nem a imprensa tinham chegado a tanto, num país onde era alta a evasão escolar e restrito o público de leitores.

O reconhecimento da função central exercida pela "indústria cultural" produziu teses interpretativas bastante diferentes, até opostas e justamente em virtude do papel educativo que ela veio exercer. Como disse Umberto Eco, num ensaio de 1964 em que critica a indústria cultural, as interpretações dividiram-se entre "apocalípticos" e "integrados". Os primeiros (representados em particular pelas duras críticas de Adorno e Horkheimer à cultura de massa) sublinharam o efeito de pobreza cultural, de endurecimento das ideias, de estereotipia, de atrofia da imaginação e da espontaneidade, de subalternidade ao mercado e às razões puramente econômicas introduzidas pela industrialização da cultura e seus efeitos deseducativos (de conformismo, de acrisia, de imitação, de empobrecimento cognitivo) e contrapuseram uma retomada da alta cultura, crítica e criativa, artística ou filosófica no sentido próprio. Os integrados, pelo contrário, tendo à frente Marshall Mc Luhan (1911-1980) – talvez o teórico dos *mass media* mais original que, em obras como *A galáxia de Gutenberg* ou *Os meios de comunicação como extensão do homem*, delineou uma leitura orgânica e semiológica dos processos comunicativos contemporâneos –, valorizaram a democra-

HISTÓRIA DA PEDAGOGIA 633

tização da cultura, reconheceram-lhe uma função de informação, de aproximação dos produtos artísticos, de sensibilização "nos confrontos do mundo", reconhecendo-lhe, portanto, uma função educativa positiva.

O *aut-aut* na realidade está mal colocado; a indústria cultural é doravante um fato e trata-se sobretudo de enriquecê-la cada vez mais de cultura, de fazê-la "veicular valores culturais" através de uma ação educativa mais consciente, programada e não posta a reboque apenas do mercado e da sua lógica do lucro. Um exemplo dessa qualificação cultural, sublinhava Eco, já está presente: na indústria editorial. "A fabricação de livros tornou-se um fato industrial, submetido a todas as regras da produção e do consumo; daí uma série de fenômenos negativos", mas "nisso a indústria editorial se distingue da indústria de dentifrícios: aqui estão inseridos homens de cultura, para os quais o fim primário (nos melhores casos) não é a produção de um livro para vender, mas sim a produção de valores para a difusão dos quais o livro parece o instrumento mais cômodo".

Com os *mass media* estamos diante de um problema educativo ainda aberto, que empreendeu caminhos bastante afastados daqueles previstos por Eco, produzindo efeitos de deseducação, embora se afirmando cada vez mais como um meio pedagógico central e imprescindível no mundo contemporâneo, com o qual os acertos de contas devem ser feitos (e constantemente refeitos) por parte de outros agentes educativos, desde a família até a escola, para efetuar seu possível uso educativo (não invasivo, não fagocitante, como geralmente ocorre) e uma melhor qualidade educativa (isto é, cultural, também nos programas de entretenimento), evitando os comportamentos mais capazes de perturbar as jovens gerações (desde a violência até o sexo sadomasoquista e os preconceitos).

O que deve, porém, ser sublinhado com força é que, com o advento dos *mass media* e da "indústria cultural", todo o universo educativo foi radicalmente transformado, já que os agentes tradicionais da educação foram deslocados na sua centralidade social e no interior da experiência individual de formação, já que foi atribuído um papel cada vez mais central à formação do imaginário (em relação à própria informação ou à formação moral), que se modelou segundo princípios impostos pelo mercado e pela sua lógica comercial, já que se concedeu um lugar cada vez mais central à imagem ou ao som, em relação à linguagem verbal e aos seus vínculos cognitivamente mais complexos e sofisticados, mais articulados e plurais.

634 FRANCO CAMBI

A educação contemporânea, também e sobretudo por causa dos *mass media*, é profundamente diferente daquela do passado e vem colocar problemas novos à reflexão, como já delineamos de passagem, problemas de vinculação com os outros agentes educativos, de reorientação segundo finalidades formativas (culturais e intelectuais), de integração com outras formas da comunicação (como os textos escritos, a comunicação verbal, a socialização afetiva). Os *mass media*, para o bem e para o mal, aparecem sobretudo como os primeiros educadores das crianças e dos jovens e levantam problemas que devem ser enfrentados tanto pelos educadores quanto pelos produtores dos seus programas, mas também pela sociedade no seu conjunto (e, dentro dela, pelos intelectuais e pelos políticos).

7 EPISTEMOLOGIA DO DISCURSO PEDAGÓGICO E IMAGEM DO SABER EDUCATIVO

Depois das duas amplas e radicais transformações sofridas pela pedagogia nos últimos decênios – a passagem às ciências da educação (embora esteja "sob investigação") e a ruptura (crítica) de 1968, com suas radicalizações e revisões – e, em particular, pelo seu entrelaçamento e pelas tensões criadas por tal entrelaçamento (que liquidam, por um lado, a crítica radical e anti-ideológica de 1968 como – ainda – ideológica, que rejeita a ciência como saber neutro e objetivo, mostrando seus condicionamentos e contradições), operou-se um duplo e oposto processo que abrange a própria identidade da pedagogia: um itinerário de crescimento teórico, social, científico, e outro itinerário de crise, de recusa, de discussão sobre sua identidade teórica e seu papel social. Tratou-se de um duplo processo do qual já indicamos alguns âmbitos e os aspectos mais salientes (a pedagogia cognitiva e as tecnologias da educação, de um lado, a crítica da ideologia, a desescolarização e a pedagogia da diferença, de outro) e que atravessou quase todas as áreas culturais e geográficas da pedagogia, imprimindo-lhe impulsos cada vez mais enérgicos para uma revisão radical e total do seu próprio saber, mais ainda dos próprios saberes e seus nexos.

Em particular, a pedagogia interrogou-se sobre seu próprio discurso, entendido não só como tipo de linguagem, como léxico, sintaxe e semântica, mas também como conjunto de modelos de organização lógica que a regulam (científicos, argumentativos, interpretativo-hermenêuticos), procurando pôr às claras o seu "mecanismo", ou os diversos componentes e a característica de especificidade, reconhecendo, em geral, que isso se delineia no cruzamento de um pluralismo de aspectos que em tal discurso se colocam de modo tensional, não equilibrado, mas semeado de desvios, de oposições, de nexos inquietos: como o científico, o ideológico-político, o filosófico. A pedagogia é *sempre* ciência *e* política *e* filosofia, enquanto se nutre e se apropria do método científico, mas também se coloca num tempo histórico-ideológico, assumindo uma perspectiva ideológico-política, assim como escolhe valores e os discute ou então imprime rigor ao próprio discurso segundo modelos racionais e críticos. Dada essa *complexidade* de discurso (variedade e riqueza, mas também conflito de elementos), é necessário investir a pedagogia de uma pesquisa que fixe suas características epistêmicas (de rigor e de racionalidade), permitindo (da própria pedagogia) uma interpretação e uma reconstrução, um controle do seu discurso e, portanto, da sua identidade como saber.

A crise de identidade que investiu a pedagogia nos anos 60 determinou, na década seguinte, uma retomada da reflexão em torno do estatuto lógico da própria pedagogia, dando lugar a uma rica produção de pesquisas epistemológicas que, iniciadas na área anglo-saxônica já nos anos 50, foram se articulando em muitas frentes e segundo múltiplos modelos. Se tivéssemos de indicar os maiores desses modelos, poderíamos mencionar sobretudo quatro, em torno dos quais se agruparam as investigações mais significativas: 1. o modelo analítico, nas duas variantes do neoempirismo lógico e da filosofia analítica no sentido estrito; 2. o modelo estruturalista-crítico; 3. o modelo dialético; 4. o modelo hermenêutico.

O modelo analítico interpretou o discurso da pedagogia como organizado em torno do princípio da lógica científica, ao critério da explicação (que reduz os eventos a leis) e da verificação, como foi defendido pelo neoempirismo lógico. Nesse sentido trabalharam também autores italianos como Carmela Metelli Di Lallo, em 1967, com *Analisi del discorso pedagogico*, depois Raffaele Laporta com *Educazione e scienza empirica*, de 1980, além de alguns representantes do pensamento pedagógico norte-americano, sobretudo, que aplicaram à pedagogia o princípio da "análise formal" (lógico-científica, inspirada no critério da lógica formal). Ao lado do neoempirismo lógico colocou-se depois o filão da análise linguística (de tipo oxfordiano) que estuda a linguagem da pedagogia nos seus aspectos informais, fixando sua especificidade e seu vínculo com o discurso comum, os processos metafóricos, o recurso ao *slogan*, os processos argumentativos (e não demonstrativos) que engloba, como sublinharam em particular Israel Scheffer em *A linguagem da educação* (1968) e George F. Kneller em *Lógica e linguagem da pedagogia* (1966), destacando a maior capacidade interpretativa ligada à análise lógica informal, em relação à formal, para o discurso pedagógico, tão plural no seu interior e tão complexo.

Na vertente do estruturalismo devem ser apontadas as pesquisas de Werner Brezinka, que se inspiram no racionalismo crítico de Popper para desenvolver uma *Metateoria da educação* (1978) que pusesse às claras os aspectos científicos das pedagogias e dos seus discursos, bem como as escolhas histórico-ideológicas que as sustentam e orientam, tornando-as operativamente produtivas. Também devem ser lembradas as posições de O. Reboul em torno da linguagem da educação (*A linguagem da educação*) que sublinham seu pluralismo e, ainda, o forte componente ideológico. No campo da dialética, além dos modelos clássicos de um Marx, de um Lenin ou de um Gramsci, devem ainda ser lembradas as posições assumidas na Itália por Angelo Broccoli em *Ideologia ed educazione* (1974), que reconduzem a pedagogia para o terreno da ideologia, enquanto saber operativo e condicionado por valores que são expressão de visões do mundo e portanto de grupos sociais, de tal modo que a pedagogia deve ser dialeticamente desmascarada e reinterpretada à luz da práxis política, ou ainda as posições delineadas por Alberto Granese em *Dialettica dell'educazione* (1976), em que se teoriza um saber pedagógico de base científica, mas integrado e corrigido pela consciência política, sem dissolvê-lo, porém, em ideologia, apenas recuperando-o para uma elaboração de filosofia epistemológica e crítica que funcione como seu orientador e controlador (interno).

Mais recentemente, afirmaram-se como centrais – na Alemanha e na Itália sobretudo, a partir de Hermann Röhrs, com *Métodos de pesquisa na ciência da educação* (1971) – também algumas perspectivas hermenêuticas, que interpretam o saber da pedagogia como radicado no tempo histórico, nas suas tradições, nos seus hábitos (práticos e cognitivos) e, portanto, a ser desconstruído, de um lado (submetido a uma crítica radical, também pelos seus aspectos mais ocultos, menos evidentes), e a ser interpretado, de outro (ou lido nas suas coordenadas "de sentido"), nos princípios ideais que o animam e o sustentam (por exemplo, a emancipação do homem), de modo a compreender sua identidade e papel histórico, ou seja, a função que tal saber exerce e deve criticamente (quer dizer, conscientemente) exercer.

Com esses quatro modelos – a eles deve-se, porém, acrescentar também o modelo metafísico, que fixa estruturas e valores da pedagogia de modo universal e invariante, religando a formação humana a um modelo único de homem, teorizado através da definição de sua essência (com claro procedimento metafísico), como fizeram o neotomista Jacques Maritain e Sergei Hessen, o pensador polonês influenciado pelo neokantismo, ambos expoentes do pensamento cristão e nutridos pela sua tradição – estamos diante das posições mais ativas na pesquisa epistemológica em torno da pedagogia, às quais foi delegada, em boa parte, a restauração da identidade do saber pedagógico e o controle do seu crescimento e da sua própria produtividade social (aplicação ou organização).

Através de todas essas pesquisas, porém, foi se delineando uma nova imagem da pedagogia: como saber *complexo*, que pode ser interpretado através de diversos *paradigmas* (ou modelos) teóricos, que deve confrontar-se de forma articulada e dialética (não linear e plural), como constituído de elementos diversos que só um metacontrole (uma epistemologia, uma metateoria) permite fixar, reconhecer, e não eliminar, não caindo no erro de querer *reduzir* a complexidade/riqueza/variedade e o pluralismo/conflitualidade da Pedagogia. O rigorismo da Pedagogia deve ocorrer por muitas vias e "salvar" justamente o caráter multiforme desse saber. Tudo isso significa, também, que o trabalho epistemológico nunca está completo de uma vez por todas, mas deve ser constantemente retomado, revisto, considerando cada abordagem como provisória e sempre *sub judice*.

A pedagogia, desse modo, tornou-se um saber mais sofisticado, mais complexo/sutil, mais atento na autocompreensão e mais ativo na pesquisa sobre a própria teoria (sobre sua forma, estatuto, função). Mas desse modo tornou-se também um saber mais completo: mais autorregulado e portanto mais organicamente produtivo também, já que capaz de uma melhor autoprojeção.

8 NOVAS EMERGÊNCIAS EDUCATIVAS: FEMINISMO, ECOLOGIA, INTERCULTURA

A partir dos anos 80 e sucessivamente até hoje, a pedagogia foi atravessada por um feixe de "novas emergências", novas exigências e novas fórmulas educativas, novos sujeitos dos processos formativos/educativos e novas orientações político-culturais. Três, em particular, foram relevantes e todas elas introduzidas pelas profundas transformações sociais e culturais ocorridas já nos decênios anteriores e que de modo particular fizeram sentir a sua urgência (e a sua voz) na pedagogia mais recente, quando aqueles fenômenos de transformação chegaram de certa forma a cumprir-se. O primeiro fenômeno foi o do feminismo, o segundo foi aquele ligado à emergência do problema ecológico, produzido pela industrialização descontrolada e pela ideologia do domínio/exploração da natureza, o terceiro liga-se ao crescimento de etnias presentes nos países desenvolvidos e aos problemas multiculturais que tal presença provoca. A esses deveria ser acrescentado também aquele ligado à terceira idade, surgido nestes anos como problema social e pedagógico, capaz de redescrever o papel e o território social da pedagogia. Todas essas emergências transformaram as conotações sociais da pedagogia, recolocando-a de maneira nova no âmbito da sociedade e enfatizando os aspectos sociológicos (e políticos) do seu saber.

Os movimentos femininos – iniciados no século XIX, entre positivismo e socialismo, destinados ao resgate social e à afirmação política das mulheres, reclamando o voto, a instrução, as tutelas sociais para o trabalho feminino e a maternidade – puseram no centro da consciência educativa e da reflexão pedagógica o problema do *gênero*. Colocaram em dúvida o modelo tradicional de formação, caracterizado como "sexista" (vinculado apenas ao modelo masculino, visto como superior e universal, mas na realidade marcado pelos preconceitos do machismo: do domínio à violência, ao racionalismo abstrato e formal, à repressão/sublimação dos instintos), portanto como ocultador/negador do "segundo sexo" e, por isso, agora, na época em que as mulheres vêm reapropriando-se da sua identidade e do seu papel social, histórica e antropologicamente insuficiente. Se, num primeiro momento, o "feminismo" reivindicou "igual oportunidade" e emancipação social das mulheres, segundo um programa de tipo essencialmente iluminista (o que – no campo educativo – significa uma plena escolarização também das mulheres, uma abertura para elas das profissões e das carreiras masculinas; um apoio para a maternidade que permita a sua permanência no trabalho: com creches, escolas para a infância etc.), num segundo momento – que coincide com os anos 80, sobretudo – reivindicou-se a especificidade do feminino, da cultura no feminino, afirmando a prioridade educativa do gênero (já que na realidade se educam sempre ou homens, ou mulheres, e nunca o "homem" em geral) e o seu caráter de "diferença". Implantou-se assim uma "pedagogia da diferença" que teve uma discreta difusão e que se prôpos afirmar em pedagogia (na teoria) e não só em educação (na prática) os valores, os princípios, as práxis e os ideais do universo feminino, operando uma radical transformação também na filosofia da educação: abrindo-a para os valores femininos, pensando-a para as mulheres por parte de mulheres ("sexualizando-a"). Mas, ao mesmo tempo, implantou-se uma práxis educativa que tende a separar homens e mulheres, a favorecer um projeto educativo só no feminino, que revisa cada disciplina de estudo com o *passe-partout* do gênero e da diferença, com resultados bastante discutidos e discutíveis, embora coerentes e fascinantes. Seja como for, através da lógica da paridade ou da diferença, um novo tema e um novo sujeito foram impostos à pedagogia contemporânea, revolucionando seu território (os limites, as ordens internas, os fins e os modelos) e obrigando-a a repensar-se de modo radical, tanto no seu aparato teórico quanto na sua tradição histórica, como também nas suas práxis educativas e escolares. O movimento está ainda em marcha e não podemos prever onde e como terminará, e se terminará. Podemos dizer, porém, que fazer pedagogia hoje é *também* levar em conta esse radicalismo teórico e prático e confrontar--se com o "pensamento da diferença", assim como com o da "emancipação" (já por tradição mais próximo do sentido do *logos* pedagógico, do seu discurso racional e do seu universo de valores).

A ecologia também deixou uma marca bastante profunda na reflexão pedagógica: ela também submeteu à crítica muitos preconceitos culturais e educativos (pense-se no domínio, no domínio-exploração do ambiente); pôs em destaque novos valores e novos modelos antropológicos e culturais, exaltando uma relação *soft* entre homem e ambiente e as características psicológicas que a realizam e/ou favorecem: a compreensão, o respeito, o intercâmbio não violento etc., de modo a construir um sujeito sensivelmente novo em relação ao passado. A pedagogia acolheu, em particular, a noção de ambiente (visto não como um simples *habitat* a percorrer e usar, mas como um "nicho ecológico" a respeitar e preservar – já que também não reprodutível depois de destruído – em cada aspecto e forma: dos animais às plantas, à morfologia), que penetrou tanto na elaboração teórica de modelos de formação quanto na prática educativa e didática. Talvez não se tenha realizado, ainda, uma colaboração mais íntima entre ecologia e pedagogia, os frutos mais interessantes desse encontro ainda não foram colhidos, como ocorreu em psicologia ou em filosofia, por exemplo (pense- -se em Bateson), mas um terreno novo de trabalho foi apontado, e apontado como radicalmente novo, para iniciar outra revisão/reconstrução *ab imis* da identidade e do papel da pedagogia, hoje.

Existem depois as enormes rebeliões de povos, as migrações, os assentamentos e as fusões com outros povos que caracterizam a época e a vida social contemporâneas, e que levantam complexos e novíssimos problemas educativos, como também reclamam novos aparatos pedagógicos, conceituais. São os problemas da multiculturalidade e da intercultura que estão se impondo como uma emergência não transitória, como uma emergência dramática, que reclama soluções a curto prazo e, se possível, racionais e eficazes, para evitar choques entre etnias, entre religiões, entre culturas, que tais migrações vêm agitando ou tornando possíveis. A pedagogia deve aparelhar-se para compreender as culturas "outras" (em relação à ocidental, greco-cristã-burguesa), deve elaborar vias de comunicação e critérios de intercâmbio entre essas culturas, deve preparar para o diálogo e a tolerância (para valores bastante alheios à nossa tradição inclusive pedagógica, pouco tolerante e autoritária, baseada no domínio e não no diálogo). Trata-se então de colocar *en question* o etnocentrismo da pedagogia e desmascarar suas características de "racismo" e de intolerância, para favorecer a centralidade de princípios não etnocêntricos, antirracistas etc., para depois identificar também as vias para torná-los operativos – e o mais depressa possível – na sociedade, fazendo agir tanto a escola como os *mass media*, além da sociedade civil no seu conjunto. Abre-se, assim, para a pedagogia uma árdua tarefa, urgente e epocal, que ela deve procurar resolver (não sozinha certamente, mas com um papel prioritário); tarefa que no âmbito internacional vem sendo enfrentada cada vez mais conscientemente por parte dos países desenvolvidos, aqueles mais diretamente interessados no *melting-pot* de etnias, culturas e religiões, sujeitos a riscos de neorracismo, de integralismo, de fechamento. No âmbito demográfico delineia-se ainda outra emergência, menos dramática, mas ela também totalmente nova: o incremento da terceira idade que, ao lado dos problemas econômicos e sociais, faz aumentar também os educativos e pedagógicos. Trata-se de requalificar a velhice, de dar-lhe um sentido bem diferente daquele que ela tinha nas sociedades tradicionais e industriais (de marginalidade, de repouso depois do trabalho, de depósito de sabedoria ou de colaboração com as gerações mais jovens nos problemas familiares), de afirmá-la como uma idade vital e ativa, de estimular seus interesses e empenhos, de recolocá-la a pleno título na vida social. Isso implica a predisposição de "percursos educativos": de aprendizagem (tipo universidade livre), de recreação (de jogo, de espetáculo, de viagem), de intercâmbio social (em associações de bairro ou outros), como implica também um estudo sociológico, psicológico e pedagógico da terceira idade, de modo a enfrentar seus problemas com um quadro de conhecimentos mais orgânicos e não estereotipados. A fase contemporânea revela-se, assim, também no plano social, como uma fase rica de inovações e de potencialidades: como uma verdadeira fase de transformação e de transição, para a qual todo o saber pedagógico é chamado a colaborar, desafiando ao mesmo tempo a si próprio, seus próprios hábitos e suas próprias tradições, para enfrentar com decisão (e em condições de liberdade) o desafio que o presente nos vem propor.

9 UM UNIVERSO EM FERMENTAÇÃO NA FRONTEIRA DO ANO 2000

Hoje, no limiar do ano 2000, o universo da pedagogia se mostra como que envolvido numa complexa fermentação, atravessado por impulsos radicais. A pedagogia é um saber em transformação, em crise e em crescimento, atravessado por várias tensões, por desafios novos e novas tarefas, por instâncias de radicalização, de autocrítica, de desmascaramento de algumas – ou de muitas – de suas "engrenagens" ou estruturas. É um saber que se reexamina, que revê sua própria identidade, que se reprograma e se reconstrói. Ao mesmo tempo, a educação (o terreno das práxis formativas, da transmissão cultural, das instituições educativas) também vem se reexaminando e requalificando, fixando novas fronteiras, elaborando novos procedimentos. A pedagogia/educação atual está à procura de um novo equilíbrio, ligado, porém, a uma nova identidade ainda *in fieri*. Daí a impressão de oscilação, de ondulação, de formigueiro, até mesmo de confusão que a caracteriza.

Todavia, a pedagogia é um saber que se tornou (e se torna), como dissemos, cada vez mais central: social, política e culturalmente. De fato, pela pedagogia passam os diversos problemas da convivência social e da projeção política, como também os da continuidade e da renovação cultural: todos esses problemas implicam um empenho de formação, um itinerário de intervenção, uma obra de orientação, de acompanhamento, de interpretação ativa, que só a pedagogia/educação pode desenvolver. Desse modo, porém, até a pedagogia como saber vem mudando de forma: perde qualquer caráter dogmático, invariante e supra-histórico, e se torna saber das transformações e das formações históricas; liga-se à política (mas sem subalternidade) como se liga à ciência e à filosofia (mas sem se deixar absorver); caminha para uma nova identidade: plural, dialética, crítica. Assim, justamente o caráter da criticidade passa a assumir um papel de paradigma metateórico, de orientador-chave, da sua pesquisa; e isso não acontece por acaso: acontece por solicitação de uma sociedade em profunda transformação e que está assumindo a forma de uma "sociedade aberta" (plural, dinâmica, até mesmo conflituosa).

Nesse itinerário de transformação e de desenvolvimento existem ainda luzes e sombras, ou então se delineiam felizes conquistas e resultados discutíveis, ou que deixam perplexos. Ao primeiro grupo pertencem os efeitos, já lembrados, de diálogo, de tolerância, como também os fatores de emancipação (universal) que orientam esse processo (de sexos, de povos, de indivíduos, de culturas). Positivo é o fim de todo etnocentrismo, bem como a revisão crítica e aberta que a pedagogia vem empreendendo de si mesma ou a crítica da ideologia que operou dentro dos próprios processos teóricos e práticos, para depurá-los. Positiva é também a ótica de radicalismo que a guia nas suas aventuras atuais (pense-se no papel da "pedagogia da diferença", e não só aquela de caráter sexual). No segundo grupo colocam-se os efeitos de desterro, de incerteza, de hipercriticismo e radicalismo que tudo isso produz; o clima de dúvida que atravessa um saber que, ao contrário, para agir eficientemente tem necessidade de alguma (ou melhor, de muita) certeza. Os reclamos de neodogmatismo (ora nostálgicos: que remetem ao passado, às suas certezas e às suas ordens; ora vindouros: que apontam para novas ordens, postas como se já estivessem ao alcance da mão, e pense-se nas soluções de tipo tecnológico-tecnocrático) que se ativam para fugir da angústia da incerteza que domina o mundo contemporâneo, em particular no nível pedagógico, são bastante significativos.

Ainda que colocados nesse clima de fermentação, que vive já os desafios do ano 2000, a ação e o pensamento pedagógicos não abandonaram absolutamente nem a paixão pelo homem, pelo seu resgate e pela sua plena realização, nem a consciência do rigor teórico que guiaram até aqui a sua história. Assim, eles vêm sendo retomados como os vetores (mais profundos, mais radicais) do próprio discurso, e, portanto, também como os reguladores do próprio futuro, pelo menos daquele que podemos racionalmente entrever através das névoas do presente. A pedagogia, presumivelmente, continuará a ser uma ciência para o homem, cujo rigor deverá operar em torno do exercício de uma identidade crítica, desejosa e capaz de ser radical.

Essa nova fronteira que se impõe a partir do ano 2000 já foi, com significativa precisão, fixada por Bowen na conclusão do terceiro volume da sua História da educação ocidental: "É evidente que o pensamento e a prática pedagógica devem superar a fase atual do positivismo obsoleto, acertar o passo com os desenvolvimentos hodiernos da ciência, e desenvolver uma teoria coerente para o futuro. Nem a posição radical, nem a conservadora podem ter a última palavra, já que nem uma, nem outra oferece uma solução para os problemas do nosso tempo". E não "parece que estamos em condições de propor uma alternativa radical ao processo da instrução enquanto tal", podemos apenas melhorá-la. "Mas esses melhoramentos não terão sentido se a educação não conservar o fim que foi o seu desde o início da sociedade, ou seja, a humanização de toda geração sucessiva." De fato, o "propósito central da educação permanece a aspiração utópica ao desenvolvimento de personalidades autenticamente humanas", por difícil que seja realizá-las. Assim, a "nossa tradição cultural e intelectual" e pedagógica, no seu aspecto mais genuíno e mais alto, continuará a viver e a agir como o paradigma de desenvolvimento da humanidade, ainda que adaptando-se a condições profundamente novas.

BIBLIOGRAFIA

GERAL

HISTÓRIA DA PEDAGOGIA E DA EDUCAÇÃO

ACCADEMIA delle scienze pedagogiche di Mosca. *La pedagogia prima e dopo Marx.* Roma: Armando, 1960.

BANFI, A. *Sommario di storia della pedagogia.* 2.ed. Urbino: Argalia, 1964.

BECCHI, E. *Storia dell'educazione.* Firenze: La Nuova Italia, 1987.

BECH, R. H. *Storia sociale dell'educazione.* Firenze: Giunti Martello, 1978.

BLÄTTNER, F. *Storia della pedagogia.* Roma: Armando, 1972.

BOWEN, J. *Storia dell'educazione occidentale.* Milano: Mondadori, 1979-1983. 3v.

BOYD, W. *Storia dell'educazione occidentale.* Roma: Armando, 1972.

CHATEAU, J., DEBESSE, M. *Les grands pédagogues.* Paris: PUF, 1966.

DEBESSE, M., MIALARET, G. (Org.) *Trattato delle scienze pedagogiche.* Roma: Armando, 1973. v.III.

FORNACA, R. *Storia della pedagogia.* Firenze: La Nuova Italia, 1991.

GAL, R. *Storia dell'educazione.* Napoli: ESI, 1985.

GELPI, E. *Storia dell'educazione.* Padova: Piccin-Nuova Libraria, 1967.

GENOVESI, G. *Storia dell'educazione.* Ferrara: Corso, 1994.

GIRALDI, G. *Storia della pedagogia.* Roma: Armando, 1972.

HUBERT, R. *Storia della pedagogia* Fatti e dottrine. Roma: Armando, 1959.

LAENG, M. (Org.) *Enciclopedia.* Brescia: La Scuola, 1989.

LESER, H. *Il problema pedagogico.* Firenze: La Nuova Italia, 1937-1965. 4v.

MANACORDA, M. A. *Storia dell'educazione.* Dall'antichità a oggi. Torino: Nuova ERI, 1983.

MIALARET, G., VIAL, J. *Storia mondiale dell'educazione.* Roma: Città Nuova, 1986-1988. 4v.

646 FRANCO CAMBI

MORAVIA, S. *Educazione e pensiero*. Firenze: Le Monnier, 1982-1983. 3v.
PONCE, A. N. *Storia marxista dell'educazione*. Roma: Partisan, 1970.
SANTONI RUGIU, A. *Storia sociale dell'educazione*. Milano: Principato, 1979.
VV. AA. *Filosofia e pedagogia*. Torino: SEI, 1978. 3v.
_____. *Momenti di storia della pedagogia*. Milano: Marzorati, 1969. 4v.
_____. *Nuove questione di storia della pedagogia*. Brescia: La Scuola, 1977. 3v.
VOLPICELLI, L. (Org.) *La pedagogia*. Padova: Piccin-Nuova Libraria, 1970-1972.14v.

ASPECTOS E PROBLEMAS DA HISTORIOGRAFIA CONTEMPORÂNEA

ANDREANO, R. L. (Org.) *La nuova storia economica*. Torino: Einaudi, 1975.
BACZKO, B. Immaginazione sociale. In: *Enciclopedia*. Torino: Einaudi, 1979. v.VII
BRAUDEL, F. *Scritti sulla storia*. Milano: Mondadori, 1973.
BURKE, P. *Una rivoluzione storiografica*. La scuola delle "Annales", 1929-1989. Roma-Bari: Laterza, 1992. [Ed. bras.: *A Escola dos Annales: 1929-1989*. São Paulo: Editora Unesp, 1990.]
CHAUNU, P. *Storia e scienza del futuro*. Torino: SEI, 1977.
FEBVRE, L. *Problemi di metodo storico*. Torino: Einaudi, 1976.
KOSELLECK, R. *Futuro passato*. Genova: Marietti, 1986.
LE GOFF, J. *La nuova storia*. Milano: Mondadori, 1979. [Ed. bras.: *A história nova*. São Paulo: Martins Fontes, 1990.]
_____. *Storia e memoria*. Torino: Einaudi, 1982. [Ed. bras.: *História e memória*. São Pau-lo: Unicamp, 1990.]
LE GOFF, J., NORA, P. (Org.) *Fare storia*. Temi e metodi della nuova storiografia. Torino: Einaudi, 1981.
LE ROY LADURIE, E. *Le frontiere dello storico*. Roma-Bari: Laterza, 1976.
LEFEBVRE, G. *La storiografia moderna*. Milano: Mondadori, 1973.
PASSERINI, L. (Org.) *La storia orale*. Torino: Rosenberg & Sellier, 1970.
ROSSI, P. *La storiografia contemporanea*. Milano: Il Saggiatore, 1987.
STOIANOVICH, T. *La scuola storica francese*. Il paradigma delle Annales. Milano: ISEDI, 1978.
TOPOLSKI, J. *La storiografia contemporanea*. Roma: Editori Riuniti, 1981.
VEYNE, P. *Come si scrive la storia*. Roma-Bari: Laterza, 1973. [Ed. port.: *Como se escreve a história*. Lisboa: Edições 70, 1983.]
VILAR, P. *Le parole della storia*. Roma: Editori Riuniti, 1985.
VOVELLE, M. *Ideologie et mentalités*. Paris: Maspero, 1982. [Ed. bras.: *Ideologia e mentalidades*. São Paulo: Brasiliense, 1987.]
_____. *Immagini e immaginario nella storia*. Roma: Editori Riuniti, 1989. [Ed. bras.: *Ima-gens e imaginário na história*: fantasmas e certezas nas mentalidades desde a Idade Média até o século XX. São Paulo: Ática, 1977.]

SOBRE A METODOLOGIA DA PESQUISA HISTÓRICO-EDUCATIVA

BECCHI, E. Introduzione. In: _____. *Storia dell'educazione*. Firenze: La Nuova Italia, 1987.
BRUBACHER, J. S. *A History of the Problems of Education*. New York: Mc Graw Hill, 1947.
CAMBI, F. *La ricerca storico-educativa in Italia (1945-1990)*. Milano: Mursia, 1992.

HISTÓRIA DA PEDAGOGIA   647

CAMBI, F., FLORES D'ARCAIS, G., COLICCHI LAPRESA, E. *La dimensione storica*. Milano: Unicopli, 1990.

CHIARANDA ZANCHETTA, M., MACCHIETTI, S. S., SERAFINI, G. *Problemi e prospettive della ricerca storico-pedagogica*. Roma: Bulzoni, 1990.

CLAUSSE, A. *Introduzione storica ai problemi dell'educazione*. Firenze: La Nuova Italia, 1974.

FLORES d'ARCAIS, G. (Org.) Premesse metodologiche per una storicizzazione della pedagogia e dell'educazione. In: II CONVEGNO DI STUDI, novembre 1988. *Atti de ... Padova*, Pisa: Giardini, 1991.

GENOVESI, G., PANCERA C. (Org.) *Momenti paradigmatici di storia dell'educazione*. Ferrara: Corso, 1993.

LÉON, A. *Introduction à l'histoire des faits éducatifs*. Paris: PUF, 1980.

RAGAZZINI, D. *Storia della scuola italiana*. Firenze: Le Monnier, 1983.

SANTONI RUGIU, A., TREBISACCE, G. (Org.) *I problemi epistemologici e metodologici della ricerca storico-educativa*. Cosenza: Pellegrini, 1983.

SERPE, B. *La ricerca storico-educativa oggi in italia*. Cosenza: Jonica, 1990.

SIMON, B. *Studies in the History of Education 1780-1870*. London: Lawrence & Wishart, 1960.

VV. AA. *Storia della scuola e storia d'Italia*. Bari: De donato, 1982.

VISALBERGHI, A. *Pedagogia e scienze dell'educazione*. Milano: Mondadori, 1978.

SOBRE OUTROS ASPECTOS DA HISTÓRIA DA EDUCAÇÃO

ATTISANI, A. *Storia e educazione*. Messina: D'Anna, 1956.

BELLERATE, B. La storia tra le scienze dell'educazione. Contenuti-metodologie--prospettive. *Orientamenti Pedagogici*, v.4, p.927-57, 1970.

_____. La storia tra le scienze dell'educazione. Metodologia, interdisciplinarità, predittività. *Orientamenti Pedagogici*, v.3, p.722-31, 1972.

CATARSI, E. Storia dell'educazione e storia locale. *Ricerche Pedagogiche*, v.60-61, p.49-52, 1981.

ERNST, E. I costumi educativi del passato: esempi di storiografia pedagogica. *I Problemi della Pedagogia*. v.1, p.54-66; v.2-3, p.295-311; v.4-5, p.530-54, 1974.

FLORES d'ARCAIS, G. Storia della pedagogia e pedagogia. *Pedagogia e Vita*, v.3, p.229-35, 1976-1977.

LOMBARDI, F. V. Pedagogia e storia della pedagogia, *Rassegna di pedagogia*, v.3, 1938.

MAZZATOSTA, T. M. *Introduzione alla pedagogia della storia*. Roma: Euroma, 1979.

MURA, A. *Lezioni introduttive al corso di storia della pedagogia*. Roma: Bulzoni, 1972.

SANTELLI BECCEGATO, L. *L'insegnamento della storia della pedagogia*. Brescia: La Scuola, 1981.

A ÉPOCA ANTIGA

INTRODUÇÃO À ÉPOCA ANTIGA

CARPENTER, R. *Clima e storia*. Torino: Einaudi, 1963.

CASSIRER, E. Filosofia delle forme simboliche. In: *Il pensiero mitico*. 2.ed. Firenze: La Nuova Italia, 1977. v.II.

CORNFORD, F. M. *Principium Sapientiae*. Cambridge: Cambridge University Press, 1952.

648   FRANCO CAMBI

DE ROSA, L. (Org.) La storiografia italiana degli ultimi vent'anni. In: *Antichità e Medioevo*. Roma-Bari: Laterza, 1989. v.I.

DETIENNE, M. *L'invenzione della mitologia*. Torino: Boringhieri, 1983. [Ed. bras.: *A invenção da mitologia*. Rio de Janeiro, Brasília: José Olympio, UnB, 1992.]

ELIADE, M. *Trattato di storia delle religioni*. 3.ed. Torino: Boringhieri, 1976.

GARLAN, Y. *Guerra e società nel mondo antico*. Bologna: Il Mulino, 1985.

GODART, L. *L'invenzione della scrittura*. Torino: Einaudi, 1992.

HAVELOCK, E. A. *La musa impara a scrivere*. Roma-Bari: Laterza, 1987.

LEVI, M. A. *La lotta politica nel mondo antico*. Milano: Mondadori, 1955.

MURRAY, O. *La città antica*. Torino: Einaudi, 1993.

OTTO, W. *Theophania*. Genova: Il Melangolo, 1983.

POLANYI, K. *La sussistenza dell'uomo*. Torino: Einaudi, 1983.

SNELL, B. *La cultura greca e le origini del pensiero europeo*. Torino: Einaudi, 1963.

VEGETTI, M. *Il coltello e lo stilo*. Milano: Il Saggiatore, 1979.

VIANO, C. A. *La selva delle somiglianze*. Torino: Einaudi, 1985.

O NEOLÍTICO, A PRÉ-HISTÓRIA E OS PRIMITIVOS

CLARK, G. *L'economia della preistoria*. Roma-Bari: Laterza, 1992.

FALES, F. M. *Prima dell'alfabeto*. Venezia, Erizzo, 1989.

HOURS, F. *Le città del paleolitico*. Napoli: ESI, 1986.

LEROI-GOURHAN, A. *Il gesto e la parola*. Torino: Einaudi, 1977.

MAUSS, M. *Teoria generale della magia e altri saggi*. Torino: Einaudi, 1991.

MOSCATI, S. *L'alba della cività*. Torino: UTET, 1976. 3v.

MÜLLER-KARPE, H. *Storia dell'età della pietra*. Roma-Bari: Laterza, 1984.

PATANÉ, L. *Società cultura e educazione nella preistoria*. Catania: Edigraf, 1981.

PERLÈS, C. *Preistoria del fuoco*. Torino: Einaudi, 1983.

TOBIAS, P. V. *Il bipede barcollante*.Torino: Einaudi, 1992.

EXTREMO ORIENTE

BRAUDEL, F. *Il mondo attuale*. Torino: Einaudi, 1966. 2v.

CONZE, E. *Il buddhismo*. Milano: Mondadori, 1955.

FUNG YU-IAN. *Storia della filosofia cinese*. Milano: Mondadori, 1956.

TUCCI, G. *Storia della filosofia indiana*. Bari: Laterza, 1957.

ORIENTE MÉDIO

FRANKFORT, H., H. A. et al. *La filosofia prima dei greci*. Torino: Einaudi, 1963.

GUIDI, G. *Il Medio Oriente*. In: VV. AA. *Nuove questione di storia antica*. Milano: Marzorati, 1983.

MOSCATI, S. *Le antiche civiltà semitiche*. Milano: Feltrinelli, 1961.

NISSEN, H. J. *Protostoria del vicino Oriente*. Roma-Bari: Laterza, 1990.

EGITO

GARDINER, A. *La civiltà egizia*. Torino: Einaudi, 1971.

GRIMAL, N. *Storia dell'antico Egitto*. Roma-Bari: Laterza, 1990.

HISTÓRIA DA PEDAGOGIA 649

LIVERANI, M. *Antico Oriente. Storia società economia*. Roma-Bari: Laterza, 1988.
MORENZ, S. *La religione egizia*. Milano: Il Saggiatore, 1968.

MESOPOTÂMIA

CONTENAU, G. *La vie quotidienne à Babylone et en Assyrie*. Paris: Hachette, 1953.
FURLANI, G. *Riti babilonese e assiri*. Udine, Ist: Ed. Accad., 1940.
_____. (Org.) *Miti babilonesi e assiri*. Firenze: Sansoni, 1958.
KRAMER, S. N. *I Sumeri*. Milano: Martelli, 1958.
MARGUERON, J.-C. *La Mesopotamia*. Roma-Bari: Laterza, 1993.
PETTINATO, G. *Babilonia centro dell'universo*. Milano: Rusconi, 1988.

FENÍCIA

CHARLES-PICARDI, G. *Il mondo di Cartagine*. Milano: Martelo, 1959.
DETIENNE, M. *I giardini di Adone*. Torino: Einaudi, 1975.
MOSCATI, S. *L'enigma dei fenici*. Milano: Euroclub, 1982.
_____. *Il mondo dei fenici*. Milano: Mondadori, 1966.
VV. AA. La religione fenicia. In: Colloquio, 6 março 1979. Roma. *Atti del...* Roma: CNR, 1981.

ISRAEL

CORNILL, C. E. *I profeti d'Israele*. Roma-Bari: Laterza, 1983.
EPSTEIN, I. *Il giudaismo*. Milano: Feltrinelli, 1982.
RICCIOTTI, G. *Storia d'Israele*. Torino: SEI, 1932-1934. 2v.
SACCHI, P. *Storia del mondo giudaico*. Torino: SEI, 1976.
SOGGIN, J. A. *Storia d'Israele*. Bresci: Paideia, 1984.

A EDUCAÇÃO NA GRÉCIA

BECK, F. A. G. *Greek Education*. London: Methuen & Co., 1964.
BURKERT, W. *I greci*. Milano: Jaca Book, 1984.
CAMBIANO, G. *Il ritorno degli antichi*. Roma-Bari: Laterza, 1988.
CORNFORD, F. M. *From Religion to Philosophy*. New York, London: Longmans, Green & Co., 1912.
DODDS, E. R. *I greci e l'irrazionale*. Firenze: La Nuova Italia, 1978.
FINLEY, M. I. *Gli antichi greci*. 3.ed.Torino: Einaudi, 1972.
GRAF, F. *Il mito in Grecia*. 2.ed. Roma-Bari: Laterza, 1988.
JAEGER, W. *Paideia. La formazione dell'uomo greco*. Firenze: La Nuova Italia, 1936-1967. 3v. [Ed. bras.: *Paideia*. São Paulo, Martins Fontes, 1998.]
KITTO, H. D. F. *I greci*. Firenze: Sansoni, 1958.
MARROU, H. I. *Storia dell'educazione nell'antichità*. Roma: Studium, 1950.
POHLENZ, M. *L'uomo greco*. Firenze: La Nuova Italia, 1976.
ROBIN, L. *Storia del pensiero greco*. Torino: Einaudi, 1951.
SMITH, W. A. *Ancient Education*. 2.ed. New York, 1969.
SNELL, B. *La cultura greca e le origini del pensiero europeo*. Torino: Einaudi, 1963.

650 FRANCO CAMBI

A ÉPOCA ARCAICA E HOMERO

BUFFIÈRE, F. *Eros adolescent. La pédérastie dans la Grèce antique*. Paris: Les Belles Lettres, 1980.

CHADWICK, H. M. *The Heroic Age*. Cambridge: Cambridge University Press, 1912.

CODINO, F. *Introduzione a Omero*. Torino: Einaudi, 1965.

DOVER, K. J. *L'omosessualità nella Grecia antica*. Torino: Einaudi, 1985.

FINLEY, M. I. *Il mondo di Odisseo*. Bologna: Cappelli, 1962.

GENTILI, B. *Poesia e pubblico nella Grecia antica*. Roma-Bari: Laterza, 1984.

GERNET, L.-J. *Antropologia della Grecia antica*. Milano: Mondadori, 1983.

HAVELOCK, E. A. *Cultura orale e civiltà della scrittura*. Roma-Bari: Laterza, 1973.

_____. *Dike. La nascita della coscienza*. Roma-Bari: Laterza, 1983.

MELE, A. *Società e lavoro nei poemi omerici*. Napoli: L'Arte Tipografica, 1968.

VERDENIUS, W. J. *Homer. Educator of the Greeks*. London, 1970.

VERNANT, J.-P. *Mito e pensiero presso i greci*. Torino: Einaudi, 1970.

_____. *Mito e società nell'antica Grecia*. Torino: Einaudi, 1981. [Ed. bras.: *Mito e sociedade na Grécia antiga*. Brasília: UnB, 1992.]

_____. (Org.) *L'uomo greco*. Roma-Bari: Laterza, 1991.

VERNANT, J.-P., VIDAL-NAQUET, P. *Mito e tragedia nell'antica Grecia*. Torino: Einaudi, 1976. [Ed. bras.: *Mito e tragédia na Grécia antiga*. São Paulo: Brasiliense, 1988.]

A *PÓLIS*: RELIGIÃO, AGONÍSTICA, TEATRO

ANGELI BERNARDINI, P. (Org.) *Lo sport in Grecia*. Roma-Bari: Laterza, 1988.

BALDRY, H. C. *I Greci a teatro*. Bari: Laterza, 1972.

BANFI, A. *Socrate*. Milano: Mondadori, 1984.

FRASCA, R. *L'agonale nell'educazione della donna greca*. Bologna: Patron, 1991.

GENTILI, B. *Lo spettacolo nel mondo antico*. Roma-Bari: Laterza, 1977.

GLOTZ, G. *La città greca*. Torino: Einaudi, 1980.

MOORE, J. A. *Sofocles and Areté*. Cambridge, 1938.

PATRUCCO, R. *Lo sport nella Grecia antica*. Firenze: Olschki, 1972.

SVENBRO, J. *Storia della lettura nella Grecia antica*. Roma-Bari: Laterza, 1991.

THOMSON, G. *Eschilo e Atene*. Torino: Einaudi, 1949.

VERNANT, J.-P. *Le origini del pensiero greco*. Roma: Editori Riuniti, 1976.

A FAMÍLIA, A MULHER, A INFÂNCIA

ARRIGONI, G. (Org.) *Le donne in Grecia*. Roma-Bari: Laterza, 1985.

CALAME, C. *I Greci e l'eros*. Roma-Bari: Laterza, 1992.

CAMPESE, S., MANULI, P., SISSA, G. *Madre materia*. Torino: Boringhieri, 1983.

CANTARELLA, E. *L'ambiguo malanno*. Roma: Editori Riuniti, 1981.

DE MAUSE L. (Org.) *Storia dell'infanzia*. Milano: Emme, 1983.

DUBY, G., PERROT, M. *Storia delle donne in Occidente*. Roma-Bari: Laterza, 1990. Schmitt, P. (Org.). v.I: L'Antichita. [Ed. port.: *História das mulheres no Ocidente*. Por-to: Edições Afrontamento, 1991.]

GIALLONGO, A. *L'immagine della donna nella cultura greca*. Rimini: Maggioli, 1981.

ESPARTA E ATENAS

BRELICH, A. *Paides e Perthenoi*. Roma: Edizioni dell'Ateneo, 1969.

EHRENBERG, V. *L'Atene di Aristofane*. Firenze: La Nuova Italia, 1957.

HISTÓRIA DA PEDAGOGIA 651

GIRARD, P. *L'éducation athénienne au V et au VI siècles avant I.-C.* Paris: Hachette, 1889.
LANZA, D. *Lingua e discorso nell'Atene delle professioni.* Napoli: Liguori, 1979.
VERNANT, J.-P. (Org.) *Problèmes de la guerre en Grèce ancienne.* Paris-La Haye: Mouton, 1968.

A *PAIDEIA* E SEUS MODELOS

DETIENNE, M. (Org.) *Sapere e scritura in Grecia.* Roma-Bari: Laterza, 1989.
_____., VERNANT, J.-P. *Le astuzie dell'intelligenza nell'antica Grecia.* Roma-Bari: Laterza, 1978.
FOUCAULT, M. L'uso dei piaceri. In:_____. *Storia della sessualità.* 2.ed. Milano: Feltrinelli, 1984. [Ed. bras.: *História da sexualidade.* Rio de Janeiro: Graal, 1985.]
KERFERD, G. B. *I sofisti.* Bologna: Il Mulino, 1988.
KEULS, E. *Il regno della follocrazia.* Milano: Il Saggiatore, 1988.
UNTERSTEINER, M. (Org.) *Sofisti. Testimonianze e frammenti.* Firenze: La Nuova Italia, 1967.
VEGETTI, M. *L'etica degli antichi.* Roma-Bari: Laterza, 1989.

SÓCRATES, PLATÃO, ISÓCRATES E ARISTÓTELES

ADORNO, F. *Introduzione a Platone.* 6.ed. Roma-Bari: Laterza, 1992.
_____. *Introduzione a Socrate.* 6.ed. Roma-Bari: Laterza, 1993.
BERTI, E. *Le ragioni di Aristotele.* Roma-Bari: Laterza, 1989.
BRAIDO, P. *Paideia aristotelica.* Zürich: PAS, 1969.
COLICCHI LAPRESA, E. *Ragione e scienza nella filosofia dell'educazione classica.* Palermo: Palumbo, 1994.
DETIENNE, M. *I maestri di verità nella Grecia arcaica.* Roma-Bari: Laterza, 1983.
FRIEDLÄNDER, P. *Platone.* Firenze: La Nuova Italia, 1979.
KELSEN, H. *L'amor platonico.* Bologna: Il Mulino, 1985.
MATHIEU, G. *Les idées politiques d'Isocrate.* Paris: Les Belles Lettres, 1925.
MONDOLFO, R. *La comprensione del soggetto umano nell'antichità classica.* Firenze: La Nuova Italia, 1958.
REALE, G. *Introduzione a Aristotele.* Roma-Bari: Laterza, 1974.
STENZEL, J. *Platone educatore.* 3.ed. Roma-Bari: Laterza, 1974.
TAYLOR, A. E. *Socrate.* Firenze: La Nuova Italia, 1952.
_____. *Platone.* Firenze: La Nuova Italia, 1968.

A ÉPOCA HELENISTA E A EDUCAÇÃO

BOWERSOCK, G. W. *L'ellenismo nel mondo tardoantico.* Roma-Bari: Laterza, 1992.
CANFORA, L. *Ellenismo.* Roma-Bari: Laterza, 1987.
FAURE, D. *L'éducation selon Plutarque.* Aix-en-Provence, 1960.
GRILLI, A. *Il problema della vita contemplativa nel mondo greco-romano.* Milano: Bocca, 1953.
HADOT, P. *Esercizi spirituali e filosofia antica.* Torino: Einaudi, 1988.
ISNARDI PARENTE, M. *Introduzione a lo stoicismo ellenistico.* Roma-Bari: Laterza, 1993.
_____. *Introduzione a Plotino.* 2.ed. Roma-Bari: Laterza, 1989.
LONG, A. A. *La filosofia ellenistica.* 2.ed. Bologna, Il Mulino, 1991.

652 FRANCO CAMBI

PESCE, D. *Introduzione a Epicuro*. Roma-Bari: Laterza, 1981.
PIRE, G. *Stoicisme et pedagogie*. Liegi, 1957.
POHLENZ, M. *L'uomo greco*. Firenze: La Nuova Italia, 1962.
_____. *La Stoa*. Firenze: La Nuova Italia, 1967.
PRINI, P. *Plotino e la genesi dell'umanesimo interiore*. Roma: Abete, 1968.
TARN, W. *La civiltà ellenistica*. Firenze: La Nuova Italia, 1978.
WALBANK, F. W. *Il mondo ellenistico*. Bologna, Il Mulino, 1983.

A ESCOLA GREGA E HELENISTA

CHERNISS, H. *L'enigma dell'Accademia antica*. Firenze: La Nuova Italia, 1974.
DELORME, J. *Gymnasion*. Paris: Ed. De Boccard, 1960.
FREEMANN, K. J. *Schools of Hellas*. 2.ed. London, 1969.
NILSSON, M. P. *La scuola nell'età ellenistica*. Firenze: La Nuova Italia, 1973.

ROMA: SOCIEDADE, CULTURA E EDUCAÇÃO

BAYET, J. *La religione romana*. Torino: Einaudi, 1959.
BONNER, S. F. *L'educazione nell'antica Roma*. Roma: Armando, 1986.
CARCOPINO, J. *La vita quotidiana a Roma all'apogeo dell'Impero*. Bari: Laterza, 1941.
FRANK, T. *Storia di Roma*. Firenze: La Nuova Italia, 1974.
FRASCA, R. *Ludi nell'antica Roma*. Bologna: Patron, 1992.
_____. *Donne e uomini nell'educazione a Roma*. Firenze: La Nuova Italia, 1991.
_____. *Mestieri e professioni a Roma*. Firenze: La Nuova Italia, 1994.
GIARDINA, A. (Org.) *L'uomo romano*. Roma-Bari: Laterza, 1989.
GWYNN, A. *Roman Education from Cicero to Quintilian*. Oxford: Clarendon Press, 1926.
LEVI, A. *Storia della filosofia romana*. Firenze: Sansoni, 1949.
LEVI, M. A. *Roma antica*. Torino: UTET, 1976.
MARROU, H. I. *Storia dell'educazione nell'antichità*. Roma: Studium, 1950.
PAOLI, U. E. *Vita romana*. 10.ed. Firenze: Le Monnier, 1968.
POMEROY, S. B. *Donne in Atene e Roma*. Torino: Einaudi, 1978.
ROBERT, J.-N. *I piaceri a Roma*. Milano: Rizzoli, 1985.
VEYNE, P. *La società romana*. Roma-Bari: Laterza, 1990.

A EDUCAÇÃO NA ROMA ARCAICA

ALFÖLDY, G. *Storia sociale della antica Roma*. Bologna: Il Mulino, 1987.
CAVALLO, G., FEDELI, P., GIARDINA, A. (Org.) *Lo spazio letterario di Roma antica*. La circolazione del testo. Roma: Salerno, 1989. v.II
DUMONT, J.-C. *Servus*. Roma: École Française de Rome, 1988.
DUPONT, F. *La vita quotidiana nella Roma repubblicana*. Roma-Bari: Laterza, 1990.
NICHOLAS, B. *An Introduction to Roman Law*. Oxford: Clarendon Press, 1962.
PULLAN, J. M. *The History of the Abacus*. London, 1968.
SALZA PRINA RICOTTI, E. *L'arte del convito nella Roma antica*. Roma: L'Erma di Bretschneider, 1983.
TREGGIANI, S. *Roman Freedman during the Late Republic*. Oxford, 1969.

HISTÓRIA DA PEDAGOGIA 653

O ENCONTRO COM A *PAIDEIA* GREGA

ARNALDI, F. *Cicerone*. Bari: Laterza, 1928.

GARBARINO G. (Org.) *Roma e la filosofia greca dalle origini alla fine del Il secolo a. C.* Torino: Paravia, 1973.

MARTINAZZOLI, F. *Seneca. Studio sulla morale ellenica nell'esperienza romana*. Firenze: La Nuova Italia, 1945.

MICHEL, A. *Rhétorique et philosophie chez Ciceron*. Paris: 1960.

PERELLI, L. *Il pensiero politico di Cicerone*. Firenze: La Nuova Italia, 1990.

PLEBE, A. *Breve storia della retorica antica*. Milano: Nuova Accademia, 1961.

RANZOLI, C. *La religione e la filosofia di Virgilio*. Milano: 1960.

VV. AA. *Cultura e ideologia da Cicerone a Seneca*. Firenze: Le Monnier, 1981.

A PEDAGOGIA HELENISTA E A ESCOLA

BIRLEY, A. *Marcus Aurelius*. London: Eyre and Spottiswoode, 1966.

CAVALLO, G. *Le biblioteche nel mondo antico e medievale*. 2.ed. Roma-Bari: Laterza, 1989.

_____. *Libri, editori e pubblico nel mondo antico*. Roma-Bari: Laterza, 1989.

COUSIN, J. *Études sur Quintilien*. Paris: Boivin, 1936.

ELLUL, J. L'antichità. In: _____. *Storia delle istituzione*. Milano: Mursia, 1981. v.II.

MANACORDA, M. A. *Momenti di storia della pedagogia*. Torino: Loescher, 1977.

_____. *La paideia di Achille*. Roma: Editori Riuniti, 1971.

MARCHESI, C. *Seneca*. Milano: Principato, 1944.

MARROU, H. I. *S. Agostino e la fine della cultura antica*. Milano: Jaca Book, 1987.

PAVAN, M. *La crisi della scuola nell IV scolo d. C.* Bari: Laterza, 1952.

ROSTAGNI, A. *Giuliano, l'Apostata*. Torino: Bocca, 1920.

SASSO, G. *Il progresso e la morte. Saggi su Lucrezio*. Bologna: Il Mulino, 1979.

SOLERI, G. *Marc'Aurelio*. Brescia: La Scuola, 1947.

STAHL, W. H. *La scienza dei Romani*. 2.ed. Roma-Bari: Laterza, 1991.

VV. AA. La scienza ellenistica. Tre giornate di studio. Pavia, 14-16 aprile 1982. *Atti delle...*, Napoli: Bibliopolis, 1985.

VEYNE, P. *Il pane e il circo*. Bologna: Il Mulino, 1984.

ZANKER, P. *Augusto e il potere delle immagini*. Torino: Einaudi, 1987.

O CRISTIANISMO: RELIGIÃO E CULTURA

BUONAIUTI, E. *S. Paolo*. Roma: Formiggini, 1925.

GUIGNEBERT, C. *Le Christ*. Paris: Albin Michel, 1948.

LOISY, A. *Le origini del Cristianesimo*. Milano: Il Saggiatore, 1964.

OMODEO, A. *Gesù e le origini del Cristianesimo*. Messina, 1913.

_____. *Paolo di Tarso apostolo delle genti*. Napoli: ESI, 1956.

PINCHERLE, A. *Introduzione al cristianesimo antico*. 3.ed. Roma-Bari: Laterza, 1992.

PUECH, H.-C. (Org.) *Storia delle religioni. Il cristianesimo*. Roma-Bari: Laterza, 1988.

ROBERTSON, A. *Le origini del cristianesimo*. Firenze: Parenti, 1960.

SIMON, M., BENOÎT, A. *Giudaismo e cristianesimo*. 3.ed. Roma-Bari: Laterza, 1991.

O NOVO TESTAMENTO E A EDUCAÇÃO

BARBERO, G. *Il pensiero politico cristiano*. Torino: UTET, 1962.

CORSANI, B. *Introduzione al Nuovo Testamento*. Torino: Claudiana, 1972.

654   FRANCO CAMBI

CULLMANN, O. *Introduzione al Nuovo Testamento*. Bologna: Il Mulino, 1968.
GUARDINI, R. *La figura di Gesù Cristo nel Nuovo Testamento*. Brescia: Morcelliana, 1950.
PFRECH, P. *Le idee fondamentali del Nuovo Testamento*. Modena: Edizione Paoline, 1968.

A EDUCAÇÃO NA IGREJA PRIMITIVA

CORALLO, G. *Il cristianesimo e l'educazione*. Milano: Viola, 1951.
DODDS, E. R. *Pagani e cristiani in un'epoca d'angoscia*. Firenze: La Nuova Italia, 1988.
HOFFMANN, E. *Platonismo e filosofia cristiana*. Bologna: Il Mulino, 1967.
LABERTHONNIÈRE, L. *Il realismo cristiano e l'idealismo greco*. Firenze: Vallecchi, 1949.
SORDI, M. *Il cristianesimo e Roma*. Bologna: Cappelli, 1965.

A *PAIDEIA* CRISTÃ

ALTANER, B. *Patrologia*. Torino: Marietti, 1960.
ANTONELLI, M. T. *Origene*. Brescia: La Scuola, 1946.
BUONAIUTI, E. *Saggi di storia del Cristianesimo*. Vicenza: Neri Pozza, 1957.
COCHRANE, C. N. *Cristianesimo e cultura classica*. Bologna: Il Mulino, 1969.
DANIELOU, J. *Messagio evangelico e cultura ellenistica*. Bologna: Il Mulino 1975.
FILORAMO, G., RODA, S. *Cristianesimo e società antica*. Roma-Bari: Laterza, 1992.
JAEGER, W. *Cristianesimo primitivo e paideia greca*. Firenze: La Nuova Italia, 1966.
MOMIGLIANO, A. (Org.) *Il conflito tra paganesimo e cristianesimo nel secolo IV*. Torino: Einaudi, 1969.
PELLEGRINO, M. *Studi su l'antica apologetica*. Roma: Ed. Di Storia e Letteratura, 1947.

A EDUCAÇÃO MONÁSTICA

CILENTO, V. *Medioevo monastico e scolastico*. Napoli: 1967.
FESTUGIÈRE, A.-J., *Les moines d'Orient*. Paris, 1961.
MOMIGLIANO, A. *Cassiodorus and italian Culture of His Time*. Oxford, 1958.
XODO CEGOLON, C. *Cultura e pedagogia nel monachesimo alto medioevale*. Brascia: La Scuola, 1980.

A FAMÍLIA, A MULHER, A INFÂNCIA

CANTALAMESSA, R. (Org.) *Etica sessuale e matrimonio nel cristianesimo delle origini*. Milano: Vita e Pensiero, 1976.
DELUMEAU, J. (Org.) *Storia vissuta del popolo cristiano*. Torino: SEI, 1985.
DE MAUSE, L. (Org.) *Storia dell'infanzia*. Milano: Emme, 1983.
DUBY, G., PERROT, M. L'Antichità. In: _____. *Storia delle donne in Occidente*. Roma--Bari: Laterza, 1990. Schmitt Pantel, P. (Org.). [Ed. port.: *História das mulheres no Ocidente*. Porto: Edições Afrontamento, 1991.
ROUSSELLE, A. *Sesso e società alle origini dell'età cristiana*. Roma-Bari: Laterza, 1985.
VV. AA. *Storia universale della famiglia*. Milano: Mondadori, 1988.

SANTO AGOSTINHO: FILOSOFIA E PEDAGOGIA

BOYER, C. *Christianisme et néo-platonisme dans la formation de Saint Augustin*. Roma: Officium Libri Catholici, 1953.

HISTÓRIA DA PEDAGOGIA **655**

BROWN, P. *Agostino d'Ippona*. Torino: Einaudi, 1971.
COURCELLE, P. *Les lettres grecques en Occident*. 2.ed. Paris: De Boccard, 1948.
FLASCH, K. *Agostino d'Ippona*. Bologna: Il Mulino, 1983.
MARROU, H. I. *Sant'Agostino*. Milano: Mondadori, 1960.
OGGIONI, E. *Sant'Agostino filosofo e pedagogista*. Padova: CEDAM, 1949.
PATANÉ, L. R. *Il pensiero pedagogico di S. Agostino*. Bologna: Patron, 1967.
PINCHERLE, A. *Vita di sant'Agostino*. 2.ed. Roma-Bari: Laterza, 1982.

A ÉPOCA MEDIEVAL

INTRODUÇÃO À IDADE MÉDIA E À ALTA IDADE MÉDIA

ARCARI, P. M. *Idee e sentimenti politici dell'alto medioevo*. Milano: Giuffrè, 1968.
BLOCH, M. *La servitù nella società medievale*. Firenze: La Nuova Italia, 1993.
BOSL, K. *Modelli di società medievale*. Bologna: Il Mulino, 1979.
BRÉHIER, E. *La filosofia del Medioevo*. Torino: Einaudi, 1952.
CAGGESE, R. *L'Alto Medioevo*. Torino: UTET, 1937.
CRUMP, C. G., JACOB, E. F. *L'eredità del Medioevo*. Milano: Vallardi, 1955.
DAWSON, C. *La nascita dell'Europa*. Milano: Il Saggiatore, 1969.
DE WULF, M. *Storia della filosofia medioevale*. Firenze: Libreria Editrice Fiorentina, 1927. 2v.
DUBY, G. *L'economia rurale nell'Europa medievale*. Bari: Laterza, 1966.
FALCO, G. *La Santa Romana Republica*. Milano-Napoli: Ricciardi, 1954.
FASOLI, G. Feudo e castelo. In: *Storia d'Italia*. Torino: Einaudi, 1973, v.1, p.263-308.
GRAF, A. *Miti, leggende e superstizioni del Medioevo*. Bologna: Forni, 1975. 2v.
LE GOFF, J. (Org.) *L'uomo medievale*. 3.ed. Roma-Bari: Laterza, 1993.
MORGHEN, R. *Medioevo cristiano*. Bari: Laterza, 1951.
PERNOUD, R. *Medioevo. Un secolare pregiudizio*. Milano: Bompiani, 1988.
PIRENNE, H. *Storia economica e sociale del Medioevo*. Milano: Garzanti, 1967. [Ed. bras.: *História econômica e social da Idade Média*. São Paulo: Mestre Jou, 1978.]
SERENI, E. *Storia del paesaggio agrario italiano*. Bari: Laterza, 1961.
SESTAN, E. *Stato e nazione nell'alto Medioevo*. Napoli: ESI, 1952.

A SOCIEDADE FEUDAL

BLOCH, M. *La società feudale*. Torino: Einaudi, 1949.
_____. *Signoria francese e maniero inglese*. Milano: Feltrinelli, 1980.
DUBY, G. *Lo specchio del feudalesimo*. Roma-Bari: Laterza, 1980.
PEPE, G. *Il Medioevo barbarico in Europa*. Milano: Il Saggiatore, 1967.
RICHÉ, P. *Educazione e cultura nell'Occidente barbarico, Dal VI all'VIII secolo*. Roma: Armando, 1966.
PIRENNE, H. *Maometto e Carlomagno*. Bari: Laterza, 1939.
VON FICHTENAU, H. *L'Impero corolingio*. Bari: Laterza, 1958.

AS ESCOLAS MEDIEVAIS

FROVA, C. *Istruzione e educazione nel Medioevo*. Torino: Loescher, 1982.
LEACH, A. F. *The Schools of Medieval England*. London: Methuen, 1915.
MANACORDA, G. *Storia della scuola in Italia*. Palermo: Sandron, 1913.

656 FRANCO CAMBI

MOULIN, L. *La vita quotidiana dei monacci nel Medioevo*. Milano: Mondadori, 1988.
NARDI, B. (Org.) *Il pensiero pedagogico del Medioevo*. Firenze: Giuntine-Sansoni, 1956.
SALVIOLI, G. *L'istruzione in Italia prima del Mille*. Firenze: Sansoni, 1912.
XODO CEGOLON, C. *Cultura e pedagogia nel monachesimo alto mediovale*. Brescia: La Scuola, 1980.

A CAVALARIA

CARDINI, F. *Alle radici della cavalleria medievale*. Firenze: La Nuova Italia, 1981.
DUBY, G. *Terra e nobiltà nel Medio Evo*. Torino: SEI, 1971.
DUMÉZIL, G. *Ventura e sventura del guerriero*. Torino: Rosenberg & Sellier, 1974.
GALLONI, P. *Il cervo e il lupo. Caccia e cultura nobiliare nel Medioevo*. 2.ed. Roma-Bari: Laterza, 1993.
NICCOLI, O. *I sacerdoti, i guerrieri, i contadini. Storia di un'immagine della società*. Torino: Einaudi, 1979.
VV. AA. *I laici nella societas christiana dei secoli XI e XII*. In: Terza Settimana internazionale di studio, 21-27 agosto 1965, Mendola. *Atti della...* Milano: Vita e Pensiero, 1968.

A *PAIDEIA* CRISTÃ-MEDIEVAL

DAL PRA, M. *Scoto Eriugena*. Milano: Bocca, 1951.
DHUODA. *Educare nel Medioevo. Per l'educazione di mio figlio*. Milano: Jaca Book, 1984.
GEBHART, E. *L'Italia mistica. Storia del rinascimento religioso nel Medioevo*. Roma-Bari: Laterza, 1983.
RICHÉ, P. *Dall'educazione antica all'educazione cavalleresca*. Milano: Mursia, 1970.
_____. *Il papa dell'anno mille: Silvestro II*. Milano: Edizioni Paoline, 1988.
_____. *Le scuole e l'insegnamento nell'Occidente cristiano dalla fine del V alla metà del XI secolo*. Roma: Jouvence, 1984.
SMALLEY, B. *Lo studio della Bibbia nel Medioevo*. Bologna: EBD, 1972.
VANNI ROVIGHI, S. *Introduzione a Anselmo d'Aosta*. Roma-Bari: Laterza, 1987.

A EDUCAÇÃO DO POVO

ARIÈS, P. *Padri e figli nell'Europa medievale e moderna*. Bari: Laterza, 1968. [Ed. bras.: *História social da família e da criança*. Rio de Janeiro: Zahar, 1978.]
_____., DUBY, G. (Org.) *La vita privata*. Dall'Impero romano all'anno Mille. Roma--Bari: Laterza, 1986. [Ed. bras.: *História da vida privada*. Do Império Romano ao ano Mil. São Paulo: Companhia das Letras, 1990. v.I.]
_____. (Org.) *La vita privata*. Dal Feudalesimo al Rinascimento. Roma-Bari: Laterza, 1987. v.I. [Ed. bras.: *História da vida privada*. Da Europa feudal à Renascença. São Paulo: Companhia das Letras, 1990. v.II.]
BLOCH, M. *Lavoro e tecnica nel Medioevo*. Bari: Laterza, 1959.
DELORT, R. *La vita quotidiana nel Medioevo*. Roma-Bari: Laterza, 1989.
DUBY, G. *Medioevo maschio*. Roma-Bari: Laterza, 1988.
_____., PERROT, M. *Storia delle donne in Occidente*. Roma-Bari: Laterza, 1991. v.II: Il Medioevo Klapisch-Zuber, C. (Org.) [Ed. port.: *História das mulheres no Ocidente*. Porto: Edições Afrontamento, 1991. v.II.]

HISTÓRIA DA PEDAGOGIA   657

LE GOFF, J. *Il meraviglioso e il quotidiano nell'Occidente medievale*. 2.ed. Roma-Bari: Laterza, 1991. 3.ed., 1992.

MONTANARI, M. *Alimentazione e cultura nel Medioevo*. 3.ed. Roma-Bari: Laterza, 1992.

PEYER, H. C. *Viaggiare nel Medioevo*. Roma-Bari: Laterza, 1990.

RUSSEL, J. B. *Il diavolo nel Medioevo*. Roma-Bari: Laterza, 1987.

SCHMITT, J.-C. *Il gesto Medioevo*. Roma-Bari: Laterza, 1990.

VV. AA. *Medioevo al femminile*. Roma-Bari: Laterza, 1989.

BIZÂNCIO E A EDUCAÇÃO

BROWNING, R. Byzantini Scolarship. *Past and Present*, v.28, p.3-20, 1964.

CAVALLO, G. (Org.) *Libri e lettori nel mondo bizantino*. Roma-Bari: Laterza, 1982.

_____. (Org.) *L'uomo bizantino*. Roma-Bari: Laterza, 1992.

KAZHDAN, A. P. *Bisanzio e la sua civiltà*. Roma-Bari: Laterza, 1983.

LEMERLE, P. *Le premier humanisme byzantine*. Paris. 1971.

MANGO, C. *La civiltà bizantina*. Roma-Bari: Laterza, 1991.

RUNCIMAN, S. *La civiltà bizantina*. Firenze: Sansoni, 1960.

VV. AA. *Storia del mondo medievale*. Milano: Garzanti, 1978. v.III: L'impero bizantino.

O ISLAMISMO E A EDUCAÇÃO

AFRIAN, S. M. *Avicenna*. Bologna: Patron, 1969.

PUECH, H.-C. (Org.) *Storia delle religioni. L'Islamismo*. Roma-Bari: Laterza, 1991.

RAHMAN, F. *La religione del Corano*. Milano: Il Saggiatore, 1968.

SCHOLEM, G. *Le grandi correnti della mistica ebraica*. Milano: Il Saggiatore, 1965.

SHALABY, A. *History of Muslin Education*. Beirut: Dar Al Kashaf, 1954.

SOURDEL, D. e J. *La civilisation de l'Islam classique*. Paris: Arthaud, 1968.

TRITTON, A. S. *Materials on Muslin Education in the Middle Ages*. London, 1957.

VV. AA. L'enseignement en Islam et en Occident au Moyen Age. *Revue des Etudes Islamiques*, 1976.

A VIRADA DO ANO MIL

BOIS, G. *L'anno Mille*. Roma-Bari: Laterza, 1991.

DUBY, G. *L'Europa nel Medioevo*. Roma-Bari: Laterza, 1991.

FOCILLON, H. *L'An Mil*. Paris: Colin, 1952.

HEER, F. *Il Medioevo 1100-1350*. Milano: Il Saggiatore, 1962.

LE GOFF, J. *La civiltà dell'Occidente medievale*. Firenze: Sansoni, 1969.

LOPEZ, R. S. *La nascita dell'Europa. Secoli V-XIV*. Torino: Einaudi, 1966.

CIDADES, CORPORAÇÕES, MERCADORES

CIPOLLA, C. M. (Org.) *Storia dell'economia italiana*. Torino: Einaudi, 1959. v.I: Secoli VII-XVII.

GIARDINA, A., GUREVIC, A. J. *Il mercante dall Antichità al Medioevo*. Roma-Bari: Laterza, 1994.

658   FRANCO CAMBI

MUMFORD, L. *La città nella storia*. Milano: Edizioni di Comunità, 1963. [Ed. bras.: *Cidade na história*: suas origens, transformações e perspectivas. São Paulo: Martins Fontes, 1982.]
PIRENE, H. *Le città del Medioevo*. Bari: Laterza, 1973.
SAPORI, A. *La mercatura medievale*. Firenze: Sansoni, 1972.
_____. *Le marchand italien au Moyen Age*. Paris: Colin, 1952.
VV. AA. *La città nell'Alto Medioevo*. Spoleto, 1959.

CRIANÇAS, JOVENS, MULHERES

DEL LUNGO, I. *La donna fiorentina del buon tempo antico*. Firenze: Bemporad, 1905.
DEMAUSE, L. (Org.) *Storia dell'infanzia*. Milano: Emme, 1983.
GIALLONGO, A. *Il bambino medievale*. Bari: Dedalo, 1990.
_____. *Il galateo e la donna nel Medioevo*. Rimini: Maggioli, 1987.
GILLIS, J. R. *I giovani e la storia*. Milano: Mondadori, 1981.
LASLETT, P. *Il mondo che abbiamo perduto*. Milano: Jaca Book, 1979.

O IMAGINÁRIO POPULAR

BAKHTIN, M. *L'opera di Rabelais e la cultura popolare*. Rito, carnevalle e festa nella tradizione medievale e rinascimentale. Torino: Einaudi, 1979. [Ed. bras.: *A cultura popular na Idade Média e no Renascimento*: o contexto de François Rabelais. São Paulo, Brasília: Hucitec, UnB, 1987.]
BERTONI, G. *Poesie, leggende, costumanze del medio evo*. Modena: Orlandini, 1917.
BURKE, P. *Cultura popolare nell'Europa moderna*. Milano: Mondadori, 1980. [Ed. bras.: *A cultura popular na Idade Moderna*: Europa, 1500-1800. São Paulo: Companhia das Letras, 1989.]
CAPITANI, O. (Org.) *L'eresia medievale*. Bologna: Il Mulino, 1971.
HAUSER, A. *Storia sociale dell'arte*. Torino: Einaudi, 1964. [Ed. bras.: *História social da arte*. São Paulo: Martins Fontes, 1995.]
KAPPLER, C. *Demoni mostri e meraviglie alla fine del medioevo*. Firenze: Sansoni, 1983.
POWER, E. *Vita nel Medioevo*. Torino: Einaudi, 1986.

O IMAGINÁRIO E A CULTURA DAS CLASSES SUPERIORES

BOULENGER, J. (Org.) *I romanzi della Tavola Rotonda*. Milano: Mondadori, 1989.
DE ROUGEMONT, D. *L'amore e l'Occidente*. Milano: Mondadori, 1958. [Ed. bras.: *O amor e o Ocidente*. Rio de Janeiro: Editora Guanabara, 1988.]
DUBY, G. *Medioevo maschio*. Roma-Bari: Laterza, 1988.
ELIAS, N. *La civiltà delle buone maniere*. Bologna: Il Mulino, 1982.
PICCOLO, F. (Org.) *Romanzi d'amore e di cavalieri del Medioevo*. Roma: Edizioni dell'Ateneo, 1960.

A UNIVERSIDADE NA IDADE MÉDIA

ARNALDI, G. (Org.) *Le origini dell'università*. Bologna: Il Mulino, 1974.
GABRIEL, A. L. *Garlandia*. Studies in the History of the Medieval University. Notre Dame (Indiana): The Medieval Institute-University of Notre Dame, 1969.

HISTÓRIA DA PEDAGOGIA 659

GRABMANN, M. *Storia del metodo scolastico*. Firenze: La Nuova Italia, 1980.
PAQUET, J., IJSEWIN, G. (Org.) *Les Universités à la fin du Moyen Age*. Louvain: Institut d'études médiévales, U. C. L., 1978.
VERGER, J. *Le università nel Medioevo*. Bologna: Il Mulino, 1982. [Ed. bras.: *A universidade na Idade Média*. São Paulo: Editora UNESP, 1990.]
WIERUSZOWSKI, H. *The Medieval University*. Masters, Students, Learning. Princeton (N. J.): Van Nostrand, 1966.

A PEDAGOGIA DA ESCOLÁSTICA

ALESSIO, F. *Introduzione a Ruggero Bacone*. Roma-Bari: Laterza, 1985.
FUMAGALLI BEONIO BROCCHIERI, M. *Introduzione a Abelardo*. 2.ed. Roma-Bari: Laterza, 1988.
GILSON, E. *La filosofia nel Medioevo*. Firenze: La Nuova Italia, 1973. [Ed. bras.: *A filosofia na Idade Média*. São Paulo: Martins Fontes, 1995.]
GHISALBERTI, A. *Introduzione a Ockham*. 2.ed. Roma-Bari: Laterza, 1991.
HASKINS, C. H. *La rinascita del XII secolo*. Bologna: Il Mulino, 1972.
LE GOFF, J. *Gli intellettuali nel Medioevo*. Milano: Mondadori, 1979. [Ed. bras.: *Os intelectuais na Idade Média*. São Paulo: Brasiliense, 1988.]
NARDI, B. (Org.) *Il pensiero pedagogico del Medioevo*. Firenze: Giuntine-Sansoni, 1956.
VANNI ROVIGHI, S. *Introduzione a Tommaso d'Aquino*. 5.ed. Roma-Bari: Laterza, 1992.
VASOLI, C. *La filosofia medioevale*. Milano: Feltrinelli, 1961.

O FIM DA IDADE MÉDIA: POLÍTICA, CULTURA, EDUCAÇÃO

FUMAGALLI BEONIO BROCCHIERI, M., GARIN, E. *L'intellettuale tra Medioevo e Rinascimento*. Roma-Bari: Laterza, 1994.
GARIN, E. *L'età nuova*, Napoli: Morano, 1969.
_____. *Medioevo e Rinascimento*. Bari: Laterza, 1954.
HUIZINGA, J. *Autunno del Medio Evo*. 2.ed. Firenze: Sansoni, 1942. [Ed. port.: *O declínio da Idade Média*. Lisboa: Ulisseia, 1996.]
SABBADINI, R. *Il metodo degli umanisti*. Firenze: Le Monnier, 1920.
VASOLI, C. *La dialettica e la retorica dell'Umanesimo*. Milano: Feltrinelli, 1968.

A ÉPOCA MODERNA

INTRODUÇÃO À ÉPOCA MODERNA

BAINTON, R. H. *La riforma protestante*. Torino: Einaudi, 1958.
BENDISCIOLI, M. *La riforma cattolica*. Roma: Studium, 1958.
BOAS, M. *Il rinascimento scientifico, 1450-1630*. Milano: Feltrinelli, 1973.
BURCKHARDT, J. *La civiltà del Rinascimento in Italia*. Firenze: Sansoni, 1968. [Ed. bras.: *A cultura do Renascimento na Itália*. Brasília: UnB, 1991.]
BURKE, P. *Il Rinascimento*. Bologna: Il Mulino, 1990.
CANTIMORI, D. *Umanesimo e religione nel Rinascimento*. Torino: Einaudi, 1975.
CASINI, P. *L'universo-macchina*. Bari: Laterza, 1969.
COCHRANE, E. *L'italia del Cinquecento, 1530-1630*. Roma-Bari: Laterza, 1989.

660 FRANCO CAMBI

DE MATTEI, R. *Il problema della ragion di Stato nell'età della Controriforma*. Milano-Napoli: Ricciardi, 1979.

DILTHEY, W. *L'analisi dell'uomo e l'intuizione della natura*. Dal Rinascimento al secolo XVIII. Venezia: La Nuova Italia, 1927.

GARIN, E. *La cultura del Rinascimento*. Bari: Laterza, 1967.

————. *Scienza e vita civile nel rinascimento italiano*. Bari: Laterza, 1965. [Ed. bras.: *Ciência e vida civil no Renascimento italiano*. São Paulo: Editora UNESP, 1996.]

————. (Org.) *L'uomo del Rinascimento*. 6.ed. Roma-Bari: Laterza, 1993.

GILMORE, M. P. *Il mondo dell'Umanesimo*. Firenze: La Nuova Italia, 1977.

GRAFF, H. J. (Org.) *Alfabetizzazione e sviluppo sociale in Occidente*. Bologna: Il Mulino, 1986.

GREEN, A. *Education and State Formation*. London: Macmillan, 1990.

HAY, D., LAW, J. *L'Italia del Rinascimento, 1380-1530*. Roma-Bari: Laterza, 1989.

HELLER, A. *L'uomo del Rinascimento*. Firenze: La Nuova Italia, 1977.

KRISTELLER, P. O. *La tradizione classica nel pensiero del Rinascimento*. Firenze: La Nuova Italia, 1975.

METHIVIER, H. *La fin de l'Ancien Régime*. Paris: PUF, 1966.

RINGER, F. *Education and Society in Modern Europe*. Bloomington (Indiana): Indiana University Press, 1979.

SPINK, J. S. *Il libero pensiero in Francia da Gassendi a Voltaire*. Firenze: Vallecchi, 1975.

VV. AA. *Il libertinismo in Europa*. Milano-Napoli: Ricciardi, 1980.

————. *Storia del mondo moderno*. Milano: Garzanti, 1967 ss. 8v.

VASOLI, C. *L'enciclopedismo del Seicento*. Napoli: Bibliopolis, 1978.

————. *Umanesimo e Rinascimento*. Palermo: Palumbo, 1977.

ASPECTOS PEDAGÓGICOS

BATTAGLIA, F. (Org.) *Il pensiero pedagogico del Rinascimento*. Firenze: Giuntine-Sansoni, 1960.

CALÒ, G. Il problema educativo nell'Umanesimo e nel Rinascimento. In: VV. AA. *Nuove questioni di storia della pedagogia*. Brescia: La Scuola, 1977. v.I, p.457-88.

GARIN, E. (Org.) *Il pensiero pedagogico dell'Umanesimo*. Firenze: Giuntine-Sansoni, 1958.

IDEIAS PEDAGÓGICAS E INICIATIVAS ESCOLÁSTICAS NA ITÁLIA E NA EUROPA

BATKIN, L. M. *Gli umanisti italiani*. Stile di vita e di pensiero. Roma-Bari: Laterza, 1990.

BERTIN, G. M. *La pedagogia umanistica europea nei secoli XV e XVI*. Milano: Marzorati, 1961.

GARIN, E. *L'educazione in Europa, 1400-1600*. Problemi e programmi. Bari: Laterza, 1957.

————. *Educazione umanistica in Italia*. 5.ed. Bari: Laterza, 1966.

————. *Ritratti di umanisti*. Firenze: Sansoni, 1957.

GRENDLER, P. F. *La scuola nel Rinascimento italiano*. Roma-Bari: Laterza, 1991.

A REFORMA PROTESTANTE E A EDUCAÇÃO

AUGUSTIJN, C. *Erasmo da Rotterdam*. La vita e l'opera. Brescia: Morcelliana, 1989.

FEBVRE, L. *Martin Lutero*. Roma-Bari: Laterza, 1982.

HISTÓRIA DA PEDAGOGIA   661

GAMBARO, A. *La pedagogia di Erasmo da Rotterdam*. Milano: Il Saggiatore, 1951.

OBERMAN, H. A. *Martin Lutero*. Um uomo tra Dio e il diavolo. Roma-Bari: Laterza, 1987.

_____. *La Riforma protestante da Lutero a Calvino*. Roma-Bari: Laterza, 1989.

A CONTRARREFORMA E A EDUCAÇÃO

BALANI, D., ROGGERO, M. (Org.) *La scuola in Italia dalla Controriforma al secolo dei lumi*. Torino: Loescher, 1976.

BENZONI, G. *Gli affanni della cultura*. Intellettuali e potere nell'Italia della Controriforma e Barocca. Milano: Feltrinelli, 1978.

BRIZZI, G. P. (Org.) *La Ratio studiorum*. Modelli culturali e pratiche educative dei gesuiti in Italia tra Cinque e Seicento. Roma: Bulzoni, 1981.

DAINVILLE, J. *L'éducation des Jésuites*. XIV-XVII siécles. Paris: Minuiti, 1978.

SALOMONE, M. (Org.) *Ratio atque institutio studiorum Societate Iesu*. L'ordinamento scolastico dei collegi dei Gesuiti. Milano: Feltrinelli, 1979.

SECCO, L. *La pedagogia della Controriforma*. Brescia: La Scuola, 1973.

VOLPICELLI, L. (Org.) *Il pensiero pedagogico della Controriforma*. Firenze: Giuntine--Sansoni, 1960.

O SÉCULO XVII EUROPEU

ASTON, T. (Org.) *Crisi in Europa 1560-1660*. Mapoli: Giannini, 1969.

BONANATE, U. (Org.) *I puritani*. Torino: Einaudi, 1979.

BONTADINI, G. *Studi sulla filosofia dell'età cartesiana*. Brescia: La Scuola, 1947.

BRIZZI, G. P. *La formazione della classe dirigente nel Sei-Settecento*. Bologna: Il Mulino, 1976.

CRIPPA, R. *Studi sulla coscienza etica e religiosa del Seicento*. Brescia: La Scuola, 1960.

DI VONA, P. *Studi sulla Scolastica della Controriforma*. Firenze: La Nuova Italia, 1968.

FOURASTIÉ, J. *Machinisme et bien être*. Paris: 1951.

FRONACA, R. *Storia della scuola moderna e contemporanea*. Roma: Anicia, 1994.

GARIN, E. *L'educazione in Europa. 1400-1600*. Problemi e programmi. Bari: Laterza, 1957.

GEREMEK, B. *La pietà e la forca*. 2.ed. Roma-Bari: Laterza, 1991.

GROETHUYSEN, B. *Origini dello spirito borghese in Francia*. Torino: Einaudi, 1949.

HAZARD, P. *La crisi della coscienza in Europa*. Milano: Il Saggiatore, 1968.

KASER, K. *L'eta dell'assolutismo*. Firenze: Vallecchi, 1928.

MONDAINI, G. *Storia coloniale dell'epoca contemporanea*. Parte I: La colonizzazione inglese. Firenze: Giunti-Barbera, 1916.

PINTACUDA De MICHELIS, F. *Socinianesimo e tolleranza nell'età del razionalismo*. Firenze: La Nuova Italia, 1975.

ROSSI, M. M. *Alle fonti del deismo e del materialismo moderno*. Firenze: La Nuova Italia, 1942.

STONE, L. *La crisi dell'aristocrazia*. Torino: Einaudi, 1972.

TREVOR-ROPER, H. *Protestantesimo e trasformazione sociale*. Roma-Bari: Laterza, 1975.

TROELTSCH, E. *Il protestantesimo nella formazione del mondo moderno*. Firenze: La Nuova Italia, 1974.

VILLARI, R. *Elogio della dissimulazione*. 2.ed. Roma-Bari: Laterza, 1993.

WEBSTER, C. *La grande instaurazione*. Milano: Feltrinelli, 1980.

662 FRANCO CAMBI

COMENIUS

BELLERATE, B. (Org.) *Comenio sconosciuto*. Cosenza: Pellegrini, 1984.
CAMMAROTA, P. *Scuola e società umana in J. A. Comenius*. Roma: Bulzoni, 1975-1976. 2v.
FATTORI, M. Introduzione a J. A. Komensky. In: KOMENSKY, J. A. *Opere*. Torino: UTET, 1974.
FORNACA, R. Proiezioni pedagogiche di Comenio. *Scuola e Città*, v.9, p. 369-76, 1993.
LIMITI, G. *Comenio educatore europeo*. Milano: Vallardi, 1970.
_____. *J. A. Komenski (Comenio)*. Roma: Istituto di Pedagogia dell'Università, 1957.
_____. (Org.) *Studi e testi comeniani*. Roma: Edizioni dell'Ateneo, 1965.
ORLANDO CIAN, D. *Il grande Comenio delle opere minori*. Padova: Liviana, 1959.
SADLER, J. E. *Comenio e il concetto di educazione universale*. Firenze: La Nuova Italia, 1969.
VV. AA. *Comenio o della pedagogia*. Roma: Editori Riuniti, 1974.

PORT-ROYAL

CARRÉ, J. *Les pédagogues de Port-Royal*. Histoire des Petites Écoles. Paris: Delagrave, 1887.
CAVALLONE, L. *I maestri e le piccole scuole di Port-Royal*. Torino: Paravia, 1942.
CHARTIER, R., COMPYRE, M. M., JULIA, D. *L'éducation en France au XVI siècle*. Paris: Sedes, 1976.
DE SAINTE-BEUVE, C. A. *Port-Royal*. Firenze: Sansoni, 1970.
JEMOLO, A. C. *Il giansenismo in Italia prima della Rivoluzione*. Bari: Laterza, 1928.
ORCIBAL, J. *Les origines du Jansénisme*. Louvain-Paris, 1947-1963. 5v.

OS ORATORIANOS

CISTELLINI, A. *San Filippo Neri: l'Oratorio e la congregazione oratoriana*. Storia e spiritualità. Brescia: Morcelliana, 1989. 3v.
GASBARRI, C. *L'oratorio romano*. Roma, 1963.
LALLEMENT, P. *Histoire de l'éducation dans l'ancien Oratoire de France*. Paris, 1888.

FÉNELON

GARÉ, J. L. *L'itinéraire de Fénelon*. Paris: PUF, 1957.
PANCERA, C. *Il pensiero educativo di Fénelon*. Firenze: La Nuova Italia, 1991.
TERSI, C. *Fénelon*. La personalità e l'attualità del pensiero educativo. Roma: Ciranna, 1971.
VESPA, R. *Fénelon*. Rovigo: Istituto Padani Arti Grafiche, 1954.

LA SALLELA SALLE

MERLAND, A. *J. B. de la Salle*. Paris: Spes, 1956.
SAVINO, G. *J. B. de La Salle (1651-1719)*. L'opera e il pensiero pedagogico. Brescia: La Scuola, 1948.

MONOGRAFIA SOBRE OUTROS AUTORES

DI NAPOLI, G. L'utopia pedagogica in Moro, Campanella e Bacone. In: VV. AA. *Nuove questioni di storia della pedagogia*. Brescia: La Scuola, 1977. v.7, p.593-662.

HISTÓRIA DA PEDAGOGIA   663

GENOVESI, G., TOMASI, T. *L'educazione nel paese che non c'è*. Storia delle idee e delle istituzioni educative in utopia. Napoli: Liguori, 1985.

HEXTER, J. H. *L'utopia di Moro*. Napoli: Guida, 1975.

LEONARDUZZI, A. *François Rabelais e la sua prospettiva pedagogica*. Trieste: Tipografia Moderna, 1966.

_____. Le idee pedagogiche di Rabelais e di Montaigne. In: VV. AA. *Nuove questioni di storia della pedagogia*. Brescia: La Scuola, 1977. v.I, p. 489-535.

PASSUELLO, L. *La prospettiva pedagogica di Michel de Montaigne*. Padova: Liviana, 1971.

CIÊNCIA MODERNA, PEDAGOGIA E EDUCAÇÃO

BUTTERFIELD, H. *Le origini della scienza moderna*. Bologna: Il Mulino, 1962.

GEYMONAT, L. *Galileo Galilei*. Torino: Einaudi, 1957. [Ed. bras.: *Galileo Galilei*. Rio de Janeiro: Nova Fronteira, 1997.]

JONES, R. F. *Antichi e moderni*. Bologna: Il Mulino, 1980.

KOYRÉ, A. *Dal mondo chiuso all'universo infinito*. Milano: Feltrinelli, 1970.

_____. *La rivoluzione astronomica*. Milano: Feltrinelli, 1966.

_____. *Studi galileiani*. Torino: Einaudi, 1976.

_____. *Studi newtoniani*. Torino: Einaudi, 1972.

KUHN, T. S. *La rivoluzione copernicana*. Torino: Einaudi, 1972.

ROSSI, P. *Francesco Bacone. Dalla magia alla scienza*. Bari: Laterza, 1957.

SHEA, W. R. *Copernico Galileo Cartesio*. Roma: Armando, 1989.

WESTFALL, R. S. *Newton e la dinamica del XVII secolo*. Bologna: Il Mulino, 1982.

A ESCOLA NO SÉCULO XVII

ARIÈS, P. *Padri e figli nell'Europa medievale e moderna*. Bari: Laterza, 1968. [Ed. bras.: *História social da criança e da família*. Rio de Janeiro: Zahar, 1978.]

BIANCHI, A. *L'istruzione secondaria tra barocco e età dei lumi*. Milano: Vita e Pensiero, 1993.

GAMBA, C. M. *Storia della scuola italiana nel Sei e Settecento*. Milano: Viola, 1952.

PAGELLA, M. *Storia della scuola*. Bologna: Cappelli, 1980.

SNYDERS, G. *La pédagogie en France au XVIIe et XVIIIe siècles*. Paris: PUF, 1965.

VIDARI, G. *L'educazione in Italia dall'Umanesimo al Risorgimento*. Roma: Optima, 1930.

VINCENT, W. A. L. *The Grammar Schools*. London: Murray, 1969.

AS "BOAS MANEIRAS" E A FORMAÇÃO INTERIOR

BERGAMO, M. *L'anatomia dell'anima*. Da François de Sales a Fénelon. Bologna: Il Mulino, 1991.

ELIAS, N. *La civiltà delle buone maniere*. Bologna: Il Mulino, 1982.

_____. *La società di corte*. Bologna: Il Mulino, 1980.

SACCONE, E. *Le buone e le cattive maniere*. Bologna: Il Mulino, 1992.

ROMANCE, TEATRO, CULTURA

BÉNICHOU, M. *Morali del "grand siècle"*. Bologna: Il Mulino, 1990.

CARANDINI, S. *Teatro e spettacolo nel Seicento*. 2.ed. Roma-Bari: Laterza, 1993.

664 FRANCO CAMBI

DE CERTEAU, M. *Fabula mistica*. Bologna: Il Mulino, 1987.
FUMAROLI, M. *Eroi e oratori*. Bologna: Il Mulino, 1990.
MARAVALL, J. A. *La cultura del barocco*. Bologna: Il Mulino, 1985.
PETRUCCI, A. (Org.) *Libri, editori e pubblico nell'Europa moderna*. Roma-Bari: Laterza, 1989.
WATT, I. P. *Le origini del romanzo borghese*. Milano: Bompiani, 1976.

LOCKE

BOBBIO, N. *Locke e il diritto naturale*. Torino: Giappichelli, 1963.
DE BARTOLOMEIS, F. *John Locke*. Firenze: La Nuova Italia, 1949.
EUCHNER, W. *La filosofia politica di Locke*. Roma-Bari: Laterza, 1976.
SCURATI, C. *Locke*. Brescia: La Scuola, 1967.
SINA, M. *Introduzione a Locke*. Roma-Bari: Laterza, 1982.
VIANO, C. A. *John Locke*. Torino: Einaudi, 1960.
YOLTON, J. W. *J. Locke*. Bologna: Il Mulino, 1990.

O SÉCULO XVIII E O ILUMINISMO

ALATRI, P. *Voltaire, Diderot e il partito filosofico*. Firenze-Messina: D'Anna, 1965.
BACZKO, B. *L'utopia*. Torino: Einaudi, 1979.
BARTOLOMMEI, S. *Illuminismo e utopia*. Milano: Il Saggiatore, 1978.
CASINI, P. *L'universo-macchina*. Bari: Laterza, 1969.
CASSIRER, E. *La filosofia dell'Illuminismo*. Firenze: La Nuova Italia, 1935. [Ed. bras.: *A filosofia do Iluminismo*. Campinas: Ed. da Unicamp, 1994.]
CHAUNU, P. *La civiltà dell'Europa dei Lumi*. Bologna: Il Mulino, 1987.
DIAZ, F. *Filosofia e politica nel Settecento francese*. Torino: Einaudi, 1962.
GARIN, E. *L'Illuminismo inglese*. I moralisti. Milano: Bocca, 1941.
GUSDORF, G. *Le scienze umane nel secolo dei lumi*. Firenze: La Nuova Italia, 1980.
HAMPSON, N. *Storia e cultura dell'Illuminismo*. Bari: Laterza, 1969.
MORAVIA, S. *Il pensiero degli idéologues*. Firenze: La Nuova Italia, 1974.
_____. *La scienza dell'uomo nel Settecento*. Bari: Laterza, 1970.
_____. *Il tramonto dell'Illuminismo*. Bari: Laterza, 1968.
RESTAINO, F. *Scetticismo e senso comune*. Roma-Bari: Laterza, 1974.
VALIJAVEC, F. *Storia dell'Illuminismo*. Bologna: Il Mulino, 1973.
VENTURI, F. *Le origini dell'Enciclopedia*. Torino: Einaudi, 1964.
_____. *Settecento riformatore*. Torino: Einaudi, 1969. 5v.

A ESCOLA NO SÉCULO XVIII

ARIÈS, P. *Padri e figli nell'Europa medievale e moderna*. Bari: Laterza, 1968. [Ed. bras.: *História social da criança e da família*. Rio de Janeiro: Zahar, 1978.]
BALANI, D., ROGGERO, M. (Org.) *La scuola in Italia dalla Controriforma all secolo dei lumi*. Torino: Loescher, 1976.
BARSANTI, P. *Il pubblico insegnamento in Lucca dal secolo XIV alla fine del secolo XVIIII*. Lucca: s. n., 1905.
BROCCOLI, A. *Educazione e politica nel Mezzogiorno (1767-1860)*. Firenze: La Nuova Italia, 1968.
CATALFAMO, G. *Il pensiero pedagogico nei secoli XVII e XVIII*. Milano: Marzorati, 1967.

HISTÓRIA DA PEDAGOGIA 665

CIPOLLA, C. M. *Istruzione e sviluppo*. Torino: UTET, 1971.

FORMIGGINI SANTAMARIA, E. *L'istruzione pubblica nel Ducato Estense (1772-1860)*. Genova: Formiggini, 1912.

FUJHOFF, W., JULIA, D. *École et société dans la France d'Ancien Régime*. Paris: Colin, 1975.

KAGAN, R. *Students and Society in Early Modern Spain*. Baltimore-London: J. Hopkins University Press, 1974.

LAMA, E. (Org.) *Il pensiero pedagogico dell'Illuminismo*. Firenze: Giuntine-Sansoni, 1958.

STONE, L. Literacy and Education in England 1640-1900. *Past and Present*, v.42, p.69-139, 1969.

ZAZO, A. L'istruzione pubblica e privata nel napoletano (1767-1868). Castello: "Il Solco", 1907.

VV. AA. *Histoire de l'enseignement de 1610 à nos jours*. Paris, 1974.

ILUMINISMOS EUROPEUS E PEDAGOGIA

ALTICK, R. D. *La democrazia fra le pagine*. Bologna: Il Mulino, 1990.

ANDERSON, M. S. *L'Europa nel Settecento*. Milano: Comunità, 1972.

MERKER, N. *L'Illuminismo tedesco*. Roma-Bari: Laterza, 1974.

MORAVIA, S. *Il ragazzo selvaggio dell'Aveyron*. Bari: Laterza, 1972.

SNYDERS, G. *La pédagogie en France au XVIIe et XVIIIe siècles*. Paris: PUF, 1965.

TATON, R. (Org.) *Enseignement et diffusion des sciences en France au XVIIIe siècle*. Paris: Hermann, 1964.

VENTURI, F. (Org.) *Illuministi italiani*. Milano: Ricciardi, 1957.

VV. AA. *La cultura illuministica in Italia*. Torino: ERI, 1957.

A FILOSOFIA E A PEDAGOGIA DE ROUSSEAU

CASINI, P. *Introduzione a Rousseau*. Roma-Bari: Laterza, 1974.

CASSIRER, E. *Il problema Jean-Jacques Rousseau*. Firenze: La Nuova Italia, 1971. [Ed. bras.: *A questão Jean-Jacques Rousseau*. São Paulo: Editora UNESP, 1999.]

CHATEAU, J. *J.-J. Rousseau. Sa philosophie de l'éducation*. Paris, 1962.

DELLA VOLPE, G. *Rousseau, Marx e altri saggi di critica materialistica*. Roma: Editori Riuniti, 1957.

FETSCHER, I. *La filosofia politica di Rousseau*. Milano: Feltrinelli, 1974.

FLORES D'ARCAIS, G. *Il problema pedagogico nell'Emilio di G. G. Rousseau*. Padova: Liviana, 1951.

GOUHIER, H. *Filosofia e religione in Jean-Jacques Rousseau*. Roma-Bari: Laterza, 1977.

MONDOLFO, R. *Rousseau e la coscienza moderna*. Firenze: La Nuova Italia, 1954.

SPRANGER, E. *Jean-Jacques Rousseau ed altri saggi*. Roma: Armando, 1958.

STAROBINSKI, J. *La trasparenza e l'ostacolo*. Bologna: Il Mulino, 1982. [Ed. bras.: *A transparência e o obstáculo*. São Paulo: Companhia das Letras, 1991.]

TODOROV, T. *Una fragile felicità*. Bologna: Il Mulino, 1987.

XODO CEGOLON, C. *Maître de soi. L'idea di libertà in Rousseau*. Brescia: La Scuola, 1984.

OS MATERIALISTAS FRANCESES E A EDUCAÇÃO

CASINO, P. *Diderot "philosophe"*. Bari: Laterza, 1962.

GUSDORF, G. Les sciences humaines et la pensée occidentale. In: _____. *Les principes de la pensée au siècle des lumières*. Paris: Payot, 1971. v.IV.

666   FRANCO CAMBI

NAVILLE, P. *D'Holbach e la filosofia scientifica del XVIII secolo*. Milano: Feltrinelli, 1976.
SALVUCCI, P. *Condillac, filosofo della comunità umana*. Milano: Nuova Accademia, 1961.

VICO

BADALONI, N. *Introduzione a G. B. Vico*. Milano: Feltrinelli, 1961.
CORSANO, A. *Giambattista Vico*. Bari: Laterza, 1956.
CROCE, B. *La filosofia di Giambattista Vico*. Bari: Laterza, 1911.
MOONEY, M. *Vico e la tradizione della retorica*. Bologna: Il Mulino, 1992.
NICOLINI, F. *La giovinezza di Giambattista Vico*. 2.ed. Bari: Laterza, 1932.
PACI, E. *Ingens Sylva*. Milano: Mondadori, 1949.
ROSSI, P. *Le sterminate antichità*. Pisa: Nistri-Lischi, 1969.
VV. AA. *Omaggio a Vico*. Napoli: Morano, 1968.
_____. *Vico oggi*. Roma: Armando, 1979.

A FILOSOFIA E A PEDAGOGIA DE KANT

BANFI, A. *Esegesi e letture kantiane*. Urbino: Argalia, 1969. 2v.
CASSIRER, E. *Vita e dottrina di Kant*. Firenze: La Nuova Italia, 1976.
DE VLEESCHAUWER, H.-J. *L'evoluzione del pensiero di Kanti*. Roma-Bari: Laterza, 1976.
GUERRA, A. *Introduzione a Kant*. Roma-Bari: Laterza, 1980.
ILLUMINATI, A. *Kant politico*. Firenze: La Nuova Italia, 1971.
MARTINETTI, P. *Kant*. Milano: Feltrinelli, 1968.
SALVUCCI, P. *L'uomo di Kanti*. Milano: Argalia, 1975.

REVOLUÇÃO FRANCESA, ÉPOCA NAPOLEÔNICA, PEDAGOGIA E REFORMAS ESCOLARES

ALBERTONI, M. *Una scuola per la rivoluzione*. Condorcet e il dibattito sull'istruzione, 1792-1794. Nápoli: Guida, 1979.
BERNARD, H. C. *Education and the French Revolution*. Cambridge: CUP, 1969.
BUCCI, S. *La scuola italiana nell'età napoleonica*. Roma: Bulzoni, 1976.
CAPRA, C. *L'età rivoluzionaria e napoleonica in Italia (1796-1815)*. Torino: Loescher, 1978.
CODIGNOLA, E. *La pedagogia rivoluzionaria*. Firenze: Vallecchi, 1925.
GROETHUYSEN, B. *Filosofia della rivoluzione francese*. Milano: Il Saggiatore, 1967.
KOSELLECK, R. *Critica illuminista e crisi della società borghese*. Bologna: Il Mulino, 1972.
LAMA, E. (Org.) *Il pensiero pedagogico dell'Illuminismo*. Firenze: Giuntine-Sansoni, 1958.
LÉON, A. *La révolution française et l'éducation technique*. Paris, 1968.
MORAVIA, S. *Il tramonto dell'Illuminismo*. Bari: Laterza, 1968.
MORNET, D. *Le origini intellettuali della rivoluzione francese 1715-1787*. Milano: Jaca Book, 1982.

REVOLUÇÃO INDUSTRIAL E IMAGINÁRIO CIVIL

ASHTON, T. S. *La rivoluzione industriale*. Roma: Laterza, 1953.
BACZKO, B. *L'utopia*. Torino: Einaudi, 1979.
MANTOUX, P. *La rivoluzione industriale*. Roma: Editori Riuniti, 1971. [Ed. bras.: *A Revolução Industrial no século XVIII*. São Paulo: Editora UNESP, Hucitec, 1988.]

MOSSE, G. L. *La nazionalizzazione delle masse*. Bologna: Il Mulino, 1975.
PANCERA, C. *L'utopia pedagogica rivoluzionaria (1789-1799)*. Roma: Janna, 1985.

A ÉPOCA CONTEMPORÂNEA

A ÉPOCA CONTEMPORÂNEA: IDENTIDADE E PERIODIZAÇÃO

BARRACLOUGH, G. *Guida alla storia contemporanea*. Bari: Laterza, 1971.
BRAUDEL, F. *Il mondo attuale*, 2.ed. Torino: Einaudi, 1970.
CARACCIOLO, A. *Alle origini della storia contemporanea*. 2.ed. Bologna: Il Mulino, 1989.
CROUZET, A. *L'epoca contemporanea*. Firenze: Sansoni, 1959.
MACRY, P. *La società contemporanea*. Bologna: Il Mulino, 1992.
SANTARELLI, E. *Il mondo contemporaneo*. Roma: Editori Riuniti, 1975.
SWEEZY, P. M. *Il presente come storia*. Torino: Einaudi, 1970.
VV. AA. *Il mondo contemporaneo*. Firenze: La Nuova Italia, 1978. 11v.
_____. *Nuove questioni di storia contemporanea*. Milano: Marzorati, 1972. 2v.
_____. *Storia del mondo moderno*. Milano: Garzanti, 1982. 12v., v.IX-XII.
VILLANI, P. *L'età contemporanea*. Bologna: Il Mulino, 1993.

TRANSFORMAÇÕES SOCIAIS E EDUCATIVAS

BARBAGLI, M. *Sotto lo stesso tetto*. Bologna: Il Mulino, 1984.
BRAVERMAN, H. *Lavoro e capitale monopolistico*. Torino: Einaudi, 1978. [Ed. bras.: *Trabalho e capital monopolista*: a degradação do trabalho no século XX. Rio de Janeiro: Zahar, 1977.]
FEBVRE, L., MARTIN, H.-J. *La nascita del libro*. Roma-Bari: Laterza, 1985. [Ed. bras.: *O aparecimento do livro*. São Paulo: Editora UNESP, Hucitec, São Paulo: 1992.]
GRAFF, H. J. (Org.) *Alfabetizzazione e sviluppo sociale in Occidente*. Bologna: Il Mulino, 1986.
MANACORDA, M. A. (Org.) *Il marxismo e l'educazione*. Roma: Armando, 1964-1965. 3v.
McLUHAN, M. *La galassia Gutemberg*. Roma: Armando, 1986. [Ed. bras.: *Galáxia de Gutemberg*: a formação do homem tipográfico. São Paulo: Nacional, 1972.]
PARSONS, T. et al. *Famiglia e socializzazione*. Milano: Mondadori, 1974.
STONE, L. Literacy and Education in England 1640-1900. *Past and Present*, v.42, p.69-139, 1969.
THOMPSON, E. P. *Rivoluzione industriale e classe operaria in Inghilterra*. Milano: Il Saggiatore, 1969.

IDEOLOGIA E EDUCAÇÃO

BACZKO, B. Immaginazione sociale. In: *Enciclopedia*, Torino: Einaudi, 1979. v.VII.
BARBAGLI, M. (Org.) *Scuola potere e ideologia*. Bologna: Il Mulino, 1972.
BONETTA, G. *Corpo e nazione*. Milano: Angeli, 1990.
BORGHI, L. *Educazione e autorità nell'Italia moderna*. Firenze: La Nuova Italia, 1951.
BROCCOLI, A. *Ideologia e educazione*. Firenze: La Nuova Italia, 1974.
FORNACA, R. *La pedagogia filosofica del Novecento*. Milano: Principato, 1989.
MOSSE, G. *La nazionalizzazione delle masse*. Bologna: Il Mulino, 1975.
PONCE, A. N. *Storia marxista dell'educazione*. Roma: Partisan, 1970.
TRISCIUZZI, L., PISENT, M., BASSA, M. T. *Storia sociale della psicologia*. Napoli: Liguori, 1987.

668 FRANCO CAMBI

INFÂNCIA, MULHERES, POVO: OS NOVOS SUJEITOS EDUCATIVOS

BECCHI, E. (Org.) *Il bambino sociale*. Milano: Feltrinelli, 1979.
DEMAUSE, L. (Org.) *Storia dell'infanzia*. Milano: Emme, 1983.
MAGLI, I. *La femmina dell'uomo*. Roma-Bari: Laterza, 1982.
MARTINO, C. *Educazione e società nel socialismo utopistico*. Milano: Angeli, 1978.
RAVAIOLI, C. *La mutazione femminile*. Milano: Bompiani, 1975.
SULLEROT, E. (Org.) *Il fenomeno donna*. Firenze: Sansoni, 1978.
TRISCIUZZI, L., CAMBI, F. *L'infanzia nella società moderna*. Roma: Editori Riuniti, 1989.

O MITO DA EDUCAÇÃO

BORGHI, L. *Maestri e problemi dell'educazione*. Firenze: La Nuova Italia, 1987.
_____. (Org.) *L'educazione attiva oggi*. Un bilancio critico. Firenze: La Nuova Italia, 1983.
CAMBI, F. *La "scuola di Firenze" da Codignola a Laporta (1950-1975)*. Napoli: Liguori, 1982.
COUSINET, R. *L'educazione nuova*. Firenze: La Nuova Italia, 1953.
FAURE, E. *Rapporto sulle strategie educative*. Roma: Armando, 1974.
FERRIÈRE, A. *La scuola attiva*. Firenze: Marzocco, 1974.
TOMASI, T. *Ideologie libertarie e formazione umana*. Firenze: La Nuova Italia, 1973.

INSTRUÇÃO E TRABALHO

BOUDON, R. *Istruzione e mobilità sociale*. Bologna: Zanichelli, 1979.
BOURDIEU, P., PASSERON, J.-C. *La riproduzione*. Rimini: Guaraldi, 1972.
CIPOLLA, C. M. *Istruzione e sviluppo*. Torino: UTET, 1971.
COBALTI, A. *Sociologia dell'educazione*. Milano: Angeli, 1983.
LENGRAND, P. *Introduzione all'educazione*. 2.ed. Roma: Armando, 1976.
NEGRI, A. *Filosofia del lavoro*. Milano: Marzorati, 1980-1981. 7v.
POLLOCK, F. *Automazione*. Conseguenze economiche e sociali. Torino: Einaudi, 1970.

HISTÓRIA DA ESCOLA CONTEMPORÂNEA: PESQUISAS GERAIS

BARBAGLI, M. (Org.) *Scuola potere e ideologia*. Bologna: Il Mulino, 1972.
CIVES, G. *La scuola italiana dall'Unità ai nostri giorni*. Firenze: La Nuova Italia, 1990.
FOUCAULT, M. *Sorvegliare e punire*. Torino: Einaudi, 1976. [Ed. bras.: *Vigiar e punir*. Petrópolis: Vozes, 1983.]
_____. *La volontà di sapere*. Milano: Feltrinelli, 1978. [Ed. bras.: A vontade de saber. In: _____. *História da sexualidade*. 10.ed. Paz e Terra, 1990. v.1.]
PAGELLA, M. *Storia della scuola*. Bologna: Cappelli, 1980.
STONE, L. (Org.) *L'università nella società*. Bologna: Il Mulino, 1980.
VV. AA. *Storia e politica dall'Unità a oggi*. Torino: Stampatori, 1977.
VIGARELLO, G. *Le corps redressé*. Paris: Deleye, 1978.

O SABOR PEDAGÓGICO: ESTRUTURA E MODELOS

CAMBI, F. *Il congegno del discorso pedagogico*. Bologna: CLUEB, 1986.
FORNACA, R. *La pedagogia italiana del Novecento*. Roma: Armando, 1979.

HISTÓRIA DA PEDAGOGIA **669**

FORNACA, R. *La pedagogia italiana contemporanea*. Firenze: Sansoni, 1983.
FORNACA, R., Di POL, R. S. *La pedagogia scientifica del Novecento*. Milano: Principato, 1980.
MASSA, R. *La fine della pedagogia nella cultura contemporanea*. Milano: UNICOPLI, 1988.
METELLI Di LALLO, C. *Analisi del discorso pedagogico*. Padova: Marsilio, 1967.
RAVAGLIOLI, F. *Profilo delle teorie moderne dell'educazione*. Roma: Armando, 1979.
VV. AA. *Epistemologia pedagogica tedesca contemporanea*. Brescia: La Scuola, 1974.
_____. Il concetto di pedagogia e educazione nelle diverse aree culturali. In: Simposio internazionale di pedagogia, abril 1985, Gardone. *Atti del...* Pisa: Giardini, 1988.
_____. *La filosofia de la educación en Europa*. Madrid: Dikinson, 1992.
VISALBERGHI, A. *Pedagogia e scienze dell'educazione*. Milano: Mondadori, 1978.
WYNNE, J. P. *Le teorie moderne dell'educazione*. Roma: Armando, 1971.

O SÉCULO XIX EM GERAL: SOCIEDADE E CULTURA

ALTICK, R. D. *La democrazia tra le pagine*. Bologna: Il Mulino, 1990.
BAGLIONI, G. *L'ideologia della borghesia industriale nell'Italia liberale*. Torino: Einaudi, 1974.
BARIÉ, O. *L'Italia nell'Ottocento*. Torino: UTET, 1966.
BARRACLOUGH, G. *Guida alla storia contemporanea*. Bari: Laterza, 1971.
BOGART, E. L. *Storia economica dell'Europa 1760-1939*. Torino: Einaudi, 1963.
DOBB, M. *Problemi di storia del capitalismo*. Roma: Editori Riuniti, 1970.
DUBY, G., PERROT, M. *Storia delle donne in Occidente*. Roma-Bari: Laterza, 1991.
FRAISSE, G., PERROT. M. (Org.) L'ottocento. v.IV. [Ed. port.: *História das mulheres no Ocidente*. Porto: Edições Afrontamento, 1991.]
GAMBINO, A. *Il mito della politica*. Bologna: Il Mulino, 1993.
HOBSBAWM, E. J. *Le rivoluzione borghesi 1789-1848*. Milano: Il Saggiatore, 1963. [Ed. bras.: Revoluções burguesas. São Paulo: Fau, 1973.]
_____. *Il trionfo della borghesia. 1848-1875*. Roma-Bari: Laterza, 1976.
LANARO, S. *Nazione e lavoro*. Venezia: Marsilio, 1979.
MANTOUX, P. *La rivoluzione industriale*. Roma: Editori Riuniti, 1971. [Ed. bras.: *A revolução Industrial no século XVIII*. São Paulo: Editora UNESP, Hucitec, 1988.]
MOMMSEN, W. J. *L'età dell'imperialismo*. Milano: Feltrinelli, 1970. v.XXVIII: Della Storia Universale.
TARLE, E. V. *Storia d'Europa 1871-1919*. Roma: Editori Riuniti, 1959.
TAYLOR, A. J. P. *L'Europa delle grandi potenze*. Bari: Laterza, 1971.
VV. AA. L'Europa dell'imperialismo. *Quaderni storici*, v.20, p.397ss., 1972.
VERUCCI, G. *L'Italia laica prima e dopo l'Unità*. Roma-Bari: Laterza, 1981.

A PEDAGOGIA ROMÂNTICA ALEMÃ

ANTONI, C. *La lotta contro la ragione*. Firenze: Sansoni, 1942.
CATALFAMO, G. La pedagogia dell'idealismo post-kantiano. In: VV. AA. *La pedagogia*. Milano: Vallardi, 1970. v.VI, p.209-23.
DE PASCALE, C. *Il problema dell'educazione in Germania dal neoumanesimo al romanticismo*. Torino: Loescher, 1979.
HAYM, R. *La scuola romantica*. Milano-Napoli: Ricciardi, 1965.

670   FRANCO CAMBI

LESER, H. *Il problema pedagogico*. Firenze: La Nuova Italia, 1965. v.IV: Da Schiller a Humboldt.

LUKÁCS, G. *La distruzione della ragione*. Torino: Einaudi, 1964.

MITTNER, L. *Ambivalenze romantiche*. Messina: D'Anna, 1964.

POGGI, S. *Immagine dell'uomo e prospettive educative da Lessing a Herbart*. Torino: Loescher, 1978.

SEMERARI, G. *Introduzione a Schelling*. Bari: Laterza, 1971.

PESTALOZZI: PEDAGOGO E EDUCADOR

BANFI, A. *Pestalozzi*. Firenze: La Nuova Italia, 1961.

DELEKAT, F. *Pestalozzi, L'uomo, il filosofo, l'educatore*. Venezia: La Nuova Italia, 1948.

ERNST, F. *Pestalozzi, vita e azione*. Milano: Bompiani, 1945.

GENCO, A. *Il pensiero di G. E. Pestalozzi*. Padova: Liviana, 1968.

LITT, T. et al. *Enrico Pestalozzi*. Roma: Armando, 1961.

MEYLAN, L. *L'attualità del Pestalozzi*. Firenze: La Nuova Italia, 1962.

RANG, A. *Der politische Pestalozzi*. Frankfurt a. M., 1967.

SCURATI, C. *Giovanni Enrico Pestalozzi*. Milano: Le Stelle, 1968.

SILBER, K. *Pestalozzi. L'uomo e la sua opera*. Brescia: La Scuola, 1971.

VV. AA. *Pestalozzi e la cultura italiana*. Roma: L'Educazione Nazionale, 1927.

SCHILLER, GOETHE E O NEO-HUMANISMO

LEHMAN, R. *Goethe y el problema de la educación individual*. Madrid, 1932.

LUKÁCS, G. *Goethe e il suo tempo*. Milano: Mondadori, 1949.

MATHESHEA, W. *Goethe und Pestalozzi*. Leipzig, 1908.

NEGRI, A. *Schiller e la morale di Kant*. Lecce: Milella, 1968.

PAREYSON, L. *L'estetica dell'idealismo tedesco*. Torino: Edizioni di Filosofia, 1950. v.I: Kant, Schiller, Fichte.

SAITO, N. *Schiller e il suo tempo*. Roma: Edizioni dell'Ateneo, 1963.

SERRA, F. *Wilhelm von Humboldt e la rivoluzione tedesca*. Bologna: Il Mulino, 1966.

SPRANGER, E. *Wilhelm von Humboldt und die Humanitätsidee*. Berlin: Reuther & Richard, 1909.

J. P. RICHTER

ALLIEVO, G. *Gian Paolo Richter e la sua Levana o scienza dell'educazione*. Torino: UTET, 1899.

GENTILE, M. T. *Richter*. Brescia: La Scuola, 1951.

MOLARI, T. *L'autonomia dello spirito umano e l'educazione estetica nella "Levana" di Giampaolo Richter*. Firenze: Niccolai, 1929.

NERSLICH, P. *J. Paul, sein Leben und sein Werke*. Berlin, 1889.

FRÖBEL E OS JARDINS DE INFÂNCIA

CATALFAMO, G. *Fröbel*. Messina: Editori Universitaria, 1950.

FORMIGGINI SANTAMARIA, E. *La pedagogia di Federico Fröbel*. Roma: Armando, 1958.

GIEL, K. *Fichte und Fröbel*. Heidelberg: Quelle & Mayer, 1959.

SPRANGER, R. *Il mondo e il pensiero di Fröbel*. Roma: Armando, 1960.

HISTÓRIA DA PEDAGOGIA 671

HEGEL E A PEDAGOGIA

HEGEL, G. W. F. *La scuola e l'educazione.* Milano: Angeli, 1985.
RAVAGLIOLI, F. *Hegel e l'educazione.* Roma: Armando, 1968.
VV. AA. *L'opera e l'eredità di Hegel.* Bari: Laterza, 1972.
VECCHI, G. *Il concetto di pedagogia in Hegel.* Milano: Mursia, 1975.

A PEDAGOGIA DE HERBART E DE SCHLEIERMACHER

BELLERATE, B. M. *J. F. Herbart.* Brescia: La Scuola, 1964.
CREDARO, L. *La pedagogia de G. F. Herbart.* 3.ed. Torino: Paravia, 1909.
CROCE, B. La filosofia di Herbart. *La critica,* v.2, p.144-9, 1908.
PETRUZZELIS, N. *Il pensiero pedagogico di G. F. Herbart.* Bari: Adriatica, 1955.
POGGI, S. *I sistemi dell'esperienza.* Bologna: Il Mulino, 1977.
SALONI, A. *G. F. Herbart.* Firenze: La Nuova Italia, 1937.
SCHURR, J. *Schleiermachers Theorie der Erziehung.* Düsseldorf: Schwann, 1975.
VATTIMO, G. *Schleiermacher filosofo dell'interpretazione.* 2.ed. Milano: Mursia, 1968.
VOLPICELLI, L. *Esperienza e metafisica nella psicologia di J. F. Herbart.* Roma: Armando,
   1982.

ASPECTOS DA PEDAGOGIA INGLESA

AQUANNO, M. D. *Economia e educazione.* Napoli: Morano, 1983.
RESTAINO, F. *J. S. Mill e la cultura filosofica britanica.* Firenze: La Nuova Italia, 1968.
SANTONI RUGIU, A. *Educatori oggi e domani.* Firenze: La Nuova Italia, 1966.
SILVER, H. *The Concept of Popular Education in the Early 19th Century.* London: Methuen,
   1977.
ZUCCANTE, G. *Intorno all'utilitarismo dello Stuart Mill.* Roma: s. n., 1898.

ASPECTOS DA PEDAGOGIA SUÍÇA

BERNARDINIS, A. M. *Il pensiero educativo di A. Necker de Saussure.* Firenze: Sansoni, 1965.
DAGUET, A. *Le Père Girard et son temps.* Paris: Fischbacher, 1896.
FRAUENFELDER ZEULI, E. *Albertina Necker de Saussure.* Roma: Armando, 1978.
PETRINI, E. *L'opera e il pensiero di padre Girard.* Brescia: La Scuola, 1960.

ASPECTOS DA PEDAGOGIA NA RÚSSIA

ACCADEMIA Delle Scienze Pedagogiche di Mosca. *La pedagogia prima e dopo Marx.*
   Roma: Armando, 1960.
BOUDUIN, C. *Tolstoj éducateur.* Paris: Delachaux et Niestlé, 1981.
GRACIOTTI, S., STRADA, V. (Org.) *Tolstoj oggi.* Firenze: Sansoni, 1980.
HESSEN, S. *Leone Tolstoj, Maria Montessori.* Roma: Armando, 1954.
NICHOLAS, H. *The Russian Tradition in Education.* London: Routledge & Kegan Paul,
   1963.
VOLPICELLI, L., MÒSOZOV, V. S. *A scuola da Tolstoj.* Roma: Armando, 1972.

672   FRANCO CAMBI

ASPECTOS DA PEDAGOGIA NA FRANÇA

DURKHEIM, E. *L'évolution pédagogique en France*. Paris: Alcan, 1938.
GHIO, M. *La filosofia della coscienza in Maine de Biran e la tradizione biraniana in Francia*. Torino: Istituto di filosofia della Facoltà di lettere, 1947.
POSSI, R. *Scuola e società nel dibattito sill'istruzione pubblica in Francia (1830-1880)*. Firenze: La Nuova Italia, 1970.
PROST, A. *Histoire de l'enseignement en France (1800-1967)*. Paris: Colin, 1968.
QUADRI, G. *L'esigenza spiritualista della politica della Francia post-rivoluzionaria*. Firenze: La Nuova Italia, s. d. [1955].
TOMASI, T. *Ideologie libertarie e formazione umana*. Firenze: La Nuova Italia, 1973.

A PEDAGOGIA ITALIANA ENTRE O *RISORGIMENTO* E O ESTADO UNITÁRIO

BORGHI, L. *Educazione e autorità nell'Italia moderna*. Firenze: La Nuova Italia, 1951.
_____. (Org.) *Il pensiero pedagogico del Risorgimento*. Firenze: Giuntine-Sansoni, 1958.
CALÒ, G. *Pedagogia del Risorgimento*. Firenze: Sansoni, 1955.
CAMBI, F. *La pedagogia borghese nell'Italia moderna*. Firenze: La Nuova Italia, 1974.
GAMBARO, A. *La pedagogia italiana nell'età del Risorgimento*. In: VV. AA. *Nuove questioni di storia della pedagogia*. Brescia: La Scuola, 1977. v.II, p.535-796.
GARIN, E. *Storia della filosofia italiana*.Torino: Einaudi, 1966. v.III.
MARCHI, D. *La scuola e la pedagogia del Risorgimento*. Torino: Loescher, 1985.
MASTELLONE, S. *Victor Cousin e il Risorgimento italiano*. Firenze: Le Monnier, 1955.
OLDRINI, G. *La cultura napoletana dell'Ottocento*. Roma-Bari: Laterza, 1973.
OMODEO, A. *Difesa del Risorgimento*. 2.ed. Torino: Einaudi, 1955.
SALVATORELLI, L. *Pensiero e azione del Risorgimento*. 6.ed. Torino: Einaudi, 1972.
SCIACCA, M. F. *Il pensiero italiano nell'età del Risorgimento*. 2.ed. Milano: Marzorati, 1963.
VASSALLI M. *La pedagogia italiana dell'Ottocento*. Milano: AVE, 1952.

A PEDAGOGIA DE ROMAGNOSI

ALECCI, R. *La teoria di G. D. Romagnosi intorno alla civiltà*. Padova: Cedam, 1966.
DRAETTA, A. *Della civile filosofia di G. D. Romagnosi*. Bari: De Filipis, s. d.
NORSA, A. *Il pensiero filosofico di G. D. Romagnosi*. Milano: Editrice Lombarda, 1930.

MAZZINI E A EDUCAÇÃO

DISERTORI, B. *Mazzini filosofo*. Trento: TENI, 1961.
NEDIANI, B. *Il pensiero e l'azione educativa di Giuseppe Mazzini*. Como: Cavalleri, 1937.
ROSSELLI, N. *Mazzini e Bakunin*. Torino: Einaudi, 1967.
SALVEMINI, G. *Mazzini*. Catania: Battiato, 1915.

CATTANEO E O POLITÉCNICO

AMBROSOLI, L. *La formazione di Carlo Cattaneo*. Milano-Napoli: Ricciardi, 1960.
BOBBIO, N. *Una filosofia militante*. Studi su Carlo Cattaneo. Torino: Einaudi, 1971.
FORNACA, R. *Filosofia politica e educazione in Carlo Cattaneo*. Roma: Armando, 1963.
LACAITA, C. G. (Org.) *L'opera e l'eredità di Carlo Cattaneo*. Bologna: Il Mulino, 1975-1976. 2v.
LEVI, A. *Il positivismo politico di Carlo Cattaneo*. Bari: Laterza, 1928.

HISTÓRIA DA PEDAGOGIA 673

ROSMINI E O PERSONALISMO

BONAFEDE, G. *La pedagogia di Antonio Rosmini*. Palermo: CELUP, 1972.
BULFERETTI, L. *Antonio Rosmini nella Restaurazione*. Firenze: Le Monnier, 1942.
MORANDO, D. *Antonio Rosmini*. Brescia: La Scuola, 1958.
TRANIELLO, F. *Società religiosa e società civile in Rosmini*. Bologna: Il Mulino, 1966.
ZOLO, D. *Il personalismo rosminiano*. Brescia: Morcelliana, 1963.

LAMBRUSCHINI E A EDUCAÇÃO

BONAFEDE, G. *Raffaello Lambruschini*. Palermo: Mori, 1958.
CASOTTI, M. *Raffaello Lambruschini e la pedagogia italiana dell'Ottocento*. Brescia: La Scuola, 1943.
CODIGNOLA, E. *Educatori moderni*. Firenze: Vallecchi, 1926.
GAMBARO, A. *La riforma religiosa nel carteggio inedito di Raffaello Lambruschini*. Torino: Paravia, 1926. 2v.
GENTILI, R. *Lambruschini. Un liberale cattolico dell'Ottocento*. Firenze: La Nuova Italia, 1967.
GIRALDI, G. *Raffaello Lambruschini. Un uomo, una pedagogia*. Roma: Armando, 1969.
VANNINI, G. *La vita e le opere di Raffaello Lambruschini*. Empoli: s. n., 1907.

CAPPONI: O PENSAMENTO PEDAGÓGICO

FERRARI, A. *Gino Capponi, storico, pedagogista, filosofo*. Milano: La Prora, 1931.
GAMBARO, A. *La critica pedagogica di Gino Capponi*. Bari: Laterza, 1956.
GENTILE, G. *Gino Capponi e la cultura toscana del secolo decimonono*. Firenze: Vallecchi, 1922.
_____. *Gino, Capponi. Un aristocratico toscano dell'Ottocento*. Firenze: La Nuova Italia, 1974.
SESTAN, E. *Europa settecentesca ed altri saggi*. Milano-Napoli: Ricciardi, 1951.
TABARRINI, M. *Gino Capponi, i suoi tempi, i suoi studi, i suoi amici*. Firenze: Barbera, 1879.

TOMMASEO, DE SANCTIS E A PEDAGOGIA

BAFFONI, M. *Nicolò Tommaseo e la sua opera educativa*. Roma: s. n., 1914.
BUCCI, S. *N. Tommaseo e l'educazione*. Brescia: La Scuola, 1975.
CIAMPINI, R. *Vita di Niccolò Tommaseo*. Firenze: Sansoni, 1945.
GUIDI, E. *La scuola di Francesco De Sanctis*. Firenze: Le Monnier, 1941.
RUSSO, L. *De Sanctis e la cultura napoletana*. Venezia: La Nuova Italia, 1926.

APORTI E OS ABRIGOS

CALÒ, G. *Dottrine e opere nella storia dell'educazzione*. Lanciano: Carabba, 1913.
CATARSI, E., GENOVESI, G. *L'infanzia a scuola*. Bergamo: Walk Over, 1985.
GAMBARO, A. *F. Aporti*. Mantova, 1928.
_____. *Ferrante Aporti e gli asili nel Risorgimento*. Torino: Gambaro, 1937.
_____., CALÒ, G., AGAZZI, A. *Ferrante Aporti nel primo centenario della morte*. Brescia: Centro Didattico Nazionale per la Scuola Materna, 1962.
TOMASI, T. *L'educazione infantile tra Chiesa e Stato*. Firenze: Vallecchi, 1978.

674   FRANCO CAMBI

E. MAYER

D'ANCONA, A. *Ricordi ed affetti*. 2.ed. Milano, 1908.
LINAKER, A. *La vita e i tempi di E. Mayer*. Firenze: Barbera, 1898.
MARCHI, D. *Un educatore democratico dell'Ottocento: E. Mayer*. Livorno: Nuova Fortaleza, 1984.

A FILOSOFIA E A PEDAGOGIA DO POSITIVISMO EUROPEU

GOUHIER, H. *La jeunesse de Comte et la formation du positivisme*. Paris, 1933-1936.
MOSCHETTI, A. M. *Augusto Comte e la pedagogia positiva*. Milano: Marzorati, 1953.
NEGRI, A. *Introduzione a Comte*. Roma-Bari: Laterza, 1983.
_____. *Augusto Comte e l'umanesimo positivistico*. Roma: Armando, 1971.
POGGI, S. *Introduzione a Il positivismo*. Roma-Bari: Laterza, 1987.
ROSSI, P. (Org.) *L'età del positivismo*. Bologna: Il Mulino, 1986.
THAMIN, R. *Éducation et positivisme*. Paris: Alcan, 1892.

SPENCER, DURKHEIM E A EDUCAÇÃO

COMPAYRÉ, G. *Spencer et l'éducation scientifique*. Paris: Delaplan, 1901.
SANTOMAURO, G. *Il problema educativo nella dinamica del pensiero sociologico di E Durkheim*. 2.ed. Lecce: Milella, 1968.
ZINI, Z. *Spencer*. Milano: Atlun, 1932.

O POSITIVISMO ITALIANO E A PEDAGOGIA

BERTONI JOVINE, D. *La scuola italiana dal 1870 ai giorni nostri*. Roma: Editori Riuniti, 1958.
CARAMELLA, S. *Studi sul positivismo pedagogico*. Firenze: La Voce, 1929.
FLORES D'ARCAIS, G. *Studi sul positivismo italiano*. Padova: Cedam, 1951.
PAPA, E. R. (Org.) *Il positivismo nella cultura italiana*. Milano: Angeli, 1985.
SALONI, A. *Il positivismo e Roberto Ardigò*. Roma: Armando, 1969.
SPIRITO, U. (Org.) *Il pensiero pedagogico del Positivismo*. Firenze: Sansoni-Giuntine, 1956.
TISATO, R. *Studi sul positivismo pedagogico in Italia*. Padova: RADAR, 1967.
TOMASI, T. *L'idea laica nell'Italia contemporanea (1870-1970)*. Firenze: La Nuova Italia, 1971.
_____. *Società e scuola in Aristide Gabelli*. Firenze: La Nuova Italia, 1965.

SOCIALISMO UTÓPICO E EDUCAÇÃO

BRAVO, G. *Il socialismo prima di Marx*. Roma: Editori Riuniti, 1969.
DOMMANGET, M. *Les grands socialistes et l'éducation*. Paris: Colin, 1970.
GENOVESI, G., TOMASI, T. *L'educazione nel paese che non c'è*. Napoli: Liguori, 1985.
MARTINO, C. *Educazione e società nel socialismo utopistico*. Milano: Angeli, 1978.
MAZZETTI, R., D'AQUANNO, M. *Owen educatore tra Ricardo e Malthus*. Napoli: Morano, 1975.

MARX, ENGELS E A EDUCAÇÃO

BEDESCHI, G. *Introduzione a Marx*. Roma-Bari: Laterza, 1981.
BROCCOLI, A. *Marxismo e educazione*. Firenze: La Nuova Italia, 1978.

HISTÓRIA DA PEDAGOGIA 675

CAMBI, F. *Libertà da... L'eredità del marxismo pedagogico*. Firenze: La Nuova Italia, 1994.
CORNU, A. *Marx e Engels dal liberalismo al comunismo*. Milano: Feltrinelli, 1962.
FORNIZZI, G. *La pedagogia di Karl Marx*. Brescia: La Scuola, 1973.
MANACORDA, M. A. *Il marxismo e l'educazione*. Roma: Armando, 1964. v.I.
_____. *Marx e la pedagogia moderna*. Roma: Editori Riuniti, 1966.
MONDOLFO, R. *Il materialismo storico in Federico Engels*. Firenze: La Nuova Italia, 1952.
ROSSI, M. *Marx e la dialettica hegeliana*. Roma: Editori Riuniti, 1960-1963.
SANTONI RUGIU, A. *L'uomo fa l'uomo*. Firenze: La Nuova Italia, 1976.

LABRIOLA E A PEDAGOGIA

CORSI, M. A. *Labriola e l'interpretazione della storia*, Napoli: Morano, 1963.
GUERRA, A. *Il mondo della sicurezza*. Firenze: Sansoni, 1963.
MARCHI, D. *La pedagogia di Antonio Labriola*. Firenze: La Nuova Italia, 1971.
POGGI, S. *Antonio Labriola*. Milano: Longanesi, 1978.
_____. *Introduzione a Labriola*. Roma-Bari: Laterza, 1982.
TREBISACCE, G. *Marxismo e educazione in A. Labriola*. Roma: La Goliardica, 1979.

DOM BOSCO E OS ORATÓRIOS

BRAIDO, P. *Don Bosco*. Brescia: La Scuola, 1957.
_____. *Il sistema preventivo di Don Bosco*. Torino: Pont. Ateneo Salesiano, 1955.
STELLA, G. *Don Bosco nella storia della spiritualità cattolica*. Zürich: PAS, 1968-1969.

A IMPRENSA EDUCATIVA

BERTONI JOVINE, D. *I periodici popolari del Risorgimento*. Milano: Feltrinelli, 1959.
CHIOSSO, G. (Org.) *I periodici scolastici nell'Italia del secondo Ottocento*. Brescia: La Scuola, 1992.
_____. (Org.) *Scuola e stampa nel Risorgimento*. Milano: Angeli, 1989.
ROSSI, L. (Org.) *Cultura, istruzione e socialismo nell'età giolittiana*. Milano: Angeli, 1991.
SOLDANI, S., TURI, P. (Org.) *Fare gli italiani*. Bologna: Il Mulino, 1993.

A EDUCAÇÃO DAS MASSAS

BONETTA, G. *Corpo e nazione*. Milano: Angeli, 1991.
ELIAS, N., DUNNING, E. *Sport e aggressività*. Bologna: Il Mulino, 1989.
GRAFF, H. J. (Org.) *Alfabetizzazione e sviluppo sociale in Occidente*. Bologna: Il Mulino, 1981.
MOSSE, G. L. *La nazionalizzazione delle masse*. Bologna: Il Mulino, 1975.
_____. *Sessualità e nazionalismo*. Roma-Bari: Laterza, 1984.
SMITH, A. D. *Le origini etniche delle nazioni*. Bologna: Il Mulino, 1992.
VIGARELLO, G. *Le corp redressé*. Paris, 1978.

A ESCOLA NA ITÁLIA E NA EUROPA

ALTHUSSER, L. Ideologie e apparati ideologici di stato. In: BARBAGLI, M. (Org.) *Scuola potere e ideologia*. Bologna: Il Mulino, 1972. [Ed. bras.: *Aparelhos ideológicos de estado*. Rio de Janeiro: Graal, 1985.]

676 FRANCO CAMBI

BOURDIEU, P., PASSERON, J.-C. *La riproduzione*. Rimini: Guaraldi, 1972.
CAMBI, E., ULIVIEIRI, S. *Storia dell'infanzia nell'Italia liberale*. Firenze: La Nuova Italia, 1988.
CANESTRI, F., RICUPERATI, G. *La scuola in Italia dalla legge Casati ad oggi*. Torino: Loescher, 1976.
CATARSI, E. *L'educazione del popolo*. Bergamo: Juvenilia, 1985.
CIPOLLA, C. M. *Istruzione e sviluppo*. Torino: UTET, 1971.
CIVES, G. *La scuola italiana dall'Unità ai nostri giorni*. Firenze: La Nuova Italia, 1990.
DEVIVO e GENOVESI, G. (Org.) *Cento anni di univesità*. Napoli: ESI, 1986.
RAVAGLIOLI, F. *Genealogia della scuola*. Roma: Editoriale Italiana, 1963.
SANTONI RUGIU, A. *Il professore nella scuola italiana*. 3.ed. Firenze: La Nuova Italia, 1981.
_____. *Chiarissimi e magnificci*. Firenze: La Nuova Italia, 1991.
VV. AA. *Istruzione popolare nell'Italia liberrale*. Milano: Angeli, 1983.

A PEDAGOGIA CIENTÍFICA E EXPERIMENTAL

BECCHI, E. *Problemi di sperimentalismo educativo*. Roma: Armando, 1969.
DE LANDSHEERE, G. *Storia della pedagogia sperimentale*. Roma: Armando, 1988.
MIALARET, G. *La pedagogia sperimentale*. Roma: Armando, 1986.
PIAGET, J. *Psicologia e pedagogia*. Torino: Loescher, 1970.
PLANCHARD, E. *La ricerca in pedagogia*. Brescia: La Scuola, 1963.
TRISCIUZZI, L., PISENT, M., BASSA, M. T. *Storia sociale della psicologia*. Napoli: Liguori, 1987.

O PENSAMENTO E A PEDAGOGIA DE NIETZSCHE

BERTIN, G. M. *Nietzche. L'inattuale, idea pedagogica*. Firenze: La Nuova Italia, 1977.
FINK, E. *La filosofia di Nietzsche*. Padova: Marsilio, 1973.
KAUFMANN, F.-X. *Nietzsche filosofo, psicologo, anticristo*. Firenze: Sansoni, 1974.
LÖWITH, K. *Da Hegel a Nietzsche*. Torino: Einaudi, 1949.
MASINI, F. *Lo scriba del caos*. Bologna: Il Mulino, 1978.
VATTIMO, G. *Il soggetto e la maschera*. Milano: Bompiani, 1974.
_____. *Introduzione a Nietzsche*. Roma-Bari: Laterza, 1985.

HISTORICISMO ALEMÃO E PEDAGOGIA

ANTONI, C. Dallo storicismo alla sociologia. Firenze, Sansoni, 1940.
CAMBI, F. Max Weber e la pedagogia. *Studi di Storia dell'Educazione*, v.4, p.48-70, 1984.
ROSSI, P. *Lo storicismo tedesco contemporaneo*. Torino: Einaudi, 1956.
STUART HUGHES, H. *Coscienza e società*. Torino: Einaudi, 1967.
TESSITORE, F. *Dimensioni dello storicismo*. Napoli: Morano, 1971.

BERGSON, FILÓSOFO E PEDAGOGO

MATHIEU, V. *Bergson: il profondo e la sua espressione*. Torino: Edizioni di Filosofia, 1954.
MARITAIN, J. *La philosophie bergsonienne*. Paris: Téqui, 1948.
VV. AA. *Omaggio a H. Bergson*. Brescia: Morcelliana, 1959.

SOREL: A POLÍTICA E A EDUCAÇÃO

ARENDT, H. *Le origini del totalitarismo*. Milano: Edizioni di Comunità, 1967. [Ed. bras.: *Origens do totalitarismo*. São Paulo: Companhia das Letras, 1989.]
LA FERLA, G. *Ritratto di G. Sorel*. Milano, 1933.
SOREL, G. *La scienza nell'educazione*. Roma: Armando, 1984.
_____. *Considerazioni sulla violenza*. Bari: Laterza, 1970. [Ed. bras.: *Reflexões sobre a violência*. Petrópolis: Vozes, 1993.]

O SÉCULO XX: SOCIEDADE, CULTURA, EDUCAÇÃO

BOBBIO, N. *Profilo ideologico del Novecento*. Torino: Einaudi, 1986.
FONTAINE, A. *Storia della guerra freda*. Milano: Il Saggiatore, 1968. 2v.
LICHTHEIM, G. *L'Europa del Novecento*. Roma-Bari: Laterza, 1973.
MOSSE, G. L. *La cultura dell'Europa occidentale nell'Ottocento e nel Novecento*. Milano: Mondadori, 1986.
OSSOWSKI, S. *Strutura di classe e coscienza sociale*. Torino: Einaudi, 1966.
RAVAGLIOLI, F. *Profilo delle teorie moderne dell'educazione*. Roma: Armando, 1982.
SANTARELLI, E. *Il mondo contemporaneo*. Roma: Editori Riuniti, 1975.
_____. *Storia sociale del mondo contemporaneo*. Milano: Feltrinelli, 1982.
SCHUMPETER, J. *Capitalismo, socialismo, democrazia*. Milano: Etas Kompass, 1970.
VV. AA. *Nuove questioni di storia contemporanea*. Milano: Marzorati, 1968. 2v.
_____. *Storia del mondo moderno*, Milano: Garzanti, 1971. v.XII.
WRIGHT MILLS, C. *L'élite del potere*. Milano: Feltrinelli, 1962. [Ed. bras.: *Elite do poder*. Rio de Janeiro: Zahar, 1975.]
WYNNE, J. P. *Le teorie moderne dell'educazione*. 2.ed. Roma: Armando, 1971.

AS ESCOLAS ATIVAS

AGAZZ, A. *Oltre la scuola attiva*. Brescia: La Scuola, 1955.
CODIGNOLA, E. *Le "Scuole nuove" e i loro problemi*. Firenze: La Nuova Italia, 1946.
COUSINET, R. *L'educazione nuova*. Firenze: La Nuova Italia, 1953.
DE BARTOLOMEIS, F. *Cos'è la scuola attiva*. Torino: Loescher, 1962.
FERRIÈRE, A. *La scuola attiva*. Firenze: Marzocco, 1947.
FOULQUIÉ, P. *Les écoles nouvelles*. Paris: PUF, 1948.
LAPORTA, R. *La comunità scolastica*. Firenze: La Nuova Italia, 1963.
ROMANINI, L. *Il movimento pedagogico all'estero*. Brescia: la Scuola, 1961.

A PEDAGOGIA ATIVISTA

AGAZZI, A. *Panorama della pedagogia d'oggi*. Brescia: La Scuola, 1960.
ATTISANI, A. *Problemi e prospettive di scuola attiva*. Roma: Armando, 1968.
BLOCH, M. A. *Philosophie de l'éducation nouvelle*. Paris: PUF, 1948.
BORGHI, L. *Il fondamento dell'educazione attiva*. Firenze: La Nuova Italia, 1952.
_____. (Org.) *L'educazione attiva oggi*. Un bilancio critico. Firenze: La Nuova Italia, 1984.
CAMBI, F. *La "scuola di Firenze" da Codignola a Laporta (1950-1975)*. Napoli: Liguori, 1983.

678   FRANCO CAMBI

DE BARTOLOMEIS, F. *La pedagogia come scienza*. Firenze: La Nuova Italia, 1953.
FERRIÈRE, A. *Trasformiamo la scuola*. Firenze: La Nuova Italia, 1952.
TOMASI, T. *La scuola italiana dalla dittatura alla Repubblica*. Roma: Editori Riuniti, 1976.
_____. *Scuola e pedagogia in Italia 1948-1960*. Roma: Editori Riuniti, 1977.

KERSCHENSTEINER

GASPARI, A. *Educazione e lavoro in Kerschensteiner*. Firenze: L. Nuova Italia, 1940.
LAENG, M. *Georg Kerschensteiner*. Brescia: La Scuola, 1959.
LUMBELLI, L. *Kerschensteiner e il rinnovamento pedagogico tedesco*. Firenze: La Nuova Italia, 1966.

G. LOMBARDO RADICE

CIVES, G. *Giuseppe Lombardo Radice. Didattica e pedagogia della collaborazione*. Firenze: La Nuova Italia, 1970.
_____. *Attivismo e antifascismo in Giuseppe Lombardo Radice*. Firenze: La Nuova Italia, 1983.
GIRALDI, G. *Giuseppe Lombardo Radice tra poesia e pedagogia*. Roma: Armando, 1965.
MAZZETTI, R. *Lombardo Radice tra l'idealismo pedagogico e Maria Montessori*. Bologna: Malipiero, 1958.
PICCO, I. *Giuseppe Lombardo Radice*. Firenze: La Nuova Italia, 1961.

M. BOSCHETTI ALBERTI

GABRIELLI, G. Il Diario di Maria Boschetti Alberti. *Scuola e Città*, v.1, p.25-9, 1955.
_____. *Il pensiero e l'opera di M. Boschetti Alberti*. Firenze: La Nuova Italia, 1954.
MAZZETTI, R. *Maria Boschetti Alberti oltre la Montessori e Lombardo Radice*. Roma: Armando, 1962.
PERETTI, M. *Maria Boschetti Alberti*. Brescia: La Scuola, 1963.

G. PIZZIGONI

DE BARTOLOMEIS, F. *Giuseppina Pizzigoni e la "Rinnovata"*. Firenze: La Nuova Italia, 1953.
ROMANINI, L. *Giuseppina Pizzigoni e la prima realizzazione di una pedagogia scolare autosufficiente*. Brescia: La Scuola, 1958.

ROSA E CAROLINA AGAZZI

LOMBARDO RADICE, G. *Il metodo Agazzi*. Firenze: La Nuova Italia, 1952.

A ESCOLA-CIDADE PESTALOZZI

BERTONI JOVINE, D. E. Codignola. In: *Principi di pedagogia socialista*. Roma: Editori Riuniti, 1977.
CODIGNOLA, A. M., CODIGNOLA, E. *La Scuola-Città Pestalozzi*. Firenze: La Nuova Italia, 1962.
TORNATORE, L. La Scuola-Città Pestalozzi. *Scuola e Città*, v.9, p.438-46, 1969.

HISTÓRIA DA PEDAGOGIA 679

BADEN-POWELL

BERTOLINI, P. *Educazione e scautismo*. Bologna: Malipiero, 1957.
BOVET, P. *L'originalità di Baden-Powell*. Firenze: La Nuova Italia, 1956.

OUTRAS "ESCOLAS NOVAS" EUROPEIAS

BERTIR, G. *L'école des Roches*. Paris: Éditions du Cerd, 1935 [Trad. it. *La scuola de "Les Roches"*. Brescia: La Scuola, 1956].
PERETTI, M. *Manjon*. Brescia: La Scuola, 1961.
SKIDELSKI, R. *English Progressive Schools*. London: Penguin Books, 1969.

KILPATRICK

AGNELLO, L. *La pedagogia di W. H. Kilpatrick*. Messina: Peloritana, 1966.
ANDREOLO, R. *W. H. Kilpatrick e l'educazione progressiva*. Roma: Armando, 1967.
BORGHI, L. *Il metodo dei progetti*. Firenze: La Nuova Italia, 1961.
CORALLO, G. *Idee e fatti delle scuole d'America*. Salerno: Hermes, 1955.

WASHBURNE E OUTROS PEDAGOGOS AMERICANOS

ORLANDO CIAN, D. *C. W. Washburne e l'esperimento di Winnetka*. Brescia: La Scuola, 1960.
PARKHUST, E. *L'educazione secondo il piano Dalton*. Firenze: La Nuova Italia, 1955.
WASHBURNE, C. W. *Winnetka*. Firenze: La Nuova Italia, 1960.

COUSINET

BROCCOLINI, G. *Roger Cousinet pedagogista della libertà*. Roma: Armando, 1968.
COÈN, R. *Roger Cousinet e la scuola come tirocinio di vita*. Firenze: La Nuova Italia, 1965.
MENCARELLI, M. *R. Cousinet*. Brescia: La Scuola, 1970.

FREINET

CAPORALE, V. *Freinet*. Brescia: La Scuola, 1973.
EYNARD, R. *Célestin Freinet e le tecniche cooperativistiche*. Roma: Armando, 1968.
PETTINI, A. *Célestin Freinet e le sue tecniche*. Firenze: La Nuova Italia, 1968.
PRÉVOT, C. *Pedagogia della cooperazione scolastica*. Firenze: La Nuova Italia, 1963.

MCE

BINI, G. *La pedagogia attivistica in Italia*. Roma: Editori Riuniti, 1971.
LAPORTA, R. *La difficile scommessa*. Firenze: La Nuova Italia, 1971.

DOTTRENS

BROCCOLINI, G. *Dottrens*. Brescia: La Scuola, 1972.
IZZO, D. *Robert Dottrens e la pedagogia contemporanea*. Roma: Armando, 1968.

680 FRANCO CAMBI

DECROLY

DE BARTOLEMEIS, F. *Ovide Decroly*. Firenze: La Nuova Italia, 1953.
MAZZETTI, R. *Ovide Decroly e l'educazione nuova*. Roma: Armando, 1965.
SANTOMAURO, G. *Decroly*. Brescia: La Scuola, 1964.

CLAPARÈDE

FILOGRASSO, N. *Claparède e la pedagogia scientifica*. Firenze: La Nuova Italia, 1966.
TITONE, R. *Édouard Claparède psicologo e pedagogo del funzionalismo*. Brescia: La Scuola, 1958.
TROMBETTA, C. *Édouard Claparède*. Roma: Bulzoni, 1976.

FERRIÈRE

GIOVANNIELLO, V. *Adolfo Ferrière e la scuola attiva*. Urbino: Argalia, 1963.
GIRALDI, A. *Ferrière e l'attivismo laico*. Roma: Armando, 1964.
GRASSI, G. *Adolphe Ferrière*. Firenze: La Nuova italia, 1962.

MARIA MONTESSORI

BROCCOLINI, G. *Difesa del montessorismo*. Bologna: Leonardi, 1968.
DE BARTOLOMEIS, F. *Maria Montessori e la pedagogia scientifica*. Firenze: La Nuova Italia, 1953.
FINAZZI SARTOR, R. *Maria Montessori*. Brescia: La Scuola, 1961.
HESSEN, S. *Leone Tolstoj, Maria Montessori*. Roma: Armando, 1953.
LEONARDUZZI, A. *Maria Montessori*. Brescia: Paideia, 1967.
SCOCCHERA, A. *Maria Montessori. Quasi un ritratto inedito*. Firenze: La Nuova Italia, 1990.

GENTILE E O ATUALISMO PEDAGÓGICO

DEL NOCE, A. *Giovanni Gentile*. Bologna: Il Mulino, 1990.
DI LALLA, M. *Vita di Giovanni Gentile*. Firenze: Sansoni, 1975.
FORNACA, R. *Benedetto Croce e la politica scolastica in Italia nel 1920-21*. Roma: Armando, 1968.
GIRARDI, G. *G. Gentile, filosofo dell'educazione, pensatore politico, riformatore della scuola*. Roma: Armando, 1968.
LO SCHIAVO, A. *Introduzione a Gentile*. 2.ed. Roma-Bari: Laterza, 1986.
NEGRI, A. *Giovanni Gentile*. Firenze: La Nuova Italia, 1975. 2v.
ROMANO, S. *Giovanni Gentile. La filosofia al potere*. Milano: Bompiani, 1984.
TOGNON, G. *B. Croce alla Minerva*. Brescia: La Scuola, 1990.

DEWEY PEDAGOGO

BORGHI, L. *John Dewey e il pensiero pedagogico contemporaneo negli Stati Uniti*. Firenze: La Nuova Italia, 1951.
DE ALOYSIO, F. *Leggere Dewey*. Pescara: Trimestre, 1968.

HISTÓRIA DA PEDAGOGIA 681

GRANESE, A. *Introduzione a Dewey*. Roma-Bari: Laterza, 1973,
NISI, C., FILOGANI, N. (Org.) *Dewey ieri e oggi*. Urbino: Quattro Venti, 1989.
VV. AA. *Il pensiero di John Dewey*. Milano: Bocca, 1952.
VISALBERGHI, A. *John Dewey*. Firenze: La Nuova Italia, 1951.

A PEDAGOGIA MARXISTA E A II INTERNACIONAL

CAMBI, F. *Libertà da... L'eredità del marxismo pedagogico*. Firenze: La Nuova Italia, 1994.
SUCHODOLSKI, B. *Fondamenti di pedagogia marxista*. Firenze: La Nuova Italia, 1967.
VV. AA. *Storia del marxismo*. Torino: Einaudi, 1979. v.II: *Il marxismo nell'età della Seconda Internazionale*.

A PEDAGOGIA MARXISTA E A REVOLUÇÃO RUSSA

DOMMANGET, M. *Les grandes socialistes et l'éducation*. Paris: Colin, 1970.
KING, E. J. (Org.) *Educazione nei paesi comunisti*. Firenze: La Nuova Italia, 1968.
MANACORDA, M. A. *Il marxismo e l'educazione*. Roma: Armando, 1964-1965. v.I e II.

MAKARENKO

BOWEN, J. *Anton S. Makarenko e lo sperimentalismo sovietico*. Firenze: La Nuova Italia, 1973.
BRAIDO, P. *Makarenko*. Brescia: La Scuola, 1959.
CAVALLINI, G. *Il collettivo di Makarenko*. Modena: Pico, 1968.
KAMINSKI, A. *La pedagogia sovietica e l'opera di A. Makarenko*. Roma: Armando, 1962.

GRAMSCI E A EDUCAÇÃO

BROCCOLI, A. *Antonio Gramsci e l'educazione come egemonia*. Firenze: La Nuova Italia, 1972.
MANACORDA, M. A. *Il principio educativo in Gramsci*. Roma: Armando, 1970.
MONASTA, A. *L'educazione tradita*. Pisa: Giardini, 1985.
PAGGI, L. *Antonio Gramsci e il moderno Principe*. Roma: Editori Riuniti, 1970.
RAGAZZINI, D. *Società industriale e formazione umana*. Roma: Editori Riuniti, 1976.
SALVADORI, M. L. *Gramsci e il problema storico della democrazia*. Torino: Einaudi, 1970.

A PEDAGOGIA CRISTÃ

CANEVARO, A. *La pedagogia cristiana oggi*. Firenze: La Nuova Italia, 1975.
GOZZER, G. *I cattolici e la scuola*. Firenze: Vallecchi, 1964.
RIVA, S. *La pedagogia religiosa del Novecento in Italia*. Brescia: La Scuola, 1972.
VV. AA. *La Chiesa e l'educazione*. Roma: Armando, 1963.

O PENSAMENTO PEDAGÓGICO DO PERSONALISMO

CATALFAMO, G. *I fondamenti del personalismo pedagogico*. Roma: Armando, 1966.
FLORES D'ARCAIS G., *La scuola per la persona*. Brescia: La Scuola, 1960.

682 FRANCO CAMBI

FLORES D'ARCAIS G. (Org.) *Pedagogie personalistiche e/o pedagogia della persona*. Brescia: La Scuola, 1994.

LACROIX, J. *Il personalismo, come anti-ideologia*. Milano: Vita e Pensiero, 1974.

MACCHIETTI, S. S. (Org.) *Pedagogia del personalismo italiano*. Roma: Città Nuova, 1982.

DÉVAUD

MAZZETTI, R. *Eugène Dévaud*. Roma: Armando, 1965.

OTTONELLO, G. *La figura e l'opera di Eugène Dévaud*. Roma: Pontificia Università Lateranense, 1979.

SALUCCI, S. *Eugène Dévaud*. Brescia: La Scuola, 1959.

FÖRSTER

BÖHM, A. *Förster moralpädagogische*. Berger, 1910.

MODUGNO, G. *Förster e la crisi dell'anima contemporanea*. 2.ed. Bari: Laterza, 1946.

HESSEN

BARONI, A. *Sergio Hessen*. Brescia: La Scuola, 1959.

MAZZETTI, R. *Sergej Hessen. Un ricercatore fra due civiltà*. La Nuova Italia. 1965.

NERI, R. *Esame della pedagogia di Hessen*. Roma: De Santis, 1961.

MOUNIER E MARITAIN

ACONE, G. *Jacques Maritain e la filosofia cristiana dell'educazione*. Naponi: Morano, 1988.

GALEAZZI, G. (Org.) *Persona società educazione in Jacques Maritain*. Milano: Massimo, 1979.

MOUNIER, E. *Che cos'è il personalismo?* Torino: Einaudi, 1975.

VV. AA. *Jacques Maritain e il pensiero contemporaneo*. Milano: Massimo, 1985.

_____. *La questione personalista*. Roma: Città Nuova, 1986.

STEFANINI

CAIMI, L. *Educazione e persona in L. Stefanini*. Brescia: La Scuola, 1985.

COLICCHI LAPRESA, E. *Luigi Stefanini: l'utopia della persona*. Roma: La Goliardica, 1983.

STEFANINI, L. *Personalismo educativo*. Roma: Bocca, 1954.

A PEDAGOGIA DA DISSENSÃO CATÓLICA

CATTI, G. *Esclusione e liberazione*. Brescia: La Scuola, 1971.

D'AVANZO, B. *Tra dissenso e rivoluzione*. Firenze: Guaraldi, 1971.

GIRARDI, G. *Marxismo e cristianesimo*. 4.ed. Assisi: Cittadelle, 1969.

MARCHESE, A. *Marxisti e cristiani*. Torino: Borla, 1966.

SBISÀ, A. *Il primo dissenso cattolico*. Firenze: Le Monnier, 1976.

HISTÓRIA DA PEDAGOGIA   683

DOM MILANI

BRUNI, G. *Lorenzo Milani, profeta cristiano*. Firenze: Libreria Editrice Fiorentina, 1974.
FALLACI, N. *Dalla parte dell'ultimo*. 2.ed. Milano: Mondadori, 1993.
MAZZETTI, R. *La lettera a una professoressa e i suoi problemi*. Napoli: Morano, 1972.
VV. AA. *Don Milani*. Firenze: Comune, 1981.

A PEDAGOGIA E A EDUCAÇÃO FASCISTAS

BELLUCCI, M., CILIBERTO, M. *La scuola e la pedagogia del fascismo*. Torino: Loescher,
     1978.
GENTILE, R. G. *Bottai e la riforma fascista della scuola*. Firenze: La Nuova Italia, 1979.
MAZZATOSTA, M. T. *Il regime fascista tra educazione e propaganda 1935-1943*. Bologna:
     Cappelli, 1978.
OSTENC, M. *La scuola italiana durante il fascismo*. Roma-Bari: Laterza, 1981.
TOMASI, T. *Idealismo e fascismo nella scuola italiana*. Firenze: La Nuova Italia, 1969.

NAZISMO E EDUCAÇÃO

BRENNER, H. *La politica culturale del nazismo*. Bari: Laterza, 1965.
HITLER, A. *Mein Kampf (La mia battaglia)*. Monfalcone (Go): Sentinella d'Italia, 1977.
NOLTE, E. *I tre volti del fascismo*. Milano: Mondadori, 1971.
SCHEIBE, W. *La pedagogia del XX secolo*. Roma, 1964.

A PEDAGOGIA CIENTÍFICA

BECCHI, E. *L'organizzazione della ricerca educativa*. Firenze: La Nuova Italia, 1975.
_____. *Problemi di sperimentalismo educativo*. Roma: Armando, 1969.
DE LANDSHEERE, G. *Storia della pedagogia sperimentale*. Roma: Armando, 1988.
FORNACA, R., DI POL REDI, S. *La pedagogia scientifica del Novecento*. Milano: Principato,
     1980.
LAENG, M. *Pedagogia sperimentale*. Firenze: La Nuova Italia, 1992.
LUMBELLI, L. *La didattica della ricerca*. Milano: Angeli, 1975.
MIALARET, G. *Introduzione alla pedagogia sperimentale*. Torino: Loescher, 1965.
VISALBERGHI, A. *Pedagogia e scienze dell'educazione*. Milano: Mondadori, 1978.

A SOCIOLOGIA DA EDUCAÇÃO

CESAREO, V. *Sociologia e educazione*. Firenze: La Nuova Italia, 1975.
COBALTI, A. *Sociologia dell'educazzione*. Milano: Angeli, 1983.
MOSCATI, R. (Org.) *La sociologia dell'educazione in Italia*. Bologna: Zanichelli, 1989.
MUSGRAVE, P. W. *La sociologia dell'educazione*. Roma: Armando, 1969.

FREUD, A PSICANÁLISE E A EDUCAÇÃO

ARMANDO, A. *Freud e l'educazione*. Roma: Armando, 1969.
CREMERIUS, J. (Org.) *Educazione e psicoanalisi*. Torino: Boringhieri, 1975.
GROSSKURTH, P. *Melanie Klein*. Torino: Bollati Boringhieri, 1988.
NICASI, S. *La psicanalisi e il mondo dell'infanzia*. Torino: Loescher, 1979.

A PEDAGOGIA E A PSICOLOGIA DA APRENDIZAGEM

BALLANTI, G. *Modelli di apprendimento e schemi di insegnamento*. Terano: Lisciani e Giunti, 1988.
BATTACCHI, M. W., GIOVANNELLI, G. *Psicologia dello sviluppo*. Firenze: La Nuova Italia, 1988.
BOSCOLO, P. *Psicologia dell'educazione*. Firenze-Milano: Giunti-Martello, 1974.
HILL, W. F. *L'apprendimento: interpretazioni psicologiche*. Firenze: La Nuova Italia, 1983.
PONTECORVO, C. *Psicologia dell'educazione*. Terano: EIT, 1973.
TITONE, R. *Modelli psicopedagogici dell'apprendimento*. Roma: Armando, 1974.

ANTROPOLOGIA E EDUCAÇÃO

CALLARI GALLI, M. *Antropologia e educazione*. Firenze: La Nuova Italia, 1975.
KNELLER, G. F. *Educational Antropology*. New York: Wiley and Sons, 1965.
MALINOWSKI, B. *Sesso e repressione sessuale tra i selvaggi*. Torino: Boringhieri, 1969. [Ed. bras.: *Sexo e repressão na sociedade selvagem*. Petrópolis: Vozes, 1973.]
MEAD, M. *L'adolescente in una società primitiva*. Firenze: Editrice Universitaria, 1954.
_____. *Crescita di una comunità primitiva*. Milano: Bompiani, 1962.
SOROKIN, P. *La dinamica sociale e culturale*. Torino: UTET, 1978.
VAN GENNEP, A. *Riti di passaggio*. Torino: Bollati Boringhieri, 1988.

TERCEIRO MUNDO E EDUCAÇÃO

BOUDON, R. *Effetti "perversi" dell'azione sociale*. Milano: Feltrinelli, 1981.
CAPITINI, A. *Le tecniche della nonviolenza*. Milano: Feltrinelli, 1965.
CIPOLLA, C. *Istruzione e sviluppo*. Torino: UTET, 1971.
FANON, F. *I dannati della terra*. Torino: Einaudi, 1962. [Ed. bras.: *Condenados da terra*. Rio de Janeiro: Civilização Brasileira, 1979.]
GRAFF, H. J. (Org.) *Alfabetizzazione e sviluppo sociale in Occidente*. Bologna: Il Mulino, 1981.
MYRDAL, G. *Saggio sulla povertà di undici paesi asiatici*. Milano: Il Saggiatore, 1971.
UNESCO. *Rapporto sulle strategie dell'educazione*. Roma: Armando, 1973.

A EDUCAÇÃO DE ADULTOS

BAUER, R. (Org.) *L'educazione degli adulti*. Bari: Laterza, 1964.
DE SANCTIS, F. M. *Educazione in età adulta*. Firenze: La Nuova Italia, 1975.
LENGRAND, P. *Introduzione all'educazione permanente*. Roma: Armando, 1973.
LÉON, A. *Psicopedagogia degli adulti*. Roma: Editori Riuniti, 1974.
UNESCO. *L'educazione degli adulti*. Firenze: Marzocco, 1955.

AS CIÊNCIAS DA EDUCAÇÃO HOJE

BECCHI, E., VERTECCHI, B. (Org.) *Manuale critico della sperimentazione e della ricerca educativa*. Milano: Angeli, 1984.
BERTOLDI, F. *Sperimentazione dell'educazione e i suoi problemi*. Roma: LAS, 1968.
BREZINKA, U. *La scienza dell'educazione*. Roma: Armando, 1976.

HISTÓRIA DA PEDAGOGIA 685

BUYSE, R. *L'expérimentation en pédagogie*. Bruxelles: Lamertin, 1935.

CIVES, G. *La filosofia dell'educazione in Italia ai nostri giorni*. Firenze: La Nuova Italia, 1978.

CLAUSSE, A. *Avviamento alle scienze dell'educazione*. Firenze: La Nuova Italia, 1972.

DE BARTOLOMEIS, F. *La ricerca come antipedagogia*. 8.ed. Milano: Feltrinelli, 1973.

IZZO, D. *L'educazione come scienza*. Firenze: Le Monnier, 1974.

MASSA, R. *La scienza pedagogica*. Firenze: La Nuova Italia, 1975.

_____. *Istituzioni di pedagogia e scienze dell'educazione*. Roma-Bari: Laterza, 1990.

MIALARET, G. *La pedagogia sperimentale*. Roma: Armando, 1986.

_____. *Le scienze dell'educazione*. Torino: Loescher, 1978.

RAVAGLIOLI, F. (Org.) *L'interdisciplinarità*. Roma: Armando, 1974.

SCURATI, C., LOMBARDI, F. *Pedagogia: termini e problemi*. Milano: Scuola e Vita, 1979.

TRISCIUZZI, L. *La sperimentazione*. Firenze: Le Monnier, 1976.

VISALBERGHI, A. *Pedagogia e scienze dell'educazione*. Milano: Modadori, 1978.

VOLPICELLI, L. (Org.) *Lessico delle scienze dell'educazione*. Milano: Vallardi, 1978.

IDEOLOGIA E EDUCAÇÃO

BROCCOLI, A. *Ideologia e educazione*. Firenze: La Nuova Italia, 1972.

CAMBI, F. *Il congegno del discorso pedagogico*. Bologna: CLUEB, 1986.

CHARLOT, B. *La mistificazione pedagogica*. Milano: Emme, 1980.

OREFICE, P. *La socializzazione*. Firenze: Le Monnier, 1976.

PAPI, F. *Educazione*. Milano: ISEDI, 1978.

ROSSI LANDI, F. *Ideologia*. Milano: ISEDI, 1978.

SANTONI RUGIU, A. *Crisi del rapporto educativo*. Firenze: La Nuova Italia, 1975.

TOPITSCH, E. *A che serve l'ideologia*. Roma-Bari: Laterza, 1975.

VV. AA. *I condizionamenti ideologici della pesicologia*. In: IISIMPOSIO, 16-17 ottobre 1976, *Atti del...* Milano: Vita e Pensiero, 1980.

IDEOLOGIAS E EDUCAÇÃO NA ITÁLIA

BALDUZZI, G., TELMON, V. (Org.) *Pedagogia laica e politica scolastica: un'eredità storica*. Lecce: Milella, 1985.

CAMBI, F. *Libertà da... L'eredità del marxismo pedagogico*. Firenze: La Nuova Italia, 1994.

COVATO, C. *Itinerario pedagogico del marxismo italiano*. Urbino: Argalia, 1983.

FORNACA, R. *La pedagogia italiana contemporanea*. Firenze: Sansoni, 1982.

SANTONI RUGIU, A. *Ideologia e programmi nelle scuole elementari e magistrali dall 1859 al 1955*. Firenze: Manzuoli, 1980.

SEMERARO, A. *Il mito della riforma*. Firenze: La Nuova Italia, 1993.

TOMASI, T. *La scuola italiana dalla dittatura alla repubblica*. Roma: Editori Riuniti, 1976.

_____. *Scuola e pedagogia in Italia 1948-1960*. Roma: Editori Riuniti, 1977.

TREBISACCE, G. *L'educazione tra ideologia e storia*. Cosenza: Pellegrini, 1984.

A PEDAGOGIA COMUNISTA NA URSS, NA CHINA, EM CUBA

AGUZZI, L. *Educazione e società a Cuba*. Milano: Mazzotta, 1973.

BLUMER, G. *La rivoluzione culturale cinese*. Milano: Feltrinelli, 1969.

GALE, L. *Educazione e sviluppo nell'America Latina*. Firenze: La Nuova Italia, 1972.

686 FRANCO CAMBI

GOZZER, G. Il modo di educazione cinese. *Humanitas*, v.7, p.507-22, 1972.
GRANT, N. *L'educazione nell'Unione Sovietica*. Firenze: La Nuova Italia, 1972.
HUBERMAN, L., SWEEZY, P. M. *Il socialismo a Cuba*. Bari: Dedalo, 1971.
KING, E. J. (Org.) *Educazione nei paesi comunisti*. Firenze: La Nuova Italia, 1968.
MANACORDA, M. A. *Il marxismo e l'educazione*. Roma: Armando, 1965-1966. v.II e III.
MASI, E. *La contestazione cinese*. Torino: Einaudi, 1969.
PRICE, R. F. *L'educazione della Cina comunista*. Firenze: La Nuova Italia, 1972.
SUCHODOLSKI, B. *La scuola polaca*. Firenze: La Nuova Italia, 1971.
_____. *La pedagogia socialista*. Firenze: La Nuova Italia, 1970.
TREBISACCE, G. *Materialismo storico e educazione*. Cosenza: Laboratorio, 1986.

COGNITIVISMO E PEDAGOGIA: PIAGET

BOCCHI, G., CERUTI, M. *Disordine e costruzione*. Milano: Feltrinelli, 1981.
CELLÉRIE, G. *Piaget*. Paris: PUF, 1973.
DAMIANO, E. *Piaget*. Brescia: La Scuola, 1976.
ELKIND, D., FLAVEL, J. H. (Org.)*J. Piaget e lo sviluppo cognitivo*. Roma: Armando, 1972.
FILOGRASSO, N. *Jean Piaget e l'educazione*. Urbino: Argalia, 1975.
NATALE, G. *Dopo Piaget*. Roma: Lavoro, 1985.
PETTER, G. *Lo sviluppo mentale nelle ricerche di J. Piaget*. Firenze: Giunti, 1961.
PIAGET, J. *Dove va l'educazione*. Roma: Armando, 1974.
VV. AA. *J. Piaget e le scienze sociali*. Firenze: La Nuova Italia, 1973.
_____. *La teoria di Jean Piaget*. Firenze: Giunti-Barbera, 1982.

VYGOTSKI E A LINGUAGEM

DE GIACINTO, S. Claparède, Piaget, Vygotskij e Bruner. In: VV. AA. *Nuove questioni della pedagogia*. Brescia: La Scuola, 1977. v.III, p.527-91.
LURIJA, A. R. *Linguaggio e comportamento*. Roma: Editori Riuniti, 1971.
MANACORDA, M. A. La pedagogia di Vygotskij. *Riforma della Scuola*, v.7, p.24-30, 1979.
MECACCI, L. Introduzione. In: VYGOTSKIJ, L. S. *Pensiero e linguaggio*. Roma-Bari: Laterza, 1990. p.v-x.
_____. Vygotskij: per una psicologia dell'uomo. *Riforma della Scuola*, p.24-30, 1979.
TORNATORE, L. *Educazione e conoscenza*. Torino: Loescher, 1974.
VYGOTSKIJ, L. S. Il giuoco e la sua funzione nello sviluppo psichico del bambino. *Riforma della Scuola*, v.7, p.41-50, 1979.

O ESTRUTURALISMO DE BRUNER

BRUNER, J. S. *Autobiografia*. Roma: Armando, 1984.
MAZZETTI, R. *Dewey e Bruner.* Roma: Armando, 1967.
PASSUELLO, L. *Bruner*. Brescia: La Scuola, 1973.
PIAGET, J. *Lo strutturalismo*. Milano: Il Saggiatore, 1968.
RIESMAN, D. *L'America al bivio pedagogico*. Firenze: La Nuova Italia, 1972.
SCURATI, C. *Strutturalismo e scuola*. Brescia: La Scuola, 1972.
SERSALE, C. M. *Jerome S. Bruner*. Roma: Armando, 1978.
VV. AA. *La sfida pedagogica americana*. Roma: Armando, 1969.

HISTÓRIA DA PEDAGOGIA 687

TEORIAS DO CURRÍCULO

DAMIANO, E. (Org.) *Epistemologia e didatica*. Brescia: La Scuola, 1988.
FANTOZZI MICALI, O., ROSELLI, P. *Curricolo e scuola*. Roma: Istituto dell'Enciclopedia Italiana, 1978.
FRABBONI, F. *Dal curricolo alla programmazione*. Teramo: Lisciani e Giunti, 1987.
FREY, K. *Teorie del curricolo*. Milano: Feltrinelli, 1977.
IZZO, D., MANCASSOLA, G. *Il curricolo*. Firenze: Le Monnier, 1977.
NICHOLLS, A. e H. *Guida pratica all'elaborazione di un curricolo*. Milano: Feltrinelli, 1975.
PONTECORVO, C., FUSÉ, C. *Il curricolo*. Torino: Loescher, 1981.
VV. AA. *Teorie della didattica*. Roma: Editori Riuniti, 1978.
_____. *La struttura della conoscenza e il curricolo*. Firenze: La Nuova Italia, 1971.
WHIFIELD, R. C. (Org.) *Programmazione del curricolo e discipline di insegnamento*. Firenze: La Nuova Italia, 1979.

COGNITIVISMO PEDAGÓGICO, NOVAS TECNOLOGIAS E EDUCAÇÃO

AUSUBEL, D. *Educazione e processi cognitivi*. Milano: Angeli, 1978.
BOSCOLO, P. *Psicologia dell'apprendimento scolastico*. Torino: UTET, 1986.
_____. *Cibernetica e didattica*. 3.ed. Firenze: La Nuova Italia, 1974.
GAGNÉ, R. M. *Le condizioni dell'apprendimento*. Roma: Armando, 1973.
LAENG, M. *Istruzione programmata e teaching machines*. Roma: Abete, 1967.
PIACENZA, M. *Tecnologia dell'educazione*. Torino: Giappichelli, 1975.
RICHMOND, W. K. *La rivoluzione nell'insegnamento*. Roma: Armando, 1967.
_____. *L'industria dell'educazione*. Roma: Armando, 1971.
TITONE, R. *Modelli, psicopedagogici dell'insegnamento*. Roma: Armando, 1977.
TRISCIUZZI, L., CAPPELLARI, G. P. *L'istruzione programmata*. Firenze: Le Monnier, 1976.
TROMBETTA, C., CERNIE, B., MASTROMARINO, R. *Ricerca-Azione e psicologia dell'educazione*. Roma: Armando, 1988.
VV. AA. *Tassonomia degli obiettivi educativi*. Terano: Lisciani e Giunti, 1983.

A DESESCOLARIZAÇÃO, A CONTESTAÇÃO, A NÃO DIRETIVIDADE

CAPORALE, V. *Descolarizzazione e educazione*. Roma-Bari: Cacucci, 1978.
GIAMMANCHERI, E. Le idee di Ivan Illich sulla descolarizzazione. *Pedagogia e Vita*, v.1, p.5-15, 1972-1973.
GIRARDI, G. *Educare per quale società?* Assisi: Cittadella, 1975.
LAPASSADE, G. *Il mito dell'adulto*. Firenze: Guaraldi, 1971.
_____. *L'autogestione pedagogica*. Milano: Angeli, 1973.
LISCIANI, G. *Pedagogia della contestazione*. Roma: Armando, 1969.
PORCHER, L. *La scuola parallela*. Brescia: La Scuola, 1976.
REIMER, E. *La scuola è morta*. 2.ed. Roma: Armando, 1974.
SNYDERS, G. *Le pedagogie non direttive*. Roma: Editori Riuniti, 1975.

A PEDAGOGIA RADICAL

BERNFELD, S. *Sisifo, ovvero i limiti dell'educazione*. Firenze: Guaraldi, 1971.
BERTIN, G. M. *Educazione al cambiamento*. Firenze: La Nuova Italia, 1976.

688 FRANCO CAMBI

CAMBI, F. *La sfida della differenza*. Bologna: CLUEB, 1987.
LUMBELLI, L. *Comunicazione non autoritaria*. Milano: Angeli, 1972.
SUCHODOLSKI, B. *Trattato di pedagogia generale*. Roma: Armando, 1964.
TOMASI, T. *Ideologie libertarie e formazione umana*. Firenze: La Nuova Italia, 1973.
ZANGRILLI, V. *Pedagogia del dissenso*. Firenze: La Nuova Italia, 1972.

1968: A ESCOLA E A PEDAGOGIA

CATALANO, F. La frattura del Sessantotto. *Belfagor*, v.4, p.403-18, 1978.
CENTRO di Informazione Universitaire. (Org.) *Documenti della rivolta studentesca francese*. Bari: Laterza, 1969.
CHIARANTE, G. *La rivolta degli studenti*. Roma: Editori Riuniti, 1968.
CIVES, G., RIVERSO, M., VENTRE, V. *Scuola e potere*. Urbino: Argalia, 1971.
CORTESE, L. (Org.) *Il movimento studentesco*. Milano: Bompiani, 1973.
PAOLINI, G., VITALI, W. (Org.) *PCI, classe operaria e movimento studentesco*. Rimini--Firenze: Guaraldi, 1977.
ROSSANDA, R. *L'anno degli studenti*. Bari: De Donato, 1968.
ROZENBERG, R. *Vivere in maggio*. Torino: Einaudi, 1969.
TOSZAK, T. (Org.) *L'università del dissenso*. Torino: Einaudi, 1968.
VV. AA. *Educazione o condizionamento?* Roma: Savelli, 1973.

A ESCOLA CONTEMPORÂNEA

BARBAGLI, M. (Org.) *Scuola potere e ideologia*. Bologna: Il Mulino, 1972.
_____. (Org.) *Istruzione, legittimazione e conflitto*. Bologna: Il Mulino, 1978.
BOUDON, R. *Istruzione e mobilità sociale*. Bologna: Zanichelli, 1979.
BOWLES, S., GINTIS, H. *L'istruzione nel capitalismo maturo*. Bologna: Zanichelli, 1979.
CHIOSSO, G. *Scuola e partiti tra contestazione e decreti delegati*. Brescia: La Scuola, 1977.
CIVES, G. *La scuola italiana dall'Unità ai nostri giorni*. Firenze: La Nuova Italia, 1990.
FADIGA ZANATTA, A. L. *Il sistema scolastico italiano*. Bologna: Il Mulino, 1971.
IZZI, F. *Scuola e famiglia*. Roma: Lucarini, 1977.
LUHMANN, N., SCHORR, K.-E. *Il sistema educativo*. Rima: Armando, 1988.
PAGE, A. *Economia dell'istruzione*. Bologna: Il Mulino, 1974.
PAGELIA, M. *Storia della scuola*. Bologna: Cappelli, 1980.
PAGNONCELLI, L. (Org.) *Tornare a scuola in Europa*. Milano: UNICOPLI, 1985.
PAPI, F. *Educazione*. Milano: ISED, 1978.
SAVI, T. *Scuola e fabbrica*. Firenze: Guaraldi, 1975.
SCUOLA di Barbiana. *Lettera a una professoressa*. Firenze: Libreria Editrice Fiorentina, 1967. [Ed. port.: *Carta a uma professora: pelos rapazes da escola de Barbiana*. Lisboa: Presença, 1977.]

PROGRAMAÇÃO E AVALIAÇÃO

BALLANTI, G. *La programmazione didattica*. Terano: Lisciani e Giunti, 1989.
BLOCK, J. H. (Org.) *Scuola, società, Mastery learning*. Torino: Loescher, 1977.
BLOOM, B. S. *Tassonomia degli obiettivi educativi*. Terano: Lisciani e Giunti, 1983. v.I: Area cognitiva.
_____. *Tassonomia degli obiettivi educativi*. Terano: Lisciani e Giunti, 1984. v.II: Area affettiva.

HISTÓRIA DA PEDAGOGIA 689

CALONGHI, L. *Valutazione*. Brescia: La Scuola, 1986.
DE BARTOLEMEIS, F. *Programmazione e sperimentazione*. 2.ed. Firenze: La Nuova Italia, 1982.
DE LANDSHEERE, G. *Elementi di docimologia*. Firenze: La Nuova Italia, 1973.
_____. *Come si insigna*. Terano: Lisciani e Giunti, 1978.
_____., DE LANDSHEERE, V. *Definire gli obiettivi dell'educazione*. Firenze: La Nuova Italia, 1973.
DOMENICI, G. *Gli strumenti della valutazione*. Napoli: Tecnodid, 1991.
FRABBONI, F. *Dal curricolo alla programmazione*. Terano: Lisciani e Giunti, 1987.
GATTULLO, M. *Didattica e docimologia*. Roma: Armando, 1967.
IZZO, D. *La valutazione*. Firenze: Le Monnier, 1976.
MARAGLIANO, R., VERTECCHI, B. *La programmazione didattica*. Roma: Editori Riuniti, 1977.
_____. *La valutazione nella scuola di base*. Roma: Editori Riuniti, 1978.
PELLEREY, M. *Progettazione didattica*. Torino: SEI, 1978.
PIÉRON, H. *Esami e docimologia*. Roma: Armando, 1965.
VERTECCHI, B. *Manuale della valutazione*. Roma: Editori Riuniti, 1984.
VISALBERGHI, A. *Insegnare ed apprendere*. Firenze: La Nuova Italia, 1988.
WARWICK, D. *L'insegnamento di gruppo*. Firenze: La Nuova Italia, 1978.

OS *MASS MEDIA* COMO EDUCADORES

CAZENEUVE, J. *I poteri della televisione*. Roma: Armando, 1972.
GREENFIELD, P. M. *Mente e media*. Roma: Armando, 1985.
MORIN, E. *L'industria culturale*. Bologna: Il Mulino, 1963.
PACKARD, V. *I persuasori occulti*. Torino: Einaudi, 1958.
POSTMAN, N. *La scomparsa dell'infanzia*. Roma: Armando, 1964.
SCAGLIOSO, C. *Mass-media*. Brescia: La Scuola, 1984.
TRISCIUZZI, L., ULIVIERI, S. (Org.) *Il bambino televisivo*. Terano: Lisciani e Giunti, 1993.
VV. AA. *L'educazione e i mass media*. Firenze: La Nuova Italia, 1982.
VOLPI, C. *Il tempo libero tra mito e progetto*. Roma: ERI, 1976.
VOLPICELLI, L. *Il problema educativo del tempo libero*. Roma: Armando, 1970.
WINN, M. *La droga televisiva*. Roma: Armando, 1978.
ZOLLA, E. *Eclisse dell'intellettuale*. 5.ed. Milano: Bompiani, 1965.

A EPISTEMOLOGIA PEDAGÓGICA

BREZINKA, W. *Metateoria dell'educazione*. Roma: Armando, 1980.
CAMBI, F. *Il congegno del discorso pedagogico*. Bologna: CLUEB, 1986.
DE BARTOLOMEIS, F. *La pedagogia come scienza*. Firenze: La Nuova Italia, 1953.
DE GIACINTO, S. *Educazione come sistema*. Brescia: La Scuola, 1977.
DEWEY, J. *Le fonti di una scienza dell'educazione*. Firenze: La Nuova Italia, 1951.
FADDA, R. *Pedagogia e epistemologia*. Terano: Lisciani e Giunti, 1983.
KNELLER, G. F. *Logica e linguaggio della pedagogia*. Brescia: La Scuola, 1975.
LAENG, M. *Problemi di struttura della pedagogia*. Brescia: La Scuola, 1960.
LAPORTA, R. *Educazione e scienza empirica*. Roma: RAI-DSE, 1980.
METELLI Di LALLO, C. *Analisi del discorso pedagogico*. Padova: Marsilio, 1967.
SCHEFFLER, I. *Il linguaggio della pedagogia*. Brescia: La Scuola, 1972.

690 FRANCO CAMBI

QUESTÃO FEMININA E EDUCAÇÃO

BADINTER, E. *L'amore in più*. Milano: Longanesi, 1981.
COVATO, C., LEUZZI, M. C. (Org.) *E l'uomo educò la donna*. Roma: Editorri Riuniti, 1989.
DE BEAUVOIR, S. *Il secondo sesso*. Milano: Il Saggiatore, 1961. [Ed. bras.: *O segundo sexo*. São Paulo: Difusão Europeia do Livro, 1960.]
GIANINI BELOTTI, E. *Dalla parte delle bambine*. Milano: Feltrinelli, 1973.
GILLIGAN, C. *Con voce di donna*. Milano: Feltrinelli, 1987.
LENZI, M. L. *Donne e Madonne*. Torino: Loescher, 1982.
MEAD, M. *Maschio e femmina*. Milano: Il Saggiatore, 1962.
ULIVIERI, S. (Org.) *Educazione e ruolo femminile*. Firenze: La Nuova Italia, 1992.
VV. AA. *Diotima, Il pensiero della differenza sessuale*. Milano: La Tartaruga, 1987.

ECOLOGIA E EDUCAÇÃO

BARDULLA, E. *Scuola e questione ambientale*. Milano: Angeli, 1991.
_____., VALERI, M. *Ecologia e educazione*. Firenze: La Nuova Italia, 1975.
BATESON, G. *Verso una ecologia della mente*. Milano: Adelphi, 1976.
_____. *Mente e natura*. Milano: Adelphi, 1984.
CAMPIONI SALVETTI, M. *Ambiente e didattica*. Milano: UNICOPLI, 1987.
GIOLITTO, P. *Educazione ecologica*. 3.ed. Roma: Armando, 1983.
OREFICE, P. *Didattica dell'ambiente*. Firenze: La Nuova Italia, 1993.
PACCINO, D. *L'imbroglio ecologico*. Torino: Einaudi, 1976.
VV. AA. *Educazione ambiente*. Napoli: Tecnodid, 1989.

A INTERCULTURA

BALANDIER, G. *Il disordine*. Bari: Dedalo, 1991.
BALBI, R. *All'erta siam razzisti*. Milano: Mondadori, 1988.
BORGHI, L. *Educare alla libertà*. Firenze: La Nuova Italia, 1992.
DAHRENDORF, R. *Il conflitto sociale della modernità*. Roma-Bari: Laterza, 1989.
FERRAROTTI, F. *Oltre il razzismo*. Roma: Armando, 1988.
KRISTEVA, J. *Stranieri a se stessi*. Milano: Feltrinelli, 1990.
LÉVINAS, E. *Umanesimo dell'altro uomo*. Genova: Il Melangolo, 1985.
TASSINARI, G., CECCATELLI GURRIERI, G., GIUSTI, M. (Org.) *Scuola e società multiculturale*. Firenze: La Nuova Italia, 1992.
VV. AA. *Lontano da dove. La nuova immigrazione e le sue culture*. Milano: Angeli, 1990.
XODO CEGOLON, C. *Trasparenze*. Padova: CLEUP, 1992.

A EDUCAÇÃO PARA O ANO 2000

ACONE, G. *L'ultima frontiera dell'educazione*. Brescia: La Scuola, 1986.
BERTOLINI, P., DALLARI, M. (Org.) *Pedagogia al limite*. Firenze: La Nuova Italia, 1988.
BALDUCCI, E. *L'uomo planetario*. Firenze: Cultura della Pace, 1990.
CORRADINI, L. *La scuola e i giovani verso il duemila*. Terano: Lisciani e Giunti, 1986.
FERRAROTTI, F. *Cinque scenari per il Duemila*. Roma-Bari: Laterza, 1985.
FRABBONI, F., GUERRA, L. *La città educativa verso un sistema formativo integrato*. Bologna: Cappelli, 1991.

HISTÓRIA DA PEDAGOGIA   691

GARGANI, A. (Org.) *Crisi della ragione*. Torino: Einaudi, 1979.

LAENG, M. *L'educazione nella civiltà tecnologica*. Roma: Armando, 1973.

LYOTARD, J.-F. *La condizione postmoderna*. 2ed. Milano: Feltrinelli, 1985.

MASSA, R. *Educare e istruire?* Milano: UNICOPLI, 1987.

NANNI, A. *Progetto mondialità*. Bologna: EMI, 1985.

PIUSSI, A. M. *Educare nella differenza*. Torino: Rosenberg & Sellier, 1989.

ROSSI, P., NACCI, M. (Org.) La tecnica alla fine del Millennio. *Intersezioni*, v.2, 1993. (número monográfico).

SCHWARZ, B. *L'educazione di domani*. Firenze: La Nuova Italia, 1977.

VATTIMO, G., ROVATTI, P. A. *Il pensiero debole*. 8.ed. Milano: Feltrinelli, 1990.

VECA, S. *Cittadinanza*. 2.ed. Milano: Feltrinelli, 1990.

VV. AA. *La sfida della complessità*. Milano: Feltrinelli, 1985.

ÍNDICE ONOMÁSTICO

Abelardo, P., 183-5, 187
Accursio, F., 184
Acquaviva, C., 261
Adler, M., 535, 556
Adorno, 52, 632
Adriano, 115
Agazzi, A., 602
Agazzi, C., 496, 518-9
Agazzi, R., 496, 518-9
Agostinho, Santo, 131, 135-7, 148, 177, 186, 189, 287, 454, 457
Alarico, 136
Alberti, L. B., 231-2, 518
Alcuíno de York, 160, 164
Alessio, F., 159
Alexandre Magno, 92-6
Alfieri, V., 491
Algazel, 169
Alighieri, D., 147-8, 173, 177, 192, 491
Alsted, I. H., 282, 284
Althusser, L., 207, 382-3, 404, 495, 584-5, 608, 619, 628
Altick, R. D., 328-9
Ambrósio, Santo, 134-5
Andreae, I. V., 282-3
Angiulli, A., 473-4
Anselmo d'Aosta, Santo, 165, 186
Antoniano, S., 257-8
Antonino, Santo, 179

Antonio Abade, Santo, 131
Aporti, F., 444, 461-3
Ardigò, R., 474-5, 499
Ariès, P., 27, 32, 81, 92, 150, 167, 176, 202, 204-5, 226, 241, 307, 386
Aristóteles, 45, 50, 73, 87, 92-4, 96, 99-100, 108-9, 163, 168-70, 186-7, 189, 191, 226, 233, 235-6, 238, 254, 256, 262, 264, 269
Arnauld, A., 294, 591
Arnóbio, 127
Arnold, T., 591
Arquimedes, 111
Aspásia, 81
Assurbanípal (ou Sardanapalo), 65
Atanásio de Alexandria, 131
Augusto, 95, 115
Aulnoy, Madame d', 314
Aurélia, 106

Babeuf, F. N., 478-9
Bacon, F., 196, 210, 215, 273-4, 285, 301-3, 317
Baden Powell, R., 520
Badley, H., 515
Bain, A., 468, 472, 500
Bakhtin, M., 150, 179
Bakunin, M. A., 440
Balducci, E., 576, 602
Banfi, A., 20, 623

694 FRANCO CAMBI

Barbagli, M., 205, 584
Barzizza de Bérgamo, G., 235
Basedow, J. B., 330, 333, 338, 361-2, 434-5
Basile, G., 314
Basílio de Cesarea, 129
Basílio, São, 131
Bateson, G., 640
Bayle, P., 330, 367
Bazcko, B., 32, 372
Beaumont, Mademoiselle de, 314
Becchi, E., 501
Belinsky, V. G., 442
Bell, A., 441
Bellerate, B., 29
Benjamin, W., 392, 516
Bentham, J., 439
Bento de Núrsia, São, 132
Bergson, H., 502-3, 506, 530
Bernardino de Siena, São, 179
Bernardo de Chartres, 188
Bernstein, B., 411, 535
Bertier, G., 516
Bertin, G. M., 621, 623-4
Bertolini, P., 597
Bertoni Jovine, D., 564, 603
Bettini, M., 44
Binet, A., 501, 582
Bismarck, O. de, 564, 569
Blättner, F., 425
Bloch, M., 13, 142, 156, 605
Blondel, M., 574
Bloom, B. S., 616
Boaventura de Bagnoregio, São, 181, 188-9
Bobbit, F., 615
Boccaccio, G., 170, 175, 182, 191-2
Boécio, S., 50, 159, 163-4
Bonaparte, J., 369, 445
Bonaparte, N., 325, 378
Boncompagni, C., 263
Bonifácio, J., 258
Borghi, L., 533, 602
Boschetti Alberti, M., 518, 545
Bosco, São João, 488, 565, 567
Bossuet, J.-B., 296
Bottai, G., 578
Bovet, P., 393, 515, 529, 583
Bowen, J., 67, 91, 100, 105, 128, 131, 169, 183, 188, 254, 416, 419, 493, 643
Bowlby, J., 586

Boyd, W., 112, 115, 119, 159
Braudel, F., 27, 60, 63, 144, 153
Brezinka, W., 600, 636
Broccoli, A., 603, 619, 636
Bruner, J. S., 533, 584, 608-9, 611, 613-5
Bruni, L., 228-30, 236, 240
Budé, G., 234
Buffon, P. L. L., 335, 414
Buonaiuti, E., 127
Buoncompagno da Signa, 184
Burckhardt, J., 80, 222, 241
Burdach, K., 222
Burelle, P. de, 293
Butterfield, H., 278, 300
Buyse, R., 583

Calazans, São José de, 259
Callari Galli, M., 590
Calógero, G., 541-2
Calvino, G., 247, 251-2, 353
Campanella, T., 273-4, 284, 287
Camporesi, P., 151
Cantù, C., 453
Capella, M., 50, 118
Capitini, A., 542, 588, 592
Capponi, G., 383, 410, 444, 452-3, 457-61
Carducci, G., 142, 490
Carlos III, 234
Carlos Magno, 145, 157-60
Carneades, 108
Casati, G., 263, 399, 497-8
Casotti, M., 569, 573
Cassiodoro, F. M. A., 131-2, 159-60
Castiglione, B., 270-1
Castro, F., 604
Catalfamo, G., 568-9, 573
Catão, M. P., 105, 108, 251
Catarina de Aragão, 264
Catarina de Siena, Santa, 152, 177
Catarina II, 325, 334, 337
Cattaneo, C., 410, 444-5, 447-8, 465
Cavour, C. B., 457
Cerniswsky, N. G., 442
Cervantes, M. de, 162, 313
César, 106, 115
Chamberlain, 492
Chaucer, G., 175, 182
Chomsky, N., 608
Chrisman, O., 501

HISTÓRIA DA PEDAGOGIA 695

Ciari, B., 603
Cícero, M. T., 84, 92, 105, 108-12, 130, 160, 185-6, 233, 236, 238-40, 251, 254, 262, 295
Cincinnato, 104
Cipião, o Africano Menor, 107
Cives, G., 29, 533, 544
Claparède, E., 354, 393, 525, 527, 529, 583, 601
Clausse, A., 199, 595, 600
Clemente de Alexandria, 128-9
Clístenes, 83
Clódio, 109
Codignola, A. M., 520
Codignola, E., 520-1, 533, 541-2, 545-6, 606
Colet, G., 253
Collodi (C. Lorenzini), 490
Comencini, L., 387
Comenius, J. A., 199, 208-9, 213, 215, 280-1, 283-93, 299, 301, 306, 355, 357
Comnena, A., 169
Compayré, G., 11, 22
Comte, A., 383, 391, 395, 410, 439, 466, 468-9, 499, 561
Condillac, E. B. de, 326, 328-30, 336-8, 340-1, 347, 366, 458
Condorcet, M.-L.-A., 326, 357, 366, 369
Constant, B., 438
Constantino Africano, 185
Constantino, 50, 115, 117, 122
Conversino de Ravenna, 235
Copérnico, N., 301
Coppino, M., 497
Corneille, P., 313
Cornélia, 106
Cornélio Calvo, 111
Cousin, V., 439, 591
Cousinet, 523-4, 601
Credaro, L., 436, 498
Crisolora, M., 192, 230, 235
Critolau, 108
Croce, B., 27, 39-40, 409, 503, 536
Cubberley, E. P., 22
Cuoco, V., 444-6

D'Alembert, J. Le Ronde, 211, 331, 337
D'Annunzio, G., 491
Da Feltre, V., 227, 235-9
Dàneo, D., 498
Davi, 69

Dawson, C., 145
De Bartolomeis, F., 533, 629
De Dominicis, S., 474-5
De Giovanni, A., 531
De Maistre, J., 142, 438
De Martino, E., 588, 590
De Mauro, T., 632
De Mause, L., 26
De Sanctis, F., 444
De Vecchi, C., 578
Decroly, O., 525, 527-30, 582, 584
Deffand, Madame du, 329
Della Casa, G., 230, 270-2
Demócrito, 85
Demolins, E., 515-6
Demóstenes, 238
Derrida, J., 404
Descartes, R., 186, 209, 211, 270, 293, 301-2, 341, 358, 367
Detienne, M., 44, 69
Devaud, E., 565, 567-8
Dewey, J., 354, 380, 383, 391-3, 396, 501, 517, 521, 530, 534-6, 546-55, 561, 584-5, 587, 601-2, 614-5
Dexter, G. B., 22
Diderot, D., 211, 324-5, 330, 337, 344, 365
Dilthey, W., 501, 503, 505-7
Diógenes, 108
Dolci, D., 588, 592
Domiciano, imperador, 112
Domingos de Gusmão, São, 177, 179
Dominici, G., 228
Donato, 251
Dottrens, R., 583
Dover, K. J., 44
Du Tillot, 342
Duby, G., 27, 81, 142, 150
Dumas, M., 101
Dumesnil, G., 12
Duns, Scoto, 189
Durkheim, E., 384, 410, 468-70, 499, 584
Dutschke, R., 618

Ebbinghaus, H., 501
Eco, U., 632-3
Elias, N., 200, 278, 309
Emiliano, São João, 259
Engels, F., 123, 411, 466, 482-5
Epicteto, 50, 108, 111-2

696 FRANCO CAMBI

Epicuro, 50, 73, 95, 198
Epinay, Madame d', 373
Erasmo de Rotterdã, 123, 252-5, 263-5, 267
Erikson, E., 26
Escoto Erígena, 164, 186
Esopo, 314, 320
Espinosa, B. de, 547
Ésquilo, 73, 79
Estrabão, 233
Euclides, 100
Eugênio II, papa, 159
Eurípcdcs, 73
Ezequiel, 70

Fabro, P., 260
Fachinelli, E., 621
Fedro, 295, 314
Fénelon, F. de S. de la M., 209, 280, 296-8, 347, 357
Ferretti, G., 542
Ferrière, A., 518, 525, 527, 529-30
Feyerabend, P., 34
Fichte, J. G., 409, 415, 417, 419-20, 423-4
Ficino, M., 240
Filangeri, G., 340-1
Filipe II da Macedônia, 92
Filipe II, Augusto, 183
Fílon de Alexandria (ou o Judeu), 71
Finley, M. I., 76, 79
Flaubert, G., 491
Flores d'Arcais, G., 569, 573, 602
Fontaine, A., 601
Fontenelle, B. le B. de, 301
Fornaca, R., 29, 357, 611-2, 617
Fornelli, N., 474-5
Forster, F. W., 565, 568-9
Foscolo, U., 43
Foucault, M., 26, 98, 200-2, 206, 278, 307, 404, 497
Fourier, C., 392, 411, 439, 466, 478, 480-1
Fózio, 169
Franchetti, L., 518
Francisco de Assis, São, 148, 177, 179-81, 189
Francisco de Sales, São, 488
Francisco Savério, São, 260
Francke, A. H., 280, 296, 299
Franzoni, Dom, 576
Frasca, R., 80, 106, 115
Frederico Barba-Ruiva, 184

Frederico II, 325
Freinet, C., 333, 338, 523-5, 584
Freire, P., 588, 592, 620-2
Freud, A., 586
Freud, S., 123, 204, 582, 585, 621
Fröbel, F. W. A., 409, 414, 416, 418, 420, 425, 427, 456, 495-6

Gabelli, A., 401, 474, 476
Gaddi, T., 180
Gagné, R. M., 616
Galeno, 185, 235
Galilei, G., 196, 209, 301-3
Gandhi, 588, 590
Gardner, H., 608
Garin, E., 191, 208, 222, 231, 233, 241, 244
Geheeb, P., 516
Genovesi, A., 325, 330, 334, 340, 342
Gentile de Fabriano, 192
Gentile, G., 22-3, 383, 472, 498, 503, 534-41, 543, 545, 570, 578, 598
Gerberto d'Aurillac, 164
Gerdil, S., 330, 341-2
Geymonat, 256
Gianturco, E., 498
Giardina, A., 106
Gillis, J. R., 178, 489
Ginzburg, C., 151
Gioberti, V., 444, 448-9, 451-3
Giotto, 180
Girard, J. B., padre, 441-2, 462
Gobineau, A. de, 492
Godinho, V. M., 13
Godwin, W., 440
Goethe, W., 43, 414, 416, 420, 422, 430
Goodman, P., 621
Gorani, G., 341
Górgias, 85-6
Gozzi, G., 341-2
Graciano, 184-5
Graf, A., 142
Gramsci, A., 25, 27, 32, 207, 354, 385, 392-3, 396, 562-4, 607, 636
Gregório de Nazianzo, 129
Gregório de Nissa, 129
Gregório de Tours, 118
Gregório IX, 183
Grimm, J., 415
Guarini, G., 233, 235-7

HISTÓRIA DA PEDAGOGIA   697

Guazzo, S., 270, 272
Guicciardini, F., 244
Guildorf, I. P., 616
Guilherme de Chartres, 188
Gusdorf, G., 209-11, 215, 327, 331, 333, 335-6, 356, 616

Habermas, J., 385
Hall, S., 468, 471, 501, 547
Hameline, D., 14
Hamurábi, 64
Hartlieb, S., 285, 335
Hauser, A., 59
Haydn, H. C., 222
Hegel, G. F. W., 39, 43, 123, 312, 391, 395, 409, 415-6, 420, 427-8, 430-1, 482, 540, 561
Hegius, A., 233, 253
Heidegger, M., 53, 621
Helvétius, C. A., 356
Henrique IV, 201
Heráclito, 46
Herbart, J. F., 212, 354, 361, 409, 412-3, 415-20, 427, 430-6, 500, 534, 536, 598
Herder, J. G., 330, 338-9, 412
Hesíodo, 77, 83, 254
Hessen, S., 568-70, 636
Hípias, 83
Hipócrates, 93, 185
Hitler, A., 579
Hobbes, T., 201
Hobsbawm, E., 278
Holbach, Madame d', 373
Holbach, P. H. D. d', 326, 329, 356
Hole, W., 609, 614
Homero, 52, 76, 83, 90, 168, 238, 254, 342
Horácio, 107, 251
Horkheimer, M., 52, 632
Huizinga, J., 32, 150, 191
Humboldt, W. von, 414, 416, 420-3
Husmann, R. (ou Rodolfo Agrícola), 233-4
Huxley, T., 468

Illich, I., 392, 620-2
Irnério, 184
Isaías, 69
Isidoro de Sevilha, 159-60, 164
Isócrates, 91-2, 108-9, 208, 236
Itard, J., 388

Jacobi, F. H., 414
Jaeger, W., 22, 45, 49, 53, 87, 128-9
Jeed, C. H., 583
Jefferson, T., 380
Jeremias, 69
Jerônimo, São, 129-31
Joana d'Arc, 142, 177
João, São, 123-4, 126, 128, 488
José II, 333, 338
Juliano, o Apóstata, 49, 115, 118, 168
Julien, M. A., 591
Justiniano, 119, 131, 168, 184
Justino, São, 128

Kant, I., 39, 186, 324-5, 330, 338-9, 355, 361-4, 403, 414, 417-8, 421, 424, 428-9, 431, 433, 441, 449, 547, 570
Kempis, T. de, 163
Kennedy, J., 380
Kepler, 301
Kerr, 609
Kerschensteiner, W., 364, 516-7, 558
Key, E., 387
Kiehle, D. L., 12
Kilpatrick, W. H., 521-2, 601
Klein, M., 586
Kneller, G. F., 636
Koehler, 582, 587
Koselleck, R., 27
Koyré, A., 278
Krahl, H. J., 618
Kristeller, 221
Krupskaia, N. K., 558, 580
Kruschev, N., 604

La Bruyère, J. de, 309
La Chalotais, L. R., 211, 326, 332, 337, 341, 365
La Fayette, Madame de, 312
La Fontaine, J. de, 298, 314
La Kanal, J., 367
La Salle, J. B. de, 280, 296, 298-300
Laberthonnière, L., 565, 574
Labriola, A., 411, 436, 465, 486, 535, 562
Lafou, 583
Lambruschini, R., 410, 452-8
Lamennais, F. R. de, 438, 453
Lamettrie, J. D. de, 356
Lancaster, J., 441
Lancelot, C., 294

698 FRANCO CAMBI

Landsheere, G. de, 500, 583
Lapassade, G., 620-1
Laporta, R., 533, 602, 635
Laslett, P., 29, 205
Lattanzio, 127
Lay, W., 501, 582
Le Goff, J., 27-8, 142, 150, 185
Le Peletier, S. F. de, 366
Le Roy Ladurie, E., 26
Leão XIII, 412, 565
Leibniz, W., 301-2, 325, 361, 431
Lengrand, L., 592
Lenin, N., 556-8, 603, 607, 618, 638
Léon, A., 29
Leonardo da Vinci, 232
Leopoldo I, 342
Leroi Gourhan, A., 57
Leser, H., 22
Lessing, G. E., 338
Levasseur, T., 344
Levi, M. A., 47, 66
Lévi-Strauss, C., 588-9
Licurgo, 83
Lietz, H., 516
Linacre, T., 235
Lipset, 584
Litt, T., 506
Lívio, 251
Lobrot, M., 621
Lochner, R., 582
Locke, J., 208-10, 213, 215-6, 281, 315-21,
    326-8, 330, 335-6, 340, 347, 357, 362-3,
    403, 432, 458
Loiola, Santo Inácio de, 260
Lombardelli, O., 258
Lombardi Satriani, L., 588
Lombardo Radice, G., 393, 518-9, 530, 540-5,
    565
Lombardo Radice, L., 603
Lombroso, C., 531
Lopez, R. S., 172
Lorenzetti, A., 180
Lorenzo, o Magnífico, 195
Lucas, São, 126
Luciano, 96-7
Lucrécia, 104
Lucrécio Caro, T., 108
Ludovico, o Pio, 158
Luhmann, N., 381, 383-4, 397, 401

Luís XII, 234
Luís XIII, 201
Luís XIV, 201, 296, 298, 310
Lúlio, R., 162
Lunaciarski, A. V., 393, 558
Lutero, M., 26, 137, 247-50, 252-3, 255, 289
Luxemburgo, V., 535

Maine de Biran, F.-P., 438
Makarenko, A. S., 559-61, 577, 581
Malebranche, N., 341
Manacorda, M. A., 67, 93, 115, 227, 232, 236,
    564, 607
Manjon, A., 565, 567
Mann, H., 591
Manoukian, A., 205
Manzoni, A., 142, 453, 491
Mao Ze-dong, 605-6, 617-8
Maomé, 169
Maquiavel, N., 201, 230, 232, 244, 246, 256
Marco Aurélio, 108, 111, 113, 115
Marcos, São, 126
Marcuse, H., 212, 617-8
Maria Teresa da Áustria, 333, 338
Maritain, J., 568, 571, 601, 636
Marrou, H.-L., 45, 96, 98
Marsílio de Pádua, 190
Martini, F., 490
Marx, K., 39, 43, 278, 370, 382-3, 391, 395-6,
    407, 409, 411, 466, 478, 482-5, 561, 584,
    603, 607, 617, 621, 636
Mascheroni, L., 368
Mateus, São, 126
Mayer, E., 444, 454, 461, 463-5
Mazarino, cardeal, 201
Mazzi, Dom E., 576
Mazzini, G., 410, 448, 452, 464
Mc Keen Cattell, J., 501
Mc Luhan, M., 632
Mead, M., 588-9
Melanchton, 233, 247-8, 250-1
Menênio Agripa, 105
Menés, 66
Merici, Santa Ângela, 259
Metelli Di Lallo, C., 635
Meumann, E., 582
Mialaret, G., 83, 92, 168, 584, 600
Michelet, J., 142
Miguel III, 169

HISTÓRIA DA PEDAGOGIA 699

Milani, Dom L., 565, 575-6, 601, 622
Mill, J., 439
Milton, J., 317, 335
Mirabeau, 368
Miskawayh, 170
Molière, 313
Mondolfo, R., 44, 556-7
Mônica, Santa, 135
Montaigne, M. de, 227, 244, 246, 267-70, 281, 347, 357, 458
Montesquieu, C.-L. S. de, 330, 340
Montessori, M., 387, 389, 392, 474-5, 495-6, 522, 525, 527, 530-2, 570
Morante, E., 387
More, T., 253, 264, 273-4
Morelly, 478
Morin, E., 631
Mosca, G., 500
Moscati, S., 64, 68
Mosse, G., 32, 368, 489, 492
Mounier, E., 565, 568, 571-2, 575, 602
Múcio Cévola, 104
Murat, J., 369, 445

Nabucodonosor, 65
Nardo de Cione, 180
Necker de Saussure, 441
Neill, A., 393
Néri, São Filipe, 293, 488
Newton, I., 301-3, 320
Nicholls, A. e H., 609
Nicolau I, 442
Nicole, P., 294
Niemeyer, 591
Nietzsche, F., 44, 53-4, 123, 501-5, 507, 621, 623-4
Nougier, L. R., 58
Novalis, 415

Occam, G. de, 189
Odoevsky, V. F., 442
Orígenes, 49, 129
Ortega y Gasset, J., 379, 511
Ossian, 490
Ottaway, A. K., 585
Oury, F., 621
Ovídio, 236, 251, 254
Owen, R., 392, 466, 478, 480-1, 485

Palmieri, M., 228, 231
Pancômio, 131
Panécio, 108
Pareto, W., 500
Parkhust, H., 522
Parmênides, 46, 99
Pascal, B., 123
Pascoli, G., 387
Pasolini, P. P., 621, 624
Paulo de Tebe, 131
Paulo III, 255, 260
Paulo, São, 123-4, 126, 128, 133
Pedro Damião, São, 165
Pedro Leopoldo, 334
Pedro Lombardo, 184
Peirce, C., 547
Péricles, 81, 380
Perón, 510
Perrault, C., 298, 314
Perrot, M., 81
Pestalozzi, E., 214, 328-30, 354, 361, 383, 409, 414, 416-20, 423, 425, 432, 441-2, 446, 457, 462, 500
Petrarca, F., 177, 191-2, 228
Piaget, J., 290, 393, 513, 529, 582-5, 587, 609-13
Pico della Mirandola, 234
Pio V, 257
Pio X, 565
Pio XI, 565
Pirenne, H., 174
Pirro, 95
Pisístrato, 83
Pitágoras, 98
Pizzigoni, G., 519-20, 545
Platão, 45, 49-51, 54, 73, 84, 89-94, 97, 99-100, 102, 108-9, 128-9, 135, 166, 169, 186, 198, 208, 235-6, 238-40, 254, 287, 354, 402
Plauto, 295
Plínio, 254
Plínio, o Velho, 111
Plotino, 49-50, 96-7, 186
Plutarco, 53, 83, 96-7, 105, 186, 198
Popper, K., 636
Possidônio, 109
Postman, N., 631
Prati, G., 490
Preti, G., 98
Protágoras, 85

700 FRANCO CAMBI

Proudhon, P.-J., 439, 478-80
Psellos, M., 169
Pseudo-Dionísio, 163, 165
Pseudo-Plutarco, 50, 97, 236

Quintiliano, 50, 92, 110-2, 130, 186, 208, 235-6, 240, 265

Rábano Mauro, 164
Rabelais, F., 150, 179, 211, 263, 265-7, 273
Racine, J., 313
Raikes, K., 440-1
Ratke, W., 282, 284
Ravaglioli, F., 29
Reale, G., 95
Reddie, C., 515-6
Reich, W., 618
Reimer, E., 621
Reuchlin, J., 233-4, 250
Ribot, T., 501
Ricci, C., 412
Rice, J. M., 500
Richardson, S., 329
Richelieu, cardeal de, 201, 332
Richter, J. P., 412, 416, 420, 424-6
Ricoeur, P., 404
Rink, T., 361
Röhrs, H., 636
Romagnosi, P. D., 445-7
Romualdo, São, 181
Rômulo, 104
Roosevelt, F. D., 380
Rosmini, A., 137, 444, 448-50, 453
Rossi Landi, F., 383
Rousseau, J. -J., 199, 209-10, 213, 215-7, 319, 324, 326-30, 332, 336, 338, 340-55, 361-2, 366, 373, 387, 390, 392, 403, 414, 417-20, 424-5, 427, 432, 451, 459, 478, 529, 583
Rucellai, B., 241
Rufino de Aquileia, 131
Rutílio Namaziano, 118

Sachetti, L., 182
Safo, 98
Saint-Cyran, 293
Saint-Pierre, B. de, 414
Saint-Simon, H. C. de, 469, 478-9

Saint-Victor, H., 187
Salomão, 69, 267
Saloni, A., 472
Saltini, Dom Z., 574
Salústio, 251
Salutati, C., 228
Salvemini, G., 142
Santos, B. S., 14
Saul, 69
Savério, F., 260
Savonarola, G., 179
Scheffer, I., 636
Schelling, F. W. J., 412, 415, 425
Scherer, R., 621, 623
Schiller, F., 212, 414, 416, 420-1, 430
Schlegel, F. e A. von, 415
Schleiermacher, F. D. E., 415, 424
Schopenhauer, A., 43, 412, 415
Schwab, I. I., 615
Séguin, E., 389, 468-9
Sêneca, 108, 111, 113, 233
Sergi, G., 475, 531
Sexto Empírico, 96-7
Shakespeare, W., 313
Siciliani, P., 473, 475
Sigismundo, imperador, 230
Símaco, 135
Simon, T., 582
Sismondi, S., 441
Skinner, B. F., 616
Snell, B., 44
Soave, F., 341
Sócrates, 49-50, 87-9, 91, 93, 102, 386, 503
Sófocles, 73, 79
Sólon, 83
Sorel, G., 502-3, 506-7
Spaventa, B., 536
Spencer, H., 439-40, 466, 470-2, 499
Spener, P. J., 299, 333
Spirito, U., 541
Spranger, E., 506
Staël, Madame de, 373, 414, 418, 441
Stalin, J., 577, 580
Stefanini, L., 23, 569, 572, 602
Stirner, M., 440
Stone, L., 27
Stoy, K. V., 436
Stuart Mill, J., 440, 466
Suchodolski, B., 199, 605

HISTÓRIA DA PEDAGOGIA 701

Taciano de Síria, 128
Tales, 85, 99
Talleyrand, 365-6, 369
Tanucci, B., 342
Tarquínio, o Soberbo, 104
Tayler, R. W., 615
Temístocles, 84
Tenenti, A., 32
Teodorico de Chartres, 188
Teodorico, 131, 163
Teodósio II, 145, 168
Teofrasto, 100, 233, 254
Terêncio, 107, 251, 295
Tertuliano, 127-8, 134
Thorndike, 586
Tirteo, 83
Tisato, R., 473
Tito, imperador, 70
Tocqueville, A. de, 380
Tolstoi, L., 392, 437, 443, 570
Tomás de Aquino, São, 188-9, 256, 262
Tommaseo, N., 452-4, 457, 460-1
Topisch, E., 383
Trebisacce, G., 19
Trevor Roper, H. R., 278
Trotski, L., 618
Tucídides, 79
Tyndall, J., 468

Urbano II, 165
Usinski, K. D., 443

Varrão, M. T., 111
Vasquez, A., 621
Vegetti, M., 46, 79, 86
Vegio, M., 227
Venturi, F., 324
Vergerio, P. P., 228-31, 236
Vernant, J.-P., 44, 53, 78
Verre, 109
Verri, P., 325, 327

Vespasiano, imperador, 112, 115
Veyne, P., 27
Vial, J., 29, 83, 92, 168
Vico, G. B., 281, 315-6, 330, 355, 357-60, 445
Vieusseux, G. P., 458
Vilar, P., 27
Villari, P., 473-5
Villon, F., 192
Virgílio, 130, 150, 236, 238, 251
Visalberghi, A., 533, 600, 602
Vives, J. L., 263-5
Voltaire, F. M. A. de, 324-5, 330, 332, 337
Vygotski, L., 393, 582, 609, 611-2

Wacheuroder, W. H., 415
Wagner, R., 182, 415
Wallon, H., 529
Warens, Madame de, 344
Washburne, C. W., 522, 601
Weber, M., 39, 278, 290, 384-5, 395, 499-500, 503, 584
Weitling, W., 478
Wertheimer, M., 582
White, H., 15
Willmann, O., 436
Wilson, O., 67
Winckelmann, 43
Winnicott, D. W., 586
Wolff, C., 361, 431
Woodward, 235
Wundt, W., 500-1
Wyneken, G., 516

Xenofonte, 93

Zaccaria, A. M., 259
Zeller, E., 569
Zenão, 95
Zetkin, C., 556
Ziller, T., 436

SOBRE O LIVRO

Coleção: Encyclopaideia
Formato: 16 x 23 cm
Mancha: 28,5 x 47 paicas
Tipologia: New Baskerville BT 10,5/15
Papel: Offset 75 g/m² (miolo)
Cartão Supremo 250 g/m² (capa)
1ª edição: 1999

EQUIPE DE REALIZAÇÃO

Edição de Texto
Tulio Kawata (Preparação de Original)
Nelson Luís Barbosa,
Lucas Puntel Carrasco,
Luicy Caetano de Oliveira e
Rodrigo Villela (Revisão)

Editoração Eletrônica
Nobuca Rachi (Diagramação)